1728년 무신봉기와
300년 차별

조찬용 지음

▲ 조성좌 5대 선조인 조응인 대구도호부사 교지
(경남 합천군 삼가면에 세거하고 있는 조성좌의 봉사손이 소장하고 있다)

▲ 조성좌 묘소: 경남 합천군 봉산면 권빈리 석가산
(2003년 3월 22일 방영된 KBS1 TV 역사스페셜 화면이다)

책 머리에

국가는 국민에게 어떤 존재이며, 진정한 삶의 가치는 무엇일까. 역사는 필연적으로 국민(개인)의 희생을 통해 발전하는 것일까.

안동 영천 봉화 등 경상좌도에는 고택과 유교문화가 잘 보전돼 있는데, 진주 합천 고령 등 우도에는 왜 보전이 안 됐을까. 지금은 많이 나아졌지만, 남명 조식(南冥 曺植)과 내암 정인홍(來庵 鄭仁弘)은 왜 잊힌 인물이 됐을까.

조선후기인 18세기 이후 진주 합천 거창 산청 함안 고령 상주 해남 강진 나주 정읍 고창 남원 등 경상도와 전라도 각 문중에는 왜 변변한 관직에도 오른 사람이 없을까.

내가 붙잡고 있었던 화두(話頭)였다.

이 책은 1728년 영조4년 서울·경기·충청·강원·전라·경상·평안·함경도 등지에서 일어난 무신봉기(戊申蜂起, 이인좌의 난) 때 핵심적인 역할을 한 합천의 조성좌(曺聖佐)와 그 문중의 영고성쇠(榮枯盛衰)를 미시적 관점에서 접근하여, 조선후기 집권 노론세력들이 남인(南人)과 소론(少論)에게 가한 혹독한 탄압의 실체를 밝히고자 했다. 또한 이긴 자들의 논리와 노론사관(老論史觀)에 의해 왜곡·폄훼된 역사적 사태를 객관적으로 재평가하고, 남명학파(南冥學派)의 형성 및 쇠퇴 과정도 고찰해 보았다.

그러나 역사를 전공하지 않은 필자에는 결코 쉬운 일이 아니었다. 그런데도 감히 책을 발간하게 된 것은 선조(조성좌)가 1728년 무신년에 합천에서 기병(起兵)을 한 운명적 관계 때문이기도 하지만, 그동안의 화두를 속 시원하게 풀어줄 책을 접하지 못한 것도 원인 중 하나였다. 이처럼 무신봉기가 잊힌 역사가 된 것은, 아직도 서인(西人)에서 노론(老論)으로 이어진 지배세력의 역사관에 매몰돼 있거나, 지적(知的) 용기가 부족하여 기득권을 가지고 있는 그들을 의식하고 있기 때문이다.

무신봉기는 인조반정(仁祖反正, 궁중반란)과 함께, 조선왕조 500년 동안 정치·사회적으로 가장 큰 파장을 가져온 역사적 사태다. 특히 거창 합천 함양 등 경상우도에서 대규모로 무장봉기가 일어난 것은 남명 조식과 내암 정인홍의 사상적 영향에서 기인한 바가 컸다.

남명은 공리공담의 사변적 철학으로 현실과 유리(遊離)돼 있었던 보수적인 사람들과는 달리, 경의(敬義)로 상징되는 의리철학과 실천궁행(實踐躬行)·문무겸전(文武兼全)을 강조했다. 1592년 임진왜란 때 정인홍 곽재우 등 경상우도의 남명 문인(門人)들이 대거 창의(倡義)하고, 1728년 무신봉기의 중심지역이 경상우도가 된 것은 투철한 기개와 절조(節操)가 있었기에 가능했다.

남명의 제자인 정인홍은 민본과 이용후생의 개혁적 정치철학으로 역사적 역할을 다한 인물이다. 임진왜란 때는 합천에서 창의하여 공을 세웠고, 특히 세계문화유산으로 등록된 팔만대장경판을 왜적의 침탈로부터 보존하는데도 결정적인 기여를 했다. 그후 정인홍을 비롯한 남명학파는 중앙 정계에 진출하여 임진왜란으로 피폐된 나라를 일으켜 세우고 정치를 혁신하는데도 일조를 했다.

하지만 광해 말년인 1623년 3월에 율곡 이이(栗谷 李珥)를 모집단으로 하는 서인이 주도한 이른바 인조반정으로, 영의정 정인홍이 억울하게 죽임을 당하는 등 북인 계열의 남명학파가 치명적인 타격을 받게 된다. 이어서 1694년(숙종20) 서인 분파인 노론에 의해 경상좌우도를 비롯한 경기·충청·전라도 등지의 남인이 축출되는 갑술환국 등을 거치면서, 경상우도의 사림은 노론으로부터 사문난적(斯文亂賊)으로 매도되는 등 쇠퇴의 길을 걷게 됐다.

그후 부패하고 무능한 노론세력들에 의한 불공정한 차별이 심화되자, 이러한 현상들을 타파하기 위한 강력한 움직임이 일어나게 된다. 이것이 1728년 3월의 무신봉기(이인좌의 난)다.

무신년 봉기는 나라의 반쪽이 가담한 조선왕조 최대의 무장봉기 중 하나다. 그러므로 현재 집안에 족보가 없거나, 1900년대에 족보를 만들기 위해 같은 성씨(姓氏)에 입적(入籍)을 했다면, 또는 무신봉기 후부터 벼슬을 한 선조가 없다면, 그들의 선조가 무신봉기에 직간접적으로 가담했을 개연성이 높다. 무신봉기의 주도층이 남인과 소론·소북 계열을 중심으로 혈연 문중 학맥 지연(地緣) 등으로 규합돼 있었기 때문이다.

무신봉기에 대한 진압은 가혹하게 진행됐다. 조성좌 고향인 합천군 묘산면 일원의 마을 사람들은 관군에게 학살당해 그 곳 마을은 몇 달 동안 시체 썩는 냄새가 진동했다. 죽임을 당한 이인좌 등 6백여 명에 대한 심문조서와 그 처리결과를 기록한 무신역옥추안(戊申逆獄

推案) 및 무신별등록(戊申別謄錄)이 15권이나 되고, 조선왕조실록과 승정원일기에도 셀 수 없을 정도로 기록돼 있다. 이는 영조의 폭력적인 광기(狂氣)의 정치가 한 몫을 했음은 물론이다.

무신봉기를 진압하는데 공을 세워 공신녹권을 받은 사람이 9천7백여 명이나 되고, 유배된 사람이 1천여 명, 죽임을 당한 사람도 수천 명이나 됐다. 영조와 집권 노론세력들은 대대적인 '충신 만들기'를 통해 정권안정을 기하려고 했으며, 각 문중에서는 사당(祠堂)과 신도비를 세우고, 일기와 실기(實記)에 충심(忠心)과 창의(倡義)를 기술하여 '종족(宗族)과 가문의 영광 만들기'를 앞 다투어 보여주려고 했다.

게다가 경상우도는 정거(停擧)에 처해지는 등 반역향(反逆鄕)으로 매도됐을 뿐만 아니라, 1623년 인조반정 후 명맥만 유지하고 있던 남명학파가 몰락의 길을 걷게 됐다. 남명학파의 개혁적인 정치적 업적과 위민위국(爲民爲國)의 정치철학은 노론세력들에 의해 300년 동안 날조·폄훼됐고, 지금까지 훼손된 채 방치되고 있는 것이다. 조성좌 문중과 남명학파의 부침(浮沈)과정이 일치하고 있는 것도 이런 까닭이다.

아무튼 무신봉기는 조선후기 정치체제와 권력구조가 지니고 있던 모순으로 인해 일어난 소외계층의 변혁운동으로써, 조선후기의 사회변혁운동을 촉발시켜 봉건 왕조사회를 해체하는 단초(端初)를 제공했다.

역사도, 삶도 기억하는 것이라고 했다. 그렇기에 노블레스 오블리주(도덕적 의무)를 실천한 선현들의 희생정신을 망각해서는 안 된다. 헌신과 배려가 없는 기득권층의 부패와 탐욕, 차별과 편협된 사고(思

考)는 갈등을 증폭시켜 망국(亡國)의 길로 빠지게 한다는 역사적 교훈을 되새겨야 한다. 어떤 상황에서도 권력은 비판과 견제를 받아야 하고, 공정성과 투명성이 담보돼야 하기 때문이다. 군수·시장·국회의원 등 선출직과 장관 등 고위층 인사들의 기피성 군면제(軍免除)와 의무회피, 원칙과 철학이 없는 정치·행정, 석연찮은 재산증식으로 국민들로부터 불신과 지탄을 받고 있는 현실에서 더욱 그렇다.

이 한 권의 책이 지금의 지역·계층·세대 간의 갈등과 분열, 그리고 양극화를 치유하는데 보탬이 되고, 집권 노론세력들에 의해 300년 동안 날조되고 폄하된 남명학파와 무신봉기(戊申蜂起)의 역사적 의미를 재정립하는 계기가 됐으면 한다. 나아가 정체성과 정신적 연원(淵源)을 밝히는데도 이바지했으면 하는 바람이다.

책이 나오기까지 격려와 성원을 아끼지 않은 사랑하는 가족과 재종 우용(雨溶)에게 고마움을 전하며, 출판에 기꺼이 협조해 주신 하운근 학고방 사장님께도 감사드린다.

끝으로 이 책을 무신봉기의 재평가를 위해 애쓰시다가 1973년 작고하신 선고(휘 재연·再然)께 바친다.

2012년 임진년 7월
합천 삼가 이부마을 고향집에서
조 찬 용

차례

1. 서 언

　조선왕조 양반 및 계급사회는 정치·사회의 구조적 문제로 인해 1575년(선조8) 동인(東人)과 서인(西人)이라는 당(黨)이 생겨났다. 14년 뒤 1589년에 정여립사건으로 동인이 남인(南人)과 북인(北人)으로 분파되면서 당쟁은 고착화 단계로 접어들게 되고, 1623년 이른바 인조반정으로 북인이 몰락하자, 서인과 남인 상호간의 당쟁은 더욱 거칠게 전개됐다. 숙종 때에 이르러 잦은 환국(換局)과 1682년(숙종8) 임술고변으로 서인이 노론(老論)과 소론(少論)으로 갈라지면서, 이제는 노론 대 반노론(남인·소론)으로 목숨을 건 격렬한 권력투쟁으로 비화됐다. 그후 집권 노론세력에 의한 차별과 보복이 더욱 노골화되면서 저변층에 만연한 사회갈등 분위기를 매개로 내전(內戰)으로 확대·발전하게 된다. 이것이 1728년 무신년(戊申年) 영조4년 3월에 전국적으로 일어난 무신봉기(戊申蜂起)다.

　이른바 무신란(戊申亂) 또는 이인좌의 난으로 불리고 있는 무신봉기는, 당시 정계에서 배제된 진보·급진적 소론인 준소(峻少)와 오랜 실세(失勢) 중에 있던 남인(南人), 그리고 소북(小北)이 연합하여 일으킨 전국적인 대규모 무장봉기였다. 여기에 양민·서얼·중소상인과 하층민인 승려·화전민·노비적·토적들까지 대거 가담했다.

　충청도인 호서(湖西)에서는 이인좌(李麟佐) 신천영(申天永) 민원보 등이, 경기에서는 정세윤(鄭世胤)·계윤(季胤) 임서호(任瑞虎) 권서봉·서린 신광원(愼光遠) 조관규(趙觀奎) 등이 주요 인물이었다.

경상도에서는 안음의 정희량(鄭希亮)·세유(世儒)·관유(觀儒)와, 합천의 조성좌(曺聖佐)·정좌(鼎佐)·덕좌(德佐)·명좌(命佐)·석좌(錫佐), 경상도 제일 갑부인 문경의 조세추(曺世樞)와 상주의 한세홍 김홍수 등이 핵심 인물이었다. 쌍계사·연곡사(鷰谷寺) 등 지리산과 안음·무주 등 덕유산 일원의 토적(농민군)도 동참했다.

호남에는 태인현감 박필현(朴弼顯)·담양부사 심유현과 나주 부호(富豪) 나만치·숭대·숭곤, 변산 노비적(奴婢賊)인 정팔룡(鄭八龍), 부안의 고응량 성득하(成得夏) 김수형 등이 주요 인물로 가담했다.

경중(京中: 서울)에서는 포도대장 남태징·총융사 김중기와 민관효 이유익 윤덕유 이하(李河) 양명하 등이, 평안도에서는 평안병사 이사성(李思晟)과 군관 안추(安樞) 등이, 함경도는 함경감사 권익관과 전 경흥부사 황부(黃簿) 등이 가담했다.

강원도에서는 원주의 한세능(韓世能)·덕징(德徵)과 춘천의 심성연(沈成衍)·익연(益衍) 신봉조(辛奉祚), 강릉의 정봉남(鄭奉男) 김분립(金分立) 등이 참여했다.

이들은 영조와 노론정권을 뒤엎고 소현세자(昭顯世子)의 증손인 '밀풍군 이탄(密豊君 李坦)'을 임금으로 추대하고자 한 혁명적 성격을 띤 전국적인 무장봉기였으며, 남인과 소론 및 소북을 중심으로 혈연 문중 학맥(學脈) 지연(地緣)으로 연결돼 있었다.

승정원일기 영조4년 4월 2일 당시 소론으로 영의정에 재직하고 있던 운곡 이광좌(雲谷 李光佐, 1674~1740)는 세가대족(世家大族)의 후손들이 이른바 무신변란(戊申變亂)에 가담한 사실에 대해 심각한 우려를 표명하고 있다. 남재(영의정), 황희(영의정), 정인지(영의정),

신숙주(영의정), 이우(안동부사, 이황 삼촌), 조광조(대사헌), 한효윤
(경성판관, 한준겸 아버지), 조탁(호조참판), 고희(풍천부사), 이덕형
(영의정), 박동열(대사성), 정온(이조참판), 이시백(영의정), 조정립
(정주목사), 조정생(창원부사), 강대수(우부승지), 이응시(이조참판),
민점(이조판서), 민희(좌의정), 윤휴(이조판서), 목내선(좌의정), 심
재(좌참찬), 이후성(병마절도사), 유명현(이조판서) 등의 후손들이
무신봉기에 핵심 인물로 참여했기 때문이었다. 영조 임금도 "더욱 절
통(絶痛)한 것은 적(賊) 가운데 들어가 국옥(鞠獄)에 갇힌 자들이 모
두 명신대부(名臣大夫)요 100년 동안 내려온 세가대족이다"라고 말할
정도로 이들의 참여를 매우 아프게 받아드렸다.

소론 영의정 이광좌와 대척점에 있던 노론 좌의정 단암 민진원(丹
巖 閔鎭遠, 1664~1736)은 단암만록(丹巖漫錄)에서 다음과 같이 기록
하고 있다.

> "무신변란으로 중앙과 지방의 사대부들이 끊임없이 서로 줄을 이
> 어 산골짜기로 피난을 감에 따라, 식견이 있는 선비들은 심히 걱정하
> 고 탄식하지 않는 자가 없었다." (단암만록)

이와 같이 무신봉기는 중앙 권력층을 타파하려는 지방사림(地方士
林)의 주도 하에 서얼·중소상인과 양민층, 승려·화전민·노비적·
토적 등 하층민도 대거 참여한 연합투쟁이었기 때문에 당시의 지방사
림뿐만 아니라 정치·사회·경제적으로 끼친 영향은 매우 컸다. 따라
서 무신봉기를 논(論)할 때는 조선후기 사회·경제 변화의 맥락에서
권력투쟁 과정을 이해해야 한다. 왜냐하면 무신봉기의 그 직접적 계

기가 당시의 정치상황에 의해 일어났지만, 실제 양상은 당시의 사회 및 경제적 조건 하에서 나타난 중인·상인·양민층·하층민 등의 다양한 저항형태를 총체적으로 표출시키고 있다는 사실 때문이다.

무신봉기 후 탕평책(蕩平策)이라는 미명 하에 노론으로 권력의 독점을 가져왔지만, 무신봉기는 1730년 12월 종모법(從母法)을 실시하고, 1750년 7월에는 균역법(均役法)을 채택하는 일련의 정책을 수립하는데 이바지했다. 나아가 1764년(영조40) 11월에는 노비 관리기관인 장례원(掌隸院)을 혁파하는 등의 제도 개선책을 마련하지 않을 수 없었던 이유도 무신봉기 때의 민심동태와 깊이 연관돼 있었다.

그러나 1623년 인조반정(仁祖反正, 궁정반란) 후 약 100년이 지나 일어난 무신거사로 인해, 특히 조식(曺植)의 강우학파(江右學派)는 더욱 퇴락의 늪에 빠져들게 된다. 또한 인조반정 후 300년 동안 집권 노론세력들이 진주 합천 거창 함양 산청 함안 의령 고령 성주 상주 문경 등 경상우도를 더욱 철저하고 조직적으로 차별하게 되는 원인으로 작용했다.

그동안 이긴 자인 노론(老論) 계열이 주도한 특정사관에 의해 왜곡·폄훼된 이른바 무신란(戊申亂)은, 보다 객관적·실체적 진실에 의거하여 재평가돼야 한다. 명칭도 '무신봉기 무신사태 무신기병 무신의거 무신혁명' 등으로 불러야 한다. '난' 또는 '역란(逆亂)'이란 이긴 자인 집권세력의 입장에서 붙인 것에 불과하기 때문이다.

부조리한 현실 타파를 주창한 무신년의 봉기에 대해, 자체 부패와 무능으로 국가경영 능력을 상실하고, 시대적 책무도 이행하지 않아 국민에게 불신을 당한 왕조와 노론 집권세력이 그들의 시각으로 '무신란' 또는 '무신역란'이라고 매도하는 것은 옳지 않다.

2. 무신봉기 전 정치·사회 현상

　16, 17세기 임진왜란과 병자호란 등 계속된 전란(戰亂)에도 불구하고 조선왕조는 붕괴되지 않고 유지되고 있었다. 이는 농지개간과 모내기 등 농법개선에 따른 생산력의 발전, 1608년 광해 즉위년 5월에 호조참의 한백겸(韓百謙)과 영의정 이원익의 건의로 경기도에 처음 실시한 대동법과, 주전사업(鑄錢事業)을 통한 국가재정의 확보 등이 주요 성공요인이었다. 또한 강화된 노비추쇄(奴婢推刷) 호패법(號牌法) 오가작통법(五家作統法)으로 신분제가 붕괴되지 않았고, 지방에서 향촌지배층의 사회질서가 재생됨으로써 국가의 지배기반을 부분적으로 안정시켜 준 것이 일정부분 기여를 했다.

　여기에는 유교적 정치이념과 군사 및 행정제도의 정비, 교조화된 성리학의 가치관과 명분론, 왜(일본)와 오랑캐(청나라)에 대한 적개심 등도 적지 않은 역할을 했다. 그러나 이 모든 것이 순조롭게 진행되지는 못했다. 왜냐하면 체제의 정비와 제도의 개편이 조선후기 화폐경제의 발전과 사회변화라는 시대적 당위를 어느 정도 반영하기는 했지만, 당시의 부조리한 현실을 전면적으로 개선하려는 인식의 변화도 미흡했고, 의지와 역량도 부족했기 때문이다. 봉건왕조라는 태생적 한계가 크나 큰 장애요인으로 작용한 것이다.

　임금을 정점으로 한 관료 및 지배 계층은 국허민빈(國虛民貧), 즉

나라가 허약하고 백성이 가난한 현실을 극복하고, 또 부국강병(富國
強兵)을 실현하기 위한 정책도 자신들의 이익과 배치되지 않는 범위
내에서, 그리고 봉건 통치체제의 이념과 골격을 유지하는 방향에서
추진했다. 조세·공납·부역 등 수취체제(收取體制)의 개선 역시 농
민층 분해와 신분제 해체라는 역사방향과 부합하면서 이뤄진 것은
아니었다. 오히려 중세 봉건적 수취체제는 그 구조적 특성과 한계 및
운영의 폐단으로 인해 소농민에게는 불리했다. '1728년 무신란의 성
격'이라는 논문에서 이종범도 이를 밝히고 있다.

특히 흉작 때 백성을 구제하는 황정(荒政) 운영에서 이는 두드러지
게 나타났다. 토지에 대한 전정(田政) 운영에 있어서도 감세 조치는
일정한 비율에 따라 감세하는 정률(定率) 규정으로 인해 대토지 소유
자에게는 보다 유리했으나, 무전농민(無田農民)에게는 그 혜택이 돌
아가지 않았다. 설상가상으로 부조리한 요역과 양역뿐만 아니라, 대
토지를 소유한 지주층은 소작농민에게 상식 이하의 과도한 농작물을
거두어 갔다. 소작농민에게 현물세인 공부(貢賦)와 씨앗으로 쓸 곡
식, 즉 종곡(種穀)까지 부담시켰으며, 그 짚을 빼앗고 뇌물을 거두기
까지 했다. 또한 소작료를 내지 않는 소작농민에 대해서는 관권의 힘
을 빌려서까지 소작지를 회수하기도 했다. 이런 현실에서 지배계층
과 아전의 횡포가 도를 넘어서고 있었다. 급기야 1696년(숙종22) 황
해도와 평안도에서 장길산(張吉山)의 난이 일어나게 되고, 영세 농어
민은 초근목피(草根木皮)로 연명하면서 유민(流民)으로, 해적(海賊)으
로 전락하여 농어촌을 떠나지 않으면 안 됐다.

특히 봉건적인 조세제도와 노동력을 무상으로 제공하는 요역(徭
役)에 대한 불만은 대단했다. 이는 영조의 명에 따라 1728년 간행된

2. 무신봉기 전 정치 · 사회 현상 · **17**

남정일록(南征日錄)과 조성왕조실록에 그 실상이 잘 나타나 있다.

> "봄철 춘궁기(春窮期)인데도 미포(米布: 쌀과 베)를 납부하라는 독
> 촉으로 그 고통을 감당하지 못하던 차에 적배(賊輩, 주: 정희량)가
> 양식과 소[우·牛]와 술을 주어 배를 채워주니, 모두가 너무 기뻐 본
> 심을 잃고 스스로 (정희량의 무신봉기에) 가담했다." (남정일록 영조4년
> 4월 2일 경상감사 황선 첩보)

> "영조가 말하기를, '이번 난역(亂逆, 주: 무신봉기)은 군사를 모으
> 는 적장(賊將)이 반드시 신역(身役)을 면제하거나 신역을 줄여 준다
> 고 말하므로 백성이 많이 응모했다 한다. 이 일이 가장 급한데, 그
> 가운데에서 달아났거나 죽은 것을 모두 충정(充定: 보충해서 채움)해
> 야 이웃이나 친족에게 끼치는 폐단을 없앨 수 있을 것이다'고 했다."
> (영조실록 4년 10월 11일)

노론인 황선(黃璿, 47세)의 상기 첩보(捷報)와 영조(35세)의 말에
서 양민들의 불만과 불평이 어떠했는가를 짐작할 수 있을 것이다. 경
기도 파주 출생인 황선은 황희(黃喜, 영의정) 장자인 호안공(胡安公)
황치신(黃致身, 판중추부사)의 13세손이다.

무신사태 발발 6년 후인 1734년(영조10) 1월에 남인 계열의 좌윤
(左尹, 종2품) 오광운(吳光運, 40세)도 다음과 같이 양역(良役: 군역
·요역) 개혁의 필요성을 강력하게 영조에게 상소했다.

> "양역을 변통(變通)시키지 않으면 반드시 나라가 망하게 되고, 잘
> 변통시키지 않으면 반드시 나라에 혼란이 일어나게 된다." (영조실록
> 10년 1월 8일)

이처럼 군역(軍役)·요역·조세는 예나 지금이나 국가 존립의 근본이었던 것이다.

1728년 12월 소론(완소) 전라감사 이광덕(李匡德, 1690~1748)이 영조에게 올린 상소에서 무신봉기 전후 백성의 고혈(膏血)을 빨아먹는 가증스런 실상을 고발하고 있다. 특히 아전의 횡포가 만연해 약탈 수준이었음을 알 수 있다. 그들은 백성의 좀벌레이고 도둑이었던 것이다.

> "안에서는 액례(掖隸: 액정서·掖庭署 관원)와 조리(曹吏: 아전)가 함부로 인정채(人情債: 뇌물)를 받고 밖에서는 영문(營門: 감사가 일을 보던 관아)과 각 고을에서 마구 거두어들이며, 교활한 아전이 세력에 기대어 약탈하고, 토호(土豪)가 이익을 농락하여 겸병(兼幷)하니, 이 몇 가지는 지금 나라의 좀벌레이고 백성의 도둑이다." (영조실록 4년 12월 3일)

이러한 사회·경제적 부패와 부조리로 인한 백성들의 분노와 불만은, 장길산의 난처럼 무장봉기로 표출되는 상황으로 치닫기도 했지만, 대부분은 왕권과 공권력(公權力: 수령권)에 대한 크고 작은 도전과 항거로 울분을 달랬다.

무신봉기 8년 전인 1720년 경종 즉위년 6월에는 도성 전옥(典獄, 종로1가 소재)에 갇혀 있던 명화적(明火賊)이 옥문을 부수고 16명이 탈출하기도 했으며, 1721년 경종1년 4월 충청도 부여 지방인 석성현(石城縣)의 수신(守臣: 수령) 성필부(成必復)가 돌팔매질로 곤액(困厄: 재앙)을 당했고, 보은 지역인 회인현(懷仁縣)의 현감 박종양(朴宗陽)

은 마을 사람들에게 움켜잡혀 질질 끌려 다니는 모욕을 당하기도 했다. 또한 정읍 지역인 태인현(泰仁縣)에서는 관아 문에 모여 통곡을 한 변고(變故)가 일어났으며, 낙안현(樂安縣)에서는 관장(官長: 군수) 유혜장(柳惠章)을 구타한 일이 발생하기도 했다.

1721년 6월 청주에서는 관창(官倉)에 난입해서 관곡(官穀)을 약탈해 가는 사건이 일어나, 박세명(朴世命) 이순장(李舜章) 등이 처형되기도 했다. 같은 기간에 경상좌도 영천에서는 양민 이태익(李台翊)·무익(茂翊) 등이 고을에 통문(通文)을 돌려 봄에 곡식을 꾸어 주고 가을에 이자와 함께 거두어드리는 '조곡(糶穀)'을 받지 못하게 한 후, 무뢰배(無賴輩)들을 이끌고 밤에 순찰 돌 때 쓰는 능장(稜杖)을 들고는 창고 마당에 갑자기 뛰어들어 향소(鄕所; 좌수·별감)를 쫓아냈다.

1724년 영조 즉위년에 영덕현령 홍정보(洪鼎輔)가 개혁을 한다는 구실로 주민들을 엄하게 다스리자, 서리(胥吏: 아전)와 노복(奴僕: 사내 종)이 현령을 쫓아내려고 했고, 호장(戶長)·이방(吏房)·사령(使令)·관노들이 밤에 읍성 밖 도로를 점거한 후 시골 백성들이 관가에 바치려고 수레에 싣고 가는 것을 쫓아 버렸으며, 관아의 종이 길을 가로막아 장계(狀啓: 보고서)를 가지고 대구 경상감영으로 가는 것을 못 가게 했다. 또한 영덕현의 향소(鄕所)를 달래고 위협하여 그 당(黨)에 들어오게 했으며, 따르지 않으면 그의 아내를 결박하여 강제로 서표(署標: 확인서)를 받기도 했고, 병기(兵器)를 가지고 관아의 문(門)에 쳐들어가서 흉언(凶言)으로 위협했다. 이와 같은 영덕 지방의 소요는 수령권에 대한 향리층의 정면 도전이었다.

나아가 1726년(영조2) 3월 전라도 광주에서는 탐관오리의 가렴주구(苛斂誅求) 등으로 백성이 수령을 쫓아내는 등 초기적 형태의 작란(作亂: 민란)이 발생하는 등 무신봉기 전에 이미 양민·하층민 등 저변층에서는 갈등이 증폭되고 있었다.

특히 1728년 3월 무신봉기 때 전라도 부안 지방인 변산반도의 정팔룡(1695~?) 등 노비적 9천 명과, 지리산 토적(土賊)인 승려 대유(大有) 및 박필영(朴弼英) 등 하층민들이 무신봉기에 참여한 것도 저변층에서 나타난 저항의식의 한 단면이라고 할 수 있다.

이는 1727년(영조3) 10월 22일 소론의 영수인 영의정 이광좌(54세)가 영조(35세)에게 아뢴 것에서 알 수 있다.

> "근일에 듣건대, 호남의 유민(流民)들이 무리를 모아 도당을 이루어 하나는 변산(邊山)에 있고 하나는 (영암) 월출산(月出山)에 있는데, 관군이 체포할 수가 없어 그 기세(氣勢)가 크게 떨친다고 하니, 진실로 작은 걱정이 아니다. 호남의 수령을 각별히 가려서 차임(差任: 임명)해야 한다." (승정원일기·조선왕조실록 영조3년 10월 22일)

이에 영조가 "수령을 비록 가려서 보내더라도 만약 영장(營將)을 가려서 차임(差任: 임명)하지 않는다면 실제의 효과를 보기가 어려우니, 영장도 각별히 가려서 차임하라"고 명(命)했다.

1727년(영조3) 10월 20일 소론 대사간(大司諫, 정3품) 송진명(宋眞明, 40세)도 다음과 같이 영조에게 아뢴다.

> "충청·전라·경상도의 적환(賊患)이 크게 번져, 근래에는 부안(扶安)의 변산(邊山)에서 적도(賊徒)들이 많이 몰래 점거(占據)하고 있다. 대낮에 장막(帳幕)을 설치하고 대대적인 노략질을 하고 있는데, 변산에 있는 큰 절에 적도들이 들이닥쳐 절의 중을 불러서 말하기를, '삼동(三冬)에는 밖에서 거처할 수 없으니 너희들이 우선 절을 빌려주어

야 하겠다'고 하자, 중들이 두려워 감히 따지지 못하고 모두 눈물을 흘리고 흩어져 갔다고 한다."(영조실록 3년 10월 20일)

이어서 소론 좌의정 겸재 조태억(謙齋 趙泰億, 1675~1728)까지 나서서 영조에게 아뢴다.

"부안의 도둑 떼가 양민을 찾아내 그 무리에 보충하기를 마치 각 고을에서 군정(軍丁)을 뽑는 규례(規例)처럼 한다 하니 듣기에 매우 놀랍다."(승정원일기 영조3년 10월 20일)

이에 영조는 "양민이 굶주림에 견디다 못해 이 지경에 이르렀으니 어찌 좋아서 그러는 것이겠는가. 그 심정을 생각해 보면 가엾은 일이다"고 했다.

또한 1727년(영조3) 11월 21일에 사신(史臣: 사관)이 "(부안현) 변산에 출몰하는 도둑의 일로 요망한 말들이 어지럽게 퍼져서 도성(都城)의 인심이 흉흉하여 심지어는 피난을 떠나는 자도 있었다"고 증언하고 있는 것에서, 전라도 지방인 변산 도적들의 실상과 함께, 서울 도성에까지 민심이반 현상이 나타나고 있었다는 것을 알 수 있다.

흉년으로 피폐해진 백성들의 생활상은 1725년(영조1) 11월 3일 검토관(檢討官, 정6품) 권적(51세)이 다음과 같이 말한 것에서 잘 나타나 있다.

"신(臣)이 지난번에 남중(南中)에 가보니 농사가 큰 흉년이 들어 백성이 모두 이리저리 흩어져서 100가구(家口)였던 것이 지금은 10가

구만 있었다. 전라도 김제에 고씨(高氏) 성을 가진 사인(士人)은 굶주
림을 견디지 못하여 남편과 아내가 장차 나눠져 흩어지기로 했는데,
그의 아내가 말하기를, '이런 참혹한 흉년을 만나 이제 앞으로 다니
면서 빌어먹어야 하니, 인생이 이 지경에 이르면 무엇을 돌볼 것이
있겠습니까. 집에 키우던 개가 있으니, 청컨대 당신과 같이 잡아서
먹을까 합니다'고 하자, 남편이, '나는 차마 손으로 잡을 수가 없다'
고 했는데, 아내가 말하기를, '제가 부엌 안에서 개의 목을 매어 놓
을 테니까 당신은 밖에서 그것을 당기세요'라고 했다. 남편이 그가
말 한대로 하고 들어가 보니, 개가 아니고 바로 그의 아내였다고 한
다."(영조실록 1년 11월 3일)

1727년(영조3) 9월 28일 좌의정 조태억(趙泰億, 53세)이 영조에게
흉년 대책 수립과 어사(御史)를 보내 고향을 떠난 백성들이 안주할
수 있도록 건의했다.

"황해감사 김시혁의 장계에 따르면, 금년 해서(海西: 황해도)의 밭
곡물은 흉년이어서 환상(還上)으로 두태(豆太: 콩)를 내어준 것은 받
기가 어려워 벼와 조로 대신 받으려고 한다고 했다. 영남의 올해 기
근은 호남과 거의 차이가 없어 어사를 특별히 보내 사방으로 흩어진
백성들을 불러 모아 안주하도록 하고, 이어 내년 봄에 있을 진휼(賑
恤 : 구제)을 감독해야만 아마도 구제하는 효과가 있을 것이다."(비변
사등록 영조3년 9월 28일)

1728년 2월 20일 이항복의 현손인 영의정 이광좌(55세)도 영조에
게 흉년 구제를 역설했다.

"기민(飢民: 굶주린 백성)을 진휼하는 일이 드디어 발생했다. 영남
이 더욱 심하고 충청은 영호남에 견주어 약간 차이가 있는데, 마땅히

감사(監司)와 어사(御史)에게 기민을 정밀하게 분급하도록 하여 구제
되도록 해야 한다.”(영조실록 4년 2월 20일)

이것에서 무신봉기 전 백성들의 삶이 어떠했는가를 알 수 있을 것
이다. 무신봉기 전인 17세기말 18세기 초에 경상도와 충청도에서만
유민으로 무전농민(無田農民)이 된 자가 10만여 명이 넘었다. 유민이
증가하게 된 것은 흉년과 가렴주구·부패 및 조세체계의 문란 등에
기인한 바가 컸다. 흉년이 들어 조세(租稅)를 감제(減除)하면 간교한
아전들의 이익으로 돌아가고, 미납한 조세를 탕감해 주면 토호(土豪)
들이 요행으로 여기는 현실에서 백성의 삶이 나아질 리가 없었다.

조선왕조실록 1728년(영조4) 3월 23일 기록에 “이인좌 군사는 각
처의 토적(土賊)과 청주 목천 등 고을의 마병(馬兵)과 금어군(禁禦軍:
금위군)으로서 정예한 자를 뽑아 장사치와 거지 차림을 하여 피난민
가운데 섞여 은밀히 경기도 안성 청룡산 속에 모여 있는 등 산 아래
촌락이 거의 적(賊)의 소굴이 돼 있었는데도, 누구 하나 고하는 자가
없다”고 했다. 이 기록에서도 민심이반 현상과 함께 하층민인 토적의
실정(實情) 등이 잘 나타나 있다.

당시의 상황에 대해 조선왕조실록과 승정원일기·비변사등록에서
기록하고 있는 것을 더 살펴보자.

“전라감사 정사효가 치계(馳啓)하기를, ‘(구례) 연곡사(燕谷寺)와
(하동) 쌍계사(雙溪寺) 두 절에 적도가 둔취(屯聚)해 있다’고 했다.”
(영조실록 4년 3월 29일)

"지리산 동쪽 안음(安陰)과 서쪽 연곡·쌍계사 사이에 적병이 많이 모였는데 진세(陣勢)가 매우 성(盛)하고, 순창 영취사(靈鷲寺)와 영암 지역에도 1천여 명의 적병(賊兵)이 있으며, 임실 산골에는 이 보다 적병이 더 많이 있다는 보고가 연달아 올라오고 있다. 훈련도감에서 포수 100명, 별군직(別軍職) 2명, 본영(本營)의 장교(將校) 3명과 말 10필을 거느리고 전주에서 남원으로 내려가서 제로(諸路)의 군병과 함께 적도(賊徒)들을 토벌하도록 (영조 임금이) 하교했다."(비변사등록 영조4년 3월 29일·30일, 승정원일기 영조4년 4월 5일)

"(무신변란 후) 적당(賊黨)으로서 법망을 벗어난 자들이 많이 산속으로 들어가 머리를 깎고 중이 됐기 때문에 종적을 감추기가 쉽고, 각 읍에서는 또한 기포(譏捕: 체포)하기 어렵다. 명령을 내려 알려주어 승도(僧徒) 가운데 만약 적당자(賊黨者: 거사군)를 숨겨준 자가 있으면 적(賊)에 들어간 법률 즉, 투적률(投賊律)로써 죄를 물어야 한다."(승정원일기 영조4년 4월 23일)

"전라도 변산의 노비도적은 군사를 양병(養兵)한 것이 20년이나 된다."(무신역옥추안 영조4년 7월 10일)

"덕유산 아래의 천동(千洞) 골짜기에는 적도들이 도망하여 숨는 보금자리가 아님이 없다."(비변사등록 영조5년 3월 12일)

"무신변란 후 지리산과 덕유산에 숨은 자가 가득하다."(승정원일기 영조5년 윤 7월 16일)

이것을 보면, 1728년(영조4) 3월 무신봉기 당시뿐만 아니라, 무신봉기 핵심 인물들이 처형된 뒤 1년이 지난 시점에도 구례 연곡사·하동 쌍계사 등 지리산과, 순창 임실 등 회미산(回美山), 영암 월출

산, 안음 무주 장수 등 덕유산 등지에서 토적(土賊)들이 활발하게 활
동하고 있었다는 것을 알 수 있다. 또한 토적 등 하층민들의 저항의
식과 사회변혁에 대한 욕구가 증폭되고 있었다는 것도 유추해 볼 수
있는 사료(史料)들이다.

▲ 무신봉기 때 토적(土賊)의 근거지였던 **쌍계사**: 경남 하동군 화개면
  하동 쌍계사와 구례 연곡사가 자리 잡은 지리산은, 무신봉기 때 승려 대유(大有) 등 토적
  (土賊)의 근거지로, 변화와 개혁을 갈망하는 민초들의 안식처였다. 사진 중앙 진감선사탑비
  (眞鑑禪師塔碑)의 비문은 통일신라 때 고운 최치원(孤雲 崔致遠)이 지었다.

3. 무신봉기 전 경상도 사림의 실상

조선후기에 들어와 본래 양반 사대부였으나 사대부로서의 정치적 권위를 빼앗긴 실세(失勢) 사대부들이 많았다. 이들 대부분은 1623년(인조1) 인조반정과 1694년(숙종20) 갑술환국(甲戌換局) 등과 같은 당쟁이 빚은 정변을 계기로 정계에서 실각당한 후 다시 관료로 진출하여 정치에 참여할 기회를 얻지 못한 몰락 사대부였다. 이들을 당파별로 보면 북인(北人)과 남인(南人)이 대부분이었다. 이러한 몰락 사대부들은 각처에 분포해 있었지만, 특히 영남(경상도)은 그 숫자가 압도적으로 많았는데, 이는 북인을 포함한 남인의 본거지가 경상도였기 때문이다. 특히 경상도 중 진주 합천 거창 고령 성주 상주 등 경상우도는 그 정도가 심각했다.

영남은 조선왕국이 건국된 후 수많은 인재를 중앙 정치권에 진출시켜 조선이 유교 국가로 나아가는데 큰 역할을 했다. 선조(宣祖) 임금 이전까지 중앙의 군력 핵심부에는 영남 사람이 많았고, 문묘(文廟)에 배향된 현풍의 김굉필(金宏弼), 함양의 정여창(鄭汝昌), 경주의 이언적(李彦迪), 안동의 이황(李滉) 등 4현(賢) 역시 경상도 출신이었다. 이런 이유로 영남은 일찍이 인재지부고(人才之府庫: 인재의 곳간) 또는 추로지향(鄒魯之鄉: 양반의 고장)이라 하여 사림의 연총(淵叢: 중심)으로 일컬어지기까지 했다.

그러나 경상우도 사림에 큰 영향을 끼친 합천군 가야면 사촌리 출생인 정인홍이, 1623년 3월 서인들의 군사정변인 인조반정 후 폐비살제(廢妃殺弟)를 배후 조종한 혐의를 뒤집어쓰고 합천에서 서울로 압송된 지 5일 만에 참형을 당하자 상황이 돌변하게 됐다. 사실 정인홍은 폐비론(廢妃論)을 반대했고, 전은(全恩)으로 영창대군을 살려야 한다고 주장했음에도 불구하고, 집권 서인세력들에 의해 희생양이 된 것이다.

1614년 12월부터 1617년 12월까지 3년 동안 인목대비에 대한 폐비(廢妃) 및 폐출 논의가 격렬하게 전개됐으나, 광해의 반대로 실질적이고 완전한 폐비 및 폐출은 이뤄지지 않았다. 광해가 마지못해 인목대비 대신 서궁(西宮)이라는 호칭을 쓰게는 했지만, 인목대비에 대한 사은(私恩)과 의리 모두가 온전하게 되도록 배려했다. 그런데도 집권 서인(노론)에 의해 정인홍과 광해군은 만고의 역적으로 몰린 것이다.

정인홍은 자신이 강학(講學)하고 청담(淸談)를 나누던 집의 당호(堂號)를 '부음정(孚飮亭)'이라고 명명(命名)한 것에서 보듯이, 믿음과 신뢰를 소중한 가치로 생각한 인물이었다. 정인홍은 사헌부 장령(정4품) 등을 역임하다가 정여립사건으로 관직이 삭탈돼 1589년 낙향했다. 1592년 임진왜란이 발발하자 57세 나이에 합천에서 창의(倡義)하여, 고령의 송암 김면(松庵 金沔, 52세), 의령의 망우당 곽재우(忘憂堂 郭再祐, 41세) 등과 함께 국난을 극복하는데 앞장섰다. 정인홍은 김면 등과 함께 피아(의병 및 왜적) 3만5천여 명이 3차례에 걸쳐 혈전을 펼친 성주성 전투에서 1593년 1월에 승리하는 등 혁혁한 공을 세웠다. 이로 인해 왜군(倭軍)은 곡창지대인 호남 내륙으로 진출하려던 당초의 계획을 포기하게 된다. 의병의 전투력은 도요토미 히데요시(豊臣秀吉)까지도 높이 평가했다. 비록 국왕 선조는 비겁하게 의주로 도망을 갔지만, 정인홍 김면 곽재우 김천일 등 의병은 나라를 지키는데 최선을 다한 것이다.

특히 영남의병대장 정인홍과 그 휘하 의병들은 왜군(일본)이 그렇게 탐내던 해인사의 고려대장경판(팔만대장경판)을 보존하는데 결정적인 역할을 했다. 7년 동안의 임진왜란으로 통도사 송광사 범어사 불국사 법주사 쌍계사 화엄사 연곡사 실상사 선운사 낙산사 등 많은 유명 사찰들이 왜군에게 약탈당한 뒤 소실됐지만, 해인사와 대장경판은 정인홍과 의병들 덕분으로 온전하게 보존하게 된 것이다. 일본은 임진왜란 발발 전에도 무려 120회 이상 대장경과 대장경판을 요청할 정도로 매우 탐을 냈고, 심지어 약탈까지 하려고 했었다.

임진왜란 당시 정인홍 의병부대의 본진(本陣)이 해인사 입구인 합천군 가야면 매암리 이연서원(伊淵書院) 앞 주학정(住鶴亭)에 있었기 때문에 효율적으로 대처한 결과였다. 6·25전쟁 때 해인사 폭격 명령을 거부하여 대장경판과 해인사를 구한 김영환 장군보다 350여 년이나 앞서 정인홍과 의병들이 대장경판과 해인사를 지켜낸 것이다.

1604년(선조37) 10월과 1607년 5월에 사신(史臣)이 논[왈·曰]한 것을 보면, 임진왜란 때 정인홍의 위대한 공로 및 사람 됨됨이와 함께, 남명 조식이 정인홍을 얼마나 신뢰했는가를 알 수 있다.

> 사신(史臣)은 논한다. "임진왜란 때 창의(倡義)하여 절개를 세운 사람이 없지 않다. 정인홍 김면 곽재우는 영남에서 의병을 일으켰고, 김천일 고경명 조헌(趙憲)은 양호(兩湖: 호남과 충청도)에서 절개에 죽었는데, 그들의 공렬(功烈: 공적)은 너무도 찬란하고 열렬하여 충의의 기개를 고취시킬 수 있음은 물론 뒷날 나약한 사람을 굳세게 하

기에 충분했다."(선조실록 37년 10월 29일)

　사신은 논한다. "정인홍은 타고난 천성(天性)이 효성스러웠고 몸가
짐이 강직하고 방정했다. 젊어서부터 남명 선생(南溟 先生)에게 배웠
는데 남명이 큰 그릇으로 여겨 말하기를 '덕원(德遠: 정인홍 자·字)
이 있으니 나는 죽지 않을 것이다'고 했다."(선조실록 40년 5월 15일)

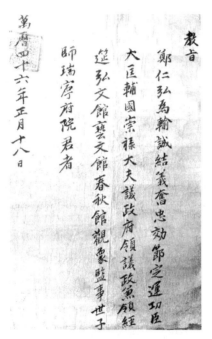

▲ 정인홍 영의정 교지: 1618년(광해10)
　만력 46년 정월 18일에 받은 교지다.

　이처럼 임진왜란 때 찬란한 정인홍의 공로와 남명이 아끼고 신뢰
한 정인홍의 인품은, 1623년 인조반정과 1728년 무신봉기를 거치면
서 폄하·왜곡되고 잊히고 말았다. 대신 곽재우가 의병의 상징적인

인물로 부각되고, 정인홍은 만고의 역적으로 추락하게 된다. 정인홍과 의병들의 위대한 공적은 400여 년이 지난 2001년에야 합천댐 아래에 정인홍 등 113명을 봉안한 '임란창의기념관(壬亂倡義記念館)'이 건립됨으로써 기억되기 시작했지만, 정인홍에 대한 역사적 평가는 아직도 어둠 속 뒤편에 놓여 있다.

정인홍은 1608년 광해가 즉위한 후, 그 어떤 벼슬에도 나가지 않았다. 정인홍이 77세 때인 1612년(광해4) 9월에 우의정에 임명되고, 1614년 1월에는 좌의정, 1618년 1월에는 영의정에 임명됐으나 부임하지 않았다. 그런데도 광해 임금은 1612년 9월~1613년 4월까지 우의정을 공석으로 남겨 두었고, 1614년 1월~1618년 1월까지 48개월 동안 좌의정을, 1618년 1월~1619년(광해11) 3월까지 14개월 동안 영의정을 공석으로 두었다. 정인홍은 합천군 가야 고을 부음정에서 이러한 직책을 가지고 북인(北人)의 영수(領袖)로서 이른바 요집조권(遙執朝權)을 했던 것이다.

1623년 인조반정 후 정인홍 이이첨 등 북인(대북)은 모두 처형되거나 쫓겨났으며, 남인은 77세의 영의정 오리 이원익(梧里 李元翼, 1547~1634)을 필두로 정계에 살아남았다. 정유재란 때 51세였던 이원익은 도체찰사로 삼가현 대평(대병)에 있는 악견산성을 방문하여 산성장(山城將) 이정(李瀞)을 만나고, 또 대평 장단촌에서 노흠(盧欽)을 만나 격려하는 등 합천 삼가 초계 등 경상우도와 인연이 있던 인물이다. 이른바 인조반정으로 북인 중 대북(大北)은 몰락했고, 그나마 살아남은 대북과 중북(中北)·소북(小北)은 대부분 남인과 서인으로 당색(黨色)을 바꿨다. 경상우도 북인은 영남 남인인 한강 정구(寒岡 鄭逑, 1543~1620) 계열의 문인과 이원익의 손녀사위로 근기 남

인인 미수 허목(眉叟 許穆, 1595~1682)을 매개로 하여 남인으로 당
색을 바꾸게 된다. 허목이 조식과 정인홍을 비판하고 폄하한 인물이
었지만, 우도 북인은 어쩔 수 없이 그를 통해 남인으로 갈아타게 되
는 것이다.

영의정 정인홍이 88세에 억울하게 처형된 후, 합천 진주 의령 함
안 거창 고령 성주 등 경상우도 유생들은 비분강개(悲憤慷慨)하여 관
리의 세계로 진출하는 것을 수치로 여겼다. 조선왕조 500년 동안 경
상도에서 영의정을 역임한 사람이 하륜(河崙) 유성룡(柳成龍) 정인홍
3명뿐이라는 역사적 사실만 보더라도, 정인홍이 88세의 나이에 합천
가야면 부음정(孚飮亭)에서 서울로 압송돼 서인(西人)들에게 죽임을
당한 것은 충격 그 자체였을 것이다. 정인홍의 억울한 죽임은 그의
문인(門人)과 남명학파의 후손 등 경상우도인(慶尙右道人)들에게 분
노와 울분 및 좌절감을 안겨 주었다.

인조반정 후 경상우도 지역은 관면(冠冕: 벼슬아치)이 세절(世絕:
끊어짐)하고 사풍(士風: 선비의 기풍)이 극도로 위축됐으며, 집권 서
인세력으로부터 심한 차별과 배척까지 받았다. 설상가상으로 인조반
정 8년 뒤 1631년(인조9) 2월에 정인홍의 고향인 합천 등지에서 이
른바 '광해군복위사건'이 일어나 또다시 큰 타격을 받았다. 이러한
것들이 누적돼 1728년 3월 정희량 조성좌 등 경상우도인들이 무신봉
기를 일으키는 큰 동인으로 작용하게 된다.

1631년(인조9)에 합천 가야의 정한(鄭澣, 50세)과 조카 정부(鄭榑),
합천 묘산의 유지수(柳之燧)·지환(之煥)과 문일광(文日光), 합천 가
야의 정인홍 조카 정류(鄭溜)·회(澮)·유(渝)·진(振), 합천 가회의
우참찬 윤선 아들 윤좌벽(尹左辟), 거창의 생원 여후망(呂後望), 성주

의 전의현감(全義縣監) 박흔(朴訢), 고령 도진(桃津)의 전 장령 박광
선(朴光先)·손자인 교생 박희집과 경집(慶集), 창녕의 성지도, 순창
양시태, 대흥(大興: 예산)의 양천식, 영천의 홍성징(洪聖澄) 등이 북
인(대북) 잔당을 규합해 폐위된 광해군의 복위를 시도하는 사건이 일
어났다. 이 '광해군복위사건'으로 박광선 정한 정부 정진 유지수 유
지환 문일광 성지도 홍성징 양환 이정 이태경 양기(전 의영직장) 김
호(전 수찬) 권의(전 옹진현령) 윤좌벽(진주판관) 등이 용산 당고개
와 군기기 앞길 및 국청에서 참수 또는 장폐(杖斃: 장살)되는 등 40
여 명이 죽고, 고용후 조이남(曺二男) 등 6명이 유배됐으며, 재산은
적몰됐고, 집은 파가저택(破家瀦澤)됐다. 성주목은 역향(逆鄕)이라고
하여 성산현(星山縣)으로 강등됐다. 인조는 고변한 충청도 옥천 사람
인 유학 조흥빈(趙興賓)을 파격적으로 당상관에 제수하고 노비와 밭
·집을 하사했다.

▲ 박광선 장령 교지: 1621년(광해13) 천계 원년 10월 8일
박광선(70세)은 1631년 광해군복위사건에 연루된다.
박광선(박정완 아들)의 외삼촌이 조성좌 5대조인 조응인이다.

조선왕조실록 1631년(인조9) 2월 3일에 다음과 같이 홍성징이 공
초한 것을 기록하고 있다.

　　"박희집(朴禧集)이 나(홍성징)에게 말하기를 '성주(星州)의 박흔(朴
訢)은 유지수의 6촌인데 나와 일을 같이 한다'고 했으며, '(곽재우 사
위인 창녕의 성이도 동생) 성지도(成至道)는 점술에 능한데, 요즘 또
국운이 불길한 것을 점쳤기 때문에 (합천의) 문일광과 (유진정의 아
들) 유지수가 합천 사람들과 거사하려 한다. 성주 초군(哨軍)의 경우
는 정담(鄭憺)이 천총(千摠)이 됐으니, 마병(馬兵) 2개 초(哨)를 강화
(江華)에 보내 옛 임금(주: 광해군)을 모셔와야 하겠다. 다만 아들이
없으니 인성군(仁城君: 선조의 7남)의 아들로 동궁을 삼아야 할 것이
다'고 했다. 전라도에서는 정여린(鄭汝麟)과 고용후(高用厚) 숙질간이
모두 우리를 따를 것이다'하면서 (광해 임금을 생각하는) 고용후의
시를 외웠다. 그가 꼭 박흔을 찾아보라고 하기에 돌아오는 길에 들렀
더니, 박흔이 말[馬] 한 마리를 주면서 '정인홍의 조카 중에 호남에
귀양 간 자가 있는데, 그 사람의 아들이 나에게 준 말이다'고 했다."
(인조실록 9년 2월 3일)

　　상기 공초에서 인조반정으로 귀양 간 정인홍 조카의 아들, 즉 정인
홍의 방계 손자가 말까지 주면서 거사를 도왔다는 것을 알 수 있다.
실록에 처형된 자가 30여 명이나 되고, 맞아 죽은 자가 10여 명, 유
배된 자가 6명, 방면된 자가 50여 명이 됐다는 기록에서, 정인홍의
방계 손자와 정인홍의 조카 정류 등도 죽임을 당했을 것이다. 처형된
정한 정진 유지수·지환 문일광 윤좌벽 등 합천 사람들이 '광해군복
위사건'의 핵심 인물이었기 때문에 합천은 역적의 고을로 혁파돼야
했지만, 혁파되지 않았다. 이는 1631년 2월 영의정인 추탄 오윤겸(楸
灘 吳允謙, 1559~1636) 등이 다음과 같이 인조에게 아뢰어 합천군수

정연(鄭沇)만 파직하는 것으로 마무리 됐기 때문이다.

> "역적의 고을인 합천은 큰 고을이고, 게다가 다스리기 어려운 고
> 을로 소문이 났는데, 이들을 제압하고 수습하는 것은 전적으로 수령
> 에게 달려 있으니, 하루라도 그 자리를 비워 두어서는 안 될 듯하다.
> 해조(該曹: 해당 관청)가 청한 대로 합천군수만 파직하고, 고을은 그
> 대로 두는 것이 참으로 옳겠다." (인조실록 9년 2월 30일)

이와 같이 인조반정과 광해군복위사건으로 북인이 도태되고 서인
이 정권을 장악하게 되자, 영남에서도 특히 남명학파에 속하는 사람
들이 대다수를 이루고 있던 진주 합천 거창 함양 산청 의령 고령 성
주 등 경상우도의 사족(士族)들이 치명적인 타격을 받았다. 경상우도
인들의 사기는 극도로 저하됐고, 관리로의 진출은 단절되고 말았으
며, 정체성도 훼손돼 갔다.

이러한 분위기를 전환시키기 위해 추진한 것 중 하나가, 1천 년 전
합천 대야성(大耶城) 전투에서 백제 장군 윤충(允忠)에게 맞서 싸우다
가 전사한 합천 출생인 죽죽(竹竹, ?~642)의 사적비 건립이다. 죽죽
은 17관등 중 13관등인 사지(舍知)였다. 현재 합천읍에 있는 '신라 충
신 죽죽지비(新羅 忠臣 竹竹之碑)'는 조성좌(曺聖佐)의 5대 종조부인
조희인(曺希仁, 상주시 사벌면 출생)이 합천군수 재직 때인 1645년
(인조23) 10월에 건립한 것이다. 글은 경주부윤(종2품)에 재직하고
있던 합천 출생인 한사 강대수가 지었다. 당시 조성좌의 고조부인 오
계 조정립은 성주목사를 그만두고 낙향하여 합천 묘산면에 기거하고
있었는데, 조정립 등이 합천 등 우도 유림들과 상의한 후, 자신의 5
촌 당숙인 합천군수 조희인에게 요청하여 건립이 성사됐을 것이다.
인조반정과 광해군복위사건으로 경상우도, 특히 합천이 역적의 땅으

로 폄훼된 것을 상쇄하기 위한 고육지책으로 죽죽 사적비를 건립했다. 하지만 그 효과는 미미했다. 조정립은 이듬해 1646년(인조24) 7월에 정주목사로 제수돼 고향을 떠나 부임지로 갔다.

삼국사기 '열전(列傳)'편에는 죽죽(竹竹)을 비롯한 을지문덕 김유신 장보고 최치원 관창 궁예 견훤 등 60명이 수록돼 있는데, 죽죽과 관련한 것은 한사 강대수((寒沙 姜大遂)가 지은 '신라 충신 죽죽비'의 내용과 대동소이하다.

"신라 선덕왕 때 백제가 1만 병사로 대야성을 침공하자, 성주 김품석이 성에서 나와 항복했다. 휘하 죽죽이 항복하지 말라고 간언을 했지만 듣지 않았다. 이에 죽죽이 잔병(殘兵)을 모아 성문을 닫고 힘껏 싸우다가 죽었으니, 슬프다. 겨울이 돼야 송죽(松竹)의 절개를 안다고 하지 않았는가. 진실로 죽죽은 그 이름을 저버리지 않은 사람이다. 공(公)은 대야인으로 찬간(撰干, 17관등 중 11관등)을 지낸 학세(郝勢)의 아들이다. 그 이름과 그 지역을 세상 사람들이 지금도 말하고 있지만, 뜻 있는 사람들은 그 (확실한) 증거가 없음을 유감으로 여겼다. 이제 군수 조희인(曹希仁)이 오래 지나면 사라져 버릴까봐 염려하여 돌을 깎아 비석을 만들어 마을 어귀에 세우니, 900년 그윽한 빛이 군수 손에 의해 마침내 드러났다. 군수의 풍교(風敎)가 어찌 적다고 하겠는가. 내가 말하건대, 이것은 (중국) 한산(寒山)에 친구의 묘에 비석을 세운 것보다 훨씬 낫다고 생각하여 적는다. 용집(龍集: 세차·歲次) 을유(乙酉, 1645년) 10월 상한(上澣: 10일) 진양 강대수(姜大遂)가 기록하다[기·記]." (신라 충신 죽죽비)

서인은 인조반정으로 정권을 잡은 후 국제정세를 무시하고 숭명반청(崇明反淸)을 펼치다가 1637년 병자호란 때 청 태종에게 굴욕적인 항복을 했다. 조선 백성 1만여 명이 청으로 끌려가게 하는 등 큰 과

오를 범했지만 권력을 유지했다. 서인은 1674년(현종15) 갑인예송(甲寅禮訟)으로 잠시 권력에서 소외됐지만 1680년(숙종6) 경신환국으로 다시 정권을 잡았고, 1682년 임술고변 때 남인에 대한 보복 문제로 노론과 소론으로 분열된 뒤, 1725년 영조 즉위부터 조선이 망할 때까지 정권을 독점하여 나라를 파탄으로 빠지게 했다. 권력은 1623년 인조반정 때부터 서인에서 노론으로 이어져 300년 동안 그들이 독점하게 된 것이다.

1623년 인조반정 뒤, 즉 무신봉기가 일어나기 100년 전 택당 이식(澤堂 李植, 1584~1647)은 "남명의 학(學: 학문)은 한 번 변하여 정인홍이 임금을 혼미하게 하여 나라(왕권)를 잃어버리게 했고, 그 해독이 지금에까지 미치고 있으니 순경(荀卿)의 문하에서 이사(李斯)가 나온 것과 다름 아니다.(택당집 권15 추록)"라고 했다. 이와 같이 승자(勝者)인 서인(노론)세력들은 정인홍을 진시황의 재상이 돼 나라를 망하게 한 이사(李斯)에 비유하는 역사 왜곡을 거리낌 없이 한 바가 있다.

무신봉기 전, 노론의 거두(巨頭)로 김상헌의 증손이며 김수항의 아들인 농암 김창협(農巖 金昌協, 1651~1708)도 "조식(曺植)은 기이한 것을 숭상한 것이 뛰어나다 하더라도, 도리(道理)가 불분명하고 심지(心地: 마음자리)도 안정돼 있지 않다. 그의 문하에 있는 자들은 대체로 기(氣: 기개)를 숭상하고 기이한 것을 좋아하는데, 심하면 정인홍이 되고, 심하지 않으면 최영경이 된다. 순경(荀子)의 문하(門下)에서 이사(李斯)가 나온 것은 근거가 없는 것이 아니다.(농암전집 권26 잡저)"라고 하면서, 조식(曺植)과 그의 대표적 제자인 정인홍 최영경을 싸잡아 힐난했다. 노론의 대표 격인 이들의 인식에서, 당시 인조

3. 무신봉기 전 경상도 사림의 실상 · 37

반정(왕위찬탈) 후 경상우도가 역적의 땅으로 매도돼 얼마나 심각한 차별을 받고 있었던가를 알 수 있을 것이다.

1682년(숙종8) 3월 27일 경상우도의 무과(武科)의 과장(科場)이 열려 좌도(左道)의 거자(擧子: 과거 응시자) 중 상피(相避: 친족끼리 같은 기관 근무 금지) 때문에 온 사람들을 시관(試官)이 관례에 따라 응시하도록 허가하자, 우도(右道)의 거자 1천여 명이 시관을 죽이겠다고 집단으로 성언(聲言: 성명)하고, 불을 지르며 돌을 던지는 사건이 일어났다. 놀란 시관이 성 안으로 도망갔는데, 거자(擧子)들이 밤에도 피리를 불며 마치 성에 들어가 죽이려는 기세로 달려들었고, 시관들이 궁검(弓劍)을 들고 스스로 지키며 연군(煙軍: 부역인)을 징발하여 성 안에서 지키고 계엄(戒嚴)하며 한 밤을 지내고서야 가까스로 진정됐다. 경상우도의 민심이 인조반정 후 매우 흉흉해졌다는 것을 보여준다.

1683년(숙종9) 6월 5일 노론의 영수인 영의정 문곡 김수항(文谷 金壽恒, 1629~1689)이 숙종에게 다음과 같이 아뢴 것에서도 중앙 정치권력에 대한 당시 영남인들의 민심과 노론에 대한 인식이 어떠했는가를 알 수 있다. 김수항은 척화파로 유명한 좌의정 김상헌의 손자로, 서울 장동(장의동)에서 세거했던 안동김씨 장동파(壯洞派)다. 안동김씨 장동파는 조선이 망하는데 일조한 세도정치(勢道政治)의 대표적 가문이다. 즉 좌의정 김상헌 → 공조참의 김광찬 → 영의정 김수흥 · 수항 → 김수항의 아들인 영의정 김창집 → 김창집 현손인 대제학 김조순(金祖淳) → 김조순의 아들인 이조판서 김유근(金逌根)과 영의정 김좌근(金左根)으로 이어진 대표적인 노론 가문이며, 김수항의 외증조부는 연안김씨인 연흥부원군 김제남(金悌男)이다.

"영남의 인심이 점점 예전과 같이 아니하여, 효종조에는 심지어 어비(御批: 비답)를 위조한 자까지 있었고, 혹은 (최영경 이발 조대 중 등이 죽임을 당한) 정여립의 옥사(獄事)를 억울한 것이라고 하며, 정인홍의 호를 칭하여 내암 선생(來庵 先生)이라고도 하니, 그 함닉(陷溺: 탐닉)함을 알 수 있다. 또한 근래에 들으니 영남 사람들이 (남인으로 1680년 경신대출척 때 죽은) 허견(許堅, 영의정 허적 서자)과 오정창(吳挺昌, 예조판서)을 역적이 아니라고 한다." (숙종실록 9년 6월 5일)

노론 영의정 김수항이 아뢴 것처럼, 영남 사람들은 온갖 죄명을 뒤집어쓰고 1623년 죽임을 당한 정인홍을 60년이 지났는데도 존숭(尊崇)하고 있었고, 노론에 의해 남인이 권력에서 배제되고 죽임을 당한 경신대출척(경신환국)은 잘못된 것으로서 수긍하고 있지 않았다는 것을 알 수 있다.

특히 1623년 인조반정 후 대제학 이식(李植)과 영의정 김육(金堉) 등 서인들이 주축이 돼 1657년(효종8)에 이른바 선조수정실록(宣祖修正實錄)을 새로 만들었다. 이 선조수정실록 1581년(선조14) 8월 1일 조에 정인홍과 동갑내기인 이이(李珥, 1536~1584)가 뜬금없이 "인홍(仁弘)은 강직하기만 하고 식견이 밝지 못하다. 용병(用兵)에 비유하자면 돌격장(突擊將)을 삼을 만한 자이다"라고 하는 등 서인 집권세력들은 그들의 영수인 율곡 이이를 앞세워 정인홍을 비하하는 역사왜곡과 날조를 자행했다. 앞서 택당 이식은 정인홍을 진시황 때 재상으로 진나라를 망하게 한 이사(李斯)에 비유한 인물이었고, 잠곡 김육은 1611년 성균관 재임(齋任)으로 있을 때 성균관 학적부인 청금록(靑衿錄)에서 정인홍을 삭제하는데 핵심적인 역할을 한 인물이었다.

인조반정 후 집권 서인세력들이 편찬한 1610년(광해2) 3월 21일 조선왕조실록에서도 사신(史臣)이 말하기를 "인홍은 이른바 조식의 수제자인데, 그 스승의 훌륭한 장점은 닮지 못하고, 다만 치우쳐 폐단이 있는 것만을 배웠다. 대저 그의 천성이 강하고 급하면서도 사나워 발끈 성을 내며 자신을 깨끗이 하려고 하니, 기절(氣節)이 남을 헐뜯는 것으로 변했다. 좌도(左道)는 유성룡을 주장(主將)으로 삼아 언론이 투박하고, 우도(右道)의 고령(高靈) 이하는 인홍을 주장으로 삼아 언론이 포악했는데, 인홍의 문도(門徒)들로 말하면 더욱 무뢰배가 많아 말은 요(堯) 임금처럼 하지만 행동은 도척(盜跖: 큰 도둑)처럼 했다."

이처럼 이긴 자인 서인(노론)세력들이 정인홍과 정인홍 문인들을 왜곡·날조 및 폄하하는 글을 '수정실록'이라는 미명 하에 새로 편찬하여 자신들의 이념과 가치를 강요했지만, 노론 영의정 김수항이 아뢴 것처럼 영남 사람들은 정인홍을 존경하고 있었던 것이다. 정인홍의 호(號) '내암(來庵: 초막으로 옴)'과 자(字) '덕원(德遠: 덕이 깊음)', 강학을 하던 집의 당호(堂號)인 '부음정(孚飮亭)'에서 보듯이, 정인홍은 소박한 낭만주의자였고, 1606년 스승 남명을 옹호하는 명문(名文) '고풍정맥변(高風正脈辨)'을 지은 문장가(文章家)였다.

문무자 이옥(文無子 李鈺, 1760~1813)이 1799년~1800년 삼가현과 합천군을 여행하며 보고 느낀 것을 적은 '봉성문여(鳳城文餘)'에도 합천 등 경상우도의 사람들은 집권 서인세력과 달리 정인홍을 존숭하고 있었고, 가해자인 서인에 대한 분노와 지역민의 소망을 증언하고 있다. 정인홍이 처형된 지 100년이라는 세월이 흘렀는데도, 지역민들에게 존경과 그리움 및 한(恨)의 대상으로 남아 있었던 것이다. 정인홍의 초상화(영정)는 무신봉기 후 정인홍의 증손이 인심(人心)을 현혹하고 있다고 하여 1729년(영조5) 4월 9일 장살될 때 불태워진 것으로 판단된다.

> "정인홍은 본래 합천사람이다. 합천사람들이 전하는 말에, '가야산에 풀이 마른 뒤에 인홍(仁弘)이 태어났다'고 한다. 그가 죽은 뒤에 띠집이 그 옛터에 있었고, 그 띠집 안에 인홍의 초상화가 있었다. 마을 백성들은 두려워하며 받들어 모시기를 음사(淫祠: 합당하지 않은 사당)와 같이 한 것이 100여 년이었다. 마침 합천군수가 이곳을 지나다가 이 사실을 물어서 알고, '죽은 역적이 무슨 사당인가'하고 불을 지르도록 명했다. 집에 불을 지르자 집이 타버렸고, 초상화에 불이 붙지 않고 바람이 휙 불어 들려 올라가 마치 귀신이 있는 듯 했다. 군수가 성을 내며 초상에다 돌을 눌러 불을 지르니 비로소 불이 붙었다. 얼마 안 돼 군수의 처자식들이 모두 병으로 죽었고, 군수 또한 마침내 법(法)에 걸려 죽었다. 합천사람들은 지금까지 불 때문에 부른 화(禍)라고 여기고 있다. 생각하건데 귀신이 있다고 한 그 말은 반드시 진실로 말한 것은 아닐 것이다. 그러나 또한 기이하구나! 그 초상화는 늙은 여우를 닮았다고 한다."(봉성문여 정인홍상 · 鄭仁弘像)

경기도 시흥 출생으로 소북(小北) 계열인 이옥(李鈺)은 정조의 문체반정(文體反正)에 걸려, 1799년 10월에 삼가현(三嘉縣)으로 귀양(충군)와 1800년 2월까지 삼가읍성 서쪽 밖 시장통(합천군 삼가면 하금리)에 있는 주막에 기거했었다.

한편, 퇴계 이황(退溪 李滉)의 학파에 속하는 사람들이 대다수인 안동 예천 의성 등 경상좌도의 사족(士族)들도 차별을 받았다. 경상좌우도는 서인(노론)과 오랫동안 대척점에 있던 북인과 남인의 본거지였기 때문이다. 경상도 사족들이 어렵게 등용이 됐다고 하더라도

판서 이상 의정부의 관직에는 임명되지 않는 등 승진과 보직에 있어
많은 제한과 차별이 가해졌다. 특히 1623년 인조반정 후 정인홍이
처형되는 등 큰 피해를 당한 경상우도는 필연적으로 관계(官界)로의
등용문이 더욱 어렵게 됐다. 시간이 갈수록 경상우도인은 좌도인과
달리 군수 이상의 관직에도 승진하기가 어렵게 되는 상황으로 급변
하게 된다.

1650년(효종1) 6월 8일 서울 출생인 대교(待敎, 정8품) 조사기(趙
嗣基, 34세)가 효종(32세)에게 다음과 같이 아뢨다.

> "(인조반정 후) 불행하게도 사론(士論)이 잘못 일어 영남 선비들
> 중 태반이 삭적(削籍)됐거나 정거(停擧)됐기 때문에 이렇게 큰 경과
> (慶科)에 올 수가 없는 것은 잘못된 일이다. 신(臣)이 예문관에 근무
> 하고 있어 선비들의 일을 알 수가 있어 정거를 풀도록 간통(簡通: 소
> 통)하려고 했던 것이다." (효종실록 1년 6월 8일)

그러자 시독관(侍讀官, 정5품) 조한영(曺漢英)과 승지(承旨, 정3품)
이래(李秾)가 효종에게 아뢴다.

> "(조사기와 같은) 사관(史官)은 사실을 기록할 뿐이지 아뢰는 일은
> 그의 직임이 아니다. 게다가 아뢴 말이 매우 외람된다. 어떻게 동료
> 들에게 간통한 일을 상달할 수 있단 말인가. 또 사문(斯文: 유교)에
> 죄를 얻은 선비는 큰 경사라 하더라도 과거(科擧)에 나가도록 허락해
> 서는 안 된다. 조사기(趙嗣基)를 추고(推考: 심문)해야 한다." (효종실
> 록 1년 6월 8일)

이것을 보면, 1623년 인조반정 후 경상도(영남) 사림들이 얼마나

어려운 처지에 빠져 있었는가를 쉽게 가늠해 볼 수 있을 것이다.

남인 계열인 조사기(1617~1694)는 현종 비(妃) 명성왕후(明聖王后, 조부: 영의정 김육)를 명종의 어머니 문정왕후(文定王后)에 비교한 1680년(숙종6) 경신환국(庚申煥局) 때의 상소가 문제가 돼 명성왕후를 모욕했다는 탄핵을 받고, 1694년 갑술환국으로 남인이 대거 축출될 때 무려 10차례의 형문을 받고도 승복하지 않고 능지처사된 인물이다. 이때 이조참판 이현일(68세)은 조사기를 구하려다 관작이 삭탈되고 함경도로 홍원(洪原)으로 유배된다.

1659년 효종이 41세에 죽자, 인조의 계비(繼妃)인 자의대비(慈懿大妃) 조씨(趙氏)의 상(喪)을 1년인 기년(朞年)으로 할 것을 주장한 송시열(宋時烈, 1607~1689)·송준길(宋浚吉, 1606~1672)·김만기(金萬基, 1633~1687) 등 서인과, 3년상(喪)을 주장한 윤휴(尹鑴, 1617~1680)·윤선도(尹善道, 1587~1671)·허목(許穆, 1595~1682)·권시(權諰, 1604~1672) 등 남인과의 기해예송(己亥禮訟)이 일어났다. 송시열 등 서인은 차남인 효종이 장남 소현세자를 제치고 왕이 됐다고 해도 사대부 예법처럼 차남인 것은 변함이 없기 때문에 3년이 아닌 1년상이 맞는다고 했다. 즉 왕으로 대접하지 않겠다는 것이었다. 첨예한 대립 끝에 송시열 송준길 등 서인이 승리하자, 1660년 부호군(副護軍) 윤선도는 함경도 삼수군(三水郡)으로 유배되고, 장령(掌令) 허목은 삼척부사로 좌천되며, 정희량의 외증조부인 우윤(右尹) 권시는 파직된다. 1661년에는 남인 지중추부사(知中樞府事) 조경(趙絅, 1586~1669)이 윤선도를 변호하다가 파직되는 등 집권세력인 서인과 비주류인 남인 사이에 갈등이 증폭되고 있었다. 이처럼 이른

바 예송이 왕위 정통성 및 권력 주도권과 관련된 주요한 논쟁으로 비
화된 것이다.

이런 상황에서, 1660년(현종1) 11월 11일 노론인 시독관(정5품) 이
민서(李敏叙, 28세)는 현종(20세)에게 다음과 같이 아뢴다.

> "선조 임금 때는 호남과 영남 인물들이 조정에 늘어섰기 때문에
> 세상에서 영호남을 인재의 부고(府庫)라고들 했는데, 지금은 영호남
> 사람들이 조정에서 벼슬하고 있는 자가 매우 적으니, 이렇게 매몰시
> 켜서는 안 된다."(현종실록 1년 11월 11일)

1589년(선조22) 정여립사건과 1623년 인조반정 전에는 영호남 인
재들도 차별없이 등용이 됐지만, 17세기 중반이 되면서 상황이 바뀌
게 된 것을 아뢴 것이다. 이처럼 이민서가 영호남 남인들의 등용을
임금에게 청했지만 실현되지 않았다. 호남에서는 해남 강진 무안 나
주 정읍 고창 남원 영암 등지의 남인과 소론이 특히 차별을 많이 받
았다. 서울 출생인 이민서(1633~1688)는 강직한 성품으로 인해 정
승에는 오르지 못하고 대제학 및 이조·호조판서 등을 역임한 인물
로, 아버지가 영의정 백강 이경여(白江 李敬興)다.

1674년(현종15) 2월 현종의 어머니이며, 현종의 아버지인 효종의
비(妃) 인선왕후(仁宣王后, 57세)가 사망했다. 이에 당시 51세인 인조
의 계비 대왕대비 조씨(趙氏, 효종 계모)의 상복(喪服)을 송시열 김수
흥(金壽興) 등 서인들은 9개월 대공복(大功服)을, 허적(許積) 허목 윤
휴 등 남인들은 1년을 입어야 한다는 기년복(朞年服)을 주장하는 2차
예송인 갑인예송(甲寅禮訟)이 일어났다. 그러자 현종은 "아버지 효종

을 인조의 둘째 아들로 보는 송시열 등의 대공복제(大功服制)는 잘못
된 것"으로 판결해 버렸다. 이로써 김수홍 송시열 등 서인들이 정계
에서 잠시 축출되고, 허적 허목 윤휴 등 근기 남인이 정권을 잡기 시
작했으나, 그해 8월에 현종이 31세 꽃다운 나이에 갑자기 죽고, 현종
의 장남인 숙종이 14세 어린 나이에 즉위함으로써 송시열을 정점으
로 하는 서인은 와해되지 않고 기득권을 유지하게 된다.

　서인과 남인의 이러한 차이는, 송시열 등 서인은 사계 김장생(沙溪
金長生, 1548~1631)으로부터 이어지는 예학적 전통 속에서 주자(朱
子)의 주자학(성리학)을 절대 신봉하여 서인(노론) 중심의 체제를 유
지함과 동시에 인조반정의 정당성을 제고하려고 했고, 윤휴 등 남인
은 공자·맹자의 원시유학인 시경 서경 역경 춘추 등 육경(六經)을
중시하면서 고학(古學)으로 회귀하고자 했기 때문이다. 또 권력구조
에서도 서인은 왕(王)도 같은 사대부라는 신권(臣權) 중심을, 남인은
왕권(王權) 중심의 성향을 띠면서 양반 사대부 중심의 질서를 변혁하
여 좀 더 평등한 사회를 건설하려고 했기 때문이다. 서인들은 이른바
인조반정으로 왕을 갈아치운 뒤, 그들에게는 명나라 황제가 임금이
었고, 조선 왕은 신하인 제후에 불과하므로 왕과 사대부는 같은 계급
이라는 인식을 가지고 있었던 것이다.

　2차 예송 승리로 정계에 다수 포진하게 된 남인은 1675년(숙종1) 6
월 서인의 거두인 송시열의 처리에 대해 강경파인 허목 윤휴 권대재
(權大載) 오정창(吳挺昌) 이무(李袤) 조사기(趙嗣基) 등 청남(淸南)과,
온건파인 허적(許積) 권대운 심재(沈梓) 민희(閔熙) 민점(閔點) 김휘
(金徽) 목내선(睦來善) 등 탁남(濁南)으로 갈라지게 된다. 앞서 청남
(淸南)은 정구 및 이원익에서, 조경·허목 → 윤휴로 이어졌고, 그후
영조와 집권 노론세력들의 차별과 억압 속에서도 이익·오광운 → 채

제공으로 이어진다. 그러나 탁남은 1694년 갑술옥사와, 특히 1728년 무신봉기 때 민희 손자인 민원보 등 탁남의 후손들이 적극 가담하면서 쇠락해버린다.

1788년(정조12) 11월 노론 형조판서 윤시동(尹蓍東, 60세)이 퇴계 학맥을 계승한 옥천 조덕린(玉川 趙德隣, 1658년~1737)을 조태구(趙泰耈) 유봉휘 김일경 박필몽과 같은 '기사(1689년)·무신년(1728년)의 남은 종자'에 비유하는 극단적인 상소를 올린다. 이에 대해 남인(청남) 우의정 채제공(69세)이 "윤시동의 '기사·무신년의 남은 종자'라는 말은 실로 당론(黨論)이 생긴 이래 가장 심한 일망타진(一網打盡)의 계략이며, 허적 허견(許堅) 등 탁남과 기사환국의 김일경·무신란의 박필몽은 같은 무리이지만, 자신을 비롯한 허목 유하익(俞夏益) 이만원 박태보 조덕린 등 청남은 다른 당이다"라고 영조에게 아뢨다. 채제공이 이렇게 아뢴 것은 근기 남인(청남)의 정치적 입지 강화를 위한 것이기 때문에 남인을 청남과 탁남으로 구분하는 것은 별 의미가 없다고 할 수 있다.

2차 예송의 승리로 남인이 득세한 지 6년이 지난 뒤인 1680년(숙종6) 4월에 경신환국이 일어났다. 허적(許積, 1610~1680)이 궁중의 '유악(油幄), 즉 '비가 새지 않도록 기름을 칠한 천막'을 함부로 사용한 이른바 '유악사건'이, '허견(許堅, 허적 서자) 역모사건'으로 비화돼 영의정 허적, 이조판서 윤휴, 정희량 외조부인 대사간 권기(權愭), 민원보 조부인 좌의정 민희, 이익 아버지인 대사헌 이하진 등 남인들이 송시열 김수항 김석주 등 서인들과 숙종에 의해 대거 축출된다. 허적 윤휴 허견 오정창 복창군(福昌君) 복선군(福善君) 복평군

(福平君) 등 1백여 명이 죽임을 당하고, 허목은 관작삭탈되며, 서인인 김수항 김수흥 김석주 정지화(鄭知和) 남구만(南九萬) 등이 집권함으로써 기대했던 경상도의 인재 등용은 수포로 돌아갔다. 노론의 당수인 송시열과 달리 북벌론자이며, 집권 노론세력과 달리 양반 사대부도 군대(軍隊)에 가는 '군역(軍役) 의무'를 주창한 윤휴(尹鑴)의 죽임은, 남인뿐만 아니라 조선 백성에게 큰 손실이었다. 양반 중심의 신분체제까지 변화시키려고 한 윤휴가 송시열 등 노론에게는 눈에 가시같은 존재였다. 1636년(인조14) 송시열(30세)이 "내가 윤휴(20세)와 사흘간 학문을 토론해 보니, 우리의 30년 독서는 참으로 가소롭기 그지없다"고 했을 정도로 총명하고 개혁적이었던 윤휴는 이렇게 보복을 당한 것이다.

1년 후 1681년(숙종7)에는 남인들의 강력한 반대에도 불구하고, 인조반정 2년 뒤인 1625년에 서인들이 처음으로 제기했던 율곡 이이(栗谷 李珥, 1536~1584)와 우계 성혼(牛溪 成渾, 1535~1598)의 문묘(文廟) 종사가 56년 만에 성사되자, 서인 대 남인 양 계파간의 갈등과 다툼은 최고조에 이른다. 거기다가 1682년(숙종8) 임술년에 집권세력인 서인은 김익훈의 임술고변(壬戌告變) 처리문제로 노론과 소론으로 분파되는 등 안개정국으로 치닫게 된다.

급기야 경신환국이 있은 지 9년 후인 1689년(숙종15)에 기사환국(己巳換局)이 일어났다. 이 환국으로 인현왕후가 폐위된 후 희빈장씨(禧嬪張氏, 1659~1701)가 왕비로 책봉되고, 노론인 송시열 김수항 등은 사사되며, 김익훈 박태보(朴泰輔) 등은 고문으로 죽고, 김수흥 이이명(李頤命) 등은 축출됐다. 권대운 심재(沈梓, 심성연 증조부) 목내선 민종도 여성제(呂聖齊) 김원섭(金元燮, 권기 사위) 등 남인(주로 탁남)이 다시 정권을 잡게 됨으로써 노론과 남인 사이에 더욱 첨예하게 권력투쟁이 진행됐다.

5년 뒤 1694년(숙종20) 갑술환국(甲戌換局)으로 권대운 이현일 이의징 민암 목내선 유명현 등 남인이 완전히 정권에서 배제되고, 왕비인 장씨를 희빈(후궁)으로 강등시킨 후 인현왕후가 복위됐다. 김창집 이이명 서문중 남구만 박세채 등 서인 분파인 노론 대부분과 소론 일부가 집권하게 되자, 그나마 미미하게 중앙으로 진출해 있던 안동 등 경상좌도의 남인들마저 밀려나는 형국이 돼 버렸다. 권력 핵심에 있었던 근기(近畿) 남인을 비롯한 전라·충청도 등지의 남인 역시 중앙 권력으로부터 멀어지게 된 것이다. 이제는 남인이 대부분인 경상도는 좌우도(左右道) 가릴 것 없이 중앙에 진출하여 벼슬을 하는 사람이 없다시피 했다. 특히 정인홍과 직접적인 관련이 있는 경상우도는 말할 필요조차 없었다.

이는 1711년(숙종37) 9월 5일 당시 소론으로 수찬(修撰, 정5품)에 재직하고 있던 정식(鄭拭, 48세)이 숙종(51세)에게 "근래에는 영남인을 전혀 등용하지 않았기 때문에 도내(道內)에서 문과에 급제한 사람이 매우 많지만 수령과 독우(督郵: 찰방)가 된 사람만 겨우 몇 명뿐이고, 심지어 선정신(先正臣) 이황 및 이언적(李彦迪)의 후손도 조금의 녹(祿)도 받지 못하고 있으니, 참으로 개탄스럽다"고 아뢴 것에서 잘 알 수 있다. 여기에서도 경상우도의 종장(宗匠)인 조식(曹植)의 후손에 대해서는 언급조차 없다.

그후 1716년(숙종42) 7월 11일 노론인 부수찬(종6품) 김재로(35세)가 "1705년 1월에 문학 정식(鄭拭)이 (노론의 거두인) 이이명과 조태채가 탐오(貪汚)한 일을 저질렀다고 탄핵하는 상소를 했는데, 정식의 이 상소는 모함이었다"는 상차(上箚: 상소)를 올려, 좌부승지 정식(53세, 영일정씨)은 평안도 덕천군으로, 소론 강경파인 도승지 유봉휘(柳鳳輝, 58세)는 평안도 영변부(寧邊府)로 귀양을 가게 된다.

　1717년(숙종43) 8월 9일 경상좌우도 감시(監試)의 초시(初試)가 열렸는데, 좌우도 유생 수백 명이 시장(試場)의 입장을 막고, 또 능장(稜杖)을 가지거나, 돌을 마구 던지며 가로막아서 들어가지 못하게 하여 파장(罷場)되는 사건이 일어났다. 20여일 전, 숙종 임금이 좌의정 이이명(李頤命)과 독대하여 동궁(경종) 대신 연잉군(영조)을 왕세자로 책봉하려는 것에 대한 반발이었다. 유생들은 과거(科擧)에 응시할 수 없다고 하면서, 동궁을 보호하고 이이명을 탄핵해야 한다는 소장(疏章)을 올려 임금에게 아뢰어야 한다는 명분으로 과거 시험장을 봉쇄한 것이다. 그날 좌우도(左右道) 고관(考官)이 "8월 1일부터 왕세자(경종)가 대리청정을 이미 하고 있다"는 숙종의 비망기(備忘記)를 게시(揭示)했는데도 유생들의 저항으로 파장(罷場)됐다. 1682년(숙종8) 3월 27일 경상우도의 무과(武科)의 과장(科場)에서 우도(右道)의 거자(擧者) 1천여 명이 집단으로 과거시험을 거부한지 35년 만에 또다시 발생한 것이다.

　주동자는 상주의 유학 이행원(李行遠) 여용빈(呂用賓) 이인지(李麟至) 홍도전(洪道全) 김국채(金國采) 김창흠(金昌欽) 하대익(河大益) 황성하(黃聖河) 강석하(姜碩廈)·석범(碩範), 성주 유학 이동후(李東垕) 도영원(都永遠), 고령 유학 이석우(李錫祐), 문경 유학 이만필(李晚苾), 안음 유학 오용징(吳龍徵), 초계 유학 장석현(張碩玄), 삼가 유학 정상(鄭祥) 윤종우(尹宗宇)·종유(宗儒) 등이다. 상소문은 경상좌도의 칠곡 유생(儒生) 김승국(金升國)과 우도의 상주 유생 황종준(黃鐘準)을 소두로 임금에게 올렸지만 받아 들려지지 않았다. 특히 상주의 이행원 이인지 김창흠 하대익 황성하 강석하·석범과 삼가의 정상 윤종우·종유는, 희빈장씨를 신원하고, 노론 유학 임창(任敞) 등을 추륙(追戮)하자는 1724년(경종4) 4월 24일의 갑진소(甲辰疏)에도 참여한다. 이 과거시험 거부사건에서 상주 성주 고령 문경 안음 초계 삼가 등 우도뿐만 아니라, 좌도인 칠곡 유생들도 노론 중심의 정국운영에 대한 불만이 팽배해 있었다는 것을 알 수 있다.

이처럼 1623년 인조반정 이후부터 심화되기 시작한 경상도 사림에 대한 차별과, 노론 대 남인·소론과의 권력투쟁은 숙종 때 이르러 더욱 고착화되기 시작했으며, 경종이 집권한 시기에도 별로 달라지지 않았다.

경종1년 1721년 5월 11일 소론인 경상감사 조태억(趙泰億, 47세)의 다음과 같은 상소를 보면, 경상도 사림에 대한 차별의 정도가 얼마나 심각했는가를 알 수 있을 것이다.

> "영남은 본디 인재의 부고(府庫)로 일컬어져 국조(國朝)의 융성한 시대에 조정에 가득한 공경(公卿)이 대부분 영남 사람이었으나, 근래에 인재의 배출이 진실로 옛만 같지 못하지만 국가에서 거두어 쓰는 것도 또한 매우 드물다. 영남인으로서 문과에 급제한 사람이 80여 명의 다수를 차지하고 있으나, 벼슬을 하여 국가의 녹(祿)을 받는 자가 없음을 지적하고, 속히 전조(銓曹: 이조·병조)로 하여금 널리 찾아 물어서 재능에 따라 골고루 등용해야 한다." (경종실록 1년 5월 11일)

그러나 당시의 권력구조가 바뀌지 않은 상황에서 단지 빈 말에 그칠 뿐 아무런 실효를 거둘 수가 없었다. 이는 앞에서 언급한 조태억의 상소를 수용하지 않은 것에 대해, 사신(史臣)이 "빈말로 돌아갔으니, 정말 개탄스럽다"고 평가한 것에서 여실히 확인된다.

사신(史臣)은 말한다. "영남의 문관 및 선현(先賢)의 후예들은 매번 재질에 따라 조용(調用: 등용)하게 했지만, 정관(政官: 인사담당)이 색목(色目: 당색)에 구애받고, 또 사사로운 청탁을 따라 끝내 실효가 없었다. 조태억의 소청(疏請)도 또한 빈말로 돌아갔으니, 정말 개탄 스럽다." (경종실록 1년 5월 11일)

1725년(영조1) 5월 20일에는 인현왕후의 동생으로 노론의 대표적 인물인 좌의정 민진원(閔鎭遠, 62세)까지 나서서 영조(32세)에게 아뢴다.

"영남은 인재의 부고(府庫)이니, 문관(文官)·남행(南行: 음직)·무관·유생을 막론하고 특별히 수용해야 한다." (영조실록 1년 5월 20일)

1726년(영조2) 5월 13일에도 경상도의 참담한 실상을 증언하고 있다. 역시 노론의 대표적 인물인 유척기(俞拓基, 36세)가 경상감사로 부임하기 위해 영조에게 하직 인사를 하면서 아뢴 것이다.

"영남에는 문무(文武)의 전직(前職)을 가진 자가 심히 많아서 문신 (文臣)만 보더라도 그 수효가 거의 100명에 이른다. 그들은 모두 어려서부터 글을 읽어 간신히 과거에 합격하여, 혹은 겨우 한 고을을 얻고는 그만둔 자도 있고, 혹은 겨우 6품에 나갔다가 그만둔 자도 있어, 먼 지방의 인사(人士)가 거의 다 구석을 향해 억울한 탄식을 하고 있는 실정이다. 아직도 별다르게 시행되지 못하고 있으니, 다시 양전(兩銓: 이조·병조)에 분부하는 것이 옳을 것이다." (승정원일기· 조선왕조실록 영조2년 5월 13일)

경상도 사람의 관직 등용이 무척 어려웠기에 때문에 목숨을 건 사화(士禍)가 빈번하게 일어나는 살벌한 정치현실 속에서, 노론 실세

(實勢)인 좌의정과 경상감사까지 나서서 영남인의 등용을 청하고 있
는 것이다. 이렇게 청을 해도 효과가 없자, 1727년 7월 13일 소론인
이조판서 모암 오명항(慕菴 吳命恒, 1673~1728. 9.10)은 희정당(熙
政堂)에서 영조에게 다음과 같이 주청한다. 오명항은 인조 때 영의정
을 지낸 오윤겸(吳允謙)의 현손이다.

> "영남은 인재의 부고(府庫)인데, 지금은 단지 (영천 출생) 나학천
> (羅學川) 한 사람만이 정3품 이상인 당상(堂上)으로 있고, 옥당(玉堂)
> 에는 (영양 출생) 조덕린(趙德隣) 등 몇 사람밖에 없으니, 영남의 원
> 망이 심하지 않겠는가. 폭넓게 인재를 등용해야 한다."(영조실록 3년
> 7월 13일)

그나마 영천 영양 등 경상좌도 출생은 당상관에 한 명, 홍문관에
몇몇 근무하고 있었지만, 진주 합천 함안 고령 상주 등 경상우도 출
생의 관직 등용은 눈 씻고 봐도 찾을 수 없었다. 1727년 7월 당시 나
학천(70세)은 정3품 형조참의에, 조덕린(70세)은 종3품 집의(執義)에
재직하고 있었고, 외직에는 상주 출생으로 1710년(숙종36) 문과에
합격한 청대 권상일(淸臺 權相一, 49세)이 만경현령(縣令)에 재직하
고 있었다. 그후 권상일은 1758년(영조34)에 대사헌에 제수되는 등
노론정권 하에서 벼슬살이를 하게 된다. 권상일은 재수 황익재(再叟
黃翼再)·성호 이익 등과 교유한 인물이다.

1728년(영조4) 1월 20일 소론인 이조판서 아곡 이태좌(鵝谷 李台
佐, 1660~1739)도 영조(35세)에게 아뢴다.

> "영남은 5현(五賢) 중 4현이 영남인이었으나, 당론이 생긴 후로 재

주에 따라 조용(調用)하지 못했고, 국가가 영남을 버린 지가 오래됐
다. 필히 등용해야 한다." (영조실록 4년 1월 20일)

이렇게 효종 때부터 영조가 즉위한 지 4년이 지난 시점이 될 때까
지 80년 동안 끊임없이 경상도에 대한 실질적인 대책을 수립하도록
요청했으나 실행되지 않았다. 다만 오명항 이광좌 이태좌 등 소론 계
열 인사들을 중심으로 영남 민심이반에 대해 근심·걱정만 하고 있
었다. 이런 비정상적인 상황이 무신봉기가 일어나는 하나의 동인(動
因)이 됐음은 물론이다.

이와 같은 어려운 사정은 경기도 여주에서 무신봉기에 참여하여
국문 후 처형된 조관규(趙觀奎)가 무신봉기 후 영조에게 공술한 것에
서도 여실히 나타나 있다. 1728년 5월 7일 창덕궁 인정문(仁政門)에
서 영조가 직접 무신봉기에 연루된 조관규(48세)를 국문(鞫問)하자,
조관규가 4월 11일 능지처사된 7촌 조카인 조상(趙鏛, 25세)의 말을
인용하여 다음과 같이 공술(진술)한다. 조상은 문과에 급제하여 종6
품 부사과(副司果)를 역임한 인물이다.

"조상(趙鏛)이 어느 날 달밤에 나(조관규)를 찾아와서, '과거(科擧)
에 급제해도 사람된 직책을 얻지 못하니, 노론이 되지 않으면 남쪽
월(越)로 달아나거나 북쪽 호(胡)로 달아나는 수밖에 다른 방책이 없
다'고 말했다." (영조실록 4년 5월 7일)

조관규와 조상(趙鏛)의 말처럼, 노론이 아니고서는 살 수가 없어
춘추전국시대의 월나라나 호나라로 가야만 하는 현실! 이것이 1728
년 조선후기 집권당인 노론에 의한 차별과 홀대로 세력을 잃은 경기

도 남인을 비롯한 경상·충청·전라·강원도 등지의 남인과 소론의
참담한 자화상이었다.

조상 조관규 조명규(45세) 조일규(趙一奎)는 1728년 무신봉기 때
모두 처형된다. 조일규는 조성좌의 조카뻘인 조행검(曺行儉, 1720~
1804)의 장인이다. 무신봉기 때 조행검의 아버지인 조명좌(曺命佐)가
일족인 조성좌·정좌 등과 합천 묘산에서 기병하여 조성좌·정좌·
정임·석좌 등과 함께 처형되는 등 문중이 풍비박산됐다. 조일규(조
관규 형) 문중 역시 무신봉기 때 8명이 장살(杖殺)되는 등 큰 참화를
당했는데도, 무신봉기 뒤 조일규의 딸이 조성좌의 7촌 조카인 조행
검에게 시집을 온 것으로 창녕조씨족보에 등재돼 있다. 이는 조일규
의 증조부인 만한 조수익(晚閑 趙壽益, 1596~1674)이 조행검의 5대
(6세) 조부인 오계 조정립(梧溪 曺挺立, 1583~1660)과 당색도 같고
교분이 있었기 때문이다. 조수익은 예조참판을 역임했는데, 그의 외
조부가 서애 유성룡이다.

1623년 인조반정과 1694년 갑술환국 이후 노론이 권력을 독점하
여 노론을 중심으로 하는 중요한 지위에 있는 사람들은 특별대우를
받아 재능이 있고 없음을 가리지 않고 빨리 등용됐다. 그러나 경상도
는 이러한 차별이 심각한 곳이었다. 특히 요집조권(遙執朝權), 즉 멀
리(합천) 있으면서 국정에 영향력을 행사하던 정인홍이 궁정반란(인
조반정)으로 처형된 후, 합천 삼가 초계 거창 안음(안의) 산음(산청)
함양 진주 사천 함안 고령 성주 등 경상우도 사림에 대한 조정(朝廷)
의 차별은 극심하여 우도는 절망 상태였다. 비록 과거에 급제해도 5
품 이상의 관직에도 올라가기가 쉽지 않았다. 우도 사람들은 노론세

력이 장악한 국가에 대해 더 이상 아무런 기대도 하지 않게 된다.

중앙 관료로 진출하는 길이 막혀버린 경상도 등지의 실세(失勢) 사대부들은 선조(先祖)들의 빛바랜 권위를 앞세워 그들이 소유하고 있는 농장을 토대로 향촌에서 기득권을 유지했다. 그러나 비생산적인 소비생활과 양반 사대부로서의 체면을 지키기 위한 지나친 혼례 및 상례 등 낭비와, 집안 재산의 자녀 균등상속 등은 그들의 경제생활을 더욱 어렵게 만들었다. 또한 여러 대(代)에 걸쳐 벼슬길로 나가지 못해 정치적 위상은 약화돼 갔다.

이처럼 노론정권 하에서는 더 이상 희망이 없었던 경상도와 근기·충청·전라·강원도 등지의 남인과 소론 및 소북 사대부들은 사회 갈등 분위기를 매개로 하여 지역과 계층을 뛰어넘어 당색 혈연 학맥을 중심으로 동조자를 규합하는 등 무신년 거사를 준비하기에 이른다. 이제는 힘으로, 무력으로 상황을 타개해야 한다는 공감대가 형성되고 있었던 것이다.

지금까지 알려진 내암 정인홍의 문인(門人)으로는, **합천**의 문경호(文景虎) 문홍도(文弘道) 강익문(姜翼文) 박이장(朴而章) 문려(文勵) 조응인(曺應仁) 유진정(柳震楨) 조정립(曺挺立) 조정생(曺挺生) 하혼(河渾) 박인(朴絪) 배명원(裵明遠) 주국신(周國新) 정인준(鄭仁濬) 정덕지(鄭德止) 유세훈(柳世勛), **삼가** 이흘(李屹) 권양(權瀁) 박사제(朴思濟) 윤선(尹銑) 송원기(宋遠器) 임진부(林眞怤), **초계** 전우(全雨) 이대기(李大期) 김영(金瑛), **거창** 유중룡(柳仲龍) 형효갑(邢孝甲) 전팔고(全八顧), **안음** 정온(鄭蘊), **산청** 오장(吳長) 유경갑(劉慶甲) 한대기(韓大器), **함양** 정경운(鄭慶雲) 노사상(盧士尙) 강린(姜繗), **진주** 성여신(成汝信) 정승훈(鄭承勳) 하성(河惺), **사천** 이대일(李大一), **함안** 이정(李

瀞) 오여은(吳汝穩) 오익환(吳益煥), **의령** 이종욱(李宗郁) 곽재기(郭再祺) 유활(柳活), **고령** 박광선(朴光先) 박종주(朴宗冑) 박종윤(朴宗胤), **성주** 이지화(李之華) 성변규(成辨奎), **현풍** 박성(朴惺) 곽준(郭越) 등 100여 명이다.

▲ 1958년 중건한 정인홍의 부음정(孚飮亭): 경남 합천군 가야면 야천리
'부음(孚飮)'은 주역 64괘의 끝자락인 상구(上九)에 있는 유부우음주(有孚于飮酒) 무구(無咎)", 즉 "믿음[孚]을 가지고 술을 마시면[飮] 허물이 없다[無咎]"는 뜻으로, "믿음과 신뢰가 정치의 근본이다"는 정인홍의 철학을 알 수 있다.

4. 이인좌 박필현 정희량 조성좌의 가계

　남인 계열인 이인좌(李麟佐, 1695~1728)는 을해생(乙亥生)으로 세종 임금의 11세손이다. 이인좌는 선대 때부터 청주목 송면(松面)인 현재의 괴산군 청천면 송면리 일원에서 살고 있었다. 청천면은 노론의 영수인 송시열을 제향한 화양서원이 자리잡고 있는 곳으로, 이인좌는 노론의 성지(聖地)나 다름없는 이곳에서 그들의 위세와 횡포를 보며 자랐다. 전주이씨 선파(璿派)인 이인좌의 증조부는 이조참판을 역임한 취죽 이응시(翠竹 李應蓍)이고, 조부는 1694년 갑술환국 때 노론에 의해 귀양 간 전라감사 이운징(李雲徵)이다. 이운징의 형인 이의징(李義徵)은 형조판서·훈련대장 등을 역임했는데, 갑술환국 때 거제도로 유배된 후 사사됐다.

　이운징의 장인은 숙종 초에 근기 남인으로 영의정을 지낸 권대운(權大運)이고, 이운징의 사위, 즉 이인좌의 고모부는 윤선도의 후손인 해남군 해남읍의 윤흥서(尹興緖, 1662~1733)와 박팽년의 후손인 달성군 하빈면의 박명정(朴命鼎, 1673~1737) 두 사람이다. 윤흥서의 동생은 자화상으로 유명한 공재 윤두서(恭齋 尹斗緖, 정약용 외조부)이고, 그의 증조부가 고산 윤선도(孤山 尹善道, 1587~1671)다. 고산은 이인좌의 외증조부인 한성판관 조실구(曺實久, 1591~1658)의 묘비글을 1666년(현종7)에 지었고, 남명 사숙인(私淑人)으로 하동군 옥

종면 출생인 하홍도(河弘度)가 1666년 사망하자 만사(挽詞)를 짓는
등 자신과 당색이 같은 영남 남인들과 친분이 깊었다.

이인좌는 남인이 축출된 1680년 3월의 경신대출척 때 서인에게 사
사된 백호 윤휴(白湖 尹鑴)의 손자사위기도 하다. 또한 이인좌는 자
신의 고향인 송면 지역과 인접한 문경 가서면(加西面) 일원에서 영남
거부(巨富)로 명성을 날리던 조하주(曹夏疇, 1650~1725)의 외손자
다. 당색이 남인(南人, 청남)인 조하주는 조성좌 조부인 조하전(曹夏
全)과는 생조부로 10촌 동생이 된다. 이처럼 이인좌는 남인 명가출신
이었기 때문에 노론이 집권한 당시 상황에서는 관직 진출 등 입신(立
身)하기가 어려운 처지에 놓여 있었다. 더구나 갑술환국 이후 이인좌
를 비롯한 그의 일족들은 과거 응시조차 할 수 없는 폐족(廢族) 신분
이었다.

박필현(朴弼顯, 1680~1728)은 반남박씨로 서울에 거주하고 있었
다. 박필현은 1723년(경종3) 생원시에 장원 급제한 수재로, 통례원
인의(引儀) · 의금부도사 · 형조좌랑 등 주요 관직을 역임했지만, 영
조가 1724년 8월 즉위한 뒤, 1727년(영조3) 12월에 좌천돼 태인현감
으로 내려갔다. 1728년 3월 무신봉기의 실제 기획은 박필현이 주도
했다고 해도 과언이 아닐 정도로 치밀하고 강단이 있던 인물이었다.

박필현의 생부(生父)는 박태손(朴泰遜)이고, 양부(養父) 박태춘(朴
泰春)은 1704년(숙종30) 토목 · 건축에 관한 일을 하는 선공감(繕工
監)의 임시직인 정9품 가감역(假監役)을 역임했다. 박태춘은 1706년
(숙종32) 노론들이 동궁인 이금(경종)을 모해했다는 이른바 임부(林
溥)의 '동궁모해상소(東宮謀害上疏)'를 배후 조종한 혐의로 국문을 받
고 정주목으로 유배되기도 했다. 박필현의 증조부는 나옹 박황(儒

翁 朴潢, 1597~1648)인데, 심양까지 소현세자를 수행했고 대사헌 등을 역임했으며, 척화파인 정온 김상헌 등과 교유한 인물이다. 박필현의 고조부는 대사성 박동열(朴東說)이며, 형은 괴산군수 박필우(朴弼禹)와 교리 박필기(朴弼夔)이고, 박필현 매부(妹夫)는 함경도관찰사 권익관(權益寬, 1676~1730)이다. 또한 노론의 거두인 우의정 몽와 김창집(夢窩 金昌集, 1648~1722)이 박필현에게 고모부뻘이 된다.

박필현의 6대(7세) 조부인 야천 박소(冶川 朴紹, 1493~1534)는 조광조(趙光祖) 등과 함께 왕도정치를 실현하려다가 훈구파에 의해 밀려난 후 외가(파평윤씨)가 있는 합천 묘산면으로 이거했다. 조성좌의 고향인 묘산면 도옥리와 인접한 화양리에는 박소 묘소와 그의 신도비가 있다. 이 신도비는 1590년(선조23)에 병조판서 사암 박순(思菴 朴淳, 영의정)이 짓고 석봉 한호(石峯 韓濩)가 글을 쓰서 세운 것이다. 또한 당시 화양리에는 박소를 배향하는 화암서원(華巖書院)이 건립돼 있는 등 박필현의 박남박씨에게는 성소(聖所)와 같은 곳이었다. 이런 연유 등으로 박필현은 조성좌와 일찍부터 교유가 있었을 것이다.

무신봉기 당시 진압군 선봉장이던 선산부사 박필건은 박소 7세손이고, 실학자 박지원은 박소 9세손이다. 또한 무신봉기 때 영남안무사로 임명된 박사수는 박필현의 13촌 조카이며, 박필현의 조부인 박세주(朴世柱, 단양군수)는 소론의 영수인 박세채(朴世采, 좌의정)의 6촌 형이 된다. 이처럼 박필현 문중은 소론 및 노론의 명문가였다.

정희량(鄭希亮)의 초명은 정준유(鄭遵儒)로, 그의 나이는 정확히 알 수 없으나 무신봉기 때 44세쯤으로 남인 계열의 명문가 자손이었다. 정희량·세유·관유의 5대 조부인 역양 정유명(嶧陽 鄭惟明)은 안음현(安陰縣) 강동(薑洞: 거창 위천면 강천리)에 역천서당을 지어 후학을 양성했고, 임진왜란 때는 김면(金沔) 휘하에서 의병활동을 했다. 정희량의 4대 고조부인 동계 정온(桐溪 鄭蘊, 1569~1641)은 광해·인조 때 명신(名臣)으로 이름을 날렸다. 1614년 2월 부사직에 재직하고 있던 정온(鄭蘊)은, 광해 임금에게 영창대군을 죽인 강화부사 정항(鄭沆)을 참(斬)할 것과 인목대비에게 효(孝)를 다할 것을 청한 이른바 '갑인봉사소(甲寅封事疏)'를 올린 죄로 수감되고, 광해의 친국을 받은 뒤 10년 동안 제주도 대정현(大靜縣)에서 귀양살이를 했다. 인조반정 후 복권돼 사간·이조참의·대제학·이조참판 등 청요직(淸要職)을 역임했다.

다음은 동계 정온(46세)이 종5품 부사직(副司直)에 있을 때인 1614년(광해6) 2월 21일 광해(40세)에게 올린 상소(갑인봉사소)다. 당시 영창대군은 9세, 인목대비는 31세였다. 이 상소를 보면 국가의 녹을 먹고 있는 관료가 추구해야할 가치 즉, 공익을 위한 사명감과 정의 및 충(忠)에 대해 다시 생각하게 한다. 남명과 내암, 그리고 동계로 이어진 경상우도 특유의 기절(氣節)이 느껴진다.

> "삼가 아룁니다. 옛날의 군자가 일시적인 이해를 계산하지 않고 오로지 의리에 맞고 안 맞고를 논하여, 윤기(倫紀: 윤리와 기강)가 혹시라도 문란해지거나 군덕(君德)이 혹시라도 과오를 범할까 정성을 다하여 경계하고 인도함이 어떠하였습니까. 오늘날 의(㼅, 영창대군)는 한명의 왕자일 뿐입니다. 전하께서 무지한 어린아이를 매우 가엾게 여기시고, 선왕(先王)의 유교(遺敎)를 우러러 아시어 그를 보호하고 안전케 할 바를 생각하신 데에 최선을 다하셨습니다. 삼사(三司)가 지난해부터 올봄까지 오랫동안 교대로 (영창대군을 죽이라는) 소장을 올렸습니다만 끝내 (전하께서) 허락하지 않으셨습니다. '역적의 아들도 오히려 나이가 차기를 기다린 사례가 있는데, 하물며 나이

어린 아우에게 어찌 대번에 형장(刑章)을 시행할 수 있겠는가. 우선 강도(江都: 강화도)에 안치시켜 나이가 차기를 기다리면서 그의 마음 가짐과 행실이 어떠한가를 살펴보아 천천히 처분을 내려도 늦지 않을 것이다'라고 전하께서 여겨서가 아니겠습니까. 더욱 가슴 아픈 것은, 전하께서 영창대군을 죽이지 않으려고 하셨으나 (강화부사) 정항(鄭沆)이 그를 죽였습니다. 아, 사람을 죽인 자는 사형시키는 것이 매우 엄한 국법입니다. 죄없는 평범한 사람을 죽인 자도 오히려 용서할 수 없는데, 하물며 우리 임금의 친동기를 죽인 자에 있어서는 말해 무엇하겠습니까. 신(臣)의 어리석은 생각으로는 정항을 참시(斬屍)하지 않는다면 아마도 전하께서 선왕의 묘정(廟庭)에 드실 면목이 없으리라 여깁니다.

(인목)대비께서 설사 전하를 자애롭게 대하지 않는다 하더라도, 전하께서는 어찌 대비(大妃)께 효성을 다하시지 않을 수 있겠습니까. 하물며 의(㼁)가 이미 죽었으니, 다시 무슨 의심하고 이간할 일이 있겠습니까. 진실로 바라건대 이제부터는 간사한 말을 물리치고 모략하는 길을 막아서, 만약 간사한 무리들이 감히 좋지 않은 말로 대비에 대해 말하면 즉시 유사(有司)에게 회부하여 무거운 법으로 처벌하소서.

지난번에 정조(鄭造) 윤인(尹訒) 정호관(丁好寬) 등이 대비를 폐위하고 의(㼁)를 죽이자는 의논을 앞장서서 발의하면서, 동료에게 상의하지도 않고 다른 관사(官司)에 통지하지도 않았으며, 대신에게 보고하지도 않고 여러 재신들에게 묻지도 않고는 완석(完席: 사헌부 회의실)에서 몰래 발의하고 피혐(避嫌: 혐의가 풀리기 전까지 관직에 나가지 못함)하는 중에 갑자기 나타났습니다. 그 신중함이 한 수령을 논핵하고 한 말단 관원을 탄핵할 때에 하는 신중만도 못했으니, 그들의 마음을 알기 어렵지 않습니다.

신(臣)이 스스로 생각해 보건대 '신의 직책이 언책(言責)도 아니고, 또한 연로한 어머니가 살아계시지만, 남을 헐뜯는 참소자(讒訴者)의 칼날에 허무하게 죽기보다는 차라리 한번 말하여 뇌정(雷霆: 우레와 천둥) 같은 전하의 위엄 아래에서 죽는 것이 더 낫지 않겠는가' 해서 병(病)을 참고 조정에 나아가 한번 아뢰고 곧 물러나와서는 '조그마한 소장(疏章)을 품고 대궐문을 우러러 외쳐 보잘것 없는 신의 마음을 토로하면 혹시라도 전하의 직분에 빠뜨려진 것을 보충할 수 있을 것이다'고 여겨졌습니다. 그러나 생각만 하였지 실행하지 못하고 있다가 오늘에 이르렀습니다.

삼가 바라건대, 전하께서는 먼저 신의 죄를 바로잡으시어, 신의 불충한 잘못을 드러내신다면, 신이 비록 만 번 죽는다 해도 감히 원망하거나 후회하지 않겠습니다. 신은 두려운 마음을 이기지 못하여 삼가 죽음을 무릅쓰고 아룁니다."(광해군일기 6년 2월 21일)

정온은 1623년 인조반정 후 스승인 정인홍이 처형을 강력하게 반대했고, 1633년에는 합천 봉산면 죽죽리에 있던 용암서원의 원장을 맡기도 했다. 1636년(인조14) 12월 병자호란 때 이조참판에 재직하고 있던 정온은 "이조판서 최명길의 화의(和議) 주장은 나라를 팔아먹는 것"이라고 극력 반대했다. 그러나 청 태종에게 세 번 절하고 아홉 번 머리를 조아리는 굴욕적인 항복이 결정되자, 정온은 "오랑캐에게 항복하는 수치는 참을 수 없다"고 하면서 칼로 할복(割腹) 자결을 시도했으나 목숨은 끊어지지 않았다. 곧바로(1637년 1월) 관직을 버리고 낙향하여 덕유산 남쪽 골짜기인 거창 북상면 농산마을 모리재(某里齋)에 은거했다. 남인 계열의 핵심 인물이었던 정온(鄭蘊)이 1641년 사망한 후, 조경(趙絅) 허목(許穆) 윤휴(尹鑴) 등이 남인을 이끌게 된다.

▲ 모리재(某里齋): 경남 거창군 북상면 농산마을
정희량의 고조부인 정온이 은거한 곳이다.

정온의 동계문집에는 조성좌의 고조부이며 지평·정주목사 등을
역임한 조정립의 제문(祭文)과, 조성좌의 종고조부이며 조한유의 고
조부인 조정생(창원부사)의 제문이 1편씩 수록돼 있다. 또한 조성좌
의 증조부이며 양산군수 등을 역임한 조시량(曺時亮)의 제문 및 만사
(挽詞)도 동계문집에 수록돼 있다.

정희량의 조부인 정기수(鄭岐壽, 1622~1701)는 1672년(현종13) 7
월에 용궁현감을, 1년 후 의령현감, 1675년(숙종1) 6월 제천현감을
역임했다. 정기수 등 정온 후손들은 1623년 이른바 인조반정 후 북
인(중북)에서 남인으로 당색을 바꾸어 중앙의 근기 남인 명가(名家)
와 세교(世交)를 유지했으나, 1694년 갑술환국 이후 영남 남인들과
중앙의 남인들이 대부분 폐고된 후, 우도(右道) 남인들과도 멀리함으
로써 그들의 향촌에서의 위치는 다소 위축되고 있었다. 하지만 지역
에서의 영향력은 여전히 막강했다. 이때 자파세력 확대에 부심하던
집권 노론세력에 의해 노론으로 당색을 바꾼 거창신씨(居昌愼氏)들이
성천서원(星川書院)을 건립하는 등 세력 확장을 도모하고 있었다. 이

들은 정온의 후손들이 살고 있는 거창군 위천면 강천리와 바로 이웃
인 위천면 황산리에 거주하고 있었던 것이다.

더구나 정온 후손들에 대한 노론 수령의 핍박까지 가중되자 향촌
에서 대대로 누려오던 위상이 점차 잠식당하고 있었다. 이런 상황에
서 참봉 정중원(鄭重元, 1659~1726)의 아들이며 정희량의 형인 정찬
유(鄭纘儒, 1681~1712)가 갑자기 죽고, 3년 후에는 정찬유의 아내인
풍산유씨(지례현감 유후광의 딸)가 38세로 사망하고, 1년 후 1716년
에는 19세인 장손 정의호(鄭宜瑚)마저 결혼 후 자식도 낳지 못한 채
사망했다. 이런 우환(憂患)이 연이어 발생하자 정중원 부부와 그의
차남인 정희량은 안음현 강동에서 500리 떨어진 명당이 있는 순흥부
죽계(竹溪: 영주시 순흥면)로 1723년 이사를 가게 된다. 지관이 정중
원의 아버지인 정기수의 묘터와 정중원이 살고 있는 집터가 좋지 않
아 액운이 들었다고 했기 때문이다.

정희량의 조부인 정기수 때도 액운이 들어 10개월 동안 정기수가
집을 피해 나온 적이 있었다. 정기수가 창주 하증(滄洲 河憕)의 증손
이며 하달도(河達道)의 손자인 진주 대곡면 단목(丹牧)의 하윤우(河潤
宇, 1648~1707)에게 1699년 보낸 편지(서간)에 당시의 실상이 나와
있다. 하윤우는 정기수의 사촌 동생인 정기헌(鄭岐憲)의 처조카였기
때문에 정기수가 하윤우에게 편지를 보낸 것이다. 다음 편지에서 정
기수가 말하는 '종질(從姪)'은 사촌 동생인 정기윤(鄭岐胤)의 아들 정
중이(鄭重履, 1651~1699)를 일컫는다.

"내 나이가 80세에 가까워져 이미 세상을 살아갈 재미가 없었는
데, 예전에 없었던 흉운(凶運)을 만나 10개월 동안 도망가 피해 살다

가 집에 돌아온 지 얼마 안 됐다. 그런데 한 집안의 상화(喪禍)가 층 층이 겹쳐 심지어 (미수 허목의 외손자인) 종질(從姪, 주: 정중이)이 요절하는 지경에 이르렀으니 더욱 이 참혹한 마음을 글로 다 표현하 기 어렵다. 4년 동안 흉년을 겪었고, 또 금년(주: 숙종25년 1699년) 에 (5촌 조카 정중이가 죽는) 흉운을 당했으니 인사(人事)가 마침내 어느 상황에까지 갈지 모르겠다.”(하윤우에게 보낸 정기수 서간·鄭岐壽 書簡)

승정원일기 영조4년 5월 5일 영천(현 영주) 출생 정언 김정(金征) 이 영조에게 “희량(希亮)은 명문의 후손이고, 안음에는 희량 가문 외 는 변변한 사대부 가문이 없으며, 지역민이 바라보기에 마치 천상랑 (天上郎: 하늘의 인물)과 같았고, 희량의 말이 떨어지면 모두가 따랐 다. 그래서 이런 일(주: 무신봉기)이 일어난 것 같다”고 아뢴다. 이것 을 보면 순흥부 죽계(竹溪)로 이사를 간 정희량이 집권 노론세력의 핍박에도 불구하고, 본래 고향인 안음과 이사 간 순흥에서 여전히 권 위와 명성을 유지하고 있었다는 것을 알 수가 있다.

조성좌(曺聖佐)·정좌(鼎佐)·덕좌(德佐)·명좌(命佐)·석좌(錫佐) 의 출생지는 합천군 묘산면 도옥리(陶沃里)이며, 조성좌의 출생연도 는 정확히 알 수 없으나 조성좌의 아버지 나이 등을 고려할 때 숙종 22년인 1696년경으로 판단되며, 무신봉기 당시에 33세쯤 됐다.

조성좌의 8대(9세) 조부인 퇴우당 조계형(退憂堂 曺繼衡, 1470~ 1518)은 경북 상주시 사벌면 매호(梅湖) 출생으로, 그는 1495년(연산 1) 식년시(式年試) 을과(乙科)에 1등으로 급제하여 1505년(연산11) 호 조참의, 1506년 7월에는 당시 종2품직이었던 승정원 우부승지, 1506 년(중종1) 9월에는 좌부승지에 제수됐다. 조성좌의 7대 조부 조언홍

(曺彦弘)은 무직(武職)인 오위(五衛)의 종6품 부사과(副司果)를 역임했고, 6대 조부인 조몽길(曺夢吉, 1521~1561)은 상주 사벌에서 경남 합천군 묘산면 관기리로 이주했다. 조몽길의 장인은 조식(曺植)과 종유(從遊)한 유학의 거두인 밀양의 송계 신계성(松溪 申季誠)이다. 평산신씨인 신계성은 밀양시 부북면 소재 예림서원(禮林書院)에서 배향되고 있으며, 신계성의 묘갈명(墓碣銘)을 조식이 지었다.

▲ 좌부승지 조계형 영정
조계형은 조성좌의 8대 조부다.

조성좌의 5대 조부인 도촌 조응인(陶村 曺應仁, 1556~1624)은 임진왜란 때 스승인 정인홍, 손위 처남인 합천 쌍책의 이대기, 셋째 자형인 고령 우곡의 박정완, 막내 자형인 합천 율곡의 문홍도(文弘道), 죽마고우인 거창 가북의 문위, 합천 야로의 문경호, 합천 가야의 박이장, 그외 고령 개진의 김면 등과 함께 창의하여 의병활동을 했다.

1603년 조응인은 문경호 송희창 등과 함께 조식을 배향하는 용암서원을 삼가현 서원마을(봉산면 죽죽리)에 건립했다. 또한 1607년(선조40)에 효행으로 천거돼 왕자사부(王子師傅)를 1년 간 역임했으며, 1611년에 공조좌랑 및 산음(山陰: 산청)현감, 1615년에 온양군수에 제수됐다. 온양군수 퇴임 후 1618년 11월 9일 종3품 대구도호부사(大邱都護府使)에 제수돼 1년 동안 재직했다. 온양군수 재직 때인 1618년(광해10) 9월에 광해 임금으로부터 받은 유서(諭書: 임금이 군사권을 가진 관원에게 내리는 명령서)가 1997년 12월 31일 경남도 문화재자료 제260호로 지정됐다.

조응인은 조식의 제자였던 합천 출생인 정인홍과 성주 출생인 정구 모두의 제자였다. 특히 조응인은 정인홍이 1608년 광해 즉위년부터 낙향하여 자신과 40리 떨어진 가야산 밑 부음정에서 거주하고 있을 때 자주 찾아가 만나는 등 두터운 정을 나눈 사제지간이었다. 정인홍이 1623년 처형된 후 두려워할 때 "선비는 궁(窮)할 때 그 절개와 의리를 볼 수 있다"고 하면서, 곡(哭)을 하고 장례를 도와주는 등 강직한 성품이었다. 조응인은 관직 진출에 대해서 "선비로서 수단 방법을 가리지 않고 어떻게든 관직에만 들어가려고 하면, 그것은 일종의 모리배에 불과한 것이다"고 했으며, 사학(史學)에도 일가견이 있는 등 실용적 학문을 추구했다. 조응인의 처외조부는 대유학자인 합천 쌍책의 황강 이희안(黃江 李希顔, 1504~1559)이며, 조응인의 묘갈명을 1635년 큰 아들인 조정립의 요청으로 안음의 정온이 지었다. 1913년에 간행한 도촌실기(陶村實紀)가 있다.

조성좌의 고조부인 오계 조정립(梧溪 曹挺立, 1583~1660)은 1609년 광해1년에 증광시(增廣試) 병과(丙科)에 급제하여 1611년에 설서에 제수되고, 1613년에는 백관을 규찰하고 검찰권을 행사하며 인사·법률 개폐의 동의 및 거부권을 행사하는 사헌부 정5품인 지평에, 1615년(광해7) 2월에는 간쟁·탄핵 등 각종 언론 활동을 전개하는 정5품 사간원 헌납에 제수됐다. 조정립이 헌납에 재직 중일 때 정인홍 문인인 강대수(姜大遂, 합천 출생)와 오장(吳長, 산청 출생)이 갑인봉사소를 올린 정온을 편들었다고 하여 유배 및 관작삭탈된 것에 대해 정계(停啓: 죄인의 이름을 삭제)했는데, 조정립에게 간통(簡通)를 보내지 않은 것은 자신을 무시한 것으로 생각하고 광해 임금에게 사직을 청할 정도로 원칙을 지키는 강직한 인물이었다. 1617년에는 정5품인 홍문관 교리에 제수됐다.

▲ 조정립 문과 급제 교지: 1609년(광해1)
만력 37년 10월에 받은 교지다.
정주목사 조정립은 조성좌의 고조부다.

조정립은 영돈녕부사 정창연(鄭昌衍) · 사간 남이준 · 지평 정양윤(鄭良胤) 등과 함께 폐비정청에 참여하지 않았다는 이유로 1618년 2월부터 1618년 가을까지 함경도 북청판관으로 좌천됐으며, 북청판관으로 있을 때 북청으로 귀양 온 백사 이항복(白沙 李恒福)이 1618년 5월에 사망하자 제문과 만사를 짓고 장례를 도와주었다. 이때 지은 제문과 만사가 남아 있다. 이런 인연으로 이항복의 6세손인 이종성(李宗城)이 무신봉기 후인 1728년 5월 12일 영남별견어사(嶺南別遣御史)로 임명돼 합천에 내려오게 되자, 이종성이 조성좌의 남은 가족들을 비롯한 일족들을 배려하여 참화 속에서도 살아남을 수 있었던 작은 계기가 됐다.

조정립은 1623년 인조반정 후 정인홍의 제자로서 1617년~1618년 인목대비 폐비(廢妃)에 앞장섰다는 이유로, 동생인 조정생은 인목대비 폐비정청(廢妃庭請)에 참여했다는 이유로 함께 파직된다. 조정립은 파직된 뒤 1623년 8월 충청도 보은 지방으로 정배(定配)되고, 1625년 합천 묘산면 고향으로 방귀전리(放歸田里)됐다. 10년 후인 1633년(인조11) 5월에 사면돼 1637년 2월에 공조좌랑, 봄에 평양서윤에 제수되고, 1641년(인조19) 겨울에는 정3품인 성주목사에 제수됐다. 1642년 9월에 성주목사를 사직하고 고향으로 돌아와, 1644년 12월에 금봉서사(金鳳書舍, 봉서정·鳳棲亭)를 건립했으며, 1645년 10월에는 합천읍에 신라 충신인 죽죽 사적비를 건립하는데도 기여를 했다. 1646년(인조24) 7월에는 평안도 정주목사에 임명됐으며, 1648년 7월에는 종2품직인 의주부윤(義州府尹)에 천거되기도 했다.

조정립은 1649년(인조27) 2월에 정주목사를 그만두고 낙향하여 금봉서사(金鳳書舍)에서 독서로 소일하고 있었는데, 효종이 1649년 5월에 즉위하자 그해 10월 밀양부사에 제수됐다. 하지만 서인들이 "일찍이 조정립은 혼조(昏朝, 주: 광해군) 때 적신(賊臣, 주: 정인홍)에게 빌붙어 외람되게 청현직(淸顯職)에 올랐고 폐모론(廢母論)을 억지로

끌어다 붙여 현상(賢相, 주: 기자헌·이항복)을 탄핵했었으니, (1623
년) 반정(反正)한 후에 형벌을 면한 것만도 이미 다행인데, 밀양부사
를 제수받자 사람들이 모두 놀라고 분하게 여기니, 파직해야 한다"는
주청(奏請)으로 파직됐다. 동생인 조정생은 인조반정 후 6년이 지난
뒤 어천도(魚川道, 평안도 영변) 찰방(종6품)에 제수되고, 그후 경산
현감·공조정랑·군기시정·창원부사를 역임하는데 그치는 등 정인
홍과 같은 합천 출생이고 그의 제자라는 이유 등으로 핍박을 받았다.

▲ 봉서정(앞)과 별묘(뒤): 경남 합천군 봉산면 김봉리에 있었다.
합천댐 수몰로 1988년 압곡리 1구로 이전하기 전 전경으로 1644년
조정립이 건립했으며, 경남도 유형문화재로 지정됐다.

그후 조정립은 고향땅 금봉서사(金鳳書舍, 봉서정)에서 강학(講學)
을 하면서, 김굉필 정여창 정온 이언적을 모신 거창 가조면의 도산서
원(道山書院) 설립 원장을 1656년(효종7)에 맡았으며, 1657년 3월에
는 조식을 모신 산청의 덕천서원(德川書院) 원장을 맡아 2년 동안 역
임하는 등 동생인 조정생과 함께 남명학 문풍(文風)을 일으키는데도

이바지했다. 특히 조정립이 덕천서원장으로 있을 때, 1651년(효종2)에 있었던 남명집(南冥集) 임술본(壬戌本) 훼판사건으로 정인홍 옹호 세력인 대북(大北) 측 사람들과 반정인홍(反鄭仁弘) 측 세력과의 갈등으로 생긴 어수선한 지역 분위기를 무마하는데 기여하기도 했다. 임술본 훼판사건은 겸재 하홍도(謙齋 河弘度, 1593~1666) 문인인 하자혼(河自渾) 이집(李集) 등이 정인홍 관련 글을 판각에서 파낸 사건을 말한다.

조정립은 생전에 영의정 이원익·승지 허균·영의정 최명길·이조참판 정온·예조판서 오준·이조판서 조경·영의정 정태화·좌의정 정치화, 남명의 연보 및 언행록을 편찬한 합천 용주면의 무민당 박인(无悶堂 朴絪)과, 남명학 문풍을 일으킨 하동 옥종면의 겸재 하홍도 등 당색과 관계없이 교유했다. 조정립의 장인은 임란 때 의병활동을 하고 현감에 제수된 합천 대병면의 권양(權瀁)과 충북 보은읍 종곡리의 첨지중추부사 김덕민(金德民) 등이다. 또한 조정립은 1680년 경신환국 때 서인에게 사사(賜死)된 이조판서 윤휴(尹鑴)의 이모부이며, 척화(斥和) 3학사 중 한 사람인 오달제(吳達濟, 1609~1637)의 고종자형이 된다. 1913년에 간행한 오계문집(梧溪文集)이 있다.

조성좌의 증조부인 설주 조시량(雪洲 曹時亮, 1603~1662)은 1635년(인조13)에 증광시 병과에 급제했으며, 1636년에는 거창 가북면 용산리 낙모대(落帽臺)에서 결성한 범국회(泛菊會)에 부친인 조정립 및 정온 등과 함께 참여하기도 했다. 그러나 1637년 1월 병자호란이 끝난 직후인 2월에, 당시 임시 관직인 성균관 권지(權知)에 재직 중인 조시량이 "산성(山城)에 군대와 양식이 적어 (병자호란 때) 오래 지탱하기가 어려웠다는 말을 퍼트려 군정(軍情)을 동요시켰다"는 지평 임담(林壿)의 주청으로, 1638년 4월~1639년 5월까지 평북 강계로 정배(定配)되는 등 고초를 겪었다. 1650년(효종1) 5월에야 교서관(校書館) 정9품인 정자(正字)에 제수되고, 1651년에는 종5품 진주판관(晉州判官), 1654년(효종5) 3월에는 교서관 종5품 교리(校理)에 제수됐다. 1654년(효종5) 9월부터 1656년 2월까지 옥구현감을, 1657년(효종8) 10월부터 1658년 2월까지 종4품인 양산군수를 역임했다. 이처럼 부친의 본래 당색이 정인홍과 같은 북인이었고, 장인인 진주판관 윤좌벽이 광해군복위사건에 연루돼 장살된 이유 등으로 조시량도 큰 관직을 맡지 못했다.

조성좌의 조부인 조하전(曺夏全, 1627~1684)은 성균관 생원 및 한품(限品)인 정5품 통덕랑(通德郎)을 지냈으며, 조하전의 딸은 안동 풍천면 하회리의 유성룡 증손인 유응하(柳應河)에게 시집을 갔다. 유응하의 아버지는 현감·직장 등을 역임한 유백지(柳百之, 1629~1684)다. 조하전의 장인(丈人)은 권극효(權克斅)이고, 권극효의 아버지는 남인으로 동부승지 등을 역임한 산청 신등면 단계리의 동계 권도(東溪 權濤, 1557~1644)다.

조성좌의 아버지는 조항(曺沆, 1676~1715)이며, 조항의 장인은 충북 보은읍 종곡리의 진사 김위필(金渭弼)이고, 김위필의 아버지는 장령을 역임한 김상(金鏛)이며, 김상 아버지는 첨지중추부사 김덕민(金德民, 1570~1651)인데, 김덕민은 조정립(曺挺立, 조항 증조부)의 장인이다.

정희량과 조성좌 문중은 누대(累代)에 걸쳐 가깝게 지냈다. 조응인 및 정온은 정인홍(鄭仁弘, 서산정씨)과 정구(鄭逑, 청주정씨)의 고제(高弟)였다. 또한 조성좌의 12촌 누나는 정희량에게, 조성좌의 누이는 정희량의 8촌 동생인 정관유(鄭觀儒, 1699~1736)에게 각각 시집을 갔으며, 정관유의 왕고모부가 조성좌의 작은 할아버지인 조하현

(曺夏賢)이다. 무신봉기로 정희량과 조성좌는 거창과 합천에서 각각 처형되고, 정관유는 덕유산으로 도망갔으나 1728년 6월 무주부사 이 언상에게 사로잡힌다.

▲ 뇌룡정(우측)과 용암서원: 경남 합천군 삼가면 외토리 토동
남명 조식(南冥 曺植)은 1548년(명종3) 외가(外家) 동네에 뇌룡정(雷龍亭)을 짓고, 이곳에서 1555년(명종10) 11월 을묘사직소(乙卯辭職疏)를 작성했으며, 뇌룡정은 남명의 경의사상(敬義思想)의 상징적인 장소다. 남명은 학문의 성숙기에 삼가에서 거주했고, 앞서 증조 때 경남 합천군 삼가면 하판리로 이사를 왔다. 왼쪽 용암서원(龍巖書院)은 본래 삼가현 끝자락인 봉산면 서원마을에 있었으나 1868년(고종5) 훼철되고 2007년에 신축했다. 필자가 중심이 돼 최근에 건립한 '남명 흉상과 여전주부윤서비(與全州府尹書碑)'가 가운데에 보인다.
'남명 흉상 및 서비(書碑)'는 필자가 경남도비를 지원받아 2011년 4월에 건립했다. 조각은 2005년 삼가장터 3·1만세운동 기념탑을 조각한 류경원 충북대 교수가 했다.

조성좌와 정희량은 경상좌도의 안동 지역 사대부들이 무신봉기 때 취한 기회주의적인 태도, 즉 '관세위지(觀勢爲之)'를 취하지 않고 기병(起兵)했다. 이는 조성좌의 5대(6세) 조부인 조응인과 4대 고조부인 조정립, 정희량의 고조부인 정온이 강직하고 결단력 있게 행동했던

것처럼, 합천에서 요집조권(遙執朝權)하던 정인홍이 1623년(인조1) 4
월 처형된 후 소외받고 있던 경상우도 사림의 상실감을 대변하여 과
단성 있게 무신거사를 일으켰다는 사실도 간과해서는 안 될 것이다.
　무신봉기(戊申蜂起)는 남명 조식의 "마음을 맑고 밝고 청빈"하게
하는 「경(敬)」과, "불의를 보면 과단성 있게 행동하고 실천"하는 「의
(義)」 사상(思想)에 영향을 받아 실행에 옮겼으며, 시류에 타협하지
않고 대의를 위해 기득권을 버리고 거사했다. 불교 법회의 즉문즉설
(卽問卽說)처럼 선명하게 처신하며 무신년에 거사를 한 것이다. 남명
사상에 따라 옳다고 생각되면 앞뒤 가리지 않고 불같이 과단성 있게
언론을 펴곤 했던 대표적인 인물이 정인홍과 정온이었으며, 정인홍
의 제자인 조응인과 조정립도 강직한 성품이었다. 이런 사상적 배경
과 올곧은 외골수의 기질(氣質)도 정희량과 조성좌가 무신기병을 결
심하는데 많은 영향을 끼쳤다.

　조성좌와 정희량의 윗대 당색은 정인홍과 같은 북인이었다. 그러
나 정인홍이 억울하게 처형된 후 경상우도 북인 대부분이 남인으로
통합된 것과 같이, 한강 정구(寒岡 鄭逑)의 문인 등을 매개로 하여 남
인으로 당색을 바꾸게 된다.
　이는 조성좌의 고조부인 조정립이 경신환국 때 서인에게 사사된
남인 이조판서인 윤휴(尹鑴)의 이모부이고, 조성좌의 조부인 조하전
(曺夏全)의 장인이 산청 신등면의 권극효로, 그의 아버지인 동계 권
도(東溪 權濤)는 남인으로 호조참의·동부승지 등을 역임했으며, 조
성좌의 작은 고모부가 서애 유성룡(西厓 柳成龍, 1542~1607)의 증손
인 안동 하회마을의 유응하라는 사실에서 남인화됐음을 알 수 있다.
유성룡은 남인의 거두로 영의정을 역임하고 징비록(懲毖錄)을 지은

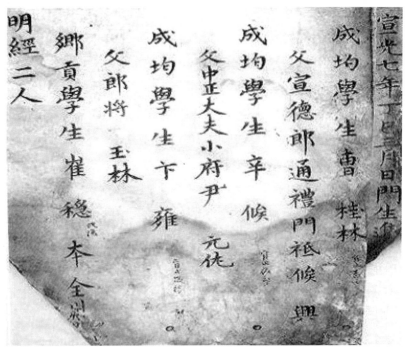

▲ 선광 정사년 생진시 동년록(宣光 丁巳年 生進試 同年錄)

상기 동년록은 경남도 유형문화재 제320호로, 정희량의 본가(本家)인 거창군 위천면 강천리의 정온 후손이 소장하고 있다. 고려말인 **선광7년 정사년**(1377년 우왕3년) **3월** 국자감(國子監)에서 시행한 진사 급제자 명부로, 조성좌의 직계 선조(曺上林, 1361~1421)의 형인 **曺桂林**(조계림)과 **辛候**(신후)·**卞雍**(변옹) 등은 3등으로, 정희량의 선조인 **鄭悛**(정전)은 1등으로 합격했다.

위 자료에서, 조성좌의 창녕조씨태복경공파(昌寧曺氏太僕卿公派)의 파조(派祖)인 **興**(흥)이 1377년에 종6품인 **通禮門**(통례문) **祗候**(지후)에 재직하고 있었으며, **興**의 장남인 **桂林**(계림)은 진사과에 합격했음을 알 수 있다. 그후 **興**(흥)은 말과 목장일을 관장하는 기관인 종3품 태복시(太僕寺)의 경(卿)이라는 관직을 역임했다. 참고로, **桂林**의 동생인 중림(仲林)은 1396년(태조5) 진사에 합격하여 서울시장인 한성부 윤(尹, 종2품) 등을 역임했다.

조선 초기에 성(姓)을 가지고 있었던 비율이 10% 정도였다는 사실에서, 조성좌와 정희량의 문중이 고려시대부터 명문가 반열에 올라가고 있었음을 알 수 있는 자료다.

인물이다. 또한 조성좌의 큰 고모부가 권달수(權達手, 교리) 후손인 상주의 권필경(權必經)이라는 것에서도 알 수 있다. 권달수의 증조부 권회(權恢)는 조계형의 외조부인데, 연산군 때 좌부승지 등을 역임한 조계형은 조성좌의 8대 조부다.

정희량 문중도 인조반정 후 조성좌 문중처럼 남인으로 당색을 바꿨다. 정희량의 종조부인 정기윤(鄭岐胤, 1629~1708)이 근기 남인의 거두인 미수 허목(眉叟 許穆, 1595~1682)의 사위이고, 정희량의 외조부가 남인으로 대사간을 역임한 무수옹 권기(無愁翁 權惿)이며, 정희량의 막내 고모부가 지봉 유수광(芝峯 李睟光)의 후손인 이현도(李玄度)이고, 정희량의 조카인 정의련(鄭宜璉)의 장인이 이홍발(李弘浡, 이의징 아들)이라는 것에서 증명된다. 또한 정희량의 두 여동생이 봉화 닭실마을의 충재 권벌(沖齋 權橃, 1478~1548)의 6세손인 권정윤(權正倫, 1696~1735)과 안동의 퇴계 이황 6세손인 이수침(李守沈, 1700~1731)에게 각각 시집을 간 것과, 정희량의 7촌 아재인 정중항(鄭重恒, 1665~1728)의 처조부가 유성룡의 손자 유천지(柳千之, 장령)라는 사실 등에서 정희량 문중도 남인화됐음을 알 수 있다. 한강 정구 문인인 허목은 남인의 영수로서 우의정을 역임했고, 전서(篆書)에 독보적 경지를 이룬 인물이며, 백호 임제(白湖 林悌)가 허목의 외조부가 된다. 특히 권벌이 닭실마을에 건립한 정자인 '靑巖亭(청암정)'의 현판을 권벌보다 23년 연하인 남명 조식(南冥 曺植)이 썼다는 것에서, 500리 떨어진 거리에서도 일찍부터 남명 및 남명학파와 소통해 왔다는 것을 알 수 있다.

조성좌 문중(門中)의 혼인 관계를 살펴보면 조성좌의 문중이 북인에서 남인으로 당색을 바꿨다는 것을 보다 쉽게 알 수 있다.

조성좌 문중은 밀양의 유학자 송계 신계성(松溪 申季誠), 안동 예안의 참판 농암 이현보(聾岩 李賢輔), 성주 수륜의 유학자 서계 김담수(西溪 金聃壽), 충남 보령의 영의정 아계 이산해(鵝溪 李山海, 토정 이지함 조카), 성주 대가의 참판 동강 김우옹(東岡 金宇顒), 김천 조마의 참판 동포 배흥립(同圃 裵興立) 문중과 혼인 관계를 맺고 있었다.

또한 조성좌 문중은, 합천 가야의 대사간 용담 박이장(龍潭 朴而章), 안동 풍천의 영의정 서애 유성룡, 남양주 조안의 다산 정약용 문중인 대사헌 개석 정윤복(介錫 丁胤福), 고령 우곡 도진리의 의병장 양죽당 박정완(養竹堂 朴廷琬) 및 예빈시주부 학암 박정번(鶴巖 朴廷璠), 합천 쌍책의 의병장 설학 이대기(雪壑 李大期), 예산 신양의 우의정 한수 조정(漢叟 趙挺), 합천 율곡의 부사 태암 문홍도(泰巖 文弘道), 합천 대병의 의병장 화음 권양(花陰 權瀁), 합천 가회의 우참찬 추담 윤선(秋潭 尹銑), 거창 위천의 참판 동계 정온, 충북 보은읍의 첨지중추부사 간서재 김덕민(澗西齋 金德民), 산청 신등의 동부승지 동계 권도, 괴산 청천의 참판 취죽 이응시, 경기 여주의 대사헌 만한 조수익(晚閑 趙壽益), 광해군의 이복동생인 경창군 이주(慶昌君 李珘), 성주 벽진의 부사 서암 여효증(西巖 呂孝曾), 안산 이동의 대사헌 매산 이하진(梅山 李夏鎭, 이익 아버지), 문경 마성의 참판 임하당 신후명(林下堂 申厚命) 문중과도 결혼 관계를 유지했다.

이것을 봐도 조성좌 문중은 북인 및 남인의 명문세가였으며, 남명학파의 중심축이었다는 것을 알 수 있다.

무신봉기 전 정희량 및 조성좌 문중 등을 비롯한 경상우도 남인(南人)과, 이재(李栽) 권구(權榘) 김민행(김극일 6세손) 유몽서(유성룡의 형인 유운룡 6세손) 문중 등의 경상좌도 남인은 1694년 갑술환국 이

후 정치적 영향력을 상실한 채 실세(失勢) 남인으로 전락하여 집권세
력인 노론으로부터 차대와 수모를 받고 있던 상황이었다. 이재(李栽)
의 아버지 이현일은 1680년 경신환국 때 서인들에 의해 유배됐고,
유몽서의 할아버지인 유세철(柳世哲)은 1차 예송 때 영남 유생 1,400
여 명을 대표하여 송시열의 1년상(喪)을 반대하는 의례소(議禮疏)를
1666년(현종7)에 올렸던 인물이었다. 당연히 이들은 서인에서 노론
으로 이어진 정국에 불만을 가지고 있었다. 이런 상황에서 1720년 6
월 경종이 즉위하자 남인을 비롯한 소론은 노론에 대한 대대적인 반
격을 시작하게 된다. 1721년 신축소유, 1722년 임인소유, 1724년(경
종4) 4월 24일 갑진소유(甲辰疏儒)가 그것이다.

특히 갑진소유 때 조성좌의 문중에서도 조한유의 형인 조한좌(曹
漢佐)를 비롯하여 1728년 무신봉기로 모두 처형된 유학 조석좌(曹錫
佐)·정좌(鼎佐)·형좌(衡佐)·광좌(匡佐)·경좌(景佐)·경문(景汶)·
경침(景沈)·경해(景海) 등과, 조성좌 누이 시댁인 문경 마성면의 유
학 신유악(申維岳)·서악(瑞岳)·광악(光岳), 조성좌의 장인인 상주의
생원 정도대(丁道大) 등도 동참했다. 앞서 정도대는 1701년 신사년의
희빈장씨 사사를 반대하여 상주읍내로 유배되기도 한 인물이었다.
정도대는 다산 정약용의 고조부인 정도태(丁道泰)의 8촌 동생이다.

갑진소유는 경주 출생인 진사 이덕표(李德標, 61세)와 권서봉 김행
진(金行進) 등을 소두(疏頭)로 하여 무려 4,431명이 연명으로 상소를
올렸다. 이들은 노론의 전횡과 과오로 희빈장씨 등이 사사된 1701년
(숙종27) 신사년 역옥(逆獄)을 뒤엎어 희빈장씨를 추숭(追崇)할 것과,
희빈장씨를 모욕한 죄로 1723년(경종3) 참형된 유학 임창(任敞)과
1722년 사사된 김창집 이이명 조태채와 참형된 이건명 등 노론 4대
신(大臣)을 추륙(追戮)하고, 이잠(李潛)을 추장(追獎; 표창)할 것을 청

하는 상소를 한 것이다. 특히 성호 이익의 형인 이잠(47세)은 노론 판의금부사(判義禁府事, 종1품) 이이명(李頤命)을 귀양 보내야 하고, 장희재의 처와 내통한 죄명 등으로 1706년 8월 제주도에 정배돼 있는 김춘택을 죽여야 한다는 상소를 1706년 9월에 올려, 숙종과 노론으로부터 무려 18차례의 혹독한 형신을 받고 심문 중에 죽은 인물이다. 이 옥사에 대해 안동 내앞마을의 수찬(정6품) 김세흠(金世欽, 59세)이 "임금이 분노를 폭발시켜 갑자기 이잠을 죽인 것은 잘못이다"는 상소를 올린 죄로 1707년(숙종33) 10월 삭탈관작되는 등 정국이 소용돌이쳤던 사건이다.

이 갑진년 상소에 합천 가회면의 윤종우·종유와 쌍백면의 정상(鄭祥), 합천 대병면의 유학(幼學) 송시징(宋時徵)과 무신봉기 때 처형된 합천의 유학 이태망(李台望)·태준(台俊), 한사 강대수의 증손으로 무신봉기 때 죽임을 당한 합천 율곡의 유학 강세은(姜世殷)·정은(挺殷)·만은(晚殷)·효은(孝殷)·봉은(奉殷)·덕은(德殷), 무신봉기 때 유배 및 처형된 정희량의 8촌 동생인 안음의 정흠유(鄭欽儒)·종유(宗儒), 거창 웅양면의 유학 이우태(李遇泰)·우항(遇巷)·우당(遇唐), 진주 진사 하서룡(河瑞龍) 및 진주 유학 강봉의(姜鳳儀), 무신봉기 때 모두 처형된 함양의 유학 심수명(沈壽明) 정규서(鄭奎瑞) 이익춘(李益春), 무신봉기로 유배된 선산(善山)의 유학 이도(李燾), 상주의 이행원 이인지(李麟至) 김창흠 하대익 황성하 강석하·석범 등 경상도 유생 3,611명이 동참했다. 경기도에서는 1728년 무신봉기 때 처형된 유학 권서봉(權瑞鳳)·서룡(瑞龍) 원진주·만주(元鎭周·萬周) 이문저(李文著) 이규서(李奎瑞) 정중복(鄭重復) 등 215명, 충청도에서는 무신봉기로 처형된 유학(幼學) 이몽인(李夢寅) 조백(趙栢) 이진좌·유좌 이성좌 안후기 등 605명이 참여했다. 그후 소두 이덕표 권서

봉 이삼령(李三齡)과 이덕배(李德培) 오두석(吳斗碩) 등은 영조가 집
권한 후인 1725년(영조1) 3월에 평안도 용천(龍川)과 절도(絕島) 등지
로 유배됐다.

갑진소유에 동참한 인물 중 한 사람인 이규서는 경기도 진위현 출
생인데, 그의 형이 이태서(李台瑞)이다. 경신환국 때인 1680년(숙종
6) 예빈시 정(正, 정3품)에 재직 중이던 이태서는, 부친인 이취인(李
就仁, 진사)이 서명했던 인목대비 폐비 상소문에서 부친 이름을 고치
고 칼로 문질러 은폐했다는 죄목으로 탄핵을 받아, 압슬(壓膝)과 낙
형(烙刑) 등 7차례의 혹독한 고문을 받고 허적 윤휴 허견 등과 함께
죽임을 당했다. 이로 인해 갑진소를 올릴 당시에 이규서의 성주이씨
집안은 연좌제에 묶여 폐고(廢錮)가 돼 있었다.

이와 같이 1724년(경종4) 4월 24일의 갑진소(甲辰疏)를 보면, 서인
분파인 노론이 남인과 소론에게 가한 박해와 차별의 앙금이 조성좌
· 정좌 문중 등 경상도의 남인 문중뿐만 아니라, 경기 · 충청 등의 이
규서 권서봉 원만주 이몽인 조백 이진좌 안후기 등 남인 및 소론 문
중에게 팽배해 있었다는 것을 알 수 있다. 이때 상소한 사람들이
1728년 3월 무신거사에 주도세력으로 가담하게 된다. 그후 갑진소는
1736년(영조12) 3월 경상도 상주 생원 이인지(李麟至) 등 4천여 명이
연대 상소하여 송시열 송준길의 문묘 종사를 청한 것을 비판하고, 또
그들의 문묘 종사를 반대한 병진소(丙辰疏)와, 사도세자의 신원과 유
성한(柳星漢) 윤구종(尹九宗) 등 노론의 처벌을 주요 내용으로 하는
1792년 윤 4월 영남만인소(嶺南萬人疏)의 교본이 됐다.

5. 무신봉기의 준비와 시대 상황

유민(流民)의 증가와 모든 사회세력의 조직적인 저항은 봉건 중세 사회의 일반적 현상이라기보다는, 이미 중세사회로부터의 낡은 이념과 생활에서 벗어났음을 보여주는 징후들이었다. 그것은 조선후기 경제발전과 사회변동의 결과였으며, 정치권에도 많은 영향을 미치고 있었다. 사회변동은 중세적 정치 지배세력의 물적·인적 지배기반까지 동요시키면서 전개된 것이기 때문이었다. 이에 따라 퇴행적·교조적인 노론 지배세력들은 사회변동의 제반 문제점을 개선할 역량과 의지가 부족했고, 그 해결 방안도 상이하게 표출됐다. 따라서 기존의 지배 이념과 정책을 수정·해결하는 과정에서 갈등과 대립은 피할 수 없게 됐고, 결과적으로 정치권에서의 상호 갈등과 마찰이 격화될 수밖에 없었다.

그런데 이러한 세력 상호간의 갈등은 국왕권력과 정부권력의 혼융(混融)이라는 중세정치 권력구조의 내재적(內在的) 속성으로 인해 왕권(王權)을 매개로 하여 전개될 수밖에 없었다. 그 구체적 내용은 정치쟁점의 개별적 해결을 요구하는 것이지만, 정치 지배권력 내부의 갈등은 왕(王: 임금)의 허락을 받아 해결되도록 규정돼 있었기 때문이었다.

조선후기 예론(禮論)·사문시비(斯文是非) 등의 상호비판과 붕당의 대립이 신권(臣權) 강화, 명분과 의리, 왕세자 보호, 충(忠)과 역(逆)의 문제로 옮겨가면서, 왕권의 향방을 둘러싼 상호 불용(不容)의 권력투쟁으로 격렬하게 전환됐던 까닭도 여기에 있었다. 그때 왕권은 넘볼 수 없는 지고(至高)의 전제권력으로 높여져야만 했다. 그렇게 해야만 왕권을 중심으로 한 붕당의 통치권의 행사가 정통성과 정당성을 가질 수 있었으며, 나아가 반대 세력에 대한 응징의 명분이 서기 때문이었다. 이것은 봉건 중세사회 해체의 징후가 구체화되고, 양민층과 하층민 등 피지배층의 저항이 확대·심화되는 과정과 그 궤를 같이하고 있었다. 왕과 중세 봉건권력의 안정을 저해하는 모든 현상에 대해서는 단호한 조처(措處)가 이뤄졌다. 이는 당론에 따른 대립으로 지지를 유보하거나 반대할 가능성이 있는 당(黨: 정치집단)은 제거하는 것이 자신들의 정치권력 기반을 유지 및 안정시킬 수 있기 때문이었다. 이종범 조선대 교수가 그의 논문에서 대체적으로 주장하고 있는 것들이다.

앞에서 언급한 바 있는 1659년 현종 즉위년에 발생한 기해예송, 1674년(현종15) 갑인예송, 1680년(숙종6) 경신대출척, 1682년 임술고변, 1689년에 일어난 기사환국, 1694년(숙종20)의 갑술환국과 1716년(숙종42) 병신처분(丙申處分) 등이 그 상징적인 사건들이다.

1682년(숙종8) 10월의 임술고변은, 서인 우의정 김석주(金錫冑)의 사주(使嗾)를 받은 어영대장 김익훈(金益勳, 64세)이 "수문장 허새(許璽)와 전 남부주부 허영(許瑛)·전 대사간 민암(閔黯) 및 경주부윤 유명견 등 남인들이 복평군을 임금으로 옹립하려는 역모를 꾸미고 있다"고 고변하면서부터 시작됐다. 그러나 김익훈의 고변이 날조로 밝혀지자 김익훈을 처벌해야 한다는 명재 윤증(明齋 尹拯) 및 남계 박세채(南溪 朴世采) 등과, 처벌을 반대하는 우암 송시열 및 문곡 김수항 등과의 갈등으로 서인은 두 분파로 분화됐다. 남인에게 우호적인 윤증 박세채 조지겸(趙持謙) 한태동 등은 소론으로, 비우호적인 송시열 김수항 김석주 김익훈 등은 노론으로 분파되면서 정국을 격랑 속으로 몰아넣었다. 특히 송시열 김수항 등이 김익훈의 처벌을 반대한 것은, 김익훈이 그들의 스승인 김장생의 손자였기 때문이었다. 사주한 우의정 김석주(영의정 김육 손자)도 당연히 처벌해야 하는데도, 그가 거물급 인사라서 제외했던 것이다.

김익훈의 조부는 논산 출생인 사계 김장생(沙溪 金長生)인데, 김장생은 율곡 이이의 문인으로, 인조반정 후 서인의 영수로서 정국을 서인(노론) 중심으로 이끄는데 결정적인 역할을 한 인물이다. 김장생의 예학(禮學: 예론)은 아들 김집(金集)에게 계승됐고, 이후 송시열에게 전해져 서인(노론)을 중심으로 한 기호학파(畿湖學派)가 형성된다. 즉 이이(李珥)를 종주(宗主)로 하여 김장생→송시열로 이어져 조선이 망한 뒤인 일제(日帝) 강점기를 거쳐 현재까지 300년 동안 그들이 헤게모니를 장악하고 있다. 이처럼 예학이 학문의 주류가 된 이유는, 신분제를 계속 강화해서 양반 사대부의 특권을 유지하는 쪽으로 사회를 끌고 가야만 서인(노론)의 세상이 천년만년 지속된다고 판단했기 때문이다.

1689년 2월의 기사환국으로 송시열 김수항 등이 사사되고 김익훈은 심문을 받다가 죽는 등 남인(근기 남인)이 다시 정권을 잡았다. 그러나 5년 후 1694년 윤 5월 갑술환국으로 남인이 완전히 정권에서 배제돼 몰락하고, 노론을 중심으로 한 세력들이 정권을 잡은 뒤, 세자 이균(경종)의 어머니인 희빈장씨(禧嬪張氏, 1659~1701) 등이 숙종과 노론에 의해 1701년(숙종27) 사사되는 신사옥사(辛巳獄死)가 발생했다.

거기다가 숙종은 병신년인 1716년(숙종42) 7월에 이른바 병신처분(丙申處分)을 단행했다. 송시열과 그의 제자인 윤증(尹拯) 상호간에 송시열이 지은 윤증 아버지 윤선거(尹宣擧)의 비문 때문에 시작된 싸움에서 발단이 돼 숙종이 노론의 손을 들어주고 소론에 대한 지지를 철회한 사건이 일어난 것이다. 즉 숙종의 병신처분은 소론이 지지한 왕세자 이균(李昀: 경종)을 교체하고, 그 대신 노론이 지지하는 이금(李昑: 영조)을 왕세자로 하겠다는 숙종의 뜻이 반영됐다.

숙종은 병신처분 1년 후인 1717년 7월 19일, 노론의 거두인 좌의정 이이명(李頤命)에게 세자인 이균을 폐출하고 연잉군(延礽君) 이금(영조)을 새로운 세자로 옹립하라는 정유독대(丁酉獨對)까지 하기에 이른다. 그러자 이항복의 증손인 사직(司直) 이세필(李世弼)과 상주의 유생(儒生) 황종준(黃鐘準) 김창흠(金昌欽) 여용빈(呂用賓) 등이 부당함을 상소하는 등 소론의 도움으로 경종(景宗, 1688~1724)이 1720년 6월 임금으로 즉위하게 된다. 그러나 노론은 경종이 "무자다병(無子多病) 하다"는 이유로 연잉군(영조)의 세제책봉(世弟冊封)과 세제대리청정을 서둘렀다. 1721년 8월 20일 영의정 김창집(金昌集), 좌의정 이건명(李健命), 판중추부사 조태채, 호조판서 민진원(閔鎭遠, 숙종 처남) 등 노론 대신의 청(請)에 따라 경종은 동생 연잉군을 왕세제로 삼았다.

그러자 소론은 경종 임금 보호를 명분으로 1721년(경종1) 신축년 8월 23일 소론 강경파인 사직(司直, 정5품) 유봉휘(63세)가 "왕세제(연잉군)의 책정이 사리에 합당하지 않다"고 아뢰는 상소를 했다.

1721년(경종1) 12월에 역시 준소인 사직(司直) 김일경(60세)을 소두(疏頭)로, 박필몽 이명의(李明誼) 이진유(李眞儒) 윤성시(尹聖時) 정해(鄭楷) 서종하(徐宗廈) 등이 연대 상소(신축소)하여 "노론들이 세제인 영인군의 대리청정 요구는 왕권교체를 기도한 역모로서, 적신(賊臣)인 집의(執義, 종3품) 조성복(趙聖復)과 4흉(四凶: 노론 4대신) 등 수악(首惡: 원흉)을 일체 삼척(三尺: 국법)으로 처단하여 조금도 용서하지 말라"고 공격하여 노론 4대신과 전 호조판서 민진원·부사직 이우항·승지 황선(黃璿) 등을 귀양 보냈다.

1721년(경종1) 12월, 경종은 조태구를 영의정으로, 최규서를 좌의정, 최석항을 우의정, 이진유·박필몽을 중부학당(中部學堂) 교수로, 박태항(朴泰恒)을 예조참판, 윤취상을 형조참판, 이사상(李師尙)을 전라감사로 제수하는 등 소론을 전진 배치하고, 남인으로 권대운의 아들인 권규(權珪)를 공조참판으로, 노론 송상기(宋相琦)를 병조판서로 삼았다.

급기야 임인년 1722년 3월, 지관(地官) 출신인 남인 목호룡(睦虎龍, 39세)이 "역적으로서 성상(聖上: 임금)을 시해(弑害)하려는 자가 있어 혹은 칼로써 혹은 독약으로 한다고 하며, 또 폐출(廢黜)을 모의한다고 하니, 나라가 생긴 이래 없었던 역적이다. 청컨대 급히 역적을 토벌하여 종사(宗社: 국가)를 안정시켜야 한다"는 이른바 '삼급수 고변(三急手 告變)'을 하게 된다. 이 고변으로 노론 4대신인 영의정 김창집·영중추부사 이이명·판중추부사 조태채·좌의정 이건명 등이 사사 또는 참형되는 등 60여 명이 죽임을 당하고, 노론 병조판서 송상기 등 100여 명이 유배됐으며, 연잉군(영조)도 임인옥안(壬寅獄案)에 수괴로 올려 있어 죽음 일보직전에 이복형인 경종이 살려주게 된다. 이로써 소론 4대신인 유봉휘(문화유씨)·이광좌(경주이씨)·

조태구(양주조씨)·최석항(전주최씨)과 김일경(광산김씨) 등 소론이 집권하게 됐다. 특히 핵심적인 역할을 한 아계 김일경(丫溪 金一鏡, 1662~1724)은 1702년 식년시 문과에 장원 급제한 영재였다.

그러나 경종이 재위 4년 만인 37세에 죽고, 세제(世弟)인 연잉군이 1724년 8월에 제21대 영조 임금으로 왕위를 계승한 후, 그해 10월 온건 소론(완소)인 이광좌를 영의정에, 유봉휘를 좌의정, 조태억을 우의정, 심수현(沈壽賢)을 병조판서, 박태항을 형조판서, 이삼(李森)을 형조참판, 권익관을 대사간(大司諫)으로, 강경 소론(준소)인 박필몽을 도승지(都承旨)로 임명하고, 노론인 전 공조판서 민진원을 특별 방면하는 등 권력의 균형을 맞추려고 했다. 그러나 영조는 한 달 후인 1724년 12월 9일에 신임사화(1721~1722), 즉 신축옥사(1721년)와 임인옥사(1722년)의 책임을 물어, 전격적으로 소론 우참찬 김일경(63세)과 남인 동지중추부사 목호룡(41세)을 용산 당고개에서 최고의 형벌인 부대시처참(不待時處斬)하기에 이른다.

다음은 승자(勝者)인 영조가 창덕궁 진선문(進善門)에서 1724년 12월 8일 김일경을 친국할 때 서로 주고받은 말이다. 이긴 자 측에서 기록한 것이지만, 김일경의 소신 기개 강직함과, 선왕(先王, 경종)에 대한 충성심 등이 적나라하게 나타나 있다.

김일경(63세)이 말했다.
　　"나는 성품이 원래 충직(忠直)하여 부도(不道)한 일은 알지 못한다."

영조(31세)가 물었다.

"군부(君父: 임금)가 스스로 인식하게끔 하는 것이 충직(忠直)이란 말이냐?"

김일경이 말했다.

"신하의 우러러 바라는 바가 이와 같고 군부의 스스로 인식함이 이와 같으니, 이것이 어찌 흉언(凶言)이겠는가."

또 김일경이 말했다.

"지금 즉시 죽는 것이 소원이다. 내가 한 것은 정성스런 충심(忠心)에서 나온 것이다. 선대왕(先大王, 주: 경종)의 빈전(殯殿)이 여기에 있으니, 여기서 죽는다면 마음에 달갑게 생각하겠다. 이미 충곡(衷曲: 속 마음)한 말을 다했으니, 달리 진달할 바가 없다."

영조가 분통하여 눈물을 흘리며 말했다.

"(김일경이) 충곡에서 나왔다는 하는 말 중에서 부도(不道) 아닌 것이 없다. 김일경이 만약 결안(結案: 사형죄 결정 문서)하지 않고 경폐(經斃: 갑자기 죽음)한다면 큰 잘못이니, (1694년 용산 당고개에서 능지처사된) 조사기(趙嗣基)의 예에 의해 거행하도록 하라."

사신(史臣: 사관)이 말했다.

"김일경은 공초(供招)할 때 말마다 반드시 선왕(先王, 주: 경종)의 충신(忠臣)이라 하고, 반드시 '나[오·吾]'라고 했으며, '저[의신·矣身]'라고 하지 않았다. 또 죄인은 마땅히 고개를 숙여야 하는데도, 이에 감히 고개를 쳐들었다." (영조실록 즉위년 12월 8일)

이와 같이 전 우참찬(정2품) 김일경은 영조에게 고개를 빳빳하게 들고 영조 임금을 '나리'[진사·進賜]라고 하는 등 존댓말을 쓰지 않았으며, 5차례의 혹독한 추문(推問)을 받았지만 승복하지 않고 능지처사됐다. 세조에게 당당하게 맞섰던 박팽년 성삼문 등 사육신(死六臣)을 다시 보는 것 같다. 목호룡도 김일경처럼 영조를 '나리'라고 말했다.

영조는 소론 강경파인 김일경 등을 처형한 뒤, 1725년 을사년 새해가 되자 을사처분(乙巳處分)을 단행하여 노론 집권의 정당성을 확인한다. 곧이어 신임사화의 책임을 물어 준소인 박필몽 이진유 이명의 정해 서종하 윤지(尹志) 등을 1월에 정배했다. 그후 이들 모두는 죽임을 당한다. 영조는 3월에 숙종 임금의 처남인 민진원을 이조판서, 송강 정철의 현손인 정호(鄭澔, 1648∼1736)를 예조판서, 청풍김씨로 우의정을 역임한 김구(金構)의 아들 김재로(1682∼1759)를 대사간에 임명하는 등 노론을 중용하고, 소론에 의해 죽임을 당한 김창집 이이명 조태채 이건명 등 노론 4대신을 복권했다. 곧이어 소론 계열인 이정신(李正臣) 조익명(趙翼命) 서명우 등 4명을 변방으로 귀양보내고, 같은 소론인 강현(姜鋧) 이태좌 김중기 이삼(李森) 김시환 조원명(趙遠命) 이명언 김동필 등 37명의 관작을 삭탈하여 문외출송(門外黜送)했다. 또한 소론 훈련대장 윤취상과 공조참판 이사상(李師尙)을 처형하고, 좌의정 유봉휘(柳鳳輝)를 경흥에 정배(2년 후 배소에서 사망)했으며, 이광좌 조태억 등은 관직을 삭탈했다. 이렇듯 영조는 즉위 1년도 채 안 돼서 경종에게 충성한 소론들을 대거 귀양 보내고, 김일경 윤취상 이사상 등 강골(强骨) 소론을 극형에 처한 것이다.

경종의 갑작스런 죽음과 영조의 즉위, 그리고 노론의 등용과 소론에 대한 처형·유배 등으로, 통례원 종6품 인의(引儀) 박필현, 전 정릉참봉(정9품) 이유익, 사옹원 종6품 주부(主簿) 심유현 등 진보·급진 소론인 준소는 정치적 입지를 심각하게 위협받기에 이른다. 이에 박필현 이유익 심유현 등은 1725년(영조1) 봄부터 가산(家産)을 처분

한 후 충청·전라·경상 삼남 지방을 돌며 유력 저명인사들을 규합
해 나갔다.

이처럼 경종이 즉위한 1720년대는 당론에 의한 국왕선택(택군)과
이로 인한 권력투쟁은 지배세력 상호간의 격렬한 대립과 갈등 및 분
열을 가져왔고, 일당 독과점 체제로 진행됐다. 이제는 지역과 계층을
뛰어넘어 당색 및 학맥·혈연을 중심으로 더욱 심화·고착되는 등
조선왕조 정치체제의 내적 모순과 지배층 상호간의 갈등이 극적으로
표출되기 시작했다. 이는 상호 보복과 살육으로 나타났고, 결과적으
로 종래 붕당세력의 분열과 재결집이라는 정치 환경이 조성되기에
이른다. 이런 모든 권력재편의 또 하나의 흐름으로 생겨난 것이 바로
박필현 이인좌 정희량 이사성 민관효 이유익 양명하 임서호 정세윤
신천영 한세홍 나만치 조성좌 등이 참여한 무신당(戊申黨)이다. 무신
당은 처음부터 비밀조직의 형태를 띠고 외방(外方) 사대부와 도성(都
城: 서울)의 여론을 주도해 나갔을 뿐만 아니라, 구체적인 조직도 구
축해 나가고 있었던 것이다.

이런 상황에서 영조 임금은 병오년 설날 아침인 1726년(영조2) 1
월 1일에 노론의 영수인 우암 송시열을 모신 화양서원에 제물과 제
문을 보내 제사 지내라[치제·致祭]고 명한다.

> "청주(주: 괴산군 청천면)에 있는 문정공(文正公) 송시열(宋時烈)의
> 화양서원(華陽書院)에 사제(賜祭)했다. 신축년(1721년)과 임인년
> (1722년)에 김일경의 도당(徒黨)이 송시열의 위패(位牌)를 봉안(奉安)
> 하여 향사(享祀)하는 서원을 허물었으나, 홀로 화양서원만이 이를 면
> 했는데, 이때에 이르러 (임금이) 특별히 치제(致祭)하라 명했다." (영
> 조실록 2년 1월 1일)

영조는 송시열을 배향한 화양서원을 노론의 성지(聖地)로 우대하고 특혜를 베풀었다. 하지만 화양서원은 1865년(고종2) 대원군에 의해 훼철된다. 화양묵패(華陽墨牌)를 발행하여 백성은 물론이고 관리들에게까지 수탈하는 등 많은 해악을 저질렀기 때문이다.

조선(朝鮮)에서 이와 같은 정치상황이 급박하게 전개되고 있을 때, 영국은 동인도 회사를 통해 인도와 동아시아에서 면직물·향료 등 독점무역을 한층 강화하고 있었으며, 산업혁명이 시작되고 있었다. 1724년에는 독일의 철학자 칸트가 출생하고, 물리학자 뉴턴이 1727년 사망했으며, 음악가 비발디·바흐·헨델, 사상가 볼테르·몽테스키외·루소, 프랑스 왕 루이 15세, 베네치아의 화가 카날레토 등이 무신기병 당시에 활동하고 있었다. 민주주의는 1688년 크롬웰의 명예혁명으로 영국에서 권리장전이 제정돼 의회정치가 이미 일대 변혁기를 맞고 있던 상황이었다.

이러한 세계적 조류 속에서, 1725년(영조1) 봄부터 박필현 이유익 심유현 등 준소는 1694년(숙종20) 갑술환국 이후 정권에서 배재된 경기·충청·강원·전라·경상도의 남인과 소론·소북 사대부들을 포섭하여 영조와 노론세력의 제거를 계획했다. 그 명분으로 경종 독살 등 경종의 죽음에 대한 의혹과, 영조는 숙종의 아들이 아니라는, 즉 노론인 김춘택(金春澤)의 아들이라는 이른바 '영조 김씨설(英祖 金氏說)'을 내세워 영조를 폐하고 인조의 현손인 밀풍군 이탄을 왕으로 추대하고자 했다. 영조의 어머니인 숙빈최씨(淑嬪崔氏, 1670~1718)는 본래 김춘택의 묘지기 최씨의 딸로서 궁중무수리로 입궁했었는데, 이 같은 의도는 결국 무신당인(戊申(黨人)들을 결속시키고 거사 계획을 정당화시켰으며, 민심을 규합하는데 적절히 이용됐다. 밀풍군 이탄은 1711년(숙종37)과 1727년(영조3)에 두 차례에 걸쳐 오위도 총부의 수장인 도총관(都摠管, 정2품)을 지내기도 했다. 무신봉기에 밀풍군을 동참하도록 설득한 인물은 같은 왕족인 이유익과 호산군 이정(壺山君 李楏, 1675~1728), 그리고 밀풍군의 처조카인 조덕징(趙德徵)을 비롯한 임서호 한세홍 등이었다.

경종이 연잉군(영조)과 대비김씨 쪽에서 보내온 게장과 생감·인삼차를 먹은 뒤 5일 만에 갑자기 죽었다는 경종 독살설은, 1725년(영조1) 1월 이천해(李天海, 29세)가 영조가 탄 어가(御駕)를 가로막고 "영조가 경종을 독살한 나쁜 놈"이라고 욕설(辱說)을 하면서 퍼져나가기 시작했다. 박필현 이유익 민관효 나만치 등 거사세력들은 경종의 사인(死因)에 대한 의혹을 단의왕후 심씨(沈氏, 경종 전비)의 동생으로 경종의 임종을 지켜본 심유현(1697~1728)의 말을 빌려 퍼트렸다.

무신봉기 후 국청에서 심유현(32세)이 영조(35세)에게 "차마 들을 수도 없고 차마 말할 수도 없는 말을 했다"고 실록에서 기록하고 있다. 하지만 심유현이 말했다는 구체적 내용은 영조의 명에 의해 사관이 기록하지 않았는데, 경종 독살설 등과 관련된 것이었다. 이를 보면 당시 경종 독살설은 민심의 호응을 얻고 있었음을 단적으로 보여준다.

박필현 이유익 민관효 등은 전국 곳곳에 "영조는 숙종의 아들이 아니며, 경종은 영조에게 독살당했다"는 격문(괘서)을 써 붙이고, 정감록(鄭鑑錄)에 나오는 정도령(鄭都令)의 출현을 은밀히 유포하는 등 거사의 명분을 축적해 나갔다. 박필현 이인좌 정희량 이유익 민관효 나만치 등은 가정(家丁)과 노비 등 가속인(家屬人)을 모군(募軍)하고, 말을 타고 무장력을 갖춘 명화적을 군사로 동원하기로 계획했다. 정

국상황도 경종 임금의 시대를 난세(亂世)라고 노론인 장령 임징하(任
徵夏)가 1726년(영조2) 2월 상소함에 따라, 소론(준소)·남인·소북
등 무신당의 거사명분이 강화되는 계기로 작용하고 있었다.

그러나 1727년 7월, 영조는 경종 독살 혐의 등 들끓는 민심을 무마
하고 왕위 정통성을 확보하려고 노론을 배제하는 정미환국(丁未換局)
을 전격 단행한다. 영조는 영의정 정호(鄭澔)·영부사(領府事) 민진원
·판부사(判府事) 이관명·우의정 이의현·예조판서 신사철(申思喆)
등과 전 삼사(三司) 정익하 김재로 유척기 등 노론 인사 100여 명을
일단 파면하는 모양세를 취했다. 그 대신 온건 소론인 이광좌를 영의
정으로, 조태억을 좌의정, 강현(姜鋧)을 판의금, 오명항을 이조판서,
이태좌를 호조판서, 심수현(沈壽賢)을 병조판서, 윤순을 대사헌, 서
명균을 호조참판, 이삼을 훈련대장, 김동필을 도승지, 조현명을 지
평, 박문수를 정6품 사서(司書)로, 남인인 강박(姜樸, 외삼촌: 처형된
이순관)을 종5품 부교리로 발탁했다. 특히 완소가 국정에 대거 참여
하게 되자, 경중(京中) 및 지방 주도층의 무신거사 계획은 차질을 빚
게 된다. 그러나 진보·급진 소론인 박필현 이유익 윤덕유 심유현 이
하 등과, 남인인 이인좌 정희량 정세윤 민관효 민원보 한세홍 조성좌
나만치 심성연 등과 소북인 양명하 등의 활동은 중단되지 않았다.

조선왕조실록 1728년 5월 1일 풍기 출생인 임환(任瑍)이 공초(供
招)한 것을 보면, 진보·급진 소론인 준소(峻少)는 영조의 정미환국
에 크게 당황하고 있었음을 것을 알 수 있다.

"정미년(1727년) 7월 1일 환국이 일어나고 8, 9월쯤에 박필현과
한세홍이 이유익의 집에 모여 크게 놀라 말하기를, '일이 이루어지지

않는다. 노론이 (국정 핵심에) 그대로 있으면 일이 쉬울 것인데, 지금은 소론이 뜻밖에 다시 들어갔다. 비록 들어간 자는 완화책을 취하는 소론(주: 완소)이긴 하나 준절(峻切)한 소론(주: 준소)에게는 희망이 있다. 무릇 인심이 조금 누그러져서 자못 영도(榮塗: 벼슬길)에 들어가면 미운 마음도 많이 풀릴 것이니, 이제는 낙중(洛中: 서울)의 우리들이 손을 거두고 관망해야 화를 면할 수 있을 것이다'고 했다."
(영조실록 4년 5월 1일)

그러나 박필현 이유익 이하 등 준소(峻少)는, 이광좌 조태억 등 온건 소론인 완소(緩少)가 등용됨으로써 잠시 당황하지만, 1727년 10월 22일에 심유현이 담양부사로, 12월 28일에는 박필현이 좌천돼 태인현감으로 내려가게 되자, 이를 계기로 관망에서 적극적 준비로 돌입하게 된다.

무신거사가 일어나기 전 경종 독살설 등에 관한 격문(檄文, 괘서)으로 사회 분위기가 어수선했다. 조선왕조실록 1728년 1월 17일 영조 임금이 다음과 같이 말한 것에서 잘 나타나 있다.

"전주의 괘서는 작년 12월 12일에 있었고, 남원의 변고(괘서)는 그 달 14일에 있었는데, 이제 또 도성(都城)의 서소문(西小門)에 괘서를 걸었으니, 그 정도의 날짜를 계산해 보건대 한 사람의 소생인 듯하다. 그렇지 않다면 흉당이 서울과 외방에 숨어 있다가 출몰하며 이런 짓을 하는 것이다. 전주의 괘서는 전에 이미 불살라 버렸는데, 이제 어떻게 상금을 걸어 잡을 수 있겠는가. 옛날 선조(先朝) 때인 (1711년 숙종37년 4월 30일) 연은문(延恩門)에 괘서가 걸렸었는데, 여러 해를 두고 잡으려 했으나 끝내 정범(正犯)을 찾아내지 못했으니, 이제 잡지 말라는 하교는 뜻한 바가 있어서이다. 혹시라도 사소한 원한을 갚으려고 무고(誣告)한다면, 장차 애매하게 걸려들 걱정이 있으니, 잡

지 않는 것만 못하다."(영조실록 4년 1월 17일)

이에 대해 소론 지경연사(知經筵事, 정2품) 김동필(金東弼, 1678~
1737)이 영조에게 다음과 같이 아뢴다.

> "경향(京鄕) 세 곳의 괘서는 연은문(延恩門)의 변고(變故: 갑작스러
> 운 재앙·사고, 즉 괘서)보다 더욱 심한데, 지금 만약 내버려 두고
> 잡지 않는다면 흉악한 무리들이 더욱 거리낌이 없을 것이니, 마땅히
> 포청(捕廳)으로 하여금 상금을 걸어 잡도록 해야 한다."(영조실록 4년
> 1월 17일)

무신봉기 전에 각처에 나붙은 격서(괘서)로 사회이반 현상이 심각
하게 진행되고 있었음을 보여준다. 그러나 1728년 3월 12일에 또다
시 옥구와 임피(臨陂: 군산시 임피면 일원)에서 연달아 격서사건이
발생했다. 영조는 사관(史官)에게 격서 내용을 기록하지 말라고 명하
고, 관련된 자와 그들의 가족을 극형으로 다스렸다. 모든 격서(괘서)
에 "영조는 숙종의 아들이 아니며, 영조가 경종을 독살했다"는 내용
이 담겨 있었기 때문에 영조 임금은 유독 격서에 대해서는 아주 민감
하게 반응하고, 관련자는 극형에 처하는 등 단호하게 대처한 것이다.

앞의 전주장터 격서는 박필현의 주도 하에 나만치 송하(宋賀)가 했
고, 남원장터 격서 역시 박필현이 글을 짓고 정희량 측근으로 일족인
산음(산청)의 정탁(鄭倬)이 했으며 부안의 김수종도 여기에 연계돼
있었다. 서소문 격서는 민관효와 민관효 처남인 이익관·순관이 했
고, 옥구 및 임피 격서는 임피 사람인 이세룡(李世龍)이 주도했다. 이
익관·순관의 아버지는 병자호란 때 순사(殉死)한 경북 칠곡군 지천

면 출생인 이서우(李瑞雨)다.

그후 민관효(42세)와 이세룡(50세)은 1728년 3월 19일 훈국(訓局: 훈련도감) 군인에게 잡혀 남태징(61세) 신광원(愼光遠, 39세)과 함께 훈국(신문로1가 구세군회관) 진문(陣門) 밖에서 효시(梟示)된다. 전주에서 잡혀 온 이세룡은 국청에서 혀를 깨물고 자결을 했는데, 이를 다시 효시한 것이다. 업유(業儒: 서자 유학) 이익관·순관은 3월 28일 군기시 앞길에서 능지처사된다.

한편, 당색이 남인인 이인좌 정희량 민관효 조성좌와 소론인 박필현 이사성 이유익 등은 무신기병의 성공을 위해 각자 임무를 분담하여 추진하고 있었다. 이인좌는 정세윤 임서호 조관규(趙觀奎) 안엽(安燁) 권서봉 신천영 등과 함께 경기·충청도에 기병하기로 했고, 정희량 조성좌 김홍수 한세홍 조세추 등은 경상도에서, 태인현감 박필현과 청룡대장 정팔룡 등은 호남에서, 이사성(1677~1728)은 평안도에서 기병하여 각자 군사를 이끌고 합세하여 연합작전을 펼치고자 했다. 여기에 이유익 민관효 남태징 이하 양명하 등 경중 주도세력들이 도성(都城)에서 연대하는 것이었다.

이처럼 남인과 소론이 무신기병의 주도세력이 된 것은 여러 가지 이유가 있겠지만, 남인과 소론은 서로 우호적이었으나 노론과는 관계가 좋지 않았던 것이 주요 원인이었다. 무신봉기 가담자 심문조서인 무신역옥추안(戊申逆獄推案)에 "소론과 남인 사이에는 혼사(婚事)가 이뤄지나, 노론과는 이뤄지지 않는다"고 한 사실과, 승정원일기 1725년 3월 15일 경상감사 박문수의 장계에 "노론과 소론은 물과 기름이다"라고 한 것에서 알 수가 있다. 심지어 노론과 소론·남인은 옷차림뿐만 아니라, 제사 때 제물 놓는 순서도 달랐다. 노론은 옷깃

이 길고 소론은 짧았다. 복건(幅巾)은 노론은 홑으로, 소론은 겹으로 만들어 썼으나, 남인은 쓰지 않았다. 제수(祭需)를 차릴 때 남인은 포(脯)를 중앙에, 노론은 왼쪽에 놓았다. 제사 때 지방(紙榜)도 소론과 남인은 동일했으나, 노론은 가부장제를 중시하여 다르게 썼다.

소론과 남인 사이의 관계가 좋았다는 것은 조성좌(曺聖佐) 문중에서 1693년(숙종19) 간행한 창녕조씨족보(계유보)를 봐도 알 수 있다. 전주최씨로 청원군 북이면 대율리 출생인 손와 최석항(損窩 崔錫恒, 1654~1724)은 조성좌의 문중 족보인 1693년 '계유보(癸酉譜)'의 서문을 썼다. 당시 최석항은 평안도암행어사·양천현감에서 파직돼 관직에서 물러나 있었다. 앞서 조성좌의 고조부인 조정립과 최석항의 조부인 지천 최명길(遲川 崔鳴吉) 때부터 서로 친교가 있었기 때문에 최석항이 서문을 쓴 것이다. 이처럼 골수 소론인 최석항과 남인인 조성좌 문중 간에 누대에 걸쳐 교분(交分)이 있었다는 것을 보면, 소론과 남인은 가깝게 지냈다는 것을 알 수 있다.

그뒤 최석항은 1700년 12월부터 1702년(숙종28) 8월까지 경상감사로 재직하면서 대구 경상감영에 있을 때, 합천군 묘산면에서 대대로 세거하고 있던 조성좌의 아버지인 조항(曺沆)과 더욱 친밀하게 세교를 유지했다. 최석항은 소론의 당수(黨首)인 존와 최석정(存窩 崔錫鼎, 1646~1715, 영의정)의 동생이다.

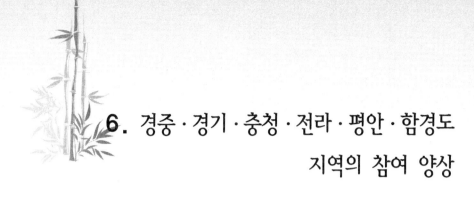

6. 경중·경기·충청·전라·평안·함경도 지역의 참여 양상

정세윤(鄭世胤) 임서호(任瑞虎) 이호(李昈) 등 경기 지역의 주도층 인사들은 호남 토호층뿐만 아니라, 전라도 운봉(雲峰)에서 살다가 용인 어비곡(魚肥谷: 이동면)으로 이주한 정팔룡(鄭八龍) 등 변산 노비적(奴婢賊)과도 접촉을 하고 있었다. 변산 노비적의 우두머리인 정팔룡은 전라도 부안(扶安) 거부(巨富)인 김수형의 집에 한때 거주했고, 무신봉기 때 청룡대장에 추대된 인물이다.

정인지 후손인 양성현의 정세윤과 이천부(利川府)의 임서호(1678~1728)는 부안현의 성득하 및 김수종(金守宗)·수형(守亨) 형제와 풍천부사 고희(高曦)의 손자인 고응량(高應良) 등으로부터 동병(動兵)을 약속 받았다. 양성현의 녹림당(綠林黨, 불한당) 대장이며, 또 거사군의 제6청룡대장인 정세윤은 호남에 세 번, 평안도 안주(安州)의 평안병영에 한 번 다녀가는 등 동분서주했다. 정세윤은 가짜로 만든 비변사의 공사(公事)로 어명(御命)이라고 하면서, 익산 여산 고부 부안 등지에 명령을 내려 군사를 모은 뒤 변산 노비적인 청룡대장 정팔룡과 연계를 시도했다.

여주 도등패(都等牌: 평등한 무리)와 연계돼 있던 임서호는 평안도 병력의 원조(援助)에 대해 이사성과 조율하고, 밀풍군 이탄을 거사에

동참시키는데 앞장섰다. 이호는 호남의 명문거족인 나만치(1679~
1728)를 통해 나숭대(1686~1728)에게 태인현감 박필현과 평안도절
도사(종2품) 이사성의 거사계획을 알리고 협조를 요청했으며, 부안
의 성옥(成玉) 및 성득하(成得夏)와도 긴밀하게 소통했다.

1727년 6월 이사성(51세) 박필현(48세) 한세홍(44세) 등이 양주군
묵동(墨洞: 중랑구 묵동)에 살고 있는 박필현의 서제(庶弟)인 박만호
(朴萬戶) 집에 모여 무신거사에 대해 협의했다. 이사성은 임금을 호
위하던 종2품 금군별장(禁軍別將)에서 1727년 9월 평안병사로 임명
돼 10월에 평안도 안주의 평안병영(兵營)에 부임하자마자, 진위현의
낙춘군 이배(洛春君 李培, 46세)가 평안도 병영을 방문하여 이사성의
군관인 안추(安樞, 1675~1728)를 만나고 돌아갔다. 당시 이배는 종
신(宗臣)으로 오위(五衛)의 종2품 부총관에 재직하고 있었다. 12월
초순에는 정세윤과 안엽(安燁, 40세)이 박필현의 편지를 가지고 방
문하여 이사성을 만나 군사모집을 위한 군자금 등에 대해 의논했다.
1728년 정월에는 서울의 부호 양명하(梁命夏, 53세)가, 3월 6일에는
상주의 진사(進士) 한세홍이 이사성의 평안도병영을 방문하여 최종
거사계획을 점검했다.

이는 평안도병마절도사 이사성에 대한 의존도와 비중이 컸기 때문
이었다. 안엽 공초에 "이사성이 정세윤에게, '군병을 많이 얻을 필요
는 없다. 만약 적변(賊變)을 듣는다면 나라에서 반드시 나를 시켜 군
사를 거느려 치게 할 것이니, 이때를 타서 군사를 합친다면 쉽사리
(우리 거사군에게) 원조가 될 수 있다'고 말했다"는 것에서도 알 수
있다. 또한 무신기병 5개월 전 이사성의 평안병영 군비확충 요청을
영조가 승인한 것에 대해 사관이 "나라가 망하지 않은 것만도 다행이

다"라고 한 것에서도 알 수 있다. 특히 박필현은 1725년(영조1) 봄부터 재산을 처분한 후 충청·전라·경상도 등 삼남 지방을 돌며 저명인사들을 규합해 나가는 등 무신기병에 핵심 역할을 한 인물이다. 1726년에는 경상우도 상주(尙州)에도 집을 구해 거주를 하면서까지 상주의 한세홍 등과 무신거사를 준비해 나갔다.

박필현이 1726년부터 상주에 거주를 한 것은, 상주 지역이 지리적으로 안동 문경 예천 순흥 보은 괴산 지역의 동조세력과 연계가 용이한 곳이었기 때문이다. 당시 상주에는 1726년 원주에서 이사 온 진사 한세홍과 토호 김홍수가 살고 있었고, 상주목과 인접한 청주목 송면에는 이인좌가, 순흥에는 정희량, 문경에는 부호 조세추, 예천에는 술사 이윤행, 보은에는 현감 조문보, 괴산에는 부호 김덕삼 등 무신봉기 핵심 인물들이 살고 있었다. 또한 상주는 조성좌(曺聖佐)의 8대 조부인 좌부승지 조계형(曺繼衡)과 7대 조부인 조언홍(曺彦弘)·언박(彦博, 1509~1547) 등이 살았던 고향으로 조경문(曺景汶) 등 창녕조씨 일족(一族)들이 많이 세거하고 있었다. 특히 안동 사림들의 협조를 이끌어내기 위한 전략적 선택도 박필현이 상주 이거(移居)의 한 원인이었을 것이다. 1728년 4월 9일 한세홍 공초에 "상주에 이사 온 지 겨우 1년쯤 지나서 박필현이 또한 이사를 와, '한세홍이 있기 때문에 나도 또한 따라 왔다'는 말을 퍼뜨려, 세상에서 나를 박필현의 주인으로 여겼다"고 한 것에서, 박필현이 상주(尙州)로 이주한 목적의 일면을 알 수가 있다.

무신사태 후 사신(史臣)이 평안병사 이사성(1677~1728)의 군비확충에 대해 말한 것을 보자.

사신은 말한다. "이사성(李思晟)은 부임한 지 얼마 안 돼 역적 모의를 하다가 (1728년 3월 26일) 복주(伏誅)됐다. 이날(주: 1727년 10월 20일) 임금에게 아뢴 것은 모두가 군비(軍備)를 핑계하고서 몰래 불궤(不軌)를 도모하기 위한 계책이었는데, 품계(稟啓: 보고)하지 않고 여러 고을의 병기(兵器)를 점열(點閱: 점검·사열)하겠다는데 이르러서는 더욱 이해할 수 없는 처사였다. 그런데도 입시한 여러 신하들이 입을 모아 지지하여 무신(戊申)의 변란 을 만들었으니, 나라가 망하지 않은 것만도 다행이다."(영조실록 3년 10월 20일)

이사성은 평안도 안주 병영을 찾아온 정세윤 안엽 한세홍 임서호 양명하를 매개로 하여, 경중 및 근기 세력과 지속적인 관계를 유지하면서, 4면에 창검(槍劍)을 꽂고 내부에 조총(鳥銃)을 거치한 '철차(鐵車)'를 제작하여 거사 때 전력 우위를 점하려고 했다. 또한 평안도 병영의 수미군(收米軍)을 정예 병사로 전환하고 군사훈련을 강화하는 등 평안병영의 유리한 조건을 최대한 활용하고자 했으며, 금위영(禁衛營)에서 소지하고 있던 조총을 감관(監官)과 색리(色吏)를 통해 은밀하게 매입하여 명화적 무리인 녹림당(綠林黨)을 무장(武裝)시켰다. 이사성은 평안도 병영에서 귀가(歸家)하는 임서호에게 군복을 주었고, 왕족인 이유익에게 혼수(婚需)를, 군관 안추(安榧)는 몇 달 동안 수행시키다가 첩(帖: 휘장)과 청나라 상인에게 매입한 달마(㺚馬) 1필을, 용인 송전 사람인 장전(張錪)에게는 안추(安榧)를 통해 보검(寶劍)을 전달했다.

이와 같이 거사군의 무력 동원은 이사성의 평안병영 군사를 핵심으로 하고, 경상좌우병영 우후(虞候)를 역임한 바 있는 평안병영의 군관 안추와 안엽(安熀, 안정 형)이 주도적으로 담당했다. 특히 이사성이 경기도 용인으로 파견한 안추는 용인 어비곡(魚肥谷: 이동면 어

비리)에 거주하면서, 안주(安州)에 있는 평안병영과 수시로 연락을
취했으며, 안엽은 동생인 안정을 매개로 하여 안정의 장인인 중추부
(中樞府) 지사(知事, 종2품) 김덕삼(金德三)에게 괴산 지역의 속오군
(束伍軍)을 동원하도록 했다.

한편, 형조좌랑에서 1727년 12월 좌천돼 태인현감으로 부임한 박필
현(朴弼顯)과, 전북 고창 지방인 무장(茂長)에 유배돼 있던 전 도승지
박필몽, 전주의 박필몽 아들 박사관(朴師寬), 그리고 경종 즉위 전에
사망한 단의왕후(端懿王后)의 동생인 담양부사 심유현 등은 전주성 입
성을 모색했다. 특히 소론 강경파인 박필현이 형조좌랑에서 태인현감
으로 좌천된 것은 1721년(경종1) 12월 신축소 때 김일경 발필몽 이진
유 등과 함께 김창집 등 노론 4대신 등을 탄핵하여 사사되게 한 일로
노론들이 보복을 했기 때문이다. 노론의 거두인 영의정 김창집(金昌
集)은 박필현의 고모부인데도 박필현이 신축년 상소에 동참한 것이
다. 그러나 박필현의 좌천은 무신기병의 기폭제 역할을 하게 된다.
이인좌 박필현 정세윤 민원보 이유익 민관효 나만치 윤덕유 심유
현 이하 정대윤(鄭大胤, 정세윤 종형) 등은 관군을 포섭하여 관군 중
심의 거사를 추진하기로 하고, 또한 정팔룡 등 변산 노비적들과도 합
세하여 군사력을 배가하기로 하는 등 양반과 노비적이 서로 긴밀하
게 소통하고 있었던 것이다. 그들은 호남 지방의 사대부 및 토호와의
접촉을 통해 경종 독살설을 유포하고, 격서(괘서)를 써 붙여 민심이
반을 시도하는 등 거사의 명분을 축적해 나갔으며, 관군의 군사훈련
과 화약수출을 실현하기도 했다. 이때 접촉한 양반 사대부는 부안의
김수종, 태인의 송하, 남원의 소정(蘇檉), 순창의 양익태(梁益泰) 등
이다. 특히 부안의 김수종은 당시 곤양 지사(地師: 지관)인 이명근을

매개로 사천 곤양 하동 순천 지방의 사대부 및 토호들과 연결돼 있었
고, 진주 갑부인 생원 이덕일(李德一, 1688~1728)과도 소통하고 있
었다. 강원도에서는 원주의 한세능·덕징 및 조관규(趙德奎)와 춘천
의 부호 심성연·익연, 강릉의 정봉남 김자남 김분립 등이 가담했다.
특히 원주 지역(지정면)에는 노론의 거두인 연흥부원군 김제남(金悌
男)의 후손들이 세거하고 있는 곳인데, 이 지역에서 한세능 조관규
등이 가담했다. 함경도는 박필현의 매부인 함경도감사 권익관과 전
경흥부사 황부·정주목사 박창제·회령부사 한성흠 등을 동참시켜
함경도 지역의 관군을 우호세력으로 만들려고 했다. 이와 같이 무신
사태의 주도층은 경중·경기·충청·호남·영남·강원·평안·함경
도 등 전국적으로 확대돼 갔다.

이러한 지방에서의 거사 준비 및 추진 상황에 대한 점검은 원주에
서 상주로 이사 가서 살고 있던 한세홍(韓世鴻, 1685~1728)이 주로
맡아서 했다. 한세홍은 팔로(八路: 팔도)의 종약장(從約長)으로 추대
돼 핵심 역할을 했다. 남인 명문가 후손인 한세홍의 조부는 숙종6년
에 금부도사를 역임한 한주상(韓柱相)이며, 6대조는 경성판관을 역임
한 한효윤(韓孝胤, 한준겸 아버지)이고, 외조부는 숙종19년에 밀양부
사를 지낸 김봉지(金鳳至)다. 한세홍은 무신봉기 후 제주도 정의현
(旌義縣)으로 정배된 정흠유(鄭欽儒, 정희량 8촌 동생)의 처남이었기
때문에 지방의 거사 핵심 인물인 정희량과 긴밀하게 협의할 수 있었
고, 또 외삼촌인 충주의 김덕유(金德裕)가 갑술옥사(1694년) 때 사사
된 민암(閔黯, 우의정)의 사위였던 관계로 충주의 민원보 등 여흥민
씨들과도 교유가 있었다.

한세홍은 이유익 민관효 이하 등 경중(서울) 핵심 인물들에게 수시
로 지방의 거사 준비 상황을 전달했으며, 과천의 신광원(愼光遠)도

경중세력과 긴밀하게 협의해 나갔다. 이에 경중 주도층도 모군(募軍) 과 모자(募資)를 위한 실천에 들어갔다. 경중에서는 동원 대상을 가동(家僮: 집노비)·노속(奴屬: 노비)·전민(田民: 농민) 등으로 하고, 각자 1백여 명씩을 동원하기로 계획을 세웠다. 무신봉기 당시 가능한 모군 규모는 창산군 이상(昌山君 李相, 53세)과 민관효(42세)의 가동, 서울 청파(靑坡) 사람인 진사 양명하(梁命夏, 53세)의 노속, 영의정 이시백의 봉사손으로 여산(礪山: 익산시 여산면)에 많은 전답이 있는 한성참군(漢城參軍) 이하(李河, 46세) 등이었다. 양명하는 노비가 235명[구·口]이나 됐을 정도로 갑부였다. 이들은 무력을 가지고 있는 포도대장(捕盜大將, 종2품) 남태징과 총융사(摠戎使, 종2품) 김중기와도 협력을 강화하면서 영은문(迎恩門) 쇠줄을 꺾은 8장사(將士) 중 4장사도 미리 포섭했다. 민관효는 종신(宗臣)인 종친부 도정(都正, 정3품) 이인엽(李人爗, 창산군 이상 아들)에게 은자(銀子) 80냥을 빌려 군사를 모으는데 사용했다. 하지만 경중에서의 모군은 거의 이뤄지지 못했다.

영조4년 3월 19일 서울 주동(鑄洞: 중구 주자동 일원)에 살고 있던 이하(李河)가 "남인은 민관효가 주관하고, 소북은 양명하가 주관하며, 소론은 박필현 이유익 윤덕유(尹德裕)가 주관하는데, 박필현이 비록 읍재(邑宰, 태인현감)로 나가 있지만 사실상 괴수(魁帥)다. 창산군 이상(昌山君 李相) 역시 그 가운데 들어 있어 내병(內兵)은 창산군이 그 집 종들을 모으고 양성현 군사 절반을 서울로 올라오게 했으며, (종7품 부사정) 한유(韓游)와 한순(韓洵) 한광(韓光), (장녕전 별감) 윤천경(尹天擎) 등도 같은 무리이다"라고 공술한 것에서, 경중세력은 당색별로 동조자를 규합하고, 또 양성현의 관군을 동원하려고 했음을 알 수 있다. 이하(李河)는 인조반정 정사공신(靖社功臣) 1등인 이귀(李貴)의 현손이고, 영의정 이시백의 증손이었지만, 당시 벼슬이 겨우 정7품 한성부 참군(參軍)에 머물고 있었다.

소북을 주관한 양명하(남원양씨)는 본래 광주(廣州)에 살다가 서울 청파로 이사하여 살고 있었는데, 무신거사가 좌절된 후 춘천으로 도 피했으나, 4월 4일 칼로 목을 찔러 자결할 정도로 심지(心志)가 굳었 던 인물이다. 양명하는 1717년(숙종43) 4월 진사 이상채(李相采)와 함께 서인의 거두인 김장생의 문묘 종사를 반대하는 상소를 올려 유 배되기도 했다.

소론을 주관한 인물 중 한 사람인 이유익은 왕족인 전주이씨로, 그 의 아버지는 1701년 신사옥사 때 희빈장씨의 사사(賜死)를 극력 반대 한 지평 이명세(李命世)이고, 그의 여동생이 총융사 김중기의 며느리 가 됐다. 이유익은 "만약 내가 성인(聖人)이 되지 못한다면 차라리 임 꺽정(林巨正)이 되겠다"고 공공연히 말하는 등 무신거사 성공을 위해 백성들의 의적(義賊) 심리를 적절히 이용했다. 또한 기존 성리학(주 자학) 중심의 이념과 신분질서를 변화시키려고 한 인물로, 태조 이성 계 비(妃) 신덕왕후의 정릉(貞陵)을 돌보는 종9품 참봉(參奉)을 역임 하기도 했었다.

무신봉기 실패 후 밀풍군 이탄(41세)의 4촌 동생인 금군별장 이사 로(李師魯, 33세)가 "경중 소론인 이유익이 내게 말하기를 '우리 소론 들은 가난하지만 남인은 부잣집이 많으므로 군병을 고용할 수가 있 다'고 말했다"고 공술한 것을 보면, 경중 주도세력들은 모병 및 수취 (收聚)에 애로가 있었으며, 나만치 민관효 정희량 이인좌 조세추 조 성좌 고응량 신윤조 등 재력이 있는 남인들의 모병에 기대를 하고 있었음을 알 수가 있다.

이러한 이유로, 이유익 민관효 이하 등 경중 주도세력들은 거사의 정당성을 확보하고, 또 성공시키기 위해 "경종 임금이 이복동생인 영조에 의해 살해됐다"는 '주상행시역(主上行弑逆)'의 격서(괘서)를 1728년 1월 서소문(西小門)에 살포했다. 이는 민관효(42세)의 지휘를 받아 처남인 과천의 이익관(46세)·순관 형제가 살포한 것이었다. 동시에 모병(募兵)한 장사들에게 영의정 이광좌와 좌포도대장 이삼 등 소론 온건파인 완소(緩少)를 제거하여 행정 및 군사 기구의 기능을 마비시키려고 했다. 특히 박필현 이사성 이유익 이하 등 준소(峻少)와 민관효 등 남인들이 완소를 제거하려고 한 것은 영조의 정미환국으로 완소가 국정에 참여하는 등 앙금이 남아 있었기 때문이다.

또한 경중 주도세력들은 여주 및 이천 지역에서의 효율적인 모군을 위해 여주 후포(後浦, 대신면 후포리) 갑부 신윤조(辛胤祖, 54세)를 포섭한 후 그의 가동 약 1백 명을 내응(內應)에 활용하여 거사 때 동대문으로 들어오도록 하고, 동시에 지평현감인 남수언(南壽彦, 조관규 매부)이 지평현(砥平縣: 양평군 지평면 일원) 관군을 이끌고 가담하도록 하는 것이었다.

특히 이천시 대월면 출생의 평안도병사 이사성이 평안병영 군사를 이끌고 도성(都城)으로 진군하는 계획을 가장 중요한 거사 성공의 목표로 수립하여 추진했다. 양성(陽城: 안성)과 진위(振威: 평택)의 모군(募軍)이 진행되고 있을 때인 3월 6일 상주의 한세홍이 평안도 안주 병영으로 평안도절도사인 이사성을 찾아가 최종 점검을 한 것에서, 평안병영의 역할과 비중이 크다는 것을 말해 준다.

그런데 이유익 민관효 남태징 등 경중세력들은 이인좌 정희량 박필현 이사성 등과 4월 초순에 내응하는 것을 목표로 하여 거사를 진행하고 있었다.

다음은 1728년 3월 25일 이유익(1697~1728)의 공술이다.

"경상도에서 기병(起兵)할 날짜를 택한 것은 3월 27일이라고 이인
좌가 내게 편지를 보내어 말했는데, 호남에서의 기병도 대저 이 무렵
이어서 (경중에서는) 4월 (초순) 사이에 내응하고자 했으나, 경상도
사람들이 지레 먼저 기병했기 때문에 미처 내응하지 못하게 됐다. 4
월에 내응할 때 각각 인정(人丁) 1백여 명을 내어 야간을 틈타 변(變)
을 일으키고, 이사성은 근왕병(勤王兵: 왕을 위해 충성하는 군인)을
칭하고 상경할 계획이었다. 한세홍과 이인좌는 영남의 일을 주관하
고, 정세윤은 호남의 일을 주관한다고 했는데, 나는 그 사람은 보지
못하고 이하(李河)에게서 들었으며, 호남의 일은 정세윤과 나만치가
함께 했고 따로 모주(謀主)는 없다. 그 가운데서 이사성을 모주(謀主)
로 삼고자 했으며, 1천여 명의 군사는 다섯 사람이 각기 1백여 명씩
모으면 마땅히 5, 6백 명은 되고, 영남의 군사가 오면 합해 1천여 명
이 된다." (영조실록 4년 3월 25일)

이처럼 이유익은 영남과 호남의 기병 날짜가 3월 27일이기 때문에
경중은 4월 초순에 내응을 하기로 했으며, 평병 이사성의 군사력과 정
희량 조성좌의 영병(嶺兵)에 기대를 걸고 있었다는 것을 알 수 있다.

진위현 태생인 원만주(元萬周)가 "(3월 초순경) 정세윤을 따라 부
안에 있는 성득하 집에 갔더니, 정세윤이 '4월 12일에 거사할 것이
다'라고 말했다"고 1728년 5월 23일 공술한 것을 보면, 경중 · 경기 ·
호남의 주도세력들은 당초에는 4월 12일을 목표로 거사를 계획하고
있었다. 그러나 1728년 3월 초순에 정세윤이 김수종의 부안 집으로

찾아가 호남 지역의 봉기를 독려하고 있던 중 "거사에 대한 고변이 각지에서 올라와 위중하니 청주로 빨리 올라오라"는 이인좌의 갑작스런 서찰을 받고 정세윤이 부안에서 청주로 급히 올라가게 된다. 무신거사에 대한 각처의 고변(고발) 때문에 거사 시기를 앞당기게 된 것이다.

이인좌가 1728년 3월 26일 공술한 것이다.

> "당초 기일은 3월 10일이었는데 소식이 없어서 응병(應兵, 주: 경기·충청 거사군)이 당도하여 3월 15일 거병(擧兵)했다. 김홍수와 정희량의 집에서 탐지했더니 120명의 군사로 하고 날짜는 초 10일이라고 했다. 내가 이런 일을 알고 돌아와 장차 응병하고자 하여 15일에 거사했다. 권서룡을 15일에 서울로 보냈더니 겁이 나서 (도성에) 들어가지 못하고 돌아왔는데, 경상도에서 (4월) 초닷새에 기병한다고 잘못 전해졌기 때문에 내가 역시 지레 먼저 기병한 것이다." (영조실록 4년 3월 26일)

최규서 김중만 등의 고변이 정식으로 조정(朝廷)에 알려지기 전에 무신기병에 대한 고변 징후가 각처에 널리 유포돼 있었기 때문에 거사 날짜를 3월 10일로 앞당겼는데, 경기·충청도 군사의 응병이 늦어져 3월 15일 거사했고, 거기다가 정희량의 기병이 4월 5일로 잘못 전해져 지레 먼저 거사를 앞당기게 됐다고 이인좌가 진술하고 있는 것이다.

또한 예천의 술사(術士) 이윤행(李允幸, 이윤사)의 점괘(占卦)가 "3월과 4월 사이에 기병하면 반드시 막히고 실패하는 일이 있을 것이

나, 뒤에는 다시 일어날 것이다. 이는 동우(東隅)에서 잃고 상유(桑
楡)에서 얻는다는 것과 같이 될 것이다"고 나와, 이유익 민관효 이하
양명하 등 경중 주도층이 당초 계획한 4월 초순 내응을 변경시키는
데 영향을 미쳤다.

그러나 임환(任環)이 1728년 5월 1일 공술에서 "사자(士子: 선비) 1
천여 명이 처음에 큰 절에서 모이고 다시 산속에서 모인 것은 대개 3
월 13일, 14일인데, 보름(15일) 이전에 호남 군사가 기병하고, 민관
효 등이 이천 및 여주 군사를 이끌고 중간에서 일어나고, 이때 성
(城)안이 소란하면 (경중) 이유익과 남태징이 군사를 거느리고 성안
을 소탕하면 쉽게 끝날 것"이라고 했다. 신광원도 3월 19일 공술에서
"이인좌가 이달 10일에 군사를 일으켜 14일에 모두 안동에서 만나고,
권서린은 13일에 양성에서 군사를 일으켜 3월 15일에 모두 청주에서
모여 충청병사를 참(斬)하기로 했다"고 했다. 이 공술들을 보면 거사
일은 그후 대체적으로 3월 15일 전후로 변경·조정됐고, 호남 및 경
기도의 기병과 함께 호서의 이인좌 신천영, 영남의 정희량 조성좌의
기병을 이용한 다중 거사(多重 擧事)를 추진하고 있었다는 것을 알
수 있다.

이인좌가 3월 15일 청주읍성을 점령한 지 하루 뒤인 3월 16일 상
한(常漢: 상놈) 김옥성(金玉成, 46세)이 공술하기를 "내응할 약 1만
명의 인원이 이미 성안으로 들어와 각고(各庫)의 군기(軍器)를 하룻
밤에 불태운다는 설이 성안에 전파돼 있다. 강원·황해·평안·함경
도 관군을 징발해야만 위급함을 구제할 수 있는데, 양서(兩西: 충청
·전라) 지역이 모두 저들에게 함락돼 그 군사가 어느 지점에 도달했
는 지 모르니, (영조) 임금은 강화(江華)와 남한산성으로 들어가야만
거의 무사할 것이다"고 했다. 이것을 보면 이인좌 박필현 정세윤 신

천영 정희량 등 외방 주도세력들은 경중(서울) 내응세력들을 믿고 거
사를 단행했고, 민관효 이유익 이하 남태징 등 경중 내응세력들 역시
외방 주도세력의 기병은 성공할 것이라는 믿음과 확신을 가지고 있
었음을 알 수 있다.

이와 같은 여러 상황에도 불구하고, 영조4년 1728년 3월 7일에 안
성(安城) 양성(陽城) 진위(振威) 용인(龍仁) 과천(果川) 괴산(槐山) 평
양(平壤) 등지에서 취군이 시작되고 있었다. 특히 평안도 지역인 평
양에서도 취군이 이뤄졌다는 것을 주목해야 할 것이다.

다음은 영조4년 3월 16일 양지현(陽智縣, 용인시 양지면 일원)의
전 능참봉(陵參奉, 종9품) 김중만(金重萬)의 고변이다. 김중만은 1712
년(숙종38) 과거에 합격한 인물인데, 이인좌를 배반하여 일러바친
공으로 양무공신 2등에 녹훈(錄勳)돼 언성군(彦城君)에 봉해지고, 전
(田) 11결 50부, 답(沓) 8결 5부 7속, 노비 34명과 집[가사·家舍]을
하사 받고, 평안도 희천군수(熙川郡守)에 특별 임용된다. 김중만이
큰 공을 세운 것에 대한 파격적인 보상이었다.

"양성 구만리(九萬里)의 양반 권서룡(權瑞龍)과 권서린, 가천역(加
川驛, 안성시 원곡면 가천리) 양반 최경우와 정세윤(鄭世允), 용인 도
촌(道村, 용인시 남사면 통곡)의 김종윤(金宗允), 안성 출신 정계윤
(鄭季胤)과 윤희경(尹熙慶), 과천 호현(狐峴, 남태령)의 신광원(愼光
遠)이 역모를 했는데, 최경우 집에서 1백여 명이 모였고, 권서린 집
에서 150여 명, 평양(平壤) 박파총촌(朴把摠村)에서 50여 명이 모이
고, 괴산 유상택(柳尙澤) 집에서 50여 명이 모여 모두 350여 명이었
다. 이달 초이렛날 구만리에 모여 12일 밤에 어둠을 타고 군사를 합
쳐 청주 병영(兵營)을 습격하고자 했으나, 영남의 대군(大軍)이 이르
지 않았기 때문에 실행하지 못했다. 모인 자들은 모두 각처의 명화적

(明火賊)으로, 지금은 바야흐로 가천(加川)과 구만리 두 곳에 나눠 둔 (屯)을 치고 있어 사방의 이웃 고을 백성들이 소동해 촌락이 모조리 비었다. 13일에 신(臣)이 적(賊)의 숲에서 탈출해 와서 그후의 일은 알지 못하나, 만약 영남의 군사가 이르게 되면 곧바로 경성(서울)을 침범하려고 한다. 이 적들이 삼남(三南)과 교통(交通)하고 있는데, 영 남은 청주 송면(松面)에 사는 사인(士人) 이인좌 4형제가 주관하여 명령이 상주(尙州)와 통하며, 호남은 안성의 상인(喪人) 원만주(元萬 周)가 주관하여 나주의 나씨(羅氏, 주: 나만치) 성을 가진 양반과 교 통하고 있다." (영조실록 4년 3월 16일)

1728년 3월 22일 박상순(朴尙淳)의 공초에서도 근기(近畿) 지방의 거사 진행상황이 잘 나타나 있다.

"적(賊)이 군사를 양성(陽城)에 모아 소를 잡아먹고, 군사를 두 패 로 나누어 한 패는 진위로 가고, 한 패는 평택으로 가서 두 고을 수 령을 모살(謀殺)하고, 곧이어 청주로 향했는데, 그 숫자는 불과 안성 장터 사람만큼 됐다. 적장은 권서룡(權瑞龍) 권서봉(權瑞鳳) 박태제 (朴泰齊) 이호(李昈)였다. 박태무(朴泰武)란 자가 말하기를, '적의 무 리가 영남의 군사를 기다리는데, 용인 직곡(直谷: 용인 삼가동)의 안 씨(安氏) 성을 가진 양반(주: 안엽 안정 안지원)이 그 일을 주관하고 있다'고 했다. 또 들으니, 죽산 (두교리 동막) 사람 윤취상(尹取商)과 서문석(徐文錫)이 적진으로 갔다고 한다." (영조실록 4년 3월 22일)

이와 같은 박상순의 공술은, 앞서 3월 16일 김중만의 고변과 3월 28일 목함경(睦涵敬, 24세)의 다음 공술과 함께, 근기 지방의 거사 진행상황을 가늠해 볼 수 있는 사료다.

"(1728년) 초아흐렛날에 양성의 권서린(權瑞鱗)의 집으로 갔더니

소를 잡고 수백 명이 모여 있었는데, 도검(刀劍)이 무서웠다. 대개 도둑떼를 모은 것으로서 최경우(崔擎宇)가 상인(喪人: 상두꾼)으로 변복(變服)하고 수백 명을 모아왔는데, 장수는 이인좌였다. 태인의 군사가 15일에 공주로 향했다고 했다. 양반이 처음에는 120명이었으나 청주와 진천에 이르러서는 거의 2백 명이 됐는데, 죽산에 가면 이천부사(주: 강세윤)가 당연히 군사를 거느리고 와서 서로 호응할 것이라고 했다. 일찍이 이천부사와는 서로 아는 사이로 우리와 같은 무리이므로, 반드시 서로 호응할 것이고, 통진부사(주: 남태적)와 이천부사는 모두 우리들이 일찍 군사를 일으키지 않는 것을 민망해 했다."(영조실록 4년 3월 28일)

앞의 김중만 박상순 목함경의 고변 및 공술과, 5월 16일 박필상(朴弼祥)의 공술을 종합해 보면, 근기 지방의 취병(聚兵) 규모는 대략 안성장터에 장보러 온 사람 정도인 350여 명이었고, 권서룡 권서봉 박태제 이호(李旿)는 양성 구만리(九萬里, 안성 공도읍 일원)에서 군사를 두 패로 나눠 인근 진위와 평택으로 진군했다는 것을 알 수 있다. 또한 이들은 3월 11일 인근 양성현 소사(素沙: 평택시 소사동)에 군사를 집결시켜 이인좌와 합세한 후, 청주로 진군하여 청주읍성을 점령하고, 정희량 조성좌 등의 영병(嶺兵)과 나만치 박필현 정팔룡 등의 호남군(軍), 승려 대유 등 지리산 토적이 도착하면 북상하려고 했음을 알 수 있다.

그리고 수백 명이 모여 소를 잡아먹을 정도로 공개적으로 대담하게 행동했으며, 350여 명은 각처에서 모인 명화적이며, 안성 죽산 양성 진위 평택 용인 양지 이천 수원 등지의 촌락은 텅 비었고, 통진부사 및 이천부사도 연계돼 있었다는 것을 알 수 있다. 그후 통진부사 남태적(南泰績)은 도배(島配)된 후 장폐되고, 화가 강세황의 형인 이천부사 강세윤(姜世胤)은 중도부처된다. 하지만 평택현감 유중겸

(柳重謙)과 진위현령 조동빈(趙東彬)은 거사군에게 모살되지 않았다.
통진부(通津府)는 현재의 김포시 일원이다.

최규서가 3월 14일 영조 임금에게 고변하기 이전에 이인좌 권서봉
권서룡 이호 장흠 등은 대담하게 모병을 하고 있었다는 것을 알 수
있는 사료가 또 있다. 용인 유생 정관빈(鄭觀賓)의 고변과 조선왕조
실록 1728년(영조4) 3월 16일 기록이 그것이다.

"(3월 4일) 가도사(假都事) 등이 (용인 송전리에 사는) 장흠(張欽)
등을 붙잡기 위해 양성에 갔다가 적(賊, 주: 권서봉 이호 등)의 추격
을 받아 도망해 돌아왔다. 임금이 거기에 동행한 포도부장(捕盜部將)
이행빈(李行彬)을 불러 물으니, 대답하기를 '초나흗날 장흠이 사는
곳으로 달려갔더니, 촌사(村舍)가 한결같이 비어 있어 그 집 비부(婢
夫) 서애룡(徐愛龍)을 붙잡아 장흠이 간 곳을 물어보았다. 그러자 서
애룡이 「양성 구만리 권서방(權書房) 집에 가서 모였다」고 했다. 그
래서 서애룡을 데리고 구만리 근처로 달려가서 앞산 봉우리를 건너
다보니, 모여 있던 자들이 백기(白旗)를 흔들고 북을 치면서 떠들썩
하게 욕을 했다. 다시 앞으로 가까이 가자 화살과 탄환이 어지러이
떨어지기 때문에 감히 들어가지 못하고 밤낮으로 도망하여 올라온
것이다'고 했다. 훈국(訓局: 훈련도감)의 척후(斥候) 장교(將校) 역시
와서 고하기를 '적의 무리가 혹 2백 명이라 칭하기도 하는데, 마군
(馬軍) 1백 명, 보군(步軍) 1백 명이라고 한다'고 했다." (정관빈 고변 및
영조실록 4년 3월 16일)

양성현에 모인 거사군이 관군의 포도부장 이행빈과 유생 정관빈에
게 총과 활살을 쐈다는 것은, 거사군이 무신거사의 성공을 믿고 있었
기 때문에 가능했다. 근기·충청·호남·영남·평안·함경도 등 거
병이 있었던 군현의 수령들 대부분이 무신봉기에 가담하고, 또 진압

에도 우유부단했다고 하여 무신봉기 후 영조에게 잡혀와 모진 심문을 당한다. 이들 지역의 수령들 역시 무신거사의 성공을 믿고 있었다는 반증들이다.

촌락은 3월 4일부터 텅 비는 등 흉흉해 지고 있었고, 갈원(葛院, 평택시 칠원동) 지역의 갑부인 유학 김정현(金鼎鉉) 및 그의 매부 박영동(朴寧東)과 소사(평택시 소사동) 지역의 핵심 인사 20명은 변산 및 지리산의 토적(거사군)과 화응(和應)하여 한 사람마다 1백 명의 군사를 모으기로 계획했다. 이렇게 모병한 거사군들은 양성 구만리의 권서린의 집에 최소한 8일 이상 모여 있다가 3월 11일 양성현 소사에 진을 친 후, 3월 13일 청주읍성으로 진격한 것이다.

충주에서는 민원보(47세)의 지휘 하에 거사를 준비해 나갔다. 민원보는 그의 종 만재(萬才)를 시켜 무신거사의 핵심 인물인 합천군 도오지촌(묘산면 도옥리)의 조성좌와도 서간(書簡)으로 거사를 협의했다. 충주 율지동의 부호 민원보는 괴산 연풍에 살고 있는 한대명(28세)과 충주의 서얼(庶孼) 이조겸(56세), 민원보의 4촌인 민원해(閔元楷), 민원해 아들 민백효(閔百孝, 29세), 조카인 민경효·성효, 이인좌 6촌 동생인 이진좌(李震佐)·유좌 등과 함께, 충주읍성을 공격하여 함락한 후 소사(素沙)로 나아가 이인좌와 합류하여 서울로 북상하려는 계획을 세웠다. 민원보·원해는 1680년 경신환국 때 유배된 좌의정 민희(閔熙)의 손자다. 민원보는 이조겸과 한대명에게 포수와 화약을 확보하게 했으며, 충주 이류면 산정마을 출생인 교생(校生) 민제상(閔齊尚)과 종 말종(末終)·만재(萬才)에게 조총을 줘, 서울에서 충주와 괴산 등지에 내려온 금부도사들을 쏴 죽이게 하고, 관군이 민백효의 집에 침범하면 포를 쏘아 침범을 막게 했다. 민원보는

▲ 검모포(黔毛浦): 전북 부안군 진서면 구진마을
김수형은 수군의 보(堡)가 설치돼 있던 검모포에 배 10척을 소유하고
있었다. 김수형의 증조부로 나주목사·담양부사를 역임한 김홍원 때
부터 갑부였다.

▲ 청림사(靑林寺) 폐사지 석축: 전북 부안군 상서면
변산 노비적(奴婢賊)인 정팔룡은 청림사에 근거지를 두고 삼남 지방의
청림병(靑林兵)을 지휘했기 때문에 청룡대장(靑龍大將)이라고 불렸다.
청림사 폐사지는 내변산의 들머리인 우슬재를 지나면 나온다.

조총 20여 자루와 환도(環刀) 10여 자루, 철편(鐵鞭) 20여 자루, 군복 20여 건(件)과 화약 8봉(封)도 비축하게 하는 등 봉기에 대비했다. 3월 16일에 민원보 이조겸과 민원보의 종 말종 및 만재 등은 노새를 타고 청주로 가다가 괴산에 이르렀을 때, 이인좌의 거사군이 관군을 물리치고 청주읍성을 함락했다는 소식을 듣고 충주로 되돌아와 북진을 준비했다.

하지만 3월 24일 이인좌가 패배하고, 3월 27일에는 신천영이, 그리고 3월 29일에는 민원해가 충주목사 겸 호서안무사 김재로(金在魯)에게 사로잡힌다. 이어서 4월 14일 민원보가, 5월 5일에는 한대명 이조겸 민백효·경효·성효 등이 체포돼 서울로 올려 보내지자, 영조가 친국 후 모두 처형했다. 주모자인 민원해·원보는 자복하지 않고 경폐(徑斃: 맞아 죽음)되고, 한대명 이조겸 민백효·경효·성효는 국문 후 참수되며, 이진좌·유좌는 효시된다.

충청도 해미 지역에서는 강위징(姜渭徵) 이현(李玹) 박계상(朴啓相) 등이 1728년 2월부터 해미봉기를 준비했다. 1727년 10월 비변사 종6품직인 비국랑(備局郞)에서 파면된 이현은, 청주로 가서 청주읍성을 정탐하기도 했다. 특히 강위징은 명리(命理)에 밝았고 해미봉기에 주도적 역할을 한 인물이다. 3월 17일에 목함경 및 장흠 등과 연결돼 있던 해미현감 송내익(宋來翼, 54세)에게 대원수 이인좌의 관인이 찍힌 격문이 전달되자, 송내익은 도부(到付: 답변서)를 만드는 등 화응한 후 영장과 함께 3천 명의 관군을 이끌고 청주성으로 진격하려고 했다.

강위징은 "내가 이미 20년 동안 군사를 길렀는데 나만한 자가 400이나 500명쯤 되고, 나보다 훨씬 나은 자는 200명 남짓 되며, 힘이 남보다 뛰어난 자는 100명 남짓 된다. 이것으로 거사할 만하나 반드시 천시(天時)와 인사(人事)를 얻고서야 할 수 있으므로 이제까지 머

6. 경중 · 경기 · 충청 · 전라 · 평안 · 함경도 지역의 참여 양상 · **115**

물러 기다렸는데, 이제는 이미 천시(天時)와 인사를 얻었으므로 장차 봄 사이에 거사할 것이다"고 하면서, 해미현의 현감 · 영장 · 천총과 이현 및 전 훈련주부(訓練主簿)인 갑부 박계상을 끌어들였다. 진주 출생인 강위징은 정찬술(鄭纘述)이 1726년 5월~1727년 11월까지 충청병사로 있을 때 그의 천상(天象)을 봐 주었고, 그후 정찬술은 강위 징 이현 박계상을 자신의 군관(軍官)으로 임명한 적이 있었다. 하지 만 기병은 여의치 못하고 실패하고 만다. 해미 지역에서 무신봉기가 실패한 후 강위징 이현 박계상은 사로잡혀 모두 곤장에 맞아 죽었다.

한편, 전라도 부안현의 정팔룡 고응량 김수종 · 수형 성득하 등과 태인현감 박필현 · 담양부사 심유현 등은 전주성 입성을 계획했다. 감수종 · 수형 형제가 적극 가담한 것은 박필현의 고조부인 대사성 박동열(朴東說, 1564~1622) 때부터 김수종의 문중과 오랫동안 세교 가 있었기 때문이다. 정세윤과 그의 종사관 원만주 등은 강진(康津) 에 있는 전라병영 탈취를 목표로 정하고, 만약 전라병영 탈취가 여의 치 않으면 태인현으로 들어가 박필현과 함께 거사하기로 했다. 정팔 룡은 제1청룡대장, 박필현은 제2청룡대장, 정세윤은 제6청룡대장을 맡아 봉기군을 각자 지휘하기로 한 것이다.

1728년 영조4년 6월 17일 고응량(52세)의 공초를 보면, 부안 및 고부 지역에서도 박필현(49세)과 박필몽(61세)은 김수종(58세)을 매 개로 하여 무신기병에 적극 가담하고 있었고, 경상우도인 진주목사 신후삼(46세)과 연계도 추진하고 있었다는 것을 알 수 있다. 고응량 은 1728년 6월 21일 군기시(태평로1가 프레스센터) 앞길에서 삼촌인 고효점(29세)과 함께 능지처사되고, 진주목사 신후삼(愼後三)은 극변 으로 유배된 후 1735년 해배된다.

"올해 2월에 성득하의 아우 성상하(成尙夏)가 그 무리의 장사(壯士) 두 사람과 함께 와서 나흘 묵고 고부군(古阜郡: 정읍 고부면 일원)에 같이 가기를 청하여 내(고응량)가 따라 갔는데, 같이 간 자는 진사 김수종·진사 박창한·진사 김창수·파총 임진량(任震亮) 등이고 장사 세 사람이 괴수였다. 함께 평교(平橋)에 가니, 모이기로 약속한 태인현감 박필현의 군사와 나두동의 사위인 진주목사 신후삼의 군사가 모이지 않아서 곧 헤어져 돌아왔는데, 변산 적(賊)에 관한 말은 맥락이 있다. 김수종은 가세(家勢)가 넉넉하고 종이 많으며 집이 변산 아래에 있다. 박필현이 예전에 50여 명을 거느리고 가서 김수종의 집에 모였고, 박필몽이 무장(茂長)에서 재차 수십 명을 거느리고 배를 타고 가서 검모포(黔毛浦)에 배를 대고 김수종의 집에 모여 모의했다."(영조실록 4년 6월 17일)

당색이 노론인 부안군 보안면 우반동(愚磻洞)의 김수종(1671~1736)은 김수형(41세)과 김수채(50세)처럼 처형되지 않고 1728년 6월~1729년 6월까지 전라감영 감옥에 갇혀 있다가 풀려나게 된다. 이는 김수종이 서울(고양)의 노론 우참찬 도암 이재(陶菴 李縡, 우봉이씨)와, 노론의 명문가인 서울의 박태관(朴泰觀, 박필현 7촌 아재) 문중과 오랫동안 친교가 있었기 때문에 가능했다. 김수종·수형·수채는 부안 갑부였는데, 증조부인 김홍원(金弘遠, 1571~1645) 때부터 알아주는 부호였다. 이러한 배경 등으로 김홍원은 나주목사·담양부사에 오른 인물이다. 부안 태인 고부 금구 삼례 등은 1894년 동학농민전쟁과도 관계가 깊은 지역이기도 하다.

부안현의 갑부 김수형과 노비적 대장 정팔룡, 그리고 삼례장터 격문(괘서)에 대해 무신역옥추안 1728년 5월 16일, 7월 10일 등에 수록돼 있는 것을 살펴보자.

"김수종의 6촌 동생인 김수형은 배 10척을 소유하고 있었고, 노복(奴僕) 60여 호(戶)가 조선소가 있는 검모포 주위에 살고 있을 정도로 거부였는데, 정팔룡이 한때 그의 집에 거주했다. 김수형은 그의 노비인 재인(才人)과 선공(善工)을 시켜 전주 및 삼례(參禮)장터에 괘서를 붙이도록 하고, 노비 천만(千萬)과 (경상도 진주 부호인) 이덕일의 노비 백세(百世, 59세)에게는 (전라도) 여산(礪山) 등지를 다니면서 큰 소리로 괘서의 내용을 외치도록 했다." **(무신역옥추안 영조4년 5월 16일, 7월 10일, 8월 5일, 12월 9일)**

정팔룡은 전북 부안군 상서면 소재 청림사(靑林寺)에 근거지를 두고 충청 · 전라 · 경상도 등 삼남(三南) 지방의 청림병을 지휘했기 때문에 청룡대장(靑龍大將)이라고 불렀고, 새로운 시대를 예언한 비결서(秘訣書)인 정감록(鄭鑑錄)에 나오는 정도령(鄭都令)이라고 칭하면서 세력을 규합했다. 실제로 무신기병 당시 충주 속오군(束伍軍)도 정도령의 출현을 믿고 있었으며, 정도령이 이끄는 거사군에 가담해야 살 수 있다고 생각했다. '정팔룡'이라는 이름은 1589년 기축옥사 때 이항복이 쓴 기축록(己丑錄)에도 나온다. "적당(賊黨)들이 모두 상장(上將)은 길삼봉(吉三峯)이고, 차장(次將)은 정팔용(鄭八龍)과 정여립이라고 말했다"고 기록하고 있다. 오래 전부터 '길삼봉'과 함께 '정팔룡'이라는 이름이 백성들에게 구세주인 정도령으로 회자되고 있었다는 것을 알 수 있다. 무신봉기 당시 정팔룡은 34세로 본래 전라도 운봉 사람인데, 무신봉기 후에는 계룡산 및 지리산 굴속으로 숨어버린 것으로 기록하고 있다.

이인좌는 부안과 인연이 있었다. 1726년 1월 11일 유학(幼學) 이인좌가 경기도 지역의 과거장(科擧場)에 무단으로 들어간 죄로 전라도 부안으로 발배하도록 했는데, 2월 10일까지 배소지로 가지 않았다.

당시 이인좌는 조부 이운징이 1694년 갑술환국으로 귀양 간 일로 폐고돼 과거를 볼 수가 없는 상황이었다. 경기감영에서 "이인좌를 1차 엄형(嚴刑)한 후 다시 발배할 것"을 청하는 장계를 올리자 승지 이성룡(李聖龍)이 영조에게 아뢰어 윤허를 받아낸다. 무신봉기 2년 전에 부안으로 발배된 이인좌는, 부안 지역의 부호인 양반 고응량 및 김수형과, 토적 정팔룡 등 변산(邊山)세력과 접촉하면서 무신봉기를 기획하고 있었을 것이다. 당시 이인좌는 청주목 송면(松面: 괴산군 청천면 송면리)에서 주로 살았지만, 과천 상포(霜浦: 주암동 상포)에도 집이 있어 거주했기 때문에 경기감영에서 장계를 올린 것이다.

경흥 정주 회령 등 함경도에서 무신기병의 핵심 인물은 함경감사 권익관(權益寬)과 전 경흥부사 황부(黃溥)·정주목사 박창제(朴昌悌)·회령부사 한성흠(韓聖欽) 등이다. 이중 권익관은 북로안무사 윤헌주(尹憲柱)의 장계로 1728년 5월 1일 파직돼 귀양 가서 1730년 영조6년에 죽은 후, 1746년(영조22) 9월 2일에 관작(官爵)도 추탈되고, 황부와 박창제(42세)는 1728년 6월과 12월에 각각 장폐되며, 한성흠(50세)은 발배된다. 황부 아들인 선전관(宣傳官) 황진기(黃鎮紀)는 도피하여 목숨을 건졌다. 그후 1745년 황진기는 백성들의 이상향(삼봉도)인 '샹그릴라(Shangri La·香格里拉)'를 갈망하는 구심체적인 인물로 자리매김하게 된다.

1728년 6월 황부(黃溥) 공초에서 무신봉기 때 함경도의 참여 실상뿐만 아니라, 정도령 및 미륵불과 함께 차별·착취·부조리가 없는 파라다이스(이상향)와 대동사회(大同社會)를 상징하는 섬! '삼봉도(三峰島)'가 백성들 사이에서 회자되고 있었음을 확인할 수 있다.

"함경도 경원(慶源) 사람 남귀석(南龜錫)이 순영군관(巡營軍官)의
전령을 가지고 경흥에 와서 나(황부)에게 말하기를, '순사도(巡使道:
함경감사)가 마침 경원에 있을 때에 삼봉도(三峰島)에 관한 말을 듣
고 나를 시켜 알아보게 하여 찾을 바탕으로 삼았다'고 하므로, 내가
탐지했는 지를 물었다. 남귀석이 말하기를, '어떤 사람이 「두리산 봉
대(頭里山 烽臺)에 올라 날이 갠 때를 당하면 그 섬 모양을 겨우 볼
수 있는데 누운 소와 같다」'는 말을 했다. 내가 써서 함경감사에게
신보(申報)하기를, '이 섬을 찾으려면 반드시 스무 사람을 구하여 그
한 해 동안의 신역(身役)을 면제하되 자원하여 용맹하게 가도록 해야
할 것이고, 북도(北道)의 어선은 말구유[馬槽]같아서 바다를 건널 수
없으므로 반드시 판선(板船)이 있어야 섬에 들어갈 수 있을 것이다'
고 했는데, 함경감사 권익관이 답하기를, '이 섬이 판도(板圖)에서 빠
진 것은 참으로 아까우니 빨리 판선을 만들어야 하겠다'고 했다. 나
에게 배를 만드는 일을 조금 아는 노비가 있으므로 2월부터 먼저 본
판(本板)을 만들었으나, 미처 일을 끝내지 못하고 변고를 듣고 내버
려두었다. 바다로 들어가 피란한다는 말은 본래 내 입에서 낸 것이
아니다. 좌수 김세준(金世俊, 60세)과 관아 노비 시창(時昌) 등을 잡
아와서 대질하면 허실(虛實)을 알 수 있을 것이다. 황인(黃鏻)은 나의
얼칠촌숙(孼七寸叔)이고 참판 이명언(李明彦)의 외사촌인데 본래 심
병(心病)이 있어서 아중(衙中)에 데려다 두었다."(영조실록 4년 6월 9일)

조선왕조실록 1729년(영조5) 10월 15일에도 함경도에서 무신거사
에 참여한 사람들의 면면을 알 수가 있다.

"(함경감사) 권익관은 역적 김일경의 종제(從弟)이고 역적 박필현
의 매부인데, 서번(西藩)에서 역적 이사성(주: 평안도절도사)과 함께
대치하고 있었고, 이사성은 이미 복법(伏法)했는데도 권익관은 특별
히 강성한 당(黨)의 원조와 인친(姻親)의 주선으로 유독 정해진 형벌
을 받지 않았다. 이미 형장(刑杖)을 맞다가 죽은 함경도 순영종군(巡

營宗軍) 박창제(朴昌悌)가 점마(點馬: 말의 수를 조사)를 한 것도 실로 (권익관의) 첩서(牒署)를 받았던 것이고, 역적 황부(黃溥)가 배를 만든 것도 또한 (권익관의) 지휘에 따라 한 것이다. 또 전선(戰船)에서 쓰는 제구(諸具)도 모두 감영의 창고에서 가져다가 마련했으니, 반역을 한 정절(情節)이 특히 함경도 북로안무사 윤헌주의 장계에 훤히 나타나고, 권익관 자신도 이 사실을 자수했었다." (영조실록 5년 10월 15일)

또한 1746년(영조22) 9월 2일 부제학 윤급(尹汲)·사간 유언술(俞彦述) 등 삼사(三司)에서 다음과 같이 합계(合啓)하여 영조에게 아뢴 것에서도. 무신봉기 때 함경도 지역의 참여 실정(實情)을 잘 알 수 있다.

"권익관은 무신년 변란에 북번(北藩)으로 나가서는 박창제 황부 한성흠 등의 역적들과 연락을 취하여 비밀 모의를 한 후, 섬에 들어가서 배를 제조한 사실과 영하(營下)에서 군졸을 훈련시킨 행적이며, 간장으로 무명을 물들이고 군량미로 마른 식량을 만든 사실이 있다. 또한 이인좌와 정희량의 지시에 응하고 이사성과 손발을 맞춘 역모의 정절이 여지없이 드러났으니, 관작을 추탈해야 한다." (영조실록 22년 9월 2일)

한편, 이인좌(李麟佐)는 3월 10일 청주에서 양반 약 2백 명을 모아 거사 준비상황을 점검한 후, 경상좌도의 참여를 독려하기 위해 고종 사촌 동생인 문경의 조세추(曺世樞, 1703~1728)를 안동으로 파견했다. 반노론 성향이 강한 청주 황간 회인 목천 청안 진천 음성 양지 등지에서 거병 준비를 완료한 이인좌는, 안성 죽산 청주 청안 양성 평택 진위 여주 이천 용인 과천 수원 통진 등 근기 지방에서 무신거사에 대한 고발 징후가 나타나자, 3월 11일 권서봉(51세) 박태제 이호 조덕규(趙德奎, 43세) 조상(趙鏛, 25세) 안엽(40세) 소성(蘇晟) 장흠(53세) 등 근기 주도층에게 군사를 양성현 소사(素沙)로 집결하도록 했다. 특히 진위의 소성은 인척인 남원의 소정(蘇檉) 및 소철(蘇徹)과도 연계돼 있었다. 이들이 장막을 설치한 소사에 집결한 병력은 보병 7초(哨, 약 700명)였다. 이인좌 등 주도층이 소사로 군사를 집결시킨 것은 소사가 삼남대로변에 위치해 있어 교통의 요충지로 서울 진격에 유리한 곳이기 때문이었다. 소사는 효종 때 영의정 잠곡 김육(潛谷 金堉)이 삼남(충청·전라·경상) 지방에 대동법(大同法)을 실시한 것을 기념하기 위해 1659년 '대동법 시행 기념비'를 세운 곳으로, 서울로 오가는 사람들이 붐비던 곳이었다. 또한 소사 인근 남양만에서 조운선(漕運船)이 삼남 지방의 세곡(稅穀)을 하역한 후 소사벌을 거쳐 서울로 가져가는 전략 요충지였다.

양성현 소사에 집결한 이인좌 등은 민심을 얻기 위한 구체적인 행동 강령을 가지고, 영호남군(嶺湖南軍)과의 북상 합동작전에 대비하여 3월 15일 청주성(청주시 상당구 서문동 일원)을, 16일에는 상당산성(청주시 상당구 산성동)을 전격 점거하기에 이른다.

1728년(영조4) 3월 25일 이사성의 다음과 같은 공술에서, 무신봉기의 성공을 위해서는 백은(白銀) 5, 6백 냥의 군자금이 더 필요하다는 것과, 봉기군의 행동 강령이 구체적이고 면밀했다는 것을 알 수가 있다.

"3월 6일에 한세홍이 평안병영에 와서, '호남의 도적(주: 거사군)이 1천 명 가까이 되고 영남의 도적이 거의 수천에 이르니, 만약 더 보충하는 일만 있으면 거사하기에 족하다. 원컨대, 백은(白銀) 5, 6백 냥만 얻었으면 한다'고 말했다. 내(이사성)가 한세홍에게, '창고의 저축이 이미 고갈됐고, 준 빚 역시 받아들이지 못해 줄 수가 없다.

속히 돌아가라. 어느 고을의 어느 사람이 어느 곳을 공격할 것만 지
휘하고 이내 은냥을 보내 주겠다. 고을에 들어간 후에는 단지 환곡
(還穀)만 취하여 군사를 호궤(犒饋: 음식을 주어 위로)하고, 고을 수
령인 읍쉬는 죽이지 말라[불살읍쉬·不殺邑倅]. 그리고 백성도 한 사
람도 죽이지 말고[불살일민·不殺一民], 백성들의 재물을 빼앗지 말
며[불탈민재·不奪民財], 부인들을 겁탈하지 않으면[물겁부인·勿怯
婦人], 백성들이 모두 기뻐하고 원망하지 않을 것이다'라고 말했다."
(영조실록 4년 3월 25일)

무신역옥추안 1728년 4월 7일 이명언(李明彦, 이조참판) 아들인 이
하택(李夏宅)의 서찰(書札: 편지)에도 "거사군이 청주성을 점령한 후
인명을 해치지 않았고, 약탈하는 일도 없었으며, 성(城)을 돌면서 '살
인하지 말고[불살인·不殺人], 재산을 약탈하지도 말라[불략재·不掠
財]'고 외쳤다"라고 한 것에서, 이인좌 신천영 정세윤 권서봉 등 거사
군들이 민심을 얻기 위해 주력했다는 것이 다시 확인된다. 그후 이하
택은 유배 후 노적(孥籍)됐다.

무신봉기의 주도세력은 당시 노론의 지배이념과 이해를 달리하는
이인좌 정희량 신천영 민관효 한세홍 조성좌 나만치 박필현 이유익
심유현 이사성 등 남인과 소론(준소) 계열이 주도했다. 이들은 기득
권을 버리고 무신거사를 단행했으며, 실제 군병(軍兵)으로 참가한 계
층은 군역(軍役)과 조세의 폐단에 시달리던 소농(小農)·중소상인 및
양민층과, 소외돼 현실과 유리(遊離)돼 있었던 승려·노비적·토적
(土賊) 등 하층민이었다. 이들이 무신봉기의 중요한 추동세력이었다.
특히 변산반도를 중심으로 한 정팔룡의 이른바 노비적(奴婢賊)과, 지
리산·회미산·덕유산 등지의 토적(농민군)세력의 역할이 컸다.

무신봉기 주도층 인물

경 중	朴弼顯(외직) 南泰徵 李思晟(외직) 閔觀孝 李有翼 梁命夏 李河
	沈維賢(외직) 金重器 尹德裕 李志仁 權益寬(외직, 박필현 매부) 柳渷
과 천	愼光遠 李翼觀 李昉 李弘觀 李日佐
용 인	安熀 · 熪(용인 삼가동인 직곡 출생) 張欽 · 鈜(용인 송전리 출생)
여주 · 이천	趙德奎 · 觀奎 · 鐄 辛胤祖 鄭大胤(정세윤 종형) 丁錫震 任瑞虎
진위(평택)	元萬周 · 百周 李培 金鼎鉉(廷賢) 蘇晟 · 冕 · 鼎 崔虎瑞
안성 · 양성	李文著 鄭世胤 睦涵敬 權瑞鳳 · 瑞麟(공도읍 출생) 崔擎宇 薛東麟 李世彩
청 주	李麟佐 · 能佐(熊佐=熊輔) 申天永 李之景 李幸昌 安錫文
충주 · 진천	閔元普 · 元楷 · 百孝 · 性孝 李祖謙 尹台徵 · 悟徵(정세윤 처남)
괴 산	李震華 金德三 李時熏 韓大命(연풍 거주) 柳尙澤
해 미	姜渭徵 宋來翼 李啓相 李玹
원주 · 춘천	韓世能 · 德徵 姜後望 安燎(안엽 동생) 沈成衍 · 益衍(춘천 부호) 辛奉祚
강 릉	鄭奉男 金自男 金分立
부안 · 고부	鄭八龍 金守宗 · 守亨 · 守采 成得夏 高應良 · 効點
태인 · 임피	宋賀(구례 연곡사 승려인 대유 등과 연계) 李世龍
남원 · 순창	韓益命 蘇樿 · 徹 金簡 金泰同 成一龍 梁益泰
나 주	羅晩致 · 晩瑞 · 崇坤 · 崇大(정희량 조모의 친가손)
문경 · 풍기	曺世樞 · 景泗 李白全(조세추 고모부) 申弼五 任環
상 주	韓世弘 金弘壽(정희량 이종 6촌 형) 黃沈(황희 후손) 洪龍龜 曺景洙 · 景汶
고 령	裵仲度
안음 · 거창	鄭希亮(鄭遵儒) · 世儒 · 觀儒 · 弘儒 愼守憲 林泰譕 李德興 李世奎 劉漢秀
산 음	鄭悼(鄭宜瑗) 曺澈
함 양	崔存瑞 許格 沈壽明 李萬采 李益春 鄭奎瑞
합 천	曺聖佐 · 鼎佐 鄭商霖 · 商雲 姜世殷 金世欽 尹自莘 李星章 孫世德 郭世臣 蔡守敦
삼 가	許澤(許瓚) · 璡 · 浚 權萬恒 白世達 林漢成
곤양 · 고성	李命根 金處三 朴必伊 · 善伊
창녕 · 칠원	曺世新 李萬彬(박필현 군관)

○ 1623년 인조반정 후, 노론(서인)의 집권으로 명예를 회복할 수 없었던 한효순 정인홍 윤휴 목내선 이현일 민암 최석항 유봉휘 김일경 이광좌 조태억 박찬신 등 조선시대 인물 77인 이 1908년(순종2) 4월 30일 일괄 신원될 때, 1728년 3월 무신봉기로 인해 처형된 김중기 박필현 박필몽 심유현 이사로 밀풍군(이탄) 정사효 김도응 등도 함께 신원됐다. 이른바 무신봉기 10역괴였던 반남박씨인 박필현 · 필몽이 신원된 것은, 1905년 을사늑약 때의 외무 대신 박제순 등 반남박씨의 영향력 때문이다.

7. 이인좌의 기병과 전라·경상도 지역의 전개 과정

▲ 상당산성: 청주시 상당구 산성동
무신봉기 때 이인좌는 청주성과 상당산성을 점령했다.

　청주 지역은 1665년부터 무신봉기 5년 전인 1723년까지, 남인·소론 대 노론 사이에 갈등이 증폭되고 있었다. 1665년(현종6) 송시열의 주도로 청주의 대표적인 서원인 신항서원(莘巷書院)에 청주와 관련이 없는 서인(노론)의 종장인 이이(李珥)를 주향(主享)으로 정하고, 청주의 유력 사족 8명을 병향(竝享)하자 남인과 소론으로부터 거센 반발을 샀다. 1694년(숙종20)에는 은진송씨·충주지씨·초계변씨·

밀양박씨·한산이씨 등 노론세력들은 검암서원(儉巖書院)을 건립하여 그들의 선조(先祖)를 제향(祭享)했다. 1년 뒤 1695년 이들 노론들은 노봉서원(魯峰書院)에 송시열을 추가로 제향(배향)하기에 이른다.

그러자 고령신씨·교하노씨·진주유씨 등 청주 지역 남인들은 신천영(申天永)의 5대조인 신식(申湜)을 1695년(숙종21) 신항서원(莘巷書院)에 배향하여 노론세력을 견제하려고 했지만 노론의 반대로 실패하고, 그해 쌍천서원(雙泉書院)을 건립하여 신식을 독향(獨享)했다. 그후 청주 지역에는 노론의 검담서원(儉巖書院)을 비롯하여, 최명길의 손자인 최석정(崔錫鼎)이 주도한 소론의 송천서원(松泉書院), 노론 권상하(權尙夏)가 주도하여 송시열을 배향한 화양서원(莘巷書院), 송시열의 유지(遺志)로 건립한 노론의 국계서원(菊溪書院), 남인인 교하노씨의 체화서원(棣華書院), 노론인 한산이씨의 목은영당(牧隱影堂) 등 10여개의 서원이 건립됐다. 이렇게 상호 서원 건립과 추가로 배향하는 과정에서 필연적으로 노론 대 반노론(남인·소론)이라는 첨예한 대립과 갈등이 발생했고, 특히 노론세력의 확산으로 인한 남인과 소론의 반발이 거셌다.

청주 지역의 이러한 대립과 갈등 구조 속에서, 이인좌는 스스로 방외지사(方外之士)라고 칭하며, 전라도 태인현의 송하(宋賀)처럼 선술(仙術)에도 심취해 있는 등 마음을 비우고 있었다. 이인좌는 자신의 노비를 면천(免賤)하고, 또 8년 동안 금주(禁酒)를 하면서 무신거사의 성공을 위해 동분서주했다.

이인좌는 손아래 동서인 이호, 재종형인 이일좌, 매부인 나숭곤, 인척인 조성좌, 그리고 같은 남인으로 윗대부터 교유하고 있었던 정희량 민원보 등과 긴밀하게 교유하고 있었다. 또한 자신의 집에서 문경의 조경사(曺景泗)와 취회(聚會)를 하여 문경 및 상주 지역의 무신거사에 대해 협의했다. 이인좌는 1727년 10월에 상주로 가서 한세홍을 만나고, 1728년 정월에는 순흥의 정희량을 찾아가 20일 만에 돌아왔으며, 전주의 이지시(李之時)의 집으로 동생 이능좌와 함께 가서 5일 후에 돌아왔다. 2월에는 양성현에 있는 권서린(權瑞麟)의 집으로 찾아가 권서봉·서린·서룡 3형제를 만난 후 서울로 올라가 유래(柳徠, 강세황 처 백부)를 만나 평안도병사 이사성과 함께 군사를 일으킬 것을 약속했다. 특히 민관효와 동서지간인 양성현의 권서린(1691~1728)은 용력(勇力)이 있었고, 거사군을 위해 쌀 100여 석을 내 놓은 부자였다.

이처럼 이인좌는 남인 명가출신이라는 후광을 업고 경중·경기·충청·호남·영남·강원도 등지의 남인 및 소론·소북 사대부들과 접촉을 확대하면서, 그들의 적극적인 참여를 요청했다. 이인좌는 정희량의 이종 6촌 형인 상주의 김홍수(1681~1728)를 매개로 하여 정희량과 서찰(書札) 등으로 빈번하게 연락을 주고받았다. 이인좌가 특히 남인 명문가 출신들과 접촉을 강화하게 된 배경에는, 자신이 남인이면서 남인 명문가와의 혈연관계를 맺고 있었기 때문이기도 했지만, 그 당시 집권세력으로부터 소외된 남인세력들을 참여시키는 것이 이념적으로나 세(勢)를 확장하는데 유리한 측면이 있었기 때문이었다.

이인좌(34세)는 이천의 임서호(51세)와도 긴밀하게 협력하면서 거사를 준비해 나갔다. 임서호가 여주의 도동패에 영향력을 행사하고 있었고, 변산 노비적(賊)인 정팔룡과도 연결돼 있었기 때문이다. 이인좌와 임서호는 1728년 3월 무신거사 때 누가 대원수(大元帥)를 맡을 것인가를 두고 서로 다투기도 했으나, 왕족인 이인좌가 대원수로 추대됐다. 이로 인해 호남의 변산 노비적인 정팔룡과 지리산의 승려 대유(大有) 등 토적세력들이 무신봉기에 적극적인 참여를 하지 않게 되는 원인으로 작용하여 봉기군의 군사력 약화를 초래하게 된다.

이처럼 임서호는 대원수를 두고 이인좌와 다툴 정도로 핵심 인물이었고, 강단(剛斷)과 소신이 있었던 인물이었다. 무신기병 실패 후 붙잡혀 서울로 압송돼 문초 후 1차 형신을 받았는데 임서호가 가장 사나워서 여러 차례 형신(刑訊)을 받고도 박필몽 권서린 민원해 신석영처럼 한 마디도 진술하지 않고 4월 6일 장폐(杖斃: 곤장에 맞아 죽음)된다. 임서호의 동생인 임서린도 무려 7차례의 혹독한 형신을 받았으나, 한 마디도 진술하지 않고 장폐됐다. 무신봉기 후 임서호의 형인 임서봉(任瑞鳳, 56세)도 아들과 함께 참수되고, 아내와 며느리는 평안도로 발배된다. 앞서 임서봉은 대궐에서 경종 임금의 건강을 돌보는 유의(儒醫: 한의사) 겸 효릉참봉(孝陵參奉)에 재직하고 있었는데, 영조 즉위 후 태조 이성계 능인 건원릉 직장(直長)으로 승진했었다.

드디어 이인좌는 1728년 무신년 3월 6일 괴산 청천면 송면 집을 출발하여 충주로 가서 민창도(閔昌道)의 아들 민원보를 만나고, 집결지인 양성현으로 갔다. 며칠 후 동생 이능좌는 안동으로 향했다. 3월 11일 이인좌와 정세윤은 경기도의 안성 죽산 양성 평택 진위 여주 이천 용인 등지에서 모병(募兵)한 군사를 양성현 소사(평택 소사동)에 진(陣)을 치게 했다. 3월 13일 이인좌 정세윤·계윤·조윤(46세)·희윤과 권서봉 이호 박태제 곽중휘(46세) 서홍섭(徐弘涉) 최백(崔栢, 54세) 등은 소사에서 150리 거리인 청주성으로 진격하면서, 충청도의 황간 회인 목천 청안 진천 음성 양지 옥천 등지에서 모병한 군사들을 합세하게 하여, 이인좌가 14초(哨, 약 1,400명)를, 정세윤이 16초의 군사를 거느렸다. 거사군을 위해 청주읍성 내 민가에서 술을 빚자,

거사군이 청주 인근 고을에 이미 도착했다는 말이 청주읍성 안으로 순식간에 퍼져 나갔다. 앞서 거사군은 인근의 봉수대를 모두 접수하여 관군 측에서 봉수(烽燧)를 올리지 못하도록 조치했었다.

3월 15일 거사군 중 일부가 청주성으로 들어와 장례를 치른다고 하면서 상두꾼 차림을 하고 병기(兵器)를 상여에 실어 청주성 앞 숲 속에다 숨겨 놓았다. 3월 15일 삼경(三更: 밤 11시~새벽 1시)에 비가 내리는 가운데 흰 옷과 흰 전립(氈笠)을 쓴 이인좌 등 거사군 수천 명이 마병을 앞세워 병기를 들고 청주성으로 진격하자, 미리 포섭한 충청병사 이봉상의 막료인 비장(裨將) 양덕부(梁德溥)와 청주병영의 기생 월례(月禮)가 성문을 열어줘 쉽게 청주성을 함락했다.

이인좌가 청주성을 먼저 점령한 것은 서울로 진격하는데 중요한 요충지이기도 했지만, 충청병영의 무기를 노획(鹵獲)하는 것이 시급한 과제였기 때문이다. 청주성에서 이인좌가 노획한 무기는 30바리[태·馱]였는데, 이는 경기·충청에서 확보한 무기 40바리의 75%에 해당하는 양이었다. 봉기 당시 무기다운 무기를 가진 거사군은 10% 남짓했고, 나머지는 능장(稜杖: 몽둥이)을 들고 있었다.

청주읍성 점령 때 기생 월례가 거사군 측에 가담한 것을 보면, 이인좌가 당초 계획한대로 그날 청주성에서는 밤늦게까지 청주목사 박당(朴鐺)과 충청병사 이봉상(李鳳祥, 53세) 등이 참석한 연회(宴會)가 열렸을 것이다. 잠을 자고 있던 목사 박당은 노복(奴僕)이 거사군이 쳐들어왔다고 고하자 놀라 어쩔 줄을 모르고 인부(印符)를 버리고 급히 절간으로 도망 가 목숨을 건졌다. 이봉상은 술에 취해 잠을 자다 미처 피하지 못하고 체포돼, 청주영장 남연년(南延年, 76세) 및 군관 홍림(洪霖, 44세) 등과 처형됐다. 양덕부는 1716년 상당산성을 개수할 때 책임자였는데, 상당상성의 비밀 통로인 동쪽 암문 내벽에 지금

도 '양덕부 패장 한량(梁德溥 牌將 閑良)'이라는 명문(銘文)이 새겨져
있다. '패장'은 관청이나 일터의 일꾼을 거느리는 사람을 일컫는다.

무신봉기 당시 군위군 우보면 출생인 유생 박계우(40세)가 선산부
사 박필건(58세)의 금오진 군사와 종군하면서 쓴 '무신역란창의일기'
에 청주성 전투에 관한 것이 수록돼 있다. 권력을 가진 이긴 자가 기
록한 조선왕조실록·승정원일기보다 더 객관성이 있을 것이다.

> "호중적(湖中賊) (권)서봉·(이)인좌가 청주 경내에 잠입하여 상여
> 에 무기를 실어 자칭 영장(營葬)이라 하고, 무기를 주성(州城) 앞 숲
> 속에 감춰두었다가 밤이 깊어지기를 기다려 갑자기 병영에 쳐들어가
> 병사 이봉상을 죽이고, 영장 남연년을 잡아 항복하라고 했다. 그러나
> (남)연년은 욕을 퍼붓고 끝내 굴하지 않다가 칼에 맞아 죽었다." (의
> 은유집 중 무신역란창의일기)

상기 기록에서 영장 남연년은 직분에 충실했던 장수였음을 알 수
가 있다.

남연년과 함께 죽임을 당한 이봉상은, 앞서 1727년 5월~7월 어영
대장 재직 때 "군문(軍門: 군대)의 돈과 베를 물 쓰듯 하고, 돈 1백
냥과 베 20필을 (소론 좌의정인) 유봉휘가 죽었을 때 부의(賻儀)로
보내고, 또 침학(侵虐)을 부려 원성을 사고 있다"는 등의 이유로 영조
가 어영대장에서 파면하고, 1727년 10월 말에 폄출(貶出)하여 충청병
사(종2품)로 삼았었다. 기분이 상한 이봉상은 영의정 이광좌와 좌의
정 조태억에게 작별 인사도 하지 않고 부임지로 떠난 것이 문제가 돼
의금부에 하옥된 후 충청병영의 병사로 부임했다. 이봉상은 이렇게

부임한 지 4개월 만에 이인좌에게 변을 당한 것이다.

이인좌는 충청병영과 청주목 관아가 있는 청주읍성을 점령한 후 자신을 충청병사라 칭했는데 곧 대원수라 칭하고, 대신 신천영이 충청병사가 됐다. 부원수에는 정세윤을, 권서봉을 청주목사, 곽장(郭長)을 목천현감, 이지경(李之慶)을 진천현감, 목함경을 장군, 정중익(鄭重益)을 청안현감, 정계윤(鄭季胤)을 죽산부사로 임명했다. 또한 음성현감에 박제명, 방어사(防禦使)에 안후기(安厚基), 좌장군에 최경우, 우장군(右將軍)에 이배(李培), 파총(把摠)에 안엽 및 고몽량(高夢良), 천총(千摠)에 이수익(李壽益), 초관(哨官)에 괴산 출생 최봉익(崔鳳翼)을 임명했으며, 이배 및 장전(張鈿)의 지시로 이봉상의 목을 벤 목함경에게는 환도(還刀)와 군복을 내려 주었다. 특히 최경우 고몽량은 소성(蘇晟) 김성달 김두백 정치룡(鄭致龍) 목주경과 함께 거사군의 6장사(壯士)에 든 인물로 뚝심이 있었다.

대원수 이인좌는 "편오·속오·신선·아병·마병·금위군·어영군·재가관군·관군관(編伍·束伍·新選·牙兵·馬兵·禁衛軍·御營軍·在家官軍·官軍官)을 3월 17일 모아 18일 아침밥을 먹은 후에 직접 거느리고 와서 내게 넘겨라"는 전령(傳令)을 각 읍에 내려 무기와 군마(軍馬)를 모았다. 또한 거사의 당위성을 적은 관문(關文)과 격문(檄文)을 보내 민심을 위무하고, 거사군의 사기를 충전시켰다. 관문과 격문은 글을 잘하는 평택 도일동의 원만주와 종사관 유급(柳伋)이 지었다. 관문은 충청도의 여러 고을에 보내 전파했고, 격문은 영남의 정희량과 호남의 나만치, 그리고 평안병사 이사성에게 보냈다. 이사성에게 격문을 들고 간 사람은 이사성이 추천하여 이인좌가 군관으로 데리고 있던 평안도 태생인 임국량(林國良)이었다.

이인좌는 충청도 병영의 곡식을 풀어 백성들과 병사들에게 나눠
주고, 진중(陣中)에는 경종의 위패(位牌)를 설치한 후 아침저녁으로
곡배(曲拜)하고 곡(哭)을 하게 하여 거사의 정당성과 단합을 강화해
나갔다. 동시에 상당산성에서 무직(武職)인 우후(虞侯: 정3품)에 재
직하고 있는 용인 태생 박종원(朴宗元)에게 영기(令旗: 군령)를 보내
회유하자, 박종원이 3월 16일 투항해 옴에 따라 청주영장으로 임명
했다. 그리고 정세윤이 천거한 전라도 영광 태생인 허담(許澹)을 이
인좌 자신의 책사로 삼았다. 허담이 천문(天文)을 알고 병법(兵法)을
잘 알았기 때문이었다.

이인좌가 쓴 격문은 다음과 같다.

○ 이인좌의 격문: 3월 15일
　　"경종 임금의 깊은 복수를 갚지 못한 채 5년이 지났다. 춘추대의
　(春秋大義)에 누구이든 떳떳한 정(情)의 크고 동일한 마음이 없겠는
　가. 경종 임금이 흉계에 의해 계장을 드시고 급히 서거했음을 통탄한
　다. 영조는 숙종 임금의 친 아들이 아니다. 백수에 진인(眞人)이 있
　으니 어찌 용(龍: 임금)을 받들지 않으리오. 왕대비 어씨(魚氏, 1705
　~1730, 경종 계비 선의왕후)는 윤통(倫統)이 이미 끊어진 것을 통탄
　하여 밀지를 내려 세신(世臣: 대대로 왕을 섬긴 신하)은 흉얼(凶孽:
　흉측한 재앙)을 멸하여 역종(易種: 씨를 바꿈)이 없도록 하라고 했다.
　소현세자의 적파(嫡派)인 '밀풍군 탄'을 추대하기 위해 풍운의 재사와
　용호(龍虎)의 선비는 마땅히 현주(賢主)인 '밀풍군 탄'에게 귀의하라.
　의기(義旗) 아래 구름처럼 모여 분쇄하자. 피를 흘리고 울음을 삼키
　는 것을 참지 못하고 크게 소리 내어 외친다. 3월 15일 복수의 깃발
　을 세우고 선대왕(주: 경종)의 위패를 봉안하자."

이처럼 이인좌가 3월 15일 밤에 청주성을 점령한 후, 핵심 인사들을 관직에 임명하고, 진영 감옥에 갇혀 있던 도적(명화적)인 유학 유해(柳海, 청주 북면 출생) 등을 석방하여 우군으로 삼았다. 또 격문과 관문을 지어 각지에 보내는 등 거사의 정당성과 세(勢)를 과시했다.

이인좌가 임명한 청안현감 정주익은, 이인좌의 전령에 따라 3월 18일 충주 관아 창고에서 가져온 쌀 460석과 군포를 아전·수하·노비들에게 풀어 위무했다. 20일에는 현민들에게 환곡(還穀)을 나눠 주고 100명을 모군한 뒤, 청안 장교와 함께 모군한 병사를 이끌고 진천으로 진군하여 이인좌와 합세했다. 특히 정주익은 용력(勇力)이 있는 인물이었다. 이인좌가 임명한 진천현감 이지경도 천총 조백(趙栢, 65세)·좌수 변우익(邊遇翼)·마병 이험금(李驗金) 및 오잉선(吳芿先), 그리고 유학 조운해(趙雲海)·서얼 정유동(鄭惟同) 등과 힘을 합쳐 군사를 모아 진천의 관군 의병 김천장(金天章)을 죽이고 부원수 정세윤과 합세한 후 죽산으로 진격했다.

괴산군 진사 이진화(李震華)는 역마(驛馬)를 사서 진천으로 달려가 합세했고, 회인현감 김도응이 도주한 회인현에서는 회인현 장교가 군사 15명을 이끌고 상당산성으로 달려가 박종원에게 투항했다. 또한 충청도 병사로 추대된 신천영은 쌀과 말[馬] 등을 보내 장정을 선발하도록 했으며, 목천현감 윤취은이 도주한 목천에서도 이인좌가 임명한 목천현감 곽장과 좌수 한억(韓億)·방어사 안후기(安厚基)가 향소(鄕所)에서 마병(馬兵)과 금위군 중에서 정예한 자를 뽑아 청룡산에 둔을 치고 있던 이인좌에게 가서 합세했다. 용인 아전 한영은(韓英殷)과 양지현의 사노(私奴) 김익선(金益先) 및 김순상(金順尙), 수원의 양민 안후정(安後丁) 방세기(房世起) 진두삼(陳斗三) 유지기(柳之起) 등도 가담했다. 괴산 음성 옥천 황간 지역에서도 모군(募軍)

이 이뤄지는 등 봉기군은 본래의 계획대로 충청·경기 지역을 장악
해 나갔다.

무신봉기에 적극 가담한 목천현은 일찍이 조식 및 이황의 제자인
정구(鄭逑)를 제향한 도동서원(道東書院)이 사액서원으로 자리 잡고
있던 지역으로 남인세력이 강한 지역이었고, 진천현은 소론의 영수였
던 영의정 최석정(崔錫鼎)을 제향하는 지산서원(芝山書院)이 1722년
(경종2)에 건립될 정도로 소론세력이 강한 지역 중 하나였다. 최석정
은 만년(晚年)을 진천군 초평면 금곡에서 보냈다. 음성현은 정구를 제
향한 운곡서원(雲谷書院)에서 1725년(영조1)에 위판(位版: 위패) 도난
사건이 발생하는 등 남인과 노론 사이에 갈등이 많았던 지역이었다.

이와 같이 거사군이 점령한 지역은 충청도의 황간 회인(懷仁) 목천
청안 진천 음성 등지로 확대돼 거사군 측 수령이 임명됐으며, 환곡의
분급(分給)과 관노비 등에 대한 포상, 그리고 장정 선발이 행해졌다.
근기 및 호서(湖西: 충청)·강원의 남인과 소론·소북계의 사림(士
林: 양반)들이 청주로 집결하여 그 수가 2백여 명에 이르렀고, 천총
및 장교 등 군관과 좌수·별감 등 향임층(鄕任層)의 자발적인 가담도
이어졌다.
이인좌 정세윤 신천영 권서봉 등은 거사군의 숫자와 전투력을 선
전·선무하며 공권력을 마비시켰으며, 각 지방 창고의 전곡(錢穀)·
미포(米布)를 백성들에게 나눠 주고(分給), '불살인불략재(不殺人不掠
財)'와 '제역감역(除役減役)' 등의 강령을 통해 백성들의 참여를 유도
하고 있었던 것이다. 공주 동학사 등이 불타는 등 일부 피해가 있었
으나, 부자들의 재산을 약탈하는 부민침탈(富民侵奪)은 일어나지 않

앗다.

　현재 청주 지역에서는 이인좌의 난을 '신천영의 난(申天永의 亂)'이라고 부르고 있는데, 이 명칭에서 무신봉기 당시 신천영의 위상이 어떠했는 지 가늠할 수 있다. 당색이 남인인 신천영은 영의정 신숙주(申叔舟)의 11세손으로 고령신씨(高靈申氏)다. 고령신씨들이 상당산성(上黨山城)이 소재한 상당산(山) 동(東)쪽에 살고 있다고 하여 산동신씨(山東申氏)라고도 한다. 신천영의 5대 조부인 용졸재 신식(用拙齋申湜, 1551~1623)은 대제학·충청관찰사 등을 역임했으며, 신식(申湜)의 외손자는 장령을 역임한 김상(金鏛)인데, 김상은 조성좌(曺聖佐)에게 외증조부가 된다. 신식(申湜)의 외증손자는 1680년 숙종6년 경신환국 때 사사(賜死)된 남인의 거두인 이조판서 백호 윤휴이며, 백호의 이모부가 조성좌의 고조부인 조정립이다.

　또한 신식의 외손녀가 소현세자의 빈(嬪)인 강씨(姜氏)이고, 신식의 외손서(外孫婿)가 갑술환국(1694년) 때 삭탈관직된 영의정 권대운(權大運)이다. 권대운은 이인좌의 외증조부이기도 하다. 신천영의 조부는 기사환국(1689년) 때 송시열 탄핵에 앞장서는 등 반송시열소두(反宋時烈疏頭)로 활약하다가 영조 즉위 후인 1725년 2월에 기사환국과 신임사화의 책임을 물어 귀양 가서 죽은 우윤 신경제(申慶濟, 1644~1726)다.

　신천영과 같은 산동신씨(山東申氏) 문중인 단재 신채호(丹齋 申采浩)의 선조도 무신기병에 연루돼 화(禍)를 입었고, 단재가 조선 역사상 중요한 사건과 인물로 '묘청(妙淸)의 난'과 '정인홍'을 거론한 것은 무신봉기로 풍비박산이 된 단재 가문의 배경이 작용한 것으로 생각된다.

신천영은 청주목인 청원군 낭성면에 거주하면서, 그 당시 청주 지역의 상권을 장악하고 있었다. 청주 등 지방상권과 서울 시전상권과의 갈등이 무신봉기가 일어나게 되는 원인 중 하나로 작용했다. 이는 거사군이 점령한 지역이 전라·경상·충청도 삼남(三南) 물화(物貨)의 집산지인 안성(安城)과, 영동(嶺東) 물화의 집산지인 죽산(竹山)이었다는 사실에서도 확인된다. 박지원이 지은 허생전(許生傳)의 주인공 허생이 서울의 제일 갑부인 변씨에게 1만 냥을 빌려 과일 장사를 해서 큰돈을 번 곳이 바로 안성장(場)이었다. 안성장은 대구·전주와 함께 조선 3대 시장으로 불릴 정도로 큰 장터였던 것이다.

1747년(영조23) 12월에 경기어사 이규채(李奎采)가 "안성군의 시장은 도하(都下: 서울 안)의 시장보다 커서 물화(物貨)가 모이는 곳에 도둑떼가 모이니, 안성을 도둑 소굴이라고 말하는 것은 이 때문이다"라고 영조에게 아뢴 것에서, 안성이 삼남 물화의 집산지였음을 알 수 있다. 죽산 지역도 1543년(중종38)에 죽산부(府)로 승격이 되는 등 일찍부터 교통의 중심지로써, 영동 지역뿐만 아니라 충청도의 곡물도 죽산을 거쳐 서울로 올라갔다. 이처럼 안성과 죽산은 물품(物品)과 재화(財貨)가 모여들었던 지역이었다.

한편, 호남에서 무장봉기의 발판을 마련하기 위해 이인좌 박필현 정세윤이 긴밀하게 협의한 인물은, 호남의 명문거족인 나두동(羅斗冬) 나만치(羅晩致) 나숭대(羅崇大)였다. 당색이 남인인 이들 나주나씨는 정희량 조모(祖母)의 친정집, 즉 영남 거사군 대장인 정희량의 진외가(陳外家)쪽 사람들이다. 나두동이 증조(曾祖)인 나덕명·덕준·덕윤 형제의 활약상을 기록한 '금성삼고(錦城三稿)'를 1725년 간행할 때, 그 서문을 정희량의 아버지인 정중원이 쓰는 등 누대에 걸쳐 세교가 있었다. 이런 이유로 이인좌 박필현 정세윤은, 정희량 이호(李昈, 이인좌 동서) 등을 매개로 나주나씨 문중과 접촉을 한 것이다. 나만치는 풍수에도 일가견을 가지고 있었고, 또 삼남 지방의 유력 인물들에 대해 모르는 사람이 없을 정도로 마당발이었다. 호남의 책임자인 이들 나주나씨는 3천 명을 목표로 양병(養兵)을 했으며, 실제 나만치 등은 3천 명을 모군하여 부안현 변산(邊山)에 들어가 있기도 했다. 나만치의 8촌인 나만적(羅晚績)은 자신의 사촌 처남인 양성(陽城: 안성시 양성)에 사는 이호(李昈)에게 많은 전포(錢布, 화폐)를 제공하여 거사 자금에 사용하도록 도와줬다. 이호는 1728년 정월에 정세윤을 따라 호남에 다녀갔으며, 또 손위 동서인 이인좌가 나만치·만적 등 나주나씨 문중과 연계하는데도 매개 역할을 했다.

무신봉기 약 2개월 전인 1728년 1월 27일, 전라도 담양부사 심유현은 담양에 있는 금성산성 화약고(火藥庫)에서 화약을 빼돌린 후 상인(商人) 박미귀(朴美龜)를 시켜 남태징과 이유익에게 보내 무신봉기 때 성문을 폭발하는데 사용하도록 했다. 남은 화약 4,213근과 유황 5근, 화전철정(火箭鐵釘) 5개, 철주(鐵錐) 2개, 화약침구(火藥砧臼) 9개, 그리고 각종 군기(軍器)는 모두 불태워 없애버리는 등 거사를 대비하고 있었다. 이 일이 발각돼 심유현은 2월 18일 전라병사(全羅兵使) 조경(趙儆)에 의해 장파(狀罷: 파직)된 후 영조의 국문을 받고 장살된다.

이러한 노력에도 불구하고, 나만치 나두동 나숭대 등 나주세력의 봉기는 여의치 못했다. 나주 거병 시에 정세윤(鄭世胤)이 나두동의 집으로 가서 군사를 요청하자, 나두동이 "나는 내가 스스로 알아서 군사를 일으킬 것이다"고 말하고, 정세윤의 요청을 거절하게 되는 상

황으로 가버린 것이다. 다만 정세윤과 직접 연결돼 있던 부안의 김수
종이 3월 15일 고효점(28세)에게 고부군(古阜郡) 평교(平橋: 부안군
백산면 평교)에서 취회(聚會)를 하도록 지시하여, 성득하 고응량 김
일채(金一彩)와 진사 김수종·진사 박창한·진사 김창수·파총 임진
량(任震亮) 등이 모군한 병사 50~60명이 평교에 모였다. 정세윤과
그의 종사관 원만주(元萬周)는 직접 부안의 김수종 집에 가서 거사를
기획했는데, 먼저 부안을 함락하고 전주에서 집결한 후 소사(素沙:
평택 소사) 또는 청주로 진격할 계획을 세웠었다.

그러나 "거의(擧義)에 대한 고변이 각지에서 올라와 위중하니 청주
로 빨리 올라오라"는 이인좌의 편지가 급하게 정세윤에게 전해져, 정
세윤과 원만주는 평교 취회 전에 부안에서 청주로 올라오게 된다. 이
런 상황에서 김수종 성득하 고응량 고효점 김일채 등과 태인현감 박
필현 상호간의 소통도 잘 이루어지지 않아 부안 점령도 성공하지 못
했다. 설상가상으로 나만치(50세) 나숭대(43세) 나두동(71세)의 나주
기병도 좌절되고 만다.

양성·용인의 녹림당(綠林黨: 도적) 우두머리인 정세윤은, 박필현
이인좌와 함께 호남 기병을 성공시키기 위해 많은 노력을 한 인물로,
무예도 뛰어났다. 정세윤은 세 번이나 호남을 다녀가는 등 힘을 쏟
았지만, 이렇게 나주 담양 고부 부안 등지의 무장봉기는 실패하고 말
았다.

그후 부안·고부 지역의 취회를 막지 못한 부안현감 이문표(李文
標, 66세)는 파직 후 상주로, 고부군수 이희령(李熙齡, 60세)은 여주
로 유배된다. 이문표(예천 출생)의 5대 방조가 퇴계 이황이다.

태인(정읍) 지역에서는 1728년 1월 말 박필현(49세)이 태인현감으

로 부임하자마자 술사 송하(宋賀)를 만나는 등 거사를 준비했다. 박
필현은 자신의 군관(軍官)을 시켜 나주에 유배돼 있던 전 이조참판
이진유(李眞儒)를 찾아가서 함께 거병하여 서울로 같이 진격하자고
설득을 했지만, 오히려 이진유는 나주영장에게 군관을 체포토록 요
청하는 등 상황이 좋지 않게 돌아갔다. 소론인 이진유는 1721년~
1722년의 신임사화를 주도한 인물로 속사미인곡(續思美人曲)을 지었
고, 원교 이광사(圓嶠 李匡師)의 큰 아버지다. 이진유는 1721년 12월
김일경을 소두(疏頭)로 한 신축소(辛丑疏)의 이른바 '소하 삼적(疏下
三賊)'으로 영조와 노론으로부터 지목돼 1730년 5월 장폐된다. 삼적
은 박필몽 이명의 이진유를 일컫는다.

박필현은 정희량과 약속한 날짜인 3월 20일에 태인에서 거병을 하
기 위한 전단계로 3월 17일에 전령(傳令)을 내린 후, 장교 및 군졸들
에게 창고의 쌀 68석을 나눠주고 18일 군사 훈련에 들어갔다. 박필
현은 김흡(金洽)을 천총(千摠)에, 유방언(劉邦彦)을 별군관(別軍官)에
임명하고 3월 20일에 거병하여 태인읍내 장터 가장자리에 둔을 쳤
다. 다음날 남루(南樓) 밑으로 진을 옮긴 후, "국가변란이 일어났기
때문에 모두 전주에 있는 전라감영으로 가야한다. 수기(手旗)를 흔들
면 반드시 의심치 않고 전주성문을 열어 줄 것이니, 전라감영에서 합
세하여 청주로 근왕(勤王)하러 올라가야 한다"는 명분을 내세워 군사
들을 독려했다. 3월 21일 박필현의 거사군은 금산사(金山寺) 고개를
넘어 태인현에서 40리 길인 금구(金溝)에 이르자, 이때부터 큰길이
아닌 우회하는 길을 따라 행군하여 전주성과 7리 떨어진 삼천(三川)
에 도착하여 진을 쳤다.

3월 21일 밤, 박필현은 천총 이장욱(李長郁)에게 백마를 주며 전주
진영(全州鎭營)으로 가서 서간(書簡: 편지)을 전라감사 정사효에게 전

달하라고 명했다. 서간은 박필몽이 쓴 것으로, 그 내용은 "거의(擧義)가 완료됐다"는 것과 "향후 계획 등"이 담겨 있었다. 그러나 거사에 가담하기로 약속한 박필몽(61세)의 4촌 처남인 전라감사 정사효(鄭思孝, 64세)가 성문을 열어주지 않아 전달하지 못했다. 거사 전 정사효와의 연락은 전주에 살고 있던 박필몽의 아들 박사관이 담당하고 있었는데, 정사효의 우유부단한 처신과 상황판단 미숙으로 정사효가 태도를 바꾼 것이다.

정사효의 이런 행동으로 박필현의 전주성 입성은 좌절되고 말았다. 이는 평안병사 이사성의 평안병영의 군사 동원 실패와, 정팔룡의 변산 노비적(奴婢賊) 및 승려 대유의 지리산 토적(土賊)의 소극적 참여와 함께, 무신봉기가 실패하게 되는 주요 원인으로 작용했다. 앞서 3월 19일 영조는 전라감사 정사효를 신뢰할 수 없는 인물로 판단하여 전격 해임하고, 호남어사 이광덕(李匡德)을 전라감사로 발령했었다. 만약 정사효가 이런 사실을 미리 알았다면, 박필현과 약속한대로 성문을 열어 주었을 것이다.

마음이 변한 정사효가 서간(편지)도 받아주지 않고, 전주성문도 열어주지 않자, 박필현은 직접 태인현 군졸들을 이끌고 청주로 가서 이인좌와 합세하기로 했다. 박필현이 "내가 청주로 향하고자 하는데, 너희들은 나를 따르라"고 했지만, 김흡 유방언 등 장교와 군졸들이 따르지 않았다. 이처럼 태인현 거병이 실패하자, 3월 25일 박필현은 아들 및 가동 몇 명과 함께 2년 전 이사 간 상주(尙州)로 급히 도피한다.

그후 전라관찰사 정사효는 박필현과 같은 편이라고 하여 1728년 6월에 발배된 후 1730년 5월에 장살(杖殺)되고, 처자식은 관노로, 재산은 몰수되고, 집은 파가저택돼 헐어 없앤 후 못으로 만들었다. 박필현을 붙잡지 않은 전주영장 이경지(李慶祉)는 형신을 받다가 맞아 죽고, 이장욱은 참수되며, "청주로 함께 가자"는 박필현의 명령을 따르지 않은 김흠과 유방언도 정배된다.

한편, 박필현의 6촌 형이며 희빈장씨의 여동생 남편인 전 도승지 박필몽은, 옥구현감 신이형(申以衡)에게 동참을 요청했으나 거절당하자 3월 22일 무장의 관례(官隷: 관의 하인) 30여 명을 징발하여 검(劍)과 장(杖)을 들게 하고 말 14필을 내어 전주성 입성을 시도했다. 당시 박필몽은 무장현(茂長縣: 고창군 아산면 일원)에 유배돼 있었다. 그러나 박필몽은 박필현의 전주성 입성이 실패했다는 소식을 듣고 회군하여 고부(古阜)와 흥덕(興德)을 거쳐 죽도(竹島, 고창군 부안면의 작은 섬)로 아들 박사침(朴師沈)과 함께 도피했다.

그후 박필몽은 다시 거사하려다 3월 29일 무장현감 김몽좌(金夢佐) 등에게 사로잡혀 서울로 압송된다. 박필몽이 압송돼 지나가는 고을에서는 군사를 내어 각별히 호송(護送)하고 만약 의외의 일이 발생하면 즉각 그 자리에서 머리를 베도록 영조가 하교했다. 서울로 압송된 박필몽은 4월 6일 군기시(태평로1가 프레스센터) 앞길에서 백관이 도열한 가운데 능지처사된 후 머리는 6일 동안 매단 뒤 소금에 담가 오명항에게 보내 진중(陣中)에 효시(梟示)되고, 지체(肢體)는 8도(八道)에 전시됐다. 김몽좌(41세)도 박필몽(61세)의 전주성 입성을 시도할 때 도왔다고 하여 1728년 12월에 곤장에 맞아 죽고, 정읍현감 목중형(睦重衡)은 정배되며, 옥구현감 신이형은 승진한다. 또한 무장현에 세거하고 있던 남인 계열인 공조좌랑 오익창(吳益昌)·상옥(相玉) 후손들도 연루돼 화를 입었고, 1733년 남원에서 일어난 남원격서(괘서)사건에도 연루된다.

3월 25일 아들 및 가동 등과 함께 태인에서 상주로 피신한 박필현은 촌가(村家)에 머물렀다. 그때 박필현 부자(父子)의 관(冠)에 입식(笠飾: 치장)한 흔적이 있는 것을 수상히 여긴 상주 파총 박동형(朴東亨, 34세)의 신고로 상주진 영장 한속(韓琭)에게 사로잡혔다. 이 공으로 충주박씨인 박동형은 양무공신 3등에 녹훈되고, 또 파격적으로 종2품인 오위장(五衛將)으로 발탁된다.

상주진영으로 압송된 박필현(49세)은 눈을 부릅뜨고 다음과 같이 크게 꾸짖었다.

> "내가 과연 의거(義擧)했다. 너처럼 용렬한 자가 어찌 하늘의 뜻과 사람의 일을 알겠느냐. 근래에 서북풍(西北風)이 연달아 부니, 하늘의 뜻을 볼 수가 있다. 우리의 맹주 이사성이 생각하건대 이미 거병하여 서울을 함락했을 것인데, 일개 (상주) 영장의 군사가 어떻게 온 나라의 군사를 당하겠는가." (영조실록 4년 3월 26일)

이때 함창현감 이현도(李顯道)가 옆에 있다가 실색(失色)하며 군졸에게 결박하게 하여 참(斬)하려고 하자, 박필현이 상변(上變: 고변)할 일이 있다며 지필(紙筆)을 요구했다. 상주영장 한속이 아전에게 지필을 주라고 명하자, 박필현이 칼[가·枷] 위에다 썼는데, 처음 줄에는 '상변서(上變書)'란 세 글자를 쓰고, 가운데 행에다, "금일의 사대부는 문관(文官)·남행(南行: 음직)·무관(武官)·남인·소북·소론을 막론하고 동시에 거의(擧義)하여 평안병사 이사성을 추대하여 맹주로 삼아 난적(亂賊)을 토멸하여 종사(宗社)를 안정시키려 했다"고 썼다. 끝 행에는 '박필현(朴弼顯)'이란 세 자를 쓰고, 크게 외치면서 "내가 이미 상변했으니, 너희 무리가 어찌 감히 나를 마음대로 죽이겠는

가. 급히 서울로 올려 보내라"고 당당하게 말했다. 곧바로 한속이 박
필현과 아들 박사제(朴師濟)를 참수한 뒤 머리는 서울로 보냈다.
1725년(영조1) 봄부터 무신거사를 기획한 박필현의 의거(義擧)는 이
렇게 실패로 끝나고 말았다.

조선왕조실록 1728년 3월 25일 보면, 태인 기병은 정사효와 박필
현 박필몽 심유현 등이 서로 연계하여 기병을 추진하고 있었음을 알
수 있다.

> "태인현감 박필현이 군사를 일으켜 반란을 꾀했는데, 전주 삼천에
> 이르렀다가 군사가 궤멸해 도주했다. 박필현은 음특하고 흉패하여
> 역적 김일경과 더불어 생사를 같이하기로 교결(交結)했다. 그러다 김
> 일경이 (1724년 12월) 복법(伏法)되자 나라를 원망하는 마음을 깊이
> 품고 영남(嶺南)의 뜻을 잃은 무리들과 사귀어 결탁하고는 임금을 욕
> 하고 꾸짖으며 몰래 모반을 도모했다. 이때 그의 종형(從兄) 박필몽
> 이 무장(茂長)으로 귀양 가니, 함께 의논하고 군사를 일으키고자 태
> 인현감에 차임되기를 도모했으며, 부임한 후에는 몰래 담양부사 심
> 유현과 함께 모의했다. 청주의 변이 일어난 후 19일에 근왕(勤王)한
> 다는 핑계로 경내의 병마를 징발하고 관속(官屬)을 단속하여 3일 동
> 안 조련(操鍊)하면서 관문(官門)에다 진을 쳤다.
> 박필몽이 융복(戎服: 철릭과 붉은 옻칠을 한 갓) 차림으로 들어가
> 그의 어머니를 만나니, 그 어머니가 말하기를, '내 아들의 모습이 병
> 조판서는 될 만하다. 새 임금을 잘 섬기거라'했다. 군사를 동원한 후
> 박필몽이 오기를 기다려 대장으로 추대해 서울로 향하고자 했는데,
> 박필몽은 오지 않았다. 마침 (서울에서 내려온) 금오랑(金吾郞: 의금
> 부도사)이 지나가다 관문(官門) 밖 주막을 거쳐 가자 군중(軍中)에서
> 말을 잘못 전하기를, '붙잡으러 온 도사(都事)가 이르렀다'고 하자,
> 서로 전해가며 선동하여 군정(軍情)이 크게 소란스러웠다. 박필현은
> 군사가 궤멸할 것을 염려하여 그날로 떠나 금산사(金山寺) 고개를 넘

어 밤에 전주의 삼천에 이르렀다. 전라감사 정사효 역시 박필현과 함
께 모의하고 기일을 약속해 군사가 일으키기로 했었는데, 조정에서
예비함이 있는 것을 알고는 관망하기로 계책을 삼고는 문을 닫고 맞
아들이지 않았다. 박필현 측 천총(千摠)이 일이 성공하지 못할 것을
알고는 징을 쳐서 군사를 후퇴시키니, 군병이 일시에 놀라 흩어졌다.
  박필현은 단지 가속(家屬)·동복(童僕)만을 데리고 말을 몰아 도망
해 새벽녘에 건지산(乾止山, 주: 덕진공원) 아래에 도착하여 밥을 지
어 먹었다. 전라감영의 영리(營吏) 김성건(金聲健)이란 자가 박필현
이 쉬고 있는 곳을 알고는 전라감사 정사효에게 고하자 정사효가 좋
아하지 않았다. 김성건이 죄가 자기에게 미칠까 두려워하여 세 번씩
이나 들어와 고하자, 정사효가 마지못해 전주영장(營將) 이경지(李慶
祉)를 불러 상황을 이야기했다. 그러나 이경지는 병을 핑계대며 박필
현을 붙잡지 않고, 박필현이 (경상도 상주로) 도망가도록 내버려 두
었다."(영조실록 4년 3월 25일)

  한편, 전라도 무주부(茂朱府) 동서쪽 50리가 되는 태산(泰山) 장곡
(長谷: 김천시 대덕면)에도 이원휘(李元暉) 정돌시(鄭突屎) 등 수십 초
(哨)에 가까운 거사군(토적)이 둔(屯)을 치고 있었다. 이인좌의 청병
(請兵)으로 3초(哨: 약 300명)의 군병이 계속해서 지원군으로 청주로
올라갔으나, 청주에서 이인좌가 패퇴(敗退)했다는 보고를 듣고는 도
망하여 흩어져서 남은 것이 3, 4초가 됐다. 무주 산속의 거사군은 박
필현과 연계된 군병이 아니라, 청주의 이인좌 군사의 후진(後陣)으로
서의 역할을 한 것이다.

  이와 같이 전라도 주도세력들의 전주성 입성과 전라병영 탈취가
실패한 것과는 달리, 경상우도의 거사군, 즉 무신당(戊申黨)의 성과
는 눈부셨다.

정희량은 1727년 가을에 건장한 말을 타고 종복(從僕: 사내 종)과 자장(資裝: 행장)을 매우 성대하게 하고는, 서울로 올라가서 무신봉기 때 사용할 깃발을 만들 때 쓰려고 각양각색의 채단(綵緞)을 매입하는 등 본격적으로 봉기를 준비해 나갔다. 1728년 정월에는 자신의 순흥 집으로 찾아온 이인좌와 만나 구체적인 거사를 논의한 후, 본래 고향인 안음현 강동(薑洞: 거창 위천면 강천리)으로 돌아와서 조성좌 등 사림의 유력자와 친척들에게 실행 계획을 알렸다. 정희량은 아버지 정중원 때부터 추진한 바 있는 조부 정기수(鄭岐壽)의 안음현 묘를 순흥 부석사(浮石寺) 뒤로 옮긴다는 이유를 대며 강동에 거사 때 사용할 자금과 곡식을 마련하고, 또 양민과 가동을 모군(募軍)하는 등 군사력을 확충해 나갔다.

또 다른 핵심 인물인 이능좌(李能佐)는 3월 13일 안동 풍천에 도착하여 안동을 중심으로 하는 인근 다른 지방의 토착 사대부들과 미리 연락을 취한 뒤 순방하면서 합심하여 함께 거사할 것을 설득했다. 이는 이능좌(이웅보)와 형인 이인좌가 영남 양반사회의 중심지인 경상좌도 안동에서 토착 양반들의 호응을 얻어 군사를 일으켜 정희량 조성좌가 통솔하는 경상우도군(軍)과 합세하여 서울로 진격하기로 정희량 조성좌에게 미리 약속했기 때문이다.

그러나 안동 양반인 유몽서는 이능좌에게 "안동좌수를 만나보니 좌수가 협조를 거부하고, 또 거사 일자도 촉박하므로 입거(入據)하기가 힘든다"고 말하는 등 경상좌도 양반(사대부)들의 비협조로 차질을 빚게 된다. 이인좌의 고종 사촌 동생이며 조성좌와 20촌(생조부로 14촌)인 문경의 조세추(曺世樞, 26세)가 영조무신역옥추안 및 조선왕조실록 1728년 4월 16일 공술한 것을 보면, 안동 사대부들의 기회주의적인 처신들이 잘 나타나 있다. 유학 조세추는 무신봉기 직전에 허리에 칼을 찬 채 안동으로 가서 안동 사대부들이 동참할 것을 회유하기도 했다. 조세추는 형조참판 조탁(曹卓)의 6세손이고, 문경 출생으로 영남 부호(富豪)인 조하주(曹夏疇)의 손자로, 현재 무후(無后)로 돼 있다.

 "내(조세추)가 3월 7일에 광주(廣州)를 떠나 출발했고 10일에 (고향) 문경으로 들어갔는데, 이인좌가 이미 6일에 충주와 양성(陽城)을 향해 출발했다. 안동의 권구(權榘) 및 권덕수(權德秀)의 각 부자(父子)와 유몽서(柳夢瑞)도 들어갔다고 했다. 유몽서가 권덕수가 있는 곳에서 이능좌의 집에 와서 권덕수의 말을 전했는데, 이것은 신이 직접 들었다. 예천의 이윤사(李允師), 상주의 김홍수(金弘壽), 중산(中山, 주: 상주시 모동면)의 (황익재 13촌 조카인) 황침(黃沈), 선산의 이도(李燾) 이후(李煦) 이조(李照) 형제와 오붕만(吳鵬萬), (백호 윤휴 차남인 윤하제의 사위이며, 또한 임하당 신후명의 5촌 조카인) 영덕 현감 신필회(申弼誨) 등 상당한 영향력을 가졌던 인사들이 기병에 동조할 기세를 보였다.
 충주의 민원보(閔元普) 형제가 제일 먼저 이능좌와 서로 의논했고, 임서호(任瑞虎) 및 권서봉(權瑞鳳)의 각 3형제와 서울의 이언좌(李彦佐)와 (안산의) 유래(柳徠) 및 (여주의) 조상(趙鏛)도 들어갔다고 했다. 그런데 항상 은어(隱語)로 말했기 때문에 상세히 들을 수가 없었다. 2월 13일 청주적(賊)의 군관이 이인좌의 집에 와서 '평안병사 이사성이 사신(使臣) 이가(李哥)와 함께 올라온다'고 했는데, 그가 사신이라고 일컬었기 때문에 이명언(李明彦)으로 생각했다. 그의 말에 의하면 평안도의 군대는 호병(胡兵)처럼 꾸며가지고 (서울로) 올라온다고 했다. 그리고 해미영장(海美營將)이 군대 3천 명을 이끌고 올라온다고 했는데, 이름은 모르겠다.
 신석영(申錫永)은 여주에 사는데 우윤을 지내다가 귀양 가서 죽은 사람(주: 신경제)의 아들이다. 이 사람과 동작(銅雀) 나루에 살다가 문경으로 이사를 간 (이인좌의 이종 사촌인) 이세주(李世舟)란 사람도 그 가운데 들어 있었다. 그리고 보은현감 조문보(趙文普, 48세)도 (법주사 등지의) 승도(僧徒)들을 이끌고 온다고 했고, 이능좌가 (안동으로) 가서 권구(權榘)를 만났더니 처음에는 허락했다가 뒤에서 등불을 밝히고 앉아서 얼굴을 본 후, '형세를 보아가면서 하자[관세위지·觀勢爲之]'고 했다. 권덕수 김민행(金敏行) 유몽서도 역시 '관세위지(觀勢爲之)하겠다'고 하자, 이능좌가 분노하여 유몽서를 꾸짖기를, '유독 우리들만 죽을 곳으로 들어가야 하겠는가'라고 했다." (무신역옥추안 · 조선왕조실록 영조4년 4월 16일)

위 기록에서 무신봉기 때 경상좌도 안동 사람들의 모호한 태도를 알 수가 있으며, 해미현(서산시 일원)의 호서좌영장과 보은 지역의 법주사 등 승려(僧侶)들의 내응(內應)도 있었다는 것을 알 수 있다. 해미현에는 현감 송내익(宋來翼)과 강위징 등이 주요 인물이었다. 이인좌가 기병하자 실제로 상주의 김홍수와 안동의 권구(權榘)는 피난을 떠나기도 했다.

1728년 3월 20일 정희량이 안음에서, 3월 21일 조성좌가 합천에서 거병(擧兵)하자, 이를 진압하기 위해 영남안무사 박사수(43세)와 경상상도소모사 조덕린(71세), 종사관 유래(柳徠, 41세, 강세황 처 백부)가 3월 26일 안동부에 도착한다. 3월 28일 권덕수와 김복겸이 안동부에서 박사수와 조덕린을 만나 거사군을 진압하기 위해 창의(倡義)하기로 약속한 후, 3월 30일 이재(62세) 권덕수(57세) 권구(57세) 김민행(56세) 김성탁(35세) 등이 병산서원에 모여 모군과 군량 및 무기 조달에 대해 대책을 숙의했다. 3월 30일 전임 예조정랑 유승현(49세)을 의병대장에 추대하고, 4월 6일 출병하려고 계획했으나 4월 3일 정희량이 진압됨으로써 실제 행동으로는 이어지지 못한다.

그러나 안동 풍천면 가일마을의 권구와 예천의 술사 이윤행(47세)은 이인좌 이능좌 정희량 등과 내통했다고 영남안무사 박사수가 붙잡아 3월 27일 서울로 올려 보내지고, 국청에서 영조의 심문을 받고 병곡 권구(屛谷 權榘)만 4월 11일 겨우 풀려난다. 김홍수(48세)는 4월 14일 곤장에 맞아 죽고 아들 김덕진(金德鎭)은 정배되며, 이윤행은 4월 24일에 능지처사되고, 황희 정승의 12세손인 상주의 전적(典籍, 정6품) 황침(41세)과 선산의 오붕만(28세) 및 이도(46세)는 6월 10일 함경도 및 절도(絶島)로 정배된다. 안동부 감옥에 하옥(下獄)돼 있던 권구의 두 아들 권진(權縉) 권집(權緝)과 그의 종들은 방면된다. 특히 권구와 이도는 영남의 명망이 있는 선비였다.

영조가 4월 11일 권구를 친국하면서 권구가 진술한 것을 봐도, 권구는 이인좌와 3년 전에 이미 만난 적이 있었다는 것을 알 수가 있다.

　"을사년(1725년) 무렵에 신(臣: 권구)이 예천서원(醴泉書院)에 갔는데, 원장(院長) 및 지방의 장로(長老) 5, 6인이 함께 모여 있었다. 이 때 한 소년이 들어와서 스스로 '육임점(六壬占)을 배우려고 한다'고 하기에 신이 '그대를 보건대, 또한 소년이고 재주가 있으므로 배울 만한 것이 많은데, 어찌 잡술(雜術)을 배우려고 하는가'라고 말했다. 뒤에 물어 보니, 이인좌(李麟佐. 주: 31세)였다." (영조실록 4년 4월 11일)

권구 및 유몽서가 이인좌와 내통했다는 사실은 1731년 2월 27일 경상도 암행어사 이흡(李潝)의 복명(復命: 보고)에도 나와 있다.

　"안동의 권징수(權徵粹) 유몽서 권구 등도 적(賊)과 내통했으나, 김성탁만 관문(關門)을 걸어 닫고 항거했으며, 전 승지 나학천(羅學川)은 통문(通文)하여 적을 토벌했다." (영조실록 7년 2월 27일)

권덕수는 무신봉기(이인좌의 난)의 전말을 기록한 황원일기(黃猿日

記)를 남겼는데, 이능좌가 하인 5명과 함께 하회에 들어간 3월 13일부터 5월 14일까지의 일기다. 황원일기에 이능좌와 그의 수하들은 흰 갓인 백립(白笠)을 쓰고 장도(長刀)를 패용하고 있었다고 기록하고 있는데, 이는 경종 임금을 애도하고 동조세력을 규합하기 위해서였다.

안동 사족들이 무신봉기에 가담했다는 사실은 참고관(參考官: 시험관) 이중경(李重庚(慶), 1680~1757)이 1742년 9월 24일 영조에게 아뢰는 것에서도 알 수 있다. 이중경은 1739년 11월부터 1742년 6월까지 무려 32개월 동안 안동부사를 재직한 인물로, 안동 지역의 실정에 밝았다. 이중경 후임 안동부사는 무신거사 때 조성좌의 합천 거사군을 진압하기 위해 진군했던 성주목사 이보혁이다.

> "안동에는 무신년에 관련된 자가 많은데, 나라에서 깊이 다스리지 않아 법망(法網)을 벗어난 자들이 제멋대로 당론(黨論)을 일삼기 때문에 신(臣: 이중경)이 도신(道臣, 주: 정익하·심성희)과 의논하여 형벌로 다스린 경우가 많았다. 또 그 향권(鄕權)을 분리하여 그 무리들이 전적으로 그 직임을 (남인들이) 맡지 못하게 했다."(영조실록 18년 9월 24일)

안동을 중심으로 하는 경상좌도의 사대부들은 처음에는 무신년 기병에 동조할 뜻을 보였으나, 일이 점차 구체성을 띠게 되자 모호한 태도를 취하게 된 것이다. 크게 분노한 이능좌(이웅보)는 할 수 없이 당초의 계획을 바꾸지 않을 수 없었다. 그는 안동에서의 거사를 포기하고 3월 14일 안동을 떠나 3월 20일 정희량과 함께 경상우도인 안음(安陰)에서 기병하기에 이르고, 3월 21일에는 조성좌·정좌가 합천에서 기병하게 된다.

이처럼 안동을 중심으로 한 경상좌도 사대부들의 비협조적인 태도는, 경상우도를 대표하는 남명 조식(南冥 曺植, 1501~1572)과 경상좌도를 대표하는 퇴계 이황(退溪 李滉, 1501~1570)과 그의 문인(門人)들 사이에 벌어졌던 갈등이 원인이 됐다.

이는 1568년(선조1) 진주에서 발생한 '하종악 후처 음행(淫行)사건' 처리에 대한 남명과 퇴계 및 그의 문인들과의 상호 비판과 논쟁, 임진왜란 당시 일본과 강화(講和)를 주장한 서애 유성룡을 합천의 문홍도 등이 '주화오국(主和誤國)'이라고 비판하고 탄핵하여 1598년(선조31) 삭탈관작하게 하고, 한강 정구가 남명을 은근히 폄하하자 1606년 정인홍이 '고풍정맥변(高風正脈辨)'을 지어 퇴계와 정구를 비판한 것, 그리고 퇴계와 회재 이언적(晦齋 李彦迪, 1491~1553)의 문묘 종사를 반대한 정인홍의 1611년 '회퇴변척소(晦退辯斥疏)' 등에 대한 감정(憾情)의 앙금이 안동 의성 등지를 중심으로 한 퇴계 문인들에게 남아 있었기 때문이다. 또한 남명 문인들과 다른 퇴계 문인들이 가진 기질(氣質)의 한 양상이기도 했다.

▲ 금성산성(金城山城): 전남 담양군 금성면
무신봉기 전인 1728년 1월 27일 담양부사 심유현은, 금성산성 화약고(火藥庫)에 보관하고 있던 화약을 빼돌려 남태징 이유익 등에게 보내 거사군이 사용하도록 한 후, 남은 화약 4,213근과 유황 5근, 화전철정 5개, 철주 2개, 화약침구 9개, 각종 군기를 모두 불태워 관군이 사용하지 못하게 했다.

▲ 병산서원(屛山書院): 경북 안동시 풍천면
1728년 무신봉기(이인좌의 난) 때 권덕수 김성탁 등이 창의(倡義)를 논의한 곳이다. 3월 30일 전 예조정랑 유승현을 의병대장으로 추대한 후 4월 6일 출진하려고 했으나, 4월 3일 정희량의 거사군이 진압돼 출진하지 못했다.

8. 정희량과 조성좌의 기병

정희량은 안음현 고현(古縣: 거창군 위천면)에 있는 조부 정기수의 묘(墓)를 다시 순흥 부석사(浮石寺) 뒤로 이장(移葬)한다는 명분으로, 1728년 2월부터 강동 옛집에 자주 들러 곡식과 재물을 비축하고 가동(家僮)과 민정(民丁)을 모으는 등 본격적으로 거사를 준비했다. 조부 묘 이장은 정희량의 아버지인 정중원이 시도했다가 부석사 승려들의 반대로 실패한 바가 있었다. 당시 정희량은 1723년에 이사 간 순흥부 죽계(順興府 竹溪: 영주시 순흥면 일원)에서 어머니(권씨) · 아내(조씨 및 송씨) · 아들(3명) · 딸(1명) · 장질부(홍씨) · 둘째 조카(정의련) 등과 함께 살고 있었다. 죽계는 고려 충숙왕 때 안축(安軸)이 죽계별곡(竹溪別曲)을 지을 정도로 경관이 아름다운 곳이며, 이중환의 택리지(擇里志)에서도 살만한 길지(吉地)로 언급한 지역이다. 이곳으로 정희량이 이사를 간 것이다.

정희량은 경종 임금을 애도하고 거사군을 규합하기 위해 착용하고 있던 백립(白笠)과 상복(喪服)을 벗고, 1728년 3월 20일 안음현 고현창(古縣倉: 거창군 마리면)에서 기병했다. 앞서 정희량은 이인좌가 보낸 전령(傳令)을 통해 청주성 점령이 성공했다는 소식을 3월 18일 들었고, 또 격문을 받았다. 정희량이 기병한 그날 박필현도 이인좌가 보낸 격문을 받고 당초 계획한대로 전라도 태인현에서 거병했다.

정희량(약 44세)은 부원수(副元帥)라 칭하고, 이능좌(약 30세)는 대원수로, 나숭곤(약 20세)을 도지휘(都指揮), 우세만(禹世萬, 57세)을 부지휘(副指揮)로, 8촌 형인 정세유(鄭世儒, 54세)를 제3대장으로 추대했다. 또한 일족인 정원유(鄭源儒)를 이능좌의 서기(書記)로, 정홍유(弘儒, 37세)·관유(鄭觀儒, 30세)와 우세장(禹世章, 52세) 이만채(李萬采) 이익춘(李益春) 유세공(劉世恭, 49세) 강필업(姜必業, 67세) 임태무(林泰憮, 29세) 등을 중군(中軍) 등으로, 산음(山陰)의 정탁(鄭倬)을 초유사로, 정중건(鄭重建, 47세)을 군관으로 삼고, 30리 떨어진 안음현청으로 진군 채비를 했다. 정희량은 창고에 있는 쌀과 베를 풀어서 안음현민(縣民)에게 나눠 주고, 사찰의 승려들을 동원하여 무기와 기(旗)·북을 운반하게 하고, 각 역(驛)에 명령하여 마필(馬匹)을 대기하도록 했다. 그 위세와 명성은 실로 대단했다. 안음현은 현재의 함양군 안의·서하·서상면 및 거창군 북상·위천·마리면 일원이다.

▲ 1820년에 건립한 정희량 본가: 경남 거창군 위천면 강천리

3월 20일 정희량의 선발대가 안음현청으로 가서 현감 오수욱(吳遂郁)에게 항복하라는 격문을 전달하자, 오수욱은 120리 떨어져 있는 남원부 운봉영장 손명대에게 달아나 버린다. 정희량은 신수헌(愼守憲)을 안음현감으로 임명하고, 자신의 전령에게 금산군(金山郡: 김천시) 관아에도 격문을 전달하도록 했다. 정희량 이능좌의 거사군이 22일 거창현청으로 진입하자 현감 신정모(申正模)는 23일 새벽에 칠순 노모를 업고 주상면 고대마을로 도피해 버렸다.

아주신씨(鵝洲申氏)인 신정모는 의성읍 출생으로 문과에 급제하여 지평·정언·사옹원주부를 역임했으며, 경학(經學)에도 조예가 깊었다. 갈암 이현일(葛菴 李玄逸)의 문인인 신정모는 오랜 기간 동안 소외됐던 영남인에 대한 인재 등용을 활성화한다는 차원에서 영의정 이광좌의 천거에 따라, 영조가 영남 남인인 그를 거창현감으로 특별히 임명했던 것이다. 영조4년 1월 17일 거창현감 신성모와 진천현감 임상극(林象極), 운봉현감 손명대 세 사람은 입궐하여 하직 인사를 하고 각자의 부임지로 떠난다. 두 달 후 무신봉기가 발발하자 각기 다른 처신으로 신정모는 귀양 간 후 배소(配所)에서 병으로 죽고, 이인좌의 거병에 향응(響應)한 임상극은 효시(梟示)되지만, 손명대는 종3품 경상좌수사(慶尙左水使)로 승진한다. 얄궂은 운명이라고 아니할 수 없다.

안음과 거창 두 고을을 손쉽게 접수한 정희량은 자신에게 저항하는 웅양면 출생의 좌수 이술원(李述源)을 3월 23일 처형하고, 다음날 24일 승리에 고무돼 동헌(東軒) 앞인 거창읍 상림리 양무장(養武場)에서 거사군에게 잔치를 벌여주자 군량미를 씻은 하얀 쌀뜨물이 침류정(枕流亭) 앞 위천(渭川)으로 흘러들었다. 또한 관아의 곡식을 풀

어 백성들을 선무(宣撫)했다. 1728년 8월 3일 경상감사 박문수가 입
궐하여 "거창의 관수미(官需米)를 흥적들이 다 먹어버려 도순무사 오
명항이 지례현(智禮縣)의 저치미(儲置米: 비상 대비 쌀) 42석과 벼 18
석, 콩 9석을 거창 군사의 군량으로 쓰기 위해 거창으로 옮겼다"고
영조에게 아뢰는 것이 영조실록에 나온다. 이것을 보면, 정희량이 거
사군에게 제공한 군량미와 주민에게 나눠준 곡식은 관수미가 대부분
이었다는 것을 알 수 있다. 안음 함양 합천 등지도 마찬가지였다.

한편, 3월 20일 서울에서 금부도사가 안음에서 기병한 정희량을
체포하기 위해 3월 27일 순흥에 도착하자, 민원보의 인친(姻親)인 순
흥부사 이성지(李聖至)는 오히려 금부도사를 도둑이라 하여 체포하려
고 했다. 이성지는 "이 고을 호적에 정희량이란 이름이 없다"고 하면
서 반나절을 버틴 후 마지못해 포졸을 내어 체포하는 것을 허락한다.
지역에서 정희량의 권위와 영향력이 절대적이었다는 것을 알 수 있
다. 이 일로 순흥부사 이성지는 평안도 철산부(鐵山府)로 정배된다.

화곡무신일기(和谷戊申日記)에도 정희량의 영향력이 대단했고, 경
상우도 양반 사대부들이 무신봉기를 적극적으로 지지하고 가담했다
는 것을 알 수 있는 내용이 기록돼 있다. 화곡무신일기는 이술원(50
세)의 5촌 조카인 화곡 이우태(和谷 李遇泰, 27세)가 이긴 자의 입장
에서 무신봉기를 폄하하여 쓴 일기다. 앞서 유학 이우태는 희빈장씨
를 추숭(追崇)할 것과 사사된 김창집 이이명 등 노론 4대신을 추륙
(追戮)할 것을 청하는 1724년(경종4) 4월 24일 갑진소유(甲辰疏儒)에
참여한 인물이었지만, 무신봉기 때는 관군 편에 선 것이다.

"정희량이 기병하자 순식간에 1천여 명이 모였으며, 폭풍에 나무가 쓰러지는 것 같았고, 백성과 읍리(邑吏)·사대부도 거의 다 역적을 따랐으니 참으로 통탄할 일이다." (화곡무신일기)

3월 27일 이능좌군(軍)이 먼저 함양으로 진군하고, 정희량은 거창에 남아 민심을 달래고 군사를 정비한 후, 3월 29일 정희량(조세추도 참여) 군사도 함양에 도착했다. 그러자 종사관 박문수(朴文秀)의 삼촌인 함양군수 박사한(朴師漢)은 중과부족을 핑계로 고을을 버리고 운봉영장 손명대에게 도피해 버렸다.

한편, "적(賊)이 안음 고현(古縣)에서 일어나 둔을 쳐서 진(陣)을 이루고 있으니. 진전(眞殿)의 (태조 이성계) 초상화를 옮기도록 하는 것이 좋겠다"는 전라감사 정사효의 장계가 3월 27일 영조에게 전해졌다. 영조는 정사효가 박필현과 연루된 혐의가 있다고 하여 3월 25일 전격 해임하고, 당시 전라도 어사로 내려가 있던 이광덕(李匡德)을 새 전라감사로 임명했는데, 정사효가 이를 모르고 장계를 올린 것이다. 전라도 무주와 경상도 안음(안의)은 덕유산과 인접한 곳으로, 당시 토적들이 창궐하고 있었기 때문에 안음 지역의 정보도 정사효가 수시로 접하고 있었을 것이다. 그렇지만 안음은 경상도 지역이고, 안음 지역과 초상화가 있는 전주 지역은 거리가 먼 곳인데도 정사효가 경상감사 황선을 제치고 굳이 서둘러 장계를 올린 것은, 무신봉기 연루 혐의를 벗기 위한 행동일 것이다.

3월 29일 정희량은 함양군수에 최존서(崔存瑞)를, 함양좌수에 허격(許格)을 임명하고, 3월 30일 늦게 거창 무촌역(茂村驛: 남상면 무촌리)으로 돌아왔다. 정희량은 날이 밝자 배신한 남하면 출생인 거창현 좌수 신명익(愼溟翊, 53세)을 객사로 잡아와 장살한 후, 이인좌와 합세하기 위해 무주 또는 김천으로의 북진을 준비했다. 이인좌와 마찬가지로 정희량도 수령(守令)을 임명한 것에서 무신봉기가 혁명적인 성격을 띤 무장봉기였음을 알 수 있다.

다른 한편, 합천의 조성좌·정좌·덕좌·명좌·석좌는 정희량과 긴밀하게 접촉을 하고, 또 이능좌 및 민원보와는 서간(書簡) 등으로 거사를 사전에 협의했다. 거사군 군량도감(軍糧都監)인 양반 김세흠(金世欽, 42세)과 이양백(李陽白, 46세)에게 군량을 모으게 하고, 거사군 승려 대장에 해인사 직전 주지인 철묵(哲默)을 임명하여 거사군이 사용할 신발과 군장(軍裝) 등을 만들게 하는 등 준비를 끝내고, 12촌 동생인 조정좌(曺鼎佐) 등과 함께 3월 21일 합천 묘산면에서 거병했다.

조정좌가 3월 21일 밤중에 30리 길인 합천 관아로 가서 2월 25일 부임해 온 신임 합천군수 이정필(李廷弼, 57세)에게 청주의 이인좌와 안음의 정희량이 기병을 했다는 것을 알리고 거사에 참여할 것을 요구하자, 이정필이 거절했다. 이정필은 조정좌·성좌가 정희량과 연계된 것을 알아차리고 현장에서 조정좌를 체포한 뒤, 군사 200명을 풀어 조성좌도 체포하여 합천 관아의 감옥에 가두는 등 조성좌·정좌의 거사를 진압하려고 애를 썼다. 전주이씨인 이정필은 합천군수로 부임하기 전에 장령·좌부승지(정3품) 등을 역임했지만, 지방 수령 경험이 없는 백면서생(白面書生)이었고, 더구나 좌천돼 외직인 합천군수(종4품)로 부임한 지 한 달도 안 돼 무신봉기가 일어나 적극적인 대처와 능력에 한계가 있을 수밖에 없었던 상황이었다.

3월 21일 밤늦게 조성좌당(黨)인 합천군 좌수 정상림(鄭商霖)이 합천군수 이정필을 급히 찾아가서 말했다.

> "(합천군 좌수) 정상림이 말하기를, '안음과 거창의 거사군 세력이 매우 강성하여 조석(朝夕)간에 합천이 도륙(屠戮)을 당할 것이고, 조성좌 형제의 집에서 부리는 가동(家僮: 종)만 해도 수백 명인데, 지금 조성좌·정좌를 가두어 두면 이 무리들이 반드시 소요를 일으킬 것이니, 진주의 경상우병영으로 달려가서 구원을 요청하는 것이 최선이다'고 했다. 이정필이 그 말을 믿고 3월 22일 새벽에 도망을 가자 정상림이 즉시 옥문을 열고 조성좌·정좌 등을 석방하고, 군중(軍中)으로 들어가 (낮은 벼슬아치인) 장교(將校)와 이졸(吏卒: 아전 등)을 거느리고 절을 했다." (영조실록 4년 3월 27일)

놀란 합천군수 이정필(57세)은 초계군수 정양빈(37세)과 삼가현감 이정수(56세)에게 구원병을 급히 요청했으나 거절당하고, 의령현 관군과의 협조도 이뤄지지 못했다. 설상가상으로 안음의 정희량이 보낸 전령(傳令)이 격문을 전달하면서 "거사군 대장 조성좌와 조정좌를 감옥에서 석방하지 않으면 관련된 자들은 모두 목을 벨 것"이라고 말하자, 이정필은 겁을 집어먹고 구원병을 핑계로 3월 22일 새벽에 진주에 있는 경상우병영으로 도망쳐 버렸다.

곧 조성좌는 합천읍 객사(客舍)에서 대장군(大將軍)으로 추대돼 아전·지인(知印)·사령·장교 등을 호령하자 누구도 감히 어찌하지 못하고, 합천군이 조성좌·정좌·덕좌의 거사군에게 함락됐다.

1757년~1765년에 간행된 여지도서(輿地圖書)에 합천군 관아에 종4품 군수 1명, 자치기구인 향청(鄕廳)의 좌수 1명·별감 2명, 하급 무관인 장교 등 군관(軍官) 50명, 아전(衙前) 25명, 지인(知印) 10명,

사령(使令) 11명, 관노(官奴) 28명, 관비(官婢) 29명 등 총 157명이 소속돼 있는 것으로 나와 있다. 조성좌·정좌의 무신봉기 당시에도 합천 관아에 150여 명이 있었을 것이다.

조성좌당(黨)인 합천군 좌수 정상림은 1723년(경종3) 당시에 유학(幼學) 신분으로 박소(朴紹)를 배향하는 사우(祠宇)를 합천 묘산면에 건립할 것과 박소를 배향하는 화암서원(華巖書院)을 사액하도록 청하는 상소를 했던 인물이다. 그후 화암서원은 1727년 사액서원이 되고, 1869년(고종6) 흥선대원군의 서원철폐령으로 없어지게 된다. 또한 정상림은 이도장(李道章) 등 경상도 유생들과 함께 "소론 대신인 조태구 유봉휘 이광좌 등을 적(賊)으로 간주하여 토죄(討罪)할 것을 청"하는 상소를 1725년(영조1) 7월부터 1726년 3월까지 4번이나 올린 인물이기도 했다.

조성좌의 무장봉기에 놀란 합천군수 이정필은 3월 22일 저녁에 130리 떨어져 있는 진주성에 도착하여 병력지원을 간청했다. 그러나 경상우병영의 병사(兵使: 병마절도사) 이시번(李時蕃)은 촉석루 성문 앞에서 거절하고 문을 열어주지 않았다. 이정필은 하는 수 없이 합천으로 되돌아 와 험하고 깊숙한 황계(黃溪: 용주면 황계)에서 피난 가는 합천군 병사(兵士) 및 군민들과 함께 도피했다. 그후 경상우병사 이시번은 합천군수 이정필에게 진주성문을 열어주지 않은 죄로 절도(絶島)에 충군(充軍)되는 형벌을 받았고, 합천군수 이정필은 진주로 도망갔다고 하여 수감된 후 파직(罷職)된다. 전주이씨인 이시번의 아버지는 1717년(숙종43) 경상우병사를 역임한 이규성(李奎成)이다.

조성좌의 무장봉기(武裝蜂起)에는 각계각층의 참여가 이뤄졌다. 합천군 향소(鄕所)의 좌수 정상림뿐만 아니라, 합천군 장교·천총 및 아전, 해인사 직전(直前) 주지승(住持僧)이며 거사군 승려 대장인 철묵(哲默), 황매산 밑 묵방사(墨房寺) 화상승(和尙僧)인 일선(日禅, 47세)·수승(首僧) 사성(師聖, 37세)·삼보승(三寶僧) 민숙(敏叔, 26세) 등 승려와, 봉산 권빈역의 손후석(孫厚碩)·세덕(世德, 32세) 부자(父子), 한사 강대수의 증손인 유학 강세은(姜世殷, 44세)·정은(挺殷, 40세)·만은(晩殷, 35세)·효은(孝殷)·봉은(奉殷)·덕은(德殷), 양반인 정현(鄭灝)·집(湒) 형제를 비롯한 윤종영 이성장(李星章) 곽세신 채수돈(蔡守敦) 및 정복상(鄭復相)·복천(復天) 형제, 향교 재임(齋任)인 유림(柳林), 조성좌 사노(私奴) 천주(天柱) 등이 가담했다. 3월 27일에는 삼가현 좌수 권만항(權萬恒)을 비롯한 허택(許澤) 백세달(白世達) 임한성(林漢成) 등 삼가현 사대부들이 삼가현감 이정수(李廷秀)를 쫓아내고 삼가현 군사를 거느리고 조성좌와 합세하기에 이른다. 가담자가 총 4천 명이나 됐다.

경상도사(慶尙都事: 종5품) 이대원(李大源, 51세)이 영조에게 삼가현(三嘉縣)과 안음현의 무신봉기 상황을 보고한 것을 보자.

"삼가(三嘉)의 전 현감 이정수(李廷秀)도 논죄(論罪)할 때에 다르게 할 수가 없으므로 똑같이 잡아왔다. (안음현감) 오수욱은 흉적(凶賊)이 본현(本縣)의 옛 고을에서 처음 일어났을 때 그 수가 몇 명에 지나지 않았는데도 자신이 고을을 지키는 신하가 되어 군사를 내어 초토(勦討: 정벌)할 것을 생각하지 않고 칼을 찬 도적 한 사람을 보고서 허둥지둥 달아나 피했다. 마침내 적도(賊徒)를 강대하게 만들어 옆의 고을을 연이어 함락시키게 했다. (삼가현감) 이정수는 적도가 합천을 함락시킨 뒤 영문의 분부(分付)로 인하여 군병을 관아의 문에 모은 뒤에 적병이 이르지 않았는데도, 한갓 헛소문만 듣고 군사를 버리고 달아나서 본 고을의 좌수(座首, 주: 권만항)가 군사를 거느려 도적에게 몸을 던져 항복하게 했다. 놀라운 사연(辭緣: 사정)을 각별히 엄중하게 구핵(究覈: 실상을 밝힘)해서 조목(條目: 항목)으로 밝힌 뒤에 (경상감사 황선이) 곧장 20도씩 쳐서 방송(放送)했던 일을 치계(馳啓)한다." (영조실록 4년 4월 14일)

이처럼 거사군이 안음 함양 거창 합천 삼가를 쉽게 접수하게 된 것은, 1623년 왕위찬탈(인조반정) 후 경상우도에 대한 극심한 차별에 따른 반(反)노론적 정서와 노론 기득권층의 탐욕·횡포 및 부조리 등으로 민심이반이 컸기 때문이다. 그리고 누대에 걸쳐 형성된 정희량 조성좌 등 주도층의 권위 및 영향력과 함께, 양민층의 전폭적인 가담 속에 향청(鄕廳: 유향소)의 향권(鄕權)을 적절하게 이용한 결과이기도 했다.

합천 삼가 거창 안음 산음 함양 상주 문경 등을 중심으로 한 영남에서의 거사군 수에 대해서는 평영남비(平嶺南碑)의 비문과 경기도 용인 사람인 안박(安鑮)의 진술에서는 7만 명이라고 증언하고 있다. 그러나 소론(준소)인 이유익(李有翼)이 "정희량이 여러 해 동안 군사 모으는 일을 하여 호남과 서로 통하고 있는데, 처음에 듣기로는 군사가 8만 명이라고 했는데, 후에 들으니 겨우 8천이라고 했으니 과장된 것을 알았다"고 했다. 따라서 7만이라는 거사군의 수는 부풀러진 측면이 없지 않다.

그러나 영조실록 4년 4월 9일 오명항이 올린 장계에 "(정희량 이능좌의 거사군을 진압하기 위해) 대구·상주·진주·금오(金烏: 선산)·독용(禿用: 성주)·초계 등 고을 진영에서 진군하여 (거창군 고제면 봉계리) 지경(地境)마을에 모인 군사가 2만 명에 이르렀다"고 한 것을 보면, 거사군의 수가 2만~3만 명은 됐을 것이다. 무신역옥 추안 권서봉의 공술에 "일찍이 상소한 소유(疏儒)가 1만여 명이나 됐으니, 각기 가정(家丁)을 거느리면 족히 12만 명은 된다고 이인좌가 말했다"고 한 것을 볼 때, 무장봉기에 많은 사람들이 동참했다는 것은 객관적인 사실이다. 이인좌의 공술에서도 "상주의 김홍수가 모군한 병사는 무려 1천여 명은 됐다"고 한 것에서, 무신기병 때의 동조세력을 가늠해 볼 수 있다. 이인좌가 말한 "상소한 소유 1만 명"의 근거는, 1721년 신축소유(辛丑疏儒)·1722년 임인소유(壬寅疏儒)와 1724년의 갑진소유(甲辰疏儒)를 일컫는다. 특히 희빈장씨와 성호 이익의 형인 이잠(李潛)을 신원하고, 1723년 이미 참형된 노론 유학 임창(任敞) 등을 추륙(追戮)하자는 갑진년 상소에는 남인·소론 및 소북 계열의 사대부들이 무려 4,431명이나 연대 상소했었다.

이와 같이 무신봉기 때 직접 가담하여 처형되고, 귀양 가고, 연좌제 적용으로 정거(停擧) 및 관직 배제 등 차별을 받은 남인과 소론(준소)·소북 계열의 사대부는 줄잡아 20만~30만 명이나 됐다.

다음은 이능좌(약 30세)가 안음현감 오수욱(吳遂郁, 44세)과 거창현감 신정모(申正模, 38세)에게 보낸 격문(檄文)이다. 안음현감 오수욱은 도순무사 오명항(56세)의 5촌 당숙이다.

○ 이능좌가 안음현감 오수욱에게 보낸 격문: 3월 20일

"국운이 기울어 병민(兵民)이 사방에서 일어나 종사(宗社: 종묘와 사직, 즉 국가)가 장차 위태롭게 됐으니, 마치 불이 처음 붙은 것과 같아 그 형세는 반드시 꺼야만 한다. 이 같은 때에 누가 한 꾀를 내고 한 책략을 내어서 나라를 위한 깊고 큰 생각을 가질 것인가. 이능좌는 대대로 나라의 은혜를 입고 있으니, 편안함과 근심을 같이 하여야 옳을 것이다. 마땅히 온 힘을 다하고 감정을 발해서 위로는 종사를 안정시키고 아래로는 백성을 보호해야 한다. 이에 3월 20일에 동

지(同志) 한두 사람과 함께 의병(義兵)을 규합하여 사직(社稷)을 위할 계책을 하는데, 혹 이런 충적(忠赤: 충심)을 좌우(左右)에 알려 주지 않아서 폭란(暴亂)의 죽음을 초래하지 않을까 염려하여 감히 이런 충정(衷情)을 알린다. 이 죄를 조금만 용서하여 이 일(주: 무신거사)이 성공되게 한다면, 종사에 다행스러운 일이 될 것이다."

* 이능좌(이웅보)의 격문을 받은 안음현감 오수욱은 함양군수 박사한(52세)과 함께 남원 운봉현감 겸 운봉좌영장인 손명대(54세)가 지키는 팔량치로 도망가서 목숨을 부지했다.

○ 이능좌가 거창현감 신정모에게 보낸 격문: 3월 22일

"국운(國運)이 불행하여 이제 큰 난리가 일어날 것이니, 종사(宗社: 나라)가 망하지 않음을 다행으로 여길 것이 못된다. 내가 선파(璿派: 왕족인 전주이씨)의 가계(家系)에서 태어났으니 비단 세신(世臣)일 뿐만이 아니라, 의리상 나라와 함께 죽어야 한다. 망령(妄靈)되이 한 손으로 하늘을 떠받들고자 하여 밤낮으로 동쪽으로 내려와, 드디어 동계(桐溪) 후손 정희량과 함께 의병을 일으켜 종사(宗社)를 안정시키고 백성을 보전하게 할 계책을 삼고자 한다. 마땅히 먼저 합하(閣下: 존귀한 사람)에게 나가 충적(忠赤: 충심)을 토론하면 거의 양해하여 좌우로 공제(共濟: 힘을 합침)할 것 같기에, 감히 전진하지 않고 고현(古縣)에 퇴복(退伏: 물러남)하여 신사(信使: 사자·使者)가 왕복하기를 기다리겠다. 이로써 이놈의 온 가슴속에 충적(忠赤)이 있을 뿐 맹세코 다른 마음이 없음을 밝힌 연후에 함께 죽을 힘을 다해 종사를 붙들기를 원한다. 그러나 나의 충심(衷心)을 드러내지 못해 두려움이 더욱 깊다. 이는 국가의 일이므로 외읍(外邑)의 수령 역시 범연(泛然: 무관심)하게 보거나 대수롭지 않게 듣고 마음을 움직이지 않으면 안 된다. 만약에 귀읍(貴邑)의 병마(兵馬)와 모든 군기(軍器)를 빌려준다면, 며칠 안에 (한양으로) 북상하여 국난(國難)을 (극복하기 위해) 달려갈 것이다."

＊이능좌의 격문을 받은 거창현감 신정모는 겁에 질려 "사실인지 여부를 모르겠으니, 답을 해 줄 수가 없다"고 말하고는, 금산군(金山郡: 김천시)에 군병 요청을 구실로 3월 23일 새벽에 달아나 버린다.

다음은 관군 측 인사이며 연안이씨인 거창현 좌수 이술원(李述源, 50세)이 쓴 방(榜)이다.

○ 이술원의 방: 3월 22일

　　"희량(希亮)이 대역적이라는 것은 어리석은 사람이라도 다 아는 사실이므로, 나는 나의 군교(軍校)를 이끌고 역적들을 토벌하여 신인(神人)의 분(憤: 원통함)을 없게 할 것이다. 만약 거창현민들 중 적들에게 가담하는 자는 군율에 따라 모두 목을 벨 것이다."

＊상기 거창현 좌수 이술원의 방(榜)에 대해 대부분의 거창현 아전(衙前) 및 군관(軍官)들은 비웃으면서 떼어 없애 버렸다. 다만 아전 신극종(慎克終)은 이술원의 방에 공감하여 진압에 동참한다.

9. 관군의 반격과 참상

1727년(영조3) 11월부터 전라도 변산 도적(盜賊)들이 서울에 쳐들어온다는 소문과, 1728년 1월 서소문격서사건, 3월 11일 양성현 소사(평택시 소사동)에서 이인좌 권서봉 등이 장막(帳幕)을 설치했다는 사실들이 서울 도성에 나돌고 있었다. 이런 풍문과 사실들을 접한 도성 사람들은 피난을 가려고 모두 짐을 꾸리고, 남산(南山) 일원에서는 가족을 이끌고 피해 도망하는 사대부들로 넘쳐났다. 도성을 빠져나가려는 사람들로 한강 나루터 길이 막히고, 안성 양성 진위 용인 등지의 고을은 피난하여 텅 비는 등 민심이 흉흉해지고 있었다.

이런 상황 하에서, 용인 사람인 안박(安鎛, 57세)이 용인 어비곡(魚肥谷: 이동면 어비리)에 은거해 있던 전 영의정 간재 최규서(艮齋 崔奎瑞, 79세)의 집으로 찾아가 "양성현에서 살고 있는 장흠(張欽)이 3월 13일 모병하여 15일 거사를 하니, 피난을 가라"고 말했다. 이에 놀란 봉조하 최규서(해주최씨)가 3월 14일 급히 상경하여 창덕궁 희정당(熙政堂)에서 영조를 인견(引見)하고 이인좌의 거사를 고변(告變)하자, 영조는 크게 당황한다. 최규서는 1721년 8월에 노론 영의정 김창집 등이 연잉군(延礽君, 영조)의 대리청정을 추진할 때 이에 반대하는 등 소론의 핵심 인물이었다.

이날 희정당에는 영의정 이광좌·좌의정 조태억(趙泰億)·이조판

서 이태좌·병조판서 오명항(吳命恒)·호조판서 권이진(權以鎭, 정희
량 외증조부인 권시 손자)·예조판서 이집·형조판서 서명균·좌참
찬 김시환(金始煥)·판윤 김동필(金東弼)·이조참판 조문명(趙文命)·
호조참판 윤순(尹淳)·총융사 김중기·훈련대장 이삼(李森)·호조참
의 송인명·도승지 이정제(李廷濟) 등이 영조와 함께 최규서의 고변
을 듣고 무신봉기에 대한 대책을 논의했다.

3월 16일 양지현(용인 양지면 일원)의 전 참봉 김중만이 이인좌를
배반하여 훈련도감 진문(陳門) 앞에서 무신변란을 보고하자, 곧바로
영조 임금 앞으로 불려 와서 고변하게 된다. 김중만이 "권서룡·서린
최경우 정세윤 김종윤 정계윤 윤희경 이하 신광원(愼光遠) 유상택 이
인좌 원만주 나만치" 등의 이름을 구체적으로 거론하고, 또 "3월 12
일 밤에 어둠을 타고 군사를 합쳐 청주 병영을 습격하고자 했으나,
영남의 대군(大軍)이 오지 않아 실행하지 못했다"고 자세하게 고변했
다. 이 고변을 들은 영조는 3년 전에 흑산도로 정배한 김일경의 아들
김영해(金寧海)와 목호룡의 형인 목시룡을 서둘러 처단하라고 윤허했
다. 또한 민암(閔黯) 윤휴(尹鑴) 이의징(李義徵)의 자손은 모두 절도
(絶島)에 정배하고, 김중만이 고변한 사람들을 비롯한 민종도의 아들
민관효와 이응시의 손자 이일좌(李日佐) 등도 빨리 체포하여 옥에 가
두라고 명했다. 아울러 태인현감 박필현을 파면하고, 향리(鄕里)에
물러나 있던 김재로와 유척기 등 노론 측근들을 불러드리는 등 무신
봉기에 민첩하게 대처했다.

다음 날 3월 17일 영조는, 무신봉기 진압 사령관으로 소론인 병조
판서 오명항을 경기·충청·전라·경상 사로 도순무사(四路 都巡撫
使)로 임명하고, 소론인 박찬신(朴纘新)을 중군(中軍), 박문수(朴文秀)
와 조현명(趙顯命)을 종사관(從事官)으로 삼아 군사 2천 명을 주고 급

히 남하시켜 거사군을 토벌하도록 했다. 그러나 소론 총융사(摠戎使, 종2품) 김중기는 순토사(巡討使)로 임명돼 수원으로 출진하라는 명을 받았으나 말[馬]이 없다는 핑계를 대며 머뭇거렸다. 김중기가 무신거사의 핵심 인물인 이유익과 사돈지간, 즉 김중기의 아들 김숙(金潚)이 이유익의 매부(妹夫)였던 관계로, 이를 매개로하여 이미 거사에 동참한 상태였기 때문에 머뭇거린 것이다.

3월 18일 오명항(56세)과 박찬신(50세) 박문수(38세) 조현명(39세) 등 관군은 무신거사를 진압하기 위해 마보병(馬步兵) 2천 군사로 동작진을 출발하여 과천현에 이르고, 19일에는 수원부에 들렀다. 이 때 청주가 함락됐다는 소식을 듣게 된다.

3월 19일 영조는 박사수(朴師洙)를 영남안무사 겸 안동부사로 삼고, 벼슬에서 물러나 고향에서 쉬고 있던 전 판서 권업(權業)을 호서안무사(湖西按撫使)로, 서울 출생인 전 참판 유숭(俞崇)을 충청좌도소모사(召募使: 모집관)로 삼았다. 또한 노론인 전 대사간 조지빈(趙趾彬)과 판중추부사 홍치중(洪致中) 등의 반대에도 불구하고, 영양 출생인 전 응교 조덕린(趙德隣)과 영천 출생인 전 참의 이형상(李衡祥)을 경상상도(좌도)소모사로 임명했다. 정희량과 조성좌가 무력봉기한 경상하도(우도)소모사는 임명하지 않았다.

동시에, 안성 양성 진위 용인의 네 고을 수령을 모두 무관(武官)으로 교체하고, 개성유수 심공(沈珙)에게 별기위(別騎衛) 3백 명을 중군(中軍)을 시켜 거느리고 서울로 오게 했으며, 장단방어사(長湍防禦使) 이여적(李汝迪)에게 군사를 거느리고 미리 와서 동작진(銅雀津) 가장자리에 진을 치게 명했다. 그리고 강원도 춘천부사 정도원(鄭道元)에게 보병 7초(哨), 마병(馬兵) 1초를 거느리고 서울로 와서 경복궁 동성(東城) 밖에 진을 치게 하고, 도감(都監)의 짐을 싣는 말[복마·卜

馬]을 내서 지방 강창(江倉)에 보관한 미두(米豆: 쌀과 콩)를 한강에 있는 경창(京倉)으로 실어오게 했다.

한편, 3월 19일 영조는 종2품 금군별장(禁軍別將) 겸 포도대장 남태징(1668~1728)을 비롯한 민관효 신광원(愼光遠) 이세룡을 친국한후 훈련도감(신문로1가 구세군회관) 진문(陣門) 밖에서 서둘러 효수했다. 당시 남태징은 영조 임금의 친병(親兵)을 통솔하는 금군별장겸 포도대장으로 중병(重兵)을 장악하고 있는 막중한 자리에 있으면서 대궐 밖에 진을 치고 있었다. 3월 18일 과천의 신광원이 국청에서고문에 못 이겨 남태징도 동참했다고 진술하자, 영조가 선전관을 보내 "임금이 특별히 부르니 표신(標信: 증표)을 지니고 대궐에 들어오라"고 한 뒤 3월 18일 궐문으로 들어오는 남태징을 의금부 금오랑(禁吾郎: 도사)이 전격 체포하여 서둘러 처형한 것이다. 이처럼 남태징이 처형됨으로써 경중(京中) 무력기반이 허물어져 거사군의 군사력약화를 초래하게 된다.

3월 20일 영조는 문경새재 제1관문인 주흘관(主屹關)에 문경 용궁(龍宮) 예천(醴泉) 군사를 주둔시켜 거사군의 북상에 대응하도록 하고, 노론인 좌윤 장붕익(張鵬翼)을 진어대장(鎭禦大將)에 임명하여 북한산성 아래에 대기시켜 이사성 등 평안도 관서 지방의 거사군을 대비하도록 했다. 양주목사로 임명된 유척기(俞拓基)에게는 진어사(鎭禦使)를 겸하게 하여 양주 군사를 거느리고 누원(樓院: 도봉산)에 진을 치게 했다. 그리고 오명항의 요청에 따라 용인 산골짜기에 출몰하고 있는 거사군을 진압하기 위해 총융사 김중기(金重器)에게 정포(精砲) 1천 명을 차출하여 용인읍 밑으로 가서 주둔하게 했다. 그러나죽산부사 최필번(崔必蕃)은 거사군에게 맞서 싸우지 않고 3월 21일거사군처럼 변복하여 흰 옷을 입고 인신(印信)을 지고 걸어서 오명항

의 군중(軍中)으로 도피했다. 이는 이인좌 정세윤의 군사에 놀란 죽
산부(竹山府) 관리들이 모두 도망하여 각 고을의 군사가 원군(援軍)으
로 한 명도 오지 않았기 때문이다.

영조가 이러한 비상조치를 취했지만, 위급 상황이 계속 올라오자
출진(出鎭)을 관망한 총융사 김중기를 3월 22일 파직시키고, 대신 장
붕익을 총융사로 임명하여 수원(水原)으로 출진하도록 명했다. 또한
추가로 명을 내려 각 군현의 군사를 징발하여 대비하도록 하자, 대부
분의 수령들이 겁을 먹어 어쩔 줄 몰라했다. 안성군수 민제장(閔濟
章)과 진위현령 조동빈(趙東彬)만이 약간의 군사를 불러 모아 오는
등 갈팡질팡하고 있었다. 영조는 "개성부(開城府)의 마병 2초(哨)를
거느리고 죽산부로 출발하여 오명항의 대군(大軍)을 후원하도록 하
고, 일반 백성을 대상으로 거사군에 대항하기 위해 창의 민병대를 모
집하라"고 명했다. 이에 금화(金化) 춘천 양구 등지에서 함만재(咸萬
才) 등 다수의 사람들이 각 고을의 군사를 거느리고 합세하기도 했지
만, 실제로 지원한 일반 백성은 적었다. 이는 전 수사(水使) 김몽노
(金夢魯)가 "여러 차례 의병을 초취(招聚)했으나, 어제 저녁에야 비로
소 약간의 사(士: 선비)를 구합(鳩合: 규합)하여 청주 창의사(倡義使)
박민웅(朴敏雄)에게 알렸다"고 말한 것에서 알 수 있다.

이런 상황에서 3월 19일 오명항의 관군은 과천현을 출발하여 20일
에 진위현에 도착한 후 하루를 쉬고, 22일에 소사(素沙)벌에 잠시 주
둔한 후 안성군에 진(陣)을 쳤다. 이날 밤 오명항이 이인좌가 보내
정탐(偵探)하러 온 가도사(假都事) 김성옥(金聲玉)과 오명항의 군막에
칼을 휘두르면 달려드는 거사군 11명을 사로잡아 목 벤 후 머리를 서
울로 올려 보내자, 영조는 종로2가 철물교(鐵物橋)에 걸어두고는 위
협과 공포 분위기를 조성하고, 한강의 모든 나루터를 엄하게 지키게

했다. 동시에 용인 직곡(直谷)과 광주(廣州) 사오현(沙吾峴)처럼 좁고 험한 길목에는 정예 포수와 살수(殺手 : 창검을 사용하는 보병) 3백 명을 매복시켜 거사군의 북상에 대비하게 했다.

앞서 영조는 황해감사 김시혁에게 3천 명의 군병을 내어 동선령(洞仙嶺)을 막아 지키게 하고, 선전관 및 금부도사와 함께 평안병사 이사성을 서울로 붙잡아 오라고 유시(諭示)하여 3월 19일 이사성을 체포했다. 동시에 종신(宗臣)인 부총관(副摠管, 종2품) 이사주(李思周)를 평안도병사로 임명했다. 이인좌 등 핵심 인사들이 큰 기대를 하고 있었고, 또 거사군의 핵심 무력(武力) 기반이었던 평병(平兵)이 개전(開戰) 초기에 무너진 것은 거사군에게 큰 손실이었고, 영조에게는 행운이었다.

평안도절도사 이사성이 사로잡힐 때의 모습이 조선왕조실록에 대강 나와 있다.

"(1728년 3월 17일) 이사성을 잡으러 보낼 때 신(주: 오명항)이 명을 받고 금오랑(金吾郞: 의금부도사)과 선전관(宣傳官)을 가려서 보냈는데, 그때에 선전관 구간(具侃)과 금부도사 조명재(曺命宰)에게 은밀히 말하기를, '선전관이 먼저 표신(標信)을 가지고 빨리 달려 들어가면 이사성이 병부(兵符)를 빼앗고 군사를 징발할 줄 모를 것이고, 황급히 병부를 맞추어 볼 즈음에 이어서 급히 외치기를, 「새 병사(兵使)가 도임했다」고 하면 군영(軍營) 안의 모두가 진동할 것이다. 금오랑이 곧 그뒤에 달려가서 잡으면, 역모(逆謀)가 있었더라도 결코 감히 손을 쓰지 못할 것이다'고 하고, 또 (종2품 부총관) 이사주(李思周)에게는 완력이 있는 심복 군관(軍官) 두 사람을 따로 가려서 가게 하라고 말했다. 그뒤에 구간(具侃)의 말을 들으니, 역적 이사성이 과연 다리를 떨며 포박을 받았다 한다." (영조실록 4년 8월 18일)

이사성이 체포되자, 영조는 평안·황해·함경도 백성들이 반드시 동요할 것으로 판단하여, 3월 20일 노론인 전 대사간 조지빈(趙趾彬)을 황해·평안도 양서안무사로, 전 판윤 윤헌주를 함경도 북로안무사로 삼아 안무(按撫: 위로)하도록 했으며, 영남안무사로 제수된 박사수가 서울로 올라온 종성부사(鐘城府使) 황익재(黃翼再, 장주황씨 집성촌인 상주 모동면 출생)를 추가로 영남소모사로 차출해 주도록 청해 3월 22일 같이 가도록 명했다. 3월 24일에는 양주목사 유척기에게 누원(도봉산)에서 고암(鼓巖, 종암동)으로 이동하여 진을 치게 하고, 마보병 8초 군사를 이끌고 도착한 춘천부사 정도원(鄭道元)에게 광진(廣津, 광장동 나루터)에 진을 쳐 거사군의 북상을 대비하도록 했다.

한편, 거사군의 삼남대원수(三南大元帥) 이인좌는 평안도병사 이사성이 체포됐다는 소식을 모른 채, 자신이 임명한 충청병사 신천영과 동생 이기좌에게 상당산성에 남아 청주 지역을 지키게 하고, 이인좌 자신과 정세윤 권서봉 등 본진은 청주에서 북진·상경하기 위해 목천과 청안을 거쳐 진천(鎭川)으로 진격해 나갔다. 3월 21일 이인좌는 진천에서 군사를 나눠 자신이 인솔하는 부대는 안성으로, 부원수 정세윤이 인솔하는 부대는 죽산으로 진격하여 상경하려는 계획을 실행했다. 진천에서부터 좁은 길로 사방으로 흩어져 올라오면서 마치 나그네 같이 꾸미고는 각처 나루처에서 만나기로 약속하고 같은 시간에 일제히 출발한 것이다.

그러나 이인좌는 오명항의 경영(京營) 대군이 직산현(稷山縣, 천안시 직산읍)으로 이미 이동하고, 민제장이 통솔하는 안성군 군사(軍士)만 주둔하고 있는 것으로 잘못 알고 작전 계획을 세워 실행했다.

이는 오명항의 역정보에 이인좌가 속았기 때문이다. 오명항의 관군
은 배고픔에 시달렸고, 짚신이 모자라 발이 퉁퉁 붓는 등 사기가 저
하돼 있었으며, 먹지 못한 군마(軍馬)가 반이 넘을 정도로 상황이 좋
지 않았는데도, 이인좌는 참모인 원만주 등의 말을 듣지 않고 무리하
게 진격을 감행했다.

▲ **금광산성**: 이인좌 거사군과 오명항 관군이 전투한 곳이다.
안성시 금광면 금광산 8부 능선에 있는 석·토(石·土)식 산성
이다.

오명항은 안성의 금광산성에 매복해 있는 관군에게 경솔하게 포를
쏘지 말고 거사군이 가까이 오면 쏘도록 명했다. 이인좌 권서봉 박종
원 목함경 등이 이끄는 거사군이 가까이 다가오자, 당시 첨단 무기인
신기진(神機箭)으로 무장한 오명항 박찬신 박문수 조현명 김협 등 관
군은 거사군을 급습하여 큰 타격을 입혔다. 3월 22일 밤, 이인좌는
비바람이 크게 몰아쳐 장작불도 피우지 못해 지척도 분간할 수가 없
는 칠흑같이 어두운 밤에 관군을 향해 진격하여 거사군이 쏜 포(砲)

와 화살의 명중률을 떨어뜨리게 하는 실수까지 범함으로써 패퇴하게 된 것이다.

조선왕조실록 영조4년 3월 23일 기록에 "적(賊)은 각처의 토적(土賊)과 청주진(淸州鎭) 및 목천 등 고을의 마병(馬兵)과 금어군(禁禦軍)으로서 정예한 자를 뽑아 장사치와 거지 차림을 하여 피난민 가운데 섞여 은밀히 안성 청룡산(일명: 서운산·瑞雲山, 안성시 서운면 소재) 속에 모여 있는 등 산 아래 촌락이 거의 적(賊)의 소굴이 돼 있어도 누구 하나 와서 고(告)하는 자가 없어 안성군(安城郡)에서는 아직 이를 알아차리지 못했다"고 증언하고 있다. 이인좌의 봉기 때 변산 노비적 및 지리산 토적 등 소외계층과 정예 관군도 동참했다는 것을 알 수 있다. 정예 관군인 청주진 금어군(금위군)으로서 이인좌의 거사에 동참한 인물 중에는 괴산 남상면의 백만업(白萬業) 등이 있다.

또한 청룡산(서운산)을 묘사하기를 "청룡산(靑龍山) 한 줄기가 수백 보(步) 정도로 길게 구부러져 마치 소가 누워 있는 형상으로 3면을 둘러 안았는데, 50~60호의 마을이 그 안에 자리해 있었으며 전면은 평야였다"고 한 것을 보면, 이인좌 권서봉 박종원 등이 지형지물을 잘 이용하고 있었음을 알 수 있다. 하지만 이인좌는 이런 장점을 활용하지 못하고 폭풍우가 휘몰아친 밤중에 무리하게 공격을 개시함으로써 패배를 자초했다.

이인좌는 많은 군사를 잃고 한밤중에 4, 5초(哨)의 병력만 거느린 채 금광산성에서 남쪽으로 10리 거리인 청룡산 산속 가지곡(加之谷: 금광면 개산리 던지실)으로 후퇴했다. 가지곡에 둔(屯)을 친 이인좌의 거사군은 20리 거리에 있는 정세윤의 죽산부(竹山府) 군사가 오기를 기다렸지만 증원군(增援軍)은 오지 않았다. 이런 상황에서 오명항은 이인좌가 둔을 친 곳을 알지 못했다. 다음날 아침에 안성군수 민제장이 사로잡아온 이인좌 측의 자객(刺客)인 진위 양반 최섭(崔涉)을 교련관(敎鍊官) 권희학(權喜學)이 달래고 윽박질러 비로소 거사군이 산속 가지곡 대촌(大村) 속에 있다는 것을 알아냈다. 관군과 겨우 5리 남짓 떨어진 지점이었다. 오명항은 중군(中軍) 박찬신에게 보군(步軍) 3초(哨)와 마군(馬軍) 1초를 나누어 거느리게 한 뒤, "기(旗)를 눕히고 북소리를 내지 말며, 갑옷과 투구를 벗고 빨리 달려 나가되 보군 1초는 산 뒤쪽을 거쳐 높고 험한 곳을 점거하고, 2초는 두 날개로 나누어 포를 쏘고 화전(火箭)을 쏘아 촌락을 불태우라. 그렇게 하면 그 형세로 보아 반드시 앞들로 도망해 나올 것이니, 이에 마군(馬軍)으로 짓밟으라"는 작전 계획을 시달했다.

이튿날 3월 23일, 칼을 뽑아든 청주 가영장 박종원이 선봉이 된 거사군들이 관군을 향해 진격하자 여산(礪山)의 군사 조태선(趙太先)이 포를 쏴 박종원을 사로잡았다. 박종원이 "시간을 끌다가 목숨이 이에 이르게 됐구나"라고 한탄했다. 곧바로 박종원 등 1백여 명이 참수되는 등 시체가 산처럼 쌓였고, 짐바리와 홍산(紅傘: 붉은 양산)·기치(旗幟) 등을 노획했다. 곧바로 첩서(捷書)를 써서 박종원 등의 머리는 함에 담아 군관 신만(申漫)에게 주어 서울로 올려 보냈다. 이 전투가 처음 시작될 때 관군이 올려다보며 거사군을 공격했다. 거사군은 산 위에서 진퇴(進退)하며 유인하는 형상을 짓기도 했는데, 거사군과 관군이 모두 군사를 거두어 산을 내려온 후에는 막연하여 그 승부를 가늠할 수가 없었다. 종사관 박문수 등이 해상(垓上: 높은 곳)에 올라가 바라보고는 박찬신 조태선의 관군이 이인좌 박종원의 거사군에게 함몰되는가 싶어 매우 초조해 했지만, 정오가 채 못돼 말을 달려 승첩을 알려 왔고, 포시(晡時, 오후 3시~4시)에 박찬신이 고각(鼓角: 북과 나팔)을 울리며 깃대에 박종원 등 거사군의 머리 여러 개를 매달고 왔던 것이다.

　이처럼 이인좌 등 거사군은 안성 청룡산(서운산) 가지곡 전투에서 패하자, 하는 수 없이 일부 군사를 이끌고 정세윤 부대가 주둔하고 있던 죽산부(竹山府: 안성시 죽산면)로 급히 달려갔다. 다른 일부 거사군은 인근 청룡산으로 후퇴하기 위해 고개(배티)를 넘다가 많은 사상자를 냈다. 현재 진천군 백곡면과 안성시 금광면 사이에 있는 '배티'라는 고개는 거사군이 "패배한 고개" 즉, '패치(敗峙)'가 음이 변하여 '배티'가 된 것이다.

　앞서 3월 21일 정세윤이 인솔한 거사군은 죽산부사 최필번 등이 도망하여 텅 빈 죽산 관아로 진격하여 약환(藥丸: 탄환) 등을 노획하는 등 죽산을 함몰시켰었다. 그러나 이인좌 정세윤·계윤 권서봉 목함경 등은 3월 24일 안성 삼죽면 노루목(장항령) 전투와 죽산부 전투에서도 오명항 박찬신 박문수 조현명 등의 관군에게 패배하게 된다. 특히 노루목(장항령) 전투에서 훈련도감 마병별장(馬兵別將) 이수량(李遂良)과 별효기별장(別驍騎別將) 이익필이 앞장을 섰고, 이만빈(李萬彬)은 육박전을 벌렸으며, 박찬신은 선봉(先鋒)이 됐다.

　다음은 조선왕조실록에서 장항령 및 죽산부 전투를 기록한 것이다.

　"(4로 도순무사) 오명항이 그 지형을 보니, 앞에 한 재가 있어 이름을 장항령(獐項嶺)이라 하는데, 매우 험준했다. 적이 먼저 점거할까 염려하여 급히 기(旗)를 점호하고 마보군(馬步軍)을 재촉하여 몇 길로 아울러 나가 일제히 고개로 오르게 했다. 그러자 적의 마군(馬軍) 몇 초(哨)가 이미 고개 밑 수십 보 되는 곳 안에 있다가 졸지에 관군의 형세가 큰 것을 보고는 크게 놀라 무너졌다. 관군은 안성에서 승첩하면서 예기(銳氣)가 한창 왕성했고, 서풍이 고개 위에서부터 거꾸로 불어와 깃발을 나부끼니 모두 펄렁거리는 소리가 났다.

적의 대대(大隊)가 바야흐로 들판 가운데다 진을 치고 있었는데 장막이 성대했으며, 기고(旗鼓)를 늘어놓고는 소를 잡고 술을 걸러 장차 군사를 먹이려고 하다가 관군을 바라보고는 적장이 포를 쏘며 깃발을 흔들어댔으나, (이인좌 정세윤) 군사들이 응하지 않자 진(陣)의 일각이 미동했다. 관군이 바람을 타고 가파른 언덕으로 달려 내려가니, 그 형세는 산이 무너져 내리는 듯했다. (장항령 전투에서 승리한 후) 전대(前隊)가 곧바로 죽산부 (읍내)로 들이닥치자 앞의 적들이 크게 궤멸됨으로써, 적장이 막으려고 했으나 어쩔 수가 없었으므로 형세가 군박(窘迫)하여 숨어 도망했다. 관군이 사면에서 엄습하여 죽이니 참획(斬獲)된 적들이 매우 많았다.

이때 적장 정세윤(鄭世胤)은 일명 행민(行旻)인데 위칭(僞稱) 부원수라는 자로 쫓기어 형세가 궁해지자 포박당했다. 군중에서는 그의 역적질이 더욱 심하다 하여 먼저 지체(肢體)를 가른 후에 참수했는데, 이미 사지(四肢)를 잘랐으나 그래도 꿈틀거렸다. 정세윤의 동생 정계윤(鄭季胤)은 위칭 죽산부사란 자였다. 바야흐로 객사에 앉아 있다가 군사가 패해 도망하는 것을 보고는 읍촌(邑村)에 숨어 있다가 관군에게 붙잡혀 참살되니, 적이 대략 평정(平定)됐다." (영조실록 4년 3월 24일)

이인좌 정세윤 권서봉 등 거사군이 노루목(장항령) 및 죽산부 전투에서 패배함에 따라, 정세윤·계윤 등은 훈련도감의 별무사(別武士) 강상주(姜尙周) 등 관군에게 잡혀 참수되고, 도피한 권서봉 목함경 이지경 박상(朴尙) 곽장 등은 촌민에게 사로잡혀 관군에게 인계된 후 서울로 보내졌다. 그 밖의 인사들은 현장에서 참수됐다. 다만 핵심 인물인 정세윤이 훈국(訓局: 훈련도감)의 별무사(別武士)에게 즉시 참수된 것은, 정세윤이 큰 소리로 당당하게 무신의거의 정당성을 주장하며 영조를 비난했고, 또 날쌔고 건장했기 때문이다. 이때 관군이

사로잡아 큰 새끼로 고기 꿰미처럼 엮은 포로들이 진중에 가득했는데, 7백 명이나 됐다. 오명항이 종사관 박문수와 조현명에게 자세히 조사하게 하여 성질이 굳세고 사나운 자만 죽이고, 나머지는 모두 곤장을 쳐서 방면하도록 했다. 이인좌는 죽산읍내에서 정배산(鼎倍山, 용인시 백암면 소재)으로 급히 도피했으나, 3월 24일 당일 촌민 신길만(申吉萬)과 죽산에 있는 칠장사(七長寺) 승려 등 24명에게 체포됐다. 현재 칠장사 근처에 '가선대부행동지중추부사신공지묘(嘉善大夫行同知中樞府事申公之墓)'라고 쓴 신길만의 묘비가 있다.

이인좌가 체포될 당시의 상황이 남정일록(南征日錄)에 기록돼 있다. 이긴 자인 오명항 쪽에서 기록한 것을 감안하면, 이인좌는 정세윤처럼 강단(剛斷)이 있는 인물이었고, 무신봉기 성공을 위해 부단히 노력했다는 것을 알 수가 있다.

> "나는 산속에서 글을 읽던 사람이다. 어떤 사람(주: 박필현)이 충동질하여 거사했다가 일이 틀어져 이렇게 죽게 됐다. 나만 죽으면 그만인데 가담자들을 고해바치면 누가 나를 의사(義士)라고 하겠는가. 내 평생 술을 좋아했는데, 이번 거사를 경영(經營)한 지 8년 동안 술을 끊었다. 그런데 지금 죽게 됐구나. 내게 술 한 잔만 주게나." (남정일록 2책 무신 3월 24일)

무신거사의 성공을 위해 8년 간 금주를 한 이인좌는 술을 얻어 마신 후, 목숨을 구걸하지 않고 빨리 죽이라고 소리쳤다. 그러나 오명항은 이인좌를 함거(수레)에 가두고, 노루목 및 죽산부 전투 패배 후 인근 촌락으로 도망쳤으나 촌민들에게 사로잡혀 이미 구금돼 있던 권서봉(51세) 목함경(24세) 등 15명과 함께, 군관 박경봉의 호송 하에 서울로 올려 보냈다. 그후 이인좌는 영조의 친국을 받은 후, 3월 27일 병기(兵器) 제조를 관장하는 군기시 관청 앞길에서 백관이 도열한 가운데 능지처사되고, 그의 머리는 소금에 절여 호남과 영남으로 보내 머리에 패(牌)를 달아 이름을 크게 써서 보이도록 했다. 권서봉 목함경은 3월 28일 참수된 후 목함경의 팔다리와 몸통은 충청병사 이봉상의 집에 갖다 주었다. 이처럼 이인좌는 정희량 조성좌가 통솔하는 경상우도군의 북상(北上)을 기다리다 여러 차례에 걸친 좋은 기회를 살리지 못하고 패하고 말았다. 이인좌의 이종 동생인 이세악(李世岳)은 노루목 전투 패배 후 도피했으나 체포돼 참수됐다.

그후 영조는 이인좌를 체포하는데 공을 세운 양민(농민) 신길만(申吉萬)을 종2품 동지중추부사에 파격적으로 임명한 후 궁궐로 불러 인견하고 활을 하사했으며, 승려·양민 24명에게는 은(銀) 천 냥을 골고루 나눠 주었다. 하지만 신길만은 상주진 파총 박동형과 달리 양무공신에 책정되지 않았다. 박동형은 상주로 도피해 있던 박필현의 도피 장소를 일러바쳐 양무공신 3등에 녹훈돼 전답과 노비를 하사 받고, 또 충원군(忠原君)에 봉해진 인물이다. 이것에서 무신거사 당시 박필현의 역할과 비중이 이인좌보다 더 컸다는 것을 보여준다. 그러나 이인좌의 거사군에게 청주성문을 열어준 이봉상의 비장(裨將) 양덕부는 4월 10일 효시(梟示)되고, 가산(家産)은 적몰됐으며, 그의 가족은 정배됐다.

조선왕조실록 영조4년 3월 24일에 "안성 싸움에서 밤에 비가 쏟아붓는 것처럼 왔는데, 아군은 우구(雨具)로 막아 군사 물자가 젖지 않았지만, 적(賊)의 기계(器械)는 탄환 한 발 화살 한 대를 쏘지 못했고, 청룡산의 동북풍과 장항령(獐項嶺: 노루목)의 서풍(西風)이 모두

왕의 군대에서 유리했다"는 기록처럼, 거사군에게는 운(運)도 따라주지 않았다. 더구나 관군들에게 양식(糧食)이 제때 충분하게 보급되지 않아 배고픔에 시달리는 등 사기(士氣)가 많이 저하돼 있었고, 군역(軍役)에 대한 불만이 팽배해 있던 상황이었다. 군역(병역)의 의무는 양민에게만 있고 양반 사대부와 하층민에게는 없었기 때문이다. 당시 출정한 군졸이 "(양반 사대부와 같이) 국가의 혜택을 받은 자는 국가가 이렇게 위기에 처했을 때 당연히 지켜야하지만, 우리 군졸들처럼 (국가의 은혜를 받지 못하고) 내 옷을 입고 내 밥을 먹는 자들에게 국가는 도대체 무엇이란 말인가"라고 불평과 한탄을 하기도 했다. 그러므로 만약 비가 내리지 않았고, 또 서풍이 불지 않았더라면 전투의 승패가 뒤바뀔 수도 있었다.

무신봉기를 진압하기 위해 마군(馬軍)으로 출병한 이름 없는 하급 병사가 기록한 '날리가(난리가)'에도 관군의 보급상태가 엉망이었고, 백성들이 많이 희생됐음을 증언하고 있다. '날리가'는 3월 17일 본영(서울)에 모여 도순무사 오명항과 함께 출발하여 경기·충청·경상·전라도를 거쳐 4월 19일 다시 서울로 돌아올 때까지 33일 동안의 당시 상황을 기록한 국문 필사본이다.

"(국가에서) 천여 명 백성을 놓아줘 제 집으로 거서 농업을 힘써하라고 보내었는데 (관군이) 그 백성을 다 죽이고, 애매한 피란하던 백성들이 남녀 없이 다 살려고 산에 올라갔다가 노소 없이 다 죽었으니, 그 잔인함이 이루 말할 수 없었다. 관군들에게 나눠 준 묵은 밥을 한 덩이씩 손에 쥐고 먹었는데, 돌과 뉘가 많아 버석버석 했고, 3백 마군(馬軍)이 배가 고파 일시에 달려들어 울면서 '서울 올라가면 오늘 먹을 양식을 갚을 것이니 은혜를 베풀어 달라'고 (오명항 등 상

관에게) 보챘으나, 끝까지 양식을 주지 않아 천리에 출정 나온 군사
가 어디 가서 밥을 얻어먹을 수 없었다. 아 슬프다. 우리 3백 명 마
군이 도처에 선봉이 돼 적을 섬멸했는데 참으로 박절하구나." (무신록
날리가)

안성 및 노루목·죽산 전투에 하층민인 정팔룡 세력들도 참여했
다. 조선왕조실록 영조4년 3월 23일에 "적(賊)은 각처의 토적(土賊)
등이 피난민 가운데 섞여 안성 청룡산 속에 모여 있다"고 했다. 승정
원일기 1746년(영조22) 5월 20일 강원감사 김상성의 장계에 "춘천부
(春川府)에 갇혀 있는 죄인 임영택(任永澤)은 아버지와 함께 무신년 3
월에 죽산적(竹山賊)인 정팔룡(鄭八龍)의 당(黨)에 들어갔는데, (안성
과 노루목 및 죽산 전투에서 거사군이) 패한 후 평안도 강계(江界) 지
역으로 도피했다"고 기록하고 있다. 정팔룡의 노비적세력들이 동참
했음을 알 수 있는 사료다. 임영택은 무신기병 때 이천·여주의 핵심
인물인 임서호와 같은 집안으로 추정되는 인물이다.

거사군이 패한 후, 죽산부 관아 등 거사군이 죽산에 유둔(留屯)했
던 곳에는 버려진 군기(軍器)·마필(馬匹)·미포(米布)·의복 등이 산
더미처럼 쌓여 있었고, 군기는 거의 40바리[태·馱]나 됐다. 오명항
은 그중 30바리는 청주병영의 병기라 하여 병영으로 돌려보내고
7~8바리는 죽산에 남겨 두었는데, 군기에는 각기 그 영읍(營邑)의
자표(字標)가 있었다. 또 거사군이 사용한 목인(木印)은 전각(篆刻)으
로 '경종대왕 8년, 대원수 이인좌'라고 새겨져 있었고, 크기가 말[두
·斗]만 했다. 이처럼 이인좌의 위세는 대단했고, 이인좌 등 거사군
은 영조를 임금으로 인정하지 않았던 것이다.

도순무사 오명항은 이인좌와 정세윤으로부터 노획한 것 중, 군기
(軍器)와 군마를 제외하고 모두 관군 전사(戰士)들에게 상으로 나눠

주었다. 충청감사 서명연(徐命淵)은 이인좌 임상극 정중익 등이 사용한 관문(關文)과 격문(檄文)을 모두 불태우라 명하고, 이를 가지고 있거나 전하는 사람은 목을 자르라고 유시(諭示)했다. 민심 동요를 우려한 조치였다.

오명항의 관군은 3월 24일 노루목 및 죽산읍 전투에서 승리한 후 청주의 상당산성으로 진격해 갔다. 죽산읍에서 130리 떨어진 상당산성은 신천영과 이기좌(李騏佐) 등이 최후의 보루(堡壘)로 사수하고 있던 곳이었다. 하지만 상단산성은 쉽게 무너졌다. 이인좌와 신천영을 따르던 사람들이 이인좌의 거사군이 안성과 노루목 및 죽산 전투에서 패했다는 소식을 접하고, 배신하여 공을 세워 목숨을 부지하려고 했기 때문이다. 신천영 등이 성문을 닫고 지키고 있었지만, 청주의 서얼 김진희(金晋熙)가 노론계 인물인 이붕해(李鵬海) 연수창(延壽昌) 오덕명 등 70여 명을 모아 상당산성을 지키는 포수들을 꾀어 문을 열고 군사들을 들여보내 병사 신천영과 이인좌 동생 이기좌, 비장(裨將) 하홍점(河鴻漸) 및 박만겸(朴萬兼) 등을 포박했다.

김진희가 이들의 처리문제를 노론 창의사 박민웅에게 의논하자 박민웅이 "뒤가 염려되므로 살려 두어서는 안 된다"고 하여, 신천영 이기좌 하홍점 박만겸 등 19명을 능지처사했다. 이때가 3월 27일이었다. 호서좌도소모사(湖西左道召募使) 유숭(俞崇)이 신천영과 이기좌의 수급(首級: 머리)을 서울로 올려 보냈다. 이 공로로 박민웅은 3월 28일 상주영장으로 발탁된다. 옥천군수 임세겸(林世謙)은 조정의 명령이 내리기 전에 격서(檄書)를 지어 안성 및 죽산에서 승전한 소식을 안음 거창 등 영남에 알렸다는 공로로 6월 10일 청주목사로 수직 승진한다.

한편, 조정에서는 3월 27일 의금부도사인 김득대(金得大) 이민(李敏) 김도언(金道彦) 홍우기(洪遇箕) 등 4명을 지방으로 출사(出使)시켜, 무신봉기에 가담한 사람들과 산이나 섬 등지로 도피한 사람들을 찾아서 징벌하고, 또 사로잡아 서울로 올려 보내는 임무를 수행할 것을 명했다.

무신봉기 진압 후 영조는 무신봉기에 가담 또는 도주 등으로 제대로 대처 못한 수령 등을 엄벌했다. 충청감사 권첨(權詹)은 국문 후 1730년 곤장에 맞아 죽고, 신(新) 충청감사 서명연(徐命淵)은 아산(牙山)에서 머뭇거리며 공주 충청감영으로 달려가지 않고 방향을 바꾸어 홍양(洪陽)과 공산(公山)으로 감으로써 성지(城池)와 기계(器械)가 거사군의 소유가 되게 했다고 하여 파직 후 극변으로 정배되며, 충청어사 이도겸(李道謙)은 관직을 삭탈당하고, 죽산부사 최필번은 충군(充軍)되며, 목천현감 윤취은(尹就殷)·양성현감 한일운(韓日運)·전 양성현감 김태수·직산현감 전근사(全近思)는 정배된다. 박필현 형인 괴산군수 박필우(朴弼禹)는 교살(絞殺)되며, 괴산좌수 이항도(李恒道)는 정배되고, 청안현감 이정열(李廷說)·황간현감 이정휘(李挺徽)·진천현감 임상극(林象極)·회인현감 김도응(金道應)·결성현감(結城縣監) 이두삼(李斗三)·해미현감 송내익·목천좌수 한억(韓億) 등은 모두 효시된다. 진잠현감(鎭岑縣監) 이만동(李萬東)은 곤장에 맞아 죽고, 청주목사 박당은 파직되고, 청주목 율봉찰방 이제겸(李濟兼, 1683~1742)은 이인좌의 거사군에게 역마(驛馬)를 조발(調發)해 주었다고 하여 충청도 성환찰방(종6품) 강백(姜栢)과 함께 평안도 선천 및 철산에 충군된다. 경상좌도 예천 출생인 이제겸은 그후 선천 유배지에서 해배돼 안동부사에까지 오른다. 그의 7대조가 이우(李堣)인데, 이우의 형이 퇴계 이황의 부친인 이식(李埴)이다.

소론 대사간(大司諫, 정3품) 송인명(1689~1746)이 영조에게 다음과 같이 아뢴 것에서, 이인좌의 무장봉기 때 청주 인근의 군수·현감들은 이인좌와 연계돼 있었고, 또 겁을 집어먹어 한 사람의 수령도 진압에 나서지 않았다는 것을 알 수가 있다.

> "청주에 역적(逆賊)의 변(變)이 있은 뒤부터 그 인근 수령들이 혹은 무서워 머리를 싸쥐고 숨기도 하고, 혹은 적(賊)을 맞이하여 극진히 대접하기도 하며, 한 사람도 몸을 버려 의(義)에 죽고 분발하여 적을 토벌하지 않고 있다."(비변사등록 영조4년 3월 26일)

한편, 3월 20일과 21일에 각각 기병한 정희량과 조성좌는 이인좌와 합류하기 위해 진격을 서두르고 있었다. 이는 당초 영남 및 충청(호서) 군사를 각각 이끌고 평택의 소사벌에서 서로 합세하여 서울로 북상하기로 계획돼 있었기 때문이다. 그러나 안동 의성 등 경상좌도 양반들이 '관세위지(觀勢爲之)', 즉 "때를 보며 결정하자"는 기회주의적인 태도 때문에 조성좌와 정희량은 그들의 지원을 얻지 못했다. 오히려 김성탁(金聖鐸, 학봉 김성일 형인 약봉 김극일 현손)과 전 예조정랑 유승현(전주유씨) 등은 유성룡의 병산서원에 모여 무신봉기를 토벌할 것을 논의했으나, 실제 행동으로는 이어지지는 않았다. 이와 같은 경상좌도에서의 동조 기병 실패는 정희량 및 조성좌 군사가 북상(北上)하는데 걸림돌로 작용했다.

이러한 상황에서 경상감사 노정 황선(鷺汀 黃璿, 1682~1728.4.11)이 성주목사 이보혁(李普赫)을 우방장(右防將)으로 임명하여 합천을 향해 진격하면서 거창으로 통하는 거사군의 길을 차단하게 했다. 또한 초계군수 정양빈(鄭暘賓)을 좌방장(左防將)으로 삼아 의령 함안 단성 등지의 군사를 거느려 좌우로 나눠 진격하게 하여 거사군의 북상로를 막게 했다. 아울러 고령현감 유언철(柳彦哲)을 중군(中軍)을 겸하게 하여 야로령(冶盧嶺: 묘산·야로 사이 고개)에서 거사군의 남쪽 퇴주로를 차단하게 했다. 대구영장 하옥(河沃)은 파직(罷職) 중에 풍병(風病)이 발병함에 따라 군관 김진옥(金振玉)을 가영장(假營將)으로 임명하여 정예 병력 3초(哨)를 주고, 고령과 현풍의 군사를 덧붙여 진군하게 했다. 이렇게 성주 초계 의령 함안 단성 고령 대구 현풍의 수령·영장 등 5천여 명의 군사들이 대거 진압 작전에 동원했지만, 합천과 삼가 군사들은 동원하지 않았다. 이 두 고을의 군사들이 조성좌의 봉기에 가담하여 군대가 와해됐고, 합천군수 이정필과 삼가현감 이정수(李廷秀)는 도피했기 때문에 진압 작전에 빠지게 된 것이다. 특히 삼가현감 이정수가 삼가 군사를 영장(營將)에게 영부(領付)시키지 않고 좌수 권만항에게 대신 그 군사를 거느리게 하자, 권만항이 삼가현 군사를 이끌고 합천의 조성좌에게 합세함으로써 삼가현의 군대가 붕괴됐기 때문이다. 이는 조성좌 권만항 등 지역의 토착세력들이 향청을 장악하고 있었기에 가능했다.

아울러 경상감사 황선은 현재 김천시가 된 금산(金山) 개령(開寧) 지례(知禮) 세 고을의 군사들로 하여금 우두령에서 이능좌군(軍)이 경상좌도로 올라가는 길을 차단하게 하고, 선산부사 박필건(朴弼健)의 금오진(金鳥鎭) 병사를 제1진으로, 상주진 영장 한속(韓珠)을 제2진, 안동진 영장 김정상을 제3진으로 하여 후미에서 거창을 향해 진군하게 했다. 또한 함양군수 박사한과 남원 운봉현감(좌영장) 손명대에게 정희량 및 이능좌군(軍)이 무주로 나아가지 못하게 팔량치(八良峙) 고개를 지키도록 했다.

　그러나 경상우병사 이시번은 3월 27일 진주영장 이석복(李碩復)과 곤양군수 우하형에게 진주 사천 곤양 남해 하동 단성 산음 등 7개 읍(邑) 4천 마보병(馬步兵)을 단성로(丹城路)를 거쳐 거창으로 진군하게 하고는, 자신은 겁을 먹어 3월 그믐날(30일)에 삼가현까지만 나아간 후 진주성으로 되돌아와 버렸다. 상주영장 한속(韓㻱)도 마지못해 군사를 거느리고 지례현(김천시 지례면)에 머물다 거창군으로 진격하지 않고 머뭇거렸다. 안동영장 김정상도 3일 만에 의성에 도착하고는 되돌아 가버렸으며, 김해 군사 역시 미적대고는 진격하지도 않았다. 또한 초계군수 정양빈 역시 겁을 집어먹고 허둥대다 이보혁군(軍) 후미에만 따라 다녔고, 안음현감 오수욱·거창현감 신정모·삼가현감 이정수는 놀라 허둥지둥 군사를 버리고 도망을 가는 등 초기 대응에 많은 문제점을 노출했다.

　무신봉기 진압 후, 상주영장 한속·안동영장 김정상·초계군수 정양빈·안음현감 오수욱·삼가현감 이정수에게 도순무사 오명항과 경상감사 황선이 이들 모두에게 곤장 20도(度)를 친 후 파직시키고, 상주영장 한속과 경상우병사 이시번은 사형을 감하여 칠원(漆原) 및 절도로 충군(充軍)되는 형벌을 받았다. 특히 정양빈은 초계 파총 김여명(金汝鳴)이 조성좌 측에 붙었다고 하여 교형(絞刑)에 처했는데, 이것이 문제가 되기도 했다. 정희량의 기병에 놀라서 도망간 거창현감 신정모는 귀양 간 후 배소에서 죽고, 구원병을 핑계로 진주로 도망가고 또 자기 마음대로 조성좌·정좌·덕좌 등을 처형한 합천군수 이정필은 대구 경상감영 감옥에 투옥된 후 석방되지만 그후 파직되며, 의성현령 한사억(韓師億, 40세)과 삼가현감 이정수(李廷秀, 56세)는 오지인 관서(關西) 등지로 귀양 가고, 문경현감 윤휘정(尹彙貞)은 관아를 비웠다고 하여 심문을 받았다. 안음현감 오수욱의 아버지는

1700년(숙종26) 병조판서를 역임한 오도일(吳道一)이고, 5촌 조카가
사로 도순무사 오명항이며, 의성현령 한사억의 장인은 신임사화의
책임을 물어 1725년(영조1) 교형에 처해진 공조참판 이사상(李師尙)
이다.

  무신의거 후 충군의 형벌을 받은 상주진(尙州鎭) 영장 한속과 관련
된 기록이 의은 박계우(義隱 朴啓佑, 1689~1774)가 쓴 '무신역란창의
일기'에 나와 있다. 박계우는 군위군 우보면 출생으로, 무신봉기 때
고향에서 창의하여 박필건의 참모로 거창 전투에 참가한 인물이다.
이 일기에서 한속(韓琠)이 인솔하는 상주진의 군사가 민가(民家)를 약
탈했고, 또 박필건의 선산군사(금오진병) 상당수는 농민으로 구성돼
있었다는 것을 알 수 있다. 한속의 상주진 군졸처럼, 오명항의 정예부
대도 경기 인근 백성들에게 군졸들이 사용할 짚신과 말을 먹일 풀을
바치라고 하여 밤에 잠을 잘 수가 없을 정도로 민폐를 끼쳤다.

  "거창 전투가 끝난 뒤 4월 6일 선산부사 박필건(朴弼健, 58세)이
  도순무사 오명항(56세)에게 인사하러 갔다. 한 경졸(京卒)이 영기(令
  旗)를 들고 진 앞에 서서 문을 열어달라고 하기에 내가 나가보니, 도
  순무사의 교련관(敎練官)이었다. 교련관의 임무는 군병들을 왕명으로
  위무하는 것이었다. (중략) … (3월 27일 파직된) 상주영장 한속(59
  세)을 잡아들이라는 영이 떨어졌다. 내가 따라가서 참관했다. 갑옷
  입은 무사들이 빽빽하게 도열한 가운데 영장이 땅에 엎드려 있었다.
  도순무사 오명항이 교련관에게 죄를 물어 다스리게 했는데, (도순무
  사가) '너는 임금님의 녹을 먹고 사는 장수가 군사를 동원하여 적을
  치지 않고 뒷전에서 구경만하다가 여기에 이르렀으니, 이 어찌 신하
  의 도리이겠는가. (박필건의) 금오진은 네 후진(後陣)이며 농촌의 농
  민군인데도 변함없이 목숨을 버려 죽음을 택해 흉적을 없애버렸다.

그러나 너는 진군하지 않고 머뭇거리며 여러 날에 민가에서 소를 노
략질하고, 또 닭과 개·채소 등을 닥치는 대로 약탈했다. 네 죄는 군
율대로 다스리는 것이 옳다'고 말한 후, 무사를 시켜 묶고 저고리를
벗겨 목을 매달려고 했다. 신기진군(神機箭軍) 중장(中將)과 종사관
(조현명) 등이 힘써 구제하여 참형은 면하고 곤장 20도를 쳐서 내보
냈다."(의은유집 중 무신역란창의일기)

3월 22일 합천을 접수한 조성좌는 주력 군사를 합천읍 보림들판에
진(陣)을 치게 한 후, 거창 고제면 성초역(省草驛)에 둔(屯)을 치고 있
는 정희량의 군진과 합세하기 위해 전열(戰列)을 정비하고 있었다.
다른 한편에는 오명항의 관군이 3월 24일 이인좌 등을 진압한 후 26
일 청주읍성에 도착하여, 거창의 이능좌군(軍)이 청주로 상경하여 공
격할까봐 성문을 지키는 등 대비하고 있었다.

3월 27일 새벽에 성주목사 이보혁이 합천으로 가기 위해 험준한
지릿재를 넘을 때 조성좌 측의 합천군 장교 하세호(河世浩) 등이 매
복하고 있었다. 이보혁이 안성과 죽산 전투에서 관군이 승리했다는
정보를 주며 설득하자 하세호 등은 퇴각하게 된다. 3월 27일 밤 성
주목사 이보혁과 초계군수 정양빈 등의 5천여 명 관군은, 조성좌가
유숙(留宿)하고 있는 합천 객사와 5리 거리인 금양역(金陽驛) 인근 말
밀들에 강(江, 합천천)을 사이에 두고 진을 쳤다. 이보혁은 합천 해
인사의 주지승 민익(敏益)에게 협조를 요청하고, 많은 첩자를 보내
조성좌를 따르는 사람들에게 안성과 죽산 전투에서 관군이 승리했다
는 정보를 주며 설득했다. 그러자 직전 해인사 주지승이며 거사군 승
려 대장인 철묵(哲黙), 신발과 군장을 만들어 정희량과 조성좌에게
갖다 바쳤던 해인사 승려 해림(海琳), 합천군 장교인 김계 함만중 하

세호, 아전 이태경 등이 관군에 투항하기에 이른다.

특히 조성좌의 심복인 해림을 조성좌 진영에 보내 염탐해 오도록 했다. 이들 모두는 당초 조성좌 거사에 가담했던 사람들이었지만, 목숨을 부지하려고 세(勢) 따라 강(强)한 편에 붙은 것이다. 그러나 무신봉기 후, 거사군 승려 대장 철묵은 12개 읍 수령과 모의 혐의로 압송돼 호된 고초를 겪고(그후의 기록은 없지만, 처형된 것으로 판단된다), 승려 해림은 환속하여 오해림(吳海琳)으로 개명하며, 1728년 7월에 양무원종공신 2등에 녹훈됐던 하세호는 그후 조성좌와 같은 편이라고 하여 녹훈이 박탈된다.

안성·죽산과 상당산성 전투에서 오명항군(軍)이 이인좌군(軍)을 격퇴시켰다는 소식이 3월 27일 밤부터 조성좌 진영에 퍼지자, 합천의 무신당(戊申黨)은 기세가 꺾이게 된다. 이런 상황에서도 조성좌는 밤에 촛불을 켜고 책을 보는 의연함과 여유를 가졌다. 조성좌는 야로창(冶爐倉) 등지에서 가져온 곡식을 풀어 합천군민들에게 나눠주는 등 동요하는 민심을 달래려고 애를 썼다. 하지만 합천군의 하급 벼슬아치인 장교 김계 함만중 하세호와 아전 이태경(李台卿, 46세) 등은 세(勢)가 기운 것을 알아차리고는 조성좌를 기만(欺瞞)하는 마음을 바꾸지 않았다. 1800년 전 사마천이 궁형(宮刑)이라는 극형을 선고받은 후, 그 누구도 자신을 변호해 주지 않는 세태를 보며 "권리로 합친 자는 그 권리가 다하면 사귐이 멀어진다[이권리합자 권리진이교소·以權利合者 權利盡而交疎]"고 절규(絶叫)한 것을 몰랐던 것일까. 거기다가 합천군 좌수 정상림마저 거사군 진영을 이탈하여 도망가기에 이른다.

한편, 조정에서는 거사에 참여한 인사들이 몰래 월경하여 청나라

로 가는 것을 방지하기 위해 압록강과 두만강 등 서북(西北) 강변의
파수(把守)를 더욱 엄격하게 하고, 특별히 형찰(詗察)을 강화하라고
하달했다. 또한 3월 29일 조성좌와 정희량의 군사가 관군과 대적하
고 있을 때, 영조 임금은 이인좌 정세윤 이배(李培) 등의 머리를 급히
소금에 담간 후 곧바로 호남의 직로(直路)에 전수(傳授)하여 보이고,
또 영남으로도 보내 각 머리에 패(牌)를 달아 이름을 크게 써서 보이
도록 하교(下敎)하는 등 위협으로서 공포 분위기를 조성했다.

  3월 30일 그믐날에 조성좌·정좌·덕좌 등 거사군은 합천군 객사
(客舍) 서쪽 모퉁이 앞 빙고현(氷庫峴: 옥산)으로 지휘부를 옮겼다. 객
사는 좁고 지대가 매우 낮아 이보혁의 관군을 효율적으로 경계하고
대적하기가 어려웠기 때문이었다. 조성좌는 객사에서 빙고현으로 지
휘부를 옮긴 후, 소[우·牛]와 술로 크게 군사들을 먹이고 사기를 북
돋았다. 또한 북과 나팔을 울리고 칼과 창을 휘두르며 위엄을 보였다.
  빙고현은 합천 관아 및 객사의 군수와 향임(좌수·별감) 등이 여름
에 사용할 얼음을 저장하던 창고가 있는 평탄한 언덕으로, 그 앞에는
합천천이 흐르고 있었다.
  그날 밤 조성좌의 장졸(將卒)들이 취해 잠이 든 삼경(三更: 밤 11시
~새벽 1시)에 조성좌를 배신한 김계(金洎) 함만중 하세호 등이 포
(砲)를 쏘고 솔 횃불과 나무·풀더미를 불 질러 밝히며 2백 명씩 분
대를 나눠 습격했다. 장막(帳幕)의 죽삭(竹索: 새끼줄)을 끊어버리고
군막 안에 있던 조성좌 조정좌 조덕좌 허택 등을 사로잡아 폐(斃)한
상태로 만들었다. 기습당한 조성좌의 거사군 4천 명 중 일부는 흩어
져, 100리 길인 거창 고제면 소사(所沙)에 둔(屯)을 치고 있는 정희량
군진으로 급히 가서 합세했다. 4월 1일 새벽에 황계(黃溪)에 숨어 있

던 합천군수 이정필이 달려와 조성좌·정좌 등 4명의 우두머리를 참
수한 뒤 머리(수급)는 진주의 경상우병사 이시번에게 보내고, 수본
(手本: 자필 보고서)으로 금양역 인근 말밀들에서 주둔하고 있던 성
주목사 이보혁에게 알리자, 군사를 이끌고 급히 달려 왔다. 이처럼
이정필이 조성좌·정좌·덕좌 및 허택 등을 심문(審問)도 하지 않고
처형한 것은 조성좌와 연계된 것 등이 밝혀지는 것을 두려워했기 때
문일 것이다.

▲ 합천읍 옥산동 빙고현(冰庫峴): 조성좌의 지휘부가 있던 곳이다.
육각정자 일원이 빙고현(옥산)이다. 본래 지대가 낮은 곳인데, 홍수와 개발로 많이
깎여 나갔다. 도로 앞쪽에는 합천천이 흐른다.

이로써 지역에서 누대에 걸쳐 누리고 있던 기득권을 버리고 부조
리한 현실 타파를 주창하며 거사(擧事)한 조성좌의 혁명적 무장봉기
는 측근들의 배신 등으로 좌절됐다.
이보혁의 관군이 조성좌의 거사군을 진압한 후, 대구 임시영장(營

將) 김진옥(金振玉)은 합천군수 이정필을 잡아와 객사 뜰에 꿇어 앉힌 후 가쇄를 씌워 조총을 든 군사 30명에게 대구 순영으로 압송토록 했다. 이정필이 3월 22일 새벽에 진주병영으로 도망가고, 4월 1일 새벽에 조성좌·정좌 등 4명을 마음대로 처형한 것에 대해 책임을 물은 것이다. 이보혁의 보고를 받은 경상감사 황선은 이정필을 조정에 치계(馳啓)하고 처벌할 것을 청했다. 그후 5월에 영남별견어사로 내려온 이종성은 "김진옥이 이정필을 잡아가둔 것은 잘못된 것"이라고 하여 김진옥에게 곤장을 친다.

한편, 함양에서 3월 30일 저녁에 돌아온 정희량과 이능좌는 소사 및 우두령에 각각 둔을 쳤다. 정희량의 소사진(陣)에는 함양군(軍) 7초, 안음군(軍) 3초, 금위군(禁衛軍) 2초 등 12초(哨: 약 1,200명)의 군사가, 정희량 군진과 10리 남짓한 거리에 둔을 친 이능좌의 우두령에는 거창 속오군(束伍軍) 8초, 수하(手下) 군사 5초 등 13초가 각각 주둔하고 있었다.

영조는 3월 30일 무관인 이기(李淇)를 안음현감에, 역시 무관인 이천준(李天駿)을 거창현감에 임명했다. 4월 1일 상주영장 한속(59세)과 곤양군수 우하형(43세)의 격문이 나붙기 시작했지만, 진주영장 이석복(52세)은 정희량의 거사군을 두려워하여 거창으로의 진군을 미루자, 이술원의 아들인 이우방(李遇芳, 27세)이 진군을 재촉했다. 용문촌(함양군 안의면 봉산리)에 주둔하고 있던 진주영장 이석복군(軍)과 곤양군수 우하형군(軍)도 성초역 및 소사진으로 진군할 채비를 했다. 고제면 지경마을에 모인 관군은 대구 상주 진주 금오(선산) 성주 초계 등 진영(鎭營)에서 차출해 왔는데, 그 수가 2만 명이나 됐다. 이들 관군은 정희량 및 이능좌 군사를 진압한 6일 후인 4월 9일, 관군들에게 술과 고기를 먹인 후, 한 명당 쌀 5승(升, 50홉)씩을 나

뉘주고 해산하여 보낸다.

다른 한편에서는 함양군수 박사한, 운봉좌영의 독전장 박기룡, 남원 송동면의 양민 김만광 김수태(19세) 등은 함양을 기습 공격하여 정희량이 임명한 함양군수 최존서(전주최씨) 등을 함양 관아 등에서 사로잡았다. 정희량 이능좌 나숭곤 등 거사군의 본진이 함양과 안음을 떠나자마자, 4월 1일 관군이 이 두 지역을 쉽게 수복한 것이다. 합천 함양 안음을 탈환한 관군은 거사군의 집결지인 거창 고제면 소사를 향해 총공격을 시작했다. 정희량이 기병하는데 강력한 뒷받침이 돼준 조성좌가 소유한 거대한 창고는 정희량의 무기와 군량을 공급한 주요 원천이었는데, 설상가상으로 관군이 합천을 탈환하고 난 후 정희량은 더욱 어려운 상황에 처하게 된 것이다.

선산 금오진(金烏鎭) 병사들로 무장한 선산부사 박필건과 선봉 운중방·중군 황도희·참모 박계우(朴啓佑)·별군관 나세두 등은 이능좌 군진과 10리 거리인 지례현 장곡역(長谷驛: 김천시 대덕면 관기2리)에 둔을 치고 우지치(牛旨峙: 우두령)의 험하고 좁은 고개에 복병(伏兵)시켰다. 진주영장 이석복 군대는 무월촌(위천면 모동리)에서 진군하여 정희량의 소사진과 5리 거리에 둔을 쳤다. 오명항 이보혁 관군들이 이인좌 및 조성좌의 거사군을 진압했다는 소식으로 정희량 이능좌의 거사군들이 의욕이 꺾이고 있다는 것을 박필건이 정탐하여 알고는, 선산부 아전 김진평(金鎭平)을 이능좌 군진에 몰래 들어가게 했다. 무신기병에 동참하여 이능좌 진영에 가 있던 거창현 천총 정빈주(鄭彬周)와 몇몇 군졸을 김진평이 회유한 후, 함께 기(旗)를 흔들어 신호를 보내기로 약속하고는 박필건의 군진으로 되돌아왔다. 4월 2일 저녁 무렵에 매복해 있던 박필건이 선봉이 돼 고개를 넘어 이능좌 군진을 바라보고 약속한대로 기를 휘두르면서 크게 고함치고, 배신한 정빈주가 이능좌를 향해 조총을 쏘면서 달려들자, 이능좌(이웅보) 군진은 무너져 버린다. 이능좌와 그의 군사들은 정희량의 소사진으로 퇴각했다.

4월 2일 밤, 전열을 정비한 이능좌와 정희량은 남은 군사를 두 부대로 나눠 이능좌는 거창군 웅양면에 있는 우두령(牛頭嶺)을 넘어 지례로 향하고, 정희량은 거창군 고제면 성초역(省草驛)에서 소사재와 팔량치를 거쳐 무주로 향하려고 했으나, 우두령은 선산부사 박필건(朴弼健)이 통솔하는 금오진병이 지키고 있었다. 팔량치를 넘어 무주로 가는 길도 운봉현감 겸 좌영장인 손명대(孫命大)·무주부사 이언상(李彦祥) 등 전라도 병사들에 의해 차단됨으로써 지례(김천) 또는 무주를 통한 서울 진입은 여의치 못했다. 이 공로로 경북 봉화 출생인 손명대는 무신봉기 직후인 4월 26일 정3품 경상좌수사(水使: 수군절도사)에, 이언상은 영조5년 3월 7일에 함경도 북청 남병사(南兵使, 종2품)에 각각 임명된다.

이처럼 정희량 이능좌 군사의 사기가 저하된 상황에서, 정희량 편에 서서 정희량의 군진에 들어가 있던 거창 금위군 여해달(呂海達) 남태정 배두필 등도 배신하기에 이른다. 이들은 정희량 이능좌 나숭곤 등 거사군 수뇌부를 안심시킨 뒤 정희량 진중(陣中)에서 관군을 불러들이고, 이어 여해달 및 염마당과 함양 금군장관(禁軍將官) 박정신(朴挺身) 등이 조총을 쏘면서 공격하자, 정희량 이능좌의 군진도 무너져 흩어졌다. 부원수 정희량과 대원수 이능좌, 지략이 뛰어나 도지휘에 추대된 나숭곤, 정희량 참모인 이세규(李世奎) 등 16명과 노비 및 모군(募軍: 용병)한 군사 5명 등 21명을 체포했다. 이때가 음력 4월 3일 오후 2시경(미시·未時)이었다.

조선왕조실록에 "정희량은 얼굴이 얽었고 키가 크고 여력(膂力)이 있어 체포당시 조총을 등에 대고 결박했고, 이웅보(이능좌)는 얼굴에 주근깨가 있고 수염은 없으며, 흰 노새를 타고 있었는데 키가 커서 손을 위로 올려야 등을 만질 수 있었다"고 기록하고 있다.

체포한 정희량 나숭곤 이능좌 등 거사군 21명을 정빈주(50세) 여해달(49세) 염마당 등이 관군에게 넘겨주려고 10리쯤 가다가 임곡서원(任谷書院) 근처에서 곤양군수 우하형의 진주진(晉州鎭) 중군(中軍)을 만났다. 그때 우하영은 이우방 일행의 선도(先導)를 받고 정희량이 둔을 치고 있던 성초역 소사진으로 진군하고 있던 중이었다. 곤양군수 우하형이 정희량 등 21명의 포로들을 보고 빼앗아 자신의 진(陣) 속으로 데려 갔으나, 거창현 천총 정빈주는 신뢰하지 못해서 진에 들어가는 것을 허락하지 않았다. 우하영이 포로들의 이름을 물어 보고서를 작성하려 했다. 그러나 정희량과 나숭곤이 끝내 굴복하지 않고 큰 소리로 "영조는 숙종 임금의 아들이 아니며, 영조가 경종 임금을 독살했다. 거의(擧義)는 정당했다"는 등의 말을 거리낌 없이 했다. 이에 이우방이 우하형에게 "아버지(이술원)의 원수를 갚게 해 달라"고 하자 곤양군수 우하형이 허락하여, 이우방이 정희량과 나숭곤의 머리를 베고 간(肝)을 쪼개 마셨다. 진주영장 이석복이 이능좌 등 나머지 19명을 참(斬)한 후 정희량 나숭대 이능좌 3사람의 머리를 서울로 보냈다. 그후 이우방은 1731년 남부참봉(南部參奉)에 임명되고, 1754년(영조30)에는 충청도 이산현감(尼山縣監)에 임명된다.

한편, 평안도 안주(安州)의 평안도 병영 군관 안추(安樞, 54세)는 용인 송전리에서 장흠(張欽) 장용(張鏞) 장전(張鈺) 허간(許侃) 등과 합심하여 군사를 일으키기로 약속하고, 이사성에게 이를 보고하러 평안도 병영으로 가다가 반현(盤峴)에 이르러 말이 갑자기 발을 절어 전진하지 못했다. 안추는 3월 20일 체포돼 23일 군기시(軍器寺) 앞길에서 능지처사된다.

평안도절도사 이사성은 장교(將校)를 평안병영 백리내의 6개 읍에 파견하여 건장한 병사 5,986명을 초출(抄出)하고, 또 은(銀) 470냥을 비축하는 등 거사에 대비하고 있었다. 하지만 이사성은 선전관 구간(具侃)과 금부도사 조명재(曺命宰)에게 1728년 3월 19일 잡혀 3월 24일 서울로 압송돼 영조의 국문을 받고 3월 26일 창덕궁 인정문 군기시 앞길에서 백관(百官: 모든 벼슬아치)이 도열한 가운데 능지처사된다. 이때 김중기의 철원(鐵原) 묘사(墓舍)에 숨어 있다가 포도청 장교에게 잡혀온 이유익도 함께 부대시처참된다. 그때 이사성의 큰 아들인 이필(30세)도 참수됐다.

살아남은 이사성의 처(妻)와 서자인 이관산(李寬山, 12세)·경득(慶得, 2세)은 함경도 삼수부로, 손자인 이맹의(李孟宜)·중의(重宜) 및 손녀·첩은 평안도 이산부로, 며느리는 함경도 홍원현으로, 서모와 또 다른 첩 및 서자 이기득(李起得)은 함경도 이성현(利城縣)으로, 막내 삼촌 이초징(李楚徵)은 함경도 북청으로 발배됐다. 이유익의 계모와 처, 그리고 아들 이조행(李祖行, 12세)과 딸은 함경도 경원부로 발배됐다.

이런 처참한 형벌은 다른 인물에 비해 역절(逆節: 역적의 범죄)이 더욱 흉악했다고 해서 영조가 결정한 것이다. 이유익의 아들 이조행은 그뒤 제주도로 이배(移配)된 후, 숙부 이유필(李有弼) 등 무신봉기의 여당(餘黨)과 언문으로 역적을 모의했다고 하여 1746년 1월 30세 나이에 처형된다. 이사성의 군관인 이사정(李思靖) 김필선(金弼善) 정

황(鄭璜) 이숙(李燻)은, 평안감사 윤유(尹游)와 양서안무사 조지빈(趙
趾彬)에 의해 평안감영 감옥에 수감된 뒤 심문을 받고 정배됐다.

이로써 이인좌 이능좌 박필현 이사성 정희량 박필몽 남태징 민관
효 한세홍 정세윤 권서봉 임서호 신천영 조성좌 이유익 이하 나만치
나숭곤 조세추 정팔룡 대유 등에 의한 무신기병(戊申起兵)은, 17일
만에 좌절됐다. 자신의 꿈과 신념·소신을 관철하기 위해 목숨을 걸
고 감행한 거의(擧義)는 진압되고 만 것이다.

정희량 이능좌 조성좌 등 핵심인사 수십 명에 대해서는 국청(鞫廳)
을 열어 진술(공술)을 받아야 하는데도, 곤양군수 진주영장 성주목사
합천군수 등 관군의 우두머리들이 그들을 바로 참(斬)했다. 이는 정
희량 조성좌 등과의 연계사실이 탄로 나고, 진압 작전이 허술했다는
것이 밝혀져 신상에 문제가 생길 것을 두려워했기 때문이었다. 그들
이 즉결처분됨으로써 거창 안음(안의) 산음(산청) 합천 삼가 진주 고
령 상주 등 경상우도의 무신기병에 대한 상세한 진행과정을 알 수 없
게 돼 버렸다. 서울·경기·충청·호남·강원·함경도 등지의 무신
거사 핵심 인물들이 공술한 것이 많이 남아 있어, 무신봉기 전후 상
황을 자세하게 파악할 수 있는 것과 대비된다.

한편, 4로 도순무사 오명항은 3월 25일 이인좌 권서봉 목함경 등
15명을 서울로 압송하여 보낸 후, 장양역(長楊驛: 진천군 이월면)을
거쳐 진천현으로 진격했다. 26일에는 오근창(梧根倉: 청주시 오동동)
을 거쳐 청주에 들어갔고, 27일에는 이인좌의 동생인 이능좌가 세력
을 규합하여 청주를 다시 친다는 소식을 듣고 28일까지 청주읍성을
방비했으며, 30일에 영남 지역의 거사군을 토벌하기 위해 문의현(文
義縣: 청원군 문의면)으로 갔다. 오명항이 인솔한 대군은 4월 1일에

회덕현과 옥천군(沃川郡)을 지나고, 2일에는 영동현(永同縣)과 황간
현을 지나, 3일에는 추풍역(秋風驛)을 넘었고, 4일에는 금산군(金山
郡)에 도착하여 지례현감으로부터 정희량 및 조성좌의 영남군이 토
벌됐다는 보고를 받게 된다.

　오명항의 본진이 4월 5일에 지례현으로 넘어왔을 때에는 경상우도
지역의 무신봉기가 대부분 진압됐으며, 남은 거사군들은 산속으로
무리를 지어 도피한 상태였고, 5월 중순까지 간헐적인 소요(騷擾)가
있었다.

　오명항은 1728년 4월 6일 우지치를 넘어 신창(新倉, 웅양면)에, 7
일에 안음현에 도착하고, 8일에 함양군에 도착했다. 오명항은 종사
관 박문수에게 경상우도에 남아 무신봉기에 참여한 4개 군현(안음·
거창·합천·함양)의 백성들에게 빨리 집으로 돌아가 농사를 지으라
는 방(榜)을 곳곳에 붙여 민심을 진정시키도록 한 후, 군대를 인솔하
고 전라도 운봉현으로 떠났다.

　조선왕조실록 1728년 4월 8일에는 종사관 박문수가 무신봉기로
피화(被禍)를 겪고 있는 안음 거창 합천 함양 네 고을을 진무(鎭撫)하
는 모습과 피폐한 마을 풍경 등이 수록돼 있다.

　　"도순무사 오명항이 종사관 박문수를 남겨두고 난리를 겪은 안음
　　거창 합천 함양 네 고을을 진무(鎭撫)하게 하고, 장계로 조정(朝廷)에
　　보고했다. 이때 네 고을의 군사와 백성들은 협박을 받아 도적을 따랐
　　으나 도적이 평정되자, 모두 스스로 의구심을 품어 산골짝으로 도망
　　가 숨어버려 논밭과 들·촌락이 텅 비어 다시 민가에서 나는 연기가
　　없었다. 박문수가 단기(單騎)로 여러 고을을 두루 다녀서 달아나 피
　　한 사람들을 불러오고, 조가(朝家: 조정)에서 '협박을 받아 따른 사람
　　은 죄를 다스리지 않는다[물치협종·勿治脅從]'고 효유(曉諭: 깨닫도

록 일러 줌)했다. 이로써 모두 귀농(歸農)하게 하여 농사지을 양식을 주어 경작을 권하자, 백성이 비로소 안도하여 민심이 차츰 진정됐다."(영조실록 4년 4월 8일)

박문수는 1727년에 영남별견어사로, 1728년 무신봉기 때는 별견어사 겸 도순무사 오명항의 종사관으로, 1732년에는 진휼(賑恤)을 감독하는 영남감진사(嶺南監賑使)로, 1741년에는 북도진휼사(北道賑恤使), 1751년(영조27)에는 강원·영남균세사(均稅使) 등 5번의 어사직(御史職)을 수행했을 뿐인데, 왜 박문수가 백성을 위한 암행어사의 상징적 인물이 됐을까. 이는 무신봉기 후 민심을 위무한 박문수의 역할이 결정적으로 작용했다. 무신역옥추안 영조4년 4월 23일 및 승정원일기 영조4년 4월 14일조에 종사관 박문수를 '어사(御史)'라고 지칭하고 있는 것에서 알 수가 있다. 박문수가 종사관에서 곧바로 경상감사로 제수됐는데, 경상감사 재직 시 선정(善政)도 영향을 미쳤을 것이다. 그만큼 무신봉기는 백성들에게 큰 참화였고, 그래서 백성들은 박문수의 공정하고 배려심 있는 처분에 고마움을 느꼈던 것이다.

▲ 1728년 38세 때 박문수
영조가 하사한 것이다.

오명항이 박문수(朴文秀)를 영남에 남겨둔 것은, 박문수가 좌의정 조태억(趙泰億)의 천거로 1727년 9월에 영남 별견어사로 임명돼, 흉년이 든 상주 안동 예안 봉화 영천 순흥 등지를 1728년 1월부터 2월까지 방문하여 경상도 민심을 위무한 적이 있어 경상도(영남) 사정에 밝았고, 또 당색이 같은 소론이기 때문이었다. 그때 박문수는 상주에서 김홍수(무신봉기 때 장폐)와 한세홍(무신봉기 때 능지처사)을, 안동에서 권구 및 이재(李栽, 이현일 아들)를 만나고, 안음현 강동에서 순흥부 죽계로 이사와 있던 정희량의 아버지 정중원(鄭重元, 1659~1726)의 순흥 집도 방문했으나 사망한 뒤라 정희량을 만나 조문(弔文)하고 서울로 올라갔다. 이 일로 무신봉기 후인 1728년 7월 17일 박문수는 영조에게 "그 당시 신(臣)이 어찌 정희량이 흉악하고 참혹한 마음을 품었는지 알 수 있었겠는가"라고 변명하는 등 곤혹을 치른다.

4월 8일 종사관 겸 별견어사 박문수를 남겨두고 함양군을 출발한 오명항 본진은, 4월 9일에 운봉현을 거쳐 남원부에, 10일에는 오수역을 지나 임실현에, 11일에 전주부에 도착했다. 오명항은 전주에서 크게 군사를 향(饗: 잔치)한 후 삼례역을 거쳐, 12일에 여산부(礪山府)를 지나, 13일에는 공산부(公山府: 공주)에, 14일 천안군, 15일에는 진위현에, 16일에 용인현과 과천현을 지나고, 17일에 서빙고에 도착했다. 다음날 18일에 동작진을 건너고, 4월 19일에 숭례문에 들어오자 영조가 직접 마중을 나갔다.

한편, 4월 24일 박문수의 삼촌인 함양군수 박사한은 정희량이 임명한 안음현감 신수헌(愼守憲)과 그의 아들 신윤증(愼潤曾), 좌수 허격(許格, 53세)과 심수명(沈壽明) 이만채 이익춘 정규서(鄭奎瑞) 등 무신봉기에 가담한 사람들을 효시함으로써, 경상우도의 무신년 봉기는 대략 진압된다.

영조는 무신봉기를 진압한 후 민심을 진정시키고 연루자를 색출하기 위해 이종성을 영남어사로, 김시형(金始炯)을 호남 및 호서어사로 임명하여 내려 보냈다. 영조는 특별히, 소론(완소)의 명문세가로 이항복의 후손인 이종성을 4월 14일 영남 별견어사로 임명하여 문경 상주 안동 거창 합천 등 여러 군현(郡縣)을 돌아다니면서 도망간 사람들을 모아 계도시키고, 곡식의 종자와 양곡을 나눠 주며 경작을 권유하는 등 민생안정에 주력하도록 한 것이다.

앞서 3월 28일 조정에서는, 경기도 양성(陽城) 등 고을의 군병 181명 모두를 고향으로 돌려보냈고, 9초(哨) 군병 가운데 부자·형제가 함께 군중에 있는 사람을 비롯하여 솔정(率丁: 부리는 사람)이 없고 단신인 사람과 노약자 등 308명을 우선 집으로 보내 농사를 짓게 했다. 또한 고양(高陽) 파주 장단(長湍) 등 고을의 치중복마군(輜重卜馬軍: 말로 군수품을 운반하는 군대) 149명도 내려 보내 농사를 짓게 하는 등 민심 달래기에 애를 썼다.

이는 무신별등록에 "합천은 무신변란 후 연루자로 고발당한 사람이 거의 군민 전체에 이르렀다"는 기록에서도 보듯이, 연루된 군현의 병사(兵士, 관군)와 백성들이 처벌을 두려워하여 산과 계곡으로 도망을 가버려 사람이 살고 있지 않고 마을이 텅 비는 등 민심이반이 극심했기 때문이었다. 심지어 경상좌도인 칠곡(漆谷) 남쪽 사람들도 피난을 떠났고, 많은 사람들이 동래부사에 재직 중이던 안동 출생 권부(權孚)에게 피난 가려고 했으며, 낙동강에 배를 준비해 놓기도 했었다. 권부(權孚)의 장인은 조성좌 누이의 시댁 증조부인 문경 출생 임하당 신후명(林下堂 申厚命)이다.

경상감사 박문수의 장계에서도 당시 상주읍(현 상주시)의 어지럽고 흉흉한 민심동향이 잘 나타나 있다.

> "무신년에 하늘을 거슬린 도적이 천하를 크게 어지럽혀 상층민과 하층민들이 그 난리에 겁을 먹고, 3월 21일에 사람들이 모두 상주읍내(尙州邑內) 큰 도로를 따라 도피했다."(무신별등록 6월 15일 박문수 장계)

무신봉기가 일어나자 조정에서는 다음과 같은 방문(榜文)을 내걸었다.

> "박필몽과 박필현의 머리를 베어 바치는 자가 있으면 녹훈(錄勳) 및 봉군(封君)하고 그 은전이 영원히 미치게 할 것이며, 천금을 상으로 내릴 것이다. 공천(公賤)·사천(私賤)이면 그의 부모와 처자를 종량(從良: 천민이 양민이 됨)한 후 작상(爵賞)을 내리겠다."(영조실록 4년 3월 26일)

> "역적의 괴수 이웅보와 정희량을 사로잡아 머리를 베어 바치는 자가 양민이면 마땅히 녹훈하고 봉군(封君)해서 은택(恩澤)이 영세(永世)에 미치고 은 천 냥을 상줄 것이고, 공천(公賤)·사천(私賤)이면 부모·처자를 모두 종량(從良)한 뒤에 작상(爵賞)의 반을 줄 것이다. 그 나머지 적장을 벤 자도 또한 벼슬을 주고 상을 줄 것이며, 비록 도적을 베지 못했더라도 죄를 뉘우쳐 와서 항복하는 자는 마땅히 쾌히 그 죄를 용서할 것이다."(영조실록 4년 4월 1일)

그러나 영조는 1728년 4월 7일 "이번의 역적은 천고(千古)에 없었던 것이다. 그러므로 비록 세가대족(世家大族)이라 하더라도 정절(情節)이 탄로 나면 단연코 용서하지 않을 것이다"고 하교했다. 명문세가에서 무신거병에 관련됐다면 추호도 용서하지 않겠다는 것을 천명한 것이다. 실제로 영조는 죄가 없다고 방면한 세가대족들을 다시 잡아와 노적(孥籍)하고, 일가친척들은 절도(絕島)나 극변(極邊)에 정배하는 경우가 비일비재했다.

조선왕조실록·승정원일기·비변사등록·무신역옥추안 등에는 무신봉기와 관련한 내용들이 무수히 많으며, 능지처사·참형·교형·장살된 사람의 이름이 수백 명이나 기록돼 있다. 정희량 이능좌 나숭곤 박필현 박사제의 머리는 6일 동안 서울 저자 거리에 매단 후 경기감영(京畿監營) 내 팔방(八方)에 전시했으며, 앞서 언급한 바와 같이 이인좌 정세윤 이배 머리는 소금에 절여 호남과 영남에 전시했다. 서울로 압송돼 국청에 갇힌 이유익(32세) 이사성(52세) 임서호(51세) 권서봉(51세) 이순관 김덕삼(54세) 등 많은 인사들은 불에 달군 쇠로 몸을 지지는 낙형(烙刑) 등 혹독한 고문을 받았고, 모두 목을 베인 뒤 장대에 꽂아 전시하고 길거리에 버려졌다.

영조에게 생명의 존엄성은 고려 대상이 아니었다. 특히 낙형은, 영조가 1725년 직접 폐지토록 한 압슬(壓膝)과 함께 반인륜적 형벌이라고 하여 폐지했었는데 시행한 것이다. 심지어 1728년 6월 16일 검토관(檢討官, 종6품) 신치근(申致謹)이 "죽산(竹山)의 양민 13명이 정세윤(鄭世胤)의 처남 윤태징(尹台徵)을 사로잡아 관군에게 바치러 왔는데도, 별군직(別軍職) 박세재가 공(功)이 있는 13명을 모두 죽였으므로, 국가에서 함부로 백성을 죽인 박세재에게 벌을 줘 고아(孤兒)·과부의 마음을 위로해야 한다"고 영조에게 아뢨으나, 영조는 "사사로이 죽인 것과 다르다"고 하여 윤허하지 않았다. 억울한 백성들만 속절없이 죽임을 당한 것이다.

▲ 조성좌 생가터: 합천군 묘산면 도옥리 293번지 두무산 끝자락 축대(325평)
1728년 음력 4월 1일 성주목사 · 고령현감의 관군이 도옥 · 안성 · 거산리 일원을 포위
한 후 불을 지르고 마을 사람 모두를 학살하여 시체 썩는 냄새가 몇 달 동안 사라지
지 않았다. 1678년(숙종4)에 신축한 조성좌 집은 파가(破家)돼 흔적도 없이 사라졌지
만, 집터가 높아 못으로 만드는 저택(瀦擇)은 되지 않았다.

전라도 영광 출생인 전 경주영장(營將) 오달해(吳達海)의 아들 김우
천(金佑天, 52세)과 조카 김만언(金萬彦, 31세), 노복 승기(44세) · 인
학(36세) · 신종(34세)은 3월 22일 영광 본가(本家)에서 출발하여 오
달해의 임지인 경주로 가기 위해 담양 · 남원 · 함양을 거쳐 3월 27일
합천 도오지촌(都吾只村: 묘산면 도옥리)에 이르렀을 때 복병한 조성
좌의 거사군 10여 명에게 붙잡혔다가 풀려났다. 영광에서 경주로 가
기 위해서는 합천군 봉산면 권빈역과 묘산면 도오지촌을 거쳐 귀소
원(貴所院: 고령군 쌍림면 귀원리)을 경우하는 것이 지름길이었다.
그런데 무신봉기 후, 울산의 경상좌병사 원필규(元弼揆)는 김우천 김
만언 등 장정들이 풀려난 것에 대해 의혹이 간다고 하여 이들 모두

와, 노복인 세복(世福, 30세), 경주부(慶州府) 사령(使令) 김익삼(金益三, 32세)을 경주부 감옥에 가두고 엄한 심문을 가했다. 이처럼 조금이라도 연루 혐의가 있으면 예외 없이 가혹하게 조치를 했다.

참상은 계속 이어졌다. 성주목사 이보혁과 고령현감 유언철은 조성좌의 조부 때 묘산면 안성리에서 새 집을 지어 이사 온 도옥리 등 주변 촌락을 모두 불태워 잿더미로 만들고 주민들을 학살했으며, 연루된 사람들의 서책과 가재도구 등을 약탈했다. 창녕 대합면 장기리 산 38-2에 있는 조상림(曺上林, 1361~1421)·중림(仲林, 한성부윤) 묘소를 비롯하여 합천의 봉산·묘산·쌍책·대양면과 거창의 가조면 등지의 조성좌 및 조한유 선조인 조정립·정생·시량·하전·하현·하양·항·형·숙·염·호 등의 묘소 비석(碑石)과 상석(床石)도 모두 파괴했다. 다만 대구도호부사를 역임한 조성좌의 5대 선조인 조응인의 묘비석은 정온(鄭蘊)이 묘비명을 지었다는 이유로 훼손하지 않았다.

1728년 음력 6월 말, 무더위가 시작되자 비변사에서 "외방에서 기포(譏捕)한 적당(賊黨) 및 처자와 족속을 도처에서 가둔 것이 감옥을 채웠는데, 처음 가둔 자가 아직껏 남아 있어 더러는 굶어 죽거나 혹은 더위에 시달려 병이 들기도 하는 등 폐단이 이루 말할 수 없다고 한다. 이처럼 지연시켜 처결하지 않아 죄악이 분명한 자는 형을 놓치는 것이 통분하고, 죄 없이 섞여 든 자는 지체된 것이 불쌍하다"고 영조에게 아뢴다. 이처럼 연루돼 구금된 사람들의 참상과 고통은 이루 말할 수 없었던 것이다. 그러나 영조는 "나라가 전복될 뻔했으니, 통분한 마음을 감당할 수 없다"고 하면서, 가혹하게 대처한다.

1729년 3월 11일 특진관 박사수는 영조에게 "변방과 도서(島嶼) 등 8도에 유배된 사람이 1천 명이나 된다"고 아뢰고, 같은 날 부호군(副

護軍, 종4품) 이여적(李汝迪)도 영조에게 "해도(海島) 가운데 역적의 무리를 찬배(竄配)한 것이 너무 많으므로 도민(島民)에게 해(害)를 끼치고 있으니, 마땅히 다른 군(郡)으로 이배(移配)해야 한다"고 아뢴다. 국조보감과 비변사등록에는 "전투로 인해 쌓인 시체가 들에 가득하니 시체를 거두어 묻어 주게 하고, 친척이 있는 자는 찾아가게 하라"는 영조의 하교(下敎)도 수록돼 있다. 또한 성호 이익이 "무신변란 후 연루자가 나라 안에 편만(遍滿)하여 수년 동안에 기상이 꺾이고 무너진 것이 겁화(劫火)가 지나가고 상전(桑田)이 벽해(碧海)가 된 뒤와 같다"고 증언하고 있다. 이것에서 무신봉기의 참상이 얼마나 비참했는가를 쉽게 가늠해 볼 수 있을 것이다.

경기 안산 출생인 청성 성대중(靑城 成大中, 1732~1812)이 쓴 '청성잡기(靑城雜記) 4권'에도 무신봉기 당시 그 참담한 실상에 대해 증언하고 있다. 소북(小北) 계열의 서얼 출신인 성대중은 문과에 급제한 뒤, 서얼통청(庶孼通淸) 덕분으로 1772년(영조48)에 청요직인 지평(持平)에 임명되는 등 서얼통청의 상징적 인물이었다. 그후 성대중은 정조의 관심과 배려에도 신분적인 한계 때문에 북청부사에 그쳤지만, 자신과 같은 서자인 이덕무(李德懋) 유득공(柳得恭) 박제가(朴齊家) 서리수(徐理修) 등과 교유하면서 북학사상 발전에 기여했다.

"(무신변란 때 성주목사) 이보혁은 공명과 부귀를 누리다 죽었고 자손은 번성(주: 1영의정, 10판서 가문)하여 세상의 누구도 따를 수 없을 정도였다. 그런데 영남의 어떤 사람이 그 집안은 반드시 패망할 것이라고 예언하며 말하기를, '조성좌가 처형당한 뒤에 이보혁이 군대를 이끌고 (4월 1일) 그 촌락을 포위하여 불살랐는데, 개나 닭 한 마리조차 살아남지 못했다. 악취가 몇 달이 지나도 사라지지 않아 그

폐허를 지나는 사람은 반드시 길을 돌아 피해 갔다. 그래서 어떤 이
는 이보혁이 몰래 역적과 내통했다가 마을 사람을 모두 죽여 입을 막
은 것이 아닌가 의심한다. 대저 학살이 이 정도에 이르렀으니 어찌
그 집안에 재앙이 닥치지 않겠는가. 돌아오는 무신년(戊申年)이 되면
위태로워질 것이다'고 했다. (성주목사 이보혁의 공적을 찬양하는 성
산기공비・星山紀功碑를 1784년 정조8년에 성주읍내에 건립했다) 그
런데 예언한대로 돌아온 무신년 다음 해(주: 1789년 10월)에 이보혁
의 손자 이재간(李在簡, 이조판서・판의금부사)이 어떤 사건(주: 왕
실과 조정 비방 상소 사건)에 연루돼 (진도로) 귀양 가던 길에 경기
과천에서 객사(客死)했는데, 사람들은 이 일을 무신년에 합천에서 이
보혁이 저지른 일에 대한 응보라고 여겼다. 이보혁의 후손은 (유배길
에 죽는 등) 마침내 몰락했다."(청성잡기 4권)

무신봉기가 끝난 지 60년이 지난 후에도 합천 등 경상우도 지역민
의 가슴 속에는 깊은 원한(怨恨)과 상흔・슬픔이 각인돼 있었다는 것
을 알 수가 있다. 또한 무신봉기 당시 자행(恣行)된 관군의 폭압적인
형태의 한 단면도 증언하고 있다. 실제로 이보혁의 손자인 판의금부
사(종1품) 이재간은 역모사건에 연루돼 진도로 유배 가던 중 객사했
는데, 영의정 1명과 판서 10명을 배출한 경기도 가평의 이보혁 가문
은 그후 쇠락했다.

무신봉기 때 제주도 성산읍 난산리의 오흥태(吳興太)는 거사군을
진압하기 위해 모병하여 육지로 진격하려고도 했으며, 무신봉기 후
조선에서 중국에 사신을 파견하여 직접 설명했고, 쓰시마(대마도) 번
주(藩主)에게도 사절단을 파견하여 일본 도쿠가와 막부(幕府)에게 무
신정변에 대해 대신 설명을 해 달라고 요청했다. 심지어 제주도 어부
김백삼 등 30명이 1729년 8월 풍랑을 만나 표류하여 대만에서 북경

을 거쳐 조선으로 돌아왔는데, 북경의 청나라 관리가 "1년 전에 일어난 (무신년) 변란을 아느냐"고 묻기도 했다. 그리고 김종직(金宗直)의 후손인 김득린(金得麟)은 무신봉기 때 밀양에서 합천 가야산으로 도피(피난)한 후 전국을 방랑하며 살았다. 전라도 나주 동강면 인동리 성지마을에서 세거하고 있던 탐진최씨들도 무신봉기 후 무안군 청계면 복룡리 장자산마을로 이거했다. 장자산마을 최씨는 표해록(漂海錄)을 지은 최부(崔溥, 1454~1504)의 후손들이다. 무신봉기가 국내뿐만 아니라 국외적 사건이었고, 제주도에서도 모병하여 구원병으로 출정하려고 한 전국적인 내전(內戰)이었으며, 개인과 문중에게도 큰 영향을 끼친 역사적인 사태였음을 알 수 있다.

영조는 무신년 봉기가 일어나자 소론인 오명항 이광좌 조태억 박찬신 박문수 박사수 조현명 이종성 등에게 같은 소론인 박필현 박필몽 이유익 심유현 이하 등 무신봉기 핵심 인물들을 진압하게 했다. 이이제이(以夷制夷) 전략을 구사한 것이다. 혹독한 고문 속에서도 이들은 목숨을 구걸하지 않았다. 특히 박필현·필몽 정희량 나숭곤 임서호·서린 정세윤 심성연 민원해 등은 큰 소리치며 심문에도 일절 답하지 않고 참수됐다.

그러나 그뒤 1755년(영조31) 나주벽서사건과 토역경과투서사건(討逆慶科投書事件)으로 인해 소론이 초토화되는 을해옥사(乙亥獄事) 때 경종 독시설(毒弒說)이 다시 표면화되자, 영조는 소론 대신(大臣) 조태억 이광좌의 관작을 추탈하고, 박찬신 윤지 이하징 유수원 심악 김도성 박사집 윤혜 심정연 유봉성 이거원 강몽상 등 개혁적인 소론계 인물 120여 명을 처형한다. 또한 이긍익의 아버지인 이광사는 함경도 회령으로 정배하고 다시 진도로 옮겨진 후 배소에서 죽는 등 소론이 초토화된다. 이 을해옥사로 춘천부사 충주목사 양천현령은 모두 강등하여 현감으로 했고, 해미현은 순서를 여러 현(縣)의 아래에다 두어 폄강(貶降)했다. 더욱이 이때부터 노론계 판서 홍계희(洪啓禧)를 중심으로 이긴 자인 영조와 노론의 의도대로 승정원일기는 수정 또는 삭제되는 역사 지우기와 역사 왜곡이 자행된다.

그후 1763년(영조39)에 조영득(趙榮得) 유동혼(柳東渾)의 역모사건이 일어나자, 영조는 조금 남아 있던 소론(완소)과 남인 후손들을 대대적으로 소탕·처형하여 씨를 말려버린다.

이로써 영조와 노론정권은 1728년 무신봉기 후 30여 년 동안에 걸쳐 남인과 소론을 제거하여 권력을 완전 독점하기에 이른다. 노론정권을 다소나마 견제했던 박문수도 1755년 나주벽서사건에 연루돼 고초를 당한 뒤 1년 있다 죽고, 소론 측에 가담한 사도세자(思悼世子)마저 영조와 노론세력에 의해 1762년(영조38) 죽임을 당함으로써 탕평책도 종말을 고했다. 그나마 살아남은 일부 소론(완소)은 권력 중심에서 밀려나 영향력을 상실함으로써 마침내 노론의 세상이 된다.

그러나 무신봉기는 1811년(순조11) 12월 홍경래(41세)의 평안도농민전쟁과 1862년(철종13) 2월 유계춘(柳繼春, 45세) 등의 임술농민항쟁(진주민란), 1868년 3월 민회행(閔晦行, 44세) 등의 광양민란, 그리고 1871년(고종8) 8월 문경(조령) 진천 진주 산청(대원사) 영해 등지의 동학교도 이필제(李弼濟, 48세)의 변란과 1894년(고종31) 3월 전봉준(40세)의 동학혁명 등 조선후기의 사회변혁운동에 많은 영향을 끼쳤다.

특히 1869년(고종6) 3월 23일 광양민란은, 광양 출생인 민회행 이재문과 태인 출생 전찬문(田贊文, 44세), 남원 출생 권학여(權鶴汝),

강진 출생의 강명좌(41세) 김문도(金文道, 41세) 등이 일으킨 반봉건 무장봉기였다. 이들은 1862년에 일어난 진주민란을 모델로 삼아 읍폐(邑弊)를 타파하려고 봉기한 것이다. 민회행은 70여 명을 규합한 후 격문을 걸고 24일 밤에 광양읍성을 습격하여 현감 윤영신(尹榮信)을 내쫓은 후 군졸들을 지휘하고 인부(印符: 관인과 명부)와 군기(軍器)를 뺏고 중죄인들을 석방했다. 민회행은 "한 사람의 백성도 죽이지 말고, 재물을 빼앗지 말라"고 포고(布告)하고, 성문을 닫고 3월 25일 밤까지 읍성을 점령하면서 남원까지 진격하려고 시도하다 사로잡혀 40여 명이 효수된다.

의금부에서 이러한 민회행의 무장봉기를 조사한 뒤, 민회행을 사형으로 결정한 문서인 결안(結案)에서 "민회행이 사창미(社倉米)를 백성에게 나눠주고, 남모르게 상(喪)을 치른 것은 이인좌의 속임수와 일치하는 것이며, 이름난 산(山)에 제사를 지내는 것은 정여립이 쓰던 방식을 이어받은 것이다. 총과 화약을 마련하고 무기를 만들었으며, 인장을 빼앗고 관청 창고를 약탈했다"고 했다.

이처럼 "한 사람의 백성도 죽이지 말고, 재물을 빼앗지 말라"는 포고문과, "상여에 무기를 숨기고, 관청의 곡식을 풀어 나눠 주고, 거사에 대비하여 총과 화약을 준비한 것 등"은, 1728년 무신봉기 때 이인좌 정희량 심유현 남태징 민원보 등 거사군이 실행한 것과 동일하다. 이것에서 광양민란은 무신년의 무장봉기를 교본으로 삼아 기획됐다는 것이 확인된다. 또한 1589년(선조22)에 일어난 정여립의 기축옥사까지 거슬러 올라가 민회행의 결안을 작성한 것에서, 집권 노론세력들은 무신봉기(무신변란)와 정여립의 모반사건을 같은 뿌리로 인식하고 있었다는 것을 알 수 있다.

10. 무신봉기와 조성좌 문중,
그리고 전설

　합천의 조성좌 문중에는 조성좌와 12촌간인 양진당 조한유(養眞堂
曺漢儒, 1696~1752)가 무신봉기 전후 자신이 경험한 것을 미시적(微
視的)으로 기록한 '무신일기(戊申日記)'가 전해져 내려온다. 이 일기
는 조한유가 자신의 입장에서 쓴 것이지만, 사료적 가치가 있다. 무
신봉기 당시 33세였던 조한유는 창원부사를 역임한 조정생의 현손으
로, 조성좌와 동년배(同年輩)쯤 된다. 양진당실기(養眞堂實記)는 조한
유의 8세손 조상우(曺相禹, 1859~1935)의 요청으로 이중철(李中轍,
1848~1934)이 1934년 음력 4월에 서문을 쓰고, 1935년 7월에 간행
(刊行)했다. 진성이씨인 이중철은 안동 출생으로 1913년 도산서원장
을 역임한 인물이다.

　다음은 양진당실기 안에 수록돼 있는 무신일기 중, 1728년에 일어
난 무신봉기 관련 주요 부분이다.

　"나(조한유)는 1728년 음력 2월 20일 아침에 천연두를 피해 도곡
(陶谷: 합천군 묘산면 안성리)을 출발하여 (동강 김우옹의 고향이며)
처가 동네인 성주군 대가(大家)에 도착했다. 벌써 (정희량과 조성좌

가 봉기할 거라는 등) 흉흉한 소문이 일어나고 있었다. 3월 4일 자형 (이주항)이 살고 있는 (칠곡) 석전에 갔는데, 자형이 '요즘 소문이 근 거 없이 많이 일어나고 있고, 또 천연두가 번지고 있으니 멀리 떠나 지 말라'고 했다. 그래서 친척(이정작)이 있는 영해읍으로 가서 터를 잡아 살겠다는 계획을 포기하고, 영해읍에 가지 않았다. 3월 18일 성 주 사월로 돌아왔는데, (정희량과 조성좌의 무신거사로) 흉흉한 소문 이 날로 떠돌고 있고, 또 노모(老母)가 도곡 집으로 돌아오라고 편지 를 보내와 말을 빌려 3월 26일 고향집으로 향했다. 가는 길에 해인 사 무릉교(武陵橋) 근방에서 대여섯 명의 승려가 땀을 흘리며 몹시 두려워하면서 빠른 걸음으로 앞을 지나가기에 물어보니, '읍내 대장 (大將) 처소에서 해인사에서 만든 신발을 납품하라는 독촉이 와서 어 제 갔다가 오늘 절로 올라가는 길이며, 대장은 신도곡(新陶谷: 합천 군 묘산면 도옥리)에 사는 조가(曺哥, 주: 조성좌)다'고 하여 매우 놀 랐다."

"3월 27일 아침에 도적들 수십 명이 '영기(令旗: 군령)'라 칭하면서 내 대문 앞으로 들이닥쳐 마구간의 말을 징발하려 하자, '우리 조상 은 신라 때부터 충효를 행하여 왔는데 효경(梟獍: 악인)이 우리 문중 에서 나올 줄을 알았겠는가. 내 머리는 자를 수 있을지 모르나, 도적 들에게 협박당할 수 없으며, 너희들이 말을 타도록 할 수는 없다'고 하고는, 칼로 말 다리를 쳐서 죽여 버렸다."

"3월 27일 저녁에 노모와 처자(妻子)·서모(庶母)·죽은 형 식구들 과 함께 도곡을 출발하여 삼가현 유명현(柳命炫)의 집(주: 봉산면 술 곡?)에 28일 새벽에 도착했다. 29일 밤에 다시 길을 떠났는데 밤중 이라 서모·처자식을 잃어버렸다. 노모·형수·어린 조카들을 데리 고 보암(寶巖)이라는 곳에서 29, 30일 이틀 유숙했는데, 도곡에서 40리인 병목(대병면 병목)의 진사 송시징(宋時徵, 조시수 사위)의 산 지기 집이었다. 이곳에서 도적들이 도륙됐다는 소문을 들었지만 도 로가 정리되지 않았다고 하여, (고향으로 돌아가지 않고) 상황이 변했는 지 소식을 더 들어보기로 했다."

"노모·형수·조카들을 보암 산지기 집에 남겨두고 4월 1일 산음(山陰: 산청)에 있는 허량(許樑)의 집으로 찾아가 작은 아버지의 피난 생활을 살펴보고, 단계(산청군 신등면 단계리) 및 구평(합천군 가회면 구평마을)으로 가서 서모·처자식 소식을 수소문했다. 4월 2일 단계 조정휘(趙正徽) 집에서 지낸 후, 4월 3일 서모의 작은 어머니 아들인 구평의 윤홍명(尹鴻鳴) 집으로 가니 서모와 처자식이 거기에 있었다. 윤홍명 집에서 5박 6일을 함께 지내고 있는데, (1728년) 4월 8일 아침에 합천 군졸들이 윤홍명의 집을 에워쌌다. (중략) 내가 혐의를 밝혀야 할 때 자진하여 스스로 보여주는 게 맞는다고 생각하여 합천읍내 관아로 들어갔다."

"4월 14일 저녁에 안무사(주: 종사관) 박문수(朴文秀)가 합천 관아에 도착하여 형틀을 찬 죄인들을 조사했다. (신임 합천군수 오명서가 4월 16일 합천에 부임하기 전에 대구 가영장 김진옥이 임명한) 임시 합천군수인 윤형로(尹衡老)와 박문수가 '그대의 무죄는 나 또한 들은 것이 있으니, 속히 출거(出去: 방면)하라'고 했다. 그날 밤에 내가 (방면돼) 합천 관아 문을 막 나오려는데 박공 문수가 '내일 조한유 그대가 부득불 내게 와서 사례를 해야 할 것이다'라고 하기에, 덕망이 뛰어난 사람이 이런 말을 한다는 게 말이 안 된다고 생각하여 전 전임 합천군수 김정운(金鼎運)을 만나 박문수에게 내말을 전해 달라고 했다."

"(1728년 3월 21일 합천의 무신봉기로) 내 가재도구와 서책은 약탈당했고, 5월 12일 안무사(주: 별견어사) 이종성이 (묘산 화양리에 야천 박소의 위패를 모신) 화암서원(華巖書院)에 들러 서원의 유생에게 '내가 조한유를 만나보고 싶으니 내일 열리는 합천읍 과장(科場)으로 나올 수 있도록 전해 주라'고 하여 유생이 그 말을 내게 알려

주었다. 13일 비가 엄청 내려 과거(科擧)가 연기돼 14일 과장에 갔는데, 사람들이 나를 보고 외면하고 업신여기며 깔아버리려고[압겸·壓鉗] 하는 것 같았다. (옛 합천좌수 정상림은 서울에서 참수돼 새로선임된 정세중·鄭世重) 합천좌수에게 '여기 참석한 사람 태반이 (이번 무신봉기에) 연루돼 있었다는 것은 합천좌수도 다 알고 있는 사실 아닌가'라고 항의했다. 좌수가 깜작 놀라며 나(조한유)의 입을 막으면서 '안무사 이종성 일행이 지금 대청에 있는데 말조심하라'고 했다. 그날 이종성이 '진주로 같이 가자'고 청해서 5월 16일 출발하여 안간역(安澗驛: 진주 미천면 안간리)에서 묵고, 17일 진주성에 도착하니 과장에 있던 단성(산청군 단성면) 선비들이 '조한유는 역적의 패거리이므로 시험장에 함께 있을 수 없으니 속히 몰아내라'고 하자, 이종성이 '조한유는 말 다리를 자르고 도둑들을 쫓아냈고, 노모를 업고 피난까지 가는 등 충절을 행한 사람이다'고 하면서 꾸짖었다. 그날 시험에서 장원으로 합격한 내게 이종성이 지필묵(紙筆墨)과 별호미(別戶米) 열 섬을 포상으로 줬다. (그후 별견어사 이종성은 1728년 9월 11일에 서울에 도착한다)"

"나(조한유)는 5월 18일 진주를 출발하여 (산청군 단계리) 권구(權𡹩) 집에 잠시 들린 후 (가회면 구평마을) 윤홍명 집에서 1박, 또 (대병면) 병목 송시징 집에서 1박한 후, 20일 점심을 (봉산면 술곡?) 유명현 집에서 먹고 고향 도곡(묘산면 안성리)에 도착했다. 그후 1728년 7월 10일에는 경상감사 박문수로부터 부채 다섯 자루와 전약(煎藥) 한 그릇을 (선물로) 받았다." (조한유 무신일기)

상기 무신일기는 조한유가 1728년 3월 전후에 당시의 상황을 자신의 입장에서 기록한 것으로서 일부 미화하여 기록한 것도 있다. 그러나 무신기병 전후의 급박한 상황 전개와 살아남기 위한 몸부림, 돌변한 세태(世態) 속의 인간 군상들과 소론인 박문수와 이종성의 배려심, 합천군민 태반이 무신봉기에 연루됐다는 것 등을 알 수 있는 가치 있는 사료다. 특히 조한유가 400리 길인 이정작이 있는 영해읍에 터를 잡아 살겠다는 계획을 세울 정도로 무신봉기는 조한유에게 절대절명의 시기였다.

1728년 3월 21일 조성좌가 기병하기 한 달 전인 2월 20일부터 조성좌의 무신봉기에 대한 소문들이 횡행(橫行)했다는 무신일기(戊申日記)의 기록에서, 조성좌도 청주의 이인좌와 안음의 정희량처럼 반공개적으로 무신기병을 준비하고 있었음을 알 수 있다. 주도세력들은 무신기병의 성공을 확신하면서 일을 추진하고 있었던 것이다.

특히 무신봉기 후 종사관 박문수의 도움으로 조한유가 방면됐다는 것과, 별견어사 이종성이 진주 과장(科場)에 모인 선비들에게 조한유는 역적이 아니라는 것을 공개적으로 보증하기 위해 노력했다는 것을 주목해야 할 것이다. 조한유가 진주성 안에서 치른 과거시험은 진주 사천 산청 함양 합천 거창 등 경상우도의 선비들을 위무(안무)하기 위한 것이었다. 사마방목 합격자 명부에 조한유의 이름이 없고, 조한유의 행장·묘지명·족보에도 벼슬을 하지 않은 것으로 돼 있기 때문이다.

무신봉기 당시 노론인 전전임 합천군수 김정운(1677~1735)은 장인인 영중추부사 이이명이 1721년(경종1) 소론인 김일경의 탄핵으로 귀양을 가자, 자신도 파직된 후 합천의 촌사(村舍)에 억류돼 있었다. 김정운은 옛날에 데리고 있던 합천장교 함만중을 언문 편지로 은밀히 불러 설득하여 조성좌를 배신하게 만든 공로가 인정돼 1788년(정조12) 1월에 이조참판으로 추증된 인물이기도 하다.

다시 조한유가 쓴 무신일기를 보자.

"신도곡과 구도곡은 고개 하나를 사이에 두고 있었는데, 행인(行人)들이 남촌(南村)과 북촌으로 갈라졌다고 지목하더니, 불행하게도 금년 3월에 아주 교활한 사람이 신도곡(합천군 묘산면 도옥리)에서 출현하여 그 집안을 망하게 했다. 대대로 쌓아온 충효의 조씨(曺氏) 문중에게도 씻을 수 없는 누(累)를 입혔으니 분통하기 짝이 없다." (조한유 무신일기)

조한유가 무신일기에서 도곡을 '신도곡(新陶谷)'과 '구도곡'으로 굳이 나눠 기술하고 있는 것은, 신도곡에 사는 조성좌와 일정 거리를 두기 위한 계산이었다. 무신일기에 따르면, 도곡(묘산면 안성리)에서 살고 있던 조씨(曺氏)들이 의논하여 도곡에서 남쪽으로 1리 남짓 되는 곳에 터를 잡아 기와집을 지어 1678년(숙종4)에 가족들과 함께 이사를 하고는, 신도곡(묘산면 도옥리)이라고 이름 붙였다고 한다. 그때 조성좌의 조부인 조하전(曺夏全, 52세)과 생조부로 조하전의 6촌 동생인 조하양(曺夏良, 50세, 조한유 조부), 조성좌 아버지 조항(曺沆, 3세), 조한유 생부(生父) 조엄(10세) 및 양부(養父) 조호(曺灝, 8세) 등 많은 창녕조씨들이 이사를 갔다.

그러나 1725년 영조 즉위년 12월 13일 신·구도곡 일원에 큰 불이 나 조한유(曺漢儒)의 집 등 188호가 불에 타고, 유학 조성좌의 솔거노비(率居奴婢) 3명이 죽는 등 피해를 입게 된다. 특히 조한유의 집과 조카 집이 불타버려 조한유는 다시 구도곡으로 이사를 가게 되고, 비록 고개 하나로 떨어져 있지만, "나 조한유와 조성좌는 사는 곳도 다르니, 이번 무신변란에 더욱 연루가 되지 않았다"고 강변하고 있는 것이다. 또 조한유는 "무신변란이 일어나기 2년 3개월 전에 신도곡에 있던 자신의 집이 불타서 구도곡으로 옮긴 것과, 무신변란 전 천연두가 창궐하여 1728년 2월 20일 성주로 피난을 떠난 것은 조상(祖上)과 하늘이 도왔기 때문이다"라고도 했다.

그후 조한유는 고향 도곡이 불길 끝에 관군들이 학살한 시체가 굴러다니는 등 마음이 편치 않아 도곡을 떠나 고령 쌍림면 송림 벽송정(碧松亭) 근방에 살다가 몇 년 안 돼서 다시 고향으로 돌아오게 된다. 실제로 조성좌와 조한유의 고향인 신·구도곡은 1728년 4월 1일 성주목사 이보혁의 명에 의해 고령현감 유언철이 도곡·안성·거산 촌락을 포위한 후 불을 지르고 마을 사람 모두와 동물을 학살하여 시체 썩는 냄새가 몇 달 동안 사라지지 않았다. 조한유는 무신일기에 관군이 자신의 집을 불태웠다고 쓰지 않고, 주막에서 자주 잠을 잔 것으로 기록하고 있을 뿐이다.

무신일기에 "합천 관아에서 1728년 4월 9일 조사한 조한유의 진술을 대구에 있는 경상감영에 보고하자, 4월 13일 하달된 감영 서목(書目: 공문) 등에 '조한유는 진흙과 모래 속의 출중한 옥[이사중양옥·泥沙中良玉]으로 절개가 있으며 포상해야 하고, 또 죄가 없으므로 방면(放免)하고 적몰한 재산은 환급하라'고 했다"고 기록하고 있다. 조한유의 진술을 경상감영에 보고한 이틀 뒤인 4월 11일에 경상감사 황선(黃璿)이 대구감영에서 갑자기 죽었는데, '황선 독살설'이 떠돌고 있던 4월 14일 밤에 종사관 박문수의 배려에 의해 조한유는 합천 관아 감옥에서 방면되게 된다.

무신봉기 후 조한유가 죽인 말[馬]은 무덤까지도 만들어 주고, 성주군 벽진 출생인 진사 여팔거(呂八擧, 1672~1756)는 '의검가(義劍歌)'를 지어 조한유를 칭송한 것을 보면, 무신봉기로 인한 민심이반을 수습하기 위해 나라에서 얼마나 많은 노력을 기우렸는가를 알 수가 있다. 합천군 묘산면에 있었던 '말 무덤'은 지금은 없어졌다.

그런데 1728년 무신봉기 때의 공로로 양무원종공신 3등에 녹훈된 합천군 관아 아전 이중필(李重弼)이 쓴 합천무신평란사적일기 1728 년 영조4년 4월 3일에는, 조성좌의 9촌 아재인 조형(曺泂, 1676~1731)을 '푸른 한 잎', 즉 '일엽청(一葉靑)'이라고 부르고 있다. 또 "조형(曺泂)은 무죄이므로 적몰재산은 돌려줘야 한다"고 기록하고 있다. 조한유가 1728년 5월 12일에 쓴 무신일기에도 "안무사(주: 별견어사) 이종성이 '조형(曺泂)과 조한유 숙질(叔姪)은 난리가 났을 때 정절이 매우 가상했다'고 들었다"고 한 기록을 보면, 조형(曺泂)도 조한유가 말 다리를 자른 것 이상으로 공을 세웠음을 알 수가 있다. 조형은 조한유의 삼촌이다.

하지만 조한유가 기록한 무신일기와, 진사 여팔거가 지은 의검가(義劍歌)와, 1752년 조한유 사망 후 칠곡군 석전 출생인 생원 이주대(李柱大, 1689~1755)가 지은 묘지명(墓誌銘), 그리고 조한유와 관련된 향장(鄕狀)·도장(道狀)·수의장(繡衣狀) 등을 살펴보면, 1874년(고종11) 11월에 합천 지역 유생 29명이 어사(御使)에게 청원한 수의장부터 조한유에 대해서도 '일엽청(一葉靑)'이라고 부르고 있다.

조한유의 윗대 외가(外家), 즉 조한유의 고조부인 조정생의 처가(妻家)가 고령 우곡면 도진리(桃津里)의 고령박씨 문중인데, 이 문중은 경상우도 남명학파의 핵심 중심축 중 하나였다. 고령 지역은 남명 조식의 문묘종사를 청하기 위한 소회(疏會)가 1617년 열릴 정도로 남명학 문풍이 거센 곳이었다. 그러나 고령박씨 문중은 1623년 인조반정으로 정인홍 문인인 승지 박종주가 참형되고, 이조좌랑 박종윤이 위리안치되며, 1631년 광해군복위사건으로 박종윤의 아버지인 전 장령 박광선(朴光先)과 손자인 교생 박희집·경집이 또 참형되는 등 큰 참화를 겪었다. 이처럼 무신봉기 당시에 조한유의 윗대 외가는 폐고가 돼 있는 등 극도로 침체에 빠져 있었지만, 합천의 조성좌 조한유 문중은 그나마 명문세가로서 기득권과 권위를 유지하고 있었다. 어떻게 보면 조한유가 무신봉기에 더 적극적으로 동참했어야 할 상황이었다.

조한유가 무신봉기 가담 혐의로 합천 관아 감옥에 수감된 후 방면된 것은, 소론인 종사관 박문수와 별견어사 이종성의 정치적인 고려에 힘입은 바 컸다. 특히 조한유 자신이 쓴 무신일기에 "내(조한유)가 감옥에서 방면될 때 박문수가 '조한유 당신은 나(박문수)에게 사례를 해야 할 것이다'라고 말했다"는 것에서도 증명된다. 박문수와 이종성은 명문세가인 조성좌 및 조한유 문중의 몰락을 면(免)하게 하여 그들 선조인 조응인 조정립 및 조정생 등의 향화(香火: 제사)라도 모실 수 있도록 배려한 것이다.

이는 조한유의 후손과 지역 유생들이 무신봉기 일주갑인 1788년(정조12) 전부터 수십 차례에 걸쳐 무신변란 때 조한유의 공로를 인정하는 증작(贈爵)과 시호(諡號)를 내려달라는 청원을 했으나, 받아들여지지 않았다는 것에서도 알 수 있다. 심지어 조한유 후손들은 상경까지 하여 상소로 이를 관철시키려고 했으며, 조한유의 8세손인 조상우(曺相禹)는 '일엽청(一葉靑)'이라는 어필(御筆) 세 글자만 고종 임금이 내려 달라고 1896년(고종33) 9월에 청원했으나 수용되지 않았다.

실제로 1728년 3월에 발발한 무신거사 당시에 조그마한 공로만 있으면 조선말기에도 증작(贈爵)·정려(旌閭) 및 시호를 내려주었다.

특히 무신봉기 일주갑(60년)인 1788년 3월에는 청주 진천 청안 춘천 금화 양구 양지(陽智) 안성 광주(光州) 전주 무산(茂山) 거창 함양 안의 등지의 송창기 김진희 이성택 정갑(丁甲) 신극종(愼克終) 등 무려 209명에게 증직·승진·면천 또는 음식을 내려주었다. 조한유는 여기에도 포함되지 않았던 것이다.

1729년 2월 소론(완소) 특진관(特進官) 조현명(趙顯命, 1690~1752)과 소론(완소) 동지사(同知事) 서명균(徐命均, 1680~1745)이 영조에게 발배된 사람의 선조(先祖) 제사 등에 대해 다음과 같이 아뢴다.

> "(1706년 소론의 탄핵을 받아 유배됐던 노론인 유학) 김춘택(金春澤, 1670~1717)의 집은 어른 아이 할 것 없이 모두 도배(島配)의 율(律)로 시행하여 국구(國舅 : 숙종 장인 김만기)의 제사를 부탁할 곳이 없게 됐으니, 사람들이 모두 마음 아파한다. 전후로 흉역은 민가(閔家, 주 : 민희 민암 민관효 등) 집에서 많이 나왔는데, 이는 참으로 효경(梟獍 : 올빼미와 담비)과 같은 악종(惡種)들이다. 이러한 족속은 서울에 둘 수는 없다고 해도, 지금 (무신변란 때 처형된 민관효 민원보 등) 민가는 노소(老少)를 막론하고 모조리 변방으로 내친 것은 법외(法外)일인 듯하다. 아명(兒名)으로 현고(現告 : 죄를 신고)된 자가 조보(朝報 : 기별·관보)에 꽉 찼으니 보기에 참으로 참담하고 측은하여 관대한 정치에 누(累)가 됨이 크다. 어린애들은 참작하여 석방하는 도리가 있어야 마땅할 듯하다. 민가(閔家) 집의 일도 비참하다."
> (승정원일기 영조5년 2월 10일·비변사등록 2월 15일)

이에 영조가 말한다.

> "민가(閔家)의 일은 김춘택과 견주어 같이 볼 일은 아니지만, 나도

측은하게 여기고 있었다. 내가 미처 처분을 못했으니, 대신이 입시하기를 기다려 의금부 당상에게 가려내게 하여 임금께 아뢰고 처리하는 것이 좋겠다."(승정원일기 영조5년 2월 10일 및 비변사등록 2월 15일)

이것을 보면, 무신봉기 가담으로 폐고된 문중에 대해서도 그들 선조들의 제사는 모실 수 있게 배려하고, 또 어린애들은 유배 또는 관노를 면하게 하려는 등 석방(방면)하려고 했다는 것을 알 수 있다.

앞서 언급한 조한유처럼, 진주시 지수면 출생인 허당(許鏜)도 무신봉기를 반대한 인물로 기록돼 있다. '진양속지(晋陽續誌) 충의(忠義)' 편에 따르면, 허당은 정희량의 동서(同壻)로 무신변란이 일어나자 진압을 위해 가동(家僮) 수백 명을 이끌고 합천으로 왔으나 진압된 뒤여서 되돌아갔다고 한다. 유학 허보(許輔)의 아들인 허당은 25세인 무신년(1728년) 9월에 무과(武科) 472위로 급제했다. 허당은 조성좌의 11촌 아재인 조숙(曺淑, 1727년 6월 사망)의 사위인데, 처남인 조석좌·정좌·정임(鼎任)과 손위 동서인 정희량이 무신봉기 때 모두 처형됐다. 무신기병으로 인척이 연루돼 처형되고 간신히 살아남은 자와 그 문중에서는 적극적으로 '충신과 가문의 영광 만들기'를 조선 말기까지 지속적으로 추진했다. 이는 살아남기 위한 방편이었고, 집권세력의 통치이념에도 부합하는 것이었다. 하지만 허당(許鏜)은 그후 연고가 없는 고령군 개진면으로 이사를 가게 된다. 처남과 동서가 무신기병의 핵심 인물이었던 것이 끝내 부담으로 작용하여 고향을 떠날 수밖에 없었기 때문이었을 것이다.

국안(鞫案) 중에서 중요한 것들을 추려 만든 무신감란록(戊申戡亂

錄)에 "조성좌를 석방하여 원수(元帥)로 추대하고 합천 객사에 진을 치니 아전과 장교들이 바람처럼 쓰러졌다"고 기록하고 있다. 당시 합천 지역민들뿐만 아니라 벼슬아치들도 무신봉기에 적극적으로 가담했음을 알 수 있다. 1728년 8월 1일 경상감사 박문수가 영조 임금에게 "합천과 안음(安陰)에는 (무신변란 후) 갇혀 있는 역당(逆黨)이 매우 많다"고 아뢴 것처럼, 합천과 안음은 무신봉기 때 연루자가 매우 많다. 또한 합천 아전 이중필이 쓴 합천무신평란사적일기(陝川戊申平亂事蹟日記)에서 "조성좌 진영에서 작성한 도목(都目: 인사명부)이 4책이 된다"고 한 것에서도, 대부분의 합천군민들이 대거 참여하여 연루됐다는 것을 알 수 있다.

합천무신평란사적일기는 아전 이태경(李台卿)의 아들인 이중필이 무신봉기 후 양무원종공신 1등 녹훈을 받은 아버지 이태경의 무신봉기 당시 공적을 미화·찬양하고, 무신봉기를 폄하한 일기체 형식의 문집이다. 이 문집은 이태경이라는 인물의 '충심 보여주기'와 '충신 만들기'를 알리기 위한 목적으로 만들어졌다. 향촌에서의 신분 상승과 가문의 입지 강화를 노린 의도된 편찬인 것이다. 이중필은 양무원종공신 3등에 녹훈됐지만, 그후 합천의 무신봉기 진압상황과 그 공로자 64명을 기념하기 위해 1790년(정조14) 10월 합천읍에 세운 '무신평란사적비'에는 공로자로 이름을 새기지 못했다. 그때 하세호 양경하 배희종 배선문도 이중필처럼 제외됐는데, 이는 1728년 7월에 9천여 명 중 한 명으로 공신책록이 된 뒤 공적에 대한 문제가 발생했기 때문이다.

합천무신평란사적일기 3월 26일을 보면, "좌수 정상림이 합천 관아 옥문을 부수고 역적 죄수 조성좌를 석방시켜 충의사(忠義師)라 칭하고 합천 객사에 웅거하여 군사와 장교를 호령하자, 감히 누구도 어

찌할 수 없었다"고 기록하고 있다. 27일, 28일 일기에는 "밤에 적(賊)
의 괴수가 촛불을 켜고 글을 읽었다." "수많은 적병(賊兵)이 마령(馬
嶺)으로부터 와서 모이니 그 형세가 매우 사나와 모든 사람들이 사지
를 떨었다"고 했다.

또한 조성좌의 9촌 아재인 조형(曺泂)에 대해서는 "도목 앞에 있는
조형의 이름이 먹으로 지워져 있으므로, 이는 죄가 없는 것이니 적몰
한 조형의 가장(家庄: 집과 전답)은 되돌려 주었고, 조형을 일엽청(一
葉靑)이라고 했다"라고 4월 3일 합천무신평란사적일기에서 기록하고
있다. 1892년(고종29)에 한강 정구 후손인 성주 출생 정내석(鄭來錫,
1808~1893)이 쓴 이태경 행장(行狀)에도 "(1728년 4월 14일 합천에
도착한) 안무사 박문수가 조형(曺泂)을 '만산의 고목 중 홀로 있는 푸
른 잎, 즉 만산고목(萬山枯木) 일엽독청(一葉獨靑)'이라고 장계에 실
어 (서울로) 올렸다"고 쓰여 있다.

한편, 생조부(生祖父)로 조성좌의 14촌 동생인 조세추(曺世樞,
1703~1728)는 문경현 가서면(加西面: 현 농암면) 일원에 거주하면
서(서울에도 거주), 무신봉기 때 진사 한세홍과 함께 경상좌도의 실
질적 책임자였다. 안동 사림들의 비협조로 안동 거사가 실패하자 조
세추는 함양 거사 때 부하 박세만(朴世萬)과 함께 정희량 군진(軍陣)
에 참여했으나, 정희량이 체포될 때 도망 간 후 머리를 깎고 예천의
절에 중이 돼 숨어 있었다. 4월 14일 노론인 충주목사 김재로에게 잡
혀 서울로 올려 보내진 후 국문을 받고 사흘 뒤 능지처사된다. 조세
추의 수하(手下)인 박세만은 함경도 삼수갑산(三水甲山)으로 도망갔
으나 1734년(영조10) 9월에 삼수부사(府使) 한사정(韓師正)에게 잡혀
장살된다. 무신봉기가 종결된 지 6년 5개월이나 지난 뒤였다.

조세추의 조부인 조하주(曺夏疇)는 이인좌의 외조부로, 영남의 제일 거부(巨富)였으며, 조하주의 고모부가 광해 임금의 동생인 '경창군 이주'다. 또한 조하주의 첫째 아내는 여주이씨로, 성호 이익의 아버지인 매산 이하진(梅山 李夏鎭, 1628~1682)이 조하주의 장인이며, 이익이 조하주의 손아래 처남이 된다. 대사헌 이하진은 경신환국 때 평안도 운산(雲山)으로 귀양 가 그곳에서 사망한 인물이다. 무신거사 실패 후 조하주의 문경 고택(古宅)은 파가저택(破家瀦澤: 집을 헐고 못을 만듦)됐다.

무신봉기 후 조세추의 아버지인 경강(景江)은 참형, 어머니 동래정씨는 발배, 조세추의 처 홍씨(洪氏, 홍귀달 후손)는 교형, 계조모(繼祖母)인 연안나씨(延安羅氏)와 아들 응창(應昌)은 함경도 길주목(吉州牧)의 관노(官奴)로, 조세추의 동생 세모(世模)는 함경도 명천부 관노로 발배됐다. 조세추의 백부 경하(景河)·숙부 경회(景淮)·아재비 경옥(慶沃)·경수(景洙, 52세)·경사(景泗, 44세)·경담(慶潭) 및 할아버지뻘인 하신(夏臣, 57세)과 하신의 동생 하격(夏激)은 참형 후 효시(梟示)됐고, 조하격의 아들 태봉(太奉, 23세)은 교형, 조세추의 큰 고모부 이백전(李白全)과 이백전의 아들이며 이인좌의 이종 동생인 세악(世岳, 25세)·조세추의 작은 고모부 이선택(李善擇)은 효시됐다. 그리고 조명욱(曺明勗)의 증손인 명신(命新), 조성구(曺聖久)의 아들 하신(夏新), 상주 사벌의 조시망(曺時望)의 손자인 경문(景汶)도 참형됐다.

그리고 합천군 묘산면의 조정립 증손인 관(灌)·원익(元翼)·용익(龍翼)과 조정생의 증손인 징(澄)·옥(沃)·집(潗)·학(澩)·담(潭) 등도 발배 또는 처형됐으며, 조집(曺潗)은 무신봉기 때 함양 마천동으로 피신을 했고, 조학(曺澩)은 6개월 동안 감옥에서 고초를 겪었다.

조정생의 현손인 정좌(鼎佐)·정임(鼎任)은 참형, 석좌(錫佐)는 장폐
됐으며, 조석좌의 일족인 조광좌·형좌·경좌(曺匡佐·衡佐·景佐)는
참형됐다. 조석좌의 아내 송종애(宋從愛)와 딸 태행(太行)·아들 학수
(鶴壽), 조정좌(曺鼎佐)의 어린 딸 태중·태순(太中·太順)·아들 용
수(龍守, 8세), 조정좌의 동생인 정임과 정임의 아들 상운(尚雲)·상
우(尚佑), 조광좌(조성좌 10촌)의 조부인 하량(夏亮)은 모두 발배됐으
며, 현재 창녕조씨태복경공파보에 등재조차 안 돼 있다.

한 마디로 합천의 조성좌·덕좌·석좌·정좌·정임·명좌, 창녕의
조세신(曺世新), 문경의 조하신·하격·경하·경강·경회·경사·경
옥·세추, 상주의 조경소·경문, 창녕의 조세신(曺世新) 등 창녕조씨
태복경공파 문중은 쑥대밭이 됐다. 재산은 몰수됐고, 고택과 사당(祠
堂)은 불타버렸으며, 서책과 가재도구 등은 약탈당했다. 처형 발배
도피 등으로 많은 조씨(曺氏)들과 그 후손들은 죽임을 당하거나 고향
을 떠났다. 무신봉기 때 어렵게 살아남은 조형(曺泂)과 조한유(曺漢
儒)의 눈물겨운 노력에도 불구하고, 조성좌 및 조한유 문중의 향촌에
서의 영향력은 급속도로 상실돼 갔다. 1728년 7월 9천여 명을 양무
원종공신으로 녹훈하고, 1729년 4월에 500여 명에게 추가포상할 때
무신년 당시 조한유의 공로를 인정 받지 못했다. 무신봉기 일주갑
(60년)인 1788년(정조12)에 추가로 200여 명에게 포상이 또 내려질
때도 끝내 포상이 되지 않아 마지막 희망마저 물거품이 됐다. 고향에
남은 조씨(曺氏)들은 영원히 관리가 될 수 없는 폐고(廢錮)가 돼 지방
의 한미(寒微)한 유생으로 전락하고 말았다.

합천군 율곡면 임북리에 살고 있던 한사 강대수(寒沙 姜大遂, 1591
~1658)의 봉사손인 강지은(姜趾殷, 50세)도 1728년 7월 경상감사
박문수의 도움으로 강익문(姜翼文)·대수 등 선조의 향화(香火)를 보

존할 수 있었다. 그러나 강지은의 동생인 세은(姜世殷)·정은(挺殷)·만은(晚殷)과 일족인 효은(孝殷)·봉은(奉殷) 등이 무신봉기에 연루돼 조성좌의 문중처럼 폐고됐다. 또한 합천군 묘산면 화양리의 파평윤씨 및 반남박씨, 대병면 하금리·장단리의 안동권씨, 대병면 장단리의 은진임씨(恩津林氏), 합천읍 내곡리의 합천이씨, 봉산면 노곡리의 초계정씨, 봉산면 권빈리의 밀양손씨, 가회면 덕촌리의 김해허씨 문중 등도 마찬가지였다. 여타 무신봉기 주도층 및 가담층 인사들의 문중도 같은 상황이었다.

합천의 묘산·봉산·대양면 일원에는 지금도 무신봉기와 조성좌에 대해, "조성좌 윗대 선조 무덤에 깨를 뿌렸더니 그 깨가 군졸이 됐다." "거사 날짜를 잡을 때 조[속·粟]를 뿌려 조가 싹이 날 때 기병하라는 조성좌 누이의 요청을 무시하고 싹이 나기 전에 기병을 하여 거사가 실패했다." "석가산에 있는 조성좌의 윗대 조상 묘 하관(下棺)을 쇠갓을 쓴 사람이 지나갈 때 해야 하는데, 빨리 하관하여 조성좌가 죽임을 당했다." "1일 80리씩 8일 만에 도착하라는 포도대장(주: 남태징)의 연락을 잘못 전달 받아 8일에 80리씩 진격하여 조정에서 알게 돼 실패했다." "수탉이 암탉 울음으로 변한 것이 불길하니 거사를 늦추어야 한다는 누이의 말을 듣지 않아 실패하고 말았다." "조성좌의 거사군들은 두무산(斗霧山)에서 훈련했다"는 등 전설이 회자(膾炙)되고 있다.

특히 조성좌의 종고조부이며 조한유의 고조부인 조정생과, 조정생의 손자 조하양의 무덤이 있는 합천군 대양면 덕정리에서도 앞에 언급한 '석가산의 쇠갓'이라는 전설이 전해지고 있다. 또한 거사군이 사용할 창을 단금질하고, 또 무기와 군량미를 보관한 창고가 있던 곳은 '창골'이라는 마을 이름으로 현재 묘산면에 남아 있으며, 조성좌의 4천 군사가 15일, 즉 '보름 동안' 주둔한 장소가 '보름'이 '보림'으로 변하여, 합천읍 서산리의 '보림마을'이 생겨났다. 무신봉기와 조성좌가 지역과 지역민에게 끼친 영향과 소망이 얼마나 컸는지를 알 수 있는 상징적 사례다.

합천군 율곡면에는 '이수대와 장기판'이라는 전설이 내려오고 있다. 이 전설에는 무신봉기 후 집권 노론세력에 대한 지역민들의 반노론적 인식이 잘 나타나 있다.

"합천군 율곡면 제내리의 이수대(李秀大)는 재주가 있고 훌륭했는데도, 조성좌의 거사로 합천 사람은 과거에 응시할 자격이 없었기 때문에 발신(發身)할 기회를 가질 수가 없었다. 이수대는 우울하고 답답한 마음을 풀 겸 무작정 상경하여 당대의 세도가인 이(李)정승의 사랑방 식객으로 있게 됐다. 이정승은 장기 두기를 좋아했고, 누구도 이정승을 이기는 사람이 없었다. 그런데 이수대가 이정승과 내기장기를 두고 이겼다. 정승이 내기 때 약속한대로 이수대는 남병사(종2품) 자리를 요구했다. 하지만 이정승은 약속을 번복하여 남병사는 이미 사람이 있어 줄 수 없고 북병사(北兵使)를 주겠다고 하자, 이수대는 이정승의 거짓말에 격분하여 장기판으로 내려쳐 즉사 시켰다. 이에 이수대는 젊은 나이에 역적으로 죽임을 당하고, 율곡면 오복골에 있는 선대 묘는 파헤쳐졌다. 묘 뒤쪽 영혈을 끊기 위해 팠다는 호박이 있는데 이 고개를 호박고개라고 하며, 제내리 번구지에서 못안으로 가는 길가에 위치한 이수대의 집은 헐려 못으로 만들었다. 소학산 남쪽 줄기에는 이수대를 징벌하기 위해 (성주목사 이보혁 등) 말탄 군사가 밀려왔다고 하여 합천읍 금양리 앞들을 '말밀들'이라고 불리고 있다."

　무신봉기 때 박문수가 별견어사 겸 종사관으로 임명돼 영남지방을 돌면서 백성들을 위무했는데, 이와 관련한 전설도 회자되고 있다. 박문수가 무신봉기로 참화를 겪고 있던 백성들을 위해, 그들의 편에 서서 일을 처리했기 때문에 '(암행)어사'의 상징적인 인물로 자리매김하게 되는 것이다. 이러한 박문수와 관련한 전설에서 무신봉기 때 수많은 백성들이 억울하게 죽어 갔다는 것을 짐작할 수 있다.

　"영조 때 합천군 율곡면 율진리에 재산이 많고 덕망이 높은 홍진사(洪進士)가 살고 있었다. 그런데 어느 날 홍진사의 이쁜 며느리가 살해됐다. 홍진사가 억울하게 살인범으로 몰려 합천 관아 감옥에 갇히게 된다. 당시 합천은 조성좌의 난으로 민심이 어수선할 때라, 이를 안정시키기 위해 박문수를 암행어사로 내려 보냈다. 박문수가 허름한 차림으로 영남 길을 내려오는데, 탁발하는 해인사 파계승인 해관을 만나 동행을 하게 됐다. 동행 도중에 파계승이 어떤 동네에 탁발하러 갔다가 색시가 너무 예뻐서 겁탈을 하려다가 말을 듣지 않아서 죽였다는 것을 박문수가 알게 됐다. 합천 관아에 도착한 박문수는 옥에 갇혀 있는 죄인 중 억울한 사람이 있는 지를 살폈다. 홍진사의 범행에 미심쩍은 것을 발견하고는 직접 심문한 뒤 홍진사를 석방하여 억울함을 풀어 주고, 역졸들을 풀어 해인사 파계승 해관을 잡아왔다."

　"영조 때 어사 박문수가 김천 암행을 마치고 거창을 가기 위해 김천시 증산면 황정리 원황점마을을 지나 목통령(주: 인근에 우두령이 있음)을 넘게 됐는데, 험준한 고개인 관계로 탈진하여 쓰러졌다. 산나물을 캐러온 마을 아낙네가 쓰러져 있는 박문수를 발견하고 자신

의 젖을 짜먹여 살렸다. 목숨을 구한 박문수가 생명의 은인에게 소원
을 묻자, 아낙은 '마을 사람들이 대대로 독한 유황을 캐서 나라에 바
치는 일로 고단하니 그만두게 해달라'고 말했다. 어사 임무를 마치고
상경한 박문수가 영조에게 사정을 말했다. 영조는 '부인의 정성이 나
라의 동량을 살렸다'고 말하며 소원을 들어줬다. 지금도 마을 뒤쪽에
는 황을 캐던 자리가 있는데, 주변 바위돌이 붉거나 누른색을 띠고
있다."

정희량과 관련한 전설은 영주시 순흥면 읍내리 '일조봉(一朝峰)'과
순흥면 덕현리 '정희량 묘터', 거창군 위천면 상천리 '점터[점기 · 店
基]'에 남아 전해지고 있다. 특히 거창군 신원면에는 합천군 봉산면
등지에서 회자되고 있는 '석가산의 쇠갓'과 유사한 전설이 전해지고
있다.

"정희량의 거사를 누나(주: 실제 정희량은 여동생만 3명임)가 만류
했으나 듣지 않자, 누나가 '나는 이곳에 산을 만들 테니 너는 아무
곳에 있는 바위를 옮겨 오너라. 내가 이기면 네 계획을 취소해야 한
다'고 했다. 정희량이 힘들여 돌을 가지고 마을의 산모퉁이를 돌아서
오는데 눈앞에는 이미 산봉우리가 하나가 생겨 있고 그곳에서 누나
가 기다리고 있었다. '나는 하루아침[일조 · 一朝]에 산을 만들었는
데, 너는 이제 오느냐. 내가 이겼으니 거병을 늦춰라'고 했으나, 말
을 듣지 않고 거병하여 죽임을 당하고, 마을 뒷산 기슭에 있던 정희
량의 집은 헐려서 집터만 남게 됐다." "순흥면 상덕현리 북쪽 골짜기
에 정희량의 부친 묘소가 있었는데(주: 실제 부석면에 있음), 파보니
까 용(龍)이 거의 다 돼 있었다. 용이 승천(昇天)한 후 거병을 해야
하는데 너무 빨리 거병을 하여 실패했다." "정희량이 무신변란 때 고

향인 거창 위천면 인근 금원산에서 철을 모아 창검을 만들었던 곳[점
·店]이 점터가 됐다."

함양군 서상면 상남리 조산(曹山)마을에서도 무신봉기와 관련한
전설(유래)이 내려오고 있다.
"황산 출생인 조명진(창녕조씨·曺氏)이 4살 많은 부인(밀양박씨,
19세)과 함께 무신변란으로 피난을 왔다. 이곳에 은둔하면서 칡과 다
래넝쿨을 제거하고, 또 화전으로 산을 개간하여 살게 되면서 '조씨
(曺氏)가 살고 있는 산(山)'이라고 하여, 마을 이름을 '조산'으로 불리
게 됐다."

전북 남원시 운봉읍 권포리 막골에는 정희량이 임명한 함양군수
최존서(崔存緒)와 관련한 전설이 내려온다.
"함양군수 박사한, 운봉좌영의 독전장 박기룡, 남원 송동면의 양민
김만광 등이 함양을 공격하여 최존서(전주최씨)를 함양 관아에서 사
로잡아 참수하고, 그의 아들·며느리·손자는 귀양을 보냈다. 살아
남은 최존서의 일가친척들이 난을 피해 들어와 '막을 치고 살았다'고
하여, 이곳을 '막골(마골)'로 불리게 됐다. 최존서의 묘는 권포리 새
모실 북쪽 덤멀고개 동쪽 야산에 있다."

전북 부안군 계화면 창북리에 있는 '마분지(馬糞池)'라는 마을 이름
도 무신봉기와 관련한 전설이 스며있다. '마분지'는 현재 '용화동(龍
化洞)'으로도 불리고 있다.
"무신변란이 일어나기 전 이 마을에 '홍녕'이라는 신술(神術)로 이
름난 점술사(占術師)가 살고 있었다. 무신년 변란 때 나주의 핵심 인

물인 나숭대가 '홍녕'이라는 사람이 점술에 뛰어나다는 말을 듣고 부
하 여럿을 데리고 찾아와 점을 청했는데, '홍녕'이 그의 인품과 위력
에 못 이겨 점을 쳤더니 '남산노인기지야(南山老人旣知也)'라는 점괘
가 나왔다. 나숭대는 이를 '네가 왕이 된다는 것은 남산의 노인도 이
미 다 알고 있다'는 뜻으로 풀이하고, 거사하기로 결심했다. 하지만
나숭대의 무신거사가 실패하자, '홍녕'은 점을 쳐 준 죄로 처형됐다.
나라에서 '홍녕'의 집을 헐어버린 뒤, 그 집터는 웅덩이로 만들고, 거
기에 말똥을 채웠다. 그래서 '말똥 묻은 곳'이라 하여 '마분지(馬糞
池)'라고 했다."

  무신봉기를 기획한 사람 중 한 사람인 태인현감 박필현에 관한 전
설은 현재 전북 정읍시에서 회자되고 있다.
  "박필현이 군사를 거느리고 전주성(全州城)을 공략하려고 금구(金
溝)에 도착했을 때였다. 큰 길에서 소복을 입은 여인이 머리를 풀어
헤친 채 상위에 물 한 그릇을 떠놓고 대성통곡을 하고 있는 것이 아
닌가. 여인이 진로를 방해하자 앞에 가던 병사(兵士)가 여인의 목을
베 버렸다. 여인을 죽인 병사가 박필현에게 보고하자, 박필현이 '불
길한 징조이니 다른 길로 돌아가자'고 명령했다. 돌아갈 길이 없다고
하자, 박필현은 '산을 뚫어 새로운 길을 내라'고 추상같은 명령을 내
렸다. 새 길을 내고 돌아갔는데 지금의 전북 김제시 금구면 청동원
(靑銅院)으로 가는 길이다. 그때 전주성 내 전라감영에서는 박필현의
입성(入城)을 기다리고 있었다. 박필현의 군대가 전주성 가까이 들어
오자 잠복해 있던 관군이 이들을 격파하고 두목들을 생포했다. 박필
현은 모든 비밀문서를 불태우고 혀를 깨물고 도피했다."(주: 조선왕
조실록에도 "박필현 군사가 금구에 이르자, 이때부터 큰길이 아닌 우

회하는 길을 따라 행군하여 전주성과 7리 떨어진 삼천에 도착하여 진을 쳤다"고 기록하고 있다)

　평안도절도사 이사성(1677~1728)에 관한 전설은 이천시 마장면 양각산(羊角山) 봉우리에 있는 '치마대(馳馬臺)'와 함께 전해 내려온다.

　"이사성이 청년시절 큰 뜻을 품고 양각산 치마대 바위에서 무술 연습을 하던 중 하루는 설봉산으로 말을 몰았다. 이사성이 설봉산 정상에 서서 멀리 치마대를 바라보니 끓어오르는 호연지기를 누를 길이 없어 자신의 운세를 시험해 보기로 했다. 말위에서 활시위를 당긴 후 바람처럼 말을 몰아 쫓아 달려갔다. 화살보다 말이 먼저 도착하면 자신의 꿈이 이루어질 것으로 보았던 것이다. 그런데 치마대에 도착해 보니 화살이 이미 바위에 꽂혀 있었다. 이사성은 자신의 명마(名馬)가 빨리 달리지 못한 것으로 판단하여 분을 참지 못하고 장검으로 말의 목을 쳤다. 그 순간에 쌔액하는 소리와 함께 화살이 날아와 꽂히는 것이 아닌가. 자신이 본 화살은 예전에 쏜 화살이었던 것이다. 경솔하게 명마(名馬)를 죽인 것을 후회했으나, 이미 돌이킬 수가 없었다. 이사성은 그의 준마를 죽이면서 명(命)을 다했다."

　경기도 이천시 대월면 군량리 은행나무골 출생인 이사성은, 서울 장의동(壯義洞: 효자동 일원)에서도 살았다. 군량리에는 무신봉기 때 이사성이 싸리나무로 군사 2만 명을 만들어 무술을 가르쳤다는 '이마니 고개'가 있다. 이사성은 이유익과 같은 익안대군 이방의(李芳毅)의 후손으로, 아버지는 1708년(숙종34)년 상주영장(尙州營將)을 역임한 이명징(李命徵)이고, 큰 아버지는 창원부사를 역임한 이현징(李顯徵)이며, 증조부는 현종·숙종조에 음직으로 곡성현감과 의빈도사(儀賓都事)를 지낸 이한구(李翰儒)다. 고조부는 이괄의 난에 연루돼

억울하게 참형된 병조정랑 이용진(李用晋)이고, 경상·강원·황해감
사를 역임한 이성임(李聖任)이 이사성의 5대조다.

진위현의 핵심 인물로서 원균(元均, 1540~1597, 삼도수군통제사)
의 6세 방손인 원만주(元萬周, 1686~1728)에 관한 전설은 평택시 도
일동에서 회자되고 있다.

"(원주원씨 원성백파인) 원만주는 자신이 거둬들인 곡식을 집 앞에
쌓으면 앞산과 비슷했을 정도로 갑부였다. 정골(鼎谷)에 용광로를 설
치하여 병기(兵器)를 만들고 군량미를 모으며 거사를 준비했으나 발
각되어 실패했다"는 전설이다. '정골(鼎谷)'은 "용광로터에 솥을 만들
어내던 골짜기"라는 뜻으로, 원만주가 병기를 만들었다는 골짜기는
현재 평택시 도일동에서 '정골'로 불리고 있다.

무신역옥추안·승정원일기·조선왕조실록에 원만주와 동생 진주
(鎭周, 정배됨)·백주(百周, 노루목 전투 중 사망)의 아버지는 원흡(元
洽)이고, 조부는 원순경(元舜敬)이며, 진위현 태생으로 나와 있다. 무
신거병 때 원만주는 상중(喪中)인데도 불구하고 정세윤의 종사관으로
활동했고, 글[문·文]을 잘한다고 하여 이인좌의 격문과 관문(關文)을
지었다. 원만주는 2차 형신을 받고 1728년 5월 24일 군기시 앞길에서
참형됐다. 원만주의 아내와 1728년 태어난 아들, 조카 유기(有麒)는
1728년 6월 27일 평안도 숙천부(肅川府)로 발배됐다. 진위현이었던
평택시 도일동은 임진왜란 때 공을 세워 이순신 권율과 함께 선무공
신(宣武功臣) 1등에 녹훈된 원릉군 원균의 고향이기도 하다.

진위현 지역이었던 평택시 송북동 우곡(牛谷)마을은 무신봉기 때 6
장사(壯士) 중 한 명이었던 소성(蘇晟)을 비롯한 소면(蘇冕) 소정(蘇

鼎) 등 진주소씨(蘇氏)의 세거지였다. "소씨(蘇氏)들이 살았던 마을"이라고 하여 '소골 또는 우곡'으로 불리게 됐으며, 지금도 소골마을에는 무신거사 때 병기를 만들었던 대장간이 있었다고 전해지는 골짜기를 '풀무골'로 부르고 있다. 고려 때부터 진위현의 명문거족이었던 진주소씨는 무신봉기 후 조상들의 묘가 파묘(破墓)가 되는 등 쇠락했다.

이인좌가 임명한 거사군 방어사(防禦使) 안후기(安厚基)에 관한 전설은 천안시 동면 화계리에 '장자터(부자터)'라는 지명에 남아 전해온다.

"화계리 윗골 부자터에 안후기가 살았는데, 아직도 그가 사용한 그릇 파편이 남아 있으며, 안후기의 윗대 조상 무덤의 망주석은 쓰러진 채 놓여 있다."

이와 같이 무신봉기는 역사 속에서 뿐만 아니라, 백성들의 뇌리에 각인된 후 전설이 돼 회자되고 있는 것이다. 무신봉기는 우리들에게 한(恨)과 염원, 그 자체였다.

11. 무신봉기 후 경상도 등에 대한
집권세력의 시책

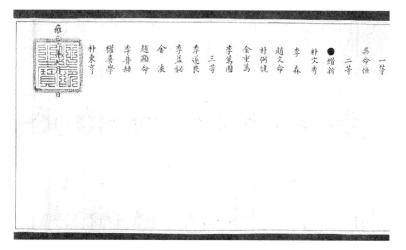

▲ 오명항에게 영조가 내린 양무공신교서(揚武功臣教書)다.
2등인 금위중군 朴纘新(박찬신, 함양박씨)의 朴자가 ●(먹)으로 지워진 것은 1755년
나주벽서사건으로 처형됐기 때문에 후대에 지워버린 것이다.

　합천군수 이정필은 1728년 4월 1일 새벽닭이 울 무렵에 합천읍 옥
산동 빙고현(氷庫峴: 옥산)에서 조성좌 조정좌 조덕좌 허택(許澤)을,
곤양군수 우하영과 진주영장 이석복은 4월 3일 오후 3시경에 거창군
고제에서 정희량 이능좌 나숭곤 등 21명을 처형했다. 조성좌 조정좌

조덕좌 허택의 머리[두·頭]는 경상우병영에서 4월 8일 함양군 남루
(南樓)에 도착한 4로 도순무사 오명항에게 갖다 바쳤다. 정희량 이능
좌 나숭곤 3명의 머리는 경상감사 황선이 소금에 절인 후 함에 담아
4월 6일 서울로 보내자, 영조는 광희문(光熙門)에 있는 훈련도감의
화약고(火藥庫)에 보관해 두었다. 4월 19일 오명항이 서울로 돌아오
자 괵(馘: 머리)을 바치는 예전(禮典)을 거행한 뒤, 정희량 이능좌 나
숭곤의 머리는 6일 동안 서울 저자 거리에 매달아 도성 사람들에게
권력의 힘을 보여주었다. 6일 후에는 서대문 밖 경기감영(京畿監營)
내 팔방(八方)에 전시하여 도성을 오고는 사람들이 보도록 했다. 경
기감영은 지금의 종로구 평동 서울적십자병원터에 있었다.

　이른바 10역괴(逆魁)인 이인좌 이능좌 박필현 이사성 정희량 박필
몽 남태징 민관효를 비롯하여 조성좌 조정좌 정세윤 나숭곤 한세홍
신천영 조세추 고응량 등 주도세력들은 예외 없이 효시된 후 노적(孥
籍)돼 가산(家産)은 적몰(籍沒: 몰수)됐고, 처자식과 부모형제는 처형
또는 유배됐으며, 집은 대부분 파가저택(破家瀦擇: 집을 헐고 못을
만듦)됐다. 무신봉기로 수천 명이 죽었고, 오지(奧地) 또는 절도(絶
島) 등지에 유배된 사람도 무려 1천 명이나 됐다.

　노론 등 집권세력들은 무신봉기를 진압한 후, 1728년 4월에 15명
을 양무공신(揚武功臣: 분무공신·奮武功臣)으로 녹훈(錄勳)했다. 1등
에 도순무사 겸 병조판서 오명항, 2등에 금위군 중군 박찬신·종사
관 겸 교리 박문수·훈련대장 이삼·어영대장 조문명·선산부사 박
필건·양성현 고변인(告變人) 김중만·부장(副將) 이만유 등 7명을,
3등에 훈련도감 마병별장(馬兵別將) 이수량·별효기별장(別驍騎別將)
이익필·금위군 천총 김협(金浹)·종사관 겸 교리 조현명·성주목사

이보혁·교련관 권희학·상주 파총 박동형 등 7명을 녹훈했다. 15명 모두 군(君)으로 봉하고 승급시켰으며, 화상(畵像)을 그려 하사했다.

충훈부등록(忠勳府騰錄) 1729년 기유(己酉) 7월 16일 및 8월에 따르면, 15명 양무공신 중 1등 공신인 오명항에게 전답 25결(結, 81,000평) 및 노비 41명, 2등 공신 7명에게 1명당 평균 20결(65,000평) 및 34명, 3등 공신 7명에게 평균 15결(49,000평) 및 27명을 1729년 5월에 각각 나눠 주었다. 15명 공신에게 전답 278결(結)과 노비 468명을 분배한 것이다. 그 재원(財源)은 무신봉기로 노적(孥籍)된 이인좌 박필현 정희량 조성좌 이의형 신석영 원만주 등 총 94명 중, 이인좌 박필현 정희량 이인엽 조세추 고응량 김덕삼 민원보 신천영 박미귀(상인) 한대명(비부) 조정좌 신광원 등 58명으로부터 충훈부에서 적몰한 재산에서 충당했다. 노적된 58명의 재산에서 15명 공신들에게 분배하고 남은 재산과, 상주목의 한세홍·합천군 조성좌·양성현 이의형(李義衡)·삼가현 권만항·용인 송전리의 장용(張鏞) 등 노적된 36명으로부터 적몰한 전답(田畓) 및 노비(奴婢)·사(舍: 가옥) 등 재산은 충훈부(忠勳府)와 양향청(糧餉廳)에 반반씩 귀속시켰다.

국가에서 적몰한 재산 중, 전답은 1만 결(結, 3,275만 평)이 족히 넘었을 것이다. 왜냐하면 합천군 좌수 정상림이 "조성좌의 가동이 수백 명이다"고 했고, 무신별등록에 있는 경상감사 박문수의 무신(戊申) 6월 15일 장계에 "(조성좌 고향인 합천군 묘산면) 인근 주막인(酒幕人)은 모두 조성좌의 노속(奴屬)이다"라고 한 것에서, 노적된 조성좌가 부호였다는 것을 알 수 있기 때문이다. 함께 노적된 조세추 나만치 이인엽 이하 양명하 김정현 김덕삼 고응량 김수종 등은 더 큰 부호였다. 적몰한 노비는 양명하의 노비 235명과 조세추의 노비 49명 등 1,055명[구·口]이었다. 다만 이인좌의 노비는 거사 전에 이인

좌가 면천을 했기 때문에 1명도 적몰하지 못했다. 조선시대 노비는
'사람 인(人)'이 아닌, '입 구(口)'로 표기하여 물건과 같이 취급했다.

박필현의 도피 장소를 신고하여 양무공신 3등에 녹훈된 상주진 파
총 박동형(朴東亨)에게 나눠준 재산을 보면, 전(田) 11결 50부, 답(畓)
7결 50부 등 전답 19결과 노비 27명이다. 전답은 평균 분배 15결보
다 4결을 더 주었다. 이중 합천의 조정좌(曺鼎佐)로부터 적몰하여 박
동형에게 나눠 준 것은, 전(밭) 1결 34부 6속, 답(논) 1결 94부 5속과
노비 7명이었다. 또한 정희량의 안음 답(논) 5결 55부 5속과 노비 3
명, 고응량의 부안 전(밭) 7결 15부 4속과 노비 3명, 민원보의 황해
도 금천(金川) 전(밭) 3결과 노비 1명, 민관효의 경중 노비 3명, 신광
원의 경중 노비 3명, 조세추의 문경 노비 5명, 나숭곤의 문경 노비 2
명도 적몰하여 박동형에게 주었던 것이다. 그러나 적몰은 원활하게
이루어지지 않았다.

조선왕조실록 영조5년 5월에 "역가(逆家)의 전토(田土)를 적몰한
것은 이미 전안(田案)에 의거한 것인데, 해조(該曹)에서 그들의 정소
(呈訴: 청원)로 인해 되돌려준 것이 많다. 조세추 나만치는 온 도내
(道內)에서 제일가는 부자인데도 충훈부에 이속(移屬)된 것은 몇 결
에도 되지 않을 정도로 부실하며, 호조(戶曹)의 당상(堂上)을 추고(推
考)하고 역적들의 전답을 충훈부에서 다시 문적(文籍)을 조사하여 모
두 적몰을 해야 한다"고 장령 허옥(許沃)이 영조에게 아뢰어 윤허를
받는다. 조세추의 조부인 조하주는 문경을 비롯한 충주 단양 안동 진
위 등지에 토지를, 문경 경중 남원 안동 충주 등지에는 노비를 가지
고 있는 등 영남의 제일 거부였고, 나만치도 고조부인 나덕준(羅德
峻) 때부터 나주 은진 광주(光州) 등지에 농장을 가지고 있는 호남에
서 대단한 부호(富豪)였기 때문이다.

그러나 그후 1734년(영조10)까지 적몰을 추진했지만, 적몰 실적은 썩 좋지 않았다. 이는 무신봉기 전후 양안(量案: 토지대장) 등 행정체계의 문란, 가속(家屬)들의 도망 및 처형, 적몰이 부당하다는 청원 등에 기인한 바가 컸다. 또한 임서호 민원해처럼 국문 중 승복하지 않고 곤장에 맞아 죽는 등 경폐(徑斃)된 경우에도 적몰되지 않았기 때문이다. 심지어 적몰재산 중 사치품은 당상관과 낭청(郎廳)들이 가로채 가는 일도 비일비재했다.

영조는 뒷날 교본으로 남겨 놓으려고 1728년 5월에 소론인 송인명과 박사수에게 무신감란록(戊申勘亂錄) 6권 3책 편찬을 지시했다. 경향(京鄕) 각지 관아에도 비치한 무신감란록에서 영조는 무신봉기 발발 원인을 "붕당을 일삼아 재주 있는 사람을 등용하지 않고 색목(色目)으로 등용하여, 보잘 것 없는 것들이 좋은 자리를 차지했다. 또한 연달아 흉년이 들어 백성이 죽을 지경인데도, 그들을 살릴 생각은 하지 않고 당쟁을 일삼았기에 백성들이 조정을 업신여긴 지 오래됐고, 백성들이 (이인좌 등) 도둑에게 참여한 것은 그들의 죄가 아니라 조정의 허물이다"라고 진단했다.

영조는 1728년 7월, 영의정 이광좌, 좌의정 조태억, 거창의 향임 신명익과 좌수 이술원, 합천의 장교 김계 및 하세호와 아전 이태경, 청주 박민웅, 하동의 서상항, 정읍의 의금부도사 김도언, 고창의 임시원, 남원의 김만광 김수태, 충남 제원의 나후명, 김천의 이인상, 보성의 윤동교, 서울의 만호(萬戶) 김진창 등 자그마치 9천여 명에게 등외 공신인 양무원종공신(揚武原從功臣)으로 녹훈했다. 합천에서는 당초 46명이 녹훈됐으나, 무신봉기 일주갑인 1788년(정조12) 추가포상이 이뤄질 때 합천군 장교 하세호 등 5명이 제외되고, 해인사 주지 승 민익 등 23명이 추가돼 총 64명으로 늘어났다.

9천여 명의 양무원종공신에 책정된 사람 중, 죄인의 심문조서를 작성하여 읽어주는 일을 하는 문사랑청(問事郎廳)의 관원은 심문조서 한 번 작성하고는 모두 양무원종공신 1등으로 녹훈되는 등 정권차원에서 대대적인 '충신 만들기'가 기획·시행됐다. 충(忠)과 역(逆)이 뒤바뀌는 대규모 정치권력의 지각 변동이 일어난 것이다. 그러나 등외 공신인 양무원종공신에게는 정공신(正功臣)인 양무공신과 달리 적몰한 토지 및 가옥과 노비는 나눠주지 않고, '충신'이라는 호칭과 실직(實職)이 아닌 '명예직 벼슬'을 내려 주었다. 다만 경상감사 황선에 대해서는 도승지 박사수가 녹훈을 청했으나 영조가 윤허하지 않았다.

무신봉기 후 진주 합천 거창 고령 상주 문경 등 경상우도 사인(士人)과 달리 안동 예천 봉화 등 경상좌도 사인에 대해서는, 1728년 4월 29일 경상감사 박문수가 안동으로 가서 향교에 사인들을 모아놓고 유몽서(29세) 권덕수(57세) 김민행(56세) 등을 탕척(蕩滌)시키는 영조의 교지(敎旨)를 낭독하고 전하자, 진사 유몽서 등 3인이 감격하여 눈물을 흘리고, 사인 정동규(鄭東奎) 등 3백여 명이 글을 올려 영조의 은덕을 칭송한다. 연루된 경상좌도 인사들을 사면하고 회유하는 '경상좌우도 분리정책'을 시행하게 된다. 영남 전체를 역적으로 매도하는 것은 영조에게 큰 정치적 부담으로 작용할 수 있기 때문에 안동권은 회유하고, 우도인 진주·상주권은 반역향으로 다스리게 되는 것이다. 이런 시각은 무신봉기 때 함경도 종성부사(鍾城府使)로서 안동 의병장을 겸직하고 있던 유승현(柳升鉉)을 영조가 1729년 7월 20일 인견하는 자리에서도 나타난다.

"영남은 국가의 추로지향이다. 작년 내가 내린 교유(敎諭)는 영남을 불신해서가 아니고, 안심시키기 위해서였다. 그리고 네(주: 유승현)가 (무신변란 때) 창의(倡義)한 것은 참으로 훌륭하다.”(승정원일기 영조5년 7월 20일)

조선왕조실록 1728년 6월 10일·14일 등에는 다음과 같이 증언하고 있다.

“영조가 말하기를 ‘큰 역적들이 모두 왕법에 복주(伏誅)됐는데도 흉적의 남은 무리들이 반역할 마음을 고치지 않고 감히 나라를 원망하는 마음을 두고 있다. (진주에 있는) 경상우병사의 계본(啓本: 보고서)을 보니, 곤양(昆陽: 사천시 곤양·곤명·서포면 및 하동군 진교·금성·금남면 일원)에 던져진 흉서는 아주 놀라운데, 그 글을 보면 역적 정희량의 남은 종자임을 알 수 있다. 이들 남은 흉적을 빨리 잡아 고가(藁街: 장안성에 죄인을 효수한 거리)에서 효수(梟首)하지 않는다면 남은 역적의 간담(肝膽)을 어떻게 깨뜨리며 나라에 법이 있다고 하겠는가. (울산 및 진주에 있는) 좌우 포청에 분부하여 각별히 기찰(譏察: 탐문)하여 체포하게 하고, 또 경상감사와 좌우병사에게 일체로 하유한 뒤 기필코 포착하게 하여 잡아 바치는 자에게는 마땅히 2품직을 제수하고 상을 후하게 주겠다’고 했다. 그후 기찰이 이명근 김처삼 등의 의심스러운 정상을 알아내 국청에서 잡아와 국문(鞫問)했고, 고발이 많이 있어 모두 잡아와 국문했으나 사실을 알아내지 못했는데, 이명근 김처삼 등은 형장(刑杖)을 맞다가 죽는 등 60여 명을 처형했으며, (함경도 온성 영달진·永達鎭 전 만호·萬戶) 진한상(陳漢相)과 정련(鄭璉) 등은 정배에 처하는 등 나머지는 다 참작하여 처치했다.”(영조실록 4년 6월 10일·14일, 승정원일기 영조5년 1월 10일)

영조 등 집권세력들은 무신봉기 후 곤양 진주 사천 하동 등 경상우도의 남은 연루자들을 기필코 색출하여 이명근 김처삼 등 60여 명을 처형했고, 진한상(陳漢相) 정련(鄭璉) 등은 평안도 철산부 등지로 정배했으며, 신고한 사람에게 포상으로 2품직에 파격적으로 제수하는 등 연루자 색출에 혈안이 돼 있었던 것이다. 백성들은 서로 고발하여 숱한 사람들이 잡혀와 국문을 당했다. 대구의 경상감사와 울산의 경상좌병영·진주의 경상우병영의 병사(兵使, 종2품) 및 고을 수령을 노론계로 임명하여 자기들의 세력과 대립되는 영남의 남인세력을 꺾으려고 했다.

무신봉기에 연루된 사람이 "나라의 반이 됐을 정도"로 무신봉기는 정치·사회적으로 매우 깊은 상처와 후유증을 남겼다. 1728년 4월 24일 영남 안무사(安撫使) 박사수와, 1729년 3월 10일 영남 안핵사(按覈史) 오광운(吳光運)이 영조에게 말한 것에서 적나라하게 나타나 있다.

> "나라의 반쪽이 역적이 됐으니, 어디서 인재를 찾아 얻어 임용할 수 있겠는가. 조정에서 물리친 사람들을 융화시켜 모두 기용한 뒤에야 국세(國勢)가 튼튼해질 것이다. 신(臣)이 승정원에 앉아 있다가 마침 재신(宰臣: 2품 이상 벼슬)을 만났는데, 소장(疏章)을 또 올리고 서울을 떠난 사람이 있다고 했다." (영조실록 4년 4월 24일)

> "흉얼(凶孼)의 지류가 거의 나라의 반을 널리 차지하고 있으니, 마땅히 유죄 무죄를 가리지 않고 모두 죄를 깨끗하게 씻어 주는 광탕(曠蕩)의 은전이 있어야 할 것이다. 청컨대 폐고(廢錮)된 집안들을 소통(疏通)시키도록 하소서." (영조실록 5년 3월 10일)

박사수(1686~1739)는 노론 명문가 후손으로 박필현의 13촌 조카이며, 그후 호조판서와 우참찬 등을 역임한 인물이다.

서울 태생인 오광운(1689~1745)은 해서(楷書)를 잘 쓴 예조판서 오준(吳埈)의 현손으로, 근기 남인의 청남(淸南) 계열 명문가 후손이다. 동복오씨(同福吳氏)인 오광운은 3월 15일 무신봉기가 발발하자 정국(庭鞫)을 설치하고 궁성(宮城)을 호위하기를 청한 공로로 예조참판·개성유수 등을 역임했다. 오광운은 정조 때 남인을 이끈 채제공의 스승이며, 유형원이 지은 반계수록(磻溪隨錄)의 서문을 쓴 인물이기도 하다.

경상감사 박문수(38세)도 1728년 7월 23일 영조(35세)에게 다음과 같이 아뢨다.

> "(무신변란에) 연좌된 사람들을 다 연변(沿邊)에 두었는데, 이것은 가장 염려스러우니 점차 평민을 만들어 신실(信實)한 고을로 옮겨 두고 수령이 검찰하게 해야 한다. 대신에게 하문하여 처치하시는 것이 마땅하다." **(영조실록 4년 7월 23일)**

연좌된 사람들이 너무 많아 국정운영에 도움이 안 되니, 노비로 정배된 사람들을 평민(양민)으로 만들어야 한다고 박문수가 말한 것이다. 이에 영조는 "아뢴 것이 다 좋으니, 내가 깊이 생각해서 처치하겠다"고 말한다.

1728년 8월 우의정 오명항이 "경상도만 봐도 거창을 호위한 군사가 수만 명이 되는데 출정한 장교와 군졸에게 전부 무과(武科) 초시(初試)를 면제하는 것은 너무 지나치다"고 영조에게 아뢴다. 한 달 후 무과 별시(別試)가 예정돼 있었기 때문이다. 이처럼 '충신 만들기'도 광범위하게 이뤄졌다.

1728년 7월에 9천여 명을 녹훈한데이어, 1729년 4월에는 우의정 이태좌가 초록(抄錄)한 군공(軍功)의 별단(別單)을 영조에게 올리자, 영조가 열람한 후 500여 명을 추가로 또 포상한다. 이때 거창 무장 전주 진안 남원 옥구 함양 장수 고산(高山) 창원(昌原) 창평(昌平) 여산 진산(珍山) 금산 용담 청안 진천 괴산 목천 죽산 청주 공산(公山) 회인 연기 옥천 보은 회덕 온양 직산 전의(全義) 단양 광주(廣州) 대흥(大興) 등지의 수령 군관 장교 한량 유학(幼學) 양인 아전 역리(驛吏) 관노 사노 사노(寺奴) 등 5백여 명에게 관직 제수 및 승진, 면천(免賤)과 면역(免役), 은(銀)·쌀·베 지급 등 대대적인 포상이 이뤄졌다. 1729년 6월에는 청주성 전투 때 이인좌군(軍)에게 죽임을 당한 군관 홍림(洪霖)의 청주 기첩(妓妾)인 해월(海月)이 낳은 아들도 면천해 주었다.

각 개인과 문중은 말할 것도 없고, 나라에서도 대대적인 '충신 만들기'가 시행된 것이다. 1731년(영조7)에는 이인좌의 거사군에게 죽임을 당한 충청병사 이봉상·영장 남연년·군관 홍림을 기리는 사당인 표충사(表忠祠)와 그 공적을 기록한 삼충사사적비(三忠祠事蹟碑)를 청주읍에 건립했다. 1745년(영조21)에는 도순무사 오명항을 찬양하는 토적송공비(討賊頌功碑)를 안성읍 동본동에 건립했으며, 1780년(정조4)에는 노론인 경상감사 황선을 찬양하고 소론인 도순무사 오명항을 폄하하는 평영남비(平嶺南碑)를 대구 경상감영 남문(영남제일관) 앞 대로변에 세웠다. 평영남비 건립은 영남 남인에게 우호적인 정조 임금을 경고하는 노론의 정치적 의도도 깔려 있다.

1783년(정조7)에는 함안 칠원의 주재성(周宰成, 1681~1743)에게 충신 정려(旌閭)가 내려진다. 일족인 유학 주봉조(周鳳朝)가 정조에게 청원하여 이뤄진 것이다. 주재성은 최초의 서원인 순흥 백운동서원

(소수서원)을 건립한 신재 주세붕(愼齋 周世鵬 1495~1554)의 방손으로, 1728년 무신봉기 때 김해 속오군이 뚜껑이 없는 솥에 밥을 지어 먹는 것을 보고 4백 개를 바치고자 했으나, 경상우병사 이시번이 이를 받아드리지 않았었다. 노론인 김재로(金在魯)가 경상감사로 부임하여 이 얘기를 듣고 1734년 7월에 솥뚜껑을 받자고 영조 임금에게 아뢨으나 허락을 받지 못했었다. 김재로가 그뒤 이조판서로 임명된 후, 1735년 윤 4월 경연에서 또 영조 임금에게 아뢰어 겨우 윤허를 받아내게 된 것이다.

주재성의 아들 주도복(周道復, 1709~1784)은 경상도 유생 정상후(鄭相垕) 등이 노론의 상징적 인물인 송시열과 송준길을 문묘에 종사하게 할 것을 청하는 1748년(영조24) 10월 상소에 참여한 인물이다. 그뒤 주도복은 을해옥사(乙亥獄事)가 일어난 1755년(영조31) 6월, 경상도 유생 이윤복 등이 이광좌 최석항 조태억 조태구 유봉휘 등 소론을 5흉적(凶賊)으로 칭하면서 역률(逆律)을 시행하기를 3번이나 청하는 상소에도 동참했다. 이는 집권 노론의 국정기조에 부합하는 정치적 행위로 주재성이 충신으로 자리매김하는데 도움이 됐을 것이다. 마침내 주도복은 솥뚜껑 4백 개를 기부한 아버지의 충의(忠義)를 인정받기 위해 상경하여 1770년(영조46) 4월에 영조 임금을 배알까지 했으나 뜻을 이루지 못하고, 오히려 형조(刑曹)의 전옥(典獄)에 수감된다. 주도복의 염원은 노론이 국정에 영향력을 행사하고 있을 때인 정조7년 1783년에 아버지 주재성이 충신으로 인정받음으로써 마침내 이뤄지게 되는 것이다. 무신봉기가 일어난 지 55년이나 지난 뒤였다.

'충신 만들기'와 '충심 보여주기'는 계속 이어진다. 1784년(정조8)에는 성주목사 이보혁의 공적을 찬양하는 성산기공비(星山紀功碑)를 성주읍내에 세웠고, 무신봉기 일주갑을 기념하기 위해 1790년(정조 14)에는 합천 지역의 무신변란 진압상황 등을 기록·찬양한 무신평란사적비(戊申平難事蹟碑)를 합천읍 정대동에 건립했다. 1808년(순조 8)에는 운봉현감 손명대 사적비(事蹟碑)인 절도사손공분충어난비(節度使孫公奮忠禦難碑)를 운봉읍내에 건립했으며, 1814(순조14)에는 자결한 청주 기생 해월을 열녀로 정려(旌閭)했다. 1891년(고종28)에는 거창현 금위군이었던 배두필·두원(裵斗弼·斗元)을 제향하기 위해 충의사(忠義祠)를 거창 남하면에 세웠다.

이와 같이 집권 노론세력들은 '충신과 역적'이라는 지배 이데올로기를 백성들에게 각인시켜 그들의 통치기반을 공고히 하는데 이용했다. 무신봉기 공로자에게 가자(加資), 즉 품계(직급)를 높여주고 3대까지 승음(承蔭: 음직 임용)하게 했으며, 후손에 대한 사면과 부모에 대한 봉작(封爵) 등 포상이 주어졌고, 공사천(公私賤)은 면천(免賤)해 주었으며, 과도한 녹훈(錄勳) 및 증작(贈爵)과 함께 사당·사적비·신도비가 곳곳에 세우지게 된 것이다. 또한 양무공신(15명)인 이만유(李萬囿)와 박동형(朴東亨)이 불법적인 행위를 했는데도 장형(杖刑)을 면제해 주는 은전도 베풀었다.

1733년(영조9) 10월 28일조 실록에 2등 양무공신 이만유와 3등 양무공신 박동형에 대한 처리 실상이 나와 있다.

"영의정 심수현이 아뢰기를 '낙안군수 이만유와 광양현감 박동형은 모두 전세(田稅)를 받아들이지 않았다 하여 나치(拏致: 체포)됐다. 법은 장형(杖刑)을 집행해야 마땅한데, 비록 이들이 미천하다고 하지만 이들은 친공신(親功臣)이니, (대명률·大明律의 팔의·八議의 하나인) 의공(議功)의 도리가 있어야 마땅하다'고 하자, 영조 임금이

'이것은 문서(文書)를 뒤섞어 내린 소치이다. 기린각(麒麟閣: 한무제
가 공신을 기리기 위해 지은 집)에 그려진 자를 어떻게 장형을 집행
할 수 있겠는가. 이제부터 친공신은 장형(杖刑)을 면제하도록 하라'
고 윤허했다."(영조실록 9년 10월 28일)

그러나 2등 양무공신인 박찬신처럼 영조 임금을 비방하는 벽서(壁
書: 괘서)사건에 연루된 자는 정공신이라도 극형에 처했다. 박찬신은
1755년 나주벽서사건으로 처형된 뒤 효시된 인물이다.

1728년 8월, 사은(謝恩) 겸 진주정사(陳奏正使) 서평군 이요(西平君
李橈)와 부사(副使) 정석삼(鄭錫三), 서장관(書狀官) 신치운(申致雲,
1755년 처형됨)이 사신으로 중국에 가게 된다. 세 사신이 청나라 황
제에게 전달할 '주문(奏文)'에 무신변란에 대해 설명하고, 또 법망(法
網)을 빠져나가 청나라로 들어간 여당(餘黨)을 붙잡아 보내달라는 내
용으로 돼 있었다.

그후 1729년 5월에 청나라 칙사(勅使)가 "작년 본국에 적병(賊兵)
이 어느 지방에서 일어나 어느 월일에 평정됐으며, 지금은 모두 소탕
이 되어 더는 걱정이 없는지, 우리들이 복명(復命)할 때 황제께서 하
문한다면 이 사실을 알아야만 자세히 아뢸 수 있다. 이는 곧 사신으
로서 직무(職務)이니 서면으로 보여주었으면 한다"고 요구한다. 이미
조선에서 종신(宗臣)인 이요(李橈) 등 사신을 보내 설명을 했는데도,
중국 사신이 나서서 무신봉기 전말을 서신으로 다시 제출해 줄 것을
요구한 것이다. 이는 무신기병 때 이인좌 등으로부터 임금으로 추대
된 소현세자의 증손인 밀풍군 이탄(密豊君 李坦)이 42세의 나이로 2
개월 전에 자결했기 때문이다.

앞서 1729년 3월 9일, 노론 좌의정 홍치중(洪致中)은 2품 이상의

관원을 거느리고 대궐에 입시(入侍)하여 "1년여 전에 체포돼 국청에 수감돼 있는 밀풍군 이탄을 형률에 따라 처단할 것"을 계청(啓請)했다. 이에 삼사(三司)에서 복합(伏閤)하여 재차 아뢰고, 또 승정원에서도 계청하여 밀풍군은 3월 28일 영조의 어명에 따라 감옥에서 자결하게 된다. 영조는 1여 년 동안 밀풍군을 심문 한번 하지 않은 채 감옥에 가두어 놓고는 측근 신하들의 주청(계청)이라는 형식을 빌려 죽여 버렸다. 청나라에 불모로 잡혀와 선진 문물을 접하고 청(淸)과 우호적이었던 개혁적인 소현세자! 그의 증손은 이렇게 억울하게 죽임을 당한 것이다. 묘소는 경기도 고양시 대자동에 있다.

▲ 소현세자 증손인 '밀풍군 이탄' 묘소: 고양시 덕양구 대자동
무신봉기 때 임금으로 추대된 밀풍군은 영조에게 죽임을 당했다.

영조는 걸핏하면 눈물을 흘리는 등 심리상태가 불안정한 임금이었다. 아들인 사도세자를 죽일 때도 그랬듯이 밀풍군을 체포하여 구금할 때도 눈물을 흘렸다. 특히 죄인을 심문하고 사형 등을 집행할 때

와, 자신의 임금 즉위 과정을 문제 삼은 격서(괘서) 등을 읽어 볼 때 광기(狂氣)의 눈물을 곧잘 쏟아내곤 했다.

영조는 무신봉기 후 영남의 많은 유생들을 과거를 치르지 못하게 정거(停擧)에 처했다. 1728년 9월에는 궁궐을 지키는 경상도 출신 금위군들이 "합천 출신 금위군 80명은 무신년에 조성좌의 심복으로 역적을 따랐기 때문에 함께 근무를 설 수 없다"고 하는 등 합천 출신 금위군들을 배척했다. 급기야 "겹눈동자를 가진 합천 가야의 정인홍의 증손이 인심을 현혹한다"고 하여 1729년 4월 정인홍 증손을 장살했다. 또한 영조는 "외방(外方)에서 역적으로 효시(梟示)한 자에 연좌돼, 재산을 몰수하고 처자까지 죽이는 수노(收孥)와 같은 형벌은 도사(都事)를 보내지 말고 각기 지방 감영(監營)에서 직접 잡아다가 교수형에 처하게 할 것"을 하교(下敎)하는 등 강경하게 무신봉기를 마무리 하려고 했다.

급기야 1729년 5월에는 노론 우의정 이집(李㙫, 1664~1733)이 "안음현(安陰縣)은 역적을 따른 고을이니 종자를 남기지 않고 진멸(殄滅)시켜야 하는 지역"으로까지 매도하기에 이른다. 안음현은 경상감사 박문수·특진관 박사수·부호군 이여적(李汝迪)의 반대에도 불구하고, 1728년 7월부터 1736년 1월까지 약 8년 동안 폐현(廢縣)돼 거창과 함양에 분속(分屬)되는 차별과 보복을 당했으며, 1767년(영조 43)에는 '의(義)'로운 지역이 되라는 뜻에서 안의현(安義縣)으로 개명됐다. 청주목도 읍호(邑號)가 서원현(西原縣)으로 강등됐다가 1741년에 회복됐다.

충청도는 공홍도(1747년 충청도로 회복)로, 전라도는 전광도로, 강원도는 강춘도로 변경되고, 나주목은 금성현으로, 원주목은 원성현(原城縣), 충주목은 충원현으로 읍호가 변경 및 강등되며, 남원부 이천부 장흥부 담양부 예천군 풍기군은 모두 현으로 강등되고, 진위현 용인현은 현감에서 현령으로 직급을 낮추고, 과천 지평 제천 문경 공산 연풍 칠원 부안 회덕 목천현은 순서를 여러 현(縣)의 아래에다 두는 등 폄강(貶降)됐다가 1738년에 모두 회복(복구)됐다. 그러나 태인현은 폐현(廢縣)되지 않았는데, 이는 영조의 생모인 숙빈최씨(淑嬪崔氏)의 고향이었기 때문이다. 합천군도 논란 끝에 폐군(廢郡)도, 강등도 되지 않았다.

1730년(영조6) 4월 1일 노론 우의정 이집(李㙫, 67세)은 다음과 같이 박문수의 장계를 영조에게 아뢴다.

> "경상감사 박문수의 장계에 따르면 '(합천 상주 문경 등지에서 잡혀 온 사람 중) 대구에서 역당으로 효시된 자가 거의 40여 명이며, 거창 역당은 또 경상우도 병마절도사(병사 · 兵使)에게 진주장터에서 효시하도록 시켰는데, 그곳에 온 백성들이 놀라고, 또 두려워하지 않는 백성이 없다. 안동 경주 김해 세 고을은 원래 역적들이 없어서 목을 벨만한 일이 없다. 지금 합천 역당 채수돈(蔡守敦) 곽세신(郭世臣) 등은 당해 지역 관청에서 사형시킨다고 했다. 각 진영의 장교에게 병기를 진설하고 군인들 앞에서 효시하여 위엄을 보이라고 임금께서 분부하시면 실로 역적을 토벌하는 뜻에 부합될 것이다. 각 지역 관청에서 임금의 비답이 내려가 그것을 본 후에 거행하도록 조치해 주었으면 한다'고 했다. 장계의 뜻이 적절하고 또 시급한 일이라 감히 아뢰니 장계에 따라 시행하라고 분부하심이 어떻겠는가." (비변사등록 · 승정원일기 영조6년 4월 1일)

이에 영조는 다음과 같이 하교한다.

> "어찌 안동 (경주 김해) 등 여러 고을에 원래 적(賊)의 목을 벨만한

일이 없겠는가. 다른 고을에 나눠 보낸 역적을 효시하여 위엄을 보이는 자료로 삼아야 되지 않겠는가. 이미 장계의 요청이 있으니 그대로 시행함이 좋다.”(비변사등록·승정원일기 영조6년 4월 1일)

이것을 보면, 무신봉기 연루자에 대한 무자비한 소탕과 공개처형이 무신봉기가 일어난 지 2년이 지난 시점에도 계속되고 있었고, 안동 경주 김해에는 무신변란 때 연루된 사람이 없어서 목밸 사람이 없다는 박문수의 장계에 대해 영조가 언짢아했다는 것을 알 수 있다. 또한 소론인 박문수는 지방 수령들이 불법적·독단적 처리를 조금이라도 막아 보려는 생각에서, “임금의 비답을 받아본 후 시행하라”는 어명을 받아냈다는 것도 알 수 있다.

1733년(영조9) 8월 25일 소론인 판의금(判義禁, 종1품) 송인명(宋寅明, 45세)은 영조(40세)에게 다음과 같이 아뢴다.

“조현명의 글 가운데 ‘회덕(懷德)에 살던 무신년(주: 1728년 무신봉기)의 잔당 홍천한(洪天漢)을 평안도 삭주(朔州)에 정배했는데, 도망하여 남원에 왔기 때문에 전 감사 이성룡(李聖龍)이 이를 듣고 (전주감영) 영옥(營獄)에 잡아다 가둔 것을 조현명이 다시 배소(配所)에 보냈다’고 했다. 전주의 감옥에 박필현의 장교 한재휴(韓再休)란 자가 있었는데, 그가 은밀히 말하기를 ‘홍천한이 내게 「해도(海島)에 해적이 있는데 배 1백여 척을 써서 세력을 크게 떨치고 있으며, 장차 가을이나 겨울 사이에 거사하려 하며 그 괴수는 진도(珍島)에 있다」고 했는데, 진도의 아전도 또한 이 말을 들었다’고 했다. 그래서 조현명이 진도의 아전을 불러다 물어 보았더니, 또한 한재휴의 말과 같아서 곧바로 홍천한을 뒤쫓아 갔으나, 이미 과천으로 도망쳐 버렸다.”(영조실록 9년 8월 25일)

이 사실에서 무신봉기가 일어난 지 5년이 더 지났는데도, 당시에 정치·사회적으로 무신봉기의 후유증이 광범위하게 남아 있었고, 무신봉기에 연루돼 삭주 등 극변과 진도 등 절도(絕島)에 정배된 사람들이 유배지를 이탈하여 다시 당(黨)을 규합하고 민심을 교란시키고 있었다는 것을 알 수가 있다.

1733년(영조9) 8월 27일 풍수잡술(風水雜術)로써 이름을 날린 하동의 조영하(曹永河)가 곽처웅을 고발했는데, 추국(推鞫)을 행하여 심문하자 조영하가 다음과 같이 공술한다.

> "곽처웅은 무신년에 출정한 사람과는 절대 왕래하며 상종하지 않았다. 문장과 재능이 훌륭한데도 과거에 나아가지 않았고, 가산(家産)이 약간 부유했는데, 살림을 경영하지 않고 포기했다. 본래 조성좌(曹聖佐) 형제와 동접(同接: 동문)으로 함께 공부했는데, 조성좌가 복주(伏誅)된 뒤로는 그대로 과거를 팽개쳤다. 또 곽처웅은 (김일경의 조카) 김관해(金觀海)와도 동접이었는데, 김관해가 귀양 간 뒤로는 다시 과장(科場)에 출입하지 않았다. 이것이 수상했다." (**영조실록 9년 8월 27일**)

이 기록에서 진주 합천 사천 곤양 하동 남원 등 지역민들이 그 당시 조정을 대하는 자세와 정서가 어떠했는 지 알 수 있을 것이다. 당시 곽처웅의 직업은 애들을 가르치는 교수(敎授: 훈장)로, 본래 남원 사람인데 곤양(昆陽)에 살고 있는 장인 신익세(辛翊世) 집과 진주의 황명후(黃命垕) 집에서 기거하고 있었다. 무신봉기와 관련된 격서(흉서)를 소지하고 있었다고 하여 경상우병사 민창기(閔昌基)가 진주에서 체포하여 서울로 압송돼 심문을 받았던 것이다. 곽처웅은 3차례의 혹독한 형신을 받고 형장에서 맞아 죽었다.

곽처웅 격서사건에 대해 영조는 "통탄스럽다. 무신년의 흉적은 고금에 없던 것이니, 이번에 곽처웅의 이 흉서를 지은 것은 바로 무신년의 흉적이 윗사람을 무함하는 것을 달갑게 여긴 것을 주워 모은 것이다. 그 국체(鞫體)를 엄격히 하고 난적(亂賊)을 징계하는 도리에 있어서 규례에 따라 정국(庭鞫)에서 각별히 엄문(嚴問)하게 하라"고 명했다. 무신봉기와 관련된 자와 자신의 왕위 정통성을 부정하는 자는 추호도 용서하지 않겠다는 것을 영조가 천명한 것이다. 연루 혐의가 조금이라도 있으면 서울로 압송하여 국청을 열어 심문 후 처형하는 등 무신여당을 소탕하려고 혈안이 돼 있었던 것이다.

특히 합천 삼가 안음 거창 함양 진주 곤양 산청 상주 문경 등 경상우도 사람들에 대한 처벌과 탄압은 멈추지 않고 계속됐다. 집권 노론 세력은 안음 거창 합천 일원에서 정희량 및 조성좌의 잔류 도당들이 나라에서 지나친 사면의 은혜를 베풀었기 때문에 사행자(邪行者: 간악한 사람)가 매우 많다 하여 많은 사람들을 잡아 가두어 심문하기도 했으며, 정치·사회적인 차별도 심하게 가했던 것이다.

무신봉기에 연루된 사람들이 넘쳐났다. 그래서 영조는 협박에 의해 가담한 사람은 불문에 붙인다는 명분으로 이른바 '협종물문(脅從勿問)'의 원칙을 세워 "거사군의 도목(都目: 인사명부)을 불태우고 관대히 처분하여 민심을 규합하라"고 명했다. 영조의 어명에 의해 도목은 각 지방 관아의 아전 등을 시켜 불태워졌지만, 앞에서도 언급한 바와 같이 관대한 처분은 빈말에 불과했다. 지방 관아에서는 허다한 사람들을 역적으로 몰아 죄인으로 체포하고 감옥에 가두는 등 불법

적으로 처단했다. 영조 자신도 무신봉기에 연루된 사람에 대해서는
관용을 베풀지 않았으며, 1763년(영조39) 이른바 계미년 역모사건까
지 35년 동안 지속적으로 남인·소론·소북 등 반대파를 무신봉기와
연관시켜 사냥하듯이 제거해 나갔던 것이다.

무신봉기 5년 후인 1733년(영조9) 1월 5일 소론인 좌의정 서명균
(徐命均, 54세)이 "조정(朝廷)에서 벼슬하는 신하(臣下) 중에서 오랫
동안 지색(枳塞: 벼슬길이 막힘)된 자에게 하자(瑕疵)를 씻고 등용할
것"을 청하자, 영조는 "무신년 역도(逆徒)에 포함돼 있는 가까운 친족
일지라도 만약 죄를 범한 사실이 없으면 진실로 마땅히 거기에 구애
되지 말고 등용해야 할 것이다"고 말했지만, 실천되지 않았다.

이와 같이 좌의정 서명균의 인재 등용에 대한 청(請)이 있은 지 2
달이 채 못 된 1733년(영조9) 2월 25일, 영남 사람인 정랑 김오응·
감찰 장위항·전적 이세후·훈도 박시태·직장 정중기(鄭重器)·저
작 김극령·사록 정권(鄭權)·학정(學正) 성헌조(成憲祖)·부정자 이
권(李權) 등이 연대 상소한다.

"연신(筵臣: 경전을 강의하던 벼슬아치)들이 영남의 일을 진달했다
하는데, 이는 대개 인재를 선발하여 등용하려는 뜻이었다. 그런데 영
성군(靈城君) 박문수는 '대처하기 어렵다'고 하고, 풍원군(豐原君) 조
현명은 천하의 일에 '사변(事變)은 알기가 어려우니, 마땅히 진정시
킬 방도를 강구해야 한다'고 했다. 우리 영남이 어찌하여 대처하기가
어려우며 또한 어떤 모양의 사변이 알기 어려운 것이 있기에 진정시
키려고 하는지 알 수가 없다. 이는 아마도 흉역의 무리인 정희량과
조성좌가 출생했기 때문에 영남 사람을 모두 의심하는 것이 아닌지?
역적 정희량은 안음에 살고, 역적 조성좌는 합천에서 출생했는
데, 여기는 곧 낙동강의 오른쪽 궁벽한 고을로서 정인홍이 악취를 남

긴 곳이기에 흉악한 무리를 출생시켰던 것이다. 정희량과 조성좌가 흉역 행위를 한 것은 한줄기의 맥이 이어져 온 곳은 따로 있으나 영남 지역의 인심은 진실로 변함이 없었으니, 무슨 처치하기 어려운 것이 있으며 무슨 사변이 알기 어려운 것이 있기에 나라의 진정시키는 대책을 허비할 필요가 있겠는가. 이번의 선발하여 등용하겠다는 청(請)은 사실상 영남 사람을 돌보아 아낀 것도 아니며, 또한 나라에 수용하려고 하는 것도 아니다. 이는 다만 인심이 안정되지 못함을 염려하는 것이다."(영조실록 9년 2월 25일)

정랑 김오응 등 9명은 무신변란으로 영남이 반역향(反逆鄕)으로 매도돼 관직 진출에 차별을 받는 등 원통한데, 박문수와 조현명이 영남인의 인재 등용에 대해 임금에게 "조처하기 어렵고 알기 어렵다"고 부정적으로 아뢴 것은 잘못됐다고 비판하고 있는 것이다. 또한 안음 합천 거창 등 경상우도를 정인홍 정희량 조성좌 등 흉역의 무리들이 태어난 지역으로 폄하하고, 여타 영남 지역인 안동 의성 예천 봉화 풍기 등의 사람들은 그렇지 않으므로 등용해야 한다는 '경상좌우도 분리정책'을 주청(奏請)한 것이다. 1623년 이른바 인조반정 후부터 이미 경상우도는 관직 등용에 심대한 차별을 받고 있었는데도, 무신봉기 후 김오응 장위항 등 경상좌도 관료들까지 나서서 공개적으로 '경상좌우도 분리정책'을 거론하며 경상우도를 매도했다.

이러한 정랑 김오응 등의 연대 상소에 대해 박문수와 조현명이 1733년 3월 6일 영조에게 다음과 같이 변명 겸 협박성 상소를 한다.

"(영남 인재를 등용하는 것에 대해 나 박문수와 조현명이) '조처하기 어렵다[난처야·難處也]'고 한 것과 '알기 어렵다[난지야·難知也]'고 임금에게 말한 것에 대해 우리도 할 말이 있다. 한번 당폐(黨弊)

가 고질이 됨으로써 이쪽에서는 맞아들이고 저쪽에서는 물리치게 돼 진퇴가 날마다 여기에 국한됐고, 그에 따라 환득환실(患得患失)하는 무리들이 떼지어 일어나 역적질을 하게 된 것이니, 이것이 어찌 한 지방 한 고을에서 발생한 것이겠는가. 동인·서인·남인·북인이 거의 까마귀의 암컷과 수컷을 분별할 수 없는 것과 같은 상황이니, 이른바 삼당(三黨: 소론·남인·소북)에서 모두 난역이 나왔다고 한 이유인 것이다. 이제 만약 한결같이 예전의 방식만을 따른 채 바로잡을 방법을 생각하지 않는다면, 국가를 원망하여 변란을 일으킬 것을 생각하는 이인좌 이웅좌 정희량 한세홍 박필현 박필몽 같은 무리들이 반드시 뒷날에는 없을 것이라는 것을 어떻게 또 보장할 수 있겠는가. 이것이 신(臣: 박문수·조현명) 등이 '조처하기 어렵고 알기 어렵다'고 말을 한 것이다." (영조실록 9년 3월 6일)

이처럼 박문수와 조현명은 자신들이 앞서 영남인의 인재 등용에 대해 "조처하기 어렵고 알기 어렵다"고 영조 임금에게 아뢴 것에 대해 자세히 설명(변명)하고, 영조에게 "당색(黨色)에 구애받지 말고 인재를 등용하는 특단의 대책을 수립하지 않으면 무신변란과 같은 무장봉기가 다시 일어날 수 있다"고 협박에 가까운 상소를 임금인 영조에게 한 것이다. 하지만 영조는 의례적인 비답(批答)만 내리고 근본적인 대책은 강구하지 않았다.

박문수와 조현명의 '재무장봉기론(再武裝蜂起論)'을 제기한 지 1년 6개월 뒤, 1734년 영조10년 9월 18일 경상감사 이수언(李秀彦)이 "경상우도의 감시(監試) 초시(初試)를 삼가현(三嘉縣)에서 개장(開場)했는데, 거자(擧子) 유태명(柳台明) 등이 그 도당(徒黨) 40~50명을 불러 모아 시제(試題)를 바꾼 것을 용인할 수 없다고 핑계대고 시장(試場)에서 소란을 피워 고함을 치고 욕설을 하면서 기왓장과 돌을 마구 던져 고시관(考試官)이 상처를 입고 시장을 파했다"고 영조에게 아뢴다. 무신봉기의 중심지 중 하나인 우도의 삼가현에서 민심이 거칠게 변해가고 있었다.

이와 같은 분위기를 타개하기 위해 영남 남인들, 특히 안동 사림들을 중심으로 하여 1734년(영조10)에 화왕산성동고록(火旺山城同苦錄)을 편찬하기에 이른다. 화왕산성동고록은 정유재란 때 창녕읍 화왕산성에서 왜군과 벌인 방어전에 참가한 인물들을 기록한 책이다. 정유재란이 있은 지 무려 137년이나 지난 뒤 편찬한 이 책에는 망우당 곽재우(忘憂堂 郭再祐, 1552~1617)의 공적(功績)을 앞세워 화왕산성 방어전과 관련 없는 서울과 함경도 및 경상좌도의 인물들도 등재돼 있는 등 과장돼 있다.

화왕산성동고록의 편찬은 안동 사림들이 무신봉기 연루 혐의를 벗어나기 위해 지속적으로 추진한 눈물겨운 시도 중 하나였다. 당시 경상우도뿐 아니라 좌도까지 반역향(反逆鄕)으로 매도당하고 관직 등용에도 차별을 받는 등 매우 어려운 처지를 상쇄하기 위해 의도적으로 편찬한 것이다.

이러한 몸부림이 일부 효과가 있었는 지 1737년 3월 3일 노론 경상감사 민응수(閔應洙, 54세)가 도내(道內)에 있는 인재들을 천거하고, 특별히 진작시켜 다시 선비의 고장으로 만들어야 한다는 상소를 올린다. 용인 출생인 민응수는 1746년(영조22) 11월 우의정에 오른 노론 계열의 인물이다.

"예안의 이황 6세손 이수연(李守淵), 안동의 (예안김씨인) 좌랑 김만주의 아들 김세열(金世烈), 비안(比安: 의성 비안면)의 권빈(權璸),

진주 하덕망(河德望), 안음(거창군 위천면) 신수이(愼守彛), 금산(金
山: 김천 봉산면)의 조위(曺偉) 6세손 조세붕(曺世鵬)은 학문이 뛰어
나고 행실이 정밀하고 독실한 자로서 똑같이 등용하는 것이 마땅하
다. 영남은 사부(士夫)의 기북(冀北: 인재의 고장)인데, 오로지 우도
(右道)는 근래에 와서 풍습이 더욱 변천해진데다가 이인좌 정희량의
무리가 나왔기 때문에 추로(鄒魯: 유교)의 고장을 도리어 촉인(蜀人:
역적)으로 대하고 있다. 만일 특별히 진작시키지 않는다면, 사람들이
장차 서로 자포자기하여 글을 읽는 종자들이 영원히 끊기게 될 것이
다."(승정원일기 및 영조실록 13년 3월 3일)

그러나 1737년(영조13) 7월 1일 노론의 거두이며 좌의정인 청사
김재로(淸沙 金在魯, 56세)는 영조에게 공개적으로 경상좌도는 좋게
평가하고, 경상우도는 죄악시(罪惡視)하는 분리정책을 표출했다.

"좌도(左道)는 선정신(先正臣) 이황(李滉)이 살았기 때문에 삼가고
신칙(申飭: 단단히 타일러 경계함)하는 기풍이 지금도 남아 있으며,
우도(右道)는 조식(曺植)이 살았기 때문에 기절(氣節: 기개·절개·지
조)을 숭상하는 풍습이 도리어 유폐(流弊: 나쁜 풍속)가 됐다. 그 폐
단으로 조식의 제자에 정인홍이 있었다."(영조실록 13년 7월 1일)

이처럼 김재로 등 노론을 중심으로 한 '경상좌우도 분리정책'이 표
면화되고, 경상우도를 역적의 고을로 고착화되는 상황에서 1738년 8
월 9일 병조판서 박문수(朴文秀, 48세)까지 나서서 다음과 같이 상소
한다.

"대저 호서(湖西: 충청도) 사람들은 심지(心志)가 굳지 못하고 호남
사람들은 교활하여 변하기를 잘하는 것은 모두 산천이 흩어져 달려
가는 형국이기 때문이다. 영남에 이르러서는 둘러싸고 있는 산들이

두텁고도 높고 흐르는 냇물이 한 방향으로 돌아가고 있는데, 우리나라의 대유(大儒) 가운데 사현(四賢)이 영남에서 나왔다. 오늘날 (안동 등) 영남에 인재가 전혀 없는데, 이는 조가(朝家: 나라)에서 키우지 못하고 있기 때문이다. 아! 영남을 폐기한 것이 기사년(1689년 숙종 15년 기사환국)부터 비롯됐는데, 기사년에 편당하는 사람들이 분의 (分義: 분수)를 침범하고 의리에 어긋나는 짓을 한 것은 그 죄가 진실로 하늘에 닿는 것이었지만, 갑술년(1694년 숙종20년 갑술환국) 이후의 사람들은 죄를 범한 자의 자손이 아니었는데도, 뒤섞어 영구히 폐고하는 것은 마땅하지 않다. 이황의 영남상도(上道)는 예의를 숭상하는 풍습이 있어 사사로운 감정을 품은 사람들이 없는데, 조식의 하도(下道)는 기절(氣節)을 숭상한 것이 폐단으로 남아 법을 어기는 등 불순하여 흉역 정인홍이 태어나고, 결국 흉역 정희량이 나타났다."(영조실록 14년 8월 9일, 승정원일기 영조14년 8월 10일)

박문수는 호남을 아예 교활하고 변하기를 잘하는 지역으로 폄하하고, 1694년(숙종20) 노론에 의해 남인이 대거 축출되는 갑술환국 때부터 안동 등 영남은 폐고돼 인재가 전혀 없게 됐으며, 이는 나라에서 영남 인재를 키우지 않았기 때문이라고 비판하고 있는 것이다. 특히 안동의 이황과 달리 합천 등 우도의 조식은 기개와 절개 및 지조를 숭상함으로써 법규를 무시하여 정인홍 정희량 같은 역적들이 생겨났다고 주장하고 있다. 일찍이 1567년(선조 즉위년) 11월에 종3품인 전한(典翰)에 재직하고 있던 기대승(奇大升)도 선조 임금에게 "조식은 기질이 꼿꼿하여 벽립천인(壁立千仞)과 같고, 무딘 자를 격렬하게 분발시키고 나약한 자를 일으켜 세우는 것은 잘하나, 학문은 법규 (法規)를 따르지 않는 병폐가 있다"고 말한 바가 있는데, 오래 전부터 당색을 불문하고 합천 진주 거창 고령 성주 상주 등 경상우도를 "법규를 따르지 않는 지역"으로 인식하고 있었던 것이다.

이러한 박문수의 상소에 대해, 당시 권력 핵심층인 노론은 '경상좌우도 분리정책'으로 일단 수용하게 된다. 즉 안동 예안 영천 영양 등 경상좌도는 인재를 일부 등용하는 정책으로, 진주 합천 거창 고령 상주 등 경상우도와 호남은 영원히 버리는 정책을 펼치게 되는 것이다. 남인들이 대부분을 차지하고 있는 경상도와 달리, 경기·충청도 지역은 많은 노론들의 출생지였기 때문에 권력을 잡고 있는 노론과 영조는 이 지역에 대해서는 별도의 인재 등용 정책을 수립하지 않아도 문제될 것이 없었다.

1740년(영조16) 12월 5일 노론 검토관(檢討官, 정6품)인 진암 이천보(晉菴 李天輔, 1698~1761)도 조식과 이황을 비교하면서 우도(右道)를 폄하했다.

> "조식(曹植)의 학문은 문로(門路)가 순정(純正)하지 못하기 때문에 그의 문하에서 정인홍이 나왔다. 이는 순경(荀卿)의 문하에서 이사(李斯)가 나온 것과 같다. 조식이 우도(右道)에 살았기 때문에 우도 사람들은 오로지 기절(氣節)을 숭상했다. 그러나 이황(李滉)이 좌도(左道)에 살았기 때문에 무신년의 난(亂) 때 죄를 범한 사람이 없었고, 지금에 이르기까지 문학(文學)과 행의(行誼: 올바른 행실)가 있는 자가 많으니, 마땅히 수용해야 한다." (영조실록 16년 12월 5일)

즉 이른바 무신란 발발 원인을 기절(氣節), 즉 기개(氣槪)와 절개 및 지조(志操)를 숭상한 경성우도의 조식과 정인홍에게 돌리고, 이제는 노골적으로 '경상좌우도 분리정책'을 펼쳐 안동 의성 예천 영천 영양 봉화 등 경상좌도는 포용하여 관직에 등용하고, 진주 합천 거창 함양 고성 함안 고령 성주 상주 등 경상우도는 차별적으로 대하는 정책을 펼쳐야 한다는 것이다. 이천보는 1761년(영조37) 영의정에 오른 노론의 좌장(座長)이다.

이처럼 집권 노론세력들은 1623년 인조반정 후부터 시행해 오던 '경상좌우도 분리정책'을 공개적으로 시행함으로써, 경상우도는 역적의 땅으로 고착시켰을 뿐만 아니라, 무신봉기의 사상적 연원을 조식(曺植)에게 돌리고, 조식 → 정인홍 → 정희량·조성좌를 같은 묶음으로 하여 경상우도를 가혹하게 보복했다. 이로써 합천 삼가 초계 안음(안의) 거창 함양 진주 산음(산청) 함안 의령 고령 성주 등을 비롯한 경상우도의 남명학파는 인조반정에 이어 더욱 빈사상태(瀕死狀態)에 빠지게 된다.

당시의 비참한 생활상을 알 수 있는 자료가 경상우도인 현재의 경남 고성군 거류면에서 서당 훈장을 했던 구상덕(具尙德, 1706~1761)이 쓴 승총명록(勝聰明錄)에 나와 있다.

> "1733년 봄에 시중의 행인들을 살펴보니 태반이 귀신의 몰골이고, 도로에는 굶어죽은 시체를 묶어놓은 것이 마치 난마와 같이 널려 있는 등 개벽 이래로 어찌 이러한 세월이 다시 있었겠는가." **(승총명록)**

호남의 나주 및 영암 지역도 무신봉기 때 참화를 입은 곳인데, 무신봉기 19년 후 이 지역의 실상에 대해 알 수 있는 사료가 1747년(영조23) 10월 2일 종1품 제조(提調)로 있으면서 호남 양전사(量田使) 직책을 수행한 원경하(元景夏, 50세)의 상소에 나와 있다. 나주는 무신봉기 때 나만치 나숭곤 나숭대 등 나주나씨들이 적극 가담한 지역이었고, 영암은 토적들이 창궐한 곳이었다.

"신(臣)이 나주와 영암 간을 왕래할 때 말을 멈추고 물어 보았더니, 충신 집이 아니면 효자 집이었다. 그 후손을 방문했는데, 지금은 모두 쇠퇴하여 서민(庶民)으로 변했으며, 고가(故家)의 유풍(流風)과 유운(遺韻)은 다시 존재하지 않았다. 또한 호남은 예로부터 화려한 지방으로 일컬어졌는데, 수십 년 동안 흉년이 들어 백성들이 굶주리고 있으므로 고기 잡고 농사짓는 즐거움에 편안하지 못하고 헤어져 유랑하여 흩어졌으며, 옛날의 높고 큰 정자는 무너져도 고치지 않았다. 신 역시 정자가 무너진 것을 보고 호남의 쓸쓸함을 슬퍼한다. 아! 기대승(奇大升) 김인후(金麟厚)의 깊은 학문과 고상한 식견, 김천일(金千鎰) 고경명(高敬命)의 순충(純忠)·대절(大節), 이후백(李後白) 박상(朴祥)의 문장과 아망(雅望: 훌륭한 명망), 정충신(鄭忠信)의 공적(功績), 김덕령(金德齡)의 용기, 임형수(林亨秀) 임제(林悌)의 호기(豪氣)는 모두 호남 사람들이었는데, 인물의 성쇠가 고금(古今)이 같지 않다. 이것이 신이 배회하며 감개(感慨)하는 까닭이며, 성조(聖朝)를 위해 길게 탄식하는 것이다."(영조실록 23년 10월 2일)

무신봉기 19년 뒤 농지에 관한 사무를 처리하기 위해 파견된 노론 계열의 핵심 인물인 여주 출생인 원경하(元景夏, 좌의정 원두표 현손)가 "이 지역의 백성들은 유민으로 전락했고, 양반은 서민으로 변했으며, 정자(亭子)가 무너져 버린 것을 슬퍼하고, 기대승 김인후 임제 등과 같은 인물의 성쇠가 옛날과 지금이 같지 않은 것을 탄식"하고 있는 것이다. 이처럼 호남의 실정(實情)도 영남과 별반 다르지 않았다.

연암 박지원(燕巖 朴趾源, 1737~1805)의 연암집에 수록된 처사 이성택(李聖擇, 1686~1742)의 비문인 '이처사 묘갈명(李處士 墓碣銘)'

에는 안음(안의)현 사람들의 참담한 생활상이 생생하게 묘사돼 있다. 노론 계열인 이성택은 사후 46년 뒤 1788년(정조12) 3월에 무신봉기 때 공로가 인정돼 포증(褒贈)된 인물이다. 박지원이 '이처사 묘갈명'을 짓게 된 것은 1792년부터 1796년까지 안의현감으로 재직할 때 이성택의 후손들과 인연이 있었기 때문이다.

> "(1728년 7월 안음현이 폐지된 후 안음현 사람은) 논의 물도 이웃 고을 사람에게 먼저 빼앗기고 대낮에 무덤 주변에 있는 나무를 모조리 베어가도 말 한 마디하지 못할 뿐 아니라, 입만 조금 움직여도 도리어 역적으로 욕을 퍼부었다. 이예(吏隸: 아전과 하인)들은 양읍(주: 거창 · 함양)에 분속 사역되는 등 마치 포로나 노예처럼 취급됐으며, 유생들에게까지 군정(軍丁: 병역)의 충원이 요구되는 형편이어서, 그 고초가 뼈에 사무쳐도 호소할 곳이 없다." (연암집 '이처사 묘갈명')

무신기병에 참여한 지역민 전체를 극심한 차별과 핍박으로 매도했음을 알 수 있다. 조선시대 병역(군역)의 의무는 평민(양민)에게만 있었는데, 양반인 안음현 유생에게 병역 의무를 부과할 정도로 안음현은 보복을 당했던 것이다. 이는 안음현에만 국한된 것이 아니었다. 정도의 차이는 있으나 무신봉기에 참여한 지역에서 일반적으로 벌어진 현상들이었다. 또한 박지원이 지은 '허생전(許生傳)'에서 허생이 변산 도둑 떼를 이끌고 무인도로 들어가 이상국가를 건설하는데, 이는 무신봉기 때 가담하여 새 세상을 만들려고 했으나 무신봉기 실패로 좌절한 정팔룡을 비롯한 변산 노비적을 소설화한 것이다. 박지원은 무신봉기 때 처형된 박필현의 손자뻘이 된다.

앞에서 언급한 바와 같이, 무신봉기 전에는 소론인 조태억 오명항

이태좌 등이, 무신봉기 후에는 남인 김오응과 소론인 서명균 박문수 조현명 등이 경상도에 대한 특별대책을 수립토록 요청하는 상소를 영조에게 했지만 수용되지 않았다. 경상감사 민응수 등 노론 인사들까지 나서서 동조했지만 반영되지 않았으며, 영조가 죽고 정조가 왕위를 계승한 후에도 바꿔지지 않았다.

정조의 왕권이 노론세력에 의해 위협받고 있던 1780년(정조4)에 집권 노론세력들은 대구 경상감영 남문 앞 대로변인 현재의 대구 남성로 약전골목 사거리에 평영남비(平嶺南碑)를 의기양양하게 세운다. 이 비는 경상도를 역적의 고을인 반역향으로 매도하고, 경상감사 황선이 무신봉기(무신란)를 진압한 것을 마치 적국을 토평(討平)한 것처럼 과장·미화함과 동시에, 소론인 4도순무사(四道巡撫使) 오명항(해주오 씨)의 공적(功績)까지 왜곡하고 폄하한 노론의 전승비(戰勝碑)다.

노론이며 북학파인 담헌 홍대용(湛軒 洪大容, 1731~1783)도 "무신란에 남인들은 모두 연루됐고, 다 죽일 수는 없었다 하더라도 고발하지 않았던 죄에서 벗어날 자도 천에 한두 명도 없을 것이며, 남인은 오랑캐와 금수(禽獸)로 변했다"고 하는 등, 조선왕조가 망할 때까지 영남의 남인뿐만 아니라 충청·경기·강원·호남의 남인들도 혹독한 차별과 수모를 겪었으면서 비참하게 살아가야 했다.

홍대용의 담헌서(湛軒書)에 실려 있는 '여정광현서(與鄭光鉉書)'의 내용 중 일부다.

"남인은 (1728년) 무신년의 변을 당하여, 정희량과 이인좌의 당(黨) 에 들어가서 그 군사를 일으켜 대궐을 침범하려던 모의에 찬동하지 않은 사람이 거의 드물었다. 직접 가담했으나 요행히 죽음을 면한 사람이 있었고, 비록 가담하지 않았다 하더라도 마음은 들어가지 않은 사람이 없었다. 마음이 만약 들어가지 않았다면 이는 서인(주: 노론)이고 남인이 아니다. 그래서 나는 일찍이 '조가(朝家: 조정)에서 만약 무신년 역적을 다 다스렸다면 경외(京外: 서울과 지방)를 막론하고 무릇 남인의 이름을 가진 사람들을 비록 다 죽일 수는 없었다 하더라도 사실을 알면서 고발하지 않았던 죄에서 벗어날 사람도 천에 한두 명도 없을 것이다'고 했다. 영남은 추로(鄒魯)와 같은 고을인데, 무슨 까닭에 이처럼 이적(夷狄: 오랑캐)과 금수(禽獸: 짐승)의 지경으로 변했는지 놀랄 따름이다." (담헌서 내집 3권 '정광현에게 보낸 편지')

이와 같은 사실은 남인 계열인 성호 이익(星湖 李瀷, 1681~1763)이 쓴 성호전집 권53 등과기(登科記)에 그 참혹한 실상이 적나라하게 나타나 있다.

"무신변란 후에는 대가(大家) 명족(名族) 문인(聞人) 현사(顯士) 달관(達官) 비위(卑位)를 막론하고 서로 이어 육몰(戮沒: 형벌로 죽임을 당함)했으며, 연루자가 나라 안에 편만(遍滿: 가득참)했다. 그리하여 수년 동안에 기상이 꺾이고 무너진 것이 겁화(劫火: 파멸의 재앙)가 지나가고 상전(桑田: 뽕나무 밭)이 벽해(碧海: 푸른 바다)가 된 뒤와 같다." (성호전집 권53 등과기)

이렇게 성호 이익이 그의 나이 48세 때 일어난 무신봉기의 참상을 직접 보고 증언한 것이다. 안산 일동에 칩거하고 있던 성호는 영남 부호인 조하주(曺夏疇)의 손아래 처남인데, 조하주는 무신봉기 때 정형(正刑: 사형)에 처해진 조세추의 조부이고, 조성좌 조부인 조하전의 10촌 동생이기도 하다. 성호의 형(兄)은 노론 좌의정 이이명을 귀양 보내고 정배 죄인 김춘택을 죽이라는 상소를 올려 숙종과 노론에 의해 죽임을 당한 이잠(李潛)이다.

성호의 증언을 뒷받침하는 사례 중 하나로, 성호와 같은 시대 같은 지역에 거주하면서 교유한 문인화의 대가인 표암 강세황(豹菴 姜世晃, 1712~1791)을 보면 잘 알 수 있다.

강세황의 장인의 형인 유래(柳徠, 1727년 문과 급제)가 무신봉기 때 가담하여 장살되고, 소북(小北)인 강세황의 친형 강세윤(姜世胤, 이천부사)도 연루돼 중도부처된 관계로, 강세황은 62세까지 관직에 나가지 못했다. 강세황은 안산 부곡동에 거주하면서 김홍도 등 제자를 양성하는 등 한국적인 남종(南宗) 문인화풍의 정착에 기여하고 진경산수(眞景山水)의 발전과 서양화법의 수용에도 업적을 남기는 역설적인 결과를 가져왔는데, 이처럼 무신봉기와 조금이라도 연루된 개인과 문중은 예외 없이 탄압과 보복을 당했다. 한성판윤 강세황은 1790년 10월에 합천의 '무신평란사적비' 글을 쓴 인물이기도 하다.

심지어 무신봉기 당시 남원현감 최집(崔濈)과 호상인(護喪人)·색리(色吏)·면임(面任) 등이 1728년 6월에 처형된 나두동(羅斗冬)의 시신을 남원 땅에 투장(偸葬: 밀장)하는데 도움을 준 것이 발각돼, 1730년 12월 모두 잡혀와 심문을 당하는 고초를 겪기도 했다.

집권 노론세력들은 무신봉기 이전부터 시도한 바 있는 '영남인의 노론화 시책'을 노론 계열의 도백(道伯: 감사)과 수령을 내려 보내 적극적으로 추진했다. 또한 우월적 위치에서 회유와 압력을 행사하여 중앙 권력층에 대한 불평불만이 발생하지 않도록 했다. 그 대표적인 인물이 경상감사 유척기(俞拓基)와 정익하(鄭益河), 그리고 밀양부사 송문상(宋文相)이었다.

유척기는 경상감사를 두 번이나 역임했는데, 무신봉기 전인 1726년(영조2) 5월부터 1년 동안, 그리고 무신봉기 후 1737년(영조13) 3월부터 15개월 동안 경상감사로 재직했다. 골수 노론인 유척기는 같은 노론인 안동부사 어유룡(魚有龍)과 함께 남인계의 핵심 지역인 안동에 노론의 거두인 청음 김상헌(淸陰 金尙憲, 1570~1652)을 배향하는 학동서원(鶴東書院) 건립을 주도했다. 또한 정희량에게 저항하다 죽임을 당한 거창현 좌수 이술원을 제향하는 포충사(褒忠祠)를 영조에게 장계로 주청하여 1737년(영조13) 7월에 거창읍에 건립하게 한 인물이며, 이술원의 행장도 지었다.

앞서 1721년에 노론은 안동에서 노론계 서원 건립을 시도했으나, 안동의 남인 사림들의 반대로 무산된 바가 있다. 1728년 무신사태 후, 노론은 안동 등 경상도에서 같은 반란이 일어나는 것을 방지한다는 명분으로 노론 계열의 서원 건립을 다시 추진하게 된 것이 학동서원 건립이다. 그러나 거의 준공 단계에 있던 학동서원을 1738년 5월 안동 사림들이 강제로 부숴 버리게 된다.

학동서원 훼철로 인해 소론 박문수 대 노론 박사수 김재로·소론 송인명 등으로 편이 갈려 논쟁이 벌어지는 와중에서, 영조는 우의정 송인명의 청을 받아드려 서원 건립을 강행한 경상감사 유척기와 안동부사 어유룡을 1738년(영조14) 6월 파직하고, 서원을 훼철하는데 가담한 인사들 중 유정화(柳鼎和) 김경헌(金景憲) 등을 형신한 뒤 정배(定配)하는 절충안을 채택했다. 하지만 김성일 후손으로 당시에 칠순 노인인 안동좌수 김몽렴(金夢濂)이 2차 형신을 받은 뒤 8월에 사망하는 등 남인 대 노론 상호간 갈등이 증폭하게 된다. 9월에는 노론 공조판서 박사수가 "무신년에 정희량(鄭希亮)의 무리를 엄중하게 다스리지 않았기 때문에 권덕수(權德秀)의 무리가 그 고을에서 장의(掌

議)가 됐고, 이인지(李麟至)의 무리는 감히 (1736년 3월에 송시열 송
준길의 문묘 종사를 반대하는) 진소(陳疏: 상소)를 했으니, 이 서원
을 아직까지 세우지 못한 것은 오로지 기강이 엄격하지 못했기 때문
이다. 만약 무신년에 몇 사람을 베었더라면 이런 변괴는 없었을 것이
다"고 상소했다. 1728년 무신봉기 때 안동 사부(士夫) 몇 사람을 처
형하지 않아 이런 일이 발생했기 때문에 엄중히 죄를 다스리고 서원
을 다시 건립해야 한다고 상소한 것이다. 그러나 영조는 이 서원 훼
철사건을 더 이상 확대하지 않고 마무리했다. 그후 김상헌을 배향하
는 서원은 건립하지 못하고, 대신 안동 서미동에 서간사(西磵祠)라는
김상헌의 사당을 세우고 1786년(정조10) 정조 임금의 편액을 하사하
여 배향하도록 한다.

영조가 김상헌을 배향하는 학동서원 건립을 추진한 유척기와 어유
룡을 파직하는 모양새를 취한 것은, 안동 등 경상좌도의 남인 사족(士
族)들을 회유하기 위한 정치적 전략이었다. 이는 유척기가 파직되고 6
개월 뒤인 12월에 호조판서로 영전되고 1758년(영조34) 8월에는 영의
정으로 제수되며, 어유룡은 1741년(영조17) 2월에 대사간으로, 1754년
5월에는 정2품 한성판윤으로 제수된다는 사실에서 알 수 있다.

노론 계열인 정익하(鄭益河) 역시 유척기처럼 노론의 입장에서
1739년 9월부터 20개월 동안 경상감사직을 수행했다. 정익하는 무신
봉기를 진압한 직후 사망한 전 경상감사 황선(黃璿)을 기리는 민충사
(愍忠祠)를 1741년 3월 대구읍성 남쪽에 건립하여 노론의 지배이념을
영남인들에게 각인시키는 등 영남의 노론화에 앞장섰다. 또한 안동
향청에 이른바 귀정록(歸正錄)이라는 명안(名案)을 비치하여 여기에
이름을 올리면 죄를 용서해 준다고 하면서 노론으로 당색을 바꿀 것
을 강권하기도 했다. 앞서 정익하는 1728년 8월 지평으로 재직하고

있을 때 "우의정 오명항이 1728년 무신역란 당시 이사성 이진유와 연계돼 있었다"는 상소를 올려 오명항을 축출한 인물이기도 하다. 정익하 등 노론은 무신봉기 진압 1등 공신인 오명항까지 공격하여 한 달 뒤 9월에 오명항이 사망하기에 이른다. 송시열의 봉산손(奉祀孫)인 송문상은 1744(영조20) 5월에 밀양부사로 부임하여 1년 동안 재직하면서, 밀양의 사족들을 노론으로 귀화시키기 위해 모든 수단을 동원한 인물로 유명하다.

경상우도는 경상좌도와 달리, 무신봉기 때 인조반정 후 좌절과 시련을 견뎌낸 명문세가(名門勢家)들이 직접 가담하고, 또 상당수 연루돼 폐고가 됐기 때문에 많은 사족들이 사라졌다. 무신봉기 뒤 그나마 살아남은 명문세가 중 함양의 정여창 후손, 진주의 하씨 및 해주정씨, 산청의 배씨·민씨, 의령의 강씨·권씨, 청주한씨 조은파(釣隱派), 창녕성씨 부사당파(浮査堂派)처럼 집권 노론세력들의 위세와 압력·회유에 못 이겨 노론으로 귀화하기도 했으나, 많은 경상우도 사족들은 기개와 지조를 굽히지 않았다. 귀화한 노론(老論)을 '추로(鄒魯: 공자·맹자)'가 아닌 '미꾸라지 추로(鰍老)'라고 비아냥거리기도 했다. 그러나 향촌에서 남인 사족들의 정치·사회·경제적 영향력은 무신봉기 전보다 비교할 수 없을 정도로 약화돼 갔다.

영조가 표방한 탕평책이라는 것도 노론을 중심으로 하고 소론(완소)을 겸용하여 관직을 적당히 안배함으로써 왕권 강화와 집권 노론 정권의 안정을 도모한 것에 불과했다. 그러므로 남인이 대부분인 경상도 사림 중, 특히 진주 합천 거창 함안 고령 성주 상주 등 경상우도 사림의 관리 진출에는 아무런 도움을 주지 못했던 것이다.

이는 1733년(영조9) 12월 영성군 박문수(43세)가 탕평에 대해 신랄하게 비판한 것을 보면 알 수 있다.

> "한번 탕평을 행한 뒤부터 온 세상이 입을 다문 채 말이 없으니, 군하(群下)의 허물을 임금께서 어디를 통해 들을 수 있겠는가. 만약 언로(言路)를 크게 연다면 인재가 또한 마땅히 무리를 지어 나올 것인데, 탕평이란 이름은 있으나 탕평의 실적은 없다. 사람을 씀에 있어서 저울대처럼 공평히 하여 색목을 논하지 말고 공정하게 임용하면 비로소 동서남북의 탕평을 이룰 것이다. 그러나 지금은 그렇지 아니하여 다만 노론과 소론(주: 완소)만 탕평됐을 뿐이다."(영조실록 9년 12월 19일)

영조의 각별한 신임을 받고 있던 소론 우의정 조현명(趙顯命, 57세)도 탕평책이 실효를 거두지 못했다고 1746년 7월 증언하고 있다. 영조(53세)에게는 뼈아픈 말로 들렸을 것이다.

> "탕평책으로 전하께서 등극하신 이래 20년 동안 조정이 거의 안정되고 세도(世道)가 조금이나마 바로 잡혔다고 여겼으나, 한번 바람이 불어 풀이 흔들리면서 장차 사방으로 붕괴될 형국이니, 탕평책이 실효를 거두지 못했다."(영조실록 22년 7월 5일)

이와 같이 탕평책도 형식적으로 흘러 실패한 상황에서, 진주 합천 거창 함안 사천 의령 고령 성주 상주 등 경상우도 남인들의 입신출세는 더욱 어려워지게 돼 관직 진출을 아주 단념하기에 이른다.

앞에서도 기술한 바와 같이, 1694년(숙종20) 갑술환국으로 경상좌우도를 비롯한 전라·충청·경기도 남인은 노론에 의해 살육되는 등

완전히 야당으로 전락했고, 1728년 무신봉기 이후에는 남인은 물론
이고 급진·강경 소론(준소)까지도 심대한 탄압을 받기에 이른다. 특
히 경상도는 경기 및 충청과 달리 당색이 대부분 남인들이었기 때문
에 오랜 기간 중앙 권력층으로부터 버림을 받게 돼 경상도의 정치적
지위는 몰락했다. 특히 무신봉기 때 핵심적 역할을 한 경상우도는 그
정도가 매우 심각했다.

 1730년 3월, 나숭곤(羅崇坤: 무신봉기 때 처형)의 친족인 나주의
나홍언(羅弘彦, 정사효 동서) 등이 영조와 영조의 맏아들 효장세자
(孝章世子) 등 왕실 가족을 해코지하려는 매흉(埋兇)사건, 즉 저주사
건이 발생했다. 효장세자는 정빈이씨에서, 사도세자는 영빈이씨 사
이에 태어났다.
 영조는 이 사건을 무신당(戊申黨)과 연관시킨 후, 소현세자의 증손
인 여흥군 이해(驪興君 李垓)와 여릉군 이기(驪陵君 李圻)를 왕으로
추대하려는 모반사건으로 몰고갔다. 영조는 이해 및 이기, 나홍언,
나숭헌·아들 계옥·조카 계복, 나숭로·아들 계적, 궁녀 박순정(朴
順正), 생원 정도륭(鄭道隆), 전 전라감사 정사효, 정사효의 전 군관
박도창(朴道昌) 등을 정형(正刑: 사형)에 처했다. 1년 전 영조가 소현
세자의 증손인 밀풍군 이탄을 자결하도록 한 후, 또다시 소현세자 후
손들을 처형하고, 무신봉기 때 큰 참화를 입었던 나주나씨들까지 또
다시 극형으로 다스렸다. 백성들로부터 인심을 얻고 있던 소현세자
의 남은 후손들이 무신봉기와 같은 대규모 무장봉기가 다시 일어나
임금으로 옹립되는 것을 사전에 막기 위한 영조의 정치공학적 발상
에서 이해와 이기를 제거한 것이다.
 1730년 4월에는 환관 최필웅(崔必雄)·양반 박재창(朴再昌)과 이후

식(李厚植) 등이 궁궐 담장을 넘어 화약을 구해 방화하려고 한 사건 역시, 무신봉기와 연관돼 있다고 하여 낙형(烙刑)을 가한 후 모두 처형했다. 1733년 3월에는 보은읍 장곡서원(獐谷書院)사건도 무신여당(戊申餘黨)의 소행이라 하여 신천영(무신봉기 때 처형)의 4촌인 신필대(申必大)와 이제동(李濟東) 등을 처형했으며, 조성좌의 외갓집 사람인 김희능(金喜能)·희공(喜功) 등도 큰 고초를 겪었다.

장곡서원사건 한 달 뒤인 1733년(영조9) 4월에 전라도 남원 백복사(百福寺)의 석불상(石佛像)에 영조를 비난하는 내용으로 쓰인 격서(괘서)가 걸려 있었는데, 한결같이 무신봉기 때 거사군의 격문과 비슷했다. "경종 임금이 영조에게 독살 당했다. 호서와 영남의 몇 만 명의 군병이 이제 곧 날짜를 지정하여 거사하겠다. 영호대원수(嶺湖大元帥) 정회충(鄭懷忠)"이라는 격서였다.

이에 영조는 포도대장 장붕익의 포청(捕廳)에 "적도(賊徒)를 붙잡는 자는 천금(千金)을 상주고 두 자급(資級)을 뛰어 실직(實職: 현직)을 제수한다"고 하교한다. 이 격서내용은 무신거사 전에 전주·삼례·남원·서소문·옥구·임피(臨陂) 등지에 나붙은 격서와 유사한 것으로서, 영조는 무신사태를 떠 올리며 파격적으로 포상을 내걸었던 것이다. 영조는 국청을 열어 남원 사람 이위(李葳) 최두징 김윤귀 길희징(吉喜徵) 등을 서울로 압송하여 형신(刑訊)을 가하는 등 무신봉기 잔당들을 혹독하게 대했다.

1733년 7월에 또 남원에서 "소가 기린을 낳았으니, 성인이 장차 출현하고, 피가 흘러 냇물을 이루고 밥 짓는 연기가 끊긴다"는 격서가 남원성(南原城) 가장자리에 나붙은 이른바 남원괘서사건(南原掛書事件)이 일어났다. 영조는 이번에도 관련자들을 서울로 압송하여 친국한 뒤 김영건(金永建)과 그의 아들 원팔(元八)·원택(元澤) 등은 처형하고, 무신봉기 등을 예언한 남사고비결(南師古秘訣)이란 책을 가지고 있던 변산 월명암(月明菴) 승려 태진(太眞)과 양반 최봉희(崔鳳禧) 및 김영건 둘째 아들 원하(元河)는 발배했다. 합천의 정복상(鄭復相) 등 형제는 행불이 돼 체포하지 못했고, 남원의 노이겸 정중제(정희량 7촌 조카)는 석방했다. 특히 김원팔에게는 영조가 반인륜적 형벌이라고 하여 자신이 1725년 폐지한 낙형(烙刑)을 평안병사 이사성 등에게 시행한 것처럼, 12도(度)를 시행하라고 명하여 진술을 받아내고 처형했다. 남사고비결은 격암 남사고(格庵 南師古, 1509~1571)가 지은 비결서(秘訣書)다.

남원괘서사건은 소론 김일경으로부터 1728년 무신년 봉기를 그 뿌리로 하고 있었다. 또한 무신봉기가 일어나기 1년 전부터 합천의 조성좌 당(黨)인 정복상·복천·복세 형제와 남원의 최봉희 등이 서로 있었다는 것을 알 수 있다. 다음은 조선왕조실록 1733년 8월 7일 최봉희가 공술한 것이다.

"신(臣: 최봉희)의 집안에 흉서(주: 비결서) 2본(本)이 있는데, 하나는 윤징상이 (승려) 태진에게서 베껴 쓴 것이고, 하나는 무신년 (1728년)에 괘방(掛榜: 글을 붙임)한 것인데, 이것은 정미년(1727년)에 신이 산협(山峽)으로 옮겨 살 때의 것이다. 그해 섣달 무렵 과객(過客) 세 사람이 신의 집에 묵고 그날 밤 매우 치밀하게 서로 의논하였는데, 이튿날 간 뒤에 떨어뜨린 문서(文書)가 있었으니, 바로 흉서였다. 신은 그것을 그대로 감추어 두었는데, 세사람의 성명은 합천에 사는 정복상(鄭復相)·복천(復天)·복세(復世) 삼형제로서 하나는 무신년에 (조성좌) 진중(陣中)에서 죽었고, 두 사람은 아직 살아 있는데 김원팔이 베껴 간 흉서는 곧 이 글이다. 그리고 남원에 사는 노이겸(盧以謙) 정중제(鄭重濟)와 함양에서 신의 동네로 이사 온 이가(李

哥)인 상인(喪人)은 모두가 무신년의 적도(賊徒)로서 형적이 수상했
다. 노가(盧哥)와 정가(鄭哥)는 신에게 역모에 참여할 것을 요구했는
데, 남원을 취하려 도모하고 곧 서울을 침범하려고 했으니, 김원팔도
같은 당(黨)에 들어 있다. 또한 흉서는 김일경(金一鏡)이 지은 것으로
서, 그 글 초두(初頭)에 '황력 만년(皇曆 萬年)'이란 말로 사연을 꾸몄
는데, 이는 신의 집에 있는 글이요, 김원팔이 베긴 것은 바로 무신년
에 괘방한 것이었다."(영조실록 9년 8월 7일)

1734년 1월에는 대구 남산리의 서무필(徐武弼)이 대구부 진영문(鎭
營門)에 격서(괘서)를 내건 것이 발각돼 서울로 압송한 후 영조가 인
정문에서 직접 국문했는데, 서무필이 "최태망(崔台望)이란 자가 있었
는데, 일찍이 만호(萬戶)를 역임한 적이 있고, (노론 우의정) 이의현
(李宜顯)의 문하에 출입한 적이 있었다. 그런데 무신년 전에는 변산
(邊山)을 왕래했고, 또 (인동현·仁同縣의 대족·大族인 전 양산군수)
장후상(張后相)과 (전 강계부사) 백수일(白守一)의 아들과 서로 친했
기 때문에 최태망이 장후상에게서 듣고 전했다"고 진술했다. 이를 보
면 영남 사람들의 머리 속에는 무신년 봉기가 각인돼 있었다는 것을
알 수 있다.

영조는 최태망 장후상 백수일은 혐의없음으로 죄를 묻지 않고, 서
무필을 처형한 뒤 "익명서(匿名書)는 즉시 물에 던지거나 불에 태워
버리게 하라"고 명한다. 이는 무신봉기가 일어난 지 6년이 다 됐는데
도 "경종은 독살됐고, 영조는 숙종의 아들이 아니다. 무신년과 같은
무력봉기가 또 발발할 것이다"라는 익명의 투서(격서)사건이 빈발하
게 일어나 민심이 흉흉했기 때문이었다. 그후에도 격서사건은 1739
년 9월에 남원 사람 양찬규(梁纘揆)의 격서사건부터 1774년(영조50)
에 전라도 해남(海南)에서 마지막으로 일어날 때까지 계속 이어진다.

1740년(영조16) 5월, 그나마 견제 역할을 하고 있던 소론의 영수 (領袖)인 영의정 이광좌가 갑자기 사망했다. 삼사(三司)에서 합계하 여 무신봉기의 와주(窩主: 도둑의 우두머리)라는 죄명 등을 이광좌에 게 뒤집어 씌워 관작삭탈을 요구하자 울분 끝에 단식하다가 변을 당 한 것이다. 이광좌는 노론의 거두인 민진원 홍치중과 맞서 무신봉기 관련자들을 구제하는 등 유화책을 펼쳤던 인물이었다. 이광좌 사망 후 영조는 노론 김재로를 영의정에 임명하고는 거침없는 행보를 계 속한다. 1741(영조17) 9월 영조는, 자신이 세제(世弟)일 때 수괴로 올 려 있던 1722년의 임인옥안(壬寅獄案)을 불살라 버리고 왕위 계승의 정통성을 알리는 등 이른바 신유대훈(辛酉大訓)을 선포하여 이긴 자 의 역사 만들기를 거리낌 없이 자행했다.

이렇게 역사 지우기를 시작한 지 7년이 못된 1748년(영조24) 5월 에, 청주·청원 지역에서 이지서격서사건이 일어났다. 양찬규(梁纘 揆) 격서사건 9년 후 일어나게 된 것으로, 이 지역에서 1728년 이인 좌 신천영 등 거사군들이 청주성과 상당산성을 점령한 지 20년 만에 발생한 사건이었다. 이지서의 격서를 보고 지역민들이 피난을 떠나 마을이 텅 비게 된다. 마을이 텅 빌 정도로 민심이반 현상이 심화되 자, 영조는 민감하게 대처했다. 주모자 이지서(李之曙)는 압송돼 영 조의 친국을 받고 정형(正刑)에 처해졌다. 이지서는 무신봉기 때 처 형된 전주의 이지시(李之時)와는 6촌간이다.

"청주와 문의(文義: 청원군 문의면 일원) 사이에 괘서의 변이 발생 하여 몇 고을에 계속 소요가 일어나, 짐을 싸서 지고 떠나는 사람들 이 많았기 때문에 주려(州閭: 마을)가 모두 텅 비었다. 이지서가 감 영(監營)에 의해 기포(譏捕)됐는데, 그 집의 문적(文迹)을 수색하자

이지서의 시(詩) 내용에, '고사리를 캐 먹던 백이(伯夷)·숙제(叔齊) 가 되어 은(殷)나라 백성들을 보호하고 싶다[욕작채미보은민·欲作探 薇保殷民]'는 말이 있었으며, 또 비기(秘記)의 순(順)자를 아조(我朝) 의 역수(曆數)로 만들어 그 글자를 공교하게 해석하여 (조선은) 380 년이라고 하는 등 말의 뜻이 흉참스러웠다." (영조실록 24년 5월 21일)

"영조가 경종 임금을 독살했으며, 무신년(戊申年)과 같은 봉기가 또 일어난다.""영조는 숙종의 아들이 아니며, 조선은 운명을 다 해 새로 운 인물이 나타난다"는 등의 격서에 영조는 예민하게 대응했고, 관련 자들은 예외 없이 서울로 압송하여 친국한 뒤 극형에 처한 것이다.

이지서사건 7년 뒤인 1755년 2월에, 무신봉기 때 나만치 등 남인 들의 본거지였던 나주에서 벽서사건(壁書事件)이 일어난다. 지평 윤 지(尹志)와 나주목사 이하징(李夏徵)·나주목 아전 나귀영(羅貴永) 등 이 "도탄에 빠진 백성을 구하기 위해 군사를 움직이니, 동요하지 말 라"는 등의 괘서(격문)를 나주 객사 망화루(望華樓)에 써 붙인 사건이 다. 이는 1733년 4월과 7월에 남원에서 발생한 격서(괘서)사건 후 23년 만에 호남 지역에서 발생한 것이다. 윤지의 아버지는 노론에 대해 강경하게 대처하고 경종을 적극적으로 보필하다가 영조 즉위 후 1725년 처형된 훈련대장 윤취상(尹就商)이고, 이하징은 무신봉기 에 연루돼 발배됐던 이명언(이조참판)의 조카다.

영조는 1728년 무신봉기 때 역적들을 느슨하게 처리했기 때문에 괘서(흉서)사건이 연이어 발생한다고 하여, 영의정 이광좌와 좌의정 조태억을 관작추탈, 영의정 조태구·좌의정 유봉휘·공조참판 이사 상·이조참판 이진유·승지 정해·예조참의 서종하·이조참의 윤성 시·훈련대장 윤취상 등을 추시역율(追施逆律)하고, 신임사화의 주모자라 하여 관작추탈된 우의정 최석항의 복관(復官)을 무효로 했다. 특히 이광좌가 관작추탈되는 등 노론에게 '만고의 역적'이 된 것은, 무신년에 변란을 일으킨 남태징 이사성 이명언 권익관 정사효와 심유현 이유익 홍계일(洪啓一)을 추천 및 육성했고, 이인좌 정희량의 와주(窩主: 우두머리)로서 은밀히 흉악한 역적 무리에 동조했다는 등의 죄명 때문이었다.

또한 영조는 지평 윤지·나주목사 이하징과 이수경(李修敬, 이사상 손자)·나침(羅沈, 나양좌 서자)·나귀영(羅貴永, 나주목 아전)·오영근(吳永瑾, 나주목 아전) 등을 장폐 후 효시하고, 윤지 아들 윤광철(尹光哲)·술사 정수헌(丁守憲)·이효식(李孝植, 나주목 아전) 등을 참형한 후 효시했다. 충청도 덕산현(예산군 덕산면) 출생으로 1728년 4월에 양무공신 2등에 녹훈됐던 박찬신(朴纘新, 판윤)은 끝까지 혐의를 부인했지만 효시했고, 이명언의 아들 이하관(李夏寬) 등은 교형에 처하는 등 준소·완소를 가리지 않고 극형에 처했다. 40여 명이 죽고, 20여 명 유배, 2명이 관작추탈되는 등 70여 명이 화(禍)를 입었다. 특히 영조는 소론 강경파인 윤취상의 아들 윤지가 주모자라는 사실에 더욱 과민하게 대처했다.

영조는 나주벽서사건을 처리한 후, 1755년(영조31) 3월 5일 태묘(太廟: 종묘)에서 토역(討逆) 고유제(告由祭)를 올리고 창경궁 명정전(明政殿)에 나아가 직접 자신이 지은 교문(敎文)을 반포한다.

"임금은 말하노라. 근본이 다스려지지 않고서 지엽적인 것이 다스려진다는 것은 내가 듣지 못했다. 그 근본은 무엇이었던가. 그것은 바로 (소론 영수) 조태구와 유봉휘의 상소였다. 조태구 유봉휘가 앞에서 먼저 인도했지만 그 계책이 시행되지 않았기 때문에 (신임사화를 일으킨) 김일경 박필몽 이진유 이명의 정해 윤성시 서종하의 상소가 있었으니, 그것은 바로 (남인) 역적 목호룡의 흉측하고 참혹한 (1722년 3월) 고서(告書: 고변)와 같았다. 김일경 박필몽 윤취상 이사상의 무리가 부시(婦寺: 여자환관)와 몰래 교통하고 배포(排布: 계획)를 체결하여, 상소하기도 하고, 또 남이 모르는 곳에서 은밀히 계획하여 역적 목호룡의 계책이 시행되도록 꾸며낸 뒤에야 그만두었는데도, 주모자만 죽였기 때문에 마음에 답답했는데, 갑진년(1724 영조 즉위년)에 이르러 또 스스로 의심하는 마음을 쌓아 (무신봉기 때 처형된) 심유현과 서로 사귀어 음참(陰慘: 음침하고 참혹함)하고 불궤(不軌: 법·도리에 어긋남)한 계제(階梯: 기회)를 삼으려고 했다.

또 효경(梟獍: 올빼미와 담비)처럼 나라를 원망하는 무리들과 결탁하여 무신년(1728년 이인좌의 난)에 어디에도 없었던 역란(逆亂)을 빚어내게 했다. 나는 '협박에 의해 따른 자는 죄를 묻지 말라'고 했다. (소론 훈련대장) 역적 윤취상은 단지 형장을 맞다가 죽었는데도, 역률을 더하지 않은 것에 대해 나의 관대함에 감동하여 교훈을 얻어야 함에도, (왕실 가족 저주사건 때 처형된) 정도륭(鄭道隆)과 박도창처럼 차마 말하지 못할 난역이 있었다. 또한 역적 이하징은 역적 윤지와 교통(交通)했으니 그를 심문함에 이르러 '역적 윤취상을 역적이 아니다'고 말하고, '김일경과 박필몽을 신하로서의 절개가 있다'고 말했으니, 이는 그의 마음의 음흉함이 김일경과 박필몽보다 더하다. 역적 윤지는 가만히 나라를 원망하는 마음을 품고서 향당(鄉黨)의 무식한 사람과 교결(交結)하여 무신년(주: 무신봉기)의 반역을 본받아 먼저 흉서를 내걸어 인심을 동요시키고, (무신봉기 때 처형된) 역적 이인좌와 역적 정희량을 본받아 군대를 핑계대며 대궐을 침범하려고 했다. 그 근본을 캐어 보면 한마디로 (소론 강경파) 조태구와 유봉휘라고 말할 수 있다.

지금 역적 이하징과 역적 윤지의 사건 때문에 나라 사람들이 일제히 분하게 여기면서 징계하고 성토하라는 주청이 번갈아 올라온다. 지금 다시 생각하니 몇 번의 난역이 오로지 내가 관대한 은전을 너무 지나치게 시행하면서 그 근본을 다스리지 않았던 잘못에서 연유했던 것이다. 내가 왕위를 계승했을 적에 만약 근본을 징계했더라면 어떻게 이인좌와 정희량이 있겠으며, 그때에 만약 그 근본을 징계했더라면 또한 어떻게 정도륭과 박도창이 있겠으며, 그때에 만약 그 근본을 징계했더라면 지금 어떻게 이하징과 윤지 등이 있겠는가. 이것이 나의 잘못이다."(영조실록 31년 3월 5일)

영조는 이른바 역적들에 대해 그동안 너무 온건하게 은전을 베풀어 나주벽서사건과 같은 흉역의 무리들이 계속해서 생겨난다고 판단하고, 이제는 강경하게 처리하여 뿌리를 뽑겠다고 만천하에 공포하고 또 다짐했다. 이제 탕평책은 쓸모가 없으며 반대파인 소론과 남인을 척결하겠다는 교문으로, 명실상부한 노론(老論)의 세상이 됐다는 것을 선포한 것이다.

영조가 이처럼 교문(敎文)을 반포하고 3일 후인 1755년 3월 8일 윤지 아들 윤광철을 본보기로 처참하게 처형한다. 조선왕조실록에 영조의 광적이고 폭력적인 상황이 수록돼 있다.

"영조 임금이 하교하기를, '(나주벽서사건의 주모자인 윤지 아들) 윤광철(尹光哲)은 전례를 따라 마땅히 숭례문에 친림(親臨: 임금이 나옴)하여 왕법을 통쾌하게 바로잡아 도성의 백성이 모두 보도록 하는 것이 적합하다'고 했다. 이에 보련(步輦: 수레)을 타고 선인문(宣仁門)을 경유하여 출발하면서 (21세인) 왕세자(주: 사도세자)에게 뒤따르도록 명했다. 이어서 숭례문에 나아가 백관(百官: 모든 벼슬아치)에게 차례대로 서도록 명한 후 윤광철을 청파 앞길에서 참형하게 하고, 노적(孥籍)하기를 법대로 하도록 했으며, 수급(首級: 머리)과 지각(肢脚: 팔 다리)을 전시(傳示)하기를 (무신봉기의) 역적 남태징(南泰徵)의 예와 같이 거행하게 했다."(영조실록 31년 3월 8일)

앞서 1728년 3월 무신봉기 때 백관이 도열한 가운데 남태징의 지체(肢體)를 자르고 머리를 함에 담아 출정한 관군에게 보내 깃대에 달아 조리돌렸고, 이유익 이사성 역시 백관이 보는 앞에서 능지처사한 뒤 효시했는데, 영조는 이와 유사한 방법으로 윤지 아들 윤광철을 처형한 것이다. 영조는 왕세자인 사도세자를 비롯한 백관과 도성의 백성들이 지켜보도록 한 뒤, 참혹하게 공개 처형하여 공포 분위기를 조성함으로써 절대 권력을 과시하고 통치 기반을 다지는데 이용했다. 골수 소론인 윤취상 → 윤지 → 윤광철은 3대(代)에 걸쳐 영조에게 처참하게 보복·살해당한 것이다. 백호 윤휴가 3대에 걸쳐 보복당한 것과 같다.

윤광철을 잔혹하게 처형한 뒤 1755(영조31) 3월 20일, 김일경 목호룡 이익관과, 무신봉기의 이른바 10역괴인 이인좌 이능좌 박필현 이사성 정희량 박필몽 남태징 민관효 등이 처형될 당시에 대명률(大明律) 따라, 나이가 15세 미만이라서 죽이지 못하고 각지에 발배된 그들의 아들들을 모두 정형(正刑)에 처하라고 영조가 윤허했다. 영조와 노론정권에 반기를 들었던 사람들의 남은 자손들을 완전하게 제거할 목적이었다.

이렇게 영조가 무신봉기 핵심 인물들의 남은 후손들을 사형에 처하라고 윤허한 지 5일 후 1755년 3월 25일, 노론 사간 박치문(朴致文)이 왕세자(사도세자)에게 극단적인 상서(上書)를 한다. "나주벽서 사건으로 정배된 남자들은 모조리 죽여 없애야 한다"고 요청한 것이다. 당시 사도세자는 21세였는데, 15세 때인 1749년 1월부터 대리청정을 시작한 지 6년이 조금 지난 시점이었다.

"역얼(逆孼: 역적의 자손)은 모두 사나운 기운이 모인 대상들로 나이가 찬 뒤에는 스스로 세상에 용납되지 못함을 알고 원망하며 비방하는 마음을 깊이 품고서 근거 없는 사실을 꾸며 모함하고 규합하며 체결하기를 오늘날 모든 역적들이 하는 것과 같이 하니, 걱정이 된다. 나이가 차기를 기다리는 법이 신은 어느 때부터 시작됐는지는 모르지만, 이번에 허다하게 연좌된 죄인으로 종이 되어 극변(極邊)이나 절도(絕島)에 안치된 자가 매우 많다. 여자로 종이 된 자를 제외하고 남자로 종이 된 자는 일체 남김없이 진멸(殄滅: 모조리 죽여 없앰)해서 화근을 끊어버리도록 하는 것이 적합하다고 여긴다." (영조실록 31년 3월 25일)

이와 같은 노론의 극단적 광기의 정치보복에 대해 사도세자(思悼世子)가 반대하자, 그들은 4월 2일, 3일, 4일, 9일 계속해서 끈질기게 반노론파의 제거를 요구했지만 사도세자는 불허한다. 이것 역시 사도세자가 아버지 영조와 노론에 의해 1762년 뒤주 속에 갇혀 전대미문의 죽임을 당하는 빌미가 됐음은 물론이다.

이처럼 영조의 교문(教文) 반포와 윤지 이하징 박찬신 윤광철 이수경 나침 등의 처형, 그리고 노론 사간 박치문 등의 극단적 요구가 있은 지 한 달 조금 지난 1755년 5월 2일 초여름에, 나주벽서사건을 성공적으로 토평한 것을 경축하는 과거시험, 즉 '토역경과(討逆慶科)'가 영조가 참석한 가운데 창경궁 춘당대(春塘臺)에서 열렸다.

이 과장(科場)에서 심정연이 경종 독시설을 쟁점화하고 노론 일색인 탕평을 비판한 이른바 토역경과투서사건(討逆慶科投書事件)이 일어나게 된다. 심정연의 시권(試券: 답안지)과 익명의 투서가 과장에 날아든 것이다. 영조는 이 경과투서사건을 1728년 일어난 무신봉기와 연관시켜, 나주벽서사건 때 미처 제거하지 못한 사람들까지 함께 엮어 일망타진했다.

충주 출생으로 우서(迂書)를 지은 동부승지 유수원(柳壽垣, 62세), 심수현(외손자: 예조참판 홍양호)의 아들인 대사간 심악(沈鏪), 춘천 부호(富豪)로 무신봉기 때 처형된 심성연 동생인 심정연(沈鼎衍), 승지 신치운(申致雲), 교리 이거원(李巨源), 포도대장 조동정(趙東鼎), 박필몽 5촌 조카인 박사집(朴師緝), 김일경 종손(從孫)인 김도성(金道成), 부사과(副司果) 이명조(李明祚), 잡술인(雜術人) 정극성(丁極星), 춘천의 강몽협(姜夢協)·윤혜(尹惠, 윤취상 동생, 윤지 숙부)·유봉성(柳鳳星, 훈장), 양천의 송수악(宋秀岳), 양주의 강몽상(姜夢相) 및 김인제(金寅濟), 해미의 전 사릉참봉(思陵參奉) 김정관(金正觀) 등 소론계 인사 80여 명을 효수·참형·장폐 등으로 처형하고, 30여 명을 발배했다. 연려실 이긍익 아버지인 원교 이광사(圓嶠 李匡師, 1705~1777)는 진도(珍島)로 귀양 가서 죽는 등 을해옥사, 즉 나주벽서 및 토역경과투서사건으로 5백여 명이 화를 입었다. 이중 훈장 유봉성은 교영계(教英契)를 만들어 춘천 지역의 유민·승려 등과 춘천 관아를 습격하여 서울로 진격할 계획을 세운 인물이었다.

특히 영조31년 1755년 5월 6일 조선왕조실록에 광기(狂氣)로 제정신이 아닌 영조의 모습을 또다시 유감없이 보여주고 있다.

"영조의 친국에 윤혜(尹惠)는 혀를 깨물고 말을 하지 않았다. 영조는 숭례문 누각에 나아가 갑주(甲冑)를 입고 대취타(大吹打: 군악)하면서 윤혜를 훈련대장 김성응(金聖應)에게 효수(梟首)하게 한 후, 헌괵(獻馘: 머리를 바침)하게 했다. 임금이 울면서 말하기를, '이는 바로 원범(元犯)이기 때문에 6월에 군사를 일으키는 뜻을 써서 몸에 갑주를 입었으나, 내가 즐거워서 하는 것은 아니다'라고 하자, 판부사 이종성이 아뢰기를, '지존(至尊: 임금)으로서 어찌 친히 이런 일을 하시는 것입니까'라고 말했다.

임금이 심히 노하여 책상을 치고 말하기를, '이종성은 나를 감형(監刑)하는 도사(都事)로 보는가'라고 하고는 이종성을 충주목에 부처(付處)하라 명했다. 즉시 헌괵하지 않은 훈련대장 김성응도 잡아다 곤장을 친 뒤 면천군(沔川郡)에 부처하고, 어영대장 홍봉한(洪鳳漢)으로 대신하게 했다. 이때 임금이 이미 크게 노한데다가 또 술에 아주 취해서 윤혜의 수급(首級)을 깃대 끝에다 매달도록 명하여 백관에게 여러 차례 조리 돌리게 한 후 유사하기를, '김일경과 목호룡의 생각을 품은 자는 나와서 엎드리라'고 했는데, 승지 채제공(蔡濟恭)과 교리 홍명한(洪名漢) 등이 간하자, 중지했다. 임금이 일어나 소차(小次: 장막)로 들어가 취해 드러누웠는데, 경루(更漏: 밤10시)가 다하도록 취타는 오히려 그치지 않았었다. 날이 샐 무렵에야 임금이 비로소 소차를 나와 취타를 그치게 하고, 갑주를 입은 채 환궁했다. 이날 죄인 김요채(金耀采)와 김요백(金耀白)이 윤혜와 함께 동시에 효시됐는데, 김요채와 김요백은 바로 김일경의 종손(從孫)이다."(영조실록 31년 5월 6일)

영조는 무신봉기와 경종 독살설을 거론한 윤혜 신치운 심정연 등 소론에게 극도로 비이성적으로 반응했다. 눈물을 흘리고 술에 대취(大醉)하여 지존인 임금이 윤혜의 목을 치는데 직접 관여하고, 이를 말리는 판부사 이종성을 곧바로 귀양 보내고, 즉시 헌괵하지 않은 훈련대장 김성응은 곤장까지 친 후 귀양을 보낸 것이다. 또한 영조는 백관에게 윤혜의 머리를 여러 차례 조리 돌리게 하고, 1724년 효수된 김일경 목호룡과 같은 생각을 가진 백관은 엎드리라고 명하는 등 정신적 공황상태에 이르렀다. 영조가 술에 아주 취해 갑주를 입은 채 드러누워 잠을 자고, 영조의 폭력적 광기(狂氣)에 놀란 신하들은 취타가 새벽까지 울려 퍼지는 것을 중지시키지 못할 정도로 공포에 질려 있었다는 것을 알 수 있다. 이를 보면 1762년 임오년 윤 5월 사도

세자의 참혹한 죽음도 아버지 영조의 피비린내 나는 폭력적 광기의
정치가 큰 몫을 했다는 것을 알 수가 있다.

윤혜 김요채 김요백을 효수(梟首)한 영조는 5월 20일 승지 신치운
(申致雲)을 친국한다. 지평 홍양한(洪良漢)이 왕세자(사도세자)에게
"신치운에게 형(刑)을 가하여 끝까지 조사해야 한다"고 청했으나, 왕
세자가 따르지 않았기 때문에 영조가 친국을 하게 된 것이다.

신치운은 1652년 옥사한 동부승지 신면(申冕)의 증손으로, 신면은
신임사화 때 노론의 거두였던 권상하(權尙夏) 이희조(李喜朝) 등을 축
출하는데 앞장섰던 인물이었다. 영조의 친국에 신치운은 고개를 꼿
꼿하게 들고 "나는 이금(李昑) 당신이 경종 임금을 독살한 갑진년
(1724년)부터 게장을 먹지 않았으며, 심정연의 시권(試券: 답안지)과
투서는 내가 모두 한 것이다"고 말하자, 영조는 분통하여 또 눈물을
흘렸다.

다음날 1755년 5월 21일 영조는 "신치운은 무신년 역적의 망측한
말을 다시 거론했으며, 이번 심정연의 흉서를 신치운이 했다고 자복
했다. 그 음참하고 부도(不道)한 말 역시 차마 말하지 못하겠다. 역률
(逆律)로 정법(正法)해라"고 명한 후, 직접 숭례문 누각에 나아가 복
주(伏誅)했다. 영조가 신치운이 말했다고 하는 "음참하고 부도한 말"
이란, "영조는 숙종의 아들이 아니며, 영조가 경종을 독살했다"는 것
을 일컫는다. 거기다가 노론 좌의정 김상로(金尙魯)는 "비단 박문수
뿐만 아니라 무릇 (신치운 등) 죄인이 연루됐다고 진술한 사람들은
모두 마땅히 잡아다 신문해야 한다"고 영조에게 아뢨다. 도승지 정홍
순(鄭弘淳)은 영조에게 "무신년 역적을 다스림이 느슨하여 마침내 이
하징과 윤지에 이르게 된 것이다. 이미 역적의 초사(招辭: 공초)에

(박문수 이종성 이철보가) 나왔는데, 그 사람이 아깝다고 하여 체포하지 않으면 안 된다. 대신(臺臣)이 붙잡아 오기를 청하지 않는 것은 지극히 온당치 못하다"고 아뢴다. 노론은 이 기회를 이용해서 박문수(우참찬) 이종성(영의정) 이철보(李喆輔, 호조판서) 등 완소(緩少) 대신들마저 제거하려고 했던 것이다. 그러나 영조는 양심이 있었는 지 불문에 부치고, 박문수 이종성 등 완소 대신들을 용서하고 위유(慰諭)한다.

조선왕조실록에서 신치운에 대해 사신(史臣: 사관)이 말한 것을 보자.

> 사신은 말한다. "신치운에 이르러 극에 달했다. 갑진년(1724년) 8월에 경묘(景廟; 경종 임금)께서 병환이 다 낫지를 않고, 수라(水刺: 밥)를 들기 싫어하는 징후가 점차 더했기 때문에 궁중에서 근심한 나머지 20일에 어주(御廚: 임금의 밥을 짓는 주방)에서 수라에 게장을 올렸었다. 이는 가을철 신미(新味)인데, 경묘께서 이 게장으로 수라를 많이 들었기 때문에 궁중에서 모두 기뻐했었다. 그후에 지나치게 많이 들었다는 말이 밖으로 전해지자 이유익 박필현의 무리가 이를 가탁하여 헤아리기 어려운 말을 만들어 내고, 몰래 심유현을 사주하여 전파시켰다. 또 이천해(李天海)를 꾀어 어가(御駕: 임금이 타는 수레) 앞에서 난언(亂言)을 하게 하여 감히 말하지 못할 자리를 핍박했으니, 이것이 바로 역적 신치운의 흉언의 근본인데, 게장에 대한 말은 이천해 같은 흉역도 말하지 못했었다." (영조실록 31년 5월 21일)

이로써 소론(완소)마저 정계에서 밀려나게 되고 노론의 세상이 됐다. 영조와 노론 집권세력들은 무신봉기와 관련시켜 남인·소론 등 반대파들을 철저하게 제거한 후, 1755년(영조31) 11월 천의소감(闡義昭鑑) 4권 3책을 편찬하여 이 모든 사건·사태를 토평한 것과 왕위 즉위(卽位)의 정당성 및 탕평책 등을 자찬(自讚)하는 책을 남겼다. 영조는 자신의 정치권력에 끊임없이 항거한 소론과 남인세력들을 30여년 동안에 걸쳐 서서히 소탕한 뒤, 천의소감을 편찬하여 자찬하는 등 고무돼 있었다. 드디어 1756년(영조32) 2월에는 노론의 거두인 송시열과 송준길을 문묘에까지 제향(祭享)함으로써 대미를 장식하게 된다. 1736년 3월에 송시열 송준길의 문묘 종사를 청한 지 20년 후에 노론 일당독재의 이데올로기가 국가 이념으로 전환되는 순간이었다.

4년 후 1759년(영조35) 66세가 된 영조는 15세인 경주김씨(정순왕후, 1745~1805)를 계비(繼妃)로 맞아드리는 등 생애 최고의 절정기를 구가(謳歌)한다. 이때 아들 사도세자는 정순왕후보다 10세나 많은 25세였다. 그로부터 3년 뒤 1762년 임오년 윤 5월 여름에 사도세자는 영조와 정순왕후 등 노론에 의해 뒤주 속에서 참혹한 죽음을 당하는 희대(稀代)의 사건인 임오화변(壬午禍變)이 발생하게 되는 것이다.

사도세자가 죽임을 당한 지 1년 뒤 1763년(영조39) 계미년(癸未年) 8월에 영조는 마지막 남은 소론과 일부 남인들마저 역모사건으로 몰아 또다시 처형했다. 소론의 영수였던 영의정 조태구의 손자 조영득(趙榮得)과 소론 강경파였던 좌의정 유봉휘의 손자 유동혼(柳東渾) 등이 1755년에 일어난 을해옥사(乙亥獄事: 나주벽서 및 토역경과투서 사건)에 연루돼 절도(絕島)로 함께 유배돼 온 사람들과 역모를 했다고 하여, 1755년 을해옥사로 이미 무력화된 소론과 일부 남인의 남은 후손들마저 씨를 말려버렸다. 1여 년 전에 영조 자신이 사도세자를 죽일 때 가졌던 폭력적인 독기를 유감없이 드러낸 것이다.

이때 영조의 피비린내 나는 광기의 정치로 처형된 사람은, 조영득 유동혼 윤득명(尹得明) 이익좌(李翼佐) 권유(權維) 권유(權維) 이능효(李能孝) 윤연(尹戀) 윤몽정(尹夢鼎) 김제해(金濟海) 김운해(金運海) 심내복(沈來復) 신정관(申正觀) 이창익(李昌翼) 이양조(李陽祚) 기언표(奇彦杓, 나주목 유생) 임국훈(林國薰) 등이다.

이렇게 영조는 1763년 계미년 역모사건을 종결하고, 10월 4일 경희궁 금상문(金商門)에 나아가 역적들을 소탕했다고 반교(頒敎)한다. 1755년 3월 나주벽서사건을 처리하고 반포한 후 12년 만에 다시 포고한 것이다.

"임금은 말하노라. 난역(亂逆)이 멋대로 행해지고 있다. 신축년(1721년 경종1)에 조태구와 유봉휘가 나왔는데, 이것이 한 번 바뀌어서 임인년(1722년 경종2)의 김일경과 목호룡이 됐고, 이것이 다시 바뀌어서 무신년(1728년 영조4)의 이인좌 정희량 심유현 박필몽이 됐으며, 이것이 세 번째 바뀌어서 을해년(1755년 영조31)의 윤지 이하징 심악(沈䥃) 신치운이 됐다. 그러나 역적들이 모두 복주(伏誅)됐으며, 천의소감(闡義昭鑑: 의로움을 밝혀 후대에 거울로 삼음)이 이루어지게 되자 의리가 아주 밝아져 태양이 하늘에 떠 있는 것과 같게 됐다.

따라서 하인과 여자들도 환히 깨닫지 않은 사람이 없었으나, 조태구 유봉휘의 족속들이 효경(梟獍: 올빼미와 담비)같은 마음을 고치지 않고 은밀히 흉역을 도모할 마음을 품었다. 다행히도 단서가 다 드러나서 역적들이 주륙(誅戮: 죽임)을 받았다. 중외(中外)의 대소신료(大小臣僚)와 유생들에게 고하니, 분명히 잘 듣기 바란다.

심내복(沈來復)은 을해년(1755년 영조31)의 역적 심정연의 종자(從子: 조카)로서 연좌돼 탐라(耽羅: 제주도)에 정배됐는데, 거기에서 여러 흉적의 유얼(遺孽: 남은 서자)들과 한 덩어리가 돼 흉악한 짓을 했다. 흉역들 가운데 가장 완악하고 교활하여 큰 흉모(凶謀)를 품고 있던 자는 일곱 명의 역적으로, 조영득은 조태구(趙泰耉)의 손자이고, 유동혼은 유봉휘의 손자이고, 윤득명은 윤성시(尹聖時)의 손자이

고, 이익좌는 이거원(李巨源)의 손자이고, 권유(權瘐)는 권첨(權詹)의
손자이고, 권유(權維)는 권익관의 손자이고, 이능효는 이진유의 종손
(從孫)이고, 이흥효(李興孝)의 아우이다. 윤혜의 아우와 조카인 윤연
·윤몽정, 김일경의 조카인 김제해·김운해, 신천영의 조카인 신정
관(申正觀)에 이르러서도 또한 모두 일곱 명의 역적에게 빌붙어 같이
해도(海島)에 있으면서 빈틈없이 치밀하게 준비하여 서로 친하게 지
냈다. 그리하여 머리를 모으고 은밀히 모의한 것과 우러러 살피고 굽
어 획책한 것이 모두가 나라를 원망하는 말이고 흉역을 부릴 계책이
아님이 없었다. 더욱 통분스러운 것은 조영득과 유동혼이 이에 감히
그들의 할아비(조태구·유봉휘)의 흉역스러운 소차(疏箚: 상소와 차
자)를 변명하면서, '무슨 죄가 있느냐'고 말한 그것이다. 그리하여
(나 영조가) 천의소감에서 의리를 환히 변석(辨析)한 것을 두고, (조
영득과 유동훈 등이 임금인 나를) 원수처럼 여겨 잘못됐다고 하면서
(임금을) 공격하고 배척했다." (영조실록 39년 10월 4일)

1763년 10월의 영조 임금의 이 포고문(布告文: 반교)은, 소론과 남
인에 의해 일어난 1721년~1723년 신임사화부터 → 남인·소론·소
북 등에 의한 1728년 무신봉기(무신란) → 소론에 의한 1755년 나주
벽서 및 토역경과투서사건(을해옥사) → 소론·남인에 의한 1763년
계미년 역모사건을 같은 뿌리의 모반사건으로 규정한 뒤, 만천하에
공포(公布)한 것이다. 이제 탕평책은 없으며 영조와 노론의 세상이
됐음을 자인하는 포고문이기도 했다.

이처럼 완소·준소를 불문하고 소론은 1724년 영조 즉위 후 1763
년까지 39년 동안 지속적으로 영조와 노론에 의해 거세됐지만, 실제
로는 즉위 31년 뒤인 1755년 이후부터 중앙 정치권력으로부터 대부
분 퇴출됐다. 그후 근기 소론인 서명응(徐命膺)·명선(命善) 형제가

1775년 및 1776년(영조52)에 이조판서에 각각 제수된 후, 서명선은 1779년(정조3)에 영의정에 오른다. 또한 경주이씨인 이항복의 후손 이석규(李錫奎)가 1826년(순조26) 예조판서에, 이석규의 손자 이유원(李裕元)이 1859년(철종10) 형조판서에 제수된 후 1873년(고종10) 영의정에, 이유원의 동생 이유승(李裕承)이 1890년 예조판서에 오르고, 고령박씨인 박영원(朴永元)이 1851(철종2)에 우의정에, 전주이씨인 덕천군 이후생의 후손 이시원(李是遠)이 1858년(철종9)과 1865년(고종2)에 형조 및 이조판서에 올랐지만, 소론(완소)세력은 미미했다.

근기 남인(청남)도 영조 때 번암 채제공(樊巖 蔡濟恭, 1720~1799)이 1776년(영조52)에 호조판서로, 정조12년(1788)에는 우의정에 임명되는 등 소수파로 국정에 참여하기도 한다. 그러나 1800년 정조가 죽고 난 뒤 퇴출되고, 1866년 대원군 집권기에 이황(李滉)의 후손 등 경상좌도 남인들이 일부 등용되는데 그친다.

'무신봉기·을해옥사·계미년 역모사건' 등을 거치면서, 권력은 서울·경기·충청도를 중심으로 한 노론이 독점하게 됐다. 남인과 소론은, 허목(許穆)의 영향을 받은 성호학파의 근기 남인과, 하곡 정제두(霞谷 鄭齊斗, 1649~1736)의 학문적 영향을 받은 강화학파(江華學派, 양명학파)의 소론만 명맥을 유지했다. 근기 남인은 허목→이익→이중환·이용휴·안정복→권철신·이가환→정약용으로 계승되고, 지행합일을 강조하는 소론의 강화학파는 정제두→이광사·이광명→이긍익·이충익→이시원→이건창(李建昌)으로 이어지게 되는 것이다.

경상도 남인은 앞서 1694년(숙종20) 갑술환국과 1728년 무신봉기로 인해 중앙 정계에서 도태됐다. 특히 경상우도는 1623년 인조반정으로 반역향으로 매도된 상황에서, 또 무신봉기에 적극 가담함으로써 그 정도가 매우 심각하여 더 이상 중앙 관직으로의 진출은 불가능했다. 그러나 영조 때 회유책의 일환으로, 무신봉기에 적극 참여하지 않은 안동 의성 예천 영천 봉화 등 경상좌도인은 등용했다. 영양 일월면의 조덕린(趙德鄰)을 정3품 참지(參知) 등에, 안동 임하면의 김성탁을 정언·교리 등에 임명한 것이다. 그러나 그후 조덕린은 김상헌(金尙憲)을 배향하는 서원 건립 반대 상소로 탄핵을 받아 1737년 유배 가던 중 죽었고, 김성탁은 스승인 이현일(李玄逸)의 신원(伸寃) 상소를 했다는 이유로 유배돼 배소지에서 1747년 사망했다. 퇴계학파를 계승한 이조판서 이현일은 정인홍 윤휴 김일경 이광좌와 함께 노론으로부터 가장 배척을 받았다. 영양 출생인 이현일은 조정생(조성좌 종고조부)의 손자인 조하강(曺夏剛)의 묘지(墓誌)를 지은 인물이다.

김성탁(金聖鐸, 1684~1747)과 이현일의 아들 이재(李栽, 1657~1730)와 관련한 1737년 실록의 기록을 보면, 영조와 노론 대신들이 경상좌도 사림을 어떻게 인식하고 있었는가를 적나라하게 보여주고 있다.

> "(영조) 임금이 대신(大臣)과 의금부 당상(義禁府 堂上)을 인견(引見)하고 김성탁을 절도(絶島)에 안치(安置)하라고 명했다. 임금이 여러 신하들에게 이르기를, '김성탁이 이미 민암(閔黯)과 이의징(李義徵)이 난역을 한 것은 알았으나, 적자(嫡子)와 서자(庶子)를 밝히자는 설에 이르러서는 그 무리가 서로 숨겨서 알 수 없다고 한 것은 이상한 일이 아니다'고 하자, (노론) 좌의정 김재로(金在魯)가 말하기를, '갑술년(1694년 갑술옥사)의 처분이 엄중하지 못했기 때문에 버릇이 되어 여기에 이르렀으니, 후일의 폐단을 염려하지 않을 수 없다. (엄중하게 처리해야 한다)'고 했다. (중략) 또한 임금이 이재(李栽)를 천거한 자는 삭직하고 김성탁을 천거한 자는 파직하도록 명했다."

(영조실록 13년 6월 2일)

　이러한데도 불구하고, 안동 등 경상좌도 사족들은 조선이 망하는 구한말까지 임금과 노론정권에 대한 변함없는 충심과 구애(求愛)를 지속한다.

　영조가 재위 52년이라는 오랜 집권 후 1776년 3월에 사망하자, 완소(緩少) 대제학 서명응(徐命膺)은 충청도 청주에서 기병한 이인좌를 "영남의 역적 이인좌와 정희량 등이 모반했는데, 왕사(王師: 임금의 군대)가 물리쳐 평정했다"는 '영조대왕 행장(行狀)'을 지어 바쳤다. 집권 노론세력뿐만 아니라, 완소(緩少) 등 권력층에 있는 관료들조차 경기 및 충청도에서 기병한 이인좌를 '영남의 역적 이인좌'로 규정했다. 당시 조정(朝廷)에서는 이른바 무신변란을 '영남의 반란 사건'으로 규정하고 있었던 것이다. 이는 영남의 남인세력들이 눈에 가시였기 때문이었다.

　정조가 왕위를 계승한 뒤 집권 12년 차에 접어들자, 노론의 전횡을 제어하기 시작한다. 1788년(정조12) 2월에 정구(鄭逑) 계열인 채제공을 우의정으로 특채하고, 1789년 3월부터 정약용 등 근기(近畿) 남인을 등용하기 시작했다. 채제공은 1780년(정조4) 홍국영(洪國榮)의 세도가 와해되고 소론인 서명선을 영의정으로 하는 정권이 들어서자 홍국영과의 친분 등으로 공격을 받아 8년 동안 은거해 있었다.

　무신봉기 일주갑(一周甲: 60년)인 1788년 그해 11월에 무신봉기 때 정희량 조성좌의 거사군에 항거해 공을 세웠다고 하는 안동 상주 예안 예천 영주 순흥 풍기 등 13개 읍 사람들의 행적을 기록한 이른바 무신창의록(戊申倡義錄)을 유학(幼學) 이진동(李鎭東) 등 안동 사람들이 작성하여 정조에게 바치게 된다. 이 창의록에 무신봉기 때 연루 혐의를 받았던 안동의 권덕수 권구 김민행은 포함되지 않았다. 이에 정조는 1792년(정조16) 3월에 퇴계 이황을 배향하는 도산서원(陶山書院)에서 영남 남인, 특히 안동을 중심으로 한 경상좌도의 남인들을 배려하는 차원에서 별시(別試)를 베풀자 과장(科場)에 입장한 유생만 7천여 명이 넘었다. 이중 유학 강세백(姜世白)·생원 김희락(金熙洛) 등 11명을 합격시킨다.

이 도산서원의 별시에 대해 당색이 노론인 정언 유성한(柳星漢)이 노론의 정서를 대변하여 1792년(정조16) 4월 영조에게 상소를 한다. "근일 전하께서 경연에 드물게 나가신다고 하는데, 경연 신하들의 문학과 덕행이 모두 성상의 마음에 부합하지 못하기 때문이다. 이렇게 된 것은 모두가 여러 신하들의 잘못이다. 빨리 경연을 베풀어 앞으로의 성과를 구하고 더욱 덕(德)에 증진하기를 힘쓰소서." 다시 말해 임금이 경연에는 참석하지 않고, 별시를 연 것에 대해 유성한이 우회적으로 비판한 것이다.

여기에 대해 유학 이우(李㙖) 등 안동 유림들이 중심이 돼 사도세자의 신원과 유성한 윤구종(尹九宗) 등 노론들의 처벌을 주요 내용으로 하는 영남만인소(嶺南萬人疏, 1만 57명)를 1792년(정조16) 윤 4월 27일에 정조에게 상소하기에 이른다. 영남만인소에는 거창의 정온 후손을 비롯한 합천 조정립 및 산청의 권도 후손 등도 참여했으며, 이 영남만인소는 희빈장씨를 추숭하자는 1724년(경종4) 4월의 갑진소(甲辰疏, 4,431명)를 그 모델로 한 것이다. 윤구종은 현종의 능인 숭릉(崇陵)의 정8품 별검(別檢)으로 있을 때 경종 비(妃) 단의왕후 심씨의 능인 혜릉(惠陵)을 지나면서 "노론은 경종에게 신하의 의리가 없다"고 말하며, 하마(下馬)를 거부했던 인물이다. 이 상소로 윤구종은 친국 중 장폐됐으나, 유성한은 처벌되지 않았다.

▲ 조덕린 종택: 경북 영양군 일월면 주실마을
　집권 노론세력들은 월탄 한효순 · 내암 정인홍 · 백호 윤휴 · 갈암 이현일 ·
　옥천 조덕린 · 아계 김일경 · 운곡 이광좌를 '만고의 역적'으로 매도했다.

　이렇듯 정조 때는 정조의 개혁적 사상과 노론을 견제하려는 정치
적 고려, 1728년 무신봉기 후 가담 혐의를 벗어나기 위해 끈질기게
추진한 안동 사림들의 충의(忠義) 등에 힘입어 조덕린 김성탁 황익재
등 경상좌도 인사들이 신원된다. 또한 무신봉기 때 안동 예안 의성
등 경상좌도에서 창의(倡義)한 인사들에게 포상이 주어지는 등 명예
회복과 함께 등용되기도 했다. 그러나 1800년 정조가 죽자, 경상좌
도 남인들 역시 노론으로부터 또다시 탄압과 차별을 받게 된다.
　1801년(순조1) 집권 노론세력들은 천주교 탄압을 빌미로 신유사옥
(辛酉邪獄)을 일으켜, 개혁적 인사인 정약종 이승훈 권철신 이가환
등 100여 명을 처형하고, 정약용 · 약전 등 300여 명을 유배하는 등

근기 남인 후예들을 제거했다. 2년 후 1803년(순조3)에는 노론 계열의 사간(司諫, 종3품) 신직(申職)이 경상좌도인 영양 주실마을의 조덕린(趙德隣, 1658~1737)에 대해 역률을 추후로 시행할 것을 상소하여 조덕린의 관작(官爵)이 추탈된다.

신직은 조덕린을 무신봉기의 핵심 인물인 박필몽보다 더 흉악한 인물로 매도하고, 무신봉기 때 안동 등 좌도 사람들이 창의한 사실들을 기록하여 1788년 11월 정조에게 바친 무신창의록도 거짓이라고 했다. 정희량의 경상우도나 조덕린의 경상좌도 모두 박필몽처럼 역적질을 했다는 것이다. 조덕린은 조선이 망국으로 치닫고 있을 때인 1899년(고종36) 11월 신원된다.

　"무신년(주: 1728년 무신봉기)의 역변(逆變) 때 영남에서 더욱 심했던 것은 비록 박필몽이 광유(誑誘: 속이고 꾀어냄)한 것에 연유했다 하지만, 실제로는 조덕린이 (1725년 영조1년에 군주는 공평하게 탕평을 해야 하는데 권력에 아부하는 붕당의 무리들이 득세하고 있다는 등) 을사년 흉소(凶疏)에서 이미 선창(先倡)한 것이 있었기 때문이다. (무신년 일주갑이 되는 1788년 정조12) 적신(賊臣) 채제공이 바야흐로 상직(相職: 우의정)에 있었는데, 틈탈 만한 기회라고 여기고는 영외(嶺外)에 있던 조덕린의 당류(黨類)를 사주하여 일으키고, 역적 조덕린의 (1728년 무신년) 의병(義兵)에 대한 말을 가지고 한 책자(주: 무신창의록)를 작성하여 바치게 함으로써 조덕린의 흉소의 내용을 숨기고는 창의(倡義)라는 이름으로 꾸며 작성했다.
　이 책자를 안으로 임금과 신하가 모여 자문·주답하는 자리인 연석(筵席)에서 아뢰고 밖으로 상소하여 청하자, 마침내 (조덕린이) 복관(復官)하는 지경에 이르렀다. 무신년(1728년) 당시 영묘(英廟: 영조)께서 조덕린을 호소사(號召使)로 삼아 유지(諭旨)를 막 내렸을 때 역적 정희량의 머리를 바치고 첩보를 상문(上聞)함에 따라, 곧 군사를 파하라는 관문(關門)을 내렸었으니, 역적 조덕린이 어찌 창의(倡義)한 일이 있었겠는가.”(순조실록 3년 2월 20일)

그후 경상좌도 남인은 흥선대원군(興宣大院君, 1820~1898) 집권기인 1866년(고종3) 1월에 유성룡의 후손인 안동의 매산 유후조(梅山柳厚祚, 1798~1876)가 우의정에 특채됨으로써 차별이 일정부분 해소되는 형국으로 진행됐다. ‘경상좌우도 분리정책’에 따라 경상우도 사람들은 일시적·제한적 국정 참여도 해보지 못한 것과는 큰 비교가 되는 부문이다.

흥성대원군이 경상좌도의 남인들을 우군(友軍)으로 끌어드려 지역차별을 완화하고, 또 집권 노론세력을 견제하기 위한 방편으로 유후조 등 경상좌도인을 등용하는 조치를 취했지만 여전히 소수파에 불과했다. 더구나 대원군이 최익현의 탄핵을 받아 1873년(고종10) 운현궁으로 물러나자 경상좌도의 남인을 비롯한 여타 지역의 남인과 소론에 대한 노론의 공세도 한층 노골화됐다. 이는 한말(韓末) 척사론자인 면암 최익현(勉菴 崔益鉉)이 1873년(고종10)과 1876년에 올린 상소와, 중암 김평묵(重菴 金平黙)이 1876년에 지은 글, 그리고 김평묵이 짓고 그의 사위인 유생 홍재구 등이 연명으로 올린 상소에서도 극명하게 나타나 있다.

포천 출생인 최익현과 김평묵은 화서 이항로(華西 李恒老)의 제자로, 한말 노론의 상징적인 인물이다. 특히 김평묵은 백호 윤휴가 주자(朱子)와 송시열을 폄훼한 것과, 성호 이익이 서양학설을 받아드린 것, 번암 체재공이 서양학의 중심 인물이 된 것을 통렬히 비판한 인물로, 흥성대원군이 남인과 상호 힘을 합치는 것을 매우 두려워했었다.

"흥성대원군이 정권에 관여해서는 안 되며, (남인으로 조덕린의 스승인 이조판서) 이현일, (북인으로 인조반정 후 관작추탈된 좌의정) 한효순, (남인으로 좌의정을 역임한) 목내선 등의 신원(伸寃)을 요구한 사람들을 추율(追律)해야 한다."(면암집·勉菴集 권3 사호조참판 겸진소회소·辭戸曹參判兼陳所懷疏 1873년 11월 3일)

"남인은 (남인 이조판서) 윤휴(尹鑴) 이후로 우리 서인(주: 노론)과 일절 반대가 돼 구적(仇敵: 원수)이 됐다. 만약 (서양과) 조약이 성립된 후에 (갑술환국 때 우리 노론에 의해 사사된 남인 우의정) 민암 및 (남인 좌의정) 목내선의 유종(遺種)과, (무신봉기 때 처형된) 이인좌와 정희량의 남은 후손들이 백성의 불인(不忍)한 마음을 이용하고 창을 들고 한번 호령하여 도성(都城)을 함락한 후 대궐을 침범한다면 (중략) … 서인(주: 노론)은 일망타진될 것이다. 서인(西人)이 모두 섬멸된다면 이이(李珥)와 송시열 제현(諸賢)은 그 작위(爵位)와 시호(諡號)가 깎여 문묘에서 내쳐질 것이고, 윤휴의 귀신이 최고의 대종사(大宗師)가 될 것이다. 윤휴가 대종사가 되면 정자(程子) 및 주자(朱子)의 설(說)은 한 사람도 공공연히 외우는 사람이 없게 될 것이다. 이것은 하나의 양적(洋賊)을 물리치니 또 한 양적이 생기는 것이다. 화서(주: 이항로)선생이 일찍이 (정자·주자 및 노론의 이념과 노론 정권 유지가 중요한 것이지) 나라의 존망은 오히려 작은 일이라고 하신 것은 이 때문이다."(중암집·重菴集 권38 척양대의·斥洋大義 1876년 1월)

이와 같이 이항로와 그의 제자 최익현 김평묵 등 노론세력들은 서양세력의 척결보다 또 하나의 적(賊)인 무신봉기의 후손 등 남인세력의 일망타진에 척사의 비중을 더 두었다. 집권 노론세력들은 조선이 망하는 그 시점에도 남인인 윤휴 목내선 이현일 등은 원수이기 때문에 배척해야 한다고 천명하고 있다. 노론들에 의해 남인 후손들을 비롯한 이인좌 정희량 등 무신당(戊申黨) 후손들은 대부분 몰락했는데도 서양세력과 힘을 합쳐 자신들을 공격할까봐 두려워했고, 위정척사(衛正斥邪)를 빙자하여 노론 자파세력의 확대를 도모했다. 특히 지행합일(知行合一)을 강조하는 양명학(陽明學)까지 이단으로 배척한 송시열 등 노론의 교조적·배타적 성리학에 반기를 들고 양반 지배 이데올로기를 개혁하려다 사문난적(이단)으로 몰려 죽임을 당한 백호 윤휴에 대한 노론의 증오심이 적나라하게 표출돼 있다. 노론은 풍전등화(風前燈火)의 조선을 구하는 일보다 이이 및 송시열로부터 이어진 자파세력들의 이익 보호에 눈이 멀어 있었다. 국제정세는 급변하고 있는데도 천년만년 노론의 세상을 유지하려고 했던 것이다.

이는 봉조하 김상현(金尙鉉, 79세)이 1889년(고종26) 11월 27일 고종(38세)에게 영조 때에 있었던 사건·사태에 대해 아뢴 것에서도 여실히 증명된다.

"우리 영종대왕(英宗大王: 영조)은 세상에 드문 임금이다. 매우 어려운 때를 당하여 여러 흉악한 자들을 소탕하고 종묘사직을 다시 편안하게 안정시켰다. 임금 자리에 52년 동안 있었는데, 대단히 큰 공을 이루어 승하하신 지 이미 수백 년이나 됐지만, 온 나라의 모든 사람들이 지금까지도 즐거움과 이익을 누리며 잊지 못하고 있다. 경종께서 병세가 위중해질 때에 역적 이광좌가 상약(嘗藥)의 직임을 맡고 있으면서 의약청(議藥廳)을 설치하지 않고 패악한 의원 이공윤(李公胤)을 믿고서 연달아 독한 약제(주: 계장·생감·인삼)를 시험하자, 왕(영조)이 울면서 이공윤에게 빨리 온제(溫劑)를 써서 양기를 되살리라고 했으나, 이광좌가 자기 의견을 더욱 굳게 고집하여 마침내 (경종 임금이) 승하하게 됐다. 신축년(1721년)에 왕세제(영조) 책봉이 결정됐는데, 불령(不逞)한 무리가 속으로 두려워하고 꺼리는 마음을 품었다.
(연잉군을 왕세제로 하라는) 숙종의 유언과 경종이 병환이 있어

후사가 없음을 알면서도, (소론인) 유봉휘가 앞서 상소를 올려 '왕세
제 책봉은 우롱하고 협박하는 처사이며, 인심을 의혹하는 일이다. 자
손이 많기를 바란다'고 했다. (소론인) 조태구는 유봉휘를 충신이라
고 칭찬했으니, 그가 어떤 사람이란 말인가. 그 무리가 한번 변하여
(남인) 목호룡이 변란을 고발하는 일이 생기게 되어 무고한 옥사가
크게 일어나서 왕세제(영조)를 책봉하도록 한 (노론) 대신(大臣)인 충
헌공 신 김창집, 충문공 신 이이명, 충익공 신 조태채(趙泰采), 충민
공 신 이건명이 모두 참혹한 화를 당했다. 두 번 변하여 정희량 등
여러 역적들이 기승을 부리게 됐고, 세 번 변하여 윤지와 이하징이
흉악한 모의를 하게 됐다.
　김일경과 목호룡은 을사년(1724년)에 죽고, 조태구와 유봉휘 등
여러 역적들은 윤지 이하징과 함께 을해년(1755년)에 역적을 처벌하
는 형률을 시행했으며, 정희량 등은 무신년(1728년)에 처단됐는데,
이것은 무력으로 소란을 일으킨 것이다. (평안병사) 이사성은 서쪽에
서 앞장서서 부르고 (총융사) 김중기는 안에서 호응했으니, 명성과
위세가 서로 이어져 조정과 민간이 벌벌 떨며 놀랐다. 왕(영조)께서
신기한 방책을 빈틈없이 운용하여 기회를 타서 승리함으로써 싸움을
차례로 끝내고 다 평정하셨다."(고종실록 26년 11월 27일)

　예조판서·좌참찬 등을 역임한 경대 김상현(經臺 金尙鉉, 1811～
1890)은 서인(노론)의 거두인 김장생의 9세손으로, 누대에 걸쳐 기
득권과 권세를 누린 노론의 대표 격 인물이다. 김상현이 상소를 한
1889년 고종26년 11월 조선은, 1876년 일본과의 강화도조약 등으로
외세의 간섭과 침탈이 도를 넘어서고 있었고, 집권세력의 탐욕과 부
패 및 무능으로 인해 위기가 가중되고 있던 상황이었다.
　이러한 김상현의 상소는, 영조가 1755년 2월 나주벽서사건과 1763
년 10월 계미년 역모사건을 처리하고 역적들을 소탕했다고 반포한
것과 같은 내용이다. 또한 경종 임금의 죽음은 이광좌의 책임이라고

덮어씌우는 등 사실관계조차 왜곡하여 상소를 한 것임을 알 수 있다. 소론 영의정 이광좌부터 → 1721년~1722년 신임사화의 소론 좌의정 유봉휘·영의정 조태구·우참찬 김일경과 남인 동지중추부사 목호룡 → 1728년 무신봉기의 정희량 이사성 김중기 → 1755년 을해옥사의 윤지 및 이하징으로 흉역들이 이어졌다는 노론 김상현의 이 상소는, 집권 노론세력의 인식을 그대로 보여주고 있는 것이다.

이처럼 노론정권은 조선이 망해 가는 시점에도 이광좌 유봉휘 조태구 김일경 윤지 이하징 등 소론과, 무신봉기 때 경상우도에서 기병한 정희량 등 남인 계열의 후손들을 철저하게 이단시하고 배척했다는 것을 김상현의 상소가 웅변해 주고 있다.

그러나 안동 등 경상좌도 사족들의 임금과 조정에 대한 짝사랑은 조선말까지 변함없이 이어진다. 1895년 민비시해사건으로 촉발된 을미의병전쟁 때인 1895년 12월에 안동 창의대장 권세연(權世淵, 1836~1899)이 발표한 격문에서도 잘 나타나 있다.

> "비록 임금(고종)의 조서(詔書)는 받지 못했으나, 스스로 격동하는 마음을 참지 못하여 마침내 고을 사람들을 모아서 의병을 일으켰다. 기계(器械: 창검)는 무신년(戊申年, 무신봉기)에 간직해 두었던 것을 꺼내고, 대오(隊伍)의 규모는 임진년(임진왜란)의 전례를 따랐다."
> **(경상도 안동창의대장 권세연 격문)**

봉화 닭실마을 출생인 안동 의병대장 권세연이, 120년 전 무신봉기 당시 안동 사족들이 정희량을 진압하려고 했으나 사용하지 못한 창칼을 이제는 일본과 맞서 싸울 때 사용하겠다는 격문이다. 물론 창

과 칼이 남아 있을 리 없었을 것이다. 이처럼 안동 봉화 예천 등 좌
도인은 무신봉기(무신변란) 연루 혐의에서 벗어나려고 각고의 노력
을 했던 것이다. 1728년 무신봉기는 안동 등 경상좌도 사족들에게
생각하기 조차 싫은 상흔(傷痕)으로 인식되고 있었으며, 무신봉기의
핵심 지역인 경상우도 때문에 좌도까지 반역향으로 매도되는 현실을
용납할 수가 없었던 것이다.

경상좌도와 비교하여 경상우도가 집권 노론세력들로부터 차별을
더 받았다는 또 하나의 주요한 증거로, 조선 전후기 경상좌우도 각
권역별로 사림의 관직 진출상황을 보면 알 수 있다. (진주) 합천 삼
가 초계 거창 안의 산청 함양 의령 하동 단성 김해 창원 함안 칠원
진해 웅천 사천 하동 곤양 거제 고성 등 진주권의 22개 읍의 문과 급
제자가 전기에는 241명인데 비해 후기에는 144명으로 무려 97명이
나 줄었으나, (안동) 영해 예천 의성 비안 청송 진보 군위 영천 풍기
순흥 봉화 영덕 예안 영양 등 안동권 15개 읍은 전기에 180명에서 후
기에는 446명으로 266명이나 급제자가 늘어났으며, (상주) 선산 성
주 고령 지례 개령 금산 문경 함창 등 상주권 13개 읍도 전기 262명,
후기 407명으로 145명 늘어났다. (경주) 언양 양산 울산 등 경주권
21개 읍은 전기 128명, 후기 174명으로 46명 늘어났다.

이것을 보더라도 합천 안음 거창 함양 삼가 초계 창원 진해 등 진
주권을 중심으로 한 경상우도의 남인들은 1694년 갑술환국으로 실각
하고, 1728년 무신봉기 때 적극적으로 가담한 후 집권 노론 정치권
력으로부터 영원히 버림을 받았다는 것을 알 수가 있다. 설혹 문과
(文科)에 급제했다고 해도, 군수 이상 또는 정5품 이상의 벼슬에 올
라가기도 매우 어렵게 되는 등 심각한 차별을 받았음은 물론이다.

몰락한 영남, 즉 안동·상주·진주권의 경상도 실세(失勢) 남인들
은 그들이 보유한 농장을 기반으로 하여 조상 중에서 이름이 높이 드
러난 선조(先祖, 현조·顯祖)를 내세워 받들고 집단적으로 거주하는
동족 마을을 이뤄 문중의 화목과 번영에 만족하며 살았다.

그러나 1728년 3월 무신봉기(정희량의 난) 때 적극 가담한 경상우
도의 많은 남인 명문세가들은 폐고(廢錮)가 돼 몰락함으로써, 명문세
가의 수(數)도 경상좌도보다 훨씬 적었다. 그나마 무신봉기 후 어렵
게 살아남은 경상우도 남인들의 생활기반은 경상좌도보다 열악했고,
정치적 영향력도 비교할 수 없을 정도로 작았으며, 정체성도 훼손돼
갔다. 경상우도의 고색창연(古色蒼然)한 고택과 전통 유교문화도 황
폐화되고 사라져 버렸다.

그나마 우도(右道)의 대표적 서원으로 남명 조식을 배향한 산청의
덕천서원은 채제공 한치응(韓致應) 등 남인 계열이 원장을 맡아 경상
우도 정신을 힘겹게 지켰지만, 함양의 남계서원 원장은 이재(李縡)
홍치중 등 노론이 맡아 그들의 통치이념을 전파해 나갔다.

경상우도는 서울에서 볼 때 낙동강 우측인 (상주) 성주 선산 금산
개령 지례 고령 문경 함창, (진주) 합천 삼가 초계 함양 곤양 남해 거
창 사천 의령 하동 안의 산청 단성, (김해) 창원 함안 거제 고성 칠원
진해 웅천 등 28개 군현(郡縣)을 말한다.

낙동강 좌측인 경상좌도는 (경주) 울산 양산 동래 기장 언양, (안
동) 의성 영양 영덕 풍기 예천 군위 영천 봉화, (대구) 밀양 청도 경
산 현풍 칠곡 영산 창녕 등 37개 군현을 일컫는다.

15명 양무공신들에게 나눠 준 전답 278결(結)과 노비 468명의 개인별 적몰 현황

이름	전(田) 결(結)	전(田) 부(負)	전(田) 속(束)	답(畓) 결(結)	답(畓) 부(負)	답(畓) 속(束)	노비	비고
이인좌(李麟佐)	3	7	5		39			34세, 괴산 청천면 출생, 전라감사 이운징 손자, 윤휴 손서
이능좌(李能左)		57	2		3	3	2	약 30세, 이인좌 동생, 안음·거창·함양 거사군 대원수
박필현(朴弼顯)		18	8		25	4	29	49세, 태인현감, 박태춘(병술소유 임부 배후) 아들
박필몽(朴弼夢)	3		3	3	19	5	12	61세, 신축(1721년 12월) 참여, 도승지
박사관(朴師寬)				2	61	3		박필몽 아들
이 하(李 河)	6	2		9	69		13	46세, 한성참군(정7품), 영의정 이시백 증손
정희량(鄭希亮)		50	9	11	93	5	8	약 44세, 참봉 정중원 아들, 참판 정온 현손
조정좌(曹鼎佐)	1	34	6	1	94	5	7	약 32세, 합천 묘산면 출생, 부사 조정생 현손
신천영(申天永)		16	7		70	1		약 39세, 우윤 신경제(1689년 반송시열소두) 손자
신광원(愼光遠)	1	2	3				23	39세, 만호(종4품), 과천 호현(狐峴: 남태령) 출생
이시훈(李時薰)	1	61	8	1	42	8	8	39세, 괴산 출생, 이진화 조카
이인엽(李人燁)	39	43	8	1	24	9	24	27세, 종친부 도정(都正, 정3품), 민관효에게 은 80냥 제공
이사성(李思晟)		33	9		9	4	28	51세, 이천 대월면 출생, 평안도병사, 상주영장 이명징 아들
남태징(南泰徵)	2	32	2	5	25	4	4	61세, 포도대장, 현감 남반 아들, 영의정 남재 봉사손
이사로(李師魯)		12			39	5	6	33세, 이조참판, 밀풍군 이탄의 4촌 동생
임상극(林象極)		75	9					42세, 반김창집 병신소유(1716년)로 정배, 진천현감
김덕삼(金德三)	5	22	2	8	90	1	13	54세, 괴산 거부(巨富), 신석영 및 안정 장인
권서린(權瑞麟)		2	2	2	15	5	30	38세, 양성현 모군(募軍) 책임자, 권서봉 동생
권서봉(權瑞鳳)					29	1	2	51세, 임신소유(1722년 9월) 참여, 을사처분(1725년 3월)으로 정배
임서린(任瑞麟)		58	1		62	9		약 48세, 임경호(51세, 이천·여주 녹림당 대장) 동생
이 배(李 培)					9	3		47세, 진위 출생, 부총관, 오명항 진위현 주둔지 잠입
이지인(李志仁)		82	9		10	3	3	46세, 전 참봉, 영의정 이덕형 현손
조세추(曺世樞)	11	91		9	5	7	14	26세, 문경 출생, 부호 조하주(성호 이익 자형) 손자
이지시(李之時)	1	1	7	2	4	8	5	31세, 공산현 출생, 전주 거주, 유학(幼學)
나만치(羅晩致)	1	1	5	2	80	4		50세, 나주 감부로 서울 및 나주 거주, 나숭곤 백부
나숭곤(羅崇坤)		43	3	1	5	2	2	약 20세, 나만서(40세) 아들. 이인좌 매부
이윤행(李允幸)	1	54		1	44	9	2	47세, 예천 출생, 점술가
고응량(高應良)	36	27	5	3	18	5	57	52세, 부안 토호, 풍천부사 고회 손자
박미귀(朴美龜)	3	19	2	12	69	2	24	50세, 담양 출생, 향리(鄕吏) 겸 상인
박종원(朴宗元)	1	10	6		82	1	7	약 50세, 용인 출생, 상당산성 우후(정3품)

이 름	전(田) 결 부 속 (結)(負)(束)			답(畓) 결 부 속 (結)(負)(束)			노비	비 고
심성연(沈成衍)	3	37	7	1	9	3		25세, 춘천 부호, 심수관 아들, 판서 심재 증손
곽중휘(郭重輝)	1	87	8	1	35	9		46세, 이천 사족(士族), 청주성 점령 때 가담
신윤조(辛胤祖)	2	18	4		42	8		54세, 여주 후포(대신면) 사족(士族)
한세능(韓世能)	2	75	6		25	5	6	33세, 원주 거주, 한세홍 동생, 무미업(貿米業)
양덕부(梁德溥)		51	2		60	1	5	충청병사 이봉상의 비장(裨將: 막료)
이 정(李 檉)	2	5		13	77	7	40	54세, 호산군, 남원 출신, 용인 거주, 선조 임금 6세손
양명하(梁命夏)		20	6		66	3		53세, 서울 갑부, 소복(小卜), 병신소유(1716년 8월) 참여
민원보(閔元普)	6	72	6	4	51	2	5	47세, 충주 거주, 좌의정 민회 손자, 정홍유 장인
민관효(閔觀孝)		38	2	3	91	7	11	42세, 이조판서 민점 증손
민백효(閔百孝)		66	3	3	29	5		29세, 충주 거주, 민원보 5촌 조카, 좌의정 민회 증손
민원보·백효(閔元普·百孝)	4	88	8	1	19			충주기병의 핵심 인물
이조겸(李祖謙)	1	55	8		39	9	8	56세, 충주 출생, 서얼, 민원보 심복
김정현(金鼎鉉)		97	4					44세, 진위현 갈원(평택 칠원동) 갑부
이희천(李希天)	3	23	5	2	61		6	44세, 병마절도사 이후성 아들, 청주 파총에 임명
한대명(韓大命)		77	8		12	8		28세, 민원보 비부(婢夫), 민원보 명을 받아 화약 매집
신태룡(辛兌龍)		28	7		35	5	2	충주 천기읍(음성 삼성면) 거주, 유학
김봉경(金鳳慶)		5			1	1	3	42세, 목천현 동면 출생
이세룡(李世龍)		54	3		93	7	4	50세, 임피(군산시 임피) 거주, 옥구 격서인
송내익(宋來翼)		55	5		9	6	5	54세, 회덕현 출생, 해미현감
장 흠(張 欽)							4	53세, 용인 송전(이동면 송전리) 사족(士族)
한 억(韓 億)							4	목천현 좌수, 공주 충청감영 포정문 밖에서 효시
이규서(李奎瑞)							6	33세, 진위현 출생, 100냥을 정세윤에게 보내 군량·군복 매입
조명규(趙命奎)							1	45세, 정경유 처 재당숙, 조행검(조성좌 7촌 조카) 처 3촌
조덕규(趙德奎)							4	43세, 원주 거주, 조명규 6촌 동생, 대사헌 조수익 증손
안 엽(安 熀)							3	40세, 충주 출생, 용인 거주, 정세윤 종사관
안엽·정(安 熀·炡)							19	안정은 안엽의 동생, 용인 사족
안 추(安 樞)							1	54세, 이사성의 안주(安州) 평안병영 군관
유 염(柳 溶)							4	43세, 서울 청녕교(淸寧橋, 을지로 5가) 거주
계 (58명)	141	1,801	213 (158결)	101	1,888	202 (120결)	468	15명 양무공신들에게 전 158결, 답 120결, 노비 468 명 분배

○ 1결(結)=100부, 1부(負)=10속, 1속(束)=3.28평

12. 무신봉기 후 조성좌 등 주도층
후손들의 동향

▲ 단장 전 조성좌 묘소: 경남 합천군 봉산면 권빈리 석가산

조성좌의 아버지 조항(曹沆)은 장남 성좌(聖佐)와 차남 덕좌(德佐) 등 아들 두 명과 딸 둘을 두었다. 딸은 동계 정온(桐溪 鄭蘊, 이조참판)의 현손인 정관유(鄭觀儒)와 임하당 신후명(林下堂 申厚命, 충청감사)의 증손인 신자악(申自岳)에게 각각 시집을 갔다.

조성좌·덕좌, 그리고 조성좌의 12촌 동생인 정좌는 1728년 3월 30일 삼경(三更: 밤 11시~새벽 1시)에 합천읍 옥산동에 있는 야트막

한 언덕인 빙고현(氷庫峴: 옥산)에서 하급 벼슬아치인 합천장교 등에게 사로 잡혀 폐(斃)한 상태가 되고, 음력 4월 1일 새벽에 합천군수에게 조정좌·덕좌·성좌 순으로 죽임[살·殺]을 당했다. 그들의 묘소는 조성좌의 고조부인 조정립이 '봉서정 십영(鳳棲亭 十詠)'이라는 시에서 절경을 노래한 봉산면 권빈리 석가산 230의 2번지에 있다. 합천 객사 서쪽 앞 빙고현은, 머구재 → 흰바우(백암) → 인곡재 → 권빈역 → 석가산 → 거창으로 가는 조선시대의 주요 통로이며, 또한 마령재를 넘어 → 묘산 → 가야 → 성주로 가는 길목이다.

빙고현에서 인곡재를 넘어 석가산에 있는 조성좌·정좌·덕좌의 묘소까지는 20리 정도의 거리며, 금양역까지는 5리 거리다. 지금도 금양리 앞들을 "이보혁 등 관군들이 무신봉기를 진압하기 위해 말을 타고 병사가 밀려왔다"고 하여 '말밀들'이라고 불리고 있다.

조선왕조실록 1729년 4월 25일 노적(孥籍) 명부에 조성좌·덕좌 및 정세유 정상림 권만항 최존서 등 48명의 이름이 수록돼 있고, 또한 승정원일기 1729년 7월 22일 등을 볼 때 조성좌·덕좌의 아내 및 자녀·친척들은 1729년 4월~7월 사이에 발배(유배)됐다. 이때 합천 봉산면의 손후빈은 참형되고, 안음의 정세유(鄭世儒) 아내, 합천좌수 정상림 아내, 대병면의 권만항(삼가좌수) 아내 강여사(姜呂史, 59세), 함양군수 최존서의 아들·며느리·손자는 발배됐다. 조석좌·명좌·정좌의 처자식은 1728년 6월에 발배됐다.

조성좌의 아내·처제·아들 및 조카·친척들이 강원도 낭천(狼川: 화천)·인제(麟蹄)·양구 및 백령도·황해 초도(椒島)·고흥 녹도진(鹿島鎮)·진도 등지로 발배된 후 살아남을 수 있었던 것은, 대명률(大明律) 및 경국대전(經國大典)에 연좌 및 노적된 사람의 자녀 중 15

세 이상만 처형했고, 15세 미만은 발배하는 것으로 규정하고 있었기 때문이다. 또한 무신봉기 후 발배된 사람이 1천 명이나 돼 배소 이탈도 빈번하게 일어났으며, 정희량 및 이인좌와 달리, 조성좌가 합천군을 무혈입성(無血入城)한 것도 참작이 됐을 것이다.

그리고 조성좌의 고조부인 조정립(曺挺立)이 북청판관으로 재직할 때 귀양 와서 죽은 오성대감 이항복의 장례를 조정립이 치러준 인연으로, 이항복의 6세손인 영남 별견어사 이종성의 도움과 함께, 종사관과 경상감사를 역임한 박문수도 도움을 주었다. 박문수는 경상감사로 재직할 때인 1728년 7월 입궁하여 영조에게 "연좌된 사람들이 너무 많아 국정운영에 도움이 안 되니, 정배된 사람들을 평민(양민)으로 만들어야 한다"고 아뢰기도 했다. 실제로 조석좌의 아내인 은진송씨는 발배 후 15년이 지난 1743년(영조19) 6월에 평민으로 방면됐다.

그외 조성좌의 생조부로 10촌간인 조하주의 고모부가 광해군의 이복동생인 경창군 이주(慶昌君 李珘, 1596~1644)였던 관계로, 경창군 후손들의 도움도 있었다고 전해지고 있다. 특히 1764년(영조40) 장례원 혁파와, 그뒤 1801년(순조1) 공노비 해방 등도 조성좌의 후손들이 평민으로 살아남은 주요 원인으로 작용했을 것이다. 이는 울산 지역의 노비 가구 수가 1729년에는 전체의 13.9%인데, 1765년에 2.0%로 격감하고, 1804년에는 0.92%로 급격히 감소하고 있는 것에서 유추해 볼 수 있다.

조성좌 문중에 도움을 준 오천 이종성(梧川 李宗城, 1692~1759)은 무신봉기가 진압된 후, 문경 상주 안동 합천 삼가 안음 거창 함양 등 영남의 무신봉기를 수습·보고하기 위해 1728년 4월 14일에 영남 별견어사로 임명돼 내려 왔다. 이종성과 박문수가 조성좌 및 조한유 문

중을 배려하고 도움을 주었다는 것은, 앞서 언급한 바와 같이 조한유
가 쓴 무신일기(戊申日記)에도 잘 나타나 있다. 소론의 명문가인 이
종성의 아버지는 영조 때 좌의정을 역임한 이태좌이며, 이태좌의 6
촌 형인 이광좌는 무신봉기 때 영의정에 재직하고 있으면서 양무원
종공신 1등에 녹훈된 인물이다. 그후 이광좌는 1755년(영조31) 경종
임금의 독시설이 다시 거론되자, 노론에 의해 관작이 추탈되고 1908
년(순종2) 4월에 한효순 정인홍 윤휴 이현일 최석항 박찬신 박필현
이사로 밀풍군 정사효 윤혜 유수원 등과 함께 신원됐다.

이종성이 무신봉기 관련자들에게 아량과 선처를 베풀었다는 증거
가 1729년 영조5년 4월 27일 실록에 나와 있다. "경기도사 이종성은
경악(經幄: 경연)에 출입하면서 임금을 도운 것이 많았는데도 (막료
등) 좌막(佐幕)에 보직돼 나가서는 정체(政體)가 진실하지 못했으니
(종5품) 도사(都事)에서 체직시켜 관직(館職: 부제학 이하 관직·官
職)으로 다시 돌아오게 하고, 전관(銓官)에게 추고(推考: 심문)하게
해야 한다"는 의금부의 주청에, 영조 임금이 "그렇게 하라"고 윤허(允
許)한다. 그러나 이종성은 그후 1752년(영조28)에 영의정에까지 오
른다.

조성좌의 첫째 여동생은 무신봉기에 가담한 거창 위천의 정관유에
게 시집갔다. 정희량의 8촌 동생인 정관유는 무신봉기 후 덕유산으
로 도망갔으나, 1728년 6월 말 무주부사 이언상에게 사로잡혔다. 그
후 전라도 담양으로 피신하여 목숨을 부지했다. 조성좌의 12촌 누나
는 정희량에게 시집을 갔는데, 무신봉기 전에 사망한 것으로 판단되
며, 창녕조씨태복경공파보에는 정관유와 정희량이 등재돼 있지 않
다. 또한 조성좌의 막내 여동생은 문경 마성면에 세거하고 있던 평산

신씨문희공파인 신자악(申自岳)에게 시집가서 무신봉기 8년 후인
1736년에 아들 신치룡(申致龍)을 낳았다. 신자악의 증조부는 충청감
사를 역임한 임하당 신후명(林下堂 申厚命)인데, 그의 형이 1694년
갑술옥사 때 유배된 후 방면돼 음성군 감곡면에 은거한 규정 신후재
(葵亭 申厚載, 한성판윤)다.

그러나 평산신씨문희공파보에는 신자악의 아내가 창녕조씨가 아닌
창녕성씨로, 처외증조부가 성시량(成時亮)으로 왜곡·등재돼 있다.
심지어 조성좌의 외갓집인 충북 보은읍의 김천부(金天富, 군수) 후예
인 김덕민(金德民, 첨지중추부사)·상(鋿, 장령)·위필(渭弼, 진사)
문중의 경주김씨판도판서공파보에는 외손(外孫)인 조성좌가 무신봉
기의 주역이라고 해서 족보에 등재조차 안 돼 있다.

1728년 무신봉기로 말미암아 조성좌 조덕좌 조정좌 조석좌 조한유
의 문중 족보상에 200여 년 동안 무후(無後)로 돼 있었던 사람들이
많았다. 그러나 1934년 갑술보(甲戌譜)·1960년 창녕조씨송군파보
(昌寧曺氏松君派譜)·1990년 창녕조씨태복경공파보(昌寧曺氏太僕卿公
派譜)를 만들 때 고령군 다사면 송곡리 등 여러 지역의 사람들이 무
후 쪽 후손으로 입적(入籍)됐다. 이는 무신봉기 때 참화를 입은 문중
에서 일어나고 있는 일반적인 현상일 것이다.

현재 묘산면 도옥리에 살고 있는 조덕좌 후손들이 조정립의 후손
으로 입적된 후 묘산에서 간행한 상기 파보에, 조덕좌가 정3품 절충
장군을 역임하고 1780년에 사망한 것으로 등재돼 있는데, 이는 잘못
된 것이다. 조덕좌는 1728년 4월 1일 죽임을 당했고 벼슬을 한 적이
없다. 조성좌의 6촌인 조명좌도 무신봉기에 연루돼 1728년 4월 28일
대구감옥에서 죽임을 당했는데도 1787년에 사망한 것으로, 조석좌는

무신봉기 후 장폐됐는데도 1727년 사망한 것으로 등재된 것 역시 수정해야 할 부문이다. 특히 조희좌(曹義佐)는 명좌(命佐)의 동생인데, 성좌(聖佐)의 동생으로 수록돼 있는 것 등등은, 향후 파보(족보) 간행 때 수정해야 할 것이다. 그외 조정좌·정임·희좌·순령·광좌·형좌·경좌·용수·상우·학수 등은 확인조차 안 돼 파보에 등재하지 못했다.

이인좌 정희량 박필현 민관효 정세윤 나숭대 권서린 소성(蘇晟) 장흠 안엽 원만주 등 여타 핵심 인사들의 문중 족보도 조성좌 문중 족보와 별반 다르지 않다.

1995년 12월 합천문화원에서 발간한 합천군사(陜川郡史) 1446쪽에는 '석가산의 쇠갓'이라는 전설(傳說)이 수록돼 있다.

"합천군 봉산면 권빈리 석가산에 우뚝 솟은 봉우리에 있는 큰 무덤(주: 조성좌의 종조부인 조하현의 무덤)을 하관할 때 일류 풍수가 쇠갓을 쓴 사람이 지나갈 때 하관하라고 했다. 그러나 아무리 기다려도 나타나지 않자 하관을 하고 말았다. 그 순간 부자정(父子亭) 모퉁이에 흰 옷을 입은 부녀자가 솥뚜껑을 이고 지나가는 것이 아닌가. 그후 남아가 태어났는데 겨드랑이에는 날개가 있었으며, 눈동자가 크고 총명하여 덕망을 사방에 떨치는 큰 인물이 됐다. 그가 조성좌(曹聖佐)이며 조정(朝廷)에서 정변(주: 무신봉기)이 일어나자 분연히 일어나 지방민을 동원하여 의병을 일으켜 올바른 조정을 만들고자 했다. 한양의 포도대장(주: 남태징)으로부터 일일 팔십 리씩 팔일 만에 도착하면 성문을 활짝 열어 주기로 한 연락을 잘못 전달받아 팔일에 팔십 리씩 진격함에 따라, 결국 조정에서 알게 돼 관군(官軍)이 동원되고 치열한 전투 끝에 패하고 말았다. 한편 조성좌의 참모로 크게 활약하다 체포직전 각종 서류를 불태우고 혓바닥을 끊어 항거한 봉산면 권빈리 3구 손후빈(孫後彬)은 참수돼 애마의 등에 실려 돌아와 말[馬]이 슬프게 울기에 가보니, 주인의 수급(首級: 머리)을 싣고 왔다."(합천군사 '석가산의 쇠갓')

이 전설에서 백성들의 소망과 한(恨) 및 좌절감, 그리고 석가산이 조성좌와 깊은 연관성이 있다는 것을 알 수 있다. 상기 전설은 아직도 합천의 봉산·묘산·대양면 등지에서 회자되고 있다.

▲'석가산의 쇠갓'이라는 조성좌 전설이 서려 있는 봉산면 권빈리 **석가산**
①조성좌 묘소 ②조정좌·덕좌 묘소 ③조하전·하현 묘소 ④오도산

현재 합천군 봉산면 권빈리 석가산에는 1960년대에 봉산면 봉계리 거안마을에서 이장(移葬)한 조성좌의 조부인 조하전(曺夏全) 묘소를

비롯하여 종조부(從祖父) 조하현(曺夏賢) 등의 묘소가 있다. 또한 석가산 230의 2번지와 그 앞산에는 무신봉기 때 죽임을 당한 조성좌·정좌·덕좌 등 무신봉기와 관련한 무덤이 총 6기(1기 합분)가 있다.

석가산 230의 2번지는 조성좌 후손들이 정착하여 살고 있는 합천군 삼가면 강성 및 이부마을로부터 100여 리나 떨어져 있는데도 불구하고, 1930년 양력 10월 28일 조성좌의 봉사손인 '조재건(曺再建)'의 이름으로 소유권 보존등기하여 관리하다가, 2007년 2월 12일부터 '창녕조씨대장군공파'로 등기 이전하여 문중에서 관리하고 있다. 조성좌 참모인 손후빈의 무덤은 합천군 봉산면 권빈리 3구에 있으며, 후손들도 권빈리 3구에 살고 있다. 손후빈의 이름은 제도권의 기록물인 실록·승정원일기·무신별등록 등에는 나와 있지 않지만, 밀양손씨족보에 1729년 4월 22일 사망한 것으로 나와 있는 것과, 손후빈 관련 전설 등에서 볼 때 무신기병에 적극 가담하여 처형된 것이 확실하다.

무신별등록 1728년 5월 8일에 따르면, 합천군 묘산면의 조정좌(曺鼎佐)의 아내인 밀양손씨는 1728년 5월 8일 성주목(星州牧)에서 교형을 당했다. 조성좌의 아내와 달리 밀양손씨가 이인좌 박필현 정희량 등의 아내처럼 교형에 처해진 것은 무신기병 때 밀양손씨가 남편 조정좌와 함께 적극적인 역할을 수행했기 때문일 것이다. 손후빈 문중에서 전해 내려오는 구전(口傳)에 "밀양손씨가 조성좌의 문중으로 시집을 갔다"고 하는 것을 보면, 당시 손후빈 문중이 양반 사대부 계층이었다는 것을 알 수 있다.

이인좌 정희량 박필현 이사성 남태징 민관효 등은 이른바 무신변란 10역괴(逆魁)이고 능지처참을 당하여 묘소도 직계 후손도 없다.

다만 이인좌의 후손은 현재 괴산군 청천면에 살고 있다. 이인좌의 아내인 남원윤씨는 무신년에 교형을 당했는데, 그녀의 조부가 이조판서 백호 윤휴(白湖 尹鑴)다. 이인좌의 네 아들 중 중명(中明, 12세)·문명(文明, 9세)·화명(化明, 6세)·인명(仁明, 2세)은 15세 미만인 관계로 함경도 온성부 및 회령부에 관노로 발배됐다. 이인좌와 이호(李昈) 장인인 별제(別提, 정6품) 윤경제(尹景濟, 70세)는 공주에서 이사와 경상좌도인 칠곡(漆谷) 산속에서 살고 있었는데, 윤경제가 무신기병에 연루돼 아들 상덕(相悳)·상정(相靖)·상헌(相憲)과 함께 남해 및 거제도로 발배된 뒤 배소에서 모두 죽는다. 윤경제의 아버지인 백호 윤휴가 1680년 경신대출척(경신환국) 때 송시열을 정점으로한 노론으로부터 사사(賜死)된 후 50년 만에 다섯 째 아들 중 막내 아들인 윤경제와 손자들이 또 다시 참화를 당한 것이다.

월탄 한효순·내암 정인홍·갈암 이현일·아계 김일경·운곡 이광좌와 함께 노론으로부터 '만고(萬古)의 역적(逆賊)'이 된 백호 윤휴의 후손들은 이렇게 보복을 당했다.

무신역옥추안 1728년 4월 10일, 승정원일기 영조4년 4월 26일·29일과 6월 2일에 따르면, 정희량의 둘째 아내 송씨(宋氏)는 교형, 며느리 안씨(정의황 아내)는 함경도 명천부로 유배되고, 정희량의 첫째 아내인 합천의 조씨(曹氏: 조숙 딸)는 무신봉기 전에 병으로 사망한 것으로 판단된다. 역옥추안 4월 10일조에 정희량의 조카인 정의련(鄭宜璉, 27세)이 "2월 초 내가 서울에서 열린 과거에 응시를 한 후 발표를 보지 않고 내려왔다. 숙모가 몸이 아파다는 소식을 듣고 숙부(정희량)가 합천 처가를 다녀왔다"고 공술한 것이 있기 때문이다. 그리고 정희량의 첫째 아내가 조씨(曹氏)라는 것은, 진양속지(續誌) 충의편(忠義篇)에 정희량이 허당(許鐺)과 동서지간으로 나와 있고, 창녕조씨족보에 허당이 조숙(曺淑)의 사위로 등재돼 있기 때문이다. 1728년 2월 초면 무신거사를 준비하느라 정신이 없을 정도로 분주했을 정희량이 순흥에서 400리 길을 달려 처가가 있는 합천군 묘산면 도옥으로 아내 문병을 갈 정도였으면, 조씨는 중병이었을 것이다. 정희량의 세 아들 중 조씨가 낳은 큰 아들 의숙(宜琡)은 용산 당고개에서, 서출인 의황(宜璜)은 안음에서 각각 처형됐으며, 나이 어린 막내 아들 철흥(鐵興)과 정희량의 칠순 노모(老母)인 안동권씨는 추자도로, 딸 상화(尙花)는 진도(珍島)로 발배됐다.

정희량 어머니(안동권씨)의 아버지는 남인으로 대사간을 역임한 무수옹 권기(無愁翁 權愭)이고, 조부는 한성부윤을 지낸 탄옹 권시(炭翁 權諰)다. 권기의 후손들은 현재 대전 무수동에 세거하고 있으며, 권시의 손자인 호조판서 유회당 권이진 (有懷堂 權以鎭) 후손들도 무수동에 세거하고 있다. 권시는 우암 송시열과는 친사돈 관계이며, 권시의 사위가 소론의 영수인 명재 윤증(明齋 尹拯)이다. 또한 권시의 '탄옹집(炭翁集)' 서문을 성호 이익이 썼고, 권이진의 묘지(墓誌)도 성호가 찬(撰)했다. 특히 호조판서 권이진이 무신봉기 후 풍비박산된 정희량 문중에 도움을 주었다고 알려지고 있다.

조선왕조실록 1728년 5월 2일에 따르면, 정희량의 8촌 형인 정세유(鄭世儒)는 무신봉기 때 그의 두 아들 의경·의장과 함께 참형된 후 효시됐으며, 그때 정세유는 54세였다. 특이한 것은 정세유와 그의 아내의 묘소가 조성좌 아들들의 묘소가 있는 거창군 신원면에 있으며, 정세유의 후손들은 무신봉기 후 거창군 위천면 강천리에서 이거(移居)하여, 신원면과 바로 인접한 합천군 봉산면 노곡리에 살고 있다. 거창군 신원면은 1914년 3월까지 삼가현(三嘉縣)이었으며, 오지(奧地)였던 관계로 피난지였다. 초계정씨족보에 정세유의 두 아들

의 이름이 의경(宜璟)과 의장(宜璋)이 아니고 은서(殷瑞)와 명서(命瑞)
로 돼 있는데, 이는 조성좌의 두 아들인 인엽(仁燁, 7세, 아명: 만내
·萬乃) 및 신엽(信燁, 3세)처럼 변명(變名)했기 때문으로 생각된다.

조성좌의 큰 아들인 인엽의 아내는 정세유와 같은 초계정씨다. 특
히 조성좌의 두 아들의 묘소가 남명 조식이 '욕천(浴川)'을 지은 가막
소 위 900미터 지점인 월여산(月如山) 자락에 위치(구사리 산100번
지)하고 있는 것을 보면, 조성좌의 후손들이 참담한 현실을 발복(發
福)이라는 풍수사상(風水思想)을 통해 조금이라도 타개해 보려는 염
원이 있었던 것 같다. 월여산 자락은 삼가현 출생인 무학대사(無學大
師, 1327~1405)가 해동(海東) 제일의 명당으로 꼽은 바가 있었기 때
문이다.

나이가 30대 후반쯤으로 추정되는 신천영은 3남 2녀를 두었는데,
큰 아들 항(港, 16세)은 청주목에서 교살되고, 딸 지애(至愛) 및 두
아들 선이(善伊, 5세)·관이(官伊, 4세)와 청주 남면 출생인 신천영의
아내 민강차(閔姜次)는 자녀들과 함께 함경도 경원부(慶源府)에 관노
(官奴)로 발배됐다. 나이가 조금 들은 신천영의 딸 계(季)와 어머니
및 서조모, 그리고 아명이 칠증(七曾)·열증(悅曾)인 신천영의 어린
두 동생과 누나 계순(繼順)은 함경도 종성부(鍾城府)로 발배됐으며,
신천영의 동생 석영(錫永, 33세)은 6차례의 혹독한 형신에도 진술하
지 않고 참형됐다. 종성부는 신천영의 외조부인 김숙(金俶)이 1692
년(숙종18)에 부사로 재직한 곳이며, 신천영의 장인은 순천부사를 역
임한 민제성(閔濟聖)이다. 그후 신천영의 아내 민강차와 아들 한 명
이 고향 청주로 돌아와 인근 충청도 보은(報恩) 지방에서 살았으나,
주위의 따돌림으로 민강차는 한강에 투신했다고 전해지고 있다. 조
문보·덕보 아들 사흠(思欽)·사제(思齊)는 강원도로 발배된 뒤 살아

남았다. 처형 및 발배된 조문보 및 조덕보는 정암 조광조(靜庵 趙光祖)의 8세손이다.

승정원일기 1728년 영조4년 4월 4일 및 무신역옥추안 영조4년 4월 10일 등에 따르면, 박필현의 어머니는 강진 고금도(古今島)로 발배, 아내는 교형, 며느리는 고흥 나로도(羅老島)로 발배됐고, 박필현 아들 사제(師濟)는 박필현과 함께 상주진 영장 한속에게 참수됐으며, 작은 아들 사질(師質)은 전주에서 가도사(假都事)에게 참수됐다. 박필현의 형인 괴산군수 필우(弼禹)와 교리(校理) 필기(弼夔) 및 동생인 전 별장(別將) 필호(弼虎)는 당고개에서 교살됐고, 동생인 필충(弼忠)은 태인현에서 효시됐다. 그러나 또 다른 동생인 필량(弼亮)의 후손은 전남 신안군 안좌섬으로 피신하여 목숨을 부지했다.

태조 이성계의 종묘에 배향된 남재(南在, 영의정) 봉사손 남태징(南泰徵)은 능지처참되고, 그의 아내와 아들 한광(漢光)은 교살됐다. 남태징의 동생인 태흥(泰興)은 이유익의 아들 조행(祖行) 등과 역모를 했다고 하여 1745년 12월에 장폐(杖斃)됐으며, 사촌 동생인 통진부사 남태적은 도배(島配)된 후 역시 장폐됐다. 남태징의 아버지인 남반(南磐, 현감)은 1653년 출생하여 1715년 사망한 것으로 의령남씨 족보에 등재돼 있으며, 조성좌의 또 다른 아내가 남태징의 누이라는 설(說)이 전해지고 있으나 그 사실 여부는 확인하지 못하고 있다. 그 외 나숭곤의 아내는 문경현에서 교살되고, 계모와 동생들은 거제 및 남해로 발배됐으며, 이능좌(웅보)의 아들 광명(光明, 6세)과 딸 단양(丹陽)은 진도로 발배됐다.

무신봉기 때 이유익의 아들인 이조행은 나이가 12세 밖에 되지 않아 처형되지 않고 발배됐으나, 1745년(영조21) 12월 역모사건에 연

루된다. 이조행(29세)은 배소지인 제주도에서 함께 정배돼 있던 평
안병사 이사성의 아들 이경득(李慶得, 19세)과 이순관의 인척 이색
(李穡), 임서린(任瑞麟)에 연좌된 권두령(權斗齡), 남태징의 아우 남태
흥, 이유익의 아우 이유필, 고몽량의 아우 고몽필(高夢弼), 상주황씨
인 승려 황진기(黃鎭紀, 정주목사 황부 아들), 이다치(李多致) 등과
전라도 낙도(樂島)에서 봉기하고, 또 서로(西路: 황해·평안)에 있는
사람들과 함께 호인(胡人)들을 불러드려 압록강을 건너 평안·함경
도 북변(北邊)을 할거(割據)하려고 했다. 이들은 영조의 친국을 받고
능지처사됐는데, 이경득은 9차례의 형문을 받는 중 맞아 죽었고, 권
두령과 황진기는 청나라로 망명하여 죽임을 당하지 않았다. 다만 황
진기의 아들 황영(黃英)은 1752년 장폐된다.

이처럼 영조는 무신봉기와 연루된 사람들에 대해서는 시간을 두고
구실을 붙여 제거해 나갔던 것이다.

승정원일기 1787년(정조11) 6월 9일 및 조선왕조실록 6월 14일에
"제천의 김동철(金東喆) 및 동익(東翼)·횡성의 정무중(鄭武重)·충주
의 유득겸(柳得謙) 등이 정희량의 손자 정함(鄭醎: 일명 정응주·鄭應
周)과 이인좌의 아들을 받들어 반란을 모의한 죄로 김동철·동익 김
성옥 정무중 유득겸 정진성(鄭鎭星) 등을 효시했다"고 기록하고 있
다. 1728년 무신봉기 후 59년이 경과한 뒤에도 이른바 10역괴 중 핵
심 인물인 정희량 이인좌의 후손이 생존해 있었고, 무신봉기의 파장
과 영향이 상당기간 지속됐음을 알 수 있다. 정함(鄭醎)은 정희량의
막내 아들인 철흥(鐵興)의 아들이고, 이인좌의 아들은 중명(中明)·
문명·화명·인명이다.

무신봉기 10년 후인 1738년 11월 조정에서는 조문보의 7대조인 조
광조(趙光祖)와 정희량의 고조부인 정온(鄭蘊)의 제사가 끊어지는 것

을 막기 위해, 1646년(인조24) 억울하게 장살된 임경업(林慶業)이 1697년(숙종23) 신원된 사례에 따라 방손(傍孫) 중에서 봉사손을 세우도록 했다. 특히 1764년(영조40) 9월에는 정온 봉사손을 관직에 등용했고, 1819년(순조19) 5월에는 1728년 무신봉기 후 적몰재산으로 충훈부에 귀속시킨 정온의 제전(祭田) 3결 39부 1속과, 거창 가북면에 있는 용천정사(龍泉精舍) 재기(齋基)를 다시 환급해 주는 은전(恩典)을 베풀었다.

그러나 조성좌 문중은 무신봉기 실패 후 폐고돼 과거 응시조차 할 수가 없는 등 퇴락(頹落)해 갔다. 태조 이성계(李成桂)부터 1728년 무신봉기 전까지 조성좌의 6촌 이내의 일가(一家) 중에서 16명이나 문과 급제자를 배출한 명문세가라는 자긍심은 빛바랜 전설이 됐다. 그 뒤 조성좌의 가족(후손)들은 주위의 시선과 어려운 여건 등으로 인해 자주 이사를 다녔고, 또 늦게 결혼을 하여 자손도 번창하지를 않았다. 합천군 묘산면 도옥 및 합천군 봉산면 김봉에서→강원도 인제·양구·화천→거창군 신원면 원만→합천군 가회면 도탄→합천군 쌍백면 안구를 거쳐→합천군 삼가면 강성 및 이부마을에 정착하는 고달픈 유랑생활을 했던 것이다.

이런 와중에 조성좌의 큰 손자인 조범수(曺範守)는 거창군 신원면 옛 원만마을에서 의령으로 혼자 이주하여 '체' 장수를 하면서 떠돌다 소식이 두절되는 아픔을 겪는 등 조성좌의 후손처럼 무신봉기 때 기병한 주도층 인사들의 후손들은 비참한 생활을 했다.

▲ 조성좌의 증손인 유철(有喆)과 천안전씨 묘소: 합천군
쌍백면 육리에 있다. 유철(有喆)은 조성좌 둘째 손자
인 범경((範敬)의 아들로, 석규(錫圭)의 아버지다. 가운
데 상석과 망주석은 1907년 정미년에 세웠다.

이는 조성좌의 6세손인 조상순(曺相淳, 1882~1953)이 대한제국
(大韓帝國) 때 하급 관리인 순사(巡査)로 1여 년 재직할 때의 공로를
인정받아 한일병탄(합방) 하루 전인 1910년(융희4) 8월 28일 순종으
로부터 훈8등(勳八等)에 녹훈됐다는 것에서, 조성좌의 후손들이 무신
거사 실패 후 어렵게 삶을 영위해 왔다는 것을 상징적으로 보여 준
다. 함께 녹훈(3등)된 표훈원(表勳院) 종2품 서기관 정동식(鄭東植)은
1910년 한일병탄 후 나라를 지키지 못한 것을 통탄해 자결했으나,
표훈원 총재인 종1품 조희연(趙羲淵)은 그뒤 일제로부터 남작 작위를
받고 총독부 중추원 고문을 지내는 등 친일파로 변절했다.

▲ 조성좌 봉사손인 **조상순 서훈증**: 1910년 8월 28일에 받은 서훈증이다.
가운데 있는 수결(手決)은 '一心(일심)'이라는 순종의 수결이다.

이렇게 조성좌의 6세손인 조상순이 녹훈된 지 하루 뒤인 1910년 8
월 29일, 조선왕조가 노론의 일당독재로 인한 집권층의 부패·무능·
의무회피 등으로 망하고 조성좌 후손들이 삼가(三嘉)에 정착하여 부
(富)를 축적하고 자손들도 많이 출생하는 등 사정변경이 발생할 즈음
인 1914년 양력 12월 7일에 종손(宗孫)이 태어났다. 그러자 종손의 조
부인 조석규(曺錫圭, 1854~1917)는 무신봉기가 일어난 1728년 3월
이전의 번성했던 가문을 "재건(再建)하려"는, 즉 "다시 일으켜 세우려"
는 간절한 염원에서 종손의 이름을 '조재건(曺再建)'으로 지었다.

윗대의 이런 어려움을 극복하고 조성좌의 6세손이며 조석규의 둘
째 아들인 조기순(曺基淳, 1890~1961)은, 장덕수(張德秀) 등이 3·1

만세운동 후 1920년 12월 서울 기독교청년회관에서 결성한 조선청년 연합회 창립총회 때 삼가청년회(삼가구락부) 회장 자격으로 참석했 다. 이때 해방 후 국회의원을 역임한 최창섭(崔昌燮, 1899~1979)은 삼가청년회 회원으로 함께 상경했다. 이처럼 조기순은 조선청년연합 회 116개 지부 중 삼가청년회장을 맡아 상하이 대한민국 임시정부 지원활동과 1923년 조만식(曺晚植)의 물산장려운동 때 맡은 바 책무 를 다 했다.

당시 부산 및 울산을 포함한 경남 지역에는 합천청년회(회장: 박운 표)·초계청년회(회장: 정두은)·삼가청년회(회장: 조기순) 등 12개 지부가 구성됐고, 대구 등 경북에 5개, 전남 지역에는 1개 지부만 구 성됐다. 이것에서 1919년 기미년 3·1만세운동 전후 남명 조식과 내 암 정인홍의 고향인 합천·초계·삼가(三嘉) 지역이 여타 지역보다 독립 애국정신이 충만돼 있었다는 것을 알 수 있다.

그뒤 조기순을 비롯한 삼가·쌍백(상백+백산)·가회·대병 면민 2 천 여 명이 삼가면사무소에 모여 결의한 후, 성금 1만5천 원을 모금 하고, 부지(현 삼가초등학교 자리) 2천여 평을 기부하여 1928년 6월 에 삼가농업보습학교(三嘉農業補習學校)를 설립했다. 삼가농업보습학 교는 합천군 최초의 2년째 중등교육기관이었다. 10년 후인 1938년 3 월에, 경남도에서 삼가농업보습학교를 합천농업실수학교(陜川農業實 修學校, 현 합천고등학교)로 교명을 변경하고 합천면으로 이전하려고 하자, 조기순은 이전 반대 대표를 맡아 "삼가·쌍백·가회·대병 4 개 면민이 성금을 모아 설립한 학교를 타 면인 합천면으로 이전하는 것은 절대 반대한다"는 진정서를 들고 경남도를 방문하는 등 반대 운 동을 전개했으나 역부족이었다. 7년이 지나 해방이 되자, 조기순은 중등교육기관의 설립을 최우선 과제로 삼고, 1946년 '삼가중학교 설

립 기성회(期成會)' 회장으로 추대돼 자신이 소유한 땅과 성금을 희
사(喜捨)하는 등 삼가중학교가 1952년 개교하는데도 크게 공헌했다.
사회지도층의 도덕적 의무인 '노블레스 오블리주(Noblesse oblige)'
를 실천한 것이다.

▲ 조성좌 6세손인 **조기순 고택**: 경남 합천군 삼가면 이부마을

또한 조성좌의 7세손이며 조상순의 둘째 아들인 조재연(曺再然,
1921~1973)은 일본 대판(大阪) 제일관서공학교(第一關西工學敎)를
졸업하고 직장에 다니다가 해방(解放)이 되자 귀국하여 '지리산지구
전투(1948~1949)'에 참가한 국가유공자다. 조재연의 아들과 손자
및 사위 등 남자 11명도 모두 현역 입대하여 대한민국의 장교 또는
병장(兵長)으로 제대함으로써 3대에 걸쳐 국방의 의무를 다 했다.

13. 무신봉기의 역사적 의의와
후대에 끼친 영향

　1728년 영조4년 3월에 일어난 무신봉기는 인조반정·경신환국·
갑술환국·병신처분·정유독대·신임사화·을사처분 등을 거치면서
잉태됐다. 특히 택군(擇君)에 따른 각 정파세력의 첨예한 권력투쟁
결과, 북인·남인·소론(준소)은 권력에서 배제되고, 서인에서 노론
으로 이어지는 독과점 체제가 고착되면서 필연적으로 갈등이 고조됐
다. 이런 상황에서 기존 붕당체제는 해체돼 당색과 이념 및 이해관계
에 따라 결속하게 됨으로써 무신당(戊申黨)의 외연 확대가 가능하게
됐다.
　거기다가 반대파에 대한 차별과 보복, 기득권층의 부패와 탐욕 및
불공정, 조세 및 군역의 문란과 흉년·기근, 아전 등 벼슬아치들의
수탈 등으로 민심이반이 더욱 심화됐다. 이로 인한 유민의 증가는 노
비적(奴婢賊)과 토적(土賊)의 창궐로 이어졌으며, 이는 각 사회계층의
불만과 저항이 증폭돼 있었던 사회정세와 깊이 연관돼 있었다. 결과
적으로 양민과 승려·화전민·노비적·토적 등 하층민들을 대상으로
한 모군(募軍)이 용이하게 돼, 무신봉기 주도세력들이 외방 기병(起
兵)과 경중 내응(內應)의 거사계획을 수립할 수 있었다. 또한 상공업
과 화폐경제의 발달로 자본을 축적한 중인(中人) 및 상인들이 신분

상승 등을 노리고 무신봉기에 참여함으로써 세력 확장이 보다 수월
하게 이뤄졌다.

그러나 1727년 영조3년 정미환국으로 소론이 준소와 완소로 분열
되므로 인한 경중(京中) 주도층의 약화와 관망, 이인좌 등 주도세력
들과 정팔룡(변산 노비적)·승려 대유(지리산 토적) 상호간의 주도권
다툼으로 파생된 노비적·토적 세력들의 소극적 참여, 관군 중심 계
획의 치밀성 부족, 양민층의 동원 및 모군 미흡, 다중 거사계획의 판
단 착오, 면밀한 작전계획의 결여 등으로 좌절되고 말았다. 특히 거
병(擧兵)의 주도세력들이 병법(兵法)에 전문지식이 부족한 유생 출신
들이 많아 관군과의 전투에서 효율적으로 대처하지 못한 것도 패인
중 하나였다.

안동 상주 문경 보은 지방의 진입 좌절과 충주 기병의 실패, 부안
고부 태인 금구 및 나주 기병의 미숙함으로 인한 전주성 입성과 전라
병영 탈취 실패, 참봉 김중만의 배신과 전 소론 영의정 최규서의 고
변, 거사 초기에 평안도절도사 이사성과 포도대장 남태징이 전격 체
포됨에 따른 무력기반 붕괴, 일부 지역에서 발생한 취군(聚軍)의 허
술함 등은 이런 문제점들이 총체적으로 노출됐기 때문이다.

그럼에도 불구하고, 거사군은 청주 목천 청안 진천 음성 안성 죽산
진위 안음 함양 거창 합천 삼가 등을 신속하게 점령했다. 이는 각 사
회계층의 참여와 호응이 있었기 때문에 가능했다. 특히 군관(軍官)·
향임(鄕任)·서얼·중소상인·소빈층(小貧層)·하층민 등과, 요역(徭
役)과 양역(良役)을 피해 달아난 피역민(避役民)의 활약은 무신당(戊
申黨)의 세력 확장을 보다 용이하게 했다. 이인좌가 자신의 노비 모
두를 면천(免賤)한 것과, 정희량 임서호 정세윤 이유익 정팔룡 조성

좌 등 주도세력들이 무신거사의 준비 및 전개과정에서 성리학(주자
학) 중심의 이념과 신분제도를 변화시키려고 한 것이 세력화를 가능
하게 한 큰 요인이 됐음은 물론이다.

이는 거사군이 행한 선전의 결과이기도 하지만, '제역감역(除役減
役)·불살읍쉬(不殺邑倅)·불살일민(不殺一民)·불략민재(不掠民財)·
물겁부인(勿怯婦人)'의 구체적 강령이 채택됐다는 것은 이 계층의 현
실적 요구가 반영된 결과다. 하급 무력기반이던 노비적·토적·사노
(私奴) 및 소작인에게 돈을 주고 고용하는 급가모군(給價募軍)은, 그
동원 형태에서 볼 때 경제적 관계가 긴밀하게 강화돼 가는 역사적 흐
름과 일치하는 것이었다. 여기에 노비적 및 토적이 양반과 연계돼 결
속했다는 것도 17세기 이후 소빈층과 하층민이 정치사회적으로 영향
력을 확대하고 있었다는 증거라고 할 수 있다.

특히 남명 조식과 내암 정인홍의 현실비판과 경세제민(經世濟民)의
사상을 적극적으로 수용·실천한 안음 거창 함양 산음 합천 삼가 진
주 고령 등 경상우도의 진보적 사림파들과 토호들의 역할이 무신기
병의 원동력이 됐다. 그러나 공리공담(空理空談)의 사변적(思辨的) 철
학으로 현실과 유리돼 있던 안동 등 보수적인 진신사족층(縉紳士族
層)의 당론적 입장에 따른 실천기반의 한계는 점차 분명하게 노출되
게 된다. 이러한 진신사족들의 한계는 1800년대 안동 지역에서 격렬
하게 전개된 병호시비(屛虎是非)와 같은 바람직하지 못한 여러 향전
(鄕戰)에서도 나타난다. 병호시비는 병산서원(屛山書院)과 호계서원
(虎溪書院)을 거점으로 하여 김성일과 유성룡이 누가 더 우위에 있는
가에 대한 논쟁이다.

아무튼 무신봉기는 조선후기 정치체제 및 권력구조의 내부 모순의

결과로 나타난 민중 동원을 통한 마지막이자 가장 대규모의 권력투쟁이면서 의리명분론쟁의 표출이었다. 또한 소외계층의 변혁운동으로써 16, 17세기 이후의 고립적·국부적(局部的) 사회운동의 흐름을 수용하고, 당시 각 계층의 저항적인 행동을 추동력으로 삼고 있었다.

무신봉기 후 공사(公私) 노비 중 양처(良妻) 소생은 어머니를 따르게 하는 종모법(從母法)이 1730년 12월 시행되고, 베[포·布] 2필에서 1필로 경감하여 양민(평민)들의 부담을 덜어주는 균역법이 1750년 영조26년 7월에 도입됐으며, 1764년 11월에는 노비 문서를 관리하던 기관인 장례원(掌隷院)이 혁파됐다. 이는 무신봉기 당시 민심동태가 일정부분 반영된 결과였다. 그외 강화유수를 경직(京職)으로 전환하고, 또 수륙 군령권을 장악하게 하여 도성(서울) 방비를 효율적으로 할 수 있도록 했으며, 한강 각 나루에는 종3품 별장(別將)을 파견하여 도성의 경비를 강화하는 등 제도 개선책도 이뤄지게 됐다.

조선후기 사회변혁운동은 사족층(士族層)의 탈락과 배제 및 참여를 동반하면서 잔반(殘班) 및 향임 등의 부농층(富農層)과 중소상인을 주도층으로 하고, 소빈층과 하층민을 여러 형태로 동원했던 발전단계를 거쳐, 잔반·향임·양인·중소상인과 소빈층·하층민이 상호 일체성을 바탕으로 하여 도약 단계로 진행돼 나갔다. 이러한 사실들과 연관지어 볼 때, 1728년 3월 발발한 무신거사는 부농층·중소상인과 소빈층·하층민이 중세 봉건사회를 해체하는데 주도세력으로 부상하게 되는 변혁운동의 필연적 통과 점으로써 교량적 과도기적 역할을 수행한 혁명적 봉기라고 규정할 수 있다. 무신봉기(이인좌의 난)의 주도세력인 남인과 소론·소북은 상인·중인·중소농민의 지지를 받고 있었고, 집권세력인 노론은 대지주·대상인과 유착돼 있었으며,

균역법에 대해 노론 영의정 김재로는 반대, 소론 우의정 조현명은 찬성했다는 것을 봐도 알 수 있다.

1728년 3월의 무신봉기 후 노론 중심의 정치체제로 말미암아 기득권층의 탐욕과 부패 및 비리가 만연하여 백성들이 더욱 도탄에 빠지고 지역차별까지 증폭되자, 1811년 순조11년 12월 홍경래의 평안도농민전쟁과 1862년 철종13년 2월 임술농민항쟁(진주민란), 1894년 고종31년 3월 동학혁명(갑오농민전쟁)이 연이어 일어나게 된다. 이처럼 조선후기에 사회변혁운동이 획기적으로 일어나게 된 것은 무신봉기의 영향이 컸다. 특히 무신봉기 당시 거사군들이 행한 모군(募軍) 및 동원 방법, 사대부층과 소빈층·하층민들과의 결속 형태, 부농층과 중소상인들의 변화욕구 등이 이러한 사회변혁운동 때 적용되고 반영됐다.

무신봉기의 여파(餘波)는 1733년 남원격서(괘서)사건, 1734년 대구격서사건, 1745년 이조행 등의 역모사건, 1748년 청주·청원 지역의 이지서격서사건, 1755년 나주벽서 및 토역경과투서사건(을해옥사), 1762년 사도세자의 죽음(임오화변), 1763년 영조39년 계미년 역모사건으로 계속 이어졌다. 이로 인해 충(忠)과 역(逆)이라는 대규모 정치권력의 지각 변동이 일어나 노론 일당독재가 고착화됐다. 남인·소론·소북 등 반대파가 제거됨으로써, 순조·헌종·철종조의 60년 세도정치로 이어져 노론 집권층의 부패·무능 및 불공정이라는 역기능을 낳아 결국 한일강제병탄이라는 망국으로 치닫게 된 것이다.

오스트리아 출생의 작가 겸 여행가인 헤세 바르텍(1854~1918)이 쓴 '조선 1894년 여름'이라는 책에는, 조선 백성들의 고통과 만연한 매관매직의 실상, 그리고 관리들의 부패 및 횡포를 고발하고 있다. 당시 조선은 노론의 세도정치가 판을 치고 있었고, 동학혁명이 휘몰아 치고 있던 시기였다.

"조선 백성들이 비참함과 가난 속에서 허덕이고 있는데도, 관리들은 이들로부터 착취한 부(富)를 탕진하고 있다. 공공연하게 행해지는 뇌물은 직접적으로 왕에게까지 이른다. 왕은 자신의 주위에서 무슨 일이 벌어지고 있는 지 잘 알고 있다. 하지만 수백년 전부터 깊이 뿌리내린 폐해를 제거할 힘이 없다. 만약 왕이 이를 개선하려고 시도한다면 왕위와 목숨까지 위태로울 것이다."(헤세 바르텍 '조선 1894년 여름')

"이 나라의 모든 관직은 뇌물을 통해 얻어야 하며, (노론) 귀족의 손에 달려 있다. 가장 보잘 것 없는 미관말직 관직만이 귀족 계급이 아닌 양반들에게 주어진다. 중앙정부는 (전봉준에 의한) 봉기가 대체로 해당 관리의 잘못으로 일어난 것으로 판단하여 면직시킨다. 그러나 백성들이 왜 봉기했는지에 대해서는 관심을 기우리지 않은 채, 면직된 관직은 곧바로 다른 지원자에게 팔린다."(1894년 영국 사절단이 **본국 외무부에 보낸 보고서**)

일본이 1868년 메이지유신을 단행하여 강대국으로 진입하고 있을 때, 이처럼 조선은 무능한 왕과 부패·탐욕으로 물든 집권 노론세력들이 백성의 고통은 아랑곳하지 않고 나라를 망국(亡國)으로 몰아가고 있었던 것이다.

구한말 안동 예천 등 경상좌도는 1895년 민비 시해와 단발령으로 촉발된 제1차 항일의병전쟁 때 권세연 김도화(道和, 김굉 증손) 김흥락(金興洛, 학봉 후손) 등이 안동부를 점령하는 등 을미의병전쟁을 전개한 바가 있다. 1910년 8월 조선이 일본에 강제로 병합되자, 고성 이씨인 안동 법흥동 임청각(臨淸閣)의 이상룡(李相龍), 의성김씨인 임하면 내앞마을의 김대락(金大洛, 귀봉 후손)과 김동삼(金東三, 김대락 5촌 조카) 등 좌도 남인 계열의 주요 유림들은 재산을 처분하여 중국으로 건너가 독립운동을 했다. 그렇지만 인조반정과 무신봉기로 반역향으로 낙인찍힌 후 폐고됐던 진주 합천 고령 상주 등 경상우도 대부분의 유림들은 자금을 모을 여력도 없었고, 강한 구심점도 없었다. 그러기에 개개인이 풍찬노숙(風餐露宿)하며 독립투쟁에 뛰어들었다.

한일병탄 3년 전인 1907년에 정미7조약(丁未七條約)이 체결된 후 촉발된 제2차 항일의병전쟁 때 남명학파(南冥學派)의 중심지인 삼가(三嘉) 지역에서 김팔용 이차봉·소봉(포수) 김화숙·찬숙 한치문 장명언 등 9명이 항일투쟁을 하다 1908년 모두 순국한 사건이 일어났다. 1919년 기미년에는 삼가 초계 등 합천을 비롯한 진주 군북 함안 단성 우곡(고령) 등 경상우도에서 대규모 3·1만세운동이 일어나 일제의 폭압에 저항했다. 3년 뒤 1923년 진주에서, 신분 해방운동인 형평운동(衡平運動)이 일어나게 된다. 이는 무신봉기의 사상적 기반이 된 남명 조식의 민본사상과 기절(氣節), 즉 기개와 절조(節操)를 숭상하는 우도인(右道人) 특유의 정의에 앞장서는 정신이 살아 있었기 때문에 가능했다.

강우학파(江右學派)의 중심지인 진주 거창 합천 고령 상주 등 경상우도와 안동 의성 예천 봉화 경주 등 경상좌도, 그리고 근기·충청·전라·강원도의 남인과 소론·소북은 집권 노론세력의 혹독한 차별과 보복을 견뎌냈으며, 일제강점기에도 그 역사적 책무를 다했다. 하지만 1623년 인조반정 후 300년 동안 집권세력이었던 서인(노론)은 독립운동을 하지 않고 친일(親日)하면서 기득권을 유지했다. 지금 그들의 후예들은 망국의 책임을 일본에 전가(轉嫁)하며 헤게모니를 유지하고 있다. 이는 대한민국의 비극이자 부끄러운 자화상이라고 아니 할 수 없다.

14. 조성좌 등 주도층 인사들의 가계도

▌조성좌(曺聖佐) 가계: 창녕조씨 태복경공파 중, 대장군공파

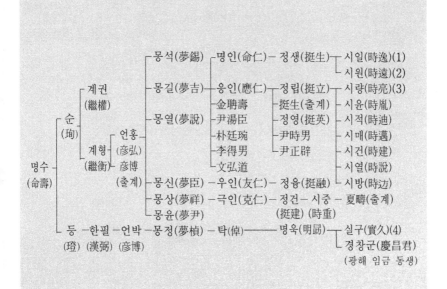

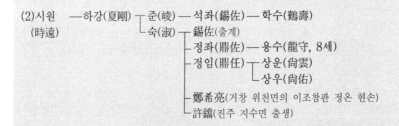

(1)시일　┌ 하양(夏良)　┌ 심(淰)　┌ 한좌(漢佐, 1724년 9월 사망)
　(時逸)　│　　　　　　│ 동(洞)(출계)　└ 漢儒(출계)
　　　　　│　　　　　　└ 朴聖胄(합천 가야면의 대사간 박이장 현손)
　　　　　├ 하망(夏望) ― 호(灝) ― 한유(漢儒)
　　　　　└ 李龍賓(예산 대술면의 영의정 이산해 증손)

(2)시원　― 하강(夏剛)　┌ 준(峻) ― 석좌(錫佐) ― 학수(鶴壽)
　(時遠)　　　　　　　└ 숙(淑)　┌ 錫佐(출계)
　　　　　　　　　　　　　　　　├ 정좌(鼎佐) ― 용수(龍守, 8세)
　　　　　　　　　　　　　　　　├ 정임(鼎任)　┌ 상운(尙雲)
　　　　　　　　　　　　　　　　│　　　　　　└ 상우(尙佑)
　　　　　　　　　　　　　　　　├ 鄭希亮(거창 위천면의 이조참판 정온 현손)
　　　　　　　　　　　　　　　　└ 許鑌(진주 지수면 출생)

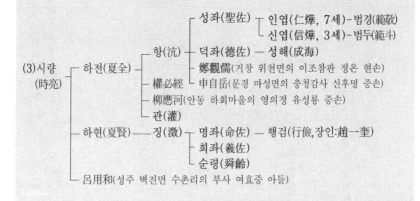

　　　　　　　　　　　　　　　┌ 성좌(聖佐)　┌ 인엽(仁燁, 7세)-범경(範敬)
　　　　　　　　　　　　　　　│　　　　　　└ 신엽(信燁, 3세)-범두(範斗)
　　　　　　　　　　┌ 하전(夏全)├ 항(沆)　├ 덕좌(德佐) ― 성해(成海)
(3)시량　　　　　　│　　　　　│　　　　　└ 鄭觀儒(거창 위천면의 이조참판 정온 현손)
　(時亮)　　　　　　│　　　　　├ 權必經 └ 申自岳(문경 마성면의 충청감사 신후명 증손)
　　　　　　　　　　│　　　　　├ 柳應河(안동 하회마을의 영의정 유성룡 증손)
　　　　　　　　　　│　　　　　└ 관(灌)
　　　　　　　　　　├ 하현(夏賢) ― 징(澂)　┌ 명좌(命佐) ― 행검(行儉, 장인:趙一奎)
　　　　　　　　　　│　　　　　　　　　　├ 희좌(羲佐)
　　　　　　　　　　│　　　　　　　　　　└ 순령(舜齡)
　　　　　　　　　　└ 呂用和(성주 벽진면 수촌리의 부사 여효증 아들)

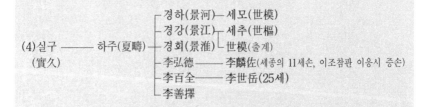

　　　　　　　　　　　　　┌ 경하(景河) ― 세모(世模)
　　　　　　　　　　　　　├ 경강(景江) ― 세추(世樞)
(4)실구 ――― 하주(夏疇)├ 경회(景淮) ― 世模(출계)
　(實久)　　　　　　　　├ 李弘德 ――― 李麟佐(세종의 11세손, 이조참판 이응시 증손)
　　　　　　　　　　　　├ 李百全 ――― 李世岳(25세)
　　　　　　　　　　　　└ 李善擇

상기 진하게 인쇄된 이름: 무신봉기 피해자

△**명수**(성균관 생원, 묘소:창녕 고암면), **순**(부사직 역임, 묘소:상주 공검면), **등**(1500~1561, 삼척부사, 묘소:경기 광주시 오포면), **계형**(1470~1518, 호조참판·좌부승지, 묘소:상주 공검면), **한필**(1486~1536, 강원감사, 묘소:광주 오포면), **언홍**(부사과 역임, 묘소:상주 공검면), **언박**(1509~1547, 호조좌랑, 묘소:오포), **몽길**(1521~1561, 상주 사벌면에서 합천 묘산면으로 이거, 장인:거유인 밀양의 신계성), **응인**(1556~1624, 의병장·대구도호부사, 배:전의이씨〈오빠:합천 쌍책면의 의병장·함양군수 이대기, 외조부:유학의 거두인 이희안〉, 묘소:합천 묘산면, 묘비:정희량의 고조부인 이조참판 정온 지음), **金聘壽**(성주 수륜면 출생, 남명 문인, 한강 및 동강과 종유), **朴廷琬**(고령 우곡 도진리 출생, 의병장), **文弘道**(합천 율곡 본천리 출생, 지평·수원부사), **우인**(1561~1625, 우부승지, 자도사·매호별곡·속관동별곡 등을 지음, 배:영천이씨〈조부:안동 예안면 출생인 우승지 이중량, 증조부:지중추부사 이현보〉, 묘소:예천 개포면, 묘비:예조판서 이식 지음, 동생인 희인은 합천군수 재직 때 신라 충신 죽죽의 사적비를 건립), **탁**(1552~1621, 경기감사·공조참판, 묘소:안동 풍산읍 만운동, 묘비와 묘지는 공조참판 정두경과 좌의정 조익 지음, 글은 예조판서 오준과 좌의정 김상헌이 각각 씀, 사돈:전라감사 유색, 외조부:부윤 홍신), **정립**(1583~1660, 지평·성주목사·덕천서원장, 묘소:거창 가조면 고견사 좌측, 장인:의병장·현감인 합천 대병면의 권양과 보은읍 종곡리의 첨지중추부사 김덕민 등임, 이질:우찬성 윤휴), **정생**(1585~1645, 정언·창원부사, 묘소:합천 대양면 덕정, 장인:고령 우곡면 도진리의 예빈시주부 박정번), **정영**(1590~1618, 선전관), **尹正辟**(합천 가회 함방리 출생, 부:우참찬 윤선, 형:진주판관 윤좌벽), **정융**(1598~1678, 형조좌랑·공조정랑·정선군수), **명욱**(1572~1637, 태안군수·장령 및 영월·이천부사, 묘소:만운동, 사위:광해군 이복동생인 경창군, 묘갈:공조참판 정두경이 짓고 예조판서 오준 씀, 묘비:영의정 조현명이 지음, 묘지:호조참판 조명교 지음), **시일**(1607~1644, 예조좌랑, 묘소:묘산면), **시원**(1618~1696, 배:전의이씨〈부:목사 이지화〉), **시량**(1603~1662, 교서관교리·양산군수, 묘소:합천 쌍책면 사양리, 장인:가회면 구평마을의 판관 윤좌벽), **실구**(1591~1658, 한성판관, 장인:인조반정 후 참형된 병조판서 유희분, 묘소:문경읍 갈평, 묘비:1666년에 윤선도 지음), **慶昌君**(선조의 9남), **하양**(1629~1699, 묘소:합천 대양면 덕정리 옛 향교터, 장인:현감 이박 및 강휘철〈조부:합천의 찰방 강익무〉), **하망**(1637~1687, 처고조부가 성주 대가면의 참판 김우옹), **李龍賓**(예산 대술면 출생, 부:병조참판 이무, 조부:형조판서 이경전, 증조부:북인의 거두인 영의정 이산해), **하강**(생부:시일·時逸, 처조부:목사 이지화, 묘지:이현일 지음), **하전**(1627~1684, 통덕랑, 묘소:합천 봉산면 석가산, 장인:권극효〈부:산청 신등면의 승지 권도〉), **하현**

(1633~1676, 묘소:석가산, 장인:정창모〈부:거창 위천면의 이조참판 정온〉와 박응형〈조부:도진리 출생인 예빈시주부 박정번〉), **呂用和**(성주 벽진면 수촌리 출생, 부:부사 여효증), **하주**(1650~1725, 문경읍 출생, 장인:이익 부친인 대사헌 이하진), **洞**(형, 1676~1731, 일엽청, 묘소:묘산면 도옥리, 처증조부:동지중추부사 심대해·沈大瀣), **朴聖冑**(합천 가야면 숭산리의 대사간 박이장 현손), **權必經**(상주의 교리 권달수 후손), **柳應河**(영의정 유성용 증손), **경회**(장인:상주의 조해·趙瀣), **李弘德**(괴산 출생, 이조참판 이응시 손자), **한좌**(1686~1724. 9월, 배:성산여씨와 광주이씨〈증조부:칠곡 석전리의 합천군수 이도장〉), **한유**(무신일기 지음, 일엽청, 묘소:묘산면 사리), **석좌**(장폐, 배:송씨는 1743년 방면), **정좌**(1697(?)~1728, 묘소:합천 봉산면 석가산), **성좌**(1696(?)~1728, 묘소:석가산), **덕좌**(묘소:석가산), **명좌**(대구감옥에서 참형, 묘소:묘산면), **세추**(능지처사), **인엽**(묘소:거창 신원면 구사리 옛 원만마을, 배:초계정씨), **신엽**(묘소:옛 원만마을), **행검**(1720~1804, 장인:무신봉기 때 처형된 조일규), **범경**(일명:경원, 묘소:합천 가회면 도탄리), **범두**(일명:두원, 묘소:합천 삼가면 이부마을)

▌이지인(李志仁) 가계: 광주이씨 좌의정공파

덕형(德馨) ── 여황(如璜) ── 상진(象震) ┬ 윤문(允文) ── 지인(志仁, 46세)
                                    │
                                    │   ┌ 보인(輔仁)
                                    └ 윤명(允明) ┼ 유인(裕仁)
                                               └ 흥인(興仁)

상기 진하게 인쇄된 이름: 무신봉기 피해자

△ **덕형**(1561~1613. 호:한음·漢陰, 남인이며 영의정 역임, 이산해 사위, 이이첨 12촌 동생, 이준경 조카, 이항복과 교유), **상진**(정랑), **윤문**(1646~1717, 필선·사간), **윤명**(교리), **지인**(제릉참봉, 능지처사), **흥인**(선전관, 회령부로 발배)

▌정희량(鄭希亮) 가계: 초계정씨 문간공파

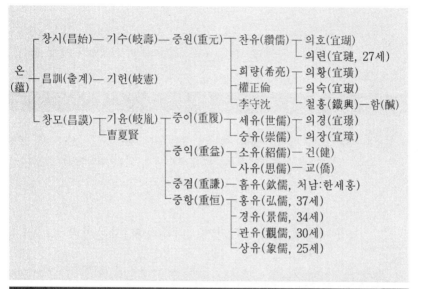

상기 진하게 인쇄된 이름: 무신봉기 피해자

△ **온**(1569~1641, 이조참판), **창시**(1590~1651, 예빈시주부), **기수**(1622~1701, 제천현
감, 묘소:거창 위천면, 장인:경주부윤 나위소), **기헌**(장인: 진주 단목의 하달도), **기윤**
(1629~1708, 청하현감, 장인:우의정 허목, 외조부:박공구⟨우곡면의 박이장 아들⟩),
曺夏賢(1633~1676, 조성좌 종조부), **중원**(1659~1726, 참봉, 묘소:영주 부석면, 장
인:대전 무수동의 대사간 권기), **중이**(1651~1699, 처조부:지평 이도장, 외조부:우의
정 허목), **중항**(64세, 처조부:유성룡 손자인 장령 유천지), **찬유**(1681~1712, 장인:지
례현감 유후광), **희량**(약 44세, 아내 2명:조성좌 12촌 누나인 조씨 및 송씨), **權正倫**
(권벌 후손), **李守沈**(이황 후손), **세유**(54세, 묘소:거창 신원면), **숭유**(44세), **흥유**(장
인:처형된 민원보), **경유**(장인:처형된 조광규), **관유**(장인:조성좌 부친인 조항), **의호**
(처:함창의 홍귀달 후손), **의련**(27세, 장인:형조판서 이의징 아들인 이홍발), **의경**(일
명:은서), **의장**(일명:명서)

▌ 조문보(趙文普) 가계: 한양조씨 양절공파

광조(光祖) ─── 송년(松年) ┬ 한수(漢叟) ─ 원붕(遠朋) ─ 문보(文普) ─ 사흠(思欽)
                         └ 위수(渭叟) ─ 백붕(百朋) ─ 덕보(德普) ─ 사제(思齊)

상기 진하게 인쇄된 이름: 무신봉기 피해자

△ **광조**(1482~1519, 호:정암·靜庵, 대사헌), **송년**(군수), **한수**(봉사), **원붕**(부사), **문보**
(48세, 정암 8세 봉사손, 보은현감, 장살), **덕보**(49세, 연산현감, 발배)

▌ 나숭곤(羅崇坤) 가계: 나주나씨 보은공파

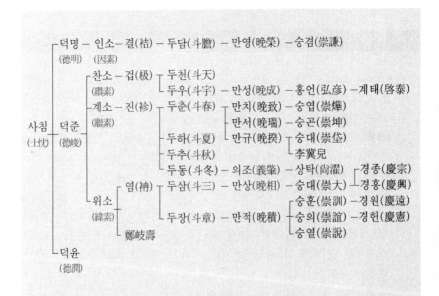

상기 진하게 인쇄된 이름: 무신봉기 피해자

△ **사침**(현감, 1589년 기축옥사인 정여립사건에 연루), **덕명**(1551~1610, 의금부도사, 당
색: 정인홍과 같은 동인, 기축옥사에 덕명·덕준·덕윤 3형제가 연루돼 화를 당함,
덕명 등 3형제는 임란 때 관북에서 정문부·鄭文孚와 함께 광해군을 도와 의병활동을
했음, 덕명·덕준·덕윤 형제의 활약상과 나씨가문의 성쇠를 기록한 '금성삼고〈錦城
三稿, 나두동 주도로 1725년 간행〉'의 서문을 정희량의 아버지 정중원과 민원보의 아
버지 민창도가 씀), **덕준**(1553~1604, 보은현감, 기축옥사 때 유배돼 죽은 정개청에
게 배움, 이지인의 고조부 이덕형과 한세홍의 5대 종조부인 한백겸과 교유), **덕윤**
(1557~1621, 하서 김인후의 문인인 이언양에게 배움), **위소**(1583~1667, 경주부윤),
鄭岐壽(정희량 조부, 제천현감), **만적**(4촌 처남:이호), **숭곤**(약 20세, 거창에서 참수
됨, 처남:이인좌), **李翼兒**(이인좌 동생)

▌이사성(李思晟) 가계: 전주이씨 익안공파

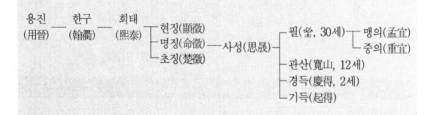

△ **용진**(병조정랑, 이괄의 난 때 참형, 부:경상감사 성임·聖任), **한구**(곡성현감), **현징**(창
원부사), **명징**(상주영장), **초징**(북청으로 발배), **사성**(52세, 능지처사, 익안대군 방의·
芳毅 12세손), **필**(교형), **관산·경득**(형인 필 어머니와 함께 삼수부로 발배, **경득**은
1746년 3월 장폐됨), **맹의·중의**(누이와 함께 이산부로, 어머니는 홍원현으로 발배)

▌이인좌(李麟佐) 가계: 전주이씨 임영대군공파

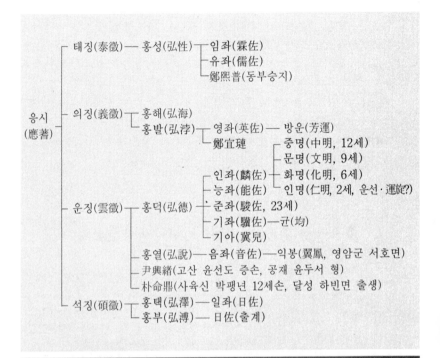

상기 진하게 인쇄된 이름: 무신봉기 피해자

△ **응시**(1594~1660, 세종 8세손, 이조참판), **의징**(1643~1695, 형조판서, 갑술환국 이 듬해 사사됨), **운징**(전라감사, 장인:영의정 권대운, 사위:윤선도 증손인 윤흥서〈1662 ~1733, 공재 윤두서 형〉와 하빈현 출생의 박명정〈1673~1737〉), **석징**(군수), **홍발** (장인:지평 임숙영), **홍덕**(장인:조하주〈조세추 조부, 조성좌 조부인 조하전 10촌 동 생, 성호 이익의 자형〉), **홍열**(군수), **홍부**(종6품 활인별제), **鄭宜璉**(정희량 조카), **인 좌**(34세, 장인:윤경제〈윤휴 아들, 윤경제는 아들 상덕·상정·상헌과 함께 귀양 가 배소에서 사망〉, 매부:나숭곤, 동서:이호), **능좌**(6세·9세인 아들은 발배됨)

▌이유익(李有翼) 가계: 전주이씨 익안공파

익안대군(益安大君) ········· 분(賁) ── 명세(命世) ┬ 유익(有翼) ── 조행(祖行)
                  ├ 유필(有弼)
                  └ 봉암(鳳巖, 위원군으로 발배)

상기 진하게 인쇄된 이름: 무신봉기 피해자

△ **익안대군**(태조 셋째 아들 방의·芳毅), **명세**(지평, 1701년 신사옥사 때 장희빈 사사 반
대), **유익**(32세, 익안대군 11세손, 정릉참봉, 서울 거주, 1728년 3월 26일 능지처사,
외증조부:장령 양만용), **유필**(1745년 12월 처형), **조행**(1746년 1월 처형)

▌남태징(南泰徵) 가계: 의령남씨 충간공파 중, 장자감사공파

        ┌ 전구(雋龜) ── 반(磐) ┬ 태징(泰徵) ── 한광(漢光)
        │   ├ 태흥(泰興) ── 두영(斗永)
대원(大源) ── 종백(宗伯) ┼ 두구(斗龜)   └ 태승(泰昇) ┬ 계동(啓東)
        │   ├ 건유(建裕)
        └ 정구(正龜) ── 확(確) ── 택관(宅寬) └ 건계(建啓)

상기 진하게 인쇄된 이름: 무신봉기 피해자

△ **대원**(부호군·副護軍 역임), **종백**(1611~1667, 현감, 묘소:서울 망우리, 묘비글:박필현
조부의 6촌 동생인 박세채 지음), **전구**(1629~1661, 호조좌랑, 묘비글도 박세채가 지
음), **반**(1653~1715, 현감), **태징**(61세, 종2품 포도대장 겸 금군별장, 능지처사)

▌민원보(閔元普) 가계: 여흥민씨 전서공파

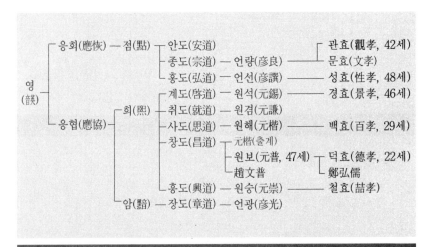

상기 진하게 인쇄된 이름: 무신봉기 피해자

△ 영(첨지중추부사), 응회(1582~1653, 동부승지), 응협(이조참판), 점(1614~1680, 이 조판서), 희(1614~1687, 좌의정, 1680년 경신환국 때 남인인 허적 등과 함께 삭탈관 직되고 위리안치됨), 암(1636~1694, 우의정, 1694년 갑술옥사로 이의징과 함께 사 사됨), 안도(참의), 종도(1633~1693, 부교리·병조참지), 창도(1654~1725, 경상관찰 사·대사성, 1722년 경종2년 신임사화 때 장수현으로 유배됨), 홍도(이조정랑), 장도 (지평, 갑술옥사 때 장살됨), 언량(1657~1701, 정언·지평·이조정랑, 1701년 신사 옥사 때 처형됨), 원해(자복하지 않고 경폐·徑斃, 즉 맞아 죽음), 원보(충주 거주, 합천 의 조성좌와 편지로 무신봉기 협의, 경폐됨), 趙文普(보은현감, 조광조 8세 봉사손, 장살됨), 관효(10역괴 중 1명, 경중 핵심 인물, 동서:권서린, 처남:이익관·순관, 참 수됨), 성효·경효·백효·덕효(참수됨), 鄭弘儒(정희량 8촌 동생), 철효(장인:무신봉기 때 처형된 현령 남수언)

▌이하(李河) 가계: 연안이씨 판소부감공파

```
귀(貴) ── 시백(時白) ┬ 흔(炘)
                    ├ 한(僩)
                    └ 열(悅) ┬ 문저(文著)
                            ├ 유저(有著)
                            └ 인저(仁著) ┬ 하(河) ─ 명구(命龜)
                                        └ 척(滌)
```

△ **귀**(1557~1633, 인조반정 정사공신 1등에 녹훈, 정묘호란 때 최명길과 함께 화의를
주장, 병조·이조판서 역임), **시백**(1581~1660, 호:조암·釣巖, 서인의 영수인 김장생
문인, 영의정), **열**(검정), **인저**(현감), **하**(46세, 이시백 봉사손, 정7품 한성참군)

▌신천영(申天永) 가계: 고령신씨 영성군파

```
숙주(叔舟) ── 중엄(仲淹) ─ 식(湜) ┬ 득자(得滋) ─ 행(涬) ─ 경제(慶濟) ┬ 은(垠)
                                └ 득연(得淵)                      └ 창(淐)

은(垠) ┬ 천영(天永) ┬ 항(港, 16세)
      ├ 석영(錫永) ├ 선이(善伊, 5세)
      ├ 칠증(七曾) └ 관이(官伊, 4세)
      └ 열증(悅曾)
```

△ **숙주**(1417~1475, 영의정), **중엄**(현령), **식**(1551~1623, 신숙주 6세손, 성운 및 이황
문인, 강원관찰사·대사헌 역임, 외증손자는 1680년 경신환국 때 사사된 이조판서

윤휴, 외손서는 1694년 갑술환국 때 삭탈관직된 남인 영의정 권대운), **득자**(괴산군
수, 신천영 고조부), **득연**(1585~1647, 도승지, 소현세자의 빈 · 嬪인 강씨 외숙, 장
인:좌의정 정창연), **경제**(1644~1726, 신숙주 9세손, 우윤, 1689년 반송시열소두 · 反
宋時烈疏頭), **창**(1728년 4월 5일 상주영장 한속에게 잡혀 효수), **천영**(약 39세, 신숙
주 11세손, 3월 27일 효수, 장인:순천부사 민제성), **석영**(33세, 일명:일영 · 日永,
1728년 5월 21일 참형, 장인:참형된 종2품인 지사 김덕삼, 동서:참형된 안정), **칠증 ·
열증**(서조모 · 어머니 · 누나 신계순 및 조카 신계와 함께 함경도 온성으로 발배), **항**
(1728년 6월 13일 청주에서 교살), **선이 · 관이**(어머니 민강차 및 누나 신지애와 함께
함경도 경원으로 발배)

▌박필현(朴弼顯) 가계: 반남박씨 참판공규파

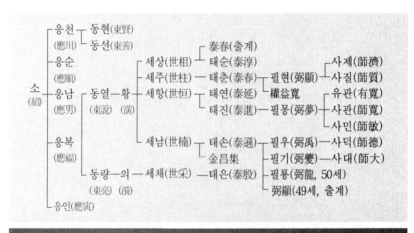

상기 진하게 인쇄된 이름: 무신봉기 피해자

△ **소**(1493~1534, 호:야천 · 冶川, 부:이조정랑 박조년 · 朴兆年, 모:현감 윤자선 · 尹孜善
의 딸, 사간 역임, 김굉필의 문인으로 조광조 등 신진사림들과 왕도정치 구현에 힘씀,
훈구파를 탄핵하다 파직된 후 외가인 합천 묘산면 화양리로 이거함, 묘소:화양리, 화
양리는 조성좌의 고향인 묘산면 도옥리와 인접한 곳임), **응천**(대구부사, 묘소:화양리),
응순(1526~1580, 용인현령, 딸이 선조의 비 · 妃인 의인왕후), **응남**(1527~1572, 좌승
지, 영의정 이준경과 함께 선조가 즉위하는데 기여), **응복**(1530~1598, 공조참판, 묘

소:경기 양주), **동선**(1562~1640, 대사헌·좌참찬), **동열**(1564~1622, 대사성, 폐비론에 반대함, 이항복과 교유), **동량**(1569~1635, 호조판서, 반대북파), **황**(1597~1648, 대사헌, 척화파인 정온·김상헌 등과 교유), **의**(1600~1645, 교리·장령, 장인:신흠), **세상**(1615~1679, 정4품 광흥창수), **세주**(1618~1680, 단양군수), **세남**(장인:예조참판 이행진), **세채**(1631~1695, 소론의 영수로 좌의정 역임, 문묘에 제향), **태순**(1653~1704, 형조판서, 전라감사 때 처형된 허균 문집을 발간했다가 파직되고, 복직 후 경상관찰사 역임), **태손**(1641~1692, 경상관찰사·대사성), **金昌集**(노론의 거두로 영의정 역임), **필현**(1680~1728, 형조좌랑·태인현감), **權益寬**(1676~1730, 함경관찰사), **필몽**(1668~1728, 대사성·도승지), **필우**(괴산군수), **필기**(교리), 그외 무신봉기를 진압하는데 일조한 **박사수**(1686~1739, 영남안무사·호조판서)는 **응남**의 7세손이고, **박필건**(1671~1738, 선산부사·호조참판)은 **동선**의 5세손임. 또한 **박지원**(朴趾源, 1737~1805, 안의현감·양양부사)이 **동량**의 7세손(趾源→師愈→弼均→泰吉→世橋→瀰→東亮)이고, 구한말 **박영효**는 **동량**의 12세손이며, 외무대신 **박제순**은 **응인**의 11세손임. 합천군 묘산면 화양리에는 **소**·**응천**·**동현** 등의 묘소가 있음.

▌조관규(趙觀奎) 가계: 순창조씨 여주파

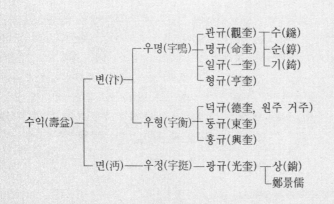

△ **수익**(1596~1674, 대사헌 역임, 권시·權諰 및 조경·趙絅과 교유), **우형**(현령), **일규**(사위:조성좌 7촌 조카인 조행검·曺行儉, 외조부:현령 정행일·鄭行一), **관규**(48세), **동규**(장인:양원군 이환), **광규**(진사, 장인:밀양부사 이희년), **鄭景儒**(34세, 정희량 8촌 동생), **상**(25세, 1723년 증광시 병과 급제, 병조좌랑 역임)

▌ 한세홍(韓世弘) 가계: 청주한씨 문정공파

△ **여필**(종4품 중추부 경력), **효윤**(종5품 경성판관), **효순**(1543~1621, 좌의정, 폐비론에 앞장섬, 반대한 이항복과 기자헌을 탄핵함, 인조반정 후 관작추탈됨), **백겸**(1552~1615, 기축옥사 때 자살한 정여립의 시신을 거두었다가 장형·杖刑을 받고, 호조참의를 역임한 실학의 선구자임, 또한 무신봉기 때 처형된 이지인의 고조부인 이덕형과 무신봉기 때 처형된 나만치의 고조부인 나덕준과 교유), **중겸**(진사), **준겸**(1557~1627, 원주 출생, 유성룡의 종사관 및 호조판서 역임, 소현세자 및 효종 외조부), **치겸**(부사), **선일**(군수), **복일**(군수), **익명**(군수), **진명**(참봉), **주상**(금부도사), **준상**(진사), **종대**(진사), **종해**(45세, 진사), **세홍**(44세, 원주 출생, 상주 거주, 외조부:밀양부사 김봉지, 당고개에서 능지처사), **세능**(33세, 원주 거주), **鄭欽儒**(정희량 8촌 동생)

▌정세윤(鄭世胤, 일명 鄭行룡) 가계 : 하동정씨

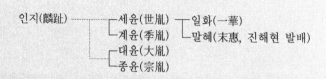

△ **인지**(1396~1478, 영의정, 묘소:괴산군 불정면), **세윤**(제6청룡대장, 안성시인 양성현 가천 출생, 동생 계윤 및 4촌 형인 대윤·종윤, 6촌 동생 조윤·祚胤과 처형됨, 처남: 처형된 윤태징·尹台徵), **계윤**(위칭 죽산부사), **일화**(처남:처형된 윤취징·尹就徵), **말혜**(정세윤 딸, 진해현 관노로 발배)

▌김수종(金守宗) 가계 : 부안김씨

홍원(弘遠) ┬ 명열(命說) ─ 번(璠) ─ 수종(守宗) ── 방길(邦佶)
          └ 용열(用說) ─ 강(玒) ┬ 수채(守采)
                                └ 수형(守亨)

△ **홍원**(1571~1645, 부안 갑부로 나주목사·담양부사 역임), **명열**(남원부사), **번**(참봉), **수종**(1671~1736, 진사, 부안군 우반동 출생, 1728. 6월~1729. 6월까지 전라감영 감옥에 갇힘), **수채**(1679~1729. 1. 16일 장폐), **수형**(1688~1728. 12. 22일 장폐, 진서면 검모포 조선소 주위에 노복 60여 호와 선박 10척을 소유한 부호, 전주 및 삼례장터 격서 주도자), **방길**(1715~1742)

▌안엽(安熀) 가계: 순흥안씨

몽이(夢伊) ─ 응망(應望) ─ 구(玖) ─ 헌국(憲國) ┬ 엽(熀)
                                           └ 정(炡)

상기 진하게 인쇄된 이름: 무신봉기 피해자

△ **몽이**(포도대장, 풍기읍 출생으로 주자학을 전래한 안향 후손), **응망**(함경도 전원전·濬源殿 참봉), **구**(종8품 별검·別檢), **헌국**(진사), **엽**(1689~1728, 원주 출생, 용인 거주, 이인좌가 청주병영 파총에 임명, 능지처사됨), **정**(용인시 직곡 출생, 장인:처형된 종2품 중추부 지사 김덕삼)

▌정팔룡·대유·박필영(鄭八龍·大有·朴彌英) 가계: 노비적 및 토적세력

△ 변산반도 9천 노비군 대장인 **정팔룡**(34세, 정도령·鄭都令)은 한때 부안 갑부 김수형의 집에서 거주했음. **정팔룡**과 지리산 농민군(토적)의 우두머리인 구례 연곡사 승려 **대유**, 영남 토적 대장 **박필영**은 무신봉기 후 지리산 등지로 숨어버림. 가계는 하층민인 관계로 확인이 불가능함.

15. 이인좌 공초

(李麟佐 供招)

[1728년 영조4년 3월 15일 청주에서 기병한 이인좌는, 3월 24일 사로잡혀 도순무사 오명항에 의해 서울로 보내진다. 이 공초(供招)는 승자인 영조가 3월 26일 창덕궁 인정문에서 이인좌를 직접 심문하면서 작성한 것이다. 이인좌는 3월 27일 능지처사됐다]

영조 임금이 인정문(仁政門)에 와서 친국(親鞫)했다. 이인좌(李麟佐)를 형신(刑訊)하니, 이인좌가 다음과 같이 공초(진술)했다.

"한세홍(韓世弘) 이유익(李有翼) 이하(李河) 남태적(南泰績) 남태징(南泰徵) 김중기(金重器)가 이 일을 했고, 임서호(任瑞虎) 조관규(趙觀奎) 임서봉(任瑞鳳) 임서린(任瑞麟) 조덕징(趙德徵) 이배(李培) 이만(李晩, 이호·李昈) 이의형(李義衡)은 이번에 양성(陽城)에 모여 곧바로 청주(淸州)로 달려갔는데, 그때 모인 자 중 정행민(鄭行旻, 정세윤)과 원만주(元萬周)는 양성에 살고, 권서봉(權瑞鳳)은 수원(주: 양성에도 살았음)에 살며, 조동규(趙東奎)는 서울 향교동(鄕校洞)에 살았다. 권서린(權瑞麟) 권서룡(權瑞龍) 목함경(睦涵敬)은 양성에 살고, 이지경(李之景)은 청주에 살며, 위(僞: 가짜) 종사관(從事官) 유급(柳伋)은 양성에 사는데 도목(都目: 인사명부)을 가지고 도망했다.

청주에서 변란을 일으킬 때 부원수 정행민(정세윤)과 (동생인) 정계윤(鄭季胤)이 함께 했는데, 충청병사(兵使)는 이배가 죽였으며, 청주영장(營將)은 목함경이 죽였다. 권서봉을 청주 원[쉬·倅: 목사]으로 삼고 안성(安城)으로 (진격해) 왔으며, 가병사(假兵使: 가짜 병사)는 신경제(申慶濟)의 손자 신천영(申天永)으로 정했다. 군사는 양성에 있을 때 2초(哨: 약 200명)였는데, 관문(關文)을 내어 징병했더니, 청안(淸安)의 원과 진천(鎭川)의 원은 도주하고, 장교(將校)가 군사를 이끌고 왔으며, 회인(懷仁)의 원 역시 도주했는데, 장교가 군사 15명을 이끌고 오니 (정3품 상당산성 우후) 박종원(朴宗元)도 투항했다. 종사관(從事官) 유급(柳汲)이 흉관(凶關)과 흉격(凶檄)을 썼고, 외원(外援)에 대해서는 한세홍이, '호남 변산(邊山) 도적이 2초가 있고, 또 심유현(沈維賢)과 박필현(朴弼顯)의 군사가 있으며, 나주에서 나숭대(羅崇大)가 가정(家丁)과 족속(族屬)을 이끌고 오고, 평안병사로 이사성(李思晟)이 들어올 것이다'고 했는데, 한세홍은 평안병영(兵營)으로 갔다.

이호(李昈, 이만·李晚)는 양성에 사는데 모은 군사가 2초이고, 영남은 정희량(鄭希亮)이 안음(安陰)에 사는데 이번에는 오지 않았으나, 이제 영남에 있으면서 군사를 동원했으며 정희량의 족속이 많이 들어왔다고 했다. 김홍수(金弘壽)는 상주에 사는데 군사의 숫자는 군사를 동원하기 전에는 얼마인지 알 수 없으나, 무려 1천여 명은 됐다. 당초에 기일을 3월 10일로 기약했으나 그때까지 소식이 없었다. 나(주: 이인좌)는 응병(應兵)이 당도했기 때문에 15일에 과연 군사를 일으키면서 임서린(임서호 동생)에게 탐지하도록 했는데, 아직껏 서울에 오지 않았다.

내응(內應)은 나에게 군사를 일으키게 하여 만약 영남과 호남에서 군사를 동원하면 연곡(輦轂: 궁궐)의 친병(親兵)이 마땅히 모두 출정하게 될 것이니, 남태징과 남태적이 서울의 일을 하되, 서울은 이유익이 주도적으로 하고 영남은 정희량이 하며, 그 나머지 김홍수 등 6, 7인이 돕기로 했다. 정희량은 동계(桐溪)의 후손인데, 120명을 모아 이 일을 하고자 했다. 나의 선봉 정중복(鄭重復)은 양성에 살며, 중군(中軍) 이배, 부장(副將) 정행민, 진용도위(進勇都尉) 목함경과 이의형(李義衡)이 했다. 이유익과 한세홍이 항상 밀풍군(密豊君)이 인망(人望)이 있다고 말했기 때문에 이유익이 가서 보고 말했더니, 밀풍군은 대답을 하지 않았다고 한다. 금년 정월에 내가 상경하여 이하(李河)의 집을 방문했더니, 이하가 말하기를, '일은 애안(涯岸: 끝)이 없고, 동당(同黨)이 매우 적다'고 하기에, 내가 꾸짖어 말하기를, '그렇다면, 왜 시골에 있는 자를 일으켜 일을 하려 했느냐'고 하자, 이하가 말하기를, '이는 마치 언덕에 올라 걷는 것과 같은데 어찌 중지할 수 있겠는가'라고 했다.

권서린 역시 와서 이유익에게 말하기를, '사람들이 장차 다 죽고 말 것이다'고 하자, 이유익이, '권서린에게 군인을 거두어 입성시켜 반역하게 하자' 하기에, 내가 불가하다고 하자, 이하와 이유익이, '우리들의 말대로 하지 않으면 내가 장차 너를 죽이겠다'고 했고, 권서린은 말하기를, '영남을 탐지하는 일은 밖으로부터 기병(起兵)을 해야 가능하다' 했다. 내가 정월에 영남으로 내려가 김홍수와 정희량의 집에서 탐지했더니, 120명의 군사로 하고 날짜는 초 10일이라고 했다. 내가 이런 일을 알고 돌아와 장차 응병하고자 하여 15일에 거사했다.

호남의 허실(虛實)에 대해서는 잘 모른다. 내 동생이 5형제인데, 이능좌(李能佐)가 울면서 말렸고, 기타 형제는 이준좌(李駿佐)·기좌(騏佐)이며, 끝의 동생은 아명(兒名)이 기아(夔兒)이다. 내 이름은 본래 현좌(玄佐)였는데 인좌로 고쳤다. 내가 봄에 동성(同姓) 5촌인 이홍부(李弘溥)의 집에 올라왔는데, 이홍부가 풍설에 대해 묻고는 말하기를, '왜 박필현과 사귀어 남의 말을 듣게 하느냐. 근신하라'고 했다. 박필현은 재작년 상주(尚州)로 이사할 때 만나 보아서 잘 안다. 모의(謀議)는 모두 박필현이 지시했으며, 자객은 반드시 정행민이 보냈을 것이고, 자객이 될 만한 자는 목함경과 정중복(鄭重復)·중익(重益) 등 형제이며, 양성 구만리(九萬里, 안성 공도읍)에 사는 권서린 역시 용력이 있고, 박준(朴晙)은 죽산에 살며 역시 용력이 있는데 군중에 와 있었고, (정중복의 4촌인) 정중려(鄭重勵)는 직산(稷山, 천안 직산읍)에 살고 있다. 이 밖에는 용력이 있는 자는 없다.

정행민과는 영(營)이 각기 다르기 때문에 자세히 알 수 없으나, 들으니 정행민이 효용(驍勇: 용맹)한 무사를 뽑아 자객으로 보냈다고 한다. 권서룡은 (2월) 15일에 서울로 보냈더니 겁이 나서 들어가지 못하고 돌아왔는데, 경상도에서 초닷새에 기병한다고 잘못 전해졌기 때문에 내가 역시 지레 먼저 기병한 것이다. 청주병사를 반드시 먼저 제거해야 일이 완비되고, 고단(孤單)한 군졸로는 서울로 들어갈 수 없기 때문에 먼저 청주를 함락시킨 것이다. 경중(京中)을 정탐하기 위해 박준(朴晙)을 올려 보냈으나 아직까지 소식이 없어, 지금은 이유익의 집으로 보냈는데 모양은 늑염(勒髯: 구레나룻)이고 복색(服色)은 도포(道袍)를 입었으며 18일에 올라왔다. 김중만(金重萬) 역시 알았는데 중간에서 약속을 어기고 (거사를 고변하는 등) 배신했다. 권서린은 중간 키에 수염이 조금 나고 얼굴이 얽었으며 백포(白布) 도포를 입었는데, 역시 이유익의 집으로 갔으나 만나지 못하고 돌아왔다.

이징관(李徵觀, 29세) 역시 동당(同黨)인 듯한데, 동당과 약속하기

를, '비록 패하더라도 다시 청주에서 만나 성을 지킬 수 있으면 지키
고, 지킬 수 없으면 재를 넘어 함께 태백산(太白山)으로 들어가자'고
했다. 정행민이 변산(邊山)의 적과 통하며 금방 올라온다고 했으나
소식이 없고, 청주에 남아 있는 (거사군의) 병사는 모두 관군이다.
내가 대원수가 된 것은 바로 적도 가운데 권서린 무리가 모두 추존
(推尊)하여 삼은 것이며, 홍양산(紅涼傘: 붉은 양산)을 만들어 사용한
것은 내 스스로 대역부도(大逆不道)의 일을 한 것이다. 정행민은 바
로 고(故) 상신(相臣) 정인지(鄭麟趾)의 후손이다.

이유익과 조덕징(趙德徵)이 밀풍군의 집을 왕래한 것은 대개 조덕
징이 밀풍군의 처질(妻姪)이기 때문인데, 이유익이 직접 가지 않고
조덕징을 시켜 탐문하기를, '외간에 이러한 말이 있다'고 하자, 밀풍
은 대답을 하지 않았다고 한다. 조덕징은 나이 스무 살 남짓 되며
(훈련대장) 이삼(李森)은 그 안에 들지 않아서 처음에는 이유익과 더
불어 이삼을 제거할 뜻이 있었다. (통진부사) 남태적(南泰績)의 일은
내가 이유익과 한세홍에게서 들었는데, 남태적은 꾀를 써서 피했고,
(포도대장) 남태징은 어리석은 자라서 그 가운데 들었다. 이유익이
말하기를, '(종2품 부총관·副摠管) 이사주(李思周)와 밀풍군은 사촌
(四寸)이 되므로, 만약 영남으로부터 오게 되면 마땅히 할 듯하다'고
했다. 괘서의 일은 이하(李河)가 전라도에 가서 들으니, 나씨(羅氏)
성을 가진 사람과 산음(山陰) 사는 정가(鄭哥, 주: 정탁)가 했다고 한
다. 나가(羅哥)에게 물으면 알 수 있는데, 나가는 바로 나숭대(羅崇
大)의 7촌숙(七寸叔) 나만치(羅晩致)다.

황익재(黃翼再, 종성부사, 황희의 차자인 보신·保身의 10세손)와
김홍수는 하나이면서 둘이고 둘이면서 하나여서 김홍수는 말하기를,
'마땅히 함께 일을 할 듯하다' 했는데, 나는 단지 김홍수의 말만 들었

지 황익재의 말은 듣지 못했다. 임서호(任瑞虎)는 내가 아는데 역모에 동참한 것이 확실하다. 조관규(趙觀奎)는 내가 알지 못하나 임서호가 동참했다고 말했으며, 조덕징은 내가 알고 있었는데, 얼굴을 보기 전에 이미 들었다. 정월에 왔을 때 이하(李河)의 집에서 동참하여 난만하게 모의했는데, 그가 비록 나이가 젊어 주장하지는 못했으나 동참한 것은 확실하다. 이만(李晚, 이호)과 이의형(李義衡)은 군중(軍中)에 갔으며, 조동규(趙東奎)는 내가 알지 못하고 단지 임서호의 말을 들었을 뿐이다. 나숭대는 나와 모르는 사이지만 역모한 것이 확실하다"고 했다.

이인좌를 2차 형신했으나, 전과 같이 공초했다.

16. 영조 교서

(英祖 敎書)

[1728년 3월 15일 발발한 이른바 무신란 진압 후인 4월 22일에 영조 임금이 대소 (大小) 신료(臣僚)와 기로(耆老: 연로하고 덕이 높은 사람) 및 군민(軍民)에게 내린 교서(敎書)다. 임금, 즉 이긴 자의 입장에서 무신란을 평가하고, 그 처리 사항 등을 주요 내용으로 하고 있다. 소론인 대제학 윤순(尹淳)이 지어 올렸으며, 백성들이 알 수 있도록 한글로도 반포했다]

"난적(亂賊)이 어느 시대인들 없었겠는가. 그러나 지금의 흉변(凶變)같은 경우는 있지 않았다. 음산한 기운을 금방 쓸어내고 나니 곧 천하가 맑아짐을 보게 됐다. 이에 진실한 환음(渙音: 빛나는 소리)을 널리 반포하여 더없이 큰 새로운 경사를 아름답게 장식하는 바이다. 과거에 과덕(寡德)한 내가 외람되게 큰 기업(基業)을 이어받았으나, 상성(常性)으로 사람을 꾸짖어도 일찍이 반역을 모의하리라고는 의심하지 않는 법인데, 사악한 붕당(朋黨)들이 나라에 화(禍)를 끼치는 것이 반드시 같은 반열의 신하에게서 나올 줄이야 생각이나 했겠는가.

그런데 악종(惡種)들을 종신토록 관리가 될 수 없도록 폐고(廢錮)시켜야 하는데, 처음부터 추악한 무리들에 대한 감별을 철저히 하기가 어려웠다. 명분과 의리의 대안(代案) 때문에 여러 족속(族屬)들의 원망과 저주가 더욱 깊어졌고, 교문(敎文)에 (내가 경종 임금을 독살했

다는 등) 흉언이 있었는데도 한 명의 역적에 대한 주토(誅討: 죽이고
토벌함)를 이미 늦추게 됐으므로, 결국 불령(不逞)한 무리들이 결속하
고 합심하여 감히 오랫동안 병란(兵亂)이 없었던 시기를 이용하여 (무
신변란이) 일어났다. 한번 자칫 차질(差跌)이 있게 되면 나라가 전복
될 뻔했으니, 말이 여기에 이르자 통분한 마음을 감당할 수 없다.

　역적 이인좌 이웅보 민관효와 (1694년 갑술환국 때 사사된 훈련대
장) 이의징과 (이의징 아들) 이홍발(李弘浡)의 가까운 친척, 그리고
(이조판서 민점 아들) 민종도(閔宗道)와 (그의 아들인 이조정랑) 민언
량(閔彦良)의 서자(庶子)들이 사나운 기운을 뭉쳐, 과연 그 사악한 마
음을 고치지 않고 오래도록 은밀한 계획을 품고 있었던 것이 마치 궁
지에 몰린 짐승이 돌아서서 사람을 무는 것과 같았다. 박필현(朴弼
顯)과 이유익(李有翼)은 음흉한 사람의 모습에 시랑(豺狼: 승양이와
이리)같은 심장을 지니고 있었다. 치초(郗超)가 역적 환온(桓溫)의 막
료가 된 것을 당시에 행적이 은밀하여 살필 수 없었고, 월초(越椒)가
약오(若敖)의 귀신을 굶주리게 한 것을 지금 사람은 분명히 아는 이
가 없었다. 그리하여 중외(中外: 경향 각지)의 무뢰배들과 결속하여
시종 불궤(不軌: 법을 지키지 않음)한 짓을 주장했던 것이다.

　남태징과 이사성은 혹은 훈구(勳舊)를 빙자하여 작위(爵位)를 승습
(承襲)하기도 했고, 혹은 보잘 것 없는 처지에서 발신(發身)하기도 하
여 주려(周廬: 내금위 등)의 숙위군(宿衛軍)을 총괄하게 됐으니, 어찌
(당나라) 안녹산(安祿山)이 역적이라는 것을 알 수가 있었겠는가. 한
고조(漢高祖) 때 정병이 집결돼 있는 대곡(代谷)에서 군사를 일으켜
처형된 진희(陣豨)의 흉악한 마음을 계발(啓發: 일깨워 줌)하게 됐다.

　심유현과 정희량(鄭希亮)의 처지는 어떠했는가. 선조(先祖)의 큰 공
적이 아직도 남아 있었는데도 조정에서 대우하는 간곡한 은혜를 잊

고 폐족(廢族)들과 교통(交通)했으며, 향리(鄕里)의 호족(豪族)의 권세
에 의지하여 어리석은 백성들을 협박해서 난리를 일으킬 것을 생각
했다. 비록 세대가 바뀌어도 선조의 큰 공적은 보존되지 않음이 없을
터인데, 수자(竪子: 풋내기)에 대해 또한 무엇을 꾸짖을 수 있겠는가.

가장 안타까운 것은 박필몽(朴弼夢)으로, 세 조정을 두루 섬겼고
지위가 2품에 이르렀는데도 은밀한 모의와 비밀스런 계책을 주장했
으며, 패륜 아들 박유관(朴有寬)이 흉역(凶逆)을 일으킬 마음을 품고
서로 관여했다. 그들의 사우(死友: 친구)는 (1724년 능지처사된 우참
찬) 김일경(金一鏡)인데 나라 사람들이 모두 죽여야 한다고 했지만,
천지(天地)는 본래 자애심이 많아 살생하기를 꺼리는 것이므로 절도
(絕島)에 안치 시켰다가 (전라도 무장현인) 육지로 옮겨 오게 했으니,
내(영조)가 무엇을 저버렸기에 네(박필몽)가 반역을 일으킨다는 말인
가. 그리하여 하늘을 보고 맹세하지 않으면 땅을 그어 다짐을 하면서
오직 나라를 원망하는 마음뿐이었다. 이것이 모두 외방의 적도들로
서 내응(內應: 내통)한 괴수가 10명이었고, 협박에 의하여 따라붙은
자들은 1천 명이나 됐다.

반역을 일으킬 마음을 품어온 지가 오래 됐으니, 실상은 적신(賊
臣)의 부도(不道)한 말에서 시작이 된 것이고, 역도들의 배짱은 갈수
록 커졌으니, 복법(伏法)된 죄인들의 후손인 자들이 많게 됐다. 이에
심유현은 (내가 경종 임금을 독살했다는 등) 그지없이 흉악한 말을
만들어 난역(亂逆)의 계제(階梯: 기회)를 순치(馴致: 이르게 함)시켰
고, 이유익은 마치 암컷이 화답하듯이 적도가 돼 스스로 모주(謀主)
라고 일컬었다. 그리하여 몰래 (금성산성) 화약(火藥)을 훔쳐 내고서,
불에 탔다는 내용으로 핑계된 거짓 공문을 올렸으며, 각각 가정(家
丁: 노비)을 출동시켜 흉악한 계획을 밤중에 일으킬 것을 의논하기에

이르렀다. 전후 서로 호응한 상황을 따져본다면 실로 천지 사이에 용납하기 어렵다.

민관효(閔觀孝)가 그림자와 자취를 감춘 채 팔을 걷어 올리고 주동자로 나서서 (격문을 거는 등) 임금을 매도하는 망극한 짓을 한 것은, 김일경 심유현과 통하여 뿌리를 같이 했으며, 나라를 안중에도 없는 것으로 여겨 이유익과 이순관(李順觀)을 사주하여 방문(榜文: 격문)을 걸게 했다. 귀신이 환히 살펴보고 있는데, 네가 이런 마음을 지니고 어디로 갈 수 있겠는가. 강상(綱常: 사람이 지킬 도리)이 무너지지 않았으므로 사람들이 모두 분노하여 (역도들의) 살점을 먹으려 하고 있으며, 추대한 사람이 본래 있는데 또 지목하여 장차 어떻게 하려고 하는 것인가. 약속이 이미 정해졌으니 기일을 또한 헤아릴 수 없었다.

신광원(愼光遠)은 도성(都城)의 오랑캐들이 숨어 의지하는 장본인이 됐고, (선조 임금의 후손인) 인엽(人燁, 27세)도 또한 역적에게 화물(貨物)을 도와주게 됐다. 아! 저 역적 남태징이 어떻게 차마 국은(國恩)을 저버릴 수가 있단 말인가. 훈련대장의 자리를 스스로 대신하겠다고 한 것은 모두가 분수에 넘치는 일을 바라는 의도에서였다. 원룡(元龍, 남태징의 자·字)의 태상(台相: 대신·大臣)의 글자란 말에서 더욱 주도면밀한 일의 전모를 알 수 있겠다. 이는 다만 그가 군병(軍兵)을 거느린 것을 빙자한 것뿐이며, 실제 지휘한 자는 이사성이었다.

역적 이괄(李适)이 왜병(倭兵)을 이용했던 자리를 점거하여 근왕(勤王)을 핑계로 기미를 살폈고, 역적 허견(許堅)이 오랑캐의 복색(服色)을 하게 한 계획을 답습하여 사람들을 협박해서 변란을 일으켰던 것이다. 조아(爪牙: 무사·武士)의 임무는 (평안병영 군관) 안추(安樞)

와 안엽(安燁)이 쓰였고, 성식(聲息: 소문)은 한세홍(韓世弘)과 정세
윤(鄭世胤)이 내통했다. 그리하여 도성의 성문을 화공(火攻)하도록 계
책을 세웠고, 육군과 수군(水軍)이 연합하도록 지시했으나 일이 발생
되기 전에 급변(急變)이 먼저 서울에 전해졌고, (남태징 민관효 신광
원 이세룡의) 옥사(獄死)가 이뤄지자마자 경보(警報)가 곧이어 전해
졌다.

이인좌 이웅보 정희량이 과연 (청주에 있는) 상당성(上黨城)에서
반역을 일으켰고, 또 두류산(頭流山: 지리산) 아래에서 적도들을 불
러 모아 나의 군읍(郡邑)과 성을 함몰시키고, 나의 절진(節鎭)의 수신
(帥臣: 수령)을 살해했다. 혹은 먼저 일어나기도 하고 혹은 뒤에 일
어나기도 하면서, 호남과 영남에 나눠 웅거하여 거짓으로 원수(元帥)
라 칭하고는 흉악한 관문(關文: 공문)과 격문을 보내어 아랫사람을
속이고 윗사람을 방자하게 기만했으므로 쓸리듯이 좋은 정성을 극진
히 다했다. 통분스럽게 (상당산성 우후) 박종원(朴宗元)이 무릎을 꿇
었다. 일이 이미 돌풍처럼 급박하게 되자 독봉(毒鋒: 독벌)이 드디어
(경기도 왼쪽 지방인) 기좌(畿左)에까지 이르렀고, 형세가 매우 강성
해지자 반기(叛氣)가 남쪽 지방에서 점차 번지게 됐다.

(태인현감) 박필현이 하읍(下邑)에서 군사를 일으켰고, (전 도승지)
박필몽도 또한 수산(囚山: 귀양지)에서 몸을 빼어 나와서, 곧바로 완
산부(完山府: 전주)와 고성(高城: 전주성)을 범하기 위해 밤중에 말을
달려 이르렀고, 스스로 은대(銀臺: 승정원)의 장관(長官)이라고 일컬
으면서 대낮에 멋대로 돌아다녔다. 사로(四路: 경기·충청·전라·
경상도)의 도적이 일제히 일어나 반역한 것은 옛날에 이런 일이 있었
던가. 100년 동안 내려온 세족(世族)에서 반역자가 많이 나왔으니,
내가 실로 통한스럽게 여긴다.

소란이 계속되자 여리(閭里: 마을)가 거의 텅 비게 됐고, 국가의 안위가 실로 호흡하는 사이에 박도(迫到: 가까이 닥쳐옴)하게 됐다. 다행히 나의 하경(夏卿: 병조판서 오명항)이 스스로 분발하여 드디어 천토(天討: 천벌)를 크게 시행할 수 있게 됐다. 삼군(三軍)이 주먹을 쳤으니, 모두들 필사의 뜻을 품었고, 적토들이 혼비백산하니 거칠 것이 없는 군사를 휘몰아 갔다. 안성과 죽산의 첩보(捷報)가 계속 날아들었고, 거창과 합천의 적진(賊陣)이 저절로 무너졌다. 그리하여 거추(巨酋: 우두머리)가 모두 참획(斬獲: 죽이거나 생포)됐고, 도망한 무리가 남김없이 체포됐다. 군대를 돌려 승전고를 올리니 한 명의 군졸도 손상된 탄식이 없었고, 남문(南門: 숭례문)에 올라 수괵(首馘: 참수된 사람의 머리)을 받으니 많은 백성들이 다투어 구경하면서 기뻐했다. (죄인을 심문하기 위해 임시로 만든 감옥인) 국청(鞫廳)에 갇힌 죄수들에 이르러서도 모두 (목을 베고 시체를 길거리에 버리는) 기시(棄市)하는 국법(國法)을 시행했다. 일이 일어나기 전에 고발하여 적도들을 벤 것은 대로(大老: 무신봉기를 고변한 최규서)의 충성이오, 일거에 적의 소굴을 소탕한 것은 상장(上將: 오명항)의 힘이었다.

이미 역적 이인좌, 이웅보, 정희량, 민관효(이조판서 민점 증손), 박필몽(대사성 박동열 현손), 박필현(박필몽 6촌 동생), 이사성(평안병사), 남태징(호조좌랑 남규구 손자), 심유현, 이유익(지평 이명세 아들), 나숭곤(나숭대 10촌), 나숭대, 이하(이조판서 이귀 현손), 이지인(영의정 이덕형 현손), 신광원(愼光遠, 이순관 매부), 윤덕유(尹德裕), 이문저(李文著, 이하 백부), 이배, 이순관(이익관 동생), 이익관, 박종원, 목함경, 권서봉(권서린 형), 권서린, 조상(趙鏛, 대사헌 조수익 현손), 한세홍(韓世弘), 유염(柳冉, 43세), 나만치(나숭곤 백부), 안추, 신윤조(辛胤祖), 안엽(안정 형), 박사관(朴師寬, 박필몽 아들), 안정, 한세능(韓世能), 조세추(曺世樞) 등은 모두 잡아서 능지처사(凌遲處死)하고 재산을 적몰(籍沒)했으며, 연좌(緣坐)된 (선조 임금의 후손) 인엽(人燁)과 정(樫)은 감등(減等)시켜 교형에 처했으며, 이홍관(李弘觀, 이순관 형), 김옥성(상놈·常漢), 이일(李溢, 34세), 이일좌(이인좌 6촌 형) 등은 그 자신만 주참(誅斬)했다.

그리고 (소론의 거두로 부대시처참된) 역적 김일경도 소급하여 대역률(大逆律)에 처했다. 오랫동안 없었던 간과(干戈: 전쟁)의 종사(從事)가 불행하게도 지금 있게 됐고, 전에 없던 임금의 위엄이 어찌 내가 즐겨하는 것이겠는가. 거듭 생각하건대, 많은 백성들이 생업(生業)을 잃었으니 더욱 침반(寢飯: 잠자고 밥 먹는 것)이 달갑지 않음을 깨닫겠다. 그러나 신인(神人)의 분노를 푼 것은 실로 종사(宗社)의 큰 복에 힘입은 것이고, 모든 동식물이 다 같이 기뻐하고 있으니 어찌 큰 은택을 함께 베푸는 것을 아낄 수 있겠는가. 전후 반포한 윤음(綸音: 임금의 말씀)에서 거론된 것에 대해 내가 바야흐로 포용하려고 힘쓰고 있으니, 비록 잘못을 범하여 의구심을 품고 있는 자들이라도 어찌 마음을 고치기를 꺼려해서야 되겠는가.

4월 22일 새벽 이전을 기준으로 하여 모반(謀叛) 및 대역(大逆)과 자손이 조부모나 부모를 모살·구타·매도했거나, 처첩(妻妾)이 남편을 모살했거나, 노비가 주인을 모살(謀殺)했거나, 고의로 사람을 살해했거나, 염매(魘魅: 주술로 저주하여 죽게 만듦) 또는 고독(蠱毒: 독약으로 죽게 만듦)을 했거나, 국가의 강상(綱常)에 관계되거나, 장오(臟汚: 탐관오리)나 강·절도를 제외한 잡범(雜犯)의 사죄(死罪) 이하 도(徒: 강제노역)와 유(流: 섬·오지에 거주를 제한하는 형벌, 즉 귀양) 및 부처(付處: 가족과 함께 사는 형벌), 그리고 안치(安置: 처와 동거 및 가족과 왕래도 가능한 형벌) 및 충군(充軍: 군대에 편입

되는 형벌)된 자는 이미 배소(配所: 유배지)에 이르렀거나, 아직 배소에 이르지 않았거나, 이미 발각됐거나, 아직 발각되지 않았거나, 이미 결정됐거나, 결정되지 않았거나, 모두 사유(赦宥: 사면)하여 준다. 감히 유지(宥旨: 임금이 죄인을 사면하는 명령)가 있은 이전의 일을 가지고 서로 고발할 경우에는 그 죄로 죄주겠다. 관직에 있는 사람은 각각 한 자급(資級: 직급)씩 가자(加資: 품계를 올려줌)하고, 자궁자(資窮者: 정3품 당하관)는 대가(代加: 친족에게 품계를 올려줌)하라.

아! 조용히 생각하여 보니, 그 이유가 있었다. 만촉(蠻觸: 하찮은 일로 다툼)이 서로 다투다가 국가의 위망(危亡)을 초래하게 됐는데, 혹시 간과(干戈)의 쟁투가 거듭 있었다고 하더라도 나의 신자(臣子: 신하)가 아니겠는가. 나의 진심을 부연(敷衍)하여 크게 고하는 것은, 건곤(乾坤: 하늘과 땅)이 일신(一新: 새롭게 함)되기를 바라서인 것이다. 때문에 이렇게 교시(敎示: 가르쳐 보임)하는 것이니, 의당 다 알고 있으리라고 생각이 된다"고 했다.

17. 조선국 사로 도순무사 오공안성토적송공비

(朝鮮國 四路 都巡撫使 吳公安城討賊頌功碑)

[1728년 3월 무신봉기 때 4로 도순무사로 임명된 병조판서 오명항(吳命恒, 해주오
씨)의 공적을 찬양하고, 안성 및 죽산 등지의 전투상황을 이긴 자의 입장에서 평가
한 비(碑)다. 1745년(영조21) 9월에 안성읍 동본동에 세웠다. 박문수 후임으로 경
상감사를 역임한 소론 우의정 조현명(趙顯命, 풍양조씨)이 1744년 6월에 비문을
짓고, 소론인 병조판서 박문수(朴文秀, 고령박씨)가 글을, 대제학 이광덕(李匡德,
전주이씨)이 전액(篆額)을 썼다. 그후 1969년 안성시 낙원동 낙원공원으로 옮겨
세웠다]

"종사관 분무공신 우의정 조현명이 짓고, 종사관 분무공신 병조판서
박문수가 글을 쓰고, 종사관 대제학 이광덕(李匡德)이 전(篆)을 했다.
  생각하건데 우리의 주상(主上: 임금)이 하늘의 명령(明命)을 받아
대통(大統)을 광승(光承)하여 비로소 즉위했다. 그리하여 역신 김일경
과 목호룡을 주살하자, 이에 한 부정한 무리가 가만히 이도(異圖)를
품고 흉언을 조술(祖述: 전대・前代의 말을 서술해 밝힘)하고, 하늘과
해를 원수 삼고, 그 독을 멋대로 뿜었다. 작고한 숙종 임금 때는 기강
을 위반한 여러 죄인들의 무리가 서로 통하여 서울과 지방민을 선동
하고 혹(惑)하게 하여 경기・충청・전라・경상도에 스며들었다.
  무신년 봄 밤에 청주성을 함락한 후, 충청병사 이봉상과 청주영장
남연년을 죽이고, 우후(虞侯)에 재직하고 있던 박종원을 항복시키고,

상당산성의 곡식과 무기를 취했다. 나아가 목천 청안 진천을 함락시키니, 길이 막혀 도적의 형세를 헤아리기 어려웠다. 평화시기가 오래됐고, 무기가 무디고 못쓰게 됐으므로 인심이 흉흉해지고, 두려움에 도성의 문을 닫아 버렸다.

▲ 오명항 안성토적송공비: 안성시 낙원동

임금이 조정에 임해서는 근심하는 기색이 있었으나, 문신이나 무사가 서로 쳐다보고 위축돼 가만히 있었는데, 병조판서인 오명항이 분연히 말했다. '임금이 욕을 먹게 되면 신하가 죽는 법이니, 신(臣)이 청하건데 직접 가서 막겠습니다'고 하자, 임금이 기뻐하고, 곧 공(公)을 4로 도순무사로 임명하여 친히 상방검(尙方劍)을 내렸다.

3월 무진(18일)에 출사하니 마보병(馬步兵)이 2천이었다. 임신(22

일)에 소사(素沙)에 주둔했다. 앞 부대가 이미 떠났는데 공이 갑자기 말을 세우고 (박문수) 종사관을 불러 귓속말로, '도적이 반드시 밤에 안성을 습격할 것이다. 내가 이미 정탐하여 알고 있다'고 말한 후, 군사들을 몰아 샛길로 달려갔다. 도적이 과연 밤에 이르러 안성군(安城郡)이라 생각하고 막 범하려 했으나, 조금 지나 알아차리고 후퇴하여 (이인좌가) 청룡산에 진을 쳤다. 계유(3월 23일)에 공이 중군(中軍) 박찬신을 독려하여 정예부대를 이끌고 급히 치도록 했다. 먼저 박종원을 목 베고, 그 머리를 깃대달린 장대에 걸고서 소리 지르며 달려가자, 도적의 기세가 꺾여서 싸우지도 못하고 깃발과 북을 버리고 사방으로 흩어졌다. 목 베고 사로잡은 것이 무척 많았다.

갑술일(24일)에 대군으로 승리한 기세를 타고 죽산성을 쳐서 또 크게 패배시켰다. 부원수 정행민(정세윤)을 참수하고, 그 괴수 이인좌를 사로잡아 함거에 실어 서울로 보냈다. 군대를 진군시켜 상당산성으로 나아가자, 상당산성의 장교와 아전들이 이미 병사 신천영을 잡아 죽여서 공이 도착할 무렵에는 경내가 평정됐다.

이때에 영남의 도적 이웅보(이능좌)는 거창에 있었으며, 무리가 이웅보 정희량 등이 이어서 일어났는데, 공이 임금의 뜻을 얻어 장차 추풍령을 넘어 나아가 치려고 했다. 도적이 안성과 죽산의 패전 소식을 듣고 여러 날 밥도 먹지 않다가 부하에게 묶임을 당한 후 바쳐지자, 도적은 모두 평정됐다. 공은 드디어 군대를 정리하여 영우(嶺右)의 여러 적에게 함락된 읍을 순무하고, 또 스스로 참여한 사람은 처벌하고, 협종(脅從: 협박에 의해 참여함)한 사람은 용서해 주었으며, 사민(四民: 사·농·공·상)이 안도(安堵)할 것을 유(愈: 치유)하고, 전주부(全州府)에서 크게 군사를 향(饗: 잔치)한 후 4월 기해(19일)에 서울로 돌아왔다. 임금이 문(숭례문)에 임해서 괵(馘: 머리)을 받고 차례로 포상할 때 공을 수충갈성결기효력분무공신해은부원군(輸忠竭

誠決幾効力奮武功臣海恩府院君)으로 임명했다.

이에 안성의 선비들이 서로 말하여 이르기를, '공이 우리 안성에 들어올 때 하루라도 늦었더라면 우리가 살아남을 수 있었겠는가. 공(公)의 공(功)은 사직(社稷: 나라)에 있고 팔로(八路: 팔도)에 있다. 그러나 우리 안성 사람들이 공에게 덕을 입음은 더욱 깊은 것이다'고 하고, 드디어 재물을 모으고 돌을 쪼아 기공(紀功)의 비(碑)를 만들어 명시(銘詩)로 조현명(趙顯命)에게 위촉하니, 공이 돌아가신 지 이미 오래됐다.

오호라 회채(淮蔡: 당나라 회채 난)의 공(功)이 진실로 탁탁연(卓卓然: 뛰어남)하나 창려씨(昌黎氏: 당나라 한유)가 글로 쓰니, 더욱 광위(光偉: 빛나고 위대함)하고 후세에 드러났다. (조)현명이 어찌 족히 쓰서 이를 맡겠는가. 다행히 (나 조현명이) 막부(幕府: 오명항)의 종사관으로서 전공(戰功)을 소상히 아는 바 있으니, 그 어찌 끝까지 사양하랴. 처음에 도적이 밤에 침입해 왔을 때 바람비에 회명(晦冥: 어두컴컴함)하자, (조)현명이 화전(火箭: 불을 달고 쏘는 화살)으로 마을을 태워 밝히기를 청했으나, 공(公)이, '백성의 생명을 어찌할 것인가'라고 말하고는 따르지 않았다.

오호라 이는 어진 사람의 마음인데, 나는 망종(妄庸: 떳떳하지 못함)했다. 안성 사람들의 삶은 공을 의지해서 온전했다. 이것은 또한 반드시 알아야 할 것이다. 이에 명(銘)한다.

왕년의 봄에 도적은 청주에 웅거했고, 흉포한 몽둥이에 피를 씻으며 밤낮으로 북상해 왔다. 평화가 계속 이어져 용맹한 자도 오금이 떨렸고, 조야(朝野)는 들끓고 사직은 위태로웠다. 임금은 오공(吳公)에게 부월(斧鉞: 도끼)을 내려주며 남쪽을 토벌하라고 명했으므로, (안성) 청룡산에서 시작하여 죽산에서 쳐부쉈다. 남은 위세에 위축되

어 영남의 난리도 평정됐다. 우레가 울리자 안개가 걷히고 건곤이 맑
아졌으며, 개선가 부르며 유유히 돌아오니 임금은 문에 나와 맞았다.
기린각(麒麟閣)에 초상화가 그려지니 옛날 수성(燧晟: 봉화빛)과 견
주었으며, 성대한 공과 뛰어난 은택(恩澤)은 대동(大東)에 고루 퍼졌
다. 안성에서는 이를 독차지하려 하는 것은 아첨이 아니면 어리석은
짓이다. 안성사람은 말한다. '아니다. 공은 우리 부모와 같다.' 적은
청주에서 출발하여 우리 땅을 침범했다. 군량과 병기기 쌓여 있으니
적이 엿볼 수 있게 됐고, 숲속에는 복병이 있어 영남에서의 신호와
약속을 했다. 적은 우리를 도모하려는데 우리는 경계하지 않았다. 공
(公)은 귀신같은 계략을 써서 중도에서 길을 바꿨다.

철기는 우렁우렁, 무지개 깃발은 번쩍번쩍, 성낸 물결 툭 터서 구
덩이에 쏟음과 같았고, 하늘에서 내려와서 큰 산을 뒤덮음과 같았다.
적은 두려워 움직이지 못하다가 끝내는 도끼에 목을 내밀었다. 닭 울
고 개 짖는 소리가 서로 가까이 들릴 정도로 백리(里)가 안도했다.
처음에 우리 안성은 도마 위에 고기 같았는데, 지금은 남편은 밭을
갈고 아내는 베를 짜게 됐다. 어찌 청주 진천 안음 합천 거창을 보지
않으리오. (이들 지역은) 적(賊)의 소유가 돼 백성은 사로잡혀 죽었
으며, 수령은 도망하거나 죽임을 당했고, 군(郡)은 강등되어 현(縣)이
됐다. 우리가 지키는 것은 밝은 햇빛이었으니, 임금이 그 공로를 알
아주었다. 족금(簇錦: 아름다운 무리)의 성(城)은 갈수록 주모(朱旄:
임금의 군대)에 둘러 싸였다. 작은 벼슬아치도 이익이 되면 공을 세
워 주었다. 편안하고 영화로움이 누가 우리와 견주겠는가. 길이 전하
는 것이 당연하기에 금석에 새긴다.

아! 우리 공(公)은 문무지용(文武智勇)을 겸비했네. 산에서 구름이
나오고 비는 때맞게 내렸다. 공(公)을 알아보고 (사로 도순무사로)

발탁한 것은 오직 임금의 밝은 식견이다. 너희는 공(公)을 칭송하지 말라. 뛰어난 장수는 임금이었다. 너희는 공(公)을 독차지 말라. 나 (조현명)는 팔방(八方)에 고한다.

4로 도순무사 행 병조판서 오명항, 종사관 홍문관 교리 박문수 조현명, 중군 ●찬신, 훈국마병별장(訓局馬兵別將) 이수량, 별효기별장(別驍騎別將) 이익필, 천총(千摠) 김협, 파총(把摠) 박준경, 향색낭청(餉色郎廳) 신만(申漫), 초관(哨官) 유적(柳摘) 오수봉 이세보 김두강 전태관(田泰澔) 박진백 유언필 유일장 이준, 당상군관(堂上軍官) 곽천중 전만적(田萬積) 최이준 신진숙(申震橚) 홍이원 김이장 김진성 고도성 변중걸(卞重傑), 별군관(別軍官) 오수국 한서 홍윤원 박경태 조중여(趙重呂) 민제만, 교련관(敎鍊官) 권희학 이태창 … (중략: 171명의 이름과 직책이 새겨져 있음) … .

종사관 판의금부사 김시형(金始炯)이 썼다.

숭정기원후(崇禎紀元後) 117년(1744년, 영조20) 갑자 6월에 건립하다.”

* 앞 비문에 “숙종 임금 때는 기강을 위반한 여러 죄인들의 무리가 서로 통하여 … ”는, 남인이 대거 축출되는 1694년 숙종20년 갑술환국, 1701년 숙종27년 신사옥사(辛巳獄死)와, 송시열과 윤증 간에 송시열이 지은 윤선거(尹宣擧, 윤증 아버지)의 비문 때문에 시작된 싸움에서 노론이 승리하고 소론이 축출되는 1716년 숙종42년 병신처분·丙申處分 등을 일컫는다.

비문에 새겨져 있는 171명 중, 오명항 박문수(朴文秀) 조현명(趙顯命) 박찬신(朴纘新) 이수량(李遂良) 이익필(李益馝) 김협(金浹) 권희학(權喜學) 등 8명은 정공신인 양무공신 15명 안에 녹훈(錄勳)된 인물이다.

중군(中軍) ‘朴纘新’(박찬신)’의 ‘朴’자가 ‘●’으로 지워져 있는데, 이는 1755년 나주벽서사건으로 처형됐기 때문에 후대에 파낸 것이다.

18. 평영남비
(平嶺南碑)

[왕권이 확립되지 않았던 1788년(정조12) 전까지 정조는 끊임없이 노론의 동향에 신경을 써야 했으며, 노론세력과 협조하지 않으면 왕위(王位)도 지킬 수 없다고 생각하고 있었다. 이 같은 분위기 속에서 1780년(정조4) 11월에 경상감영 남문(영남제일관 · 嶺南第一關) 앞 대로변인 현 대구시 남성로에 세워졌다. 영남 남인에게 우호적인 정조를 경고하는 노론의 정치적 의도가 반영된 것이다. 황선은 영조의 반대로 1748년 10월에야 어렵게 녹훈된 인물이었다. '평영남비(平嶺南碑)'라는 비명(碑銘)에서 보듯이, 이 비는 무신봉기 때 영남을 적국(敵國)으로 인식하고 토평(討平)한 것으로 돼 있다. 당시 관찰사였던 황선(黃璿, 장수황씨)을 찬양한 비(碑)지만, 소론인 도순무사 오명항의 공적(功績)을 폄훼하는 내용도 들어있다. 비문은 노론 대사헌 이의철(李宜哲, 용인이씨)이 짓고, 글은 황선 조카로 노론 이조판서 황경원(黃景源)이 썼다. 평영남비는 일제시대와 산업화를 거치면서 멸실됐다. 이의철은 1763년에 성주목사 이보혁의 묘지명도 지었다]

"무신 봄 영남란(嶺南亂)에 관찰사 황공(黃公)이 주군(州郡)의 군사를 독려하여 토벌하니 (3월) 달을 넘겨 평정됐다. 그 4월 신묘(11일)에 공이 관찰사로 있으면서 죽으니, 조정에서 그의 공을 기록하여 여러 차례 의정부 좌찬성 양관(兩館) 대제학을 증직(贈職)했으며, 시호는 (1748년 영조24년 10월에 하사 받은) 충렬공(忠烈公)이었다. 이름은 선(璿)이며 자(字)는 성좌(聖左)로 장수현(長水縣) 사람(주: 본관이 장수)이며 (1741년 시호를 받은 병조판서) 문정공(文貞公) (황)정욱 (廷彧)의 8세손이다. 어려서 진사에 등제(登第)했으며, 예조참판과 대사간의 벼슬을 거쳤고 영조3년 가을에 부절(符節)을 받고 남쪽에 출진했다. (주: 실제로는 가을이 아니라, 여름인 5월 29일에 경상감 사로 제수돼 대구에 있는 경상감영으로 부임함)

그 다음해에 도적이 일어났다. 이때 상(上: 영조)은 새로 즉위하여 적신(賊臣) 김일경 등이 역적으로 주살됐다. 그러나 (김일경의) 당여 (黨與)가 조정에 많이 남아 있으면서 힘을 쓰고 있었고, 나라를 원망 하고 난을 꾀했다. 이에 역괴 이인좌가 호서(湖西)에서 기병하여 밤 에 청주를 습격하여 절도사 이봉상을 죽이고 상당산성에 거(據)했다. 그의 동생 이웅보(주: 이능좌)는 영우(嶺右)에서 일어나, 그 일당 정 희량 및 나숭곤과 더불어 안음 거창 함양 등지를 연이어 함락시켰다.

합천의 죄수 조정좌(曹鼎佐)가 탈옥하여 합천군에 거(據)하여 삼가 (三嘉)의 군(軍)을 아우르고 이웅보를 위하여 원군하려고 했으나, 공 이 먼저 상주와 안동 병사를 일으켜 충주에 모았고, 더욱 여러 주 (州)의 군사를 조발(調發)하여 12채(寨)로 나눠서 강과 고개의 주요 지점에 주둔하도록 하여 이인좌의 기세를 막았다. 또한 격문을 띄워 성주목사 이보혁을 우방장으로 삼아 조정좌(曹鼎佐)를 토벌하도록 했 으나, 경계상에 군대를 벌려 세우고 (진격하지 않고) 서로 바라보고 있기만 했다.

이웅보는 이때 거창에 있었는데 무리가 7만이라 했다. 공은 드디 어 다섯 길로 진병하여 거창에 육박했는데, 이보혁은 무리에게 맹세 하고 사졸로 하여금 모두 가슴에 '왕사(王師)'라고 써서 붙이도록 했 으며, (해인사) 승려 해림(海琳)과 (승군 대장) 철묵(哲默)을 잡아 적 진에 들어가서 화복(禍福)으로 (조성좌 · 정좌 군졸을) 타이르자 적

(賊)이 크게 두려워했다.

공이 또한 따로 정병 3백 명을 내어서 우방장의 군졸과 합하여 합천으로 질주하자, 조정좌가 크게 놀라 그 군사가 무너졌고, 그의 장수 김계가 조정좌를 목 베어 항복했다. 이에 이웅보는 세가 고단하여졌고, 여러 군사가 함께 모이자, 많은 무리가 흩어져 도망갔다.

공이 이미 선산부사 박필건에게 지례현(知禮縣)으로 쫓게 하고, 또 몰래 고령현감 유언철(俞彦哲)에게 우두산(牛頭山: 우두령) 서쪽 골짜기에 매복하도록 했다. 이웅보가 과연 밤에 거창을 버리고 서쪽 골짜기로 달아나다가 복병을 만나자 돌아서 도망하다가 총탄에 맞았으나 큰 부상은 아니었다. 이웅보가 성초역(省草驛)에 이르렀을 때 관군이 쫓아가 물리쳤다. 정희량과 나숭곤이 모두 사로잡혀 영남은 마침내 평정됐다.

이때 이인좌의 군대가 청주로부터 경기도 현(縣)에 진박(進迫: 진격하며 압박함)하고, 박필몽과 박필현은 호남에서 일어나고, 이사성은 관서(關西)에서 호병(胡兵)을 가장하여 각일(刻日: 급히) 범궐(犯闕: 궁궐을 침범)하려다가 졸지에 모두 패주했다. 그러나 공이 영란(嶺亂)을 극평(克平: 평정)하지 않았으면, 나라는 훨씬 위태로웠을 것이다. 공은 위인(爲人: 사람됨)이 심후순묵(沈厚徇黙: 침착·후덕·믿음직스럽고 말이 적음)하고, 신명내온(神明內蘊: 영특하고 안으로 온화함)하며, 항상 산천(山川)을 보고 도기(圖記: 그리고 기록함)하기를 즐겼다. 또한 관방의 험이(險易: 험하고 평이함)와 허실한 형세를 모두 알았다. 때문에 그 백성을 다스리고 용병(用兵)하는 것이 모두 법도가 있고 형편에 맞았다.

처음 나아간 관(官)에서는 세금을 늦추고 가난을 구제했으며, 이부전(吏負錢: 아전에게 빚진 돈) 15만 냥을 면제해 주어 남쪽 사람들이 크게 즐거워했다. 도적이 처음 일어날 때 허한 틈을 타서 공을 습격하려 꾀했는데 공이 폐영(閉營)하여 정돈된 것을 보였으며, 만약 자객이 또 온다고 하여도 공은 역시 동요하지 않았으므로 인심이 안정됐다.

처음에 안음이 이미 함락됐기 때문에, (오명항의 5촌 당숙인) 현감 오수욱은 그 죄로 마땅히 죽어야 했으나, 순무사 오명항이 군중에 숨기고 면해 줄 것을 (황선에게) 빌었으나 듣지 않고, 그 죄안을 더욱 서둘러 처리했다. 합천군수 이정필이 군(郡)을 버리고 도주하여 조정 좌가 출옥하자, 이정필을 잡아 (경상감영이 있는) 대구에 이르러 조정에 죄를 청했다.

(주: "오수욱은 그 죄로 마땅히 죽어야 했으나, 순무사 오명항이 군중에 숨기고 면해 줄 것을 빌었으나[걸·乞] 듣지 않고 … "는 집권 노론인 이의철이 비문을 지어면서 왜곡하여 소론인 오명항을 폄훼한 것임)

그러다가 공이 죽자, 정언 권혁(權爀)이 '공은 병이 없고 갑자기 죽었으으므로 그 정상(情狀)을 조사할 것'을 청하자, 상(임금)이 본도(本道)에서 다스릴 것을 명했는데, (소론인) (경상)관찰사 박문수가 그 옥사(獄事)를 느슨하게 처리하여 일단락 지었다. 사람들이 모두 그것을 애통하게 여겼다.

공이 죽은 지 13년 후에 영남의 백성들과 선비들이 공(公)을 위하여 영치(營治)의 성(城, 주: 대구읍성) 남쪽 남귀산(南龜山) 아래에 사당을 세우고 민충사(愍忠祠)라 했다. 다음해에 조정에서 새로 세운 사원(祠院)들을 헐라는 명에 따라 공의 사당(주: 민충사)도 없앴다.

(주: 민충사는 1741년 3월 노론 경상감사 정익하 주도로 건립됐으나, 1742년 조정에서 허물어 버려 평영남비를 건립하게 된 것임)

조금 지나 여러 사람들이 다시 그 땅에 단을 쌓고 돌을 깎아 공의
업적을 기록하여 방인(邦人: 자기 나라 사람)의 생각에 따르고자 하
려는 의논을 한 후, (나에게) 글을 구했다. 나는 공(公)의 공(功)으로
국가가 존립하게 됐으나, 공의 몸은 불행 하게도 이미 죽어서 묘식
(廟食)도 못하므로, 그 이치가 슬프리라고 생각하여 마침내 글을 지
어 새긴다[명·銘]. (중략) … .

대사헌 이의철이 짓고, (황선) 조카 이조판서 (황)경원이 글과 전액
을 썼다.

숭정기원후(崇禎紀元後) 세 번째 경자(庚子: 1780년, 정조4) 11월 일"

19. 성산기공비(星山紀功碑)

[1728년 무신봉기 당시 성주목사였던 이보혁(李普赫, 용인이씨)을 찬양하고, 합천과 거창의 전투상황을 이긴 자의 관점에서 평가한 비(碑)로 1784년(정조8) 성주읍 예산리에 세웠다. 영의정 심수현의 외손자이며 소론인 예조참판 홍양호(洪良浩, 풍산홍씨)가 비문을 짓고, 노론인 전 성주목사 조윤형(曺允亨, 창녕조씨, 조명교·曺命敎 아들, 윤순·尹淳 사위)이 글을 썼다. 성산은 성주의 옛 이름이다]

"예조참판 홍양호가 짓고, 전 성주목사 조윤형이 글과 전액을 썼다.

영종대왕 4년 무신 봄에 도적이 영우(嶺右)에서 일어나 안으로 기호(畿湖: 경기·충청)와 연계했다. 적괴(賊魁) 이인좌는 청주진을 습격하여 절도사(충청병사)를 살해하고 자칭 대원수라고 했다. 이인좌는 먼저 그 동생 이웅보(주: 이능좌)를 보내 안음의 도적(盜賊) 정희량과 합천의 도적 조성좌와 더불어 각각 그 수장(首長: 군수·현감 등)을 쫓고 위관(僞官: 가짜 수령)을 서치(署置: 임명)했으며, 창고를 풀어 무리를 모았고, 날짜를 기약하여 북상하여 이인좌와 응하도록 했다.

그 세가 심히 장대하여 중외(中外: 경향 각지)가 크게 진동했다. 이때 성주목사 이공(李公: 이보혁)이 변(變)이 난 것을 듣고 관아에 나아가 앉아 관속(官屬)들을 불러 대의(大義)로 엄히 부탁하고 계엄으로 병계(兵械)를 살폈다. 조금 있다가 안사(按使: 안핵사)인 (경상감사) 황공(黃公) 선(璿)이 문무(文武) 겸장한 것을 알고, 권서(權署: 대행·代行)로 공(公)을 우방장에 임명한 후 본진병(本鎭兵)을 일으켜 도적을 치도록 했는데, (성주목사 이보혁에게) 지례 거창 고령 등 3현(縣)의 군사를 거느리도록 했다.

공이 눈물을 흘리며 무리에게 맹세해 말하기를, '국가가 불행하여 흉적이 창궐한다. 너희들은 모두 300년 함육(涵育: 길러냄)의 은택을 입었는데 장차 목숨을 보전하려 도적을 따를 것인가. 장차 죽음으로써 나라에 보답할 것인가. 이는 바로 대장부가 공명을 세울 때이니 각자 힘쓰라'고 했다. 드디어 '왕사(王師: 임금의 군사)'라는 글자를 써서 사졸(士卒)들의 앞가슴에 달아주자, 모든 군사가 모두 감격하여 울었다. 곧 3현(縣)에 격문을 띄워 군사를 이끌고 진군하면서 급히 본주(本州: 성주)의 양장평(羊腸坪)에 모이도록 했다.

3월 27일에 공이 친히 관무안묘(關武安廟: 관우 사당)에 제사를 지낸 후, 크게 호궤(犒饋: 군사들에게 음식물을 베풂)하고 진병(進兵)하여 양장평에 진(陣)을 쳤다. 여러 군사가 모두 모였으나 거창 군사만 오지 않았다. 정탐해서 들으니, '정희량은 안음으로부터 거창에 들어가 그 군병을 빼앗았으며, 또 들으니 합천의 도적은 이미 마을을 점령했다'고 했다. 공은 급히 군대를 이끌고 합천으로 향했다. 두 현(縣)의 군사를 나눠 보내서 거창 도적의 길을 막게 했다. 좌방장인(초계군수) 정양빈에게 이첩하여 도적의 북상로를 막도록 했고, 고령현감 유언철을 중군(中軍)으로 겸하게 하여 야로령에 있다가 적의 남쪽 도주로를 방어하도록 했으며, 또한 치격(馳檄: 격문을 급하게 보냄)하여 상주·선산·진주 등 여러 진(鎭)이 후원이 되도록 했다.

첩자를 많이 보내 도적을 따르는 자를 역순(逆順)과 화복(禍福)으로 회유했다. 이에 해인사 승장 해림과 합천 적(賊: 조성좌)의 장교인 하세호 등이 서로 이어 진(陣) 앞에 와서 도적을 사로잡아 자효(自效: 스스로 참수)할 것을 청했다. 공이 그 계책을 받아들이고 풀어 보내었다. 진병(進兵)하여 합천의 금양역에 이르러 도적과 강(江, 주: 합천천)을 사이에 두고 진(陣)을 쳤다. 군사의 모습이 정숙하니 도적은 이미 사기를 잃었다.

이때 순무사 오명항(吳命恒)이 이미 안성과 죽산의 도적을 무찔렀다는 첩보가 전해졌는데, 공이 곧 해림을 보내서 적중(賊中)에 알리자 도적들이 더욱 놀라서 무너졌다. 마을 사람이 (조)성좌 등 4적(賊)을 사로잡아 참수하자(주: 실제로는 마을 사람이 아닌 합천군수 이정필이 참수함), 공은 드디어 군사를 옮겨 안음으로 향했으며, 아림(娥林: 거창)에 진(陣)을 치고 여러 진영을 독려했다. 진주 군사는 함양으로 직접가고, (선산 군사인) 금오병은 우지치를 따라 내려오고, 운봉 군사는 호남로를 방어하고, 고령 군사는 신창(新倉: 웅양면)을 방비하자 도적은 혼비백산했다.

왕사(王師)가 마을에 이르고 정희량 이웅보 등 20여 도적이 모두 사로잡혀 영우(嶺右)는 평정돼, 마침내 반사(班師: 군사를 철수시킴)했다. 시작부터 기병한 것이 달을 넘기지 못했다. 안사(按使: 경상감사 황선)가 역문(驛聞)하니 상(上: 영조)이 공(公)을 가상히 여겨 수충갈성양무공신(輸忠竭誠揚武功臣)으로 책봉하고, 인평군(仁平君)으로 계작(階爵)을 높였다.

공의 이름은 보혁(普赫)이고, 자(字)는 성원(聲遠)으로 본관은 용인(龍仁)이다. 누관(累官)하여 판돈령부사에 이르렀다. 공이 죽은 지 20여 년에 성주 사람들이 공을 추사(追思: 추념)하여 장차 돌을 다듬어 공(功)을 기록하려 할 때, 홍양호에게 글을 구했다. (홍)양호가 이르기를 공의 훈명(勳名)은 태상(太常: 제사와 시호·諡號의 일을 맡던

관청)에 기록돼 있고 전공(戰功)은 금권(金券)에 새겨 있는데 어찌 비
(碑)를 기다리랴. 그러나 난이 일어날 때에 승평(升平: 나라가 태평)
이 일구(日久: 오래감)하고, 인심이 파탕(播蕩: 도성을 떠남)하여 열
군(列郡: 여러 고을)이 (조성좌 정희량의 거사를) 망풍(望風: 멀리서
위세를 바라봄)하고 도찬(逃竄: 도피)했다. 사신(師臣: 진주 경상우병
사 이시번)은 옹병(擁兵: 군사를 거느림)하고 관망만 했는데, 오직
공(公)만이 몸을 떨쳐 군대를 이끌고 곧장 (조성좌의) 보루인 소혈(巢
穴: 소굴)로 나아가자, 군추(群醜: 흉악한 무리)가 변수(駢首: 머리를
나란히 함)하여 며칠 만에 초멸(剿滅: 도적을 없앰)했다.

공이 아니었던들 대령(大嶺: 대관령)의 서남(西南)은 국가의 소유
가 아니었을 것이므로 공(公)은 위대하다. 더군다나 수방설기(隋方設
機: 방소에 따라 계기를 만듦)하고, 선사벌모(先事伐謀: 앞서 계략을
무너뜨림)하여 교봉(交鋒: 교전)하지 않고도 앉아서 모든 공(功)을 세
웠다.

병지(兵志)에 이르기를, '용병(用兵)을 잘 아는 자는 싸우지 않고도
상대방의 군대를 굴복시킨다'고 했다. 이는 공(公)을 일컫는 것이다.
성주 사람들은 아직도 당시의 일을 어제처럼 이야기한다. 토벌에 참
가했던 장교와 병사들이 다 죽고 없어질 것이므로 기필코 돌에 새겨
후세에 전하고자 하는 것도 마땅하지 않겠는가. 드디어 차례대로 서
술하여 시(詩)로 썼다. (중략) … .

지금의 임금이 즉위한 지 8년 뒤 갑진(1784년, 정조8) 월 일에 세
우다."

20. 합천군무신평란사적비
(陝川郡戊申平難事蹟碑)

[1728년 3월에 일어난 이른바 무신란 때 합천에서 이를 진압할 당시의 사실 관계를 62년이 지난 후에 승자의 입장에서 기록하고, 그 공적을 찬양한 비(碑)다. 무신 봉기 진압 일주갑을 기념하기 위해 1790년(정조14) 10월에 합천읍 정대동에 건립했다. 남인인 한성판윤 이헌경(李獻慶, 전주이씨)이 비문을 짓고, 소북(小北) 계열인 한성판윤 강세황(姜世晃, 진주강씨)이 글과 전액을 썼다]

"한성판윤 이헌경이 짓고, 한성판윤 강세황이 글과 전액을 썼다.
금상(今上: 정조) 12년에 마침 영조 무신년(戊申年) 일주갑(60주년)을 당하여 우리 성상이 옛 공신을 흐느껴 생각하고 은전을 여러 번 내리자, 나라를 위해 죽은 유족들이 모두 감격했다.
영남 합천의 선비와 백성들이 서로 말하기를, '난을 당할 때 역적이 호남 및 영남과 경기도에서 일어나 퍼졌는데, 안성(安城)과 죽산(竹山) 청주는 실제로 관군의 힘으로 격파했지만, 오직 우리 합천은 함락된 지 3일(주: 실제는 8일) 만에 군민의 힘으로 회복했고 관군의 힘을 빌리지 않았다. 그 공이 위대한데 어찌 기록하지 않고 후세의 귀감이 되도록 하지 않을 것인가'라고 하자, 모두 '기록해야 한다'고 했다. 3년 경술(1790년)에 빗돌을 준비하고 사람을 서울에 보내 나(이헌경)한테 그 일을 부탁하기에, '착한 일이다. 내가 좋아 하는 것

이 충의(忠義)이니, 어찌 사양하겠는가'라고 했다. 생각하건데 (합천
은) 역도(逆徒) 희량(希亮)이 모반하여 안음에 웅거할 때 인접한 군
(郡)이었다.

합천의 큰 적괴 조성좌·정좌(曺聖佐·鼎佐)가 가만히 성원하여 밤
에 합천군수 이정필에게 적세를 과장하여 공갈로 협박했지만, 군수
가 정탐하여 그(정희량) 적당(敵黨)인 줄 알고 성좌(聖佐) 무리를 잡
아 옥에 가두고, 군(郡)의 장사(壯士) 김계(金洎)와 이중갑을 별군(別
軍)의 소임을 맡기고, 또 곧 군병을 모아서 김계를 천총(千總)에 임명
한 것은 담략이 있기 때문이었다. (합천군수가) 급히 인근 고을 군사
를 징벌하게 했으나 오지 않자, 군수가 구원을 청하려고 진양(진주)
으로 갔는데(주: 사실은 진주로 도망갔음), 좌수 정상림(鄭商霖)이 그
틈을 엿보고는 조(曺)가의 집 노복 수백 명을 대리고 감옥을 지키는
김막발을 협박했다. 막발이, '군수의 명령으로 한 것을 좌수가 감히
죄수(조성좌·정좌)를 내놓으라고 하는 것이냐'라고 말하고, 열쇠를
갖고 달아나 버렸다.

상림(商霖)이 옥문을 부수고 방면시켜 성좌(聖佐)를 추대해 대장(大
將)으로 삼고 객사(客舍)에 웅거하여 군사를 호령했다. 김계가 깜짝
놀라 병을 핑계로 숨어버려, 적이 꺼려서 사람을 시켜 잘못을 고치라
고 말한 뒤 소임을 그만두라고 하자, 김계가 성을 내면서, '우리 군
수가 내게 소임을 준 것인데 어찌 내 맘대로 그만두고 가겠는가'라고
했다. 또 칼로 문지방을 치면서, '감히 다시 말하는 자는 이와 같이
하겠다'고 하자, 적이 미안해하면서 그만 두었다. (주: 김계는 처음
에 조성좌 진영에 가담했음. 왜곡한 것임)

합천군수가 진양에서 돌아오니 (합천) 고을이 함락돼 산길로 걷고
들에서 잠자고 5리 밖 지점에 머물면서 날마다 수 십장의 격문을 지

어 보내 아전과 장교를 알아듣게 타이르고, 또 '순(順)하면 복이 되고 거역하면 화가 된다'는 말로 깨우쳐 주었다. 김계 등이 격문을 보고 감격해서 눈물을 흘리며 분개했다. (주: 합천군수 이정필은 20리 밖 황계에 머물고 있었고, 무신봉기 후 투옥된 후 파직됨)

이때 삼가(三嘉) 군사가 적(賊)에게 붙었으나 (종4품 무관인) 파총 윤세웅이 격문을 보고 크게 깨달아 김계와 함께 협력했고, 초계는 불러도 오지 않았다. 김계가 군령으로 협박하자 초계 파총 김여명이 구원에 나서려고 하다가 초계군수 정양빈이 저지하여(주: 저지한 것이 아니라, 교수형에 처함) 단신으로 김계에게 와서 응원했다. 김계가 이태경·상경 형제와 함께 가만히 꾀하여 계획을 결정하고, 태경이 손바닥에 '합(合)'자 글을 써서 함만중에게 보여주면서, 한밤에 객사에 있는 적을 습격하자는 방책을 알려 주었다. 군수가 그 계획을 듣고 객사는 도망갈 수 있는 길이 많아 빠져 나갈까 걱정이 돼 문객 노세엽에게 방략(方略)을 주자, 김계가 듣고는 적을 유인하여 들판(주: 합천리 옥산동)으로 옮기게 한 후, 아전 및 장교와 삼가 군사에게 포(砲) 신호를 하기로 약속했다.

초밤에 정좌(鼎佐)가 마음이 흔들리고 의심이 생겨 칼을 빼어 들고 군중(軍中)을 순시하자 아전 이중춘이 성좌에게, '때가 매우 위태롭고 의심이 가는 시기에 부장군이 저렇게 군사의 마음을 동요시켜서는 아니 된다'라고 말했다. 이에 성좌(聖佐)가 (12촌 동생인) 정좌를 꾸짖고 난 후 술을 가지고 와서 서로 위로했다. 이경(二更, 주: 실제는 삼경·三更)에 포 신호가 들려오자 김계는 병풍을 차서 던지고, 송원평 등은 군막 새끼를 끊고는 군막을 덮쳐 공격하여 크게 때려 눕혔다. 한참 후에 (조)성좌와 정좌를 군막 가운데서 한꺼번에 죽였다. (남인으로 1680년 경신환국 때 사사된 영의정 허적·許積의 손자로,

삼가현에 귀양 와 있던) 효적(梟賊) 허택(許澤)이 뛰어 날뛰자 김계가
쫓아가서 죽이고, 덕좌(德佐)는 창을 맞았으나 죽지는 않았고, (고령
사람) 배중도(裵仲度)와 (합천이씨 집성촌인 합천읍 내곡리 거주) 이
성장(李星章)은 (노)세엽 등에게 사로잡히니 남은 군졸들은 다 흩어
져 버렸다.

(주: 일부 거사군은 거창으로 가서 정희량 휘하에 들어가고, 김계
는 초기에 거사군에 가담했다는 이유로 가쇄를 씌워 압송돼 대구 경
상감영 감옥에 투옥된 후 풀려나 양무원종공신 1등 녹권을 받고, 1여
년 뒤에는 정3품 무관직인 첨지 · 僉知에 제수됨)

닭이 울 무렵에 기(旗)와 북을 갖추고 군수를 진중(陣中)으로 맞아
들인 후, 덕좌를 베어 장대 끝에 네 역도(조성좌 조정좌 조덕좌 허
택)의 머리를 매달아 뭇사람들에게 위엄을 보이고, 진주와 대구 두
영(營)에 첩서를 전했다. 드디어 고을이 평정됐으니, 무신년 3월 30
일이었다.

(주: 조선왕조실록 및 합천무신평란사적일기에는 4월 1일 새벽으
로 기록하고 있음. 두 영(營)이란, 진주 경상우병영과 대구 경상감영
을 말함)

김계는 본래 선비의 가문으로 평소에 군(郡) 토호의 마음을 얻어서
능히 뭇사람들을 알아듣게 일러줌으로써 한번 호령으로 평정했지만,
또한 중상모략 때문에 거의 억울하게 죽을 뻔했다. 그러나 안찰사가
뒤늦게 깨닫고 대접하여 보냈다. 김계가 여러 아전과 함께 마침 원종
녹훈을 받았다.

다음과 같이 명(銘: 새김)한다.

지난 무신 역도들이 우리 임금을 놀라게 했다. 안음과 거창 가운데
에 놓여 있는 합천을 미친 듯이 짓밟았을 때 우리 군수가 분통 터져

격문을 지어 사방에 알렸다. 호소해도 (인근 고을에서) 반응이 없어서 남(南, 진주)으로 지원을 요청하러 간 사이에 적괴들이 고함치고 (합천읍) 객사(客舍)에 웅거하자, 악한 무리들이 구름처럼 많았다. 천명의 장수들이 태산처럼 우뚝 서서 꿈쩍도 하지 않고 적을 잡아 손뼉을 쳤다. 가까운 곳(주: 황계)에 있는 합천군수가 와서 여러 번 글을 보내어 역(逆)과 순(順)을 깨우쳐 주니, 우리의 사기가 치솟았다.

(이)태경과 (함)만중, (노)세엽과 (이)웅걸이 힘을 모아 적을 섬멸할 때 한 걸음에 달려드니 적의 괴수 사로잡혀 한 주머니 들듯이, 개선가를 불러 군수를 맞이한 후 깃발이 선도하고, 좌측에는 북을 치고, 우측에는 피리소리 울려 퍼지자, 여기저기 환호성이 터져 나왔다. 합천군수가, '김계 네 공이다'라고 말하자. (김계는 합천군수에게) '군수가 아니라면 성공 못했을 것이다'고 했다. (경상감사 황선이 합천군수 이정필을 처벌해야 한다는) 첩보를 올린 뒤에 (해결할) 길이 막히고, (합천군수를) 비방하는 글이 퍼져, (무엇이 진실인지) 분별하기 어렵구나. 공과 죄가 헷갈려, 누가 옳고 누가 그른지 모르겠구나. 천지신명 굽어보는데 조금이라도 속일 것인가. 싸움터는 가물가물한데 벌써 60년이 흘렀구나. 세상에 양심은 아직 남아 있어 그 충의(忠義)를 읊조린다. 우리 군민들은 이 명장(銘章: 새긴 글)을 읽어봐야 할 것이다.

숭정기원후(崇禎紀元後) 세 번째 경술(庚戌: 1790년, 정조14) 10월 일에 건립하다.

평란장사 김계 함만중 이태경 … (중략: 총 64명의 이름이 새겨져 있음) … ."

* 합천군 장교 하세호는 같은 장교인 김계 함만중 및 아전 이태경

등과 조성좌를 배신하고 거사군을 진압하는데 일조한 공로로, 1728
년 7월 등외공신인 양무원종공신 2등에 녹훈됐던 인물이다. 그런데
도 이 합천군무신평란사적비문에는 앞의 성산기공비문에도 나와 있
는 장교 하세호의 공적(功績)에 대해서는 언급이 없다. 하세호처럼
양무원종공신녹권을 받았던 인물 중에서, 이 사적비 뒷면에 64명의
공로자 중 한 사람으로 이름을 새기지 못한 사람은, 하세호 양경하
배희종 배석문 이중필 등 5명이다. 이는 양무공신녹권을 받은 뒤 공
적에 대한 문제가 발생했기 때문이다.

또 이 사적비에는 합천군수 이정필의 공적이 특히 과장·왜곡돼
있다. 이정필은 병력지원을 핑계로 진주성으로 도망갔다고 하여 무
신봉기 후 가쇄를 씌워 대구 경상감영으로 압송·투옥된 후 파직됐
다. 그런데도 무신봉기 62년이 지난 뒤에 건립한 이 비에는, 이정필
을 칭송하는 등 사실 관계가 과장·왜곡돼 있는 것이다. 이정필은
1728년 1월 21일 합천군수로 좌천돼 2월 25일 합천에 도착했는데,
부임 한 달도 안 된 3월 21일에 합천에서 무신봉기가 일어남으로써
허둥대며 미숙하게 대처하게 된다.

21. 무신봉기 일지

 ○1623년(인조1) 음력 4월 3일: 합천 가야에서 서울로 압송돼 의금부에 수함돼 있던 정인홍(88세)이 백관이 도열한 가운데 참수(斬首)됨.

 −3월 12일 서인 계열인 김류(53세), 이귀(67세), 김자점(36세), 심기원(37세), 이괄(37세), 최명길(38세), 원두표(31세), 박유명(42세) 등 문무(文武) 장사(將士) 2백여 명이 밤 삼경(11시~1시)에 궁궐로 난입하여 광해 임금을 3월 13일 폐위한 이른바 인조반정이 일어남. 이에 북인정권이 몰락하고 서인 대부분과 남인 일부분이 정권을 잡자, 진주 합천 거창 함양 함안 고령 성주 등 당색이 북인이었던 경상우도의 남명학파(南冥學派)가 큰 타격을 받음.

 *인조반정 후 합천 묘산의 교리 조정립 중도부처·정언 조정생 파직·응교 유진정 교형(인조9년), 합천 가회의 우찬찬 윤선 파직, 합천 가야의 지평 정결(鄭潔) 참형, 함안의 부응교 오여은 위리안치(인조9년)·오여은 아들인 수찬 오익환 위리안치(인조16년), 의령의 이조정랑 유활(柳活) 파직, 고령 우곡 도진리의 승지 박종주 참형·이조좌랑 박종윤 위리안치 등 많은 정인홍 문인들이 화(禍)를 당함.

 *영의정 정인홍의 문인(門人)으로는, **합천** 문경호 문홍도 강익문 박이장 문려 조응인 유진정 조정립 조정생 하혼 박인 배명원 주국신 정덕지 유세훈, **삼가** 이흘 권양 박사제 윤선 송원기 임진부, **초계** 전

우 이대기 김영, **거창**의 유중룡 형효갑 전팔고, **안음** 정온, **산청** 오장 유경갑, **함양** 정경운 노사상 강린, **진주** 성여신 정승훈 하성, **사천** 이대일, **함안** 이정 오여은 오익환, **의령** 이종욱 곽재기 유활, **고령** 박광선 박종주 박종윤, **성주** 이지화 성변규, **현풍** 박성 곽준 등 100여 명이 확인됨.

○**1623년(인조1) 10월**: 광해 임금을 몰아내고 광해(49세)의 조카인 능양군 이종(李倧, 29세)을 인조 임금으로 옹립하는데 공을 세운 53명을 정사공신(靖社功臣)으로 녹훈함.
－1등: 김류(전 강계부사), 이귀(평산부사), 김자점(유생), 심기원(유생), 최명길(전 병조좌랑) 등 10명, 2등: 이괄(북병사), 김경징(전 찰방, 김류 아들), 이시백(유생, 이귀 아들), 원두표(유생) 등 15명, 3등: 박유명(무신·武臣), 최내길(사예, 최명길 형), 신경식(전 현감), 원유남(원두표 아버지) 등 28명임.

○**1631년(인조9) 2월**: 광해군복위사건이 일어남.
－합천 가야의 정한(鄭澣, 50세)과 정한 조카 정부(鄭榑), 합천 가회의 진주판관 윤좌벽(尹左辟), 합천 묘산의 유지수(柳之燧)·지환(之煥) 형제와 문일광, 거창의 생원 여후망, 성주의 전의현감 박흔(朴訢), 고령 도진의 전 장령 박광선(朴光先)과 손자인 교생(校生) 박희집과 동생 경집, 창녕 성지도, 순창 양시태, 대흥(大興: 충남 예산)의 양천식, 영천의 홍성징 등이 북인(대북) 잔당을 규합해 광해군의 복위를 시도하다가 참수 또는 장폐되는 등 40여 명이 죽고, 재산은 적몰, 집은 파가저택되며, 조이남(曹二男) 고용후 등 6명이 유배되고, 성주의 여효증(呂孝曾, 조시량 사돈) 등 50여 명은 방면됨. 성주목은

역적의 땅이라 하여 성산현(星山縣)으로 강등됨. 다만 합천군은 혁파
돼야 하지만, 큰 고을이고 또 다스리기 어려운 고을이라 하여 합천군
수 정연(鄭沇)만 파직됨.

○1637년(인조15) 1월 30일: 병자호란(丙子胡亂)으로 서울 송파 나루
터인 삼전도(三田渡)에서 인조 임금이 평민복인 남염(藍染) 옷을 입고,
청(淸) 태종에게 굴욕적인 항복을 하는 전대미문의 사건이 발생함.
　-인조는 청 태종에게 "천은(天恩)이 망극하다"고 한 후, 세 번 절
하고 아홉 번 머리를 조아리는 예를 행함.
　-이때 청에게 사로잡힌 조선의 자녀들이 인조 임금을 바라보고 울
부짖으며 "우리 임금이시여, 우리 임금이시여. 우리를 버리고 가십니
까"라고 말했는데, 길을 끼고 울며 부르짖는 자가 1만 명을 헤아렸음.

○1637년(인조15) 2월: 인조(43세)의 큰 아들인 소현세자(昭顯世子,
26세)와 빈 강씨(姜氏, 27세), 둘째 아들인 봉림대군(19세, 효종)과
부인 장씨(19세, 인선왕후) 등 180명이 볼모로 심양에 끌려감.
　-소현세자는 인조 병문안 차 1640년, 1643년에 두 번 조선을 다녀감.

○1645년(인조23) 2월: 소현세자 및 봉림대군 내외가 귀국함. **4월**:
소현세자가 아버지 인조에 의해 38세로 의문의 죽임을 당함.

○1646년 3월: 소현세자 빈 강씨가 시아버지 인조에 의해 사사(賜死)됨.

○1647년(인조25) 5월: 소현세자의 세 아들 석철(石鐵, 12세)·석린
(石麟, 8세)·석견(石堅, 4세)이 할아버지 인조에 의해 제주도로 유배

되고, 석철·석린은 배소지에서 의문의 죽임을 당함.

  −살아남은 이석견은 삼촌인 효종의 명에 따라 1656년(효종7)에 귀양에서 풀려나고, 1659년 경안군(慶安君)으로 봉해짐. 경안군의 손자가 무신봉기 때 이인좌 이유익 이정(李楨) 임서호 한세홍 남태징·태적 조덕징 등에 의해 봉기군의 임금으로 추대된 '밀풍군 이탄'임.

  ○**1649년(인조27) 5월**: 인조 임금이 재위 26년 만인 55세로 사망하고, 둘째 아들인 봉림대군(31세)이 효종 임금으로 즉위함.

  ○**1650년(효종1) 6월**: 남인인 대교(待敎) 조사기(趙嗣基)가 효종에게 "(인조반정 후) 불행하게도 사론(士論)이 잘못 일어 영남 선비들 중 태반이 삭적(削籍)됐거나 정거(停擧)됐기 때문에, 이렇게 큰 경과(慶科)에 올 수가 없는 것은 잘못된 일이다. 신(臣)이 예문관에 근무하고 있어 선비들의 일을 알 수가 있으므로 정거를 풀도록 간통(簡通)하려고 했던 것이다"라고 아룀. 이에 대해 승지 이래(李秾)는 "(잘못 아뢴) 조사기를 추고(심문)해야 한다"고 청함.

  ○**1654년(효종5) 7월**: "소현세자 빈 강씨의 죽음은 억울했다"는 상소를 올린 황해감사 김홍욱(金弘郁)이 효종의 친국 중 곤장에 맞아 죽음.

  ○**1659년(현종 즉위년)**: 기해예송(己亥禮訟)이 일어나 1년 상(喪)을 주장한 송시열 등 서인들이 더욱 득세함. 이에 남인인 부호군 윤선도는 함경도 삼수군으로 유배, 장령 허목(許穆)은 삼척부사로 좌천, 우윤 권시(權諰)는 파직됨.

○ **1669년**: 네덜란드 화가 렘브란트(Rembrandt)가 64세로 사망함.

○ **1660년(현종1) 11월**: 노론인 시독관(侍讀官) 이민서가 현종에게 "선조 임금 때는 호남과 영남 인물들이 조정에 늘어섰기 때문에 세상에서 영호남을 인재의 부고(府庫)라고들 했는데, 지금은 영호남 사람들이 조정에서 벼슬을 하고 있는 자가 매우 적으니, 이렇게 매몰시켜서는 안 된다"고 아뢰었으나, 영호남 남인들의 등용은 실현되지 않음.

○ **1674년(현종15) 2월**: 2차 예송인 갑인예송(甲寅禮訟)이 일어나 9개월 상(喪)을 주장한 송시열 김수흥(金壽興) 등 서인들이 패배하고, 1년 상을 주장한 허적(許積) 허목 윤휴(尹鑴) 등 남인들이 승리함.

－그러나 8월에 현종이 31세 나이에 갑자기 죽고, 현종의 장남인 숙종이 14세 어린 나이에 즉위함으로써 송시열을 정점으로 하는 서인은 와해되지 않고 기득권을 유지하게 됨.

○ **1678년**: 이탈리아 음악가 비발디(Vivaldi)가 출생함.

○ **1680년(숙종6) 4월**: 경신환국으로 남인인 윤휴 허적 허견과 복창군 복선군 등이 사사되는 등 1백여 명이 죽임을 당하고, 허목 등은 관직 삭탈되는 등 6년 만에 김수흥·수항 정지화 등 서인이 정권을 장악함.

○ **1681년(숙종7) 9월**: 남인들의 강력한 반대 속에도 서인들에 의해 율곡 이이(栗谷 李珥)와 우계 성혼(牛溪 成渾)의 문묘 종사가 성사됨.

○ **1682년(숙종8) 10월**: 서인 우의정 김석주(영의정 김육 손자)의 사

주(使嗾)로 "수문장 허새(許璽)와 전 남부주부 허영(許瑛)·전 대사간 민암 및 경주부윤 유명견 등 남인들이 복평군을 임금으로 옹립하려는 역모를 꾸미고 있다"고 고변한 어영대장 김익훈(金益勳, 서인의 거두인 김장생 손자)의 임술고변(壬戌告變)이 날조로 밝혀짐.

－이에 김익훈을 처벌하자는 명재 윤증(明齋 尹拯) 및 남계 박세채(南溪 朴世采) 등과 처벌을 반대하는 우암 송시열 및 문곡 김수항(文谷 金壽恒, 김상헌 손자) 등과의 갈등으로, 윤증 박세채 등은 소론으로, 송시열 김수항 등은 노론으로 분파됨.

○1688년: 영국에서 크롬웰의 명예혁명이 일어나 권리장전이 제정됨.

○1689년(숙종15) 2월: 기사환국으로 인현왕후가 폐위되고 희빈장씨(禧嬪張氏)가 왕비로 책봉됨. 노론인 송시열(83세) 및 김수항(61세) 등이 사사되고, 김익훈은 고문으로 죽고, 김수흥(김수항 형)과 이이명 등이 유배되는 등 노론이 타격을 받고 남인(주로 탁남)이 정권을 잡음.

○1694년(숙종20) 윤 5월: 갑술환국으로 장씨를 희빈(후궁)으로 강등시키고 인현왕후가 복위됨. 남인인 민암 이의징 등이 사사되고, 이현일 목내선 유명현 등 남인이 대거 축출된 후 노론 대부분과 소론 일부분이 정권을 잡음.

○1696년(숙종22): 황해도와 평안도에서 장길산의 난이 일어남.

○1701년(숙종27): 신사옥사(辛巳獄死)로 희빈장씨(43세)와 장희재(張希載) 등이 숙종과 노론에 의해 죽임을 당하는 등 남인이 타격을 받음.

○1709년(숙종35) 4월 18일: 산음(산청)에서 덕계 오건의 아들인 사오 오장(思湖 吳長, 1565~1617, 정언)의 사우(祠宇)를 다시 건립하는 것에 대해 산음의 민정석(閔鼎錫) 등이 상소로 "오장은 정인홍이 총애한 제자이므로 사우를 철거할 것"을 청하자, **6월 23일**: 산음의 민두표(閔斗杓) 등이 상소로 "사우를 헐지말고 무고죄로 민정석을 처벌할 것"을 청함.

○1712년: 프랑스 사상가 루소(Rousseau)가 출생함.

○1716년(숙종42) 7월: 숙종의 병신처분(丙申處分)으로 소론이 축출되고 노론이 대거 등용된 후, 희빈장씨 소생인 이균(경종) 대신 이금(영조)으로의 세자 교체를 추진함.

○1717년 7월 19일: 숙종이 노론 좌의정 이이명(李頤命)에게 "세자인 이균(경종)을 폐출하고 연잉군(延礽君) 이금(영조)을 새로운 세자로 옹립하라"는 이른바 정유독대(丁酉獨對)을 함.
－그러자 이항복의 증손인 사직(司直) 이세필(李世弼)과 상주의 유생 황종준 김창흠(金昌欽) 여용빈(呂用賓) 등이 부당함을 상소하여 철회시킴.

○1717년(숙종43) 8월 9일: 경상좌우도 감시(監試)의 초시(初試)가 유생 수백 명이 시장(試場)의 입장을 막아 파장(罷場)되는 사건이 일어남.
－숙종이 좌의정 이이명(李頤命)과 독대하여 동궁(경종) 대신 연잉군(영조)을 왕세자로 책봉하려는 것에 대한 반발임.
－주동자는 상주의 유학 이행원 여용빈 이인지(李麟至) 홍도전 김국채 김창흠 하대익 황성하(黃聖河. 창원황씨) 강석하·석범, 성주

유학 이동후 도영원(都永遠), 고령 유학 이석우, 문경 유학 이만필, 안음 유학 오용징, 초계 유학 장석현(張碩玄), 삼가 유학 정상(鄭祥) 윤종우(尹宗宇)·종유(宗儒) 등이며, 소두는 경상좌도의 칠곡 유생(儒生) 김승국과 우도의 상주 유생 황종준(黃鐘準)임.

○**1720년(경종 즉위년) 6월:** 숙종 임금이 재위 기간 46년인 60세로 사망하고, 경종(33세)이 즉위한 후 소론이 득세함.

○**1721년 8월 20일:** 노론인 영의정 김창집(金昌集), 좌의정 이건명(李健命), 판중추부사 조태채(趙泰采), 호조판서 민진원(閔鎭遠) 등의 청에 따라 경종이 동생 연잉군(영조, 28세)을 왕세제로 삼음.

○**1721년~1722년(경종2):** 신임사화(辛壬士禍)가 일어남. **1721년 8월 23일:** 소론 강경파인 사직(司直) 유봉휘(柳鳳輝)가 왕세제(연잉군)의 책정이 사리에 합당하지 않음을 아뢰는 상소를 함. **1721년 12월 6일:** 역시 준소(峻少)인 사직 김일경을 소두(疏頭)로 하여 박필몽 이명의 이진유 윤성시 정해(鄭楷) 서종하 등이 상소(上疏, 신축소)로 "노론들이 세제(世弟)인 영인군의 대리청정 요구는 왕권교체를 기도한 역모로서, 적신(賊臣)인 집의 조성복(趙聖復)과 4흉(四凶: 노론 4대신) 등 악당의 우두머리인 수악(首惡)을 일체 삼척(三尺: 국법)으로 처단하여 조금도 용서하지 말라"고 공격하여, 김창집 이이명 조태채 이건명 등 노론 4대신과 전 호조판서 민진원·부사직 이우항·승지 황선(黃璿) 등이 유배됨. **1722년 3월 27일:** 남인 목호룡이 "역적으로서 성상(聖上: 임금)을 시해(弑害)하려는 자가 있어 혹은 칼로써 혹은 독약으로 한다고 하며, 또 폐출(廢黜)을 모의한다"는 이른바 '삼급수 고변

(三急手 告變)'을 함.

  −이에 영의정 김창집(75세, 김수항 아들, 김상헌 증손), 영중추부
사 이이명(65세), 판중추부사 조태채(63세), 좌의정 이건명(60세) 등
노론 4대신이 사사 또는 참형되는 등 60여 명이 죽임을 당하고 1백
여 명이 유배되며, 연잉군(영조)도 임인옥안(壬寅獄案)에 수괴로 올
려 있어 죽음 일보직전에 이복형인 경종 임금이 살려줌. 소론 4대신
인 유봉휘 이광좌 조태구(趙泰耉) 최석항과 김일경 등을 비롯한 소론
이 집권함.

  ○1724년 3월: 독일의 철학자 칸트(Kant)가 출생함.

  ○1724년(경종4) 4월 24일: 경주 출생 진사 이덕표(李德標, 61세) 등
을 소두(疏頭)로 4,431명이 연명으로 희빈장씨 등이 사사된 1701년
(숙종27) 신사년 역옥(逆獄)을 뒤엎어 희빈장씨를 신원하고, 희빈장
씨를 모욕한 죄로 1723년 참형된 노론 유학(幼學) 임창(任敞)과 1722
년 사사된 이이명 김창집 조태채와 참형된 이건명 등 노론 4대신의
추륙(追戮)을 청하는 갑진소를 올려, 노론의 전횡과 과오를 비판함.
  −이때 조성좌의 일족인 유학 조한좌(曹漢佐, 1724년 9월 사망)를
비롯한 무신봉기 때 모두 처형된 조석좌(曹錫佐)·정좌(鼎佐)·형좌
(衡佐)·광좌(匡佐)·경좌(景佐)·경문(景汶) 등과, 합천 가회면 구평
의 윤종우·종유와 쌍백면의 정상(鄭祥), 합천 대병면의 유학 송시징
과 무신봉기 때 처형된 합천의 유학 이태망(李台望)·태준(台俊)·태
삼(台三)·태윤(台尹), 무신봉기 때 처형된 합천 율곡의 유학 강세은
(姜世殷, 44세)·정은(挺殷, 40세)·만은(晩殷)·효은(孝殷)·봉은(奉
殷)·덕은(德殷), 무신봉기 때 유배 및 처형된 정희량 8촌 동생인 안

음의 정흠유(鄭欽儒)·종유(宗儒), 거창 웅양면의 유학 이우태(李遇
泰)·우항(遇巷)·우당(遇唐), 진주 진사 하서룡(河瑞龍) 및 유학 강봉
의(姜鳳儀), 무신봉기 때 모두 처형된 함양의 유학 심수명 정규서(鄭
奎瑞) 이익춘, 무신봉기로 유배된 선산의 유학 이도(李燾), 조성좌 누
이 시댁인 문경 마성면의 유학 신유악(申維岳)·서악(瑞岳)·광악(光
岳), 조성좌의 장인으로 무신봉기 후 남해 이동면으로 유배된 상주의
생원 정도대(丁道大, 51세) 등 경상도 유생 3,611명이 참여함. 경기도
에서는 무신봉기로 처형된 유학 권서봉(權瑞鳳)·서룡(瑞龍) 원진주
·만주(元鎮周·萬周) 이문저 이규서 정중복(鄭重復) 등 215명, 충청
도에서는 무신봉기로 처형된 유학 이몽인 조백(趙栢) 이진좌·유좌
이성좌 안후기 등 605명이 참여함.

* 영조가 집권한 후 소두 이덕표 권서봉 이삼령과, 이덕배 오두석 등
은 1725년(영조1) 3월에 평안도 용천(龍川) 및 섬 등지로 유배됨. 상소
한 이들 4,431명이 4년 후 발발한 1728년 무신봉기의 주도세력이 됨.

o**1724년(경종4) 8월**: 경종 임금이 창경궁 환취정(環翠亭)에서 37세
로 사망함. (재위 4년)

o**1724년(영조 즉위년) 10월**: 31세인 영조 임금이 8월 즉위한 뒤, 이
광좌를 영의정에, 유봉휘를 좌의정, 조태억을 우의정, 심수현(沈壽
賢)을 병조판서, 이삼(李森)을 형조참판에 임명하는 등 온건 소론인
완소(緩少)와 강경 소론, 즉 준소(峻少)인 박필몽을 도승지로 등용하
고, 노론인 공조판서 민진원(閔鎮遠, 민유중 아들)을 특별 방면하는
등 일단 권력의 균형을 맞춤.

o**1724년(영조 즉위년) 12월**: 영조 즉위 4개월 후, 신임사화의 책임을

물어 남인인 동지중추부사 목호룡과 소론인 우참찬 김일경을 용산 당고개(唐古介)에서 최고의 형벌인 부대시처참(不待時處斬)하고, 노론을 등용함.

○1725년(영조1) 1월: 영조의 을사처분(乙巳處分)으로 민진원을 이조 판서, 정호(鄭澔, 정철 현손)를 예조판서, 홍치중을 예조판서, 김재로를 대사간으로 임명하는 등 노론을 중용함. 노론은 이광좌 유봉휘 조태억 조태구 최석항 등 소론 5인을 오적(五賊)으로 매도 공격함.

* 노론이 오적으로 공격한 좌의정 최석항은 인조반정 공신인 영의정 최명길의 손자로, 청원군 북이면 대율리 출생임. 최석항은 1693년 간행된 조성좌의 문중 족보인 '계유보 서문(癸酉譜 序文)'을 썼을 정도로 남인인 조성좌 문중과 누대에 걸쳐 친분이 있었음.

−또한 신임사화의 책임을 물어 도승지 박필몽(1728년 능지처사)은 무장(茂長)으로 유배, 대사간 이명의(1728년 장폐)는 청도, 이조참판 이진유(이광사 백부, 1730년 장살)는 나주, 이조참의 윤성시(1730년 장폐)는 밀양, 승지 정해(鄭楷, 배소에서 사망)는 영천, 집의 서종하(1730년 장살)는 안음(安陰), 참봉 윤지(尹志, 나주벽서사건으로 1755년 장폐)는 대정현으로 발배함. 3월: 김창집 이건명 이이명 조태채 등 노론 4대신을 복권하고, 소론 계열인 이정신(李正臣) 조익명(趙翼命) 서명우 등 4명을 변방으로 귀양 보내고, 강현(姜鋧) 이태좌 김중기 이삼(李森) 김시환 조원명(趙遠命) 이명언 김동필 등 소론계열 37명을 관작삭탈한 후 문외출송(門外黜送)함. 4월: 노론인 정호를 영의정, 민진원을 좌의정, 이관명을 우의정으로 승진 임명함.

○1725년(영조1) 봄: 급진파 소론(준소)인 박필현과 이유익이 1725년

봄부터 가산(家産)을 처분하고 삼남 지방을 돌며 유력 저명인사들을 규합해 나감.

o**1725년(영조1) 5월:** 노론의 대표 격인 좌의정 민진원까지 나서서 "영남은 인재의 부고(府庫)이니, 문관·남행(南行: 음직)·무관·유생을 막론하고 특별히 수용해야 한다"고 영조에게 아룀. 그러나 실천되지 않음.

o**1725년(영조1) 7월:** 신임사화의 책임을 물어 좌의정 유봉휘(柳鳳輝, 1659~1727, 배소에서 사망)를 경흥에 유배, 훈련대장 윤취상(윤지 아버지)과 공조참판 이사상을 처형하고, 이광좌 조태억의 관직을 삭탈함.

o**1726년 1월:** 유학(幼學) 이인좌가 경기도 지역의 과거장(科擧場)에 무단으로 들어간 죄로 전라도 부안으로 유배됨. 당시 폐고된 상태였음.

o**1726년(영조2) 2월:** 경종이 집권한 시대를 난세(亂世)라고 노론인 장령 임징하(任徵夏, 1687~1730)가 상소함에 따라, 박필현 등 무신당(戊申黨)의 거사 명분이 강화됨. 그후 임징하는 정미환국 때 소론에 의해 귀양 감.

o**1727년 3월:** 영국의 물리학자 뉴턴(Newton)이 86세로 사망함.

o**1727년(영조3) 6월:** 이사성 박필현 한세홍 등이 양주군 묵동(墨洞)에 있는 박필현의 서제(庶弟)인 박만호 집에 모여 무신기병을 논의함. **7월:** 영조가 정미환국을 단행하여 노론인 영의정 정호 및 영부사

민진원 등을 일단 파면하고, 온건 소론인 이광좌 오명항 조태억 박문수와 남인인 강박(姜樸) 등을 발탁함. 또한 신임사화(1721~1722)를 역옥으로 규정하고, 노론을 등용했던 1725년의 을사처분을 1727년 10월에 뒤집어 버림. 다만 노론계열 중 좌의정 홍치중은 파면하지 않고 우의정으로 임명함.

–특히 정미환국 때 발탁된 상주 신봉동 봉대마을 출생인 국포 강박(菊圃 姜樸, 1690~1742)은, 무신봉기 때 처형된 이홍관(李弘觀, 65세)·익관(46세)·순관이 강박의 외삼촌이고, 또 남인인 이유로 무신봉기 후 함종부사·홍주목사를 역임한 후 출사가 막혀 더 이상 관직에 나가지 못함. (강박은 채제공의 스승임)

○1727년 9월: 이사성이 종2품 금군별장에서 평안도병사(종2품)로 임명됨. 가을에 정희량이 순흥부 죽계에서 건장한 말을 타고 종복(從僕: 사내 종)과 자장(資裝: 행장)을 매우 성대하게 하고는 무신봉기 때 사용할 깃발을 만들기 위해 서울로 올라가서 각색 채단(綵緞)을 구입함.

○1727년(영조3) 10월 22일: 영의정 이광좌가 영조에게 "호남의 유민들이 무리를 모아 도당(徒黨)을 이뤄 하나는 변산에 있고 하나는 (영암) 월출산에 있는데, 관군이 체포할 수가 없어 그 기세가 크게 떨친다고 하니, 진실로 작은 걱정이 아니다. 호남의 수령을 각별히 가려서 임명해야 한다"고 아룀.

○1727년 11월: 부안현 변산에 출몰하는 도둑의 일로 요망한 말들이 어지럽게 퍼져서 도성(都城)의 인심이 흉흉해 지고, 피난 가는 사람이 늘어남.

○**1727년(영조3) 12월 초:** 정세윤과 안엽(安熀)이 박필현의 편지를 가지고 평안도병사 이사성을 찾아가서 "정세윤은 녹림당(綠林黨, 무신당) 1백여 명과 인연이 있는데, 수백 냥의 은자(銀子)만 있으면 3, 4백 명은 모을 수 있다"고 말하는 등 무신기병(戊申起兵) 주도세력들이 분주하게 움직임.

○**1727년(영조3) 12월 12일:** 나만치 박필현 송하 주도로 전주격서(괘서)사건이 일어남. **14일:** 정탁 김수종 주도로 남원격서사건이 일어남.

○**1728년(영조4) 1월:** 이인좌(李麟佐)가 순흥부 죽계에 있는 정희량을 찾아가 만나는 등 20일 만에 괴산 송면 집으로 돌아옴.

○**1728년(영조4) 1월 17일:** 서소문격서사건이 일어남. **1월 27일:** 담양부사 심유현이 무신기병 때 사용하기 위해 금성산성 화약고(火藥庫)에서 화약을 빼돌린 후 박미귀(朴美龜)를 시켜 남태징과 이유익에게 보내고, 남은 화약 4,213근, 유황 5근, 화전철정 5개, 철주 2개, 화약침구 9개, 각종 군기(軍器) 등을 불태워 버림.

○**1728년(영조4)**
-2월: 변산 노비도적이 서울로 쳐들어온다는 소문으로 인심이 흉흉해지면서 더욱 피난 가는 사람이 늘어남. 이인좌 정희량 박필현 박필몽 민관효 이능좌(이웅좌) 이사성 이유익 한세홍 정팔룡 권서봉 정세윤 신천영 이하 임서호 민원보 신광원 남태징 심유현 김중기 조성좌 조세추 이지인 나만치 안엽 조관규 양명하 등 남인과 소론(준소)·소북의 주요 거사군 인물들이 기병을 준비함. 특히 이인좌는 8년 동안

금주(禁酒)를 하고, 자신의 노비를 면천(免賤)함.

-3월 10일: 이인좌가 청주에서 양반 약 2백 명과 거사 준비상태를 점검함.

-3월 11일: 이인좌 및 근기(近畿) 주도세력들은 안성 죽산 양성 평택 진위 여주 이천 용인 등지에서 모병(募兵)한 후 보병 7초(哨, 약 700명)를 양성현 소사(素沙: 평택시 소사동)에 집결시킴. 근기 사람들은 이인좌 권서봉 등의 대담한 행동으로 무신거사를 인지하기 시작함.

-3월 13일: 이인좌의 동생인 이능좌가 안동에서 기병을 모색했으나, 안동 사람들의 비협조로 3월 14일 안동을 출발·안음현의 정희량에게 감. 당시 이능좌와 그의 수하 5명은 경종 임금을 애도하고 동조세력을 규합하기 위해 흰 갓인 백립(白笠)을 쓰고 장도(長刀)를 패용하고 있었음.

* 이능좌(李能佐)가 본명인데, 나라에서 미련한 '곰'으로 왜곡하기 위해 능(能)을 곰, 즉 웅(熊)으로 하여 '이웅좌'로 바꿔 실록 등에 기록함.

-3월 14일: 서울 도성에는 소문과 사실 등으로 날로 흉흉하여 사람들이 모두 짐을 꾸려 들고 서 있고, 남산(南山) 아래에서는 가족을 이끌고 피난을 가는 사대부들이 많아서 나루터에 길이 막히고, 안성 죽산 양성 진위 평택 용인 양지 이천 수원 등지의 고을은 피난하여 텅 비는 등 민심이 요동침.

한편, 영의정을 사직하고 용인 어비곡(魚肥谷: 이동면 어비리)에 살고 있던 전 영의정 최규서가 고변해 옴에 따라, 무신봉기 거사 계획을 조정(朝廷)에서 알게 됨. 소론인 최규서는 이 공로로 영조로부터 '일사부정(一絲扶鼎)'이라는 어서(御書)를 받고, 사후에 영조 임금

묘정에 제향됨.

영조가 크게 당황한 가운데, 창덕궁 희정당(熙政堂)에서 영의정 이광좌·좌의정 조태억·이조판서 이태좌·병조판서 오명항·호조판서 권이진·예조판서 이집·형조판서 서명균·좌참찬 김시환·판윤 김동필·이조참판 조문명(趙文命)·호조참판 윤순(尹淳)·총융사 김중기·훈련대장 이삼(李森)·호조참의 송인명·도승지 이정제 등과 함께, 최규서를 인견(引見)하는 등 무신봉기에 대한 대책을 논의함.

-3월 15일: 무신봉기 즉, 이른바 이인좌의 난(무신란)이 발발함.

이인좌(34세)와 정세윤 권서봉 신천영 등은 경기도 안성 죽산 양성 평택 진위 여주 이천 용인 등지와 충청도 황간 회인 목천 청안 진천 음성 양지 옥천 등지에서 모병한 군사들과 함께 기병함. 비가 내리는 3월 15일 삼경(三更: 밤 11시~새벽 1시)에 청주읍성을 점령하고, 충청병영의 병사 이봉상(이순신 현손)과 영장 남연년(음성 출생) 및 군관 홍림을 처형함. 청주목사 박당(朴鐺)은 관인(官印)을 버리고 도망감.

이인좌는 대원수라 칭하고, 정세윤은 부원수, 신천영은 충청병사, 권서봉은 청주목사, 곽장(郭長)은 목천현감, 이지경은 진천현감, 목함경은 장군, 정중익(鄭重益)은 청안현감, 정계윤(鄭季胤)은 죽산부사, 박제명(朴際明)은 음성현감, 안후기는 방어사(防禦使), 최경우는 좌장군, 이배(李培)는 우장군(右將軍), 안엽 및 고몽량(高夢良)은 파총, 이수익(李壽益)은 천총(千摠), 괴산 출생 최봉익(崔鳳翼)은 초관(哨官)으로 임명함.

한편, 무신기병의 중심세력이었던 부안현 변산 노비도적(奴婢盜賊)인 정팔룡(鄭八龍, 일명: 정도령)의 9천 군병과 이인좌군(軍)과 주도권 다툼이 일어남. 12개 대장 중, 정팔룡을 청룡대장(제1청룡대장)이

라고 한 것은 부안 청림사(靑林寺)에 근거지를 두고 삼남(三南: 충청
·전라·경상) 지역의 청림병(靑林兵)을 지휘했기 때문임.

　* 무신봉기 때 거사군 제1대장은 정팔룡, 제2대장은 박필현, 제6대
장은 정세윤이라는 사실에서 하층민을 대표하는 정팔룡 등 부안 변
산부 노비도적이 핵심적 역할을 수행했음을 알 수 있음. (3~5대장
은 기록이 없어서 알 수 없음)

▲ 청주시 남문로에 있었던 **청주성 남문**: 1910년대 전경이다.

　-3월 16일: 상당산성 우후(虞侯)에 재직 중이던 용인 출생 박종원이
이인좌의 거사군에 투항하자, 청주영장(營將)에 임명됨.

　한편, 이인좌측 인사인 양지현의 전 능참봉 김중만이 배반하여 영
조 임금 앞에서 밀고(密告)함. 김중만이 "권서룡·서린 최경우 정세
윤 김종윤 정계윤 윤희경 이하 신광원(愼光遠) 유상택 이인좌 원만
주" 등의 이름과 함께, "3월 12일 청주 병영을 습격하고자 했으나,
영남의 대군 오지 않아 실행하지 못했다"고 자세하게 고변하자, 영조

가 3년 전에 흑산도로 정배했던 김일경의 아들 김영해와 목호룡의 형인 목시룡을 빨리 처단하고, 민암(閔黯) 윤휴(尹鑴) 이의징(李義徵)의 자손은 모두 절도(絶島)에 정배하고, 김중만이 고변한 사람들과 민종도의 아들 민관효 및 이응시의 손자 이일좌(李日佐) 등도 빨리 체포하여 옥에 가두라고 명함. 또한 태인현감 박필현을 파면하고, 노론 대신(大臣) 김재로와 유척기를 급히 불러드림.

-3월 17일~18일: 청주목사 박당(朴鏜)이 이인좌의 기병을 급보로 올리자 영조는 또 크게 당황함. 무신기병을 진압하기 위해 병조판서인 오명항을 사로 도순무사(四路 都巡撫使), 박찬신을 중군, 박문수와 조현명(趙顯命)을 종사관으로 삼아 군사 2천 명을 주고 급히 남하시켜 토벌하도록 함. 금화 춘천 양구 등지의 군사들도 합세함. (박문수는 별견어사도 겸함)

한편, 3월 18일 용력(勇力)이 있는 청안현감 정주익은 충주 관아 창고에서 가져온 쌀 460석과 군포를 아전·수하·노비들에게 풀어 위무함.

-3월 19일: 서울 민심이 흉흉해지자, 영조 임금이 개성유수 심공(沈珙)에게 별기위(別騎衛) 3백 명을 중군(中軍)을 시켜 거느리고 서울로 오게 하고, 장단방어사(長湍防禦使) 이여적(李汝迪)은 군사를 거느리고 앞서 와서 동작진변(銅雀津邊)에 진을 치게 함. 또한 춘천부사 정도원(鄭道元)에게 보병 7초(哨), 마병(馬兵) 1초를 거느리고 서울로 와서 동성(東城) 밖에 진을 치게 하고, 도감(都監)의 복마(卜馬)를 내어 강창(江倉)의 미두(米豆)를 경창(京倉)으로 실어오게 함. 그외 문경새재 제1관문인 주흘관(主屹關)에도 대규모 군사를 주둔시켜 거사군의 북상에 대비하게 함

한편, 박사수(朴師洙)를 영남안무사 겸 안동부사, 전 판서 권업(權

業)을 호서안무사(湖西按撫使), 전 참판 유숭(俞崇)을 충청좌도소모사
(召募使: 의병모집관)로 삼고, 벼슬에서 물러나 고향에서 쉬고 있던
영양 출생인 전 응교 조덕린(趙德隣)과 영천 출생인 전 참의 이형상
(李衡祥)을 경상상도소모사로 임명함. 또한 장붕익(張鵬翼)을 진어대
장(鎭禦大將)에 임명하여 북한산성 아래에 대기시켜 이사성 등 평안
도 관서 지방의 거사군을 대비하도록 하고, 황해감사 김시혁에게는
3천 명의 군병을 내어 동선령(洞仙嶺)을 막아 지키다가 금부도사와
함께 평안병사 이사성을 서울로 붙잡아 오라고 유시(諭示)하여 이사
성을 사로잡음.

다른 한편, 영조가 창덕궁 인정문에 국청을 열어 무신봉기 가담자
를 심문함. 영의정 이광좌와 좌의정 조태억 및 홍문관 수찬 조명교
(曹命敎) 등이 참여함. 포도대장 남태징과 민관효 신광원(慎光遠) 이
세룡이 영조의 친국을 받은 뒤 훈련도감(신문로1가 구세군회관) 진문
(陣門) 밖에서 서둘러 효시됨. 당시 남태징은 영조 임금의 친병(親兵)
을 통솔하는 종2품 금군별장(禁軍別將) 겸 포도대장으로 막중한 자리
에 있으면서 대궐 밖에 진을 치고 있었는데, 과천의 신광원이 3월 18
일 국문에서 남태징도 동참했다고 진술하자, 영조가 선전관을 보내
"임금이 특별히 부르니 표신(標信: 증표)을 지니고 대궐에 들어오라"
고 전한 뒤 3월 18일 궐문으로 들어오는 남태징을 의금부도사가 전
격 체포하여 처형한 것임. 남태징이 처형됨으로써 경중(京中) 무력기
반이 허물어져 거사군의 군사력에 손실을 초래함.

3월 19일 경상우도에서는, 이능좌와 나숭곤이 안음현에 도착함.
정희량은 부원수라 칭하고, 이능좌는 대원수로, 나숭곤은 도지휘(都
指揮), 8촌 형인 정세유는 제3대장으로, 일족인 정원유(鄭源儒)는 이
능좌의 서기, 정관유·홍유 등은 중군(中軍), 정희량 조카뻘인 산음

(山陰: 산청)의 정탁(鄭倬, 초명: 정의원·鄭宜瑗)은 초유사로 삼음. 정탁은 1727년 12월 남원격서사건을 주도했고, 변산 노비적과 연계된 인물임.

▲ 창덕궁 인정문: 무신봉기 때 국청(鞫廳)을 설치한 곳이다.

-**3월 20일:** 정희량(약 44세)이 안음현 고현창(安陰縣 古縣倉, 거창군 마리면)에서 기병함. 정희량과 이능좌의 격문이 오명항의 5촌 당숙인 안음현감 오수욱에게 전달됨. 정희량의 병사들은 민폐를 끼치지도 재물을 약탈하지도 않는 등 군율이 엄격함.

한편, 태인현감 박필현이 태인에서 기병하고, 선산부사 박필건이 영조 임금의 전교(傳敎: 왕의 명령)를 받음. 또한 이인좌가 임명한 청안현간 정중익은 현민들에게 환곡을 나눠 주고 100명을 모군한 뒤, 청안 장교와 모군한 병사를 이끌고 진천으로 진군하여 이인좌와 합세하고, 진천현감 이지경 역시 천총 조백(趙栢)과 좌수 변유익(邊遇翼), 그리고 마병 이험금(李驗金)과 오잉선(吳芿先)·서얼 정유동

(鄭惟同) 등의 인사들이 군사를 모아 진천의 관군 측 의병 김천장을
죽이고 죽산으로 진격함.

　다른 한편, 평안병사 이사성이 체포됨에 따라, 영조 임금은 평안·
황해·함경도 백성들이 반드시 동요할 것으로 판단하여, 전 대사간
조지빈(趙趾彬)을 황해·평안도 양서안무사로, 전 판윤 윤헌주를 함
경도 북로안무사로 삼아 안무(按撫)하게 함.

　-3월 21일: 정희량이 안음현을 함락하자 안음현감 오수욱은 남원부
운봉영장 손명대에게 도망감. 정희량은 그의 기병을 의병(義兵)이라
칭한 뒤 죄수들을 석방하고, 현민(縣民)들에게 양곡을 나눠 주고, 격
문을 금산군(김천시) 관아에도 전달함. 또한 안음현감에 신수헌(愼守
憲)을 임명함. 수령 임명에서 무신거병은 혁명적 성격을 가졌다는 것
을 알 수 있음.

　한편, 조성좌(曺聖佐, 약 33세)·정좌(鼎佐)·정임(鼎任)·덕좌·명
좌는 해인사 승려들에게 거사군이 사용할 신발과 군장을 만들어 지
원하도록 하는 등 준비를 끝내고, 합천 묘산에서 4천 군사로 기병함.
조정좌가 3월 21일 밤중에 합천 관아로 가서 청주 이인좌와 안음 정
희량의 기병을 알리고 거사 참여를 요청하자, 합천군수 이정필이 조
성좌의 12촌 동생인 조정좌를 체포하여 심문한 후, 군사 2백 명을 풀
어 조성좌도 체포하여 감옥에 가둠. 한 밤중에 안음의 정희량이 보낸
전령(傳令)이 합천군수에게 격문을 전달한 후, 조성좌·정좌를 감옥
에서 석방시키지 않으면 관계된 사람들 모두 목을 벨 것이라고 말함.
안음 정희량·합천 조성좌의 기병과 관군의 군사 징발 등으로 민심
이 흉흉해지면서 피난 가는 사람들이 길을 메우고 고을이 텅 빔.

　다른 한편, 상주 지역의 상층민과 하층민들은 이인좌의 거사에 겁
을 먹고 모두 상주읍내(尙州邑內) 큰 도로를 따라 산 또는 계곡으로

도피함.

-3월 22일: 합천군수 이정필의 구원병 요청이 초계군수 정양빈·삼가현감 이정수의 반대와 의령관군의 비협조 등으로 상황이 여의치 않자, 이정필이 구원병을 핑계로 새벽에 진주병영으로 도망갔으나, 경상우병사 이시번이 촉석루 성문 앞에서 거절하고 문을 열어주지 않음. 이정필이 진주로 도피하자 합천군 좌수 정상림(鄭商霖)이 조성좌의 가동(家僮)과 관군 등 거사군 수백 명을 이끌고 조성좌·정좌를 구출한 뒤, 조성좌를 대장군으로 추대하니, 합천군의 장교 등 군관과 아전·지인(知印)·사령들이 조성좌에게 절을 함. 합천군이 함몰됨.

 * 이때 삼가현의 백세달(白世達) 임한성(林漢成, 대병의 임진부 후손) 허련(許璉, 가회의 허돈 후손) 권만항(權萬恒, 대병의 권양 증손) 등과, 합천 봉산면 권빈리의 손후석·세덕(32세) 부자, 묘산면 화양리의 윤자선 후손인 윤자신(尹自莘, 78세)·종영(宗英), 합천읍 상상곡(上上谷: 내곡리)의 이성장(李星章), 합천의 김세흠(42세) 이양백(李陽白, 46세) 정현(鄭灦)·집(濈) 유림(柳林, 20세) 곽세신(郭世臣) 채수돈(蔡守敦) 이정중(李之中) 정복상(鄭復相)·복천(復天)·복세(復世)와 한사 강대수의 증손인 합천 율곡의 유학 강세은(姜世殷, 44세)·정은(挺殷, 40세)·만은(晩殷, 35세)·효은(孝殷)·봉은(奉殷)·덕은(德殷), 고령의 배중도(裵仲度) 등이 조성좌 측에 가담함.

 한편, 이능좌의 격문이 거창현감 신정모(申正模)에게 전달됨. 거창현 좌수 이술원이 방(榜)을 붙였으나 아전 및 군교 등이 떼어 버림.

 다른 한편, 영조 임금이 경기도 죽산부(竹山府)의 위급 상황을 보고 받자 "개성부(開城府)의 마병(馬兵) 2초를 거느리고 죽산으로 출발하여 오명항의 대군을 후원하라"고 명함. 또한 출진(出鎭)을 관망한 총융사 김중기를 파직시키고, 장붕익을 총융사에 임명하여 수원(水

原)으로 출진하도록 함. 이때 오명항이 경기도 소사에 진을 치고, 군기시 앞길에서는 이하 및 이지인이 능지처사됨.

-3월 23일: 의성읍 출생인 거창현감 신정모가 정희량의 거병에 겁을 먹어 새벽에 노모(老母)를 업고 담을 넘어 주상면 거기리 고대마을로 도망치자, 거창현 좌수 이술원이 20여 리나 쫓아가 말림. 그러나 신정모가 말을 듣지 않음. 정희량이 거창현을 접수한 후 저항하는 이술원을 목 벰.

한편, 오명항 박찬신의 관군이 경기도 안성 청룡산 가지곡(금광면 개산리) 전투에서 이인좌군(軍)을 격퇴하고 영장 박종원 등 수백여 명을 처형하자, 시체가 산처럼 쌓임. 이인좌는 죽산으로 후퇴함.

다른 한편, 거창의 정희량군을 진압하기 위해 선산부사 박필건의 금오군이 거창으로 진격하고, 경상감사 황선(黃璿)도 진격 채비를 완료함. 서울 인정문에서 영조의 국문(鞠問)을 받은 안추(安樞)와 이문저가 군기시 앞길에서 능지처사되고, 윤덕유(尹德裕, 43세)는 참형됨.

-3월 24일: 정희량군(軍)이 승리에 고무돼 동헌(東軒) 앞인 거창읍 상림리 양무장(養武場)에서 잔치를 벌이는 등 3, 4일을 허비함.

한편, 오명항 박찬신 박문수의 관군이 죽산부인 현 경기도 안성시 삼죽면 노루목(장항·獐項) 및 죽산읍 전투에서 승리한 후, 부원수 정세윤과 죽산부사 정계윤·진천현감 이지경 등을 참수하고, 대원수 이인좌와 청주목사 권서봉 및 장군 목함경 등 15명을 수레에 실어 서울로 압송함. 오명항의 관군은 보급상태가 열악하여 배고픔에 시달림. 다른 한편, 금부도사와 선전관이 평안도절도사 이사성을 서울로 압송해 옴.

-3월 25일: 정희량 조성좌의 거사군이 합천의 야로창(冶爐倉)을 접수함. 한편, 서울 돈화문루(敦化門樓)에서는 박종원 등의 수급(首級:

머리)을 영조에게 바친 후 수급을 깃대에 매달고, 박종원의 둘째 아들인 수성(壽成)을 훈련도감 진문(陣門) 밖에서 참수함.

다른 한편, 태인현감 박필현과 담양부사 심유현, 전 도승지로 무장(고창군 무장면)에 귀양 와 있던 박필몽(장희빈 제부·弟夫) 등의 거병은 상황이 여의치 못해 실패함. 당초 참여하기로 한 전라감사 정사효(박필몽 사촌 처남)는 상황판단 미숙 등으로 박필현의 군병들에게 전주성문을 열어주지 않음. 이때 이중환(택리지·擇里志 저자)의 외갓집인 전북 고창군 아산면의 함양오씨 문중도 연루(連累)돼 화를 입음.

박필현·필몽은, 당시에 호남의 연곡·쌍계사에 승려 대유 등 토적들이 진(陣)을 치고 있었고, 순창 영취사(靈鷲寺)와 영암·임실 산골짝에도 1천여 명의 동조세력이 있었으나 그들과의 연계에도 실패함.

-3월 26일: 합천에 있는 조성좌의 거대한 창고에서도 정희량에게 군량미를 공급함.

한편, 박필현은 태인현에서 거병했지만 전주성 입성이 실패로 끝나자 아들 박사제 등과 함께 2년 전에 이사 온 상주로 도피함. 그러나 상주진(尙州鎭) 파총 박동형의 신고로 영장 한속에게 사로잡힘. 박필현이 "지금 사대부는 문관·음직·무관·남인·소북·소론을 막론하고 동시에 거사하여 평안병사 이사성을 추대하여 맹주로 삼아 난적(亂賊)을 섬멸하여 종사를 안정시키려 했다"는 글을 쓴 후, 당당하게 큰 소리로 "너희 무리가 어찌 감히 나를 마음대로 죽이겠는가. 급히 서울로 올려 보내라"고 말한 후, 처형됨.

다른 한편, 조정(朝廷)에서 "박필몽과 박필현의 머리를 베어 바치는 자가 있으면 녹훈(錄勳) 및 봉군(封君)하고 그 은전이 영원히 미치게 할 것이며, 천금을 상으로 내릴 것이다. 공천(公賤)·사천(私賤)이면 그의 부모와 처자를 종량(從良)한 후 작상(爵賞)을 내리겠다"는 방문(榜文)을 게시하도록 함. 이사성과 이유익이 창덕궁 인정문에서 영조의 국문(鞫問)을 받은 후 군기시 앞길에서 신하들이 도열한 가운데 능지처사됨.

-3월 27일: 신천영 등이 사수하고 있던 상당산성은, 청주의 서얼 김진희가 노론계인 이붕해 연수창 오덕명 등 의병 70여 명을 모아 상당산성을 지키는 포수들을 꾀어 성문을 부수고 들어가서 신천영 이기좌 등을 사로잡아 19명을 능지처사하고, 총융사 장붕익이 이인좌가 임명한 위(僞: 가짜) 방어사(防禦使) 안후기(安厚基)를 목천현(천안시 동면)에서 붙잡아 참형에 처함.

한편, 삼가현 좌수 권만항 등이 삼가현감 이정수를 내쫓고 조성좌에 합세하고, 거사군은 말 등을 징발함. 이에 성주목사 이보혁 등 성주 초계 의령 함안 단성 고령 대구 현풍 지역의 수령·영장 등 5천여 명의 군사들이 조성좌군(軍)과 5리 떨어져 있는 합천읍 금양역(金陽驛)에서 진을 침. 다만 합천과 삼가 지역의 관군은 이정필 합천군수와 이정수 삼가현감이 도피했고, 합천과 삼가의 군관 및 군졸들이 조성좌의 봉기에 가담하여 군대가 와해됐기 때문에 진압 작전에서 빠짐.

거사군과 관군이 대적하고 있는 가운데 조성좌 측에 가담했던 하급 벼슬아치인 합천군 장교인 김계 함만중 하세호와 아전 이태경 등은 청주의 이인좌군이 진압됐다는 정보를 듣게 됨. 그날 밤 조성좌는 촛불을 켜고 책을 읽는 의연함과 여유를 가짐.

다른 한편, 이능좌군(軍)은 함양으로 향하고(조세추도 참여), 정희량 군사는 거창 큰 다리 밑 시장에서 진을 침. 거창 향임 신명익(愼溟翊)이 거사군에게 사로 잡혀 좌수직을 권유 받고, 서울로 압송된 이인좌는 창덕궁 인정문에서 직접 영조 임금의 국문을 받은 후 능지처사되고, 이배 및 이순관도 능지처사됨. [낙춘군 이배는 종신(宗臣)

인 전주이씨(수도군파·守道君派)로, 진위현이었던 평택시 모곡동 출생임]

이때 경상우도에서는, 진주의 경상우병영 병사 이시번은 겁을 먹어 겨우 삼가현까지만 진군하고, 대신 진주영장 이석복을 시켜 곤양군수 우하형 등을 거느리고 진주 사천 곤양 남해 하동 단성 산음 등 7읍 4천 군사로 단성현을 거쳐 안음 및 거창현으로 진군하여 정희량 이능좌 나숭곤을 진압하도록 함.

* 그외 상주영장 한속(韓琭)은 마지못해 군사를 거느리고 지례현에 머물다 거창으로 진격하지 않고 머뭇거렸고, 안동영장 김정상도 3일 만에 의성에 도착하고는 되돌아 가버렸으며, 김해 군사 역시 미적대고는 진격하지 않았고, 초계군수 정양빈은 겁을 집어 먹고 허둥대다 이보혁군(軍) 뒤만 따라 다녔음. 또한 안음현감 오수욱과 거창현감 신정모, 삼가현감 이정수는 놀라 허둥지둥 달아나 버림. 도순무사 오명항과 경상감사 황선이 이들 모두에게 곤장 20도(度)를 친 후 파직시킴. 그후 도망간 합천군수 이정필은 포박당한 후 대구 순영 감옥에 갇히며, 거창현감 신정모는 정배된 후 배소에서 죽고, 상주영장 한속과 경상우병사 이시번은 사형(死刑)을 감하여 충군(充軍)되며, 삼가현감 이정수는 정배되고, 의성현령 한사억(韓師億)은 관서(關西)로 정배됨. 다만 초기에 도망친 박문수(朴文秀)의 삼촌인 함양군수 박사한을 다시 관직에 제수하는 것에 대해 많은 논란을 불러 일으켰고, 대구 경상감영 감옥에 갇혀 있던 합천군수 이정필은 4월 3일에 석방된 뒤 파직됨.

-**3월 28일**: 수많은 합천의 거사군이 합천 묘산의 마령재를 넘어 조성좌군(軍)에 합세하자, 그 기세가 매우 큼.

한편, 정희량군(軍)이 거창에서 함양으로 진군하여 3월 29일에 함양에 도착하자, 함양군수 박사한이 막으려고 했으나, 함양군민들이 호응하지 않자 운봉현감 겸 좌영장 손명대에게 도망감.

다른 한편, 서울 군기시 앞길에서 권서봉 목함경 이익관·수관이 능지처사됨. 목함경의 팔다리와 몸통은 이인좌에게 죽임을 당한 충청병사 이봉상의 집에 갖다 줌.

-3월 29일: 영조가 이인좌 정세윤 이배 등의 머리를 소금에 절여 호남과 영남으로 보내 머리에 패(牌)를 달고 이름을 크게 써서 보이도록 하교(下敎)함.

한편, 함양에 도착한 정희량은 함양군수에 최존서를, 좌수에 허격(許格)을 임명함. 한편, 전라감사 정사효가 박필현의 6촌 형인 전 도승지 박필몽을 사로잡아 서울로 보냄.

-3월 30일: 상주진 영장 한속(韓琭, 59세)과 곤양군수 우하형(43세)의 격문이 나 붙고, 정희량 이능좌가 함양에서 거창으로 돌아옴. 진주영장 이석복의 군사가 정희량의 거사군을 두려워하여 거창으로의 진군을 미룸에 따라, 이술원의 아들인 이우방이 진군을 재촉함. 운봉현감 손명대에게 도피했던 함양군수 박사한이 정희량 이능좌가 떠난 함양에 돌아옴.

한편, 조성좌는 창고의 곡식을 풀어 합천군민들에게 나눠주는 등 동요하는 민심을 추스르고, 조성좌의 4천 군사는 합천천을 사이에 두고 합천읍 금양역 인근 말밀들에 주둔한 성주목사 이보혁의 관군과 대진함.

[조성좌의 4천 군사가 주둔한 백사장 근방의 마을이 조성좌 군사가 보름 동안 주둔했다고 하여 '보름'이 '보림'으로 변하여 현재 합천읍 서산리에 '보림마을'이 됨. 또한 금양리 앞들을 "이보혁 등 관군의 말이 밀려 왔다"고 하여 현재 '말밀들'로 불리고 있음]

다른 한편, 조성좌는 합천 객사 앞 빙고현(氷庫峴: 합천읍 옥산동 작은 언덕)으로 지휘부(指揮部)를 옮김. 그날 밤 11시경(삼경·三更) 에 김계 이태경 함만중 하세호 등의 배신으로 조성좌·정좌·덕좌와 허택 4명은 사로 잡혀 폐(斃)한 상태가 되고, 조성좌 군사 일부는 100리 거리인 거창 고제면 소사마을로 달려가 정희량군(軍)에 합세 함. 빙고현은 합천 관아와 객사의 군수·향임(좌수·별감) 등이 여름 에 먹을 얼음을 저장하던 창고가 있던 구릉지임. 서울에서는 이인좌 의 6촌 형인 이일좌가 참형됨.

-4월 1일: 새벽 닭이 울 무렵에 합천군수 이정필이 빙고현(옥산)에 서 조정좌 조덕좌 조성좌 순으로 참수한 후 머리는 진주 경상우병사 에게 보냄. 합천 객사(客舍) 앞 빙고현은 금양역에서 5리 거리임. 또 한 이른바 '협종물문(脅從勿問)'이라는 영조 임금의 어명(御命)에 따 라 조성좌 측에서 작성한 도목(都目: 인사명부) 4책을 앞서 청주의 이인좌 측 도목처럼 합천관아의 아전이 불살라 버림.

한편, 성주목사 이보혁의 명에 따라 고령현감 유언철이 야로에서 합천읍으로 진군할 때 조성좌의 고향인 합천군 묘산면 도옥리와 안 성·거산리 주변 촌락을 불 질러 마을 사람 모두를 학살함.

그 참담한 실상에 대해서는 경기 안산 출생으로 소북(小北)인 청성 성대중(靑城 成大中, 1732~1812)이 쓴 '청성잡기(靑城雜記) 4권'에 수 록돼 있음. "성주목사 이보혁이 군대를 이끌고 촌락을 포위하여 불을 질러 마을 사람 모두를 학살했고, 개나 닭 한 마리조차 살아남지 못 했다. 그 악취가 몇 달이 지나도 사라지지 않아 그 폐허를 지나는 사 람은 반드시 길을 돌아 피해 갔다. 그후 이보혁의 후손은 (정배되는 등) 마침내 몰락했다." 이것에서 1728년 무신거사 실패 후 합천군민 의 원한이 얼마나 크고 깊었는지를 알 수 있음.

다른 한편, 거창현 좌수 이술원의 당질(堂姪)인 유학 이우태가 격
문을 지어 정희량의 거사군 측에 가담한 장교들을 회유하고, 함양에
서 거창으로 돌아온 정희량이 배신한 좌수 신명익에게 곤장 29도를
침. 그 후유증으로 신명익은 4월 4일에 사망함.

또한 비변사(備邊司)에서 "역적의 괴수 이웅보와 정희량을 사로잡
아 머리를 베어 바치는 자가 양민이면 마땅히 녹훈하고 봉군(封君)해
서 은택(恩澤)이 영세(永世)에 미치고 은 천 냥을 상줄 것이고, 공천
(公賤)·사천(私賤)이면 부모·처자를 모두 종량(從良)한 뒤에 작상
(爵賞)의 반을 줄 것이다. 그 나머지 적장을 벤 자도 또한 벼슬을 주
고 상을 줄 것이며, 비록 도적을 베지 못했더라도 죄를 뉘우쳐 와서
항복하는 자는 마땅히 쾌히 그 죄를 용서할 것이다"는 방문(榜文)을
만들어 오명항에게 보내 군인과 백성에게 게시하도록 함.

-4월 2일: 거사군은 분군(分軍)하여 정희량이 성초역 소사(거창군
고제면 봉계리)에, 이능좌가 우두령(거창과 김천 사이 재) 밑에 진을
치고 있을 때, 진주영장 이석복군(軍)과 곤양군수 우하형군이 용문촌
(함양군 안의면 봉산리)에 주둔하고, 선산부사 박필건이 통솔하는 금
오진병(金烏鎭兵)이 우두령을 봉쇄하고, 운봉현감 겸 좌영장 손명대
가 팔량치를 차단함.

4월 2일 저녁 무렵에 이능좌가 우두령(우지치)을 넘어가려고 했으
나 매복해 있던 박필건의 금호진병에게 패하여 퇴각함. 4월 2일 밤
정희량군이 성초역과 소사 및 팔량치 거쳐 무주로, 이능좌군이 다시
우두령을 넘어 지례(김천시 지례면)로 진격하려고 했으나 좌절됨. 당
시 정희량의 소사진(所沙陣)에는 함양군 7초, 안음군 3초, 금위군 2
초 등 12초(哨: 약 1,200명)의 군사가, 이능좌의 우두령에는 거창 속
오군 8초, 수하 군사 5초 등 13초가 주둔하고 있었음. 앞서 오후에

정희량이 임명한 함양군수 최존서가 함양 관아에서 운봉좌영 관군에게 체포돼 효시됨.

한편, 이인좌의 청주 진입을 막지 못한 충청감사 권첨(權詹)은 국문 후 1730년 장폐(杖斃)되고, 새로 임명된 충청감사 서명연(徐命淵)은 유배되며, 충청어사 이도겸은 관직을 삭탈당하고, 목천현감 윤취은(尹就殷)은 유배됨.

다른 한편, 영의정이며 경주이씨인 이광좌가 세가대족(世家大族)의 후예들이 무신란에 가담한 사실에 대하여 심각한 우려를 표명함.

* 남태징은 영의정 남재(南在) 12세손, 황익재는 영의정 황희 11세손, 황침은 영의정 황희 12세손, 정세윤은 영의정 정인지 11세손, 신천영은 영의정 신숙주 11세손, 이제겸은 안동부사 이우(이황 삼촌)의 8세손, 조문보는 대사헌 조광조 8세손, 한세홍은 한효윤의 7세손, 고응량은 풍천부사 고희 손자, 이지인은 영의정 이덕형 현손, 박필현은 대사성 박동열 현손, 정희량은 이조참판 정온 현손, 조성좌는 정주목사 조정립의 현손, 조정좌는 창원부사 조정생 현손, 강정은은 우부승지 강대수 증손, 민관효는 이조판서 민점 증손, 민원보는 좌의정 민희 손자, 윤경제는 윤휴 막내 아들, 목함경은 좌의정 목내선 손자, 이인좌는 전라감사 이운징의 손자, 이하는 이조판서 이귀 현손, 심성연은 좌승지 심중량의 손자, 이희천은 병마절도사 이후성(李後晟) 아들, 유래(柳徠)는 이조판서 유명현(柳命賢)의 아들임.

-4월 3일: 합천장교 김계(金洎)가 조성좌 측에 가담했다고 하여 대구 경상감영에 투옥됐다 풀려나는 등 연루자 선별로 어수선해짐. 합천관아의 아전 이태경이 조성좌의 9촌 아재인 조형(曺泂, 1676~1731)을 푸른 한 잎, 즉 '일엽청(一葉靑)'이라 칭송함. 서울에서는 이하(李河)의 아들인 이명구가 참형되고, 양성현의 고선창(高善昌)이 효

시됨.

한편, 무월촌(위천면 모동리)에서 주둔하고 있던 진주영장 이석복
군(軍)이 정희량군(軍)이 진을 치고 있는 성초역으로 진군하고, 정희
량군과 이능좌군은 이인좌와 조성좌가 진압됐다는 소식 등으로 사기
가 꺾임. 거창현의 관군 신분이었으나 거사에 가담했던 천총 정빈주
와 금위군 여해달 및 배두필 등이 배신하여 정희량 이능좌 나숭곤 등
을 오후 2시경(미시·未時)에 사로잡음. 정빈주 등이 정희량 이능좌
나숭곤 등 거사군 인사 21명을 결박하여 관군에게 넘겨주려고 가는
길에 곤양군수 우하형의 진주진 중군(中軍)을 만나자 이술원의 아들
인 이우방이 아버지의 원수를 갚기 위해 정희량과 나숭곤을 죽이기
를 청함. 우하영이 이름을 물어 보고서를 작성하려 했으나, 정희량과
나숭곤이 끝내 굴복하지 않고 "영조는 경종을 독살했다" 등 거리낌
없이 큰 소리로 말하자, 우하영의 허락을 받은 이우방이 정희량과 나
숭곤의 머리를 벤 후 간을 끄집어내어 먹고, 진주영장 이석복이 이능
좌 이세규 등 나머지 거사군 인사 19명을 참수함.

이로써 이른바 무신란은 수천 명이 희생되고, 공주 동학사 등이 소
실되는 등 큰 참화(慘禍)를 남기고 17여일 만에 진압됨. 경기·충청
·경상·전라도의 남인과 소론(준소)이 타격을 받음. 특히 경상우도
의 남명학파는 1623년 인조반정에 이어 또다시 큰 타격을 받음.

그 참담한 실상에 대해서는 조하주(曺夏疇, 조세추 조부)의 손아래
처남인 성호 이익(星湖 李瀷)이 쓴 성호전집 권53 등과기(登科記)에
잘 나타나 있음. 등과기에서 "무신변란(戊申變難) 후에는 대가(大家)
·명족(名族)·문인(聞人)·현사(顯士)·달관(達官)·비위(卑位)를 막
론하고 서로 이어 육몰(戮沒)했으며, 연루자가 나라 안에 널리 퍼졌
다. 그리하여 수년 동안에 기상이 꺾이고 무너진 것이 겁화(劫火)가

지나가고 상전(桑田)이 벽해(碧海)가 된 뒤와 같다"고 증언하고 있음. 성호의 장인은 신경제(申慶濟, 신천영 조부)의 8촌 동생인 정언 신필 청이며, 성호의 종손자가 택리지를 지은 이중환임.

또한 연암 박지원(1737~1805)의 연암집 '이처사(李處士: 이성택, 1686~1742) 묘갈명'에서 "(1728년 7월 7일 안음현이 폐지된 후 안음현 사람은) 논의 물도 이웃 고을 사람에게 먼저 빼앗기고 대낮에 무덤 주변에 있는 나무를 모조리 베어가도 말 한 마디하지 못할 뿐만 아니라, 입만 조금 움직여도 도리어 역적으로 욕을 퍼부었고, 이예 (吏隷: 아전과 하인)들은 양읍(주: 거창·함양)에 분속 사역되는 등 마치 포로나 노예처럼 취급됐으며, 유생들에게까지 군정(軍丁)의 충원이 요구되는 형편이어서, 그 고초가 뼈에 사무쳐도 호소할 곳이 없다"고 함. 이것에서 보복과 핍박이 문중을 넘어 지역 전체로까지 확대됐다는 것을 알 수 있음.

그리고 조선에서 청나라와 일본 도쿠가와 막부에게 무신봉기에 대해 설명을 해 준 것에서도, 무신봉기가 끼친 영향이 얼마나 큰지를 가늠할 수 있음.

-4월 4일: 담양부사 심유현이 인정문(仁政門)에서 영조의 추문(推問)을 받은 후 장폐되고, 수원 사람 원시금(元時金)이 효시됨.

-4월 6일: 오명항의 관군이 지례를 지나 신창(거창군 웅양면)에 도착함. 책임을 다하지 못한 상주영장 한속(韓琡)과 조정의 허락없이 정희량 등의 목을 벤 진주영장 이석복과 곤양군수 우하형이 도순무사 오명항 등에게 각각 곤장 20도 및 5도를 맞음. 참수된 정희량 이능좌 나숭곤의 머리는 경상감사 황선에 의해 소금에 절여 서울의 훈련도감 화약창고로 보내짐.

한편, 서울 인정문 국청에서 임서호(任瑞虎)가 여러 차례 형신(刑

訊)을 받았으나 한 마디도 하지 않고 장폐(杖斃: 곤장에 맞아 죽음)되고, 호산군 이정(壺山君 李椗)과 최백(崔栢)도 장살됨.

다른 한편, 전 도승지 박필몽이 능지처사되고, 의성군 점곡면 출생인 회인현감 김도응과 황간현감 이정휘, 이인좌가 임명한 청안현감 정중익(鄭重益)·군관(軍官) 유천배(柳天培)·사령(使令) 김금립(金今立)과, 박성좌(朴聖佐) 이운배 김봉원 염필귀(廉必貴) 황성구(黃聖耉) 임천이(任天伊) 임필현(林必賢) 탁순옥(卓順玉) 등이 모두 효시됨.

-4월 7일: 도순무사 겸 병조판서 오명항이 함양으로 떠나고, 종사관 겸 별견어사 박문수에게 혼자 남아서 민심 수습 등의 임무를 수행토록 함. 거창의 거사군 측 인사 70여 명이 투옥됨. 한편, 나숭대가 군기시 앞길에서 부대시처참되고, 박필몽의 아내가 참형됨.

-4월 8일: 오명항이 함양에 도착함. 진주 경상우병영에서 조성좌·정좌·덕좌와 허택의 머리를 오명항에게 바침. 한편, 오달제(고종 자형이 조성좌의 고조부인 조정립)의 증손인 오명서가 합천군수(33개월 재직)로 임명됨. (오명서는 4월 16일 합천에 도착함)

-4월 9일: 오명항이 대구 상주 진주 선산 성주 초계 등 고을의 진영에서 정희량의 거사군을 진압하기 위해 거창의 지경(地境: 고제면 봉계리 지경마을)에 모인 군사 2만 명에게 술과 고기를 먹인 후, 한 명당 쌀 5승(升, 50홉)씩을 주어 해산하여 보냄. 한편, 권서봉의 거사에 가담한 양성현 속오군 이춘형(李春亨)·지형(李枝亨) 형제와 용인현에서 잡아 보낸 오상봉(吳尚奉)이 서울 훈련도감 진문(陣門) 밖에서 효시됨.

-4월 10일: 서울에서 정희량의 큰 아들인 정의황과 상주의 한세홍이 당고개에서 능지처사되고, 충청병영에서 이인좌의 아내 윤자정(尹紫貞)이 교형에 처해지고, 진천현감 임상극(林象極)과 이봉상(충청병사)

의 비장(裨將: 막료) 양덕부(梁德溥)가 효시됨.

-4월 11일: 경상감사 황선이 갑자기 사망함.

한편, 대구 경상감영에 수감돼 있던 합천좌수 정상림이 영남안무사 박사수와 종사관 박문수에 의해 서울로 보내짐. 서울에서는 장희재(張希載, 희빈장씨 오빠)의 아들 장휘(張輝)가 체포되고, 정찬유의 작은 아들 정의련(27세)이 당고개에서 능지처사되며, 이때 조상(趙鏛)과 나만치도 함께 능지처사되고, 나만치의 아들 나숭엽은 교형에 처해짐.

-4월 13일: 충청병사 조담(趙偵)이 보낸 이인좌 측 청안현감 정중익(鄭重益)의 수급(首級)이 한강 나룻터에 효시됨.

-4월 14일: 종사관 겸 별견어사 박문수가 합천에 도착하여 민심을 수습함. 그날 박문수가 경상감사에, 오성대감 이항복의 6세손인 이종성이 영남어사로 임명됨. 또한 이른바 무신변란 역괴(逆魁) 10명을 신임사화의 김일경 및 목호룡과, 이인좌 이능좌 박필현 이사성 정희량 박필몽 남태징 민관효로 정하고, 사문(赦文: 사면 때 글)과 하전(賀箋: 축하 전문)을 모두 이에 의거하여 말[사·辭]을 만들게 함.

한편, 정희량의 어머니인 권말순(權末順)이 절도(絶島)로 유배되고, 충청감사 김재로가 사로잡은 조세추(曺世樞)와 민원보를 서울로 압송함. 정희량의 이종 6촌 형인 상주의 김홍수가 서울에서 장폐되고, 박필몽의 아들인 박사관이 능지처사됨. 또한 조세추의 고모부인 이선택과 조세추의 일족인 조경옥(曺景沃)이 효시되고, 이인좌와 신천영의 아들 및 아내가 유배됨.

* 무신역옥추안에 조세추의 아버지 조경강(曺景江)은 참형, 어머니인 동래정씨는 유배, 계조모 나씨는 60살이 넘어 방면됨. 또한 조경오(曺景澳)의 숙부가 조하주(曺夏疇)라고 하고 있으며, 문경의 조경사

(曺景泗, 경수 동생)는 상주에서 참형되고, 문경에서 조세추와 함께 거사에 참여한 이만강은 4월 15일 서울 군기시 앞길에서 효시됨.

-4월 17일: 문경의 조세추가 서울에서 능지처사됨. 조세추의 외조부는 동래정씨로 1693년(숙종19) 옥천군수를 역임한 정조갑(鄭祖甲)임. 그후 조세추의 아내 홍씨(홍귀달 후손) 교형, 아들 조응창(曺應昌)은 유배됨.

-4월 19일: 오명항이 서울로 돌아오자, 영조가 직접 숭례문의 문루(門樓)에 올라가서 영접함. 정희량 이능좌 나숭곤 박필현 박사제 등의 머리는 6일 동안 서울 저자.거리에 매단 후, 경기감영(종로구 평동 서울적십자병원터) 내 팔방(八方)에 전시함.

-4월 21일: 합천좌수 정상림(鄭商霖)이 의금부에 수감됨.

-4월 22일: 영조 임금이 교서를 반포함. 이 교서에 "나라가 전복될 뻔했으니, 통분한 마음을 감당할 수 없다"고 함. 또한 이인좌 이능좌 정희량 민관효 박필몽 박필현 이사성 남태징 심유현 이유익 나숭곤 나숭대 이하(李河) 이지인 신광원(愼光遠) 윤덕유 안추(安樞) 이문저 이배(李培) 이순관 이익관 박종원 목함경(睦涵敬) 나만치 신윤조(辛胤祖) 안엽(安燁) 박사관 안정 한세능 조세추 등 30명을 이미 능지처사 했다는 교서(敎書)를 내림. 한편, 태인의 술사 송하와 남원의 소정(蘇檉, 진주소씨)이 영조의 친국을 받고 군기시 앞길에서 참형됨. 소정은 인척인 진위의 소성(蘇晟)과도 연계된 인물로 임실 손곡(遜谷, 강진면)에 숨어 있다가 잡혀와 참형된 것임.

＊민관효 남태징 신광원 등은 3월 19일, 이인좌 이사성 이배 등은 3월 27일, 목함경 권서봉 권서린 등은 3월 28일 서울 군기시 앞길에서, 정희량 이능좌 나숭곤은 4월 3일 거창에서, 심유현은 4월 4일, 신윤조는 4월 12일, 문경의 조세추는 4월 17일 군기시 앞길에서 이

미 처형됐음.

　* 서울로 압송돼 국청(鞠廳)에 갇힌 이인좌 등은 예외 없이 기시(棄市), 즉 목이 베이고 시체는 길거리에 버려졌음.

　-4월 23일: 합천좌수 정상림이 서울서 효시됨.

　-4월 24일: 함양군수 박사한이 정희량이 임명한 안음현감 신수헌(愼守憲)과 그의 아들 신윤증(愼潤曾)을 능지처사함. 남원부 감옥에 갇혀 있던 신수헌의 아버지 신채(愼採)는 교형, 아우 신수희(愼守禧)는 희천군으로 정배되고, 안음좌수 허격과 심수명(沈壽明) 이만채 이익춘 정규서(鄭奎瑞) 등은 참수됨. 한편, 서울 당고개에서 이윤행(47세)과 나숭곤의 아버지 나만서(40세)가 능지처사됨. **4월 25일:** 태인현의 송하(宋賀)가 장폐됨.

　-4월 26일: 오명항(도순무사 겸 병조판서) 1등, 박찬신(금위군 중군)·박문수(종사관 겸 교리)·이삼(훈련대장)·조문명(어영대장, 조현명 형)·박필건(선산부사)·김중만(양지현 고변인)·이만유(부장·副將) 2등, 이수량(훈련도감 마병별장·馬兵別將)·이익필(별효기별장·別驍騎別將)·김협(금위군 천총)·조현명(종사관 겸 교리)·이보혁(성주목사)·권희학(교련관)·박동형(상주 파총) 등 무신봉기를 진압하는데 공이 큰 15명에게 양무공신(揚武功臣)으로 녹훈함. 한편, 정희량의 어린 아들 정철흥이 유배됨.

　-4월 28일: 조성좌의 6촌이며 조하현(曺夏賢)의 손자인 조명좌(曺命佐)가 대구감옥에서 참형되고, 정희량의 일가인 정사유·흠유가 섬으로 유배됨.

　한편, 이항복의 6세손인 영남어사 이종성이 무신봉기를 수습·보고하기 위해 28일 거창 웅양면으로 내려와 정희량에게 죽임을 당한 거창현 좌수 이술원의 가족을 조문하고, 5월 12일에는 합천에 도착함. 이종성은 조한유와 함께 5월 16일 안간역(진주시 미천면)에서 1박하고, 5월 17일 진주에 도착함. 그후 조한유는 5월 18일 산청 신등면의 권구(權久) 집을 거쳐 가회 구평마을의 윤홍명 집에서 1박하고, 5월 19일 대병 병목마을의 진사 송시징(조시수·曺時遂 사위)의 집에서 1박한 뒤, 5월 20일 고향인 합천 묘산면 안성(옛도곡)에 도착함. 이종성은 9월 11일에 서울에 도착함.

　* 이종성의 5대조인 이항복이 북청으로 귀양 와서 1618년(광해10) 5월 사망하자, 당시 좌천돼 북청판관에 재직 중이던 조성좌의 고조부인 조정립이 만사와 제문을 짓고 장례를 도와준 인연으로 조성좌 후손과 조한유가 무신봉기 후 이종성의 도움을 받게 됨.

　-4월 29일: 정희량의 둘째 아내 송씨는 교형, 며느리 안씨(정의황 아내)는 함경도 명천부에 관노로 유배됨. 한편, 무신봉기 때 내통한 유몽서(유성룡의 형인 유운룡의 6세손)와 권덕수 및 김민행(학봉 김성일의 형인 약봉 김극일의 6세손) 등 안동 사람들을 탕척(蕩滌: 죄를 깨끗이 씻어 줌)시킨다는 영조 임금의 교지를 경상감사 박문수가 직접 받들고 안동에 가서 사인(士人)들을 향교에 모이게 하여 낭독한 후 전하자, 유몽서 등 3인이 감격하여 눈물을 흘리고, 사인 정동규(鄭東奎) 등 3백여 명이 글을 올려 영조의 은덕을 칭송함.

　-5월 2일: 거창 위천면의 정세유(정희량 8촌 형)와 그의 두 아들 의경(宜璟, 일명: 은서·殷瑞)과 의장(宜璋, 일명: 명서·命瑞)이 참형됨. 정세유와 그의 아내 묘소는 조성좌의 두 아들인 인엽·신엽(仁燁·信燁)의 묘소가 있는 거창 신원면에 있음. 한편, 서울 훈련도감 진문(陣門) 밖에서 박종원의 장남인 재흠(載欽, 28세)이 참수됨.

　-5월 5일: 후세에 널리 알려 교본으로 삼기 위해 영조의 명을 받아 소론인 송인명 박사수(박필현 조카) 등이 무신감란록(戊申勘亂錄) 6

권 3책의 편찬을 시작함. 무신감란록에서 영조는 "붕당을 일삼아 재주 있는 사람을 등용하지 않고 색목(色目)으로 등용하여, 보잘 것 없는 것들이 좋은 자리를 차지했다. 또한 연달아 흉년이 들어 백성이 죽을 지경인데도 그들을 살릴 생각은 하지 않고 당쟁을 일삼았기에 백성들이 조정을 업신여긴 지 오래됐고, (이인좌 등) 도둑에게 참여한 것은 그들의 죄가 아니라 조정의 허물이다"라고 무신기병 발발 원인에 대해 진단함. 한편, 청안현감 이정열이 처형됨.

-5월 7일: 창덕궁 인정문에서 영조가 직접 조관규(趙觀奎)를 국문함. 조관규가 공술하기를 "(나 조관규의 7촌 조카로 종6품 부사과를 역임한) 조상(趙鏛)이 어느 날 달밤에 나를 찾아와서, '과거에 급제해도 사람된 직책을 얻지 못하니, 노론이 되지 않으면 남쪽 월(越)로 달아나거나 북쪽 호(胡)로 달아나는 수밖에 다른 방책이 없다'고 말했다"라고 함. 이렇게 경기·호서·영호남·강원도 등의 남인과 소론에게 가한 집권 노론세력에 의한 차별과 홀대는 심각한 상황이었음. 한편, 조관규와 종2품 중추부(中樞府) 지사(知事) 김덕삼이 서울에서 능지처사됨. 김덕삼은 괴산 남상면의 부호(富豪)로 안정 및 신석영(申錫永, 신천영 동생)의 장인임.

-5월 8일: 성주목에 구금돼 있던 조정좌(曺鼎佐)의 아내 밀양손씨가 교형에 처해짐. **5월 13일:** 서울에서 이사로가 능지처사되고, **5월 22일:** 민백효 등과 연계된 조광조의 봉사손인 보은현감 조문보(趙文普)가 서울에서 장살됨. **5월 24일:** 진위현의 원만주가 군기시 앞길에서 참수됨.

○**1728년(영조4) 6월 10일:** 영의정 황희의 차자인 황보신(黃保身, 사직·司直))의 11세손인 상주의 전적(典籍) 황침(1688~1763)이 함경

도 명천으로, 선산의 오붕만이 함경도 부령, 선산의 이도(李燾)가 절
도로 정배됨. **6월 16일:** 전라감사 정사효(鄭思孝)·안성군수 이광적
(李光績)·이천부사 강세윤(姜世胤)·상주의 김홍수 처남인 박경순
(朴景淳)이 정배됨. **6월 17일:** 해미현감 송내익이 효시됨. **6월 19일:**
나주의 나두동이 서울에서 장폐됨.

-6월 20일: 함경도의 전 경흥부사 황부(黃簿)가 장폐되고, **6월 21일:**
전라도 부안의 고응량(高應良)이 군기시(軍器寺) 앞길에서 능지처사
됨. 고응량은 풍천부사 고희(高曦)의 손자임. **6월 28일:** 평안도절도
사 이사성의 군관 이사정(李思靖) 김필선(金弼善) 정황(鄭璜) 이숙(李
燉)이 평안도 영옥(營獄)에 수감된 뒤 심문을 받고 정배됨. **7월 1일:**
이인좌와 이호(李昈) 장인이며 윤휴(尹鑴)의 막내 아들인 윤경제(尹
景濟, 70세)와 그의 아들 윤상덕·상정·상헌이 남해·거제 등지로
발배됨. 그후 윤경제 부자(父子)는 모두 배소에서 사망함.

○1728년(영조4) 7월 7일: 정희량이 기병한 안음현이 역적을 따른 고
을이라 하여 폐현(廢縣)돼 거창현 및 함양군으로 편입됨.

–안음현은 1736년 1월에 회복(복구)되고, 1767년(영조43) 8월에는
'의(義)'로운 고을이 되라는 뜻에서 안의현으로 개명됨. 합천군은 논
란 끝에 폐군(廢郡)도, 강등도 되지 않음. 박필현이 기병한 전라도 태
인현은 영조의 생모인 숙빈최씨의 고향이라 하여 폐현되지 않음.

○1728년(영조4) 7월 10일: 이조판서 심재(沈梓)의 증손인 춘천 부호
심성연이 처형됨. 7월 11일: 충남 해미현의 강위징이 장살됨.

○1728년(영조4) 7월 15일: 영의정 이광좌, 좌의정 조태억, 청주의 박
민웅, 거창현 좌수 이술원 및 향임 신명익, 합천의 장교 함만중 및

아전 이태경, 하동의 서상항, 김천의 백시형, 정읍 옹동의 도사 김도
언, 남원의 김만광, 충남 제원의 나후명, 김천 지례의 이인상, 보성
의 윤동교, 서울의 만호(萬戶) 김진창 등 무려 9천여 명을 양무원종
공신(揚武原從功臣)으로 녹훈함. 정권 및 문중 차원에서 '가문의 영광
및 충신 만들기'가 시작된 것임.
　－김진창은 화가 김홍도의 증조부임.

　○1728년 8월: 사은(謝恩) 겸 진주정사(陳奏正使) 서평군 이요(西平
君 李橈)와 부사(副使) 정석삼(鄭錫三) 및 서장관 신치운(申致雲, 1755
년 처형됨) 등 사신(使臣)을 중국으로 보냄.
　－세 사신이 청나라 황제에게 전달할 '주문(奏文)'에 무신변란에 대
해 설명하고, 또 청나라로 들어간 여당(餘黨, 거사군)을 붙잡아 보내
달라고 요청함. 일본 막부에도 무신변란에 대해 설명함.

　○1728년(영조4) 9월: 오달제 종증손(從曾孫)인 우의정 모암 오명항
이 56세로 사망함.

　○1728년(영조4) 11월 16일: 영조의 정빈이씨 사이에 태어난 효장세
자(孝章世子)가 20세로 창경궁에서 갑자기 사망함.

　○1728년(영조4) 12월 20일: 함경도 정주목사이며, 순영의 중군(中軍)
박창제(42세)가 장살됨. **12월 29일**: 박필몽을 사로잡는데 공을 세운
무장현감 김몽좌(41세)가 장살됨.
　＊ 이인좌와 정희량의 아내는 교형, 이인좌의 15세 미만인 네 아들
은 제주도 등지로 유배, 정희량의 두 아들은 처형되고, 나이 어린 막
내 아들 정철흥은 북제주군 추자도로 유배됨. 그러나 1787년 6월에

정철흥의 아들인 정함(鄭醎)이 반란사건에 연루됨.

○1728년(영조4) 12월 22일: 부안 우반동의 김수형(41세)이 장살됨.

○1729년(영조5) 3월 11일: 부호군(종4품) 이여적(李汝迪)이 강연(講筵)에 입시하여 영조에게 "해도(海島) 가운데 역적의 무리를 찬배(竄配)한 것이 너무 많으므로 도민(島民)에게 해(害)를 끼치고 있으니, 마땅히 다른 군(郡)으로 이배(移配)해야 한다"고 아뢰자, 영조가 "군읍(郡邑)에서 자주 점고(點考)하는 일을 의금부(義禁府)와 비국(備局: 비변사)으로 하여금 서로 의논하여 품처(稟處: 처리)하게 하라"고 명함.
   -이때 특진관 박사수도 "유배된 자가 팔도를 합산하면 무려 1천 명에 달한다"고 영조에게 아룀.

○1729년 3월 26일: 경상우도인 곤양의 이명근(46세)과 김처삼(36세)이 장살됨.

○1729년(영조5) 3월 28일: 노론 좌의정 홍치중 등의 주청을 빌미로, 영조가 소현세자의 증손인 '밀풍군 이탄(42세)'에게 자결하도록 명함.

○1729년(영조5) 4월 9일: 소론인 우의정 이태좌가 "작년에 강원도감사가 이종성에게 글을 보냈는데, 감사가 말하기를 '정인홍(鄭仁弘)의 증손 가운데 중동(重瞳: 겹눈동자)인 사람이 있는데 영남 사람들이 그에게로 마구 몰려들고 있다'고 하여, 이종성이 잡아다가 살펴보니 중동이 아니었다. 이는 바로 인심을 현혹시키려는 계책이었다"고 하자, 영조가 "그 증손을 장살(杖殺)하라"고 명함.

*"정인홍의 눈은 광채가 나는 겹눈동자로 감히 쳐다볼 수가 없었다"고 하는 전설에서 보듯이, 집권세력인 서인들에 의해 정인홍이 죽임을 당한 지 100여 년이 지난 뒤에도 정인홍의 숨결이 남아 있는 영남의 민심을 상당히 두려워했음을 알 수 있음.

○1729년(영조5) 4월 25일: 합천군의 조성좌 조덕좌 정상림, 삼가현의 허찬 권만항, 안음현의 정세유 정원유(이능좌 서기·書記), 함양군의 최존서, 양성·용인현의 정세윤(鄭世胤), 진위현(평택시 송북동)의 소성(蘇晟) 등 48명을 노적(孥籍)함.

−권만항은 현재 삼가면 두모리 권씨(權氏) 중 영동군 상촌면으로 도피한 인물과도 연관돼 있음.

○1729년(영조5) 7월: 조성좌 정상림 권만항 등의 아내 및 허찬 아내 정행부(鄭行夫, 35세)와, 15세 미만의 자녀들이 대명률 및 경국대전에 의거 강원도·평안도·섬 등지로 유배 또는 방면됨.

−그후 강원도 인제현으로 발배된 조성좌의 또 다른 아내와 어린 두 아들 조인엽(曹仁燁)·신엽(信燁) 및 그들의 후손들은 영남어사 이종성과 경상감사 박문수, 일족인 조형(曹泂)과 조한유, 조하주의 고모부인 경창군(광해군 이복동생) 후손 및 합천군수 오명서(오명항 8촌 동생) 등의 도움과, 1764년(영조40) 장례원 혁파및 1801년(순조1) 공노비 해방 등으로 오지인 거창 신원면 구사리 옛 원만마을로 숨어 살게 됨.

−조정좌·정임·희좌·순령 등의 후손들은 현재 확인이 안 되고 있음. 특히 처형된 조광좌·형좌·경좌·순령(曹匡佐·衡佐·景佐·舜齡) 등과, 황해도 초도(椒島)로 유배된 조정좌의 어린 딸 태중 및 태순(太中·太順)과 아들 용수(龍守), 진도로 유배된 조정좌의 서매

(庶妹) 정이(貞伊)와 고흥 녹도진(鹿島鎭)으로 유배된 조카 학수(鶴守), 처형된 조정좌의 동생 정임(鼎任)과 백령진(白翎鎭: 백령도)으로 유배된 정임의 아들 상운(尙雲)·상우(尙佑)는 창녕조씨태복경공파보에도 등재돼 있지 않음.

 * 이때 조명좌(曺命佐)의 동생 희좌·순령(義佐·舜齡)과 조명좌의 아내 강씨는 강원도 양구 등지로 발배됐으며(창녕조씨태복경공파보에는 강씨의 묘소가 봉산면 압곡리에 있음), 고성의 박필이(朴必伊)의 아내도 유배되고, 봉산면 권빈리의 손후빈은 참형됨. 다만 정세유의 두 아들은 1728년 5월 2일에 이미 참형됨. 그외 조성좌의 아저씨 항열이며 조정립의 증손인 관(灌)·원익(元翼)·용익(龍翼)과, 조정생의 증손인 징(澄)·옥(沃)·집(潗)·학(潹)·담(潭) 등은 유배 또는 처형됨. 또한 조명욱(曺明勗, 영월부사)의 증손인 명신(命新), 조성구(曺聖久)의 아들인 하신(夏新), 상주 사벌의 조시망(曺時望) 손자인 경문(景汶)은 처형됨. 또한 산청의 남명 후손인 조철(曺澈)은 도피함.

○1729년(영조5) 4월 27일: 경기도사(京畿都事)로 임명된 이종성이 좌막(佐幕: 비장)에 보직돼 나가서는 정체가 진실하지 못했다고 추고 당함. **5월 20일**: 이인좌 정희량 조성좌 조정좌 등 94명으로부터 적몰한 재산 중, 이인좌 정희량 조정좌 등 58명으로부터 적몰한 전답 278결과 노비 468명을 오명항 박문수 등 양무공신 15명에게 나눠 줌.

○1729년(영조5) 6월 30일: 경상감사 박문수가 안음현 혁파가 부당하다는 장계를 올렸으나, 우의정 이집(李㙫)이 "안음은 역적을 따른 고을이니 서경(書經)에 이른바 종자를 남기지 않고 진멸시킨다는 것에 해당되는 곳이므로, 이미 혁파하고 나서 곧바로 회복시키는 것은 부당하다"고 말함.

－박문수가 장계를 올린 것은, 1729년 3월 11일 특진관 박사수와 부호군 이여적이 "안음현 사람들이 죽기를 작정하고 혁파를 원하지 않는다"는 이유 등으로 혁파 반대를 했는데도, 영조가 "역적의 괴수가 나왔으니, 그것은 백성으로 하여금 충신(忠臣)과 역적(逆賊)을 알게 하는 도리에 있어서도 결코 혁파하지 않을 수 없다"고 말을 했기 때문임.

o**1729년(영조5) 8월 23일**: 무신변란 때 역적이 태어난 곳이라 하여 나주목이 금성현으로, 원주목은 원성현, 충주목은 충원현으로 읍호가 변경 및 강등되고, 남원부 이천부 장흥부 담양부 예천군 풍기군은 모두 현(縣)으로 강등됨. 진위 및 용인현은 현감에서 현령으로 직급을 낮추고, 과천 지평 제천 문경 공산 연풍 칠원 부안 회덕 목천현은 순서를 여러 현의 아래에다 두는 등 폄강(貶降)됨.

o**1730년(영조6) 3월**: 나숭곤(羅崇坤, 무신봉기 때 처형)의 친족인 나주의 나홍언(羅弘彦) 등이 영조와 효장세자 등 왕실 가족을 해코지하려는 매흉(埋兇), 즉 왕실 가족 저주사건이 역모사건으로 비화돼, 나홍언, 소현세자의 증손인 이해(李垓)와 이기(李圻), 궁녀 박순정, 생원 정도륭(鄭道隆), 전라감사 정사효의 전 군관 박도창 등 많은 사람들이 처형됨. **4월**: 환관 최필웅 및 양반 박재창 등의 궁궐 침입사건으로 관련자들이 처형됨. **5월**: 왕실 가족 저주사건에 연루돼 서울에서 국문을 받은 전 전라감사 정사효가 장살(杖殺)되고, 1721년 신축소(辛丑疏)의 삼적(三賊)으로 지목된 이조참판 이진유가 장폐됨. **6월**: 경상감사 박문수가 대사간으로 제수됨.

o**1730년(영조6) 12월 2일**: 1728년 6월 19일 장살된 나두동(羅斗冬)의

시신을 남원 땅에 투장(偸葬: 밀장)을 하는데 당시 남원현감 최집(崔潗)과 호상인(護喪人)·색리(色吏)·면임(面任) 등이 도움을 주었다고 하여 1730년 12월 2일 모두 잡혀와 심문을 당하는 고초를 당함.

○1730년 12월 22일: 이인좌 선봉이었던 정중복(鄭重復)의 4촌인 직산현(천안 직산읍)의 정중려(鄭重勴)가 포도청에 사로잡혀 처형됨.

○1730년(영조6) 12월 26일: 무신봉기의 영향으로 공사(公私) 노비 중 양처(良妻) 소생은 어머니를 따르게 하는 종모법(從母法)을 시행하는 제도 개선책을 마련함.

○1731년(영조7) 2월 9일: 청주 충청병영의 병사(兵使) 이봉상·영장 남연년·군관 홍림을 제향하는 표충사(表忠祠)가 청주읍에 건립됨.

○1731년(영조7) 2월 27일: 경상도 암행어사 이흡(李潝)이 입궐하여 영조에게 "합천·거창의 조성좌와 정희량 두 역적의 잔당이 조정에서 지나치게 베푼 전례로 인해 함부로 날뛰는 잔당들이 매우 많으니 붙잡아 가두고 낱낱이 승복을 받아야 하며, 거창현감 신정모는 정희량과 내통했고, 안동의 권징수 유몽서 권구 등도 적과 내통했으나, 김성탁만 관문을 걸어 닫고 항거했으며, 전 승지 나학천은 통문(通文)하여 적을 토벌했다"고 함.

○1731년 5월 24일: 무신봉기로 발배된 합천 묘산면 화양리의 윤자선 후손인 윤종영(尹宗英)이 방면됨.

○1731년 7월: 거창좌수 이술원을 집도한 백정이 처형됨.

◦1731년(영조7) 9월: 이인좌의 거사군에게 죽임을 당한 충청병사 이봉상·영장 남연년·군관 홍림을 기리는 삼충사사적비(三忠祠事蹟碑)가 청주읍 표충사(表忠祠)에 건립됨.

–병조참판 이덕수(李德壽)가 글을 짓고, 우의정 조문명(趙文命)이 글을 쓰고 전액함.

◦1732년 3월: 오스트리아 음악가 하이든(Haydn)이 출생함.

◦1732년 6월: 노론 영의정 북곡 홍치중(北谷 洪致中)이 66세로 사망함.

◦1733년(영조9) 2월 25일: 정랑 김오응·감찰 장위항 등 9명이 연대하여 "안음과 합천은 낙동강 오른쪽의 궁벽한 고을로서 정인홍의 악취를 남긴 곳이기에 정희량과 조성좌 같은 흉역의 무리들이 출생했으나, 여타 영남의 인심(人心)은 진실로 변함이 없었으니 충신과 역적을 가려서 등용해야 한다"고 상소함. 즉 관직에 재직 중인 경상좌도 사람들이 주축이 돼 공개적으로 '경상좌우도 분리정책'을 시행할 것을 상소한 것임.

◦1733년 3월 6일: 박문수와 조현명이 영조에게 "인재를 골고루 등용하지 않는다면, 국가를 원망하여 변란을 일으킬 것을 생각하는 이인좌 이웅좌 정희량 등과 같은 무리들이 반드시 없을 것이라는 것을 보장할 수 없다"고 협박성 상소를 영조에게 함. 그러나 공정한 인재 등용은 실현되지 않음.

◦1733년 3월 21일: 충북 보은읍 장곡서원(獐谷書院)사건을 무신잔

당(戊申殘黨)의 소행이라 하여 신필대(申必大)와 이제동 등이 처형되고, 조성좌 외갓집 사람인 김희능(金喜能)·희공(喜功) 등도 고초를 겪음.

○1733년(영조9) 봄: 경남 고성군 거류면에서 서당 훈장을 했던 구상덕(具尙德, 1706~1761)이 쓴 승총명록(勝聰明錄) 중 1733년 봄에 기록한 내용에 "시중의 행인들을 살펴보니 태반이 귀신의 몰골이고, 도로에는 굶어죽은 시체를 묶어놓은 것이 마치 난마와 같이 널려 있는 등 개벽 이래로 어찌 이러한 세월이 다시 있었겠는가"라는 기록에서, 1728년 무신봉기 후 처참한 사회상을 엿볼 수 있음.

○1733년(영조9) 7월: "소가 기린을 낳았으니 성인이 장차 출현하고, 피가 흘러 냇물을 이루고, 밥 짓는 연기가 끊긴다"는 남원괘서사건이 일어나, 김영건과 아들 김원팔·원택 등이 처형되고, 무신봉기를 예언한 책(남사고비결·南師古秘訣)을 가지고 있던 부안현 변산 월명암 승려인 태진(太眞)과 양반 최봉희, 김영건 둘째 아들인 김원하 등이 유배됨.

○1733년(영조9) 8월 27일: 술수(術數)에 정통한 하동의 조영하(曺永河)에 대해 추국을 하자 조영하가 "조성좌 형제가 복주된 후, 조성좌 형제와 동접(同接: 동문)인 곽처웅은 문장과 재능이 훌륭한데도 과거(科擧)에 나아가지 않았고, 무신년에 출정한 사람과는 절대 왕래하며 상종하지 않았다"고 공술함. 무신봉기가 진압된 지 5년이 경과한데도 불구하고 무신봉기에 대한 진주 합천 곤양 하동 남원 등 지역민의 정서가 어떠했는 지 알 수 있음. **9월 3일:** 곽처웅이 장살됨.

○1733년 12월: 영성군 박문수가 "탕평이란 이름은 있으나 탕평의 실적은 없으며, 지금은 노론과 소론만 탕평됐을 뿐이다"라고 영조의 탕평책을 비판함.

○1735년(영조11) 5월: 무신역란이 일어났다 하여 충청도는 공홍도(公洪道)로, 전라도는 전광도(全光道)로, 강원도는 강춘도(江春道)로 바꿈.

○1735년 10월: 청나라 건륭제(乾隆帝)가 즉위함.

○1735년 11월: 무신봉기 연루 혐의로 7년 동안 정배돼 있던 전 총융사(종2품) 김중기가 국문(鞫問)을 받기 위해 의금부 감옥에 수감돼 있다가 사망함.

○1736년(영조12) 3월 12일: 경상도 생원 이인지(李麟至, 54세) 등 4천여 명이 "성균관 진사 홍봉한(洪鳳漢) 등이 송시열 송준길의 문묘 종사를 청한 것은 부당하다"고 상소한 죄로, 상주 출생인 이인지는 3차 형신을 받은 뒤 3년 동안 금산으로 정배됨.
－이인지는 1717년 8월 경상도 감시(監試)의 초시(初試)가 파장(罷場)되는 사건에도 연루되고, 1724년 4월 희빈장씨를 추숭하자는 갑진소유에도 참여한 인물임. 이인지 장인은 1667년(숙종3) 2월 증광시(增廣試) 회시(會試) 부정사건에 연루돼 충군되는 형벌을 받은 나주 목사 윤이익(尹以益, 남원윤씨)임.

○1736년(영조12): 문경 마성면의 충청감사 신후명(申厚命, 1638~1701)의 증손인 신자악(申自岳)에게 시집간 조성좌의 막내 여동생이

아들 신치룡(申致龍)을 낳음.

　－평산신씨문희공파보에는 신자악의 아내가 창녕조씨가 아닌 창녕
성씨로, 처증조부가 조시량이 아닌 성시량으로 왜곡·등재돼 있음.

　○1736년 11월: 노론의 거두인 봉조하 단암 민진원이 73세로 사망함.

　○1737년(영조13) 7월: 경상감사 유척기가 영조에게 장청(狀請)하여,
정희량에게 저항하다 죽임을 당한 이술원을 제향하는 사당(포충사)
이 거창읍에 건립됨. 그후 포충사(褒忠祠)는 1752년(영조28)에 웅양
면으로 옮기고, 1807년(순조7)에는 묘정비(廟庭碑)를 세움.

　○1738년(영조14) 1월: 무신역란이 일어났다 하여 명칭이 변경되고
강등된 전광도(全光道)가 다시 전라도로, 강춘도는 강원도로 하고,
충원(忠原: 충주) 금성(錦城: 나주) 원성(原城: 원주) 남원 이천 장흥
담양 예천 풍기 용인 진위 등 고을은 다시 본래의 명칭으로 승격하여
회복시킴.

　○1738년 8월 10일: "이황의 영남 상도(上道)는 예의를 숭상하는 풍
습이 있어 사사로운 감정을 품은 사람들이 없는데, 조식의 하도(下
道)는 기절(氣節: 기재와 절조)을 숭상한 것이 폐단으로 남아 법을 어
기는 등 불순하여 흉역 정인홍이 태어나고, 결국 (무신기병 때) 흉역
정희량이 나타났다"고 병조판서 박문수가 상소함.

　－1567년 선조 즉위년 11월에 종3품인 전한(典翰)에 재직하고 있던
기대승(奇大升)도 선조 임금에게 "조식은 기질이 꼿꼿하여 벽립천인
(壁立千仞)과 같다. 그러나 학문은 법규(法規)를 따르지 않는 병폐가
있다"고 말한 바가 있음.

○**1738년(영조14) 11월 14일**: 정희량 및 조문보(趙文普)의 선조인 정온 및 조광조(趙光祖)의 봉사손(奉祀孫) 입적에 대한 논의를 억울하게 장살됐다가 복관된 임경업(林慶業)의 사례에 따라 시행하도록 함.

○**1740년 5월**: 소론의 영수인 영의정 운곡 이광좌가 67세로 사망함.

○**1740년(영조16) 12월 5일**: 노론인 검토관(종6품) 이천보가 "조식(曹植)의 학문은 문로(門路)가 순정(純正)하지 못하기 때문에 그의 문하에서 정인홍이 나왔다. 이는 순경(筍卿)의 문하에서 이사(李斯)가 나온 것과 같다. 조식이 우도(右道)에 살았기 때문에 우도 사람들은 오로지 기절(氣節)을 숭상했다. 그러나 이황(李滉)이 좌도에 살았기 때문에 무신년의 난 때 죄를 범한 사람이 없었고, 지금에 이르기까지 문학(文學)과 행의(行誼: 올바른 행실)가 있는 자가 많으니, 마땅히 수용해야 한다"고 영조에게 아룀.

　−집권 노론세력들은 무신봉기의 사상적 연원을 조식과 정인홍에게 돌리면서, 진주 합천 안음 거창 함양 고령 성주 등 경상우도는 차별하고, 안동 예안 의성 영덕 풍기 예천 군위 영양 영천 봉화 등 경상좌도는 포용・등용하는 '경상좌우도 분리정책'을 노골적으로 시행하게 됨. 이천보는 1761년(영조37) 영의정에 오른 노론의 대표적인 인물임.

○**1741(영조17) 2월**: 무신봉기로 서원현으로 폄강됐던 청주목이 회복됨. **9월**: 영조는 자신이 세제(世弟)일 때 수괴로 올려 있던 1722년의 임인옥안(壬寅獄案)을 불살라 버리는 등 이긴 자의 역사 지우기를 시행함.

○**1745년(영조21) 9월**: 이인좌 및 신천영군(軍)을 물리친 도순무사

오명항을 찬양하는 토적송공비(討賊頌功碑)가 안성에 세워짐.

○1745년(영조21) 11월: 영조가 이인좌 정희량 이사성의 아들을 엄중히 가두라고 명함.

○1746년(영조22) 7월: 탕평책을 적극 지지한 소론 우의정 조현명(趙顯命)이 "탕평책이 붕괴될 형국이며, 실효를 거두지 못하고 있다"고 비판함. **8월:** 소론 좌의정 장밀헌 송인명(藏密軒 宋寅明)이 58세로 사망함.

○1747년(영조23) 1월: 무신봉기로 인해 공홍도(公洪道)로 폄강됐던 충청도가 본래대로 회복됨.

○1750년(영조26) 7월 11일: 무신봉기의 영향 등으로 균역청이 설치되는 등 균역법(均役法)이 도입되어 양인들의 군역(軍役: 군복무 또는 부역)의 부담이 경감됨.
−16세부터 60세까지의 양인(평민) 1명이 2필씩 내던 군포(軍布: 베)를 1필로 줄임. (양반과 노비는 조선 500년 내내 군역을 면제 받았음)

○1750년 7월 28일: 독일 음악가 바하(Bach)가 66세로 사망함.

○1752년(영조28) 4월: 소론인 영돈녕부사 귀록 조현명(歸鹿 趙顯命)이 63세로 사망함.

○1755년(영조31) 2월~3월: 처형된 윤취상(훈련대장)의 아들인 지평

윤지(尹志)와 유배된 이명언(이조참판)의 조카인 나주목사 이하징 등이 나주목 객사에 "도탄에 빠진 백성을 구하기 위해 군사를 움직이니, 동요하지 말라"는 격서를 써 붙인 이른바 나주벽서사건(羅州壁書事件)이 일어남.

－영조는 이를 1728년 무신봉기와 연계시켜 조태억과 이광좌의 관작을 추탈, 윤취상 이사상 이진유 정해 윤성시 서종하 유봉휘 조태구 등을 추시역율(追施逆律), 관작삭탈된 우의정 최석항의 복관(復官)을 무효로 함. 또한 무신봉기 공로로 양무공신 2등에 녹훈됐던 박찬신과, 윤지 아들 윤광철(尹光哲) 등을 참형한 후 효시하고, 윤지 이하징 이수경 나침(羅沈) 등을 장살 후 효시하는 등 준소·완소를 가리지 않고 극형에 처함. 40여 명이 죽고, 20여 명 유배, 관작추탈 2명 등 70여 명이 화(禍)를 당함.

○1755년 3월 20일: 장령 이길보 등이 "정배돼 있는 김일경 목호룡 이인좌 정희량 등의 아들을 정법(正法: 사형)해야 한다"는 청을 하자, 영조가 윤허함.

○1755년(영조31) 5월: 나주벽서사건을 토평한 것을 경축하는 과거시험, 즉 '토역경과(討逆慶科)'에서 심정연이 경종의 독시설을 쟁점화하고 노론 일색의 탕평을 비판한 이른바 토역경과투서사건이 일어남.

－영조는 이 사건도 무신여당(戊申餘黨)의 소행이라 하여 박필몽 5촌 조카인 박사집과, 우서(迂書)의 저자인 충주의 유수원(유봉휘 조카), 영의정 심수현의 아들인 대사간 심악, 심성연 동생인 심정연(沈鼎衍), 승지 신치운(申致雲), 교리 이거원(李巨源), 포도대장 조동정(趙東鼎), 박필몽 5촌 조카인 박사집(朴師緝), 김일경 종손(從孫)인 김

도성(金道成), 부사과(副司果) 이명조(李明祚), 잡술인(雜術人) 정극성(丁極星), 춘천의 강몽협 윤혜(尹惠) 유봉성, 양천의 송수악(宋秀岳), 양주의 강몽상과 김인제(金寅濟), 해미의 전 사릉참봉(思陵參奉) 김정관 등 주로 진보적 소론계 인사 80여 명을 효시·참형·장살(장폐) 등으로 처형하고, 30여 명을 정배함. 연려실 이긍익 아버지인 이광사(李匡師)는 귀양 가서 죽음. 을해옥사(乙亥獄事)인 나주벽서 및 토역경과투서사건으로 5백여 명이 화를 당한 것임.

  * 유수원이 40세인 1733년경에 편찬한 우서(迂書)는, 국허민빈(國虛民貧)을 타개하고 부국강병을 이루기 위한 방안을 서술한 책으로, 영조 임금도 읽어보았을 정도로 당시 지식층에게 필독서였음.

  -국문 초사(招辭: 공초)에 소론인 박문수(우참찬) 이종성(영의정) 이철보(호조판서)의 이름이 나왔으나, 영조가 불문에 부침.

  ○1755년(영조31) 11월: 영조의 어명에 따라 김재로와 이천보 등이 천의소감(闡義昭鑑) 4권 3책을 편찬함. 천의소감은 1728년 무신란을 비롯하여 1721년(경종1) 신임사화부터 1755년 나주벽서사건까지의 사건·사태를 토평(討平)한 것과, 경종의 죽음에 영조 자신은 관련이 없다는 왕위 즉위(卽位)의 정당성 및 탕평책 등을 자찬(自讚)한 책임.

  ○1756년 1월: 오스트리아 음악가 모차르트(Mozart)가 출생함.

  ○1756년(영조32) 2월: 노론의 거두인 송시열과 송준길이 문묘에 제향됨으로써 노론 일당독재의 이데올로기가 국가 이념으로 전환·고착됨. 4월: 나주벽서사건에 연루돼 고초를 당한 소론의 거두인 영성군(靈城君) 박문수(朴文秀)가 66세로 사망함.

○1759년(영조35) 1월: 소론인 영중추부사 오천 이종성이 68세로 사망함.

○1759년 6월: 66세 영조가 15세인 경주김씨(정순왕후, 1745~1805)를 계비로 맞아드림. **10월:** 노론의 거두인 봉조하 청사 김재로가 78세로 사망함.

○1761년 1월: 1755년 1월부터 60여 차례 영의정 사직을 청한 바 있는 노론 영중추부사(領中樞府事) 진암 이천보가 64세로 사망함.

○1762년(영조38) 윤 5월: 28세 사도세자가 영조 및 노론에 의해 뒤주 속에서 죽임을 당하는 임오화변(壬午禍變)이 발생함.

○1763년(영조39) 8월: 소론의 영수였던 영의정 조태구의 손자 조영득(趙榮得)과 소론 강경파였던 좌의정 유봉휘의 손자 유동혼 등에 의한 역모사건이 일어남. 조영득 유동혼 윤득명 이익좌 권유(權裕) 권유(權維) 이능효 윤연 윤몽정 김제해(金濟海)·운해(運海) 심내복 신정관(申正觀) 기언표 등 소론 대부분과 남인 일부분이 처형됨.

○1763년 10월: 영조는 소론과 남인에 의해 일어난 1721년~1723년 신임사화부터 → 남인·소론·소북 등에 의한 1728년 무신란 → 소론에 의한 1755년 나주벽서 및 토역경과투서사건 → 소론·남인에 의한 1763년 계미년 역모사건을 같은 뿌리의 모반사건으로 확정하는 포고문(반교)을 발표함.
−이로써 영조의 피비린내 나는 광기의 정치가 대단원의 막을 내림.

○**1764년(영조40) 9월 21일**: 정희량의 고조부인 동계 정온의 봉사손을 조정에서 공식 등용하는 조치를 함. **11월**: 무신봉기의 영향 등으로 노비 문서를 관리하던 기관인 장례원이 혁파됨.

○**1767년(영조43) 10월**: 노론 봉조하 전보 유척기(展甫 俞拓基)가 77세로 사망함.

○**1769년**: 지중해 코르시카섬에서 나폴레옹(Napoleon)이 출생함.

○**1770년**: 독일 음악가 베토벤(Beethoven)이 출생함.

○**1775년**: 미국에서 독립전쟁(1775~1783)이 일어남.

○**1776년 3월 5일**: 영조 임금이 83세로 사망함. (재위 52년)

○**1776년 3월 9일**: 영국의 애덤 스미스(Adam Smith, 54세)가 국부론(An Inquiry into the Nature and Causes of the Wealth of Nations)을 출간함.

○**1780년(정조4) 11월**: 평영남비(平嶺南碑)가 대구 경상감영 남문 앞 대로변에 건립됨. 이 비는 경상도 남인에게 우호적인 정조 임금을 경고하기 위한 노론의 전승비임.

–경상도를 적국(敵國)으로 인식하여 토평(討平)한 것처럼 매도하고, 무신봉기 때 경상감사였던 황선을 찬양한 비(碑)지만, 4로 도순무사 오명항을 폄하하는 내용도 있음. 이 비에 정희량 이능좌의 군사가 7만 명이라고 새겨져 있음.

○**1782년:** 이탈리아 바이올리니스트이며 음악가인 파가니니(Paganini)가 출생함.

○**1783년(정조7) 4월:** 함안 칠원의 주재성(周宰成, 1681~1743)에게 충신 정려(旌閭)가 내려짐.

－주재성은 무신봉기 때 김해 속오군이 뚜껑이 없는 솥에 밥을 해서 먹는 것을 보고 4백 개를 바치고자 했으나, 이시번 경상우병사(兵使)가 이를 거절한 적이 있음. 1735년 노론의 거두인 이조판서 김재로가 또 영조에게 아뢰어 솥뚜껑을 받게 됨. 이 공로가 인정된 것임.

○**1784년(정조8):** 무신봉기 때 성주목사였던 이보혁을 찬양한 성산기공비(星山紀功碑)가 성주읍내에 건립됨.

○**1787년(정조11):** 제천의 김동익·횡성의 정무중(鄭武重)·충주의 유득겸 등이 정희량의 손자 정함(鄭䤴, 일명: 정응주)과, 이인좌의 아들을 받들어 반란을 모의한 죄로 김동익·동철 김성옥 정무중 유득겸 정진성 등이 효시됨.

○**1788년(정조12):** 정조 임금이 남인인 번암 채제공(樊巖 蔡濟恭, 1720~1799)을 우의정에 임명하고, 무신봉기 일주갑(60년)을 맞이하여 무신봉기 때 공을 세운 충신과 공신에 대한 추가 녹훈과 후손들의 서용(敍用: 등용) 및 치제(致祭: 제사)를 명함. 또한 무신봉기 때 공을 세운 거창현 아전인 신극종·석현·덕현·치근·광세 등 신씨(慎氏) 5명을 제향하는 창충사(彰忠祠)가 거창읍에 건립됨.

한편, 이진동 등 안동 유림의 주도로 무신봉기 때 안동 등 경상좌도를 중심으로 13개 읍에서 창의한 것을 기록한 무신창의록(戊申倡義

錄)을 11월 정조에게 바침. 이로 인해 1792년 3월에는 안동 도산서원에서 경상좌도 사림을 배려하기 위해 별시(別試)가 열리자, 과장(科場)에 입장한 유생만 7천여 명이 넘는 등 좌도는 우도와 달리 정조 때는 차별을 받지 않음.

o1789년 7월: 프랑스혁명이 일어남.

o1790년(정조14) 10월: 합천의 무신봉기 진압을 찬양한 무신평란사적비(戊申平亂事蹟碑)가 합천읍내 정대동에 건립됨.

o1799년 1월: 남인의 거두인 판중추부사 번암 채제공이 80세로 사망함.

o1799년 가을: 삼가현감(三嘉縣監) 박헌원(朴獻源)이 향음주례(鄉飮酒禮) 때 남인에게 돌아갈 주빈(主賓)을 서인(노론)이 맡도록 하자 남인이 참석하지 않는 등 평소 서로 반목함.
* 상기 내용은 이옥(李鈺)이 지은 '봉성문여(鳳城文餘)'에 나옴.
o1800년 6월: 정조 임금이 49세로 사망함. (재위 24년)
o1801년(순조1): 정순왕후와 영의정 심환지(沈煥之, 1730~1802) 등 노론에 의해 신유사옥(辛酉邪獄)이 일어남.
－이들은 천주교 탄압을 빌미로 남인이며 진보적 인사인 정약종 이승훈 권철신 이가환 이존창 황사영 최필공 홍교만 홍낙민과, 정조의 이복동생 은언군 이인(恩彦君 李裀) 및 정조의 외삼촌인 홍낙임(洪樂任) 등 100여 명을 처형하고, 정약용·약전 형제 등 300여 명을 정배함.

○1803년(순조3) 2월 20일: 노론 사간 신직(申職)이 영양 주실마을의 조덕린(趙德隣)에 대해 역률(逆律)을 추후로 시행할 것을 상소하여 조덕린의 관작이 추탈(追奪)됨.

−신직은 상소에서 "조덕린을 무신변란 핵심 인물인 박필몽보다 더 흉악한 인물이고, 무신변란 때 경상좌도 사람들이 창의한 사실들을 기록하여 1788년 11월 정조에게 바친 무신창의록의 내용도 거짓이다"고 함.

* 조덕린은 1899년(고종36) 11월 신원됨.

○1805년 10월: 영국 해군 제독 넬슨(Nelson)이 에스파냐(스페인) 트라팔가에서 프랑스와 에스파냐 연합 함대를 격파하고 전사함.

○1808년(순조8): 봉화 출생인 손명대를 기리는 절도사손공분충어난비(節度使孫公奮忠禦難碑)가 남원 운봉읍내에 건립됨.

−무신봉기 때 손명대는 운봉현감이었고, 그해 4월 26일 경상좌수사(水使: 수군절도사)로 승진된 바가 있음.

○1810년: 폴란드 음악가 쇼팽(Chopin)이 출생함.

○1811년(순조11) 12월~1812년 4월: 홍경래(41세)에 의한 평안도농민전쟁이 발발하여, 약 2천여 명이 처형됨.

○1813년: 이탈리아 오페라 작곡가 베르디(Verdi)가 출생함.

○1815년: 프로이센의 총리로 독일을 통일했던 '철혈재상' 비스마르

크(Bismarck)가 출생함.

○**1818년(순조18)**: 전라도 강진에 유배돼 있던 다산 정약용(茶山 丁若鏞, 1762~1836)이 18년 동안의 유배생활에서 풀려남.

○**1828년**: 러시아 작가 톨스토이(Tolstoy)가 출생함.

○**1833년**: 독일 음악가 브람스(Brahms)가 출생함.

○**1837년(현종3)**: 거창현 아전인 신극종·석현·덕현·치근·광세 등 신씨(愼氏) 5명을 제향하는 창충사(彰忠祠)에 사적비를 건립함.

○**1840년**: 러시아 음악가 차이코프스키(Tchaikovsky)가 출생함.

○**1854년**: 미일화친조약(美日和親條約)이 체결됨.

○**1858년**: 일본의 계몽사상가인 후쿠자와 유키치(복택유길·福澤諭吉, 24세)가 사립학교인 난가쿠주쿠(난학숙·蘭学塾, 게이오대학)를 설립함.

○**1859년**: 영국의 생물학자 다윈(Darwin, 51세)이 종(種)의 기원(The Origin of Species)을 출간함.

○**1860년**: 오스트리아 음악가 말러(Mahle)가 출생함.

○1861년~1865년: 미국에서 남북전쟁이 일어남.
-62만 명이 전사하고, 47만 명이 부상함.

○1862년(철종13) 2월~12월: 진주 단성 함양 거창 청주 부안 상주 등지에서 임술농민항쟁이 발발함.

○1867년: 독일의 칼 마르크스(Karl Marx, 50세)가 자본론(Das Kapital, Kritik der politischen Oeconomie) 1권을 출간함.

○1868년 1월: 정한론(征韓論)을 주창한 사이고 다카모리(서향융성 · 西鄕隆盛, 42세) 등이 메이지유신(명치유신 · 明治維新)을 단행함.

○1868년(고종5) 3월: 무신봉기와 임술농민항쟁의 영향 등으로 광양에서 민회행 전찬문(田贊文) 한경삼 권학여 강명좌 등에 의한 반봉건 투쟁이 일어나, 모두 서울 군기시(軍器寺) 앞길에서 부대시참(不待時斬)됨.
-결안(結案)에서 "그들의 거사 수법이 상여 동원 등 이인좌의 속임수와 일치했다"고 함.

○1870년: 러시아에서 레닌(Lenin)이 출생함.

○1871년(고종8) 8월~1872년 1월: 조령(鳥嶺. 문경) 진천 진주 산청(대원사) 영해에서 동학교도인 이필제(李弼濟)의 변란이 발발함.
-이필제 정기현(鄭岐鉉) 최해철 임덕유(林德裕) 안문희 최태철 정국현(鄭國鉉) 최응규 정옥현(鄭玉鉉) 등이 효수(梟首)되고, 거창의 정만

식(鄭晩植) 양영렬 양성중 성하첨 등 12명이 추자도 등지로 유배됨.

ㅇ1873년(고종10)~1876년: 이항로 문인으로 척사론자인 노론의 최익
현(포천 출생, 1833~1906)과 김평묵(포천 출생, 1819~1888) 등이
"이현일 등의 신원(伸寃)을 요구한 사람들을 추율(追律)해야 하며, 남
인인 윤휴(尹鑴) 이후로 우리 서인(주: 노론)과 남인은 원수가 됐다.
만약 서양과의 조약이 성립된 후에 민암 목내선 이인좌 정희량의 남
은 후손들이 백성의 불인(不忍)한 마음을 이용하여 창을 들고 도성과
대궐을 침범한다면 서인은 일망타진될 것이고, 이이(李珥)와 송시열
제현(諸賢)은 그 작위(爵位)와 시호가 깎여 문묘에서 내쳐진 후, 윤휴
의 귀신이 커다란 대종사(大宗師)가 될 것이다"고 주창함.

－집권 노론세력들은 조선이 망하는 그 시점에도 남인인 이현일 윤
휴 등을 원수로 배척했고, 위정척사(衛正斥邪)를 빙자하여 노론 자파
세력 확대를 도모했음. 민암 목내선 등 남인 후손들과 이인좌 정희량
등 무신당(戊申黨) 후손들은 노론들에 의해 거의 몰락했는데도 공격
을 당할까봐 두려워했으며, 조선을 구하는 일보다 이이 및 송시열로
부터 이어진 자파 노론 정권의 영원한 권력 보존과 이익에 눈이 멀어
있었음.

ㅇ1876년(고종13) 2월 2일: 일본과 강화도조약이 체결됨.

ㅇ1876년 12월: 첼로의 거장 카잘스(Casals)가 스페인에서 출생함.

ㅇ1882년(고종19) 6월: 임오군란(壬午軍亂)이 발발함.
－일본식 군제(軍制) 도입과 민씨(閔氏) 정권에 대한 반항으로 일어

난 구식 군대의 군란으로, 대원군이 재집권함.

○**1884년 10월**: 갑신정변(甲申政變)이 일어남.
-김옥균(34세) 서광범(26세) 박영효(24세) 홍영식(30세) 서재필(21세) 등 급진개화파가 일으켜 3일 천하로 끝난 부르주아적 개혁운동임.

○**1890년(고종27)**: 무신봉기 때 공을 세운 오세창(吳世昌)을 제향하기 위해 금오재가 거창 가조면에 건립됨.

○**1891년**: 배두필·두원(裵斗弼·斗元)을 제향하기 위한 충의사(忠義祠)가 거창 남하면에 건립됨.

○**1894년(고종31) 3월**: 고부 부안 태인 금구 삼례 정읍 전주 보은 청주 상주 성주 진주 하동 등지에서 갑오동학농민전쟁(동학혁명)이 발발함.

○**1894년 6월**: 청일전쟁이 일어남.

○**1894년(고종31) 7월**: 갑오경장(甲午更張)이 추진됨.

○**1895년 8월**: 민비(명성황후, 45세)가 일본 낭인들에 의해 시해됨.
-명성황후는 숙종의 장인으로 노론 계열인 호조판서 민유중(閔維重, 1630~1687)의 7세손임.

○**1895년(고종32) 12월**: 안동 창의대장 권세연(60세)의 격문에 "격동

하는 마음을 참지 못하여 고을 사람들을 모아서 의병을 일으켰다. (일본을 무찌르기 위해) 기계(器械: 창칼)는 무신년(戊申年)에 간직해 두었던 것을 꺼냈다"고 하면서, 1728년 무신년 봉기 때 경상좌도는 경상우도와 달리 무신봉기에 가담하지 않고 오히려 진압에 앞장섰다는 것을 과시함.

○1896년 **양력 1월 1일**: 조선에서 양력(陽曆)을 공식적으로 사용함.

○1904년 **2월**: 일본 함대가 중국 여순(旅順)에 있는 러시아 함대를 공격하면서 1년 7개월 동안의 러일전쟁이 시작됨. 이듬해 9월에 종전됨.

○1905년(고종42) **11월 17일**: 일본과 을사늑약이 체결됨.

○1908년(순종2) **4월 30일**: 1728년 음력 3월에 일어난 무신봉기 때 처형된 현감 박필현·대사헌 박필몽·부사 심유현·이조참판 이사로·총융사 김중기·밀풍군 이탄·전라감사 정사효·충청감사 권첨·함경감사 권익관·회인현감 김도응 등이 순종의 조칙(詔勅)에 따라 신원(伸寃)됨.
－이때 이른바 인조반정으로 1623년 관작추탈된 좌의정 한효순과 처형된 영의정 정인홍, 1680년(숙종6) 경신환국 때 사사된 이조판서 윤휴, 1694년(숙종20) 갑술환국 때 관작삭탈된 이조판서 이현일 및 사사된 우의정 민암, 신임사화의 책임을 물어 처형된 대사헌 김일경·관작추탈된 영의정 조태구·배소에서 죽은 좌의정 유봉휘, 1725년 을사처분으로 관작추탈된 좌의정 최석항, 1755년(영조31) 나주벽서

사건 때 무신잔당(戊申殘黨)이라 하여 관작추탈된 영의정 이광좌·좌
의정 조태억 및 처형된 판윤 박찬신·동부승지 유수원·승지 신치운
·지평 윤지 등도 함께 신원됨.

○**1909년 10월 26일**: 안중근(安重根, 31세)이 하얼빈에서 이토 히로
부미(이등방문·伊藤博文, 69세)를 사살함. 안중근은 그후 사형 선고
를 받고 1910년 3월 26일 형이 집행돼 여순 감옥에서 순국함.

○**1910년 8월 29일**: 한일병탄(합방)이 됨.

○**1911년 10월 10일**: 중국에서 신해혁명(辛亥革命)이 일어나 쑨원
(손문·孫文, 46세)이 중화민국 임시대총통에 선임됨.

○**1914년 7월**: 오스트리아가 세르비아에게 선전 포고를 하면서 4년
동안의 1차 세계대전이 시작됨.

○**1914년 12월 7일**: 조성좌의 7세 종손(宗孫)이 합천군 삼가면에서
출생하자, 종손의 조부인 조석규(曹錫圭, 1854~1917)가 1728년 무
신봉기 이전의 번성했던 가문의 영광을 "재건(再建)하려"는 염원에서
봉사손의 이름을 '조재건(曹再建)'으로 지음.
  -무신봉기 후 조성좌의 가족 및 친척들은 합천 묘산면 도옥리에서
강원도 인제 및 화천·양구 등지로 발배된 후, 조성좌의 아들 등 후
손들은 삼가현이던 현 거창군 신원면 옛 원만마을로 숨어살게 됨. 그
후 삼가현인 합천군 가회면 도탄리로 이주하여 잠시 살다가, 합천군
쌍백면 안구마을로 이주하고, 그후 1890년 말엽에 합천군 삼가면 강

성마을 및 이부마을로 이주·정착함.

○1917년 10월: 러시아 혁명이 일어남.

○1919년 3월 1일: 기미 3·1만세운동이 일어남.

○1919년 4월 11일: 3·1만세운동의 영향으로 상하이에서 대한민국 임시정부가 세워짐.
 –반만년 역사에서 왕(王)이 아닌, 민(民)이 주인이 되는 민주공화 국이 탄생한 것임.

○1923년 1월: 신채호(申采浩, 46세)가 김원봉(金元鳳, 26세)의 요청 을 받고 '조선혁명선언(의열단선언)'을 발표함.

○1928년: 영국에서 여자에게도 선거권이 주어져 평등선거가 채택됨.
 –대한민국은 1948년에, 독일 1918년, 미국 1920년, 일본 1945년, 프랑스 1946년, 스위스는 1971년에 채택·실시됨.

○1930년 10월 28일: 조성좌·정좌·덕좌 등 무신봉기 때 죽임을 당 한 사람들의 묘소가 있는 경남 합천군 봉산면 권빈리 석가산을 조성 좌의 봉사손인 조재건(曺再建, 17세)의 명의로 소유권 보존등기를 함.

○1932년 11월: 1912년 신흥강습소(新興講習所, 신흥무관학교)를 설 립한 우당 이회영(友堂 李會榮)이 대련(大連, 다롄)에서 일경과 중국 수상서원(水上署員)에게 검거돼 66세로 옥사함.

○**1932년 4월 29일**: 윤봉길(尹奉吉, 파평)이 중국 상하이 홍구공원에서 폭탄을 투척하여, 일본군 파견군사령관과 상하이 일본거류민단장이 사망하고, 제3함대사령관과 제9사단장 및 주중공사 시게미쓰 마모루(중광규·重光葵) 등이 중상을 입음. 주중공사는 그후 외무대신으로 승진하여 1945년 9월 2일 미주리호(號)에서 미국과의 항복문서에 조인한 인물임.

–윤봉길은 1932년 12월 19일 오사카 가나자와 육군형무소 공병작업장에서 총살돼 25세로 순국함.

○**1939년 9월**: 독일이 폴란드를 침공하여 6년 동안의 제2차 세계대전이 시작됨.

○**1945년 2월**: 시인 윤동주(尹東柱)가 일본 후쿠오카 형무소에서 29세로 옥사함. 한 달 뒤 명문 교토제국대학(京都帝國大學) 사학과 학생이었던 고종 사촌 송몽규(宋夢奎, 29세)도 후쿠오카 형무소에서 옥사함.

○**1945년 8월 15일**: 조선(朝鮮)이 해방됨.

○**1948년 8월 15일**: 대한민국 정부가 수립됨.

○**1950년 6월 25일**: 북한의 기습 남침(南侵)으로 6·25전쟁이 발발함.

–전사자: 국군 13만7천여 명, 미군 5만4천여 명, 북한군·중공군 52만 명, 민간인 2백30만 명 사망(남한 30만, 북한 2백만)

○**1994년 11월**: 국사편찬위원회에서 발간한 영조무신역옥추안 및

영조무신별등록 해제에 "… 1728년 무신란은 정치체계와 권력구조의 모순에 의해 일어난 의리명분 논쟁의 한 양상이면서 동시에 대규모적인 권력투쟁의 표출이기도 했다. … 아무튼 무신란은 소외계층의 변혁운동이다"라고 평가함.

◦1999년 5월 23일: '석가산의 쇠갓'이라는 조성좌(曺聖佐)의 전설이 서려 있는 경남 합천군 봉산면 권빈리 석가산 소재 조성좌 묘소에 무신의거비(戊申義擧碑)가 건립됨.
 -대진대학교 철학과 교수며 남명학연구원 상임연구위원인 권인호(權仁浩) 박사가 비문(碑文)을 지음[찬·撰].

◦2003년 3월 22일: KBS1 TV 역사스페셜에서 합천군 봉산면 권빈리 석가산에 있는 조성좌 묘소 및 의거비(묘비)가 전국에 방영됨.

22. 연보 등

조식(曺植)

(호: 남명, 자: 건중)
號 南冥 字 楗仲

1501년(연산7)~1572년(선조5)
남명 조식은 정인홍의 스승임.

○**1501년(연산7) 6월 26일**: 삼가현 토골(三嘉縣 兎洞: 합천군 삼가면 외토리 토동마을)에서 아버지 조언형(曺彦亨)과 어머니 인천이씨(仁川李氏) 사이에서 3남 5녀 중, 차남으로 출생함.

　-아버지 조언형은 문과에 8등으로 급제 후, 단천군수·정언·지평·집의 및 승문원 판교(判校) 등을 역임함.

　-어머니 인천이씨의 6대조는 고려 때 문하시중을 역임한 이작신(李作臣)인데, 기양(岐陽: 삼가)으로 귀양 와 죽음. 1957년에 세운 이작신 신도비가 삼가읍내 농협 앞에 있음.

　* 어머니(인천이씨)의 외조부는 세종 때 좌의정을 지낸 창원시 북면 출생의 최윤덕(崔潤德, 1376~1445)임.

　* 조식은 그의 증조부 때 서울에서 삼가현 판현(板峴: 합천군 삼가면 하판리)으로 이사 옴.

○ **1505년(연산11) 경:** 아버지를 따라 서울로 감. 이때 이웃에 살고 있던 이윤경(李潤慶)·준경(浚慶) 형제를 만나 절친하게 지냄. (5세 경)

○ **1518년(중종13):** 서울 북악산 밑 장의동으로 이사하여 성수침(成守琛)과 성운(成運) 형제를 만나 평생지기가 됨. (18세)

○ **1519년(중종14):** 기묘사화(己卯士禍)가 일어나 막내 숙부 조언경(曺彦卿)이 파직돼 낙향함. (19세)
–이때 조광조(趙光祖)는 전남 화순에서 사사(賜死)됨. 조언경의 묘소는 합천군 삼가면 어전리 도두골에 있음.

○ **1520년(중종15):** 생원과 및 진사과에 각 2등으로 합격함. (20세)

▲ 남명 부친 조언형 묘소: 경남 합천군 삼가면 하판리 갓골
남명 아버지 조언형(曺彦亨, 1469~1526) 및 어머니 인천이씨(仁川李氏) 묘비(墓碑)는, 필자가 신청서를 작성·경남도에 제출하여 2004년 7월 경남도 유형문화재 제410호 및 411호로 지정됐다. 상단 빨간 화살표가 지리산 천왕봉이다.

○ **1526년(중종21)**: 서울에서 부친상을 당함. 시신을 삼가현 판현(板峴) 갓골(지동마을)까지 운구하여 장례를 치르고, 이후 갓골에서 3년 시묘살이를 함. (26세)

－증조부모·조부모·부모·조카(조계명) 묘소는 합천군 삼가면 하판리 갓골에 있음.

＊갓골에는 노파 이흘(정인홍 문인)의 문인인 창주 허돈(滄洲 許燉, 1586~1632)의 후손들이 거주하고 있으며, 가회면 오도리에도 창주 및 후산 허유(后山 許愈, 1833~1904)의 후손들이 살고 있음.

○ **1529년(중종24)**: 인근 자굴산에서 글을 읽음. (29세)

○ **1530년(중종25)**: 어머니를 모시고 처가가 있는 김해로 가서 신어산(神魚山) 아래에 터전을 잡음. 따로 대동면 주동리에 산해정(山海亭)을 짓고 학문에 정진함. 이때 호(號)를 장자(莊子) '소요유(逍遙遊)'에 나오는 남쪽 큰 바다, 즉 천지(天池)를 일컫는 '남명(南冥)'으로 지음. (30세)

－신계성 이희안 성운 이원 등 거유(巨儒)들과 교유했으며, 친구인 동고 이준경(東皐 李浚慶, 1499~1572, 영의정)이 지은 심경(心經)의 후발(後跋)을 씀. 이후 삼가 토골로 이거하기 전까지 김해에서 18년 거주함.

○ **1533년(중종28)**: 향시(鄕試)에 장원 급제함. (33세)

○ **1542년(중종37)**: 경상안찰사 회재 이언적이 편지로 찾아 줄 것을 요청함. (42세)

◦**1544년(중종39):** 부인 남평조씨(曺氏)에게서 태어난 아들 차산(次山, 9세)이 사망함. (44세)

◦**1545년(명종 즉위년):** 삼가현 장단촌의 입재 노흠(立齋 盧欽, 19세)이 와서 배움. 노흠(삼가 두모리 출생)의 외손자가 대군사부(大君師傅)를 지낸 임곡 임진부(林谷 林眞怤)임. 11월에 김해에서 모친상을 당하여 12월 삼가현 갓골에서 장사 지낸 뒤, 갓골에서 시묘살이를 함. (45세)

◦**1548년(명종3):** 갓골에서 모친 3년 복상(服喪)을 마치고, 김해에서 삼가로 이거하여 토골에 계부당(鷄伏堂)과 뇌룡정(雷龍亭)을 건립하고 강학을 함. 이후 14년 동안 삼가에서 거주함. (삼가에서 총 거주기간은 24년임) (48세)

−남명은 자신의 칼에 '내명자경(內明者敬: 안으로 마음을 밝히는 것이 **경**)'과 '외단자의(外斷者義: 밖으로 행동을 결단하는 것이 **의**)'라는 패검명(佩劍銘)을 새긴 후, 차고 다녔음. (남명은 죽기 전에 이 칼을 제자인 정인홍에게 물려줌)

◦**1549년(명종4)~1550년:** 문익성(文益成, 21세) 이광우(李光友, 21세) 정인홍(15세) 등이 삼가 토골로 와서 배움. (49세~50세)

◦**1550년(명종5):** 삼가현 병목(대병면)의 은진송씨(宋氏, 19세)를 부실(副室)로 맞아드림. (50세)

◦**1551년(명종6):** 종부시 주부(宗簿寺 主簿)로 제수됐으나 부임하지 않음. (51세)

-오건(吳健, 31세)이 와서 배우고, 김우옹의 부친인 김희삼(金希
參, 45세)이 찾아옴.

○ 1552년: 둘째 부인 은진송씨에게서 아들 차석(次石)이 출생함.
(52세)

○ 1553년(명종8): 퇴계 이황(退溪 李滉)에게 벼슬할 때가 아니라고
편지로 답함. (53세)

○ 1554년(명종9): 어릴 적 서울에서부터 친구였던 전주부윤 이윤경
(李潤慶)에게 편지(여전주부윤서·與全州府尹書)를 보냄. (54세)

○ 1555년(명종10) 11월 19일: 인근 경상도 단성현감에 제수됐으나 부
임하지 않고 단성현감사직소(丹城縣監辭職疏), 일명 을묘사직소(乙卯
辭職疏)를 삼가현 토골 뇌룡정(雷龍亭)에서 작성하여 명종에게 올려
조야(朝野)를 경동케 하는 등 시류와 불의에 타협할 줄 모르는 강직
한 선비정신을 보여줌. (55세)
-을묘사직소에서 남명은 "기근이 겹치고, 창고는 비었으며, 세금
과 공물이 규율을 잃고, 뇌물은 일상화됐고, 비방과 모함이 극에 달
했으며, 나라의 근본이 이미 망했고, 하늘의 뜻은 가버렸으며, 인심
도 이미 떠나버렸다. 낮은 벼슬아치는 히히덕거리면서 주색만 즐기
고, 높은 벼슬아치는 어름어름하면서 오로지 재물만을 늘리는데도
바로잡지 않고 있다"고 일갈(一喝)하고, 문정왕후를 '과부'에, 명종을
'고아'에 비유함.
-을묘사직소를 명종에게 올린 후 쓴 '책문(策問)의 제(題)'에서 조

식은, "지금 섬 오랑캐가 을묘왜변(乙卯倭變)을 일으켜 남의 나라 장수를 죽이고, 대장경 30부를 가져가겠다는 것은 우리를 우롱하는 것인데도, 조정에서는 벌벌 떨면서 어찌할 줄을 모르고 있다"고 질타함. 그러나 숭유억불(崇儒抑佛) 정책을 편 조선은 1556년 11월 1일 일본 사신에게 대장경 인본(印本: 인쇄한 책)을 줌.

○ 1557년(명종12): 충청도 보은 속리산으로 친구인 대곡 성운(大谷 成運, 1497~1579)을 찾아가 만남. (57세)

○ 1558년(명종13) 4월 11일~4월 25일: 진주목사 김홍(金泓), 진주 금산면 출생으로 자형인 수재 이공량(秀才 李公亮, 59세), 합천 쌍책면 출생인 전 고령현감 황강 이희안(55세), 전 청주목사 구암 이정(龜巖 李楨, 47세) 등과 함께 지리산을 유람하고, 기행문인 '유두류록(遊頭流錄)'을 남김. (58세)
  –삼가현 토골(합천군 삼가면 외토리 토동)에 있는 뇌룡정을 출발하여 돌아오는 여정으로, 조식은 모두 12번 지리산을 유람함.
  * 사천읍 구암리 출생인 구암 이정과는 진주 수곡면의 '하종악 후처 음행사건' 처리문제로 1568년 절교함.

○ 1559년(명종14): 대소헌 조종도(大笑軒 趙宗道, 23세)가 와서 배움. 초계현(합천 쌍책면 성산리)의 황강 이희안(黃江 李希顏)이 56세로 사망하자 묘갈명을 지음. (59세)

○ 1561년(명종16): 6월 26일 회갑(回甲)을 고향 삼가(三嘉)에서 맞이한 후, 삼가현 토골에서 산청군 시천면 사리(絲里, 덕산)로 이주함.

가을에 개성 기생 황진이를 산천재에서 만나 대화를 나눔. (61세)

　－회갑연에는 제자인 정인홍(26세) 등이 참석했을 것임. 삼가현 판현(삼가면 하판리)에 있는 집과 재산은 동생에게 맡기고 덕산(德山)으로 이주한 것임. 그후 덕산에서 산천재(山天齋)를 짓고 강학을 계속함. (산천재는 임진왜란 때 소실되고, 1817년 복원됨)

　◦1562년(명종17): 밀양의 송계 신계성이 64세로 사망하자 묘갈명을 지음. (62세)

　◦1563년(명종18): 이희안의 외손자인 초계현 성산리의 설학 이대기(13세)와, 성주군 대가면의 동강 김우옹(24세)이 와서 배움. (63세)

　－남명은 죽기 전에 자신이 가지고 있던 방울(성성자·惺惺子)을 제자인 김우옹에게 물려줌.

　◦1564년(명종19): 안동의 퇴계 이황에게 편지를 보냄. 이 편지에 "요즘 공부하는 사람들은 손으로 물 뿌리고 빗질하는 절도도 모르면서 천리(天理)를 얘기하여 헛된 이름이나 훔쳐서 남을 속이려 하고 있다. 그러나 도리어 남으로부터 상처를 입게 되고, 다른 사람에게까지 피해를 주고 있는데, 이는 아마도 장로(長老: 퇴계)께서 꾸짖어 그만두게 하지 않기 때문일 것이다"고 말함. (64세)

　－또한 21살인 조원(趙瑗)이 진사시에 장원으로 급제하자 축하하는 오언절구를 칼자루에 새겨주었는데, 통상적인 덕담(德談)과는 거리가 멈.

　"불 속에서 하얀 칼날 뽑아내니, 서리 같은 빛이 달에까지 닿아 흐르네, 견우 북두 떠 있는 넓디넓은 하늘에, 정신은 놀되 칼날은 놀지 않는다."약관(弱冠)의 청년에게 새겨 준 이 시에는, 마음에 한 점 티끌도 용납할 수 없고, 대의를 위해서는 한순간도 주저하지 말라는 남명의 결연한 의지가 담겨 있음.

◦1565년 4월: 명종의 어머니인 문정왕후가 65세로 사망함. (65세)

◦1566년(명종21) 8월: 상서원(尙瑞院) 판관(判官, 정5품)에 제수됐으나 불취함. (66세)

◦1566년(명종21) 10월 7일: 명종의 부름에 나아가 김범(金範, 현감)과 함께 사정전(思政殿)에서 만나서, 정치의 원칙과 일신을 요청하고, 제자인 정인홍을 추천함. 이때 성운(成運)은 몸이 아파 참석하지 않음. (66세)
─성주 대가면의 정구(鄭逑, 24세)가 와서 배움.

◦1566년(명종21) 12월 2일: 이조(吏曹)에서 명종 임금에게 다음과 같이 아뢴 것에서, 남명 조식의 실사구시와 민본사상, 퇴계 이황과의 인식 및 가치관의 차이와, 남명이 시류에 영합하지 않고 깨끗하게 처신한 인물이었다는 것 등을 알 수 있음. (66세)

"(이조에서 명종에게 아뢰기를) 상서원 판관(判官) 조식(曺植)은 (삼가현) 집에 있으면서 관혼상제(冠婚喪祭)에 모두 주자가례(朱子家禮)를 준거했고, 유속(流俗: 풍속)에 휩쓸리지 않았다. 학생들을 가르침에 있어서도 항상 근사록(近思錄)과 성리대전(性理大全) 등의 책을 부지런히 읽게 했는데, 모두 체득(體得)하는 것을 급선무로 삼았고, 실천과 행동함이 없이 읽기나 하는 것에 대해 비판했다. 언제나 '요즘 학문을 처음 배우는 선비들은 고원(高遠: 고상하고 원대함)한 얘기를 좋아하면서도 쇄소응대(灑掃應對: 집 안팎을 깨끗이 하고, 웃어른의 부름이나 물음에 응함)하는 절차조차도 모른다. 역학계몽(易學啓蒙)이나 태극도설(太極圖說) 등의 책을 먼저 배우는 것은 심신(心身)에 이익이 될 것이 없고, 마침내 명리(名利: 명예와 이익)나 위하는 것으로 귀착되게 된다'고 하면서, 일찍이 이러한 내용으로 (1564년) 이황(李滉)에게 글을 보내어 이런 풍습을 금지하려고 했다. 또 조식은 의논이 영발(英發: 재기가 뛰어남)하고 사람의 뜻을 잘 개발하여, 듣는 이들이 고무되지 않는 이들이 없었고, 학생들을 진취시키는데 극히 유익했다. 조정에서 여러 번 징소(徵召: 불러드림)했으나 그때마나 모두 일어나 나가지 않았었는데, 이때에 이르러 나와서 (상서원 판관에) 배명(拜命: 임명 받음)하고 얼마 안 되어 산(주: 지리산)으로 돌아갔다. 조식은 의기(意氣)가 높고 깨끗하여 유속(流俗)에 더럽혀질까 피하는 것 같았으나, 시사(時事)를 걱정하는 마음은 잠시도 잊지 않았다. 항상 말이 조정의 궐실(闕失: 잘못)과 민생의 곤췌(困悴: 곤궁)에 미치면 언제나 강개하며 한숨을 쉬었고, 혹 눈물을 흘리기도 했다."

* 근사록(近思錄)은, 주희(朱熹, 주자) 여조겸 주돈이(周敦頤) 정호(程顥) 정이(程頤) 장재(張載)의 글에서 학문의 중심 문제들과 일상생활에 필요한 내용들을 발췌하여 편찬한 것으로, 조선전기 때에는 사림파의 필독서였음. '근사(近思)'는 논어에서 "널리 배우고 뜻을 돈독히 하여 절실하게 묻고 가까이 생각하면[절문이근사·切問而近思], 인(仁)은 그 가운데 있다"는 구절에서 따온 것임.

○ **1567년(선조 즉위년) 11월 17일**: 명종이 6월에 죽고 선조가 즉위한 후, 전한(典翰, 종3품) 기대승(奇大升)이 선조 임금에게 선왕인 명종 임금이 이황(李滉) 조식(曺植) 성운(成運) 등을 한양으로 올라오도록

하서(下書)한 것은 매우 중요하니 계승할 것을 아룀. 그러나 남명은 선조의 부름에도 나아가지 않음. (67세)

또한 기대승은 선조 임금 앞에서 조식과 이황을 다음과 같이 평가함. 이 평가에서 조식의 강직한 성품과 함께, 현실 비판적인 창의성 있는 인물이었음이 나타남.

> "조식은 기질이 꼿꼿하여 벽립천인(壁立千仞: 천길 절벽이 우뚝 서 있음)과 같다고 한다. 무딘 자를 격렬하게 분발시키고 나약한 자를 일으켜 세우는 것은 잘하나, 학문은 법규를 따르지 않는 병폐가 있다."
> "이황은 자질이 매우 고명하고 정자(程子)와 주자를 조술(祖述: 선인의 설을 서술해 밝힘)했기 때문에 그 저술이 정자와 주자에 근접하여 근래 우리나라에서는 이러한 인물이 드문데, 그의 성품이 조용히 물러나기를 좋아하여 젊어서부터 벼슬살이를 싫어하며 고향에서 사느라 고생이 많다고 한다."

−서울의 수우당 최영경(守愚堂 崔永慶, 1529~1590)이 와서 배움. 남명의 아들 차석(次石)과 16살 동갑내기인 의령 유곡면의 망우당 곽재우(1552~1641)가 67살인 남명을 찾아와서 배움.

* 그후 최영경은 남명 사망 뒤인 1575년 서울에서 진주 도동으로 이사 옴. 곽재우는 남명의 외손서(外孫壻)이고, 또한 김우옹의 손아래 동서임.

○ **1568년(선조1)**: 정치의 일신을 요구한 무진봉사(戊辰封事)를 선조에게 올림. 무진봉사에서 특히, 서리(胥吏: 아전)의 가렴주구를 강력히 비판하고 개선책을 요구함. 첫째 부인 남평조씨(南平曺氏)가 김해에서 69세로 사망함. (68세)

−진주에서 '하종악 후처 음행사건'이 일어나, 그 처리과정에서 갈등이 증폭돼 구암 이정과 절교함.

○**1569년(선조2)**: 정4품 종친부 전섬(宗親府 典籤)에 제수됐으나 부임하지 않음. (69세)

−임진왜란을 예견하고 대책을 제자들에게 가르쳐 줌. 이때 대표적 제자로는 정인홍 김면 곽재우 이대기 조종도 등임.

○**1570년(선조3) 12월**: 퇴계 이황이 70세로 사망함. (70세)

○**1571년(선조4) 4월**: 덕계 오건(51세)에게 편지를 보냄. 이 편지에서 "학문이 오로지 상달을 숭상하고 하학을 공부하지 않아 혹세무민에 급급할 뿐이니, 이는 대현(大賢, 퇴계 이황) 때문이다"고 이황을 비판함. (71세)

−조식의 이 편지는, 퇴계 이황이 자신(조식)과 절교한 구암 이정에게 1570년 편지를 보내, '하종악 후처 음행·간통사건'에 대해 단호하게 처리를 주장한 자신(조식)을 이황이 비판한 것에 대한 섭섭함이었을 것임.

* 이황은 1570년 이정에게 보낸 편지에서 "조식은 세상에 드높은 명성을 가지고 있기에 나는 그 사람됨이 꿋꿋하여 속세를 초월하고 결백하여 세상을 벗어나 이 세상 그 어느 것으로도 그의 마음을 얽어맬 수 없으리라 생각했다. 그런데 여염 마을 한 부녀자의 잘못된 행실(주: 하종악 후처 음행사건)이 있든 없든 그 무슨 더럽혀질 거리가 된단 말인가. 조식이 그 높은 절개를 스스로 깎아 내리며 남들과 시비를 다투는데 마음을 모두 허비하는 것은 참으로 이해할 수 없다. 그러나 공(公, 이정)은 예전처럼 (조식과) 교분이 온전해지기를 기대

해서도 안 된다. 공이 (조식과) 교분을 온전히 하려는 생각은 굴욕만
더 심하게 받게 될 것이다"고 했음.

◦1572년(선조5) 2월: 72세로 사망함. 묘소는 산청군 덕산(德山: 시
천면 사리)에 있음.
–남명과 퇴계는 살아생전 한 번도 만나지 않은 것은, 서로 언론과
가치관이 달랐기 때문임. 퇴계는 남명을 "기이함을 좋아하여 중도(中
道)를 요구하기가 어렵다"고 평가하기도 했음.
–남명이 별세하자 친구인 충청도 보은읍의 대곡 성운이 묘갈명을
짓고, 제자인 탁계 전치원(濯溪 全致遠, 1527~1596)이 글을 씀. 행장
은 제자인 생원 정인홍이 지음.
＊성운의 처가(妻家)인 충북 보은읍의 경주김씨판도판서공파 문중
은, 1728년 무신의거(무신란) 때 합천 묘산에서 기병(起兵)한 조성좌
(曺聖佐)의 외가(外家)가 됨.

◦1576년(선조9): 남명을 배향(配享)하는 서원이 세워짐.
–산음현 덕천서원, 삼가현 회산서원(그후 용암서원) 등이 건립됨.
＊덕천서원은 1870년에, 용암서원은 1868년(고종5) 훼철됨.

◦1578년(선조11): 김해에 신산서원이 세워짐.
–1868년 대원군의 서원철폐령으로 훼철됨.

◦1603년(선조36)~1605년: 아들 차석이 예안현감 재직 중 파직됨.

◦1609년(광해1): 덕천·용암·신산서원이 사액서원이 됨.

◦**1610년:** 둘째 부인 은진송씨가 덕산에서 79세로 사망함.

◦**1615년(광해7) 1월:** 의령현 관아에서 영의정 추증(追贈)과 문정(文貞) 시호(諡號) 분황례(焚黃禮)를 거행함.

－영의정 추증과 시호는 정인홍의 청에 의해 1614년 12월 15일 나라에서 내려진 것임.

－남명의 아들 차석(次石, 64세)이 의령현감에 재직 중이라 의령현 관아에서 분황례를 거행하게 된 것임. 이때 곽재우(64세)가 참관했는데, 80세인 정인홍도 참관했을 것임.

＊'문정(文貞)'이라는 시호는, "도덕을 겸비하고, 학문을 널리 닦은 것[도덕박문·道德博文]"을 '문(文)'이라 하고, "강직한 도리를 지켜 굽히지 않는 것[직도불요·直道不撓]"을 '정(貞)'이라 하여 붙여진 것임.

◦**1616년(광해8):** 제자인 정인홍의 주도로 서울 삼각산 아래 남명을 모시는 사액서원인 백운서원이 건립됨.

◦**1617년(광해9):** 문묘(文廟)에 배향하기를 청하는 창주 하증(滄洲河憕, 1563~1624) 등의 상소가 35차례나 있었으나 이뤄지지 못함.

◦**1883년(고종20):** 뇌룡정(雷龍亭)을 중건함.

－삼가현 토골에 있는 뇌룡정은 1597년 정유재란 때 소실돼 1758년과 1831년에 중건됐으나, 1868년 서원 훼철령으로 철거된 것을 1883년 합천군 쌍백면 육리의 노백헌 정재규(老柏軒 鄭載圭, 1843~1911)와 가회면 오도리의 후산 허유(后山 許愈, 1833~1904) 등 삼가현 유림들이 중건함.

◉ 욕천(浴川)

* 1914년 3월까지 삼가현이었던 거창 신원면 감악산 밑 구사리(원 만마을) 계곡에서, 남명이 49세 때인 1549년(명종4) 8월에 제자인 함양의 임희무(林希茂) 박승원(朴承元) 등과 목욕하면서 지은 한시(漢詩)다.

사십 년 동안 온 몸에 찌든 때	全身四十年前累
천 섬 맑은 물로 깨끗이 씻는다.	千斛淸淵洗盡休
만약 오장 안에 티끌이 생기면	塵土倘能生五內
지금 배를 갈라 흐르는 물에 흘러 보내리.	直今刳腹付歸流

◉ 여전주부윤서(與全州府尹書)

* 여전주부윤서(與全州府尹書)는 남명이 54세 때인 1554년(명종9) 현재의 합천군 삼가면 하판리 옛집에 살면서, 당시 종2품인 전주부 윤에 재직하고 있던 숭덕재 이윤경(崇德齋 李潤慶, 1498~1562)에게 쓴 편지[書]로, 남명의 안빈낙도(安貧樂道) 사상이 잘 나타나 있다. 이 편지를 보면, 남명이 시류(時流)에 편승하지 않고 변화와 개혁(改革)을 실천하고, 청렴결백(淸廉潔白) 및 강직함과 함께, 실사구시(實事求是)와 문무겸전(文武兼全)·민본(民本)이 남명의 핵심적인 사상으로 자리매김하게 됐는가를 알 수 있다.

(與全州府尹書)
植亦住世斯久 衰病已極 昔年孤兒捐背 無以自裁 買得無鹽兒 來寓先人 舊莊于三嘉縣 且飢且寒 日不自給 然累寡而憂少 自我視公 則猶我得矣 … (中略) … 茅店住在溪上 竈婢時時汲取魚兒 只緣無網 徒自臨淵垂沫 能有 繭絲以資口業耶 蔬糲不繼 猶有肉食之念 不亦濫乎

(전주부윤에게)

식(植)도 이 세상에 머문 지 오래돼 쇠병이 매우 심합니다. 몇 년 전에 외아들을 잃어 상심이 매우 컸는데, 늦게 차자를 얻었습니다. 지금은 삼가현에 있는 선친의 옛집으로 이사와 살고 있지만, 살림이 빈한하여 매일 끼니도 제대로 잇지 못하고 있습니다. 그러나 허물이 적고 걱정거리가 별로 없으니, 내 입장에서 공의 처지를 보면 오히려 내가 더 낫습니다. (중략) 띳집이 시냇가에 있어 부엌에서 일하는 아이가 때때로 송사리를 잡아오는데, 다만 그물이 없어 못가에서 땀만 흘릴뿐입니다. 명주실이 있어야 그물을 짜 고기를 잡지요. 잡곡밥도 제대로 못 먹는데, 오히려 고기 먹을 생각을 했으니, 분수에 넘치는 짓이 아니겠습니까.

● **영련(詠蓮)**

* 남명이 63세 때인 1563년(명종18) 광주시 신창동 풍영정(風泳亭)에서 꽃봉우리는 '남명' 자신을, 해바라기는 공리공담의 사변적 철학에 물든 '보수적 사림'을 비유해서 지은 한시(漢詩)다.

꽃봉우리 늘씬하고 푸른 잎 연못에 가득한데	華盖亭亭翠滿塘
덕스런 향기 누가 이처럼 피워내랴.	德馨誰與此生香
보게나! 묵묵히 진흙 뻘 속에 있을지라도	請看黙黙於泥在
해바라기 햇빛을 향하는 것과 다르다는 것을.	不啻葵花向日光

정인홍(鄭仁弘)

(호: 내암, 자: 덕원)
號 來庵 字 德遠

1536년(중종31)~1623년(인조1)
내암 정인홍은 조응인의 스승임.

○**1536년(중종31)**: 합천군 가야면 사촌리(蓑村里)에서 아버지 정윤(鄭倫)과 어머니 진주강씨(晋州姜氏) 사이에서 장남으로 출생함. (사마방목에 1536년생으로 기록돼 있음)

−증조부는 1507년(중종2) 삼가현감을 역임한 정희(鄭凞)임.

＊"정인홍의 어머니가 정인홍을 잉태했을 때 가야산과 매화산 초목이 3년 동안 잎이 나지 않았다"는 전설이 내려오고 있음.

○**1542년(중종37)**: 인근 합천군 야천리 각사(各寺)마을로 이사 감. (7세)

−해인사 무릉교변 송천대(松川臺)에서 친구들과 고기 잡고, 또 성(城) 쌓기 놀이를 함.

○**1546년(명종1)**: 해인사에서 독서함. (11세)

−이때 '영송(詠松)'이라는 한시(漢詩)를 지음.

○**1548년(명종3)**: 80리 길인 안음현(거창군 북상면)의 갈천 임훈(葛川 林薰, 1550~1584)을 찾아가 수학함. (13세)

○**1550년(명종5)**: 120리 길인 삼가현 토골[兎洞]에 있는 계부당(鷄伏

堂)으로 남명 조식을 찾아가 입문(入門)함. (15세)

○ **1558년(명종13)**: 사마시에 합격함. (23세)

○ **1566년(명종21) 가을**: 300리 길인 김해 산해정(山海亭)으로 스승인 남명 조식(66세)을 배알하고 보름 동안 머물면서, 10월 7일 스승 남명이 명종을 배알하면서 건의하고 대화한 내용 등을 들음. 당시 남명은 지리산 밑 덕산에서 잠시 김해로 와 머물고 있었음. (31세)

○ **1570년(선조3)**: 인근 합천 유생 문경호(15세)가 정인홍이 거주하고 있는 해인사 무릉교 근방 송천(松川)으로 찾아와 배움. (35세)
* 임란 때 정인홍 휘하에서 의병투쟁을 한 역양 문경호는, 스승인 정인홍을 배반했다고 하여 1615년 사판(仕版)에서 삭제 당함.

○ **1572년(선조5) 2월**: 생원 정인홍이 250리 길인 산음(산청) 덕산(德山: 시천면 사리)의 산천재(山天齋)를 찾아가 스승인 남명 조식의 임종을 지켜 봄. 스승의 행장(行狀)을 지음. (37세)

○ **1573년(선조6)**: 유일(遺逸)로서 5현사(五賢士: 정인홍 이지함 최영경 조목 김천일)의 한 사람으로 천거돼 충청도 황간현감에 제수됨. (38세)

○ **1578년(선조11)**: 영천군수에 제수됨. (43세)

○ **1580년(선조13)**: 야천리 각사마을에 부음정(孚飮亭)을 건립함. **12월**: 사헌부 장령에 제수돼 아전(서리)의 가렴주구를 탄핵함. (45세)

-'부음(孚飮)'은 "믿음[孚]을 가지고 술을 마시면[飮] 허물이 없다 [無咎]"는 뜻임. 정인홍이 믿음과 신뢰를 소중한 가치로 여겼고, 또 풍류를 즐긴 소박한 로맨티스트였다는 것을 알 수 있음.

○ **1582년(선조15)**: 어머니 진주강씨가 사망함. (47세)

○ **1584년(선조17)**: 아버지 정윤(鄭倫)이 사망함. (49세)

○ **1589년(선조22)**: 정여립사건으로 정철(鄭澈) 성혼(成渾) 등 서인이 득세하고 이발(李潑) 조대중(曺大中) 등 동인이 실각함. 이때 정인홍도 삭탈관직돼 낙향함. (54세)

-전라도 담양 출생인 송강 정철(松江 鄭澈) 등 서인세력에 의해, 최영경 정개청(鄭介淸) 조대중 유몽정(柳夢井) 이발(李潑) 등 1천여 명이 억울하게 죽임을 당한 정여립사건이 발생한 것임.

○ **1592년(선조25) 4월 13일**: 임진왜란이 발발하여 왜군 고니시 유키나가(小西行長, 1555~1600)가 부산포에 상륙함. 왜군은 4월 14일 부산진성을, 15일 동래성을 함락함. 5월 3일 가토 기요마사(加藤淸正, 1562~1611)가 숭례문을 통해 한양으로 입성함. (57세)

* 가토 기요마사는 1598년 8월 도요토미 히데요시(豊臣秀吉)가 63세로 사망한 후 벌어진 1600년 세키가하라 전투에서 동군(東軍)인 도쿠가와 이에야스(德川家康) 측에 참전하여, 도요토미 히데요리(도요토미 히데요시 아들)를 옹립한 서군 이시다 미쓰나리(石田三成) 측의 고니시 유키나가를 격파한 인물로, 구마모토성을 축조함.

○ **1592년 4월 19일~5월 10일**: 4월 19일, 20일 합천에서 경상감사 김

수(金晬, 46세)를 만나 왜군 토벌에 관한 대책을 협의했으나, 경상감
사가 토벌 의지가 없음을 정인홍이 알고, 경상우도에 통문(通文)을
돌려 5월 10일 합천군 가야면 숭산동에서 고령의 김면(金沔, 52세)과
현풍의 박성(朴惺, 44세) 및 곽준(郭䞭, 42세) 등 의병 약 3천 명으로
창의함. 초유사(招諭使)인 학봉 김성일(鶴峰 金誠一, 1538~1593)이
정인홍에게 의병대장 칭호를 줌. (57세)

 -이때 정인홍과 함께 창의한 합천사람은, 전치원 이대기 전제 허
자대 이흘 허홍재 정질 정진철 윤탁 윤선 박사제 박사겸 박엽 진극신
권양 송희창 송희순 송희철 노흠 노순 조계명(曺繼明) 하혼 문경호
박이장 문홍도 조응인 윤담손 정인영 정인함 유세훈 문려(文勵) 안극
가 등임.

 -정인홍은 의병부대의 본진(本陣)을 해인사 입구인 합천군 가야면
매암리 이연서원(伊淵書院) 앞 주학정(住鶴亭)에 둠.

 * 남명 조식의 조카인 삼가현 지동마을의 송재 조계명(松齋 曺繼
明, 1568~1641)은, 1594년 무과에 급제하여 임란 때 공을 세우고,
은진현감·초계군수·황해병사·경흥부사 등을 역임함. 조계명의 장
도(長刀)가 1940년대 초까지 후손이 소장하고 있었는데 분실했음.
(1800년에 이옥이 지은 봉성문여에도 '조장군 검·曺將軍 劍'이라는
글이 실려 있음)

 ○**1592년 6월:** 정3품 진주목사, **7월:** 정3품 제용감정(濟用監正)에
제수됨.

 ○**1592년(선조25) 10월:** 외아들 연(沇, 22세)이 의병투쟁 중 병에 걸
려 사망함. 연(沇)의 장인은 진주 대곡면 단목의 하진보(河晉寶)임.
(57세)

* 영모정 하진보(永慕亭 河晉寶)는 김해부사 재직 때인 1578년 김해 산해정(山海亭) 옛터에 남명을 모신 신산서원(新山書院)을 건립한 인물임. 또한 임진왜란으로 불탄 남명의 덕천서원을 1622년 중건하고, 그 중건기(重建記)를 쓴 창주 하증(滄洲 河憕)의 숙부임. 하증의 행장과 묘갈명은 정인홍 문인인 삼가현 노파마을(봉산면 노파마을)의 노파 이흘(蘆坡 李屹)이 지음.

○ 1592년(선조25) 11월 27일: 함양읍 백연리 출생인 고대 정경운(孤臺 鄭慶雲, 37세)이 해인사에서 심신을 달래고 있던 스승 정인홍(57세)을 찾아가 외아들(연·沇)이 사망한 것을 문상함. 이때 정인홍이 자기 휘하에 있는 성주목 화원현의 가장(假將) 우배선(禹拜善) 등이 왜적을 물리쳤다고 정경운에게 말함. (57세)

○ 1593년(선조26) 1월 15일: 피아(의병·왜적) 3만5천여 명이 3차례에 걸쳐 전개된 성주성 전투에서 정인홍 김면(의병도대장) 최경회(호남의병장) 의병부대가 성주성을 수복함. **1월 29일:** 정인홍이 화원현 가장 우배선에게 전령(傳令)을 하달함. (58세)

－전라도 화순 출생인 최경회(崔慶會)는 1592년 6월 제2차 진주성 전투에서 남강에 투신하여 이미 사망했고, 고령 출생인 김면은 1593년 3월에 병사(病死)함.

○ 1593년(선조26) 9월: 영남의병대장에 제수됐으나, 사양하면서 국가재건계획 등이 담긴 사의장봉사(辭義將封事)라는 상소를 올림. (58세)

○ 1594년 8월: 상주목사 및 영해부사에 제수됐으나 불취함. (59세)

○ 1596년(선조29) 12월: 부인 남원양씨가 사망함. (61세)

○ **1597년(선조30) 7월**: 왜구의 재침(정유재란)이 있자 유일하게 창의함. (62세)

  –도원수 권율과 도체찰사 이원익이 "정인홍은 선비의 명망이 있어서 근방의 선비들을 모아 의병을 일으켜 근왕(勤王)할 수 있는 인물"로 평가하여, 정인홍에게 "병사를 모집하도록" 권고함에 따라, 고령인 62세의 나이에 창의한 것임. 이는 정인홍의 권위·신뢰와 함께 지역의 향권(鄕權)을 장악했기 때문에 가능했음.

○ **1597년 8월**: 함양 황석산성이 가토기요마사(加藤淸正, 1562~1611)에게 함락돼 안음현감 곽준(郭䞭, 47세)과 함양군수 조종도(61세)가 전사함.

○ **1598년(선조31) 7월**: 전쟁이 소강상태에 빠지자 조정의 요청으로 경상우도조도사(慶尙右道調度使)를 잠시 맡아, 성주에 주둔하고 있는 명나라 군사들이 굶고 있는 것을 보고 군량(軍糧)을 마련해 주고는 곧 사직함. 당시 정인홍은 해인사와 성주 일원에 주둔하고 있던 명나라 총병(總兵) 조승훈(祖承訓) 및 장수 모국기(茅國器)와 협력을 하고 있었음. (63세)

  * 명나라에서 용장(勇壯)이라고 했던 조승훈은 1592년 7월 평양성 전투에서 왜군에게 대패한 적이 있음.

○ **1598년 11월 19일**: 이순신(54세)이 전사함. **25일**: 7년 왜란이 종식됨.

※ **왜군으로부터 해인사와 고려대장경판(팔만대장경판)을 보존함.**
  –7년 임진왜란으로 통도사 송광사 범어사 불국사 법주사 쌍계사

칠불사 화엄사 연곡사 실상사 내장사 선운사 낙산사 등 유명 사찰이 왜군(일본)에게 약탈당한 후 소실됐지만, 해인사와 대장경판은 정인홍과 휘하 의병 덕분으로 온전하게 보존됨. 일본은 임진왜란 전에도 무려 120회 이상 대장경과 경판을 요청할 정도로 매우 탐을 냈고, 약탈까지 하려고 했음.

* 남원의 조경남(趙慶男)이 쓴 난중잡록(亂中雜錄)에 "정인홍은 자신의 전공(戰功)을 조정에 보고하는 것을 부끄럽게 여겨 보고하지 않았기 때문에 조정에서 알고 있는 공로는 남보다 못하지만, 사실은 경상도 의병장 가운데 정인홍의 공로가 으뜸이다"고 증언하고 있음.

○ **1598년(선조31) 12월**: 제자인 정언(정6품) 문홍도(46세) 등이 영의정 유성룡(57세)을 주화오국(主和誤國: 일본과 화의를 주도해 나라를 그르침) 등의 죄목으로 탄핵하여 삭탈관작시키는 등 북인과 남인 상호간 권력투쟁이 격화됨. (63세)

-유성룡의 실각은 선조 임금이 임란 책임을 유성룡에게 전가하려는 정치적 계산이 크게 작용함. 또한 기축옥사 때 유성룡이 우의정에 있으면서 1590년 9월 최영경의 죽음(옥사)을 구제하지 못한 것에 대해 문경호 등 경상우도 사림의 불만도 영향을 줌.

○ **1599년 6월**: 120리 길인 안음의 정온(鄭蘊, 31세)이 찾아와 배움. (64세)

○ **1599년(선조32) 3월 21일**: 성주목 화원현에 있는 가장(假將) 우배선(禹拜善, 31세)에게 편지를 보냄. (64세)

"죽은 내 아들 정연(鄭沇) 소유의 진주(晉州) 노비도, 진군소(陣軍所)의 노비도 (임진년 왜란으로) 모두 겁탈되는 피해를 입었다. 내 노비

잉질(芿叱)이 화원현(花園縣) 강경소리(康京所里)에 사는 염말경(廉末京, 군인)이 탈취하여 갔는데, 성주(城主, 우배선)가 이와 같은 사정을 이해하고 나에게 돌려줄 수 있도록 협조해 주기 바란다. 노비들은 생계를 유지할 수 없다. 모두 아사하면 민망하고 애석한 것 아니겠나. 이렇게 번거롭게 한다. 만약 네가 협조해 주지 않으면, 성주목사(이수일 · 李守一)에게 말해서 내 노비를 추세(推刷: 찾아옴)하겠다."

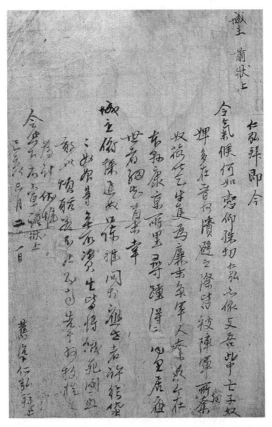

▲ 보물로 지정된 정인홍의 친필 간찰이다.
　정인홍이 기해(己亥, 1599년) 3월 21일 부하였던 화원
　현의 가장(假將) 우배선(禹拜善)에게 보낸 편지다.

* 예산 출생으로 영조 때 대사헌을 역임한 노론인 윤봉오가 1760 년에 쓴 '우배선 행장'에는, "정인홍의 요청을 우배선이 단호하게 거절했다"고 나와 있음. 이는 인조반정의 영향으로 후대에 왜곡한 것으로 판단됨.

* 월곡 우배선(月谷 禹拜善, 1569~1621)은 성주목 화원현 월촌(대구 상인동 월배) 출생으로, 임란 때 화원·대구 지역의 의병장으로 정인홍 휘하에 있었음. 의병투쟁의 공로로 1593년 25세의 나이에 합천군수에 제수되고, 1600년(선조33) 금산군수, 1603년 낙안군수를 역임함. 1605년 정인홍 등 559명과 함께 선무원종공신(宣武原從功臣) 1등에 녹훈된 인물임.

○ **1602년(선조35) 2월**: 합천 가야 본가에 내려가 있는 정인홍을 사헌부 대사헌에 제수함에 따라, 상경하여 명을 거두기를 선조 임금에게 청한 후 부임하지 않음. (67세)

－"나이가 70에 가까와 근력이 다하고 이가 빠졌으며, 지팡이에 의지해 다니고 죽만 먹고 사는 형편이다. 임진년 난리에 외아들이 죽음을 당했는데, 자식을 사랑하는 구구한 정이 세월이 갈수록 더욱 애틋하여 낮에는 발작이 일어나고 밤에는 잠을 잘 수 없는 등 노쇠하여 직책을 수행 할 수 없다"는 이유 등으로 불취(不就)함.

－**9월 25일**: 조선왕조실록에서 사신(史臣: 사관)이 "정인홍은 남명 조식의 고제(高弟)이다. 어려서부터 임하(林下: 향리)에서 독서하여 기절(氣節)이 있다고 자부해 왔는데 많은 영남의 선비들이 추존하여 내암 선생(來庵 先生)이라고 불렀다. 그가 세상에서 흔하지 않은 소명을 받고 초야에서 몸을 일으켜 나오자 임금은 자리를 비우고 기다렸고 조야(朝野)는 눈을 닦고 바라보았다"고 말함.

◦**1604년 7월 11일:** 공조참판에 제수됐으나 불취함. **7월 24일:** 성균관 유생 정호성(丁好誠) 허실(許實) 등이 팔도 향교와 모든 서원에 서찰을 보내어 정인홍이 지은 '발남명집설(跋南溟集說: 남명선생여이구암절교사·南冥先生與李龜巖絶交事)'에 대해, 근거도 없이 정인홍을 추악하게 비방함. (69세)

-'남명과 구암 절교사(絶交事)'는 '하종악 후처 음행사건' 처리문제로 1568년 절교한 사건을 말함. 사천읍 구암리 출생인 구암 이정((龜巖 李楨)은 청주목사·호조참의·순천부사 등을 역임한 인물로, 남명과 지리산을 같이 유람하는 등 절친한 사이였음. 그런데 그후 진주 수곡면에서 발생한 '하종악 후처 음행사건'에 대해 분명하고 통렬하게 처리할 것을 주장한 조식과 틈이 벌어져 절교하게 된 것임.

* 진주 수곡면 출생인 진사 하종악(河宗岳)이 상처(喪妻)하고 대사헌 이인형의 손녀인 함안이씨를 후처로 맞아들임. 하종악이 죽은 뒤 28세인 후처 이씨가 노비와 음행(淫行: 간통)을 했다는 혐의에 대한 처리문제로, 이정과 조식이 다투자 이황까지 나서 조식을 비판함. 이 사건이 비화돼 경상감사 진주목사 곤양군수 등이 탄핵을 받아 파직되는 등 큰 파장을 가져온 사건이었음.

◦**1604년(선조37) 8월:** 해인사에서 남명집(갑진본)을 간행하여 서문과 행장 및 신도비명을 지음. 남명 사후 32년이 지난 뒤임. (69세)

◦**1604년 10월:** 사신(史臣: 사관)이 "임진왜란 때 창의(倡義)하여 절개를 세운 사람이 없지 않다. 정인홍 김면 곽재우는 영남에서 의병을 일으켰고, 김천일 고경명 조헌(趙憲)은 호남과 충청도에서 절개에 죽었는데, 그들의 공렬(功烈)은 너무도 찬란하고 열렬하여 충의의 기개

를 고쳐시킬 수 있음은 물론 뒷날 나약한 사람을 굳세게 하기에 충분했다"고 증언함.

– 하지만 임란 때 정인홍의 너무나 찬란한 공로는, 인조반정과 무신봉기를 거치면서 폄하되고, 곽재우가 의병의 상징적인 인물로 부각되게 됨.

○ 1605년(선조38) 4월: 임진왜란 때 의병활동의 공을 인정받아 선무원종공신 1등에 녹훈됨. (70세)

– 이때 곽재우 김응서(金應瑞). 김천일 문려(文勵) 배흥립 유성룡 우배선 이원익 이항복 정결(鄭潔) 정경세 정기룡(鄭起龍) 정인함(鄭仁涵) 조탁(曹倬) 한준겸(韓浚謙) 허균(許筠) 등 559명이 1등으로 녹훈됨.

* 1601년 선조 임금이 임란 때 공로자를 포상하면서 "왜적을 평정한 것은 오로지 명나라 군사 덕분이다. 이순신 원균 권율은 다소 공을 세웠을 뿐이다"고 말함. 의병의 공로에 대해서는 한마디도 없었고, 이순신 등에 대해서도 "다소 공을 세웠다"고 평가함. 이는 광주의 의병장 김덕령(성운 문인)이 1596년 억울하게 옥사한 사실과 함께, 통치자의 잘못된 역사인식을 알 수 있음.

○ 1606년 가을: 고풍정맥변(高風正脈辨)을 짓고, 정구와 절교함. (71세)

– 정구의 동향 친구인 동강 김우옹(東岡 金宇顒)이 1603년 11월에 사망하자, 정구가 김우옹을 추모하는 만시(輓詩)에 "퇴계는 (유학의) 정맥(正脈: 정통)이고, 산해(山海: 남명)는 (단지 인품이) 고풍(高風)이다"고 남명을 은근히 폄하했음. 3년 뒤 이를 알고 정인홍이 '고풍정맥변'을 지어 정구와 퇴계를 비판하고 스승 남명을 옹호한 것임.

○ 1607년(선조40): 남계·덕천·향천서원장이 됨. (72세)

○**1608년(선조41) 1월**: 소북파(小北派) 영의정인 춘호 유영경(春湖 柳永慶)이 영창대군을 지지하며 세자(광해군)의 즉위를 막으려 하자 "유영경의 방자함을 공격하고, 세자인 광해군에게 왕위를 물러주거나, 아니면 섭정하게 하여 인심을 결집시키고 국가의 근본을 안정시켜야 한다"는 상소를 선조 임금에게 올린 죄로 귀양 감. (73세)

　－이때 안음의 진사 정온(鄭蘊)이 상소로 정인홍을 옹호하고 유영경을 공격함.

○**1608년(광해 즉위년) 2월**: 광해 임금 즉위 후 방송(放送)됨. (73세)

○**1608년 5월**: 사헌부 종2품 대사헌에 제수된 후 광해의 거듭된 간곡한 요청에도 부임하지 않음. 광해가 정인홍을 벽립천인(壁立千仞)의 기상을 가진 인물로 평가함. (73세)

　-9월 1일: 남인 영의정 이원익 등이 백관을 거느리고 연계하여 소북의 영수인 전 영의정 유영경을 법에 따라 처단하라고 청함. **9월 5일**: 유영경(柳永慶)이 59세로 유배지인 함경도 경흥에서 자결함.

○**1610년(광해2) 7월**: 의정부 종1품 우찬성 겸 세자보양관으로 제수됐으나 부임하지 않고, 2년 간 23차례의 사직상소와 사은소(謝恩疏)를 광해에게 올림. (75세)

○**1611년(광해3) 3월**: 조식의 문묘 종사 문제로 이황과 이언적의 출처를 논박한 이른바 회퇴변척소(晦退辨斥疏)를 올림. 이를 빌미로 성균관 유생들이 성균관 학적부인 청금록(靑衿錄)에서 정인홍의 이름을 삭제함. (76세)

◦**1612년(광해4) 9월:** 소북 유영경의 옥사(獄事)를 다스린 공으로, 같은 대북(大北)인 이산해 이이첨 등과 함께 정운공신(定運功臣)에 녹훈되고, 우의정에 제수됐으나 부임하지 않음. (77세)

-15차례 사직상소를 올린 후, 상경하여 광해를 2차 독대하여 가지고 온 우의정 밀부(密符)를 승정원에 맡기고 합천 가야로 돌아옴.

◦**1613년 3월~7월:** 계축옥사(칠서지옥・七庶之獄)가 일어남. (78세)

-영창대군의 왕위 추대를 모의했다는 이유로, 영의정 박순(朴淳)의 서자 응서(應犀), 심전(沈銓)의 서자 우영(友英), 목사 서익(徐益)의 서자 양갑(洋甲), 북병사를 역임한 이제신의 서자 경준(耕俊), 박유량의 서자 치인(致仁), 서얼 허홍인 등이 처형되고, 평난공신(平難功臣) 박충간의 서자 치의(致毅)는 도망 감. 인목대비 아버지인 김제남은 사사되고, 영창대군은 서인으로 강등돼 강화도에 위리안치되며, 영의정 이덕형과 좌의정 이항복 등이 유배 또는 관직을 삭탈당함.

◦**1613년(광해5) 7월:** 영창대군 처단은 불가하다는 신영창군소(伸永昌君疏)를 올리는 등 전은(全恩)을 주장함. (78세)

-8월 2일: 영창대군 이의(李瑋)가 강화도로 위리안치됨.

◦**1614년(광해6) 1월:** 좌의정에 제수됐으나 부임하지 않음. (79세)

-2월 10일: 강화부사 정항(鄭沆, 46세)이 영창대군에게 음식을 제공하지 않고, 또 방에 불을 때서 영창대군 이의(9세)를 굶어 죽게 함.

-2월 21일: 제자인 종5품 부사직 정온(鄭蘊)이 정항을 참수할 것 등을 청한 갑인봉사소(甲寅封事疏)를 올린 죄로 옥에 갇히고, 6월 24일 광해의 친국을 받은 뒤 제주도 대정현으로 귀양을 감.

* 1614년 12월부터 1617년 12월까지 3년 동안 인목대비에 대한 폐비(廢妃) 및 폐출 논의가 격렬하게 전개됐으나, 광해의 반대로 완전한 폐비 및 폐출은 이뤄지지 않음. 대비 대신 서궁(西宮)이라는 호칭을 쓰게는 했지만, 인목대비에 대한 사은(私恩)과 의리 모두가 온전하게 되도록 광해가 배려했음.

* 정항은 성남 출생으로 안성군수를 역임한 정돈복(鄭敦復)의 장자임.

○**1614년(광해6) 11월**: 정인홍 이이첨 등 북인의 지원으로 예안현 월천(안동시 도산면 동부리 월천마을) 출생인 월천 조목(月川 趙穆, 1524~1606)이 퇴계를 배향한 도산서원(陶山書院)에 유일무이하게 종향(從享)됨.

* 유성룡(1542~1607)과 함께 퇴계의 제자인 조목의 도산서원 종향은, 유성룡의 문인들로부터 큰 반발을 초래함. 이는 임란 때 조목이 일본과 화의를 주장한 유성룡을 주화오국(主和誤國)했다고 비판한 후 절교했기 때문임.

○**1615년(광해7)**: 스승인 남명의 신도비명(神道碑銘)을 짓고 남명 묘소 아래 신도비를 세움. 이는 정인홍의 청에 의해 1614년 12월 15일 남명의 문정(文貞) 시호와 함께 영의정 추증이 내려졌기 때문임. (80세)

-그러나 인조반정 후 정인홍이 지은 신도비는 곧바로 파괴되고, 1672년(현종13) 허목(許穆)이 지은 신도비로 대체됨. 그러나 허목이 지은[찬·撰] 신도비도 1926년 파괴됨. 현재 산청군 시천면 남명기념관 경내에 있는 송시열(1607~1689)이 지은 남명 신도비는 1909년에 건립된 것으로, 자손록(子孫錄)을 제외하고 합천군 삼가면 용암서원 안에 있는 묘정비(廟庭碑)의 비문과 동일함. 묘정비는 1812년 2월

에 건립됨.

－시천면 남명기념관 내 남명 신도비와 삼가면 용암서원 내 용암서원 묘정비의 비문은 모두 봉조하 우암 송시열이 짓고, 남명 신도비 전액(篆額)은 1908년 정1품 보국숭록대부(輔國崇祿大夫)를 역임한 김성근(金聲根)이, 글은 1893년 이조참판을 지낸 김학수(金鶴洙)가 씀. 특히 남명 신도비 전(篆)을 쓴 안동김씨인 김성근(1835~1918)은 한일병합 후 자작(子爵)의 작위와 은사금 5만원을 받는 등 친일파로 전락한 인물임. 용암서원 묘정비의 글은 1812년 당시 삼가현감인 오철상(吳澈常)이 씀.

○1615년(광해7) 11월: 광해 임금의 요청으로 상경하여 3차 독대하고 백성을 위한 진휼책과 수령들의 불법을 규찰할 것을 건의한 뒤, 합천 가야 향리로 돌아와, 인조반정으로 죽임을 당할 때까지 서울에 올라가지 않음 (80세).

○1615년(광해7) 12월: 정인홍의 제자인 가회 구평마을 출생인 도승지 윤선(56세)이 합천으로 내려와 광해의 궤장(几杖)을 전달함. (80세)
－추담 윤선(秋潭 尹銑, 1559~1637)은 그후 우참찬·한성판윤(정2품)을 역임하고, 인조반정 뒤 파직됨.

○1616년 4월: 광해 임금이 정인홍의 손자 릉(棱, 27세)을 산음현감에 제수하여 조부 정인홍을 봉양하게 함. (81세)

○1618년(광해10) 2월: 1월에 광해 임금이 83세인 정인홍을 영의정에 제수한 후, 주서 한유상을 합천에 있는 정인홍에게 보내 전유(傳諭)했으나 "노쇠하고 아프다"는 이유로 불취함. 다만 한유성은 영의

정 밀부(密符)를 전해 준 뒤 좌의정 밀부를 도로 받아 옴.

　-그뒤 정인홍은 3차례 사직상소를 올린 후, 죽임을 당할 때까지 글로써도 상소하지 않음. 1619년 3월 13일 박승종(朴承宗)이 영의정에 제수됨으로써 중앙정계와 거리를 둠.

　○**1619년 4월**: 정인홍의 손자 릉(棱, 30세)이 사망함. (84세)

　○**1622년(광해14)**: 광해 임금의 비인 유씨(柳氏)가 광해군의 뜻을 받들어 고령(高齡)인 정인홍을 위무(慰撫)하기 위해 상궁과 함께 찾아와 만남. (87세)
　* 왕비와 상궁은 인근 해인사에 들러 불공을 드린 후, 광해군 부부옷을 해인사에 봉안함.

　○**1623년(인조 원년) 3월 13일**: 이른바 인조반정으로 광해군이 폐위되고 광해군의 조카인 인조가 즉위함. (88세)
　-**3월 15일**: 홍문관 부교리 이명한(李明漢)이 인조 임금에게 "서령부원군(瑞寧府院君) 정인홍(鄭仁弘)"을 잡아다가 국문할 것을 청함.
　-**3월 16일**: 인조가 이원익을 영의정으로, 이정구를 예조판서, 한준겸을 영돈녕부사, 오윤겸을 대사헌, 서성(徐渻)을 형조판서, 정경세(鄭經世)를 부제학, 이수광(李睟光)을 도승지, 박동선(朴東善)을 대사간, 이명준과 김장생(金長生)을 장령, 정온(鄭蘊)을 헌납으로 제수함. (3월 24일 정창연이 좌의정에 제수되고, 정온은 3월 25일 사간으로 전보되며, 대신 이경여가 헌납으로 제수됨)
　-**3월 19일**: 북인(대북) 계열인 이이첨 정조(鄭造) 윤인(尹訒) 이위경 이홍엽 이익엽이 참수됨.
　-**3월 23일**: 인조가 광해(49세) 및 폐비 유씨(柳氏, 48세), 폐세자 이

지(李袿, 26세) 및 폐빈(廢嬪) 박씨(朴氏, 밀양박씨로 조부가 영의정 박승종)를 강화부 동문 쪽과 서문 쪽에 각각 위리안치함.

* 위리안치된 폐세자와 폐빈은 15일이 넘도록 물 한 모금 입에 대지 않고, 함께 목을 맨 것을 여종이 바로 풀어 주어 구해 냄.

* 그후 폐세자 이지가 땅을 파고 탈출하다가 사로잡힌 후 폐빈 박씨는 1623년 5월 25일 스스로 자결하고, 이지는 어명에 의해 6월 25일 자결함. 폐비 유씨는 그해 10월 8일 강화도에서 화병으로 사망하고, 광해는 1637년 제주도로 이배된 후 1641년(인조19) 7월 1일 67세로 사망함.

○ 1623년 3월 28일: 합천 가야에서 압송된 정인홍이 의금부에 수감됨 (88세)

○ 1623년(인조 원년) 4월 3일: 백관(百官: 모든 벼슬아치)이 도열한 가운데 군기시 앞길에서 참수됨. 묘소는 야천리 종록(鐘麓)에서 1864년에 이장한 합천군 가야면 야천리 탑골에 있음. (88세)

-4월 3일 이때, 북인(대북) 계열인 유세증(俞世曾) 민심 서국정 한정국 이정원 채겸길 홍요검 황덕부 이이반 유몽옥(劉夢玉) 이여계 이병 이수 등 14명은 별도로 정형(正刑: 사형)됨.

-정인홍의 머리는 이이첨 한찬남 정조 윤인 이위경처럼 사방(四方)에 전시되고, 가산은 적몰, 집은 파가저택됨.

* 80살이 넘거나 정승을 지낸 사람은 죽이지 않는다는 경국대전 및 대명률의 규정을 무시한 서인(西人)의 무고와 날조에 의해 합천 가야에서 서울로 압송된 지 5일 만에 죽임을 당함. 제자인 사간(司諫, 종3품) 정온이 시신을 거두어 합천 가야면 야천리 종록(鐘麓)에

서 이대기 조응인 등과 함께 장례를 치름.

　* 그후 합천 묘산의 교리 조정립 중도부처·조정립 동생인 정언 조정생 파직·응교 유진정 교형, 합천 가회의 한성판윤 윤선 파직, 합천 가야의 지평 정결 참형, 함안의 부응교 오여은과 오여은 아들인 수찬 오익환 위리안치, 의령의 이조정랑 유활 파직, 고령의 승지 박종주 참형·이조좌랑 박종윤 위리안치 등 많은 정인홍 문인들이 화(禍)를 당함.

　* 이옥(李鈺)이 1799년 10월에 삼가현(三嘉縣)으로 귀양 와 1800년 2월까지 삼가읍성 서쪽 밖인 현 합천군 삼가면 하금리 주막에 기거하면서, 삼가현과 합천군 등을 여행하며 보고 느낀 것을 쓴 봉성문여(鳳城文餘)에 "(인조반정 후) 정인홍의 사당과 초상화가 정인홍 생가 터 띳집에 100여 년 동안 존속했다"고 증언하고 있음.

　○ **1629년(인조7):** 합천군이 정인홍의 고향이라 하여 합천현으로 격하되고, 15년 후인 1644년(인조22)에야 합천군으로 승격됨.

　○ **1631년(인조9) 2월:** 광해군복위사건이 일어남.

　－합천 가야의 정한(鄭澣)·부(榑), 합천 가회의 진주판관 윤좌벽, 합천 묘산의 유지수(柳之燧)·지환(之煥)과 문일광, 합천 가야의 정인홍 조카 정류(鄭溜)·회(澮)·유(渝)·진(振), 고령 도진의 전 장령 박광선·교생 박희집, 창녕 성지도, 순창 양시태, 영천의 홍성징 등이 북인(대북) 잔당을 규합해 폐위된 광해군의 복위를 시도하다가 참형되는 등 40여 명이 죽고, 6명이 유배됨.

　○ **1657년(효종8):** 대제학 이식(李植)과 영의정 김육(金堉) 등 서인들이 주축이 돼 이른바 선조수정실록(宣祖修正實錄)을 편찬함.

−새로 만든 선조수정실록 1581년(선조14) 8월 1일조에 정인홍과 동갑내기인 이이(李珥, 1536~1584)가 뜬금없이 "인홍(仁弘)은 강직하기만 하고 식견이 밝지 못하다. 용병(用兵)에 비유하자면 돌격장(突擊將)을 삼을 만한 자이다"라고 하는 등 집권 서인세력들은 그들의 영수인 율곡 이이를 앞세워 정인홍을 비하하는 역사 왜곡과 날조를 자행함.

 * 택당 이식은 정인홍을 진시황 때 재상인 이사(李斯)에 비유했고, 잠곡 김육은 1611년 성균관 재임(齋任)으로 있을 때 성균관 학적부인 청금록(靑衿錄)에서 정인홍을 삭제하는데 핵심적인 역할을 했던 인물임.

○1729년(영조5) 4월 9일: 1728년 3월 합천 거창 청주 등지에서 발발한 무신기병(무신란) 후 우의정 이태좌가 "작년에 강원도감사가 이종성에게 글을 보냈는데, 감사가 말하기를 '정인홍의 증손 가운데 겹눈동자인 사람이 있는데 영남 사람들이 그에게로 마구 몰려들고 있다'고 하여, 이종성이 잡아다가 살펴보니 중동이 아니었다. 이는 바로 인심을 현혹시키려는 계책이었다"고 하자, 영조가 "그 증손을 장살(杖殺)하라"고 명함.

 ○1908년(순종2) 4월 30일: 신원(伸冤)됨.
−이때 좌의정 월탄 한효순, 이조판서 백호 윤휴, 이조판서 갈암 이현일, 대사헌 아계 김일경, 영의정 운곡 이광좌, 좌의정 손와 최석항 등도 신원됨.

 ○1911년: 정인홍 문집이 전 15권 7책 실기 1권으로 발간됨.

 ○1931년: 단재 신채호는 여순 감옥에서 벽초 홍명희(碧初 洪命憙)

에게 쓴 편지에 "정인홍공약전(鄭仁弘公略傳)을 지을 계획이었으나 자신과 함께 매몰될지 모르겠다"고 하면서, 우리나라 삼걸(三傑)로 을지문덕 이순신 정인홍을 꼽음. 특히 정인홍의 개혁정신을 높이 평가함.

○**1983년**: 영인본 내암집 상하 2권을 발간함.

○**1997년 12월**: 정인홍 관련 고문서 및 서적·교지 등 131점이 경남도 유형문화재 제330, 331, 332호로 지정됨.

○**2002년 1월**: 정인홍의 간찰(편지) '여우배선서(與禹拜善書)'가 보물 제1334-3호로 지정됨.

◉ **1546년(명종1) 해인사에서 공부할 때 지은 '영송(詠松)'**
* 소나무는 11세인 '정인홍'을, 탑은 함양출생 판결사(判決使) '양희(梁喜, 이조참판 역임)'를 비유하여 지은 한시(漢詩)다. 그후 정인홍은 양희 사위가 된다.

작고 작은 외로운 소나무가 탑 서쪽에 서 있으니
　　　　　　　　　　　　　一尺孤松在塔西
탑은 높고 소나무는 낮아서 서로 가지런하지 않네.
　　　　　　　　　　　　　塔高松短不相齊
오늘날 외로운 소나무가 작다고 말하지 마오.　莫言此日松低塔
소나무가 자란 뒤에는 탑이 도리어 작으리.　　松長他時塔反低

◉ 왜적과 화의(和議) 주장이 나오는 등 국론이 분열되자 정인홍이 주화론자들에게 경각심을 주기 위해 1595년(선조28)에 지은 '과무계(過茂溪)'

　* 정인홍이 60세 때인 고령 성산면 무계 지역을 지나면서 지은 한시다.

필마로 옛 싸움터 지나노라니　　　　　　匹馬經過舊戰場

강물은 한을 품고 유유히 흐르네.　　　　江流遺恨與俱長

지금 그 누가 왜적과 주화하려 하는가.　於今誰唱和戎說

장군과 사병은 이미 원통하게 죽었는데.　將士當年枉死亡

조응인(曺應仁)

(호: 도촌, 자: 선백)
號　陶村　字　善伯

1556년(명종11) ~ 1624년(인조2)

도촌 조응인은 조성좌의 5대(6세) 조부임.

○**1556년(명종11) 5월:** 합천군 심묘촌(心妙村: 묘산면 관기리)에서 조몽길과 평산신씨(平山申氏, 신계성 딸) 사이에서 2남 5녀 중, 차남으로 출생함.

－조응인이 6세 때 부친인 조몽길(曺夢吉, 1521~1561)이 별세하자, 큰 자형인 서계 김담수(西溪 金聃壽, 1535~1603)에게 의지하며 수학(修學)함.

＊경북 성주군 수륜면 출생인 서계 김담수는 남명 조식(南冥 曺植) 및 덕계 오건(德溪 吳健, 1521~1574)의 문인(門人)이며, 성주 청천서원과 상주 낙암서원에 제향됨. 김담수는 성주군 대가면 출생인 한강 정구(寒岡 鄭逑) 및 동강 김우옹(東岡 金宇顒)과 종유(從遊)했음.

－조응인의 증조부는 1495년(연산1) 식년시 을과(乙科)에 1등으로 급제하여 지제교·좌부승지 등을 역임한 퇴우당 조계형(退憂堂 曺繼衡, 1470~1518)이며, 안동 예안 출생인 호조참판 농암 이현보 등과 교우했음. 조계형의 영정(影幀)이 상주 사벌면 매호리에 있음.

－1605년(선조38) 정시 병과에 1등으로 급제하여 대구부사·승지를 역임한 사촌 동생인 이재 조우인(頤齋 曺友仁, 1561~1625)은, 가사문학인 매호별곡·속관동별곡·자도사 등을 지었으며, 만년에는 상주 사벌 매호리에 은거했고, 그의 묘비글은 친분이 있었던 서인인

이조판서 택당 이식(澤堂 李植)이 지음. 조우인의 동생인 조희인(曺希
仁, 1578~1660)은 1627년 식년시 을과에 7등으로 급제하여 합천군
수 재직 때인 1645년(인조23) 10월에 '신라 충신 죽죽비'를 건립함.
또한 조우인의 아들인 조정융(曺挺融, 1598~1678)은 1631년(인조9)
별시 병과에 5등으로 급제하여 형조좌랑·공조정랑·정선 및 고원군
수·사예 등을 역임함.

　-생조부(生祖父)로 조응인의 6촌 형인 치재 조탁(耻齋 曺倬, 1552
~1621)은 임란 때 선조를 의주까지 수행했으며, 경기관찰사·형조
참판 등을 역임함.

　* 조탁(曺卓)의 묘비글은 공조참판 정두경(鄭斗卿)이 짓고, 조정립
(曺挺立)을 추모하는 만사(挽詞)를 지었고 해서를 잘 쓴 예조판서 죽
남 오준(竹南 吳竣)이 묘비글을 씀. 조탁의 묘지(墓誌)는 좌의정 조익
(趙翼)이 짓고, 좌의정 청음 김상헌(淸陰 金尙憲)이 썼음. 조탁의 6세
손이 1728년 무신봉기 때 처형된 조세추임.

　-조응인의 외할아버지는 밀양 예림서원에서 제향되고 있는 송계
신계성(松溪 申季誠, 1499~1562)임. 신계성의 묘갈명을 조식(曺植)
이 지음. 이 묘갈명에 조응인의 아버지인 조몽길(曺夢吉)의 이름이
새겨져 있음.

　* 1554년 밀양의 신계성의 아내인 홍양이씨(洪陽李氏)가 사위인 조
몽길 집으로 다니러 왔다가 갑자기 사망함.

　* 그후 밀양에 살고 있던 신계성의 손자인 신충임(申忠任)이 고모
부인 조몽길이 거주하고 있는 묘산면 관기리로 이사를 옴. 당시 묘산
면 일원에는 신계성 소유의 전답(田畓)이 많이 있었음.

　ㅇ1574년(선조7): 인근 봉산면 압곡리 지실골에 있는 지곡재(智谷齋)

에서 큰 처남인 이대기(李大期)와 동갑내기인 친구 문경호(文景虎)와 함께 중용(中庸)을 읽음. (19세)

○ 1582년(선조15): 하혼(河渾) 이대기 문경호와 함께 산음의 덕천서원(德川書院)을 참배함. (27세)

○ 1589년(선조22) 봄: 문경호가 합천 야로면 미숭산 아래에 세운 우곡재(尤谷齋)에서, 문경호 이대기 하혼 김두남(金斗南) 강익문 정인함(鄭仁涵) 정인준(鄭仁濬) 박수종(朴壽宗) 등과 함께 계강회(契講會)를 함. 8월에는 돈평에 있는 하혼(河渾) 집에서 문위 박성 문경호 김면 박정번 이대기 등과 함께 최영경(崔永慶, 61세)을 만남. (34세)

○ 1590년 4월: 거창 가조면의 우두산을 문위(文緯)와 함양 수동의 남계서원장 역임한 이대일(李大一) 등과 함께 구경함. (35세)

○ 1591년(선조24) 5월: 기축옥사 때 길삼봉(吉三峯)이라는 누명을 쓰고 옥사한 진주의 수우당 최영경의 신원 문제로 거창의 문위에게 편지를 보내고, 배명원 하혼 문위 등과 함께 최영경의 신원소(伸冤疏)를 올림. (36세)

* 최영경에 대해서, 100년 후 김수항의 아들인 농암 김창협(農巖 金昌協, 1651~1708)이 "조식(曺植)의 문하에 있는 자들은 대체로 기개를 숭상하고 기이한 것을 좋아하는데, 심하면 정인홍이 되고, 심하지 않으면 최영경이 된다. 순경(荀子)의 문하(門下)에서 이사(李斯)가 나온 것은 근거가 없는 것이 아니다"라고 폄하하는 평가를 함.

○ 1592년 5월: 4월에 임진왜란이 일어나자 창의(倡義)함. (37세)

－주로 조식(曺植)과 정인홍(鄭仁弘)의 문인들이 창의함. 조응인은 스승인 내암 정인홍, 큰 처남인 합천 쌍책면의 설학 이대기, 세째 자형인 고령 우곡 도진리의 양죽당 박정완, 다섯째 자형인 합천 율곡 본천리의 태암 문홍도, 친구인 거창 가북 용산리의 모계 문위(1554 ~1632), 합천 야로 묵촌리의 역양 문경호, 그외 합천 가야 사촌리의 용담 박이장, 고령 개진면의 송암 김면, 현풍의 대암 박성 및 존재 곽준, 그리고 둘째 자형인 거창 남하 양항리 살목마을의 윤탕신(尹湯臣) 아들인 윤기남(尹起男) 등과 같이 의병활동을 함.

* 윤탕신은 묘산면 화양리의 현감 윤자선(尹孜善)의 증손이며, 윤경남(尹景男)의 숙부임.

* 장령·수원부사를 역임한 태암 문홍도(泰巖 文弘道, 1553~1603)는 서계 김담수의 막내 동서임. 문홍도는 왜군과 강화를 주창한 남인의 거두인 영의정 유성룡을 탄핵하여 1598년 12월 삭탈관작시킴.

* 역양 문경호(嶧陽 文景虎, 1556~1619)는 최영경의 억울한 옥사가 서인인 정철 및 성혼 등에 의해 파생됐으므로 그들의 처벌과 최영경의 신원을 요구한 경상도 유생들의 고령소(高靈疏)를 1601년(선조34) 10월에 작성·상소하여 관철시킴. 이때 소두(疏頭)는 의령의 이산립(李山立)이, 글은 진주의 성여신(成汝信)이 썼음. (문경호의 외삼촌이 하혼·河渾임)

* 이조참판·대사간을 역임한 용담 박이장(龍潭 朴而章, 1547~1622)은 1615년 인목대비의 폐비를 반대하는 만언소(萬言疏)를 올렸다가 파직됨. 사후(死後)에 성주의 청천서원에 제향됨.

○ 1597년(선조30) 10월: 조정(朝廷)으로부터 포상을 받음. (42세)
－경상우병사 김응서(金應瑞, 1564~1624)가 전 별좌 권양(43세)·

유학(幼學) 조응인(42세) · 전 참군(參軍) 박광선(36세)이 왜구를 잘 회유한 공(功)을 조정에 보고하여 3사람이 포상을 받게 된 것임. 조응인은 권양의 사돈이고, 또 박광선의 외삼촌임.

* 김응서는 조응인의 아들인 조정생의 손위 동서인데, 김응서는 백의종군 중 초계현에 와 있던 이순신을 1597년 6월 12일 만남.

* 이순신은 1597년 정유년 4월 1일 사면된 후, 초계현에 주둔하고 있는 도원수 권율(權慄) 휘하에서 백의종군하라는 명을 받고, 4월 3일 서울을 출발하여 6월 2일 삼가현에 도착함. 삼가 객사에서 2박한 뒤 6월 4일 아침에 출발하여 초계현에 도착, 7월 17일까지 이어해(李魚海) 집(율곡면 매야실)에서 기거함. 원균의 조선 수군이 패배함에 따라, 7월 18일 초계현을 출발하여 7월 18일 오후 삼가현을 지나 단성현에서 1박하고, 8월 3일 구례에서 삼도(三道) 통제사에 제수됨. 1598년 11월 19일 54세로 남해 노량해전에서 전사함.

○ **1603년(선조36): 용암서원 건립 (48세)**

−조식을 모신 삼가현(三嘉縣)의 회산서원(晦山書院)이 임란 때 왜적(倭賊)에게 훼손되자, 삼가현 대평(대병) 병목마을의 송헌 송희창(松軒 宋希昌, 1539~1620) 및 합천 야로의 문경호 등과 함께 향천(香川: 봉산면 죽죽리 서원마을)으로 옮겨 건립하고 용암서원(龍巖書院)이라 함.

* 용암서원은 1609년 사액서원이 되고, 1868년(고종5) 훼철된 후 1988년 합천댐으로 수몰됐으나, 2007년에 합천군 삼가면 외토리 뇌룡정 옆에 신축함.

* 용암서원장으로 재직한 인물은 의병활동을 한 삼가현 노파마을(봉산면 노파마을)의 벽진이씨인 노파 이흘, 합천 야로의 역양 문경

호, 거창 위천의 동계 정온 등이 있음.

* 그후 조응인의 아들 조정립은 이흘 및 정온 사망 후, 이 두 사람을 추모하는 만사 및 제문 각 1편을 지었으며, 오계문집에 수록돼 있음.

○ 1607년(선조40)~1608년(선조 말년): 왕자사부 (52세~53세)

-효행으로 천거됨. 선조의 9남인 경창군 이주 사부로 추정됨.

○ 1611년(광해3): 정6품 공조좌랑 및 산음(산청)현감 (56세)

-처음 입사(入仕)한 사람이 낭관(郎官)인 좌랑에 임명된 것은 부당하다는 사간원의 주청으로 1611년 7월 파직돼 산음현감으로 임명된 것임.

○ 1612년 1월~1614년 12월: (전북 진안군) 종5품 용담현령 (57세~59세)

-1614년 10월에 사촌 동생인 우인, 아들인 정립·정생과 함께 소북파 유영경 등을 제거하는데 공을 세웠다고 하여 정운원종공신 1등으로, 막내 아들인 정영은 2등으로 각각 녹훈됨.

* 정영(挺英, 1590~1618)은 무직(武職)으로 임금을 가까이 호위하는 무반의 중추적 관직인 선전관(宣傳官)을 역임했고, 폐비정청(廢妃庭請)에 참여함.

○ 1615년(광해7) 1월~1618년 10월: 종4품 온양군수 (60세~63세)

-인목대비 폐비에 앞장선 이이첨 허균 등을 중심으로 한 재경(在京) 대북(大北)세력들과 절교토록 권고하는 서신을 스승인 정인홍에게 보냄. 여기에 정인홍 문인인 정온 문경호 강대수도 동조함.

* 한사 강대수(寒沙 姜大遂, 1591~1658, 전주부윤·우부승지)의

아버지는 합천 묘산 출생인 당암 강익문(戇菴 姜翼文, 1568~1648,
제용감정)임. 강대수의 묘갈명(墓碣銘)은 미수 허목이 지었음.

　*강익문은 조응인의 네째 자형인 이득남(李得男)의 사위이며, 종8
품인 봉사(奉事)를 지낸 합천 율곡면 임북리의 이득남은 '합천향교
명륜당 중수 상량문'을 썼음. 이득남은 이희안과 같은 합천이씨임.

　－1618년 9월 광해 임금으로부터 조응인이 받은 유서(諭書: 군사권
을 가진 관원에게 내리는 명령서)가 1997년 12월 31일 경남도 문화
재자료 제260호로 지정됨.

　o **1618년(광해10) 11월 9일~1619년 10월: 종3품 대구도호부사 (63세
~64세)**

　－"敎旨 曺應仁 爲 中直大夫 大邱都護府使者 萬曆 四十六年 十一月 初
九日"이라는 교지(이 책 맨 앞 사진)를 조성좌(曺聖佐)의 9세 봉사손
으로 삼가면 출생인 조상재(曺相宰, 의학박사)가 소장하고 있음.

　－1613년 3월에 발생한 '칠서(七庶)의 옥(獄)사건'. 주모자인 박치의
(朴致毅)를 조응인이 잡지 못하고 놓쳤다는 안찰사 정조(鄭造)의 주청
으로, 1619년 10월 대구도호부사에서 파직돼 의금부에 약 6개월 수
감된 후, 1620년 3월에 방면되는 고초를 겪음.

　*조응인이 옥(獄)에 갇힌 것을 걱정하고, 손자인 조시량이 1619년
에 생원(진사) 합격을 축하하는 문위(文緯)의 편지가 남아 있음.

　－조응인은 자신이 대구도호부사로 재직할 때 자주 스승인 정인홍
을 찾아가 만남. 당시 정인홍은 1608년 광해 즉위년부터 벼슬을 하
지 않고 합천 가야로 낙향하여 부음정에서 거주하고 있었음. 광해군
이 정인홍을 우의정·좌의정·영의정 등으로 임명했음에도 대궐로
나아가지 않았기 때문임.

○**1620년(광해12) 3월:** 낙향하여 봉산면 압곡리 지실골에 지곡서당 (智谷書堂)을 건립함. (65세)

* 앞서 1620년 1월에는 큰 처남인 설학 이대기(1551~1628)가 몇 개월 전에 사망한 문경호의 신원(삭탈관직 복구)과 사당 건립을 추진 하는 통문을 돌린 죄로, 대북파에 의해 백령진(백령도)에 위리안치 됨. (이대기는 4년 동안 귀양살이를 함)

○**1623년(인조1) 4월:** 이른바 인조반정 후 스승이었던 정인홍이 서인 들에 의해 죽임을 당한 후 모두 두려워 할 때 "선비는 궁할 때 그 절 의(節義)를 볼 수 있다"고 하면서 곡(哭)을 하고 장례를 도움.

○**1624년(인조2) 12월:** 69세로 도촌(陶村: 합천군 묘산면 안성리)에 서 사망함. 묘소는 전의이씨와 상하분으로 묘산면 산제리 가야마을 에 있음.

♠조응인이 지은 글은 큰 자형인 김담수와 자결한 이윤서(李胤緒, 1574~1624)를 각각 추모하는 만시(挽詩) 2편과, 김담수 및 윤경남 (尹景男)을 추모하는 제문(祭文) 2편, 문경호가 지은 '백신암(白身巖)' 이란 시(詩)에서 차운(次韻)한 시 1편 등 총 5편이 남아 있음.

* 성주 출생인 김담수는 남명 문인이며, 이윤서는 내암 문인임. 장 수현감을 역임한 윤경남은 거창 남하 양항리 살목마을 출생으로, 현 재 윤경남 고택이 경남도 유형문화재로 등록돼 있음.

* 1626년 12월에는 문위 아들이 조응인의 제사에 직접 참석함. 앞 서 조응인이 별세하자 거창 가북면 용산리의 문위(文緯)가 제문 1편 을 지어 추모한 바가 있음.

○ **1633년(인조11)**: 아내인 전의이씨(全義李氏)가 1633년에 77세로
별세하자 아들인 조정립의 요청에 따라, 1635년에 거창 가북 용산리
의 용천정사에 은거하고 있던 동계 정온이 조응인의 묘갈명을 지음.
전의이씨의 외조부는 유학의 거두인 황강 이희안임.

◉ **조응인이 48세 때인 1603년(선조36) 서계 김담수를 애도한 '만김서계담수
(挽金西溪聃壽)'**

정과 의리로 굳게 다져진 우정으로　　　　　　友于情義已毛皮
스승 모시고 우리 함께 공부도 하지 않았습니까.

　　　　　　　　　　　　　　　　　　　　　函丈摳衣更有依
환산을 떠나는 새 청초의 꿈입니까.　　　　　鳥別桓山靑草夢
요해로 학이 떠나 이 늙은이 슬픕니다.　　　　鶴歸遼海白頭悲
가을강같이 밝은 얼굴 이제 어디서 다시 뵙겠습니까.

　　　　　　　　　　　　　　　　　　　　　秋江眉宇今何處
당신께서 사시던 임천의 집만이 옛 모습입니다.　故宅林泉獨舊時
내일도 낙동강 위 길에서는　　　　　　　　　明日洛東江上路
당신께서 돌아오시길 갈매기가 기다립니다.　　白鷗應待主人歸

조정립(曺挺立)

(호: 오계, 자: 이정)
號 梧溪 字 以正

1583년(선조16)~1660년(현종1)
오계 조정립은 조성좌의 고조부임.

○ **1583년(선조16) 8월:** 합천군 도곡(陶谷: 묘산면 안성리)에서 출생함.

-도촌 조응인(陶村 曺應仁)과 전의이씨(全義李氏) 사이에서 3남 2녀 중, 장남으로 출생함. 전의이씨의 오빠는 설학 이대기(雪壑 李大期)임.

-조정립이 청년기 때에는 5촌 당숙(堂叔)인 상주(함창)의 조우인(曺友仁)에게 수학함.

-조정립의 장인은 임란 때 의병활동을 하고 현감에 제수된 삼가현 대평(대병)의 화음 권양(花陰 權瀁, 1555~1618)과 충북 보은읍의 첨지중추부사를 지낸 김덕민(金德民, 1570~1651) 등임.

* 김덕민은 남명 조식의 벗인 대곡 성운의 문인이고, 이조판서 윤휴의 외조부가 되며, 소현세자 장인인 우의정 강석기(姜碩期)의 손위 동서이고, 척화 3학사인 오달제(吳達濟)의 고모부가 됨.

-조정립의 첫째 사위는 효령대군(태종 차남)의 후손으로 형조판서를 지낸 구촌 이명(龜村 李溟)의 아들인 이민발(李敏發, 정3품 수사)임.

○ **1609년(광해1) 10월:** 증광시 병과에 33인 중 19등으로 급제 (27세)

-조정립의 12촌 형인 명욱(明勗, 서울 거주)은 1605년(선조38) 별시 병과에 1등으로, 친동생인 정생은 1613년 증광시(增廣試) 병과에 29등으로, 6촌 동생인 정융은 1631년(인조9) 별시 병과에 5등으로

급제함.

○**1611년(광해3) 7월**: 세자시강원의 정7품 설서(說書) (29세)

–이때 합천 묘산면 출생인 강익문(강대수 아버지)은 지평으로 제수됨.

○**1613년(광해5) 1월**: 정언(正言) (31세)

–사간원 정6품으로, 간쟁·탄핵·봉박(封駁)의 임무를 맡는 관직임. **6월 3일**: 계축옥사 때 영창대군을 왕으로 추대하려는 혐의로 처형된 정협(鄭浹)을 천거한 이항복은 잘못이 없다고 할 수 없으므로 파직시킬 것을 청함.

○**1613년 12월**: 지평(持平) (31세)

–사헌부 정5품으로, 백관을 규찰하고 검찰권을 행사하며, 인사 및 법률개폐의 동의·거부권을 행사하는 등 국정전반에 영향력을 미치기 때문에 그 책무가 막중하므로, 소신을 굽히지 않고 직언할 수 있는 강직한 성품의 엘리트들이 임명됨.

* 1614년 9월에는 세자시강원 정5품 문학(文學)을 겸직함.

○**1615년(광해7) 2월 8일**: 사간원 정5품 헌납(獻納) (33세)

–이때 동생 조정생은 검열(檢閱)에 제수됨. **2월 15일**: 갑인봉사소를 올린 정온(鄭蘊)을 편들었다고 하여 정언(正言) 강대수(강대진)는 정배되고, 전 정언 오장(吳長)은 관작삭탈됐는데, 이들을 정계(停啓: 죄인의 이름을 삭제)할 때 조정립에게 간통(簡通: 통지서)을 보내지 않은 것은 자신을 무시한 행위로 생각하여 사직을 청했으나 받아드려지지 않음. 합천 출생인 강대수와 산청 출생인 오장 모두 정인홍

문인임.

○ **1617년(광해9) 3월**: 정5품 홍문관 교리 (35세)

－이때 거창의 모계 문위를 적극 변호하여 극형을 면하게 함.

＊ 경연관인 지제교(知制敎)를 겸직함.

○ **1617년(광해9) 11월 25일**: 폐비에 소극적인 기자헌을 탄핵하는 일
과 폐비 문제는 묘당(廟堂: 의정부)에서 신속하게 처리하기에 달렸다
고 정언 박종주 등과 함께 아룀. (35세)

○ **1618년(광해10) 1월 4일**: 우의정 한효순(韓孝純, 1543~1621)이 백
관을 인솔하고 정청하여 폐비를 청할 때 조정립·정생은 불참함.
(36세)

－이때 예조판서 이이첨, 형조판서 조정(趙挺), 한평군(韓平君) 이
경전(李慶全), 판윤 윤선(尹銑), 공조참판 조탁(曹倬), 병조참판 이덕
형, 호군(護軍) 정문부(鄭文孚) 등은 참석함.

○ **1618년 1월 18일**: 정6품 예조좌랑 (36세)

－이때 합천군 가야면의 내암 정인홍은 영의정에 제수됨.

○ **1618년(광해10) 2월**: 종5품 함경도 북청판관 (36세)

－영돈녕부사 정창연(鄭昌衍)·사간 남이준·지평 정양윤(鄭良胤)
등과 함께 폐비정청에 불참했다고 하여, 종5품 외관직인 북청판관으
로 좌천됨.

＊ 북청에 귀양 와 있던 백사 이항복에게 1613년 계축옥사(癸丑獄
死) 때 이항복을 탄핵할 것을 주청한데 대해 사과하고, 이항복이

1618년 5월 사망하자 제문과 만사를 짓고 장례를 도와줌. 그후 1728
년 무신의거 때 조정립 후손들이 도움을 받는 작은 계기가 됨.

○ **1618년 가을~1623년(인조1) 여름**: 종5품 영덕현령 (36세~41세)
-1618년 가을에 김해 대동면 소재 신산서원에서 남명 조식(南冥
曺植) 봉안(奉安) 때 영덕현령 조정립은, 동생인 예조좌랑 조정생(曺
挺生)과 합천군의 성현찰방 하혼·배형원(裵亨遠)·성현찰방 문경호
·유진정(柳震禎)·배성립(裵誠立, 배형원 조카)·주부 김두남·충원
현감 강익문·신순몽(申順蒙)·하경중(河景中), 삼가현의 장수현감
권양·한성좌윤 윤선·오수찰방 허홍재(許洪材, 허돈 아버지)·허홍
기(許洪器)·진사 정건(鄭謇)·생원 임진부(林眞怤), 초계현의 이운해
(李雲海) 등과 함께 참여함.

○ **1623년(인조1) 8월~1625년**: 1623년 3월 13일 소위 인조반정 후, 정
인홍의 제자로서 1617년~1618년 인목대비 폐비(廢妃)에 앞장섰다는
서인들의 주청으로, 그해 8월 충북 보은으로 중도부처됨. (41세~43세)
-1624년 봄에 배소지(配所地)인 충청도 보은의 경주김씨(1604~
1647)와 두 번째 결혼을 함. 경주김씨는 김덕민 측실의 둘째 딸임.

○ **1625년**: 보은에서 고향인 도곡(陶谷: 묘산면 안성리)으로 방귀전
리(放歸田里)됨.

○ **1628년(인조6)**: 동갑내기 아내인 안동권씨가 46세로 사망함. (46세).
-안동권씨의 아버지는 삼가현 대평(합천군 대병면)의 화음 권양임.

○ **1633년(인조11) 5월**: 사면·복권됨. (51세)

-1636년 12월에 병자호란(丙子胡亂)이 일어나자 의병을 일으켜 1637년 봄에 서울에 도착했으나, 이미 호란이 끝나버림.

○ **1637년(인조15) 봄~1641년(인조19) 봄**: 종4품 평양서윤 (55세~59세)
-평북 강계로 정배돼 있던 아들 조시량(37세)이 해배돼 1639년 5월 평양에서 상봉함. 이때 위원에 정배돼 있다가 해배된 박종윤(46세)도 같이 만남.

○ **1641년 겨울~1642년 9월**: 정3품 성주목사 (59세~60세)
-1641년 12월에 정치화(鄭致和) 이행우(李行遇) 심택(沈澤) 조중려(趙重呂) 등과 함께 유장(儒將)으로 천거됨.

○ **1643년(인조21) 11월 11일**: 경상감사 원두표(元斗杓, 51세)로 추정되는 사람에게 편지를 보냄. (61세)
-1643년 11월 11일 경상감사 원두표에게 보낸 것으로 추정되는 조정립의 이 간찰(편지)에 따르면, 1642년 가을에 성주목사를 그만두고 낙향하여 회갑(回甲)이 되는 1644년 12월에 준공한 봉산면 김봉(金鳳)에 소재한 금봉서사(金鳳書舍, 봉서정)는, 당시 개인적인 건축물이 아닌 교육기관 등 공익적인 건축물로 건립됐음을 알 수 있음. 또한 조정립의 학문 수준과 필체를 알 수 있는 자료임.
* 인조반정 2등 공신인 여주 출생 원두표(元斗杓, 원주원씨)는 1643년 3월에 형조판서에서 파직되고, 9월에 경상감사로 제수돼 11월에 대구 경상감영으로 부임하여 약 3개월 재직했음. 원두표의 현손이 공조판서 원경하이고, 외손자가 노론의 거두인 좌의정 이건명(李健命)임.

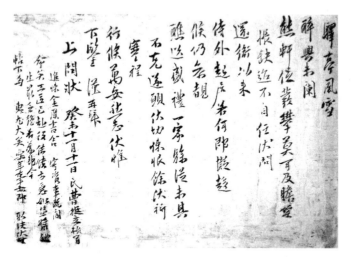

▲ 관찰사 이상의 사람(수신자 미상)에게 보낸 조정립 친필 간찰

驛亭風雪 醉興未闌 熊軒促發 攀莫可及 瞻望悵缺 迨不自任

伏問還衙以來 侍外起居若何 卽擬趨候 仍參覩醮送盛禮 一家荷從未具 不克遂願 伏切悚恨 餘伏祈寒程行候萬安 愁志伏惟下鑑 謹再拜 上問狀 癸未十一月十一日 民曹挺立頓首

追悚金鳳書舍 寄資事旣聞命矣 工匠已賦役 供饋方急 如鹽醬麴生 最乏絶 若蒙卽今帖下 爲惠尤大矣 樂年事亦卽取伏望

역정(驛亭)에 내리는 눈바람에 술에 취해 이는 흥취가 아직 무르익기도 전에 태수(太守: 웅헌·熊軒, 대구부사?)가 출발을 재촉하여, 수레에 오르기도 미칠 겨를이 없어 우러러 보며 슬퍼하고 아쉬운 심정은 스스로 감당할 수 없었습니다.

삼가 여쭙건대, 관아에 돌아오신 후로 평소의 기거함이 어떠하신지요. 곧바로 나아가서 문후 드려 초례(醮禮)에 참관하고 성대한 예물을 보내고자 했으나, 한 집안에서 물품과 사람을 갖추지 못하여 제 바람을 이룰 수 없었습니다. 엎드려 송구하고 안타까운 마음이 간절합니다. 삼가 바라건대, 매우 추운 때에 길을 오가시는 체후가 만안하시기를 바랍니다. 오직 저의 걱정하는 마음을 굽어보아 살펴주시기 바랍니다. 삼가 재배를 올림. 문안하는 글을 올림. 계미(인조21년, 1643년) 11월 11일 백성 조정립이 머리를 숙임.

　금봉서사를 생각하건대, 자금을 맡기는 일에 대하여 분부가 내려진 것을 이미 들어 알고 있습니다. 공인과 장인들이 이미 부역을 하고 있는데, 이들에게 음식을 제공하여 주는 일이 한창 급합니다. 소금과 간장, 술(국생·麴生)이 가장 모자라니, 만약 지금 첩자(帖子)를 내려주신다면 은혜가 더욱 커질 것입니다. 해를 즐기는 일은 또한 인부를 취해서 하기를 삼가 바랍니다.

○**1644년(인조22) 2월:** 동생인 조정생이 창원부사(종3품)에 임명됨. (그러나 오래 재직하지 못하고 1645년 1월에 사망함).

○**1644년(인조22) 12월:** 금봉서사(金鳳書舍, 봉서정) 준공 (62세)

－준공식에는, 1644년 2월 말에 창원부사로 부임한 동생 조정생과, 병자호란 때 나라의 대처 능력을 비판했다고 하여 평북 강계로 1년 동안 유배됐다가 1639년 5월에 해배(解配)돼 묘산면 안성리 고향에 와 있던 아들 조시량, 2월 초에 합천군수로 부임하여 1646년 2월 말에 군수를 그만 둔 5촌 당숙 조희인도 참석함. 그러나 예조좌랑 등을 역임하고 1644년 2월에 38세로 사망한 조카 조시일이 사망한 지 1년이 안 된 시점이라 조촐하게 준공식을 가졌을 것임.

－금봉서사(金鳳書舍)에 보관돼 있던 많은 고서(古書)들은 1728년 3월에 발발한 무신봉기 때 약탈당함. 당초 금봉서사(봉서정)와 아버지 도촌 조응인을 모신 도촌별묘(陶村別廟)는, 다음 사진처럼 합천군 봉산면 김봉리 석가산 건너편에 있었으나, 합천댐 수몰로 1988년 4월 봉산면 압곡리 1구로 이전·건립함.

＊봉서정과 별묘는 1983년 경남도 유형문화재 제235로 지정됨. 현

재 별묘는 조응인과 조정립을 모시는 종묘로 사용하고 있으며, 음력
9월 중정(中丁)일 전날 밤 11시경에 제사를 지냄.

▲ 1988년 수몰 전 봉산면 김봉리: 우측 하단 기와집이 봉서정이다.

○ **1645년(인조23) 5월**: 담양부사에 제수되자 사헌부에서 파직하라는
계사(啓辭)가 올라왔으나 인조가 윤허하지 않음. 그러나 조정립이 스
스로 취임하지 않음. (63세)

○ **1646년(인조24) 7월~1649년 2월**: 정3품 정주목사 (64세~67세)
-1648년(인조26) 7월에 종2품인 평안도 의주부윤(府尹)에 심택(沈
澤) 및 노협(盧脇)과 함께 천망(추천)됐으나, 심택이 임명됨. 그후 심
택은 평안감사를 역임함.

○ **1649년(효종 즉위년) 10월**: 정3품 밀양부사에 제수됐으나 서인들의
반대로 파직됨. (67세)
-사헌부 서인들이 "조정립은 1623년 인조반정 후에 형벌을 면한
것만도 다행인데, 밀양부사를 제수받자 사람들이 모두 놀라고 분하게
여기니 파직하라"는 주청으로 파직됨. 이때 고산 윤선도는 유배됨.

○ **1656년(효종7):** 거창군 가조면 도산서원의 설립서원장 (74세)
-1661년 건립·1662년 사액서원이 되고, 김굉필 정여창 정온 이언적을 제향(祭享)했으나 1869년(고종6) 대원군에 의해 훼철됨.

○ **1657년(효종8) 3월~1659년 3월:** (산청) 덕천서원장 (75세~77세)

○ **1660년(현종1) 9월:** 78세로 금봉서사(金鳳書舍, 봉서정)에서 사망함. 1628년 46세로 별세한 안동권씨와 상하분으로 거창 가조면 수월리 고견사 좌측 능선에 묘소 있음. 안동권씨의 자녀는 조시량(曺時亮)·시윤(時胤) 등 2남 3녀임.

※사망 후, 동래정씨인 영의정 정태화(鄭太和, 59세, 정창연 손자), 좌의정 정치화(鄭致和, 52세), 좌의정 정지화(鄭知和, 48세) 3형제가 조정립을 추모하는 만사(挽詞)를 지었음. 특히 정치화는 조정립 생전에 금봉서사로 찾아오기도 했음.

또한 포천의 이조판서 용주 조경(龍洲 趙絅, 75세), 예조판서 죽남 오준(竹南 吳竣, 74세, 송파 삼전도비문과 아산 이순신 비문 썼음), 거창 가북의 군수 김천일(金千鎰, 39세), 합천 대병의 참봉 송치원(宋致遠, 61세), 성주 벽진의 여효사(呂孝思, 49세), 대구의 정주목사 다포 이지화(茶圃 李之華, 73세), 하동 옥종의 겸제 하홍도(謙齋 河弘度, 68세), 경기 여주의 인현왕후 아버지 민유중(閔維重, 31세), 동계 정온의 손자인 정기수(鄭岐壽, 39세, 정희량 조부)와 정기윤(鄭岐胤, 32세, 허목 사위, 조성좌 매제인 정관유 조부) 등 53명의 유명 인사들이 지은 만사와 제문이 남아 있음.

♠조정립이 지은 글은 한시(漢詩) 183수, 만사 49수, 제문 10편, 축문 5편, 편지[書] 3편, 묘지(墓誌) 3편 등 273편이 남아 있으며, 조정립의 품계는 당상관인 통정대부(通政大夫)임.

◉ 이항복이 1618년(광해10) 5월 북청에서 사망하자 지은 '만사(挽詞)'
* 그때 36세인 조정립은 북청판관에 재직 중이었다.

선조 광해조에 많은 분이 재상에 앉았지만	兩朝多少坐司台
명공만이 최고로 걸출하다 손꼽았소.	獨數明公最傑魁
국가 동량 존재하니 큰 절개를 알았고	國棟樑存知大節
동서를 막론하고 뛰어난 인재였소.	山東西出見全才
영원한 의리 취해 잎처럼 몸 가벼웠고	千年取重身輕葉
걱정으로 병이 생겨 사괴꿈을 꾸었소.	一病綠憂夢食塊
동남쪽에서 태어나고 자라 일찍 알진 못했으나	生長東南曾不識
가시는 길 애도하니 슬픔이 가득 하구려.	湘流一弔有餘哀

◉ 인조반정 후 조정립이 41세 때인 1623년 8월에 충청도 보은으로 중도부처되고, 그해 12월에 고향을 그리워하며 지은 '적리음 7수(謫裏吟 七首)' 중, '1수(一首)'

쓸쓸한 나그네 시름 이 해도 다 가는구나.	牢落羈愁逼歲窮
취하면 타향도 모두가 옛 친구인 것을 …	他鄕一醉故人同
형제의 모임에 아침이면 가려고 해도	朝來欲赴連枝會
담비 모피로 만든 갖옷이 헤져 바람끝이 겁나는구나.	
	弊盡貂裘怯以風

◉ 1642년 겨울에 조정립이 진주 촉석루를 노래한 '제촉석루(題矗石樓)'

* 합천군 묘산면 출생인 강대수가 1642년(인조20) 1월부터 이듬해 8월까지 진주목사로 재직했는데, 이때 8살 많은 60세인 조정립이 촉석루를 방문하여 이 시를 지은 것 같다. 조정립은 1642년 9월에 성주목사를 그만두고 묘산면에 낙향해 있다가 1646년 7월에 정주목사로 나간다.

산야를 분할할 때 미리 정한 별 곳이기에	畫野當年占別區
진양의 명승지로 이 높은 누각이구나.	晉陽形勝此高樓
긴 대나무 서 있는 것 소상강 언덕인가.	脩篁怳立三湘岸
저렇게 많이 흐르는 물 칠택에서 오는 것일까.	巨浸疑從七澤流
석양에서 부르는 어부의 노래 구름 밖에서 끊어지고	
	薄暮漁歌烟外斷
밤이 되면 장사배는 달 속에 떠 있다네.	清宵商船月中浮
그 당시 죽지 못한 영웅에게 맺힌 한이	可憐未死英雄恨
저 차가운 물결돼 섬에서 목메어 우는구나.	化作寒波咽古洲

◉ 1649년 효종 즉위년 10월에 낙향하여 봉산면 김봉리 소재 금봉서사(金鳳書舍, 봉서정)에서 아름다운 풍경을 보고 지은 '봉서정 십영(鳳棲亭 十詠)' 중, 석가산(石加山)의 절경을 노래한 '옥순고봉(玉笋孤峯)'

쪽나무 밭에 심었다던 그 옥을	藍田種後骨
정교하게 깎아 저렇게 만들었을까.	巧斲因成形
표면에 이끼 한 점도 없이	蒼苔不上面
천 년 세월을 굳건히 서 있구나.	千古立亭亭

조정생(曺挺生)

(호: 도계, 자: 이령)
號 陶溪 字 以寧

1585년(선조18) ~ 1645년(인조23)
도계 조정생은 조성좌의 종고조부임.

○ **1585년(선조18) 9월:** 합천군 도곡(陶谷: 묘산면 안성리)에서 출생함.

－아버지인 도촌 조응인(陶村 曺應仁)과 어머니인 전의이씨(全義李氏) 사이에서 3남 2녀 중, 차남으로 출생함.

－조정생의 손위 동서는 임란 때 의병장이며 난중잡록(亂中雜錄)의 저자인 남원의 조경남(趙慶男)과, 경상우병영의 병사(兵使, 종2품)를 역임하고 광해11년 후금 정벌 때 부원수로 출정하여 죽임을 당한 김응서(金應瑞)임.

－조정생의 장인은 임란 때 의병활동을 하고 예빈시주부를 지낸 고령 우곡 도진리의 학암 박정번(鶴巖 朴廷璠, 1550~1611)이고, 조정생의 세째 고모부인 양죽당 박정완(養竹堂 朴廷琬, 1543~1613)이 박정번의 형님이며, 또한 박정완은 오익환(吳益煥)의 외조부이기도 함.

－조정생의 첫째 사위는 산청 신등면의 권극이(權克履)이며, 둘째 사위는 함양 지곡 개평리의 노형망(盧亨望)이고, 세째 사위는 양주조씨로 청송부사를 지낸 충남 예산 신양면의 조익강(趙益剛)이며, 네째 사위는 성주 대가면의 참판 김우옹(金宇顒) 증손인 김정석(金庭碩)임.

＊ 권극이 아버지는 사정(寺正)을 지낸 권준(權濬)이고, 손자는 현감 권우형(權宇亨)임. 조익강의 아들은 강릉부사 조기석(趙祺錫)이고, 생부는 부승지를 지낸 조유도(趙有道)이며, 할아버지는 광해 때 우의정

을 역임한 조정(趙挺)임.

　*조정생 종손(從孫)인 조하현(曹夏賢)의 아내는 2명으로, 정온의 아들인 정창모(鄭昌謨)의 딸과 박정번의 손자인 박응형(朴應衡)의 딸임. 또한 조하현의 증손인 조행검(曹行儉, 1720~1804)은 1728년 무신봉기 때 큰 화(禍)를 입은 경기도 여주 출생인 조일규(趙一奎)의 사위임.

　-조정생의 현손이 무신일기(戊申日記)를 쓴 조한유(曹漢儒)임.

　○1612년(광해4): 당숙인 함창의 이재 조우인을 찾아가 인사한 후, 성주로 가서 한강 정구도 찾아가 인사함. (28세)

　-진주시 수곡면 단목리의 창주 하증(滄洲 河憕)이 1617년(광해9)에 쓴 '남명선생 종사소급신안어록 후서(南冥先生 從祀疏及新安語錄 後書)'에 다음과 같이 기록하고 있음.

　"(산음) 덕천서원에서 나(하증)를 비롯한 하홍도(河弘度) 이성(李城)과 함께 남명선생의 학기(學記)를 1612년 처음 간행하여 배포할 때 조정생(曹挺生, 28세)군이 함창의 조우인(曹友仁, 52세)공의 처소에 들린 후, (성주에 있는 나이 70세인) 한강 정구선생을 찾아뵙고 인사를 올리자, 선생께서 '군(君, 조정생)의 종숙(從叔, 조우인)은 학기(學記)에 대해 뭐라고 하든가'라고 물었다. '매우 칭찬했습니다. 또한 남명선생을 높이는데 성실하지 못했다는 것을 깨달았다고 했습니다'라고 조정생군이 말하자, 한강선생이 안색이 밝아지면서 '그대 종숙부군(君)은 글을 능히 잘 알고 있구나'라고 했다."

　*상기 기록에서 조응인의 사촌 동생인 이재 조우인(頤齋 曹友仁)도 남명 조식을 존숭하고 있었다는 것과, 조정생이 과거 합격 전에 한강 정구를 스승으로 받들고 있었다는 것을 알 수 있음. 1612년 당시 조

우인은 제사를 관장하는 기관인 봉상시(奉常寺) 직장(直長, 정7품)을 그만두고 고향인 함창(상주) 매호(梅湖, 사벌면)에 내려와 있었음.

○ **1613년(광해5) 10월:** 증광시 병과 42인 중 29등으로 급제 (29세)
  –조정생의 첫째 사위인 권극이(權克履)의 아버지인 산청 신등 단계리의 권준(權濬)도 함께 급제함.

○ **1615년(광해7) 2월:** 예문관의 정9품 검열(檢閱) (31세)
  –왕 옆에 있으면서 사실(史實)을 기록하고 왕명을 대필하는 주요한 청요직으로 문과 급제자에게 선망의 대상이 되는 관직임. 조선왕조실록에 "사신(史臣)은 논[왈·曰]한다"라고 인물과 사건·사태를 평가하는 '사신'이 곧 '정7품 봉교·정8품 대교·검열'을 일컬음.
  * 좌의정 이항복, 오위 부총관 신식(申湜), 군기시 정(正) 윤선(尹銑), 지제교 유활(柳活), 성균관 직강 조명욱(曹明勗), 지제교 박사제(朴思濟), 설서 이지화(李之華) 등과 함께 선조실록 편수관에 임명돼 19개월 동안 겸직하면서 선조실록 116권을 편찬하는데 기여함.

○ **1615년(광해7) 5월:** 예문관 정8품 청요직인 대교(待敎) (31세)
  –왕의 측근에서 군신의 대화나 거동을 기록하고, 실록 편찬 때 기본 자료가 되는 시정기(時政記)를 작성하며, 사고(史庫)의 서적을 관리하는 중요한 직책임. '사신(史臣)'이라고도 함.
  –이때 이조좌랑 박종윤(고령 우곡면 도진 출생)의 고모부인 함안 신안면의 오여은(吳汝檼, 1561~1633)은 헌납으로, 홍길동의 저자인 교산 허균(蛟山 許筠, 1569~1618)은 동부승지로 제수됨.
  * 허균은 진보적 개혁적 인물로서 당색은 정인홍과 같은 북인이며 폐비론을 지지했으며 역모에 연루돼 1618년 8월에 능지처사됨.

○**1615년(광해7) 7월:** 봉교(奉教) (31세)

-예문관의 정7품인 사초를 기록하는 사관(史官)으로, 뛰어난 문장가가 임명됨. 봉교 재직 때인 1618년에 검열 박종윤 등과 함께 인목대비 폐비를 청함. 봉교를 '사신(史臣)'이라고도 함.

○**1618년(광해10) 10월:** 정6품 예조좌랑 (34세)

-이때 아버지인 조응인은 대구도호부사에 제수됨.

-형인 조정립은 1618년 1월~2월까지 1개월 예조좌랑으로 재직함.

○**1621년(광해13) 2월:** 정언(正言) (37세)

-사간원 정6품으로, 간쟁·봉박(封駁)의 임무를 맡는 관직

-이때 형인 조정립은 당시 우의정인 정창연 등과 함께 인목대비 폐비에 동조하지 않았다는 이유로 1618년 2월부터 가을까지 외관직인 북청판관(종5품)으로, 1618년(광해10) 가을~1623년(인조1) 여름까지 경북 영덕현령(종5품)으로 좌천됨.

○**1623년:** 이른바 인조반정 후, 1618년 인목대비 폐비에 관한 정청(庭請)에 참여했다는 이유로 파직됨. (39세)

-형인 조정립은 정인홍의 제자로서 1617년~1618년 인목대비 폐비(廢妃)에 앞장섰다는 이유로, 1623년 8월에 충청도 보은으로 중도부처됨.

-이때 조정생의 처가인 고령 우곡 도진리의 승지 박종주는 참형되고, 이조좌랑 박종윤은 위리안치되는 등 고령박씨 문중도 큰 화(禍)를 입음.

○**1627년(인조5):** 거창의 문위(文緯)에게 안부 편지를 보냄. (43세)

○ **1629년(인조7) 7월**: 평안도 영변 어천도(漁川道) 종6품 찰방 (45세)

○ **1639년(인조17)**: 종6품 경산현감 (55세)

○ **1640년(인조18) 2월**: 정5품 공조정랑, 5월: 정4품 사예(司藝) (56세)

○ **1641년(인조19) 11월**: 군기시(軍器寺) 정3품 당하관 정(正) (57세)

○ **1644년(인조22) 2월~1645년 1월**: 종3품 창원부사 (60세~61세)
－1644년(인조22) 2월에는 아들인 조시일(曺時逸, 1607~1644)이 38세로 사망함. 조시일은 설서·예조좌랑·금부도사·해미현감 등을 역임함.

○ **1645년(인조23) 1월**: 아들인 조시일의 사망으로 인한 화병 등이 겹쳐 61세로 사망함. 1663년 78세로 별세한 고령박씨와 쌍분으로 합천군 대양면 덕정리에 묘소 있음.
＊ 고령박씨가 1650년 9월에 며느리 윤씨(조시일 처)에게 토지와 노비를 증여하는 명문(明文: 계약서)이 국사편찬위원회에 보관돼 있음.
＊ 조정생 사망 후 형인 조정립이 동생을 생각하며 지은 제문(祭文)에는 동생 조정생의 한(恨)을 애틋한 형제애와 함께 은유적으로 잘 나타내 주고 있음.

♠도계 조정생(陶溪 曺挺生)이 지은 글은 거창의 모계 문위에게 보낸 편지 1편과 안음의 동계 정온을 추모하는 제문 1편이 남아 있음.

● 조정생이 57세 때인 1641년(인조19) 동계 정온이 사망하자 지은 '제문(祭文)'

아아 슬픕니다. 산 높은 덕유산과 물 맑은 원학동이 선생을 탄생
시키니, 지령의 인걸인지라 정기는 하늘에 닿았고, 큰 절개는 해를
꿰뚫었습니다. 혼조에 올린 직언의 상소(주: 갑인봉사소)로 윤기가
이에 온전해졌고, 고성(孤城)에서 죽음을 맹세하니 충의가 하늘을 움
직였구려. 천하 제일가는 선비이고 사직을 지킬 신하이건만, 하늘의
뜻인가 운명인가. 어려운 시대에 태어났구려. 덕을 다 펼치지 못했
고, 뜻을 크게 펴지 못했는데, 고개 돌려 천지를 보니 더러움만 눈에
가득합니다. 깊은 산속 초가집에는 대명의 일월이 걸렸건만, 하늘이
평정할 뜻이 없어 이렇게 빨리 뺏어 버렸습니다. 나라는 끊기고 병들
것이고 두○멸절되리니, 이제부터 우리는 아마 오랑캐가 되지 않겠
습니까. 보잘 것 없는 저로 말하면, 일찍이 알아주심을 받아 선생의
강석에 출입하니, 사우로서 의리가 중했습니다. 지난 번 서울에 있을
때 흉음이 멀리 전해졌으나, 벼슬살이(주: 정4품 사례)에 매인 몸이
라 남에 앞서 조문하지 못했습니다. 지금 남쪽으로 돌아오니 등성이
에 새 무덤이 생겼고, 다만 큰 명성만 남아서 우주와 강상을 부지하
구려. 온 세상의 모든 인사들이 청나라를 섬기려 하건만, 공 홀로 온
전히 지켰으니 제가 무엇을 상심하겠습니까. 세월은 빨리도 흘러가
서 어느덧 소상이 됐습니다. 말로 다할 수 없는 심정은 쏟아지는 눈
물이 대신합니다.

嗚呼哀哉 山高德裕 水淸猿鶴 鍾生夫子 地靈之傑 正氣亘天 大節貫日 抗
章昏朝 倫紀賴全 矢死孤城 忠義動天 天下之士 社稷之臣 天耶命耶 生之不
辰 德不盡布 志不大伸 回首乾坤 滿目腥塵 草舍深山 大明日月 天未欲治
何奪之速 邦國殄瘁 二○滅絶 而今而後 吾其披髮 生也無狀 早荷知遇 出入
函丈 義重師友 頃在京洛 凶訃遠傳 身縻遊宦 弔不人先 今也南歸 一坏新阡
祇有大名 宇宙綱常 擧世衣冠 奔走瀋陽 公獨全歸 夫我何傷 光陰遄邁 悠爾
初祥 辭不盡情 有淚滂滂

조시량(曺時亮)

(호: 설주, 자: 인숙 · 여인)
號 雪洲 字 寅淑 汝寅

1603년(선조36)~1662년(현종3)
설주 조시량은 조성좌의 증조부임.

○ **1603년 7월**: 합천군 도곡(陶谷: 묘산면 안성리)에서 오계 조정립과 안동권씨(권양 딸) 사이에서 2남 3녀 중, 장남으로 출생함.

－조시량의 동생인 조시윤(曺時胤)은 경기도 화성군 매송면의 창녕 조씨창산공파인 조난서(曺鸞瑞, 합천군수)에게 출계함.

＊조시윤의 아들 조하경(曺夏卿)은 1673년 식년시에 급제하여 1700년(숙종26) 장단부사를 역임함. 조시윤의 장인은 한양조씨양경공파인 도사(都事) 조간(趙幹)이며, 조간 아들 조중려(趙重呂)·손자 종저(宗著)·증손 의징(儀徵) 모두 문과에 급제, 수찬·회양부사·우부승지를 각각 역임함.

－조시량의 장인은 삼가현 구평(합천군 가회면 함방리 구평마을) 출생으로, 문과에 급제하여 진주판관으로 있을 때인 인조9년 광해군 복위사건에 연루돼 장살된 윤좌벽(尹左辟)이며, 윤좌벽의 아버지인 추담 윤선(秋潭 尹銑, 1559~1637)은 정인홍의 문인으로서 임란 때 의병활동을 했으며 정2품 우참찬을 역임했으나, 1623년 인조반정 후 파직됨. 또한 윤좌벽의 동생인 윤정벽(尹正辟)은 조응인의 막내 사위가 됨.

－조시량의 외할아버지는 임란 때 의병활동을 하고 현감에 제수된 삼가현 대평(합천군 대병면)의 화음 권양(花陰 權瀁)임.

-조시량의 세째 사위는 보은읍 종곡리의 김동필(金東弼)이며, 다
섯째 사위는 성주 벽진 수촌리의 여용화(呂用和)이고, 여섯째 사위는
진주의 감찰(監察) 하준(河濬)임. 김동필의 조부는 조정립(조시량 부
친)의 장인인 김덕민(金德民, 첨지중추부사)이고, 김동필의 4촌 동생
이 조성좌의 외조부인 김위필임. 여용화의 아버지는 선산부사를 역
임한 서암 여효증(西巖 呂孝曾, 1604~1679)임.
 * 백호 윤휴가 지은 '김덕민 묘지명(墓誌銘)'에 조정립과 조시량의
이름이 새겨져 있음. (윤휴의 외조부가 김덕민임)
-조시량의 증손자는 1728년 3월 무신봉기 때 기병한 조성좌(曺聖
佐)임.
-조시량의 큰 아들인 조하전의 장인은 동계 권도(東溪 權濤)의 아
들인 산청 신등 단계리의 권극효(權克斅)임. 권도는 사간·동부승지
등을 역임함.
-조시량의 작은 아들인 조하현의 장인은 정온(鄭蘊)의 아들인 거
창 위천면의 정창모와, 박정번(朴廷璠)의 손자인 고령 우곡면의 박응
형 두 사람임.

○1631년(인조9) 3월: 장인인 진주판관(종5품) 윤좌벽(尹左辟)이 광
해군복위사건에 연루돼 서울에서 장살됨. (29세)

○1635년(인조13) 10월: 장인인 윤좌벽의 장살로 인한 문제 등 우여
곡절 끝에 증광시 병과에 43인 중 26등으로 급제함. (33세)
-조시량의 사촌 동생인 조시일(曺時逸)은 1629년 11월 정시 병과
에 5인 중 3등으로 급제함.

○**1636년(인조14):** 거창군 가북면 용산리의 낙모대(落帽臺)에서 다섯 고을 18명이 결성한 범국회(泛菊會)에 부친인 조정립 및 안음현(안의현)의 정온 등과 함께 참여함. (34세)

○**1637년(인조15):** 임시직인 성균관 권지(權知) (35세)

○**1638년 4월~1639년 5월:** 가장 험지 중 하나인 평북 강계로 정배됨. (36세~37세)

-1637년 1월 병자호란이 끝난 직후인 2월에 성균관 권지(權知)에 재직 중이던 조시량이 "산성(山城)에 군사와 양식이 적어 오래 지탱하기 어려웠다는 말을 퍼트려 군정(軍情)을 동요시키는 등 조정을 비난했다"고 하여 평북 강계로 정배된 것임.

○**1639년(인조17) 5월:** 정배에서 방송(放送)된 후, 평양서윤에 재직 중이던 아버지 조정립(57세)을 찾아가 만남. (37세)

-이때 박정완의 손자이며, 박광선(朴光先)의 둘째 아들 박종윤(46세)도 조시량과 함께 조정립을 만남. 조정립은 박광선의 고종 동생임.

*박종윤(朴宗胤, 1594~1645)이 쓴 수기집(手記集)과 조선왕조실록·승정원일기 등에 의하면, 박종윤은 "정인홍의 남은 무리들 중 한 사람으로, 병자호란 때 합천 정옹(鄭瀣)의 집에서 술자리를 마련하여 축하했다"는 혐의로, 1639년 5월 당시 평북 위원에 정배돼 있었으며, 인조반정 후 두 번째 귀양살이였음.

*정인홍 문인인 박종윤은 이조좌랑 등을 역임함. 장령 등을 역임한 아버지 소고 박광선(笑皐 朴光先, 1562~1631)은 1631년(인조9) 2

월 '광해군복위사건'으로 용산 당고개(堂古介)에서 참수됨. 박종윤의
형으로 정언·승지 등을 역임한 박종주(朴宗冑, 1591~1623)는 인조
반정 후 대구 경상감영 남문 밖에서 참수되며, 아들 박희집은 할아버
지 박광선과 함께 광해군복위사건에 연루돼 참수됨. 이때 박종윤은
정배돼 있었기 때문에 화를 입지 않음. 국청에서 박종형 오익환 등도
복위사건에 연루됐다고 하여 잡아다 국문할 것을 청했으나, 인조가
윤허하지 않음.

○ **1650년(효종1) 5월:** 경적(經籍)의 인쇄와 제사의 축문 및 도장 등
을 관장하는 교서관(校書館) 정9품 정자(正字), **7월:** 교서관 정8품인
저작(著作) 역임. (48세)

○ **1651년(효종2):** 교서관 정7품 박사(博士) 및 종5품 진주판관 (49세)

○ **1652년(효종3):** 성균관 정6품인 전적(典籍) (50세)
–벽진이씨 족보인 임진보(壬辰譜) 발문(跋文)을 씀.

○ **1654년(효종5) 1월:** 성균관 유생들의 식량을 공급하는 양현고(養賢
庫)의 종6품 주부(主簿)에 임명, **3월:** 교서관 종5품 교리(校理) (52세)

○ **1654년(효종5) 9월~1656년(효종7) 2월:** 전라도 정6품 옥구현감 (52
세~54세)

○ **1657년(효종8) 10월~1658년 2월:** 종4품 양산군수 (55세~56세)
–부친인 조정립이 본래 정인홍과 같은 북인이었고, 장인인 윤좌벽

이 광해군복위사건에 연루돼 처형된 관계로 조시량은 큰 관직을 맡지 못했음.

－부친인 조정립은 1657년 3월부터 1659년 3월까지 산청군 시천면의 덕천서원장으로 재직함.

○ **1662년(현종3) 7월:** 60세로 사망함. 1673년에 71세로 별세한 파평윤씨(坡平尹氏)와 상하분으로 합천군 쌍책면 사양리에 묘소 있음.

－부친인 조정립 3년 상중(喪中)에 사망함. 즉 부친 별세 후 1년 10개월 후 사망함.

♠현재 확인된 조시량의 글은 동계문집에 만시 및 제문 각 1편과 합천읍지에 긴 문장의 합천 객사 상량문 1편, 벽진이씨족보인 임진보(1652년 간행) 발문 1편이 남아 있음. 특히 합천 객사 상량문은 1650년(효종1) 조시량이 교서관 정9품인 정자(正字)에 재직 중일 때 지은 것임.

* 칠곡 왜관 석전리 출생으로 지평·합천군수 등을 역임한 광주이씨(廣州李氏)인 낙촌 이도장(洛村 李道長, 1603~1644)의 낙촌문집에 설주 조시량의 시(詩)에서 차운하여 이도장이 지은 한시가 3편 있음. 이는 조시량의 학문 수준이 높았음을 알 수 있는 증거임. 이도장의 손자가 이익전(李翊全)인데, 이익전은 조성좌 12촌 형인 조한좌(曺漢佐)의 장인임.

◉ **조시량이 39세 때인 1641년(인조19) 동계 정온이 사망하자 지은 '제문(祭文)'**
　　아아… 밝은 하늘이여! 해와 별이 늘어서 있고
　　우뚝 솟은 땅이여! 산악이 모여 있습니다.

천지간에 가득 한 것 이 한 기운일 뿐이니
이 왕조를 웅장하게 하고 군자가 이를 본받았습니다.
한 장의 상소문은 백이처럼 곧았고
생사를 선택함은 노중련(魯仲連)의 절개였습니다.
은거하여 뜻을 구하고 궁할 때 의(義)를 보였습니다.
문이 여기에 남아 있어 도(道)가 실추되지 않더니
하늘이 버리고자 하여 선생을 죽게 했습니다.
살아도 천하를 위하고 죽어도 천하를 위할 터
기성(箕星)과 미성(尾星)을 타고서 여러 성인들께 배알하고
묘혈(墓穴)에 묻힌 뒤에도 눈을 감지 못하겠습니다.
한 잔 술을 올림은 평소와 마찬가지이니
밝은신 혼령께서는 이 정성을 흠향하소서.

嗚呼 昭乎天 日星列 峙乎地 山嶽崒 盈兩間 此一氣 壯本朝 君子以 一封
奏 西山直 二者擇 東海節 遯求志 窮見義 文在玆 道不墜 天欲喪 木稼怕 生
天下 死天下 乘箕尾 朝列聖 就窀穸 目不瞑 單杯斟 如平生 靈不昧 尙歆誠

● **1641년(인조19) 동계 정온이 사망하자 지은 '만시(挽詩)'**

대궐에 오르고 지방관으로 나갔으니	曾押北斗樹旌旗
효제(孝悌)와 충성(忠誠)을 모두 이뤄졌습니다.	孝悌忠誠兩得之
동국의 선생이 지금 여기 돌아가시니	東國先生今在此
서주(西州)의 호걸들은 다시 누구를 따르겠습니까.	
	西州豪傑復從誰
중천의 해와 달은 높고 밝아서 깨끗하나	中天日月高明潔
대지와 산하의 바른 원기도 쇠잔해졌습니다.	大地山河正氣微
소리와 모습이 저승으로 사라졌다 말하지 마십시오.	
	莫道音容泉下隔
눈 속에서 세한의 자태로 기다리겠습니다.	雪中猶待歲寒姿

● 조시량이 50세 때인 1652년(효종3)에 벽진이씨족보 출간을 축하하며 쓴
'임진보발(壬辰譜跋)'

* 조시량이 50세 때인 1652년에 쓴 아래 발문에 외손이라고 한 것
은, 벽진이씨인 이승언(李承彦)의 딸이 삼가면 두모리의 노적(盧滴)에
게 출가했고, 노적 딸이 대병면 병목리의 권일(權逸)에게 출가했으
며, 권일 손자인 권양(權瀁, 현감)의 딸이 조정립(曺挺立)에게 출가하
여 조시량을 낳았기 때문이다.

* 권일(權逸)은 산청군 단성면의 권달(權達)과 4촌지간이며, 권일
사위가 단성면의 이광전(李光前)과 함안군 칠서면의 주박(周博)이다.
주박 아버지는 최초의 사액서원인 영주 소수서원(紹修書院)을 1542
년(중종37)에 세운 신재 주세붕(愼齋 周世鵬, 합천군 율곡면 문림 출
생)이다.

　　벽진이씨(碧珍李氏)는 대성(大姓)이다. 그 시조가 신라말엽에 일군
(一郡)을 보전했고, 고려조에 들어와서는 공신의 으뜸이 됐음은 국사
를 상고해 보면 뚜렷이 알 수 있다. 그후 평정(平靖, 주: 이조참판 이
약동)공(公)이 청백과 충직으로서 한 시대를 풍미했다. 공의 후손인
상일(尚逸, 1600~1674, 경상감사, 현재 영정 있음)이 진주목사가 되
고, 나(주: 조시량) 또한 진주판관(晋州判官)이 되니 모두 공의 내외
손(內外孫)이다.

　　하루는 나에게 말하기를 "우리 종족의 신수(神秀)함이 요요(遙遙:
멀고 아득함)하나 오히려 상고할 보첩이 없으니, 이 어찌 흠사가 아
니겠는가. 나(주: 이상일)의 종형(從兄)인 상서공(尚書公)이 일찍이
이 일에 뜻을 두었으나, 직사(職事)에 심력을 기울이다보니 능히 편
수하지 못하고 평소 일가자제들에게 개탄해 마지않았다. 내가 일찍
이 종형(從兄)이 뜻을 이루지 못함을 유감으로 생각하여 진실로 이
일을 주관함으로써 종형의 뜻을 조금이라도 위로하려 했으나, 힘이

미치지 못하여 감히 실행하지 못하고 있었다. 마침 국은을 입어서 다행히 이 고을을 맡게 되자 동종(同宗) 몇 사람과 더불어 보첩을 편찬하여 그대로 인쇄하게 됐으니, 종형의 평생 뜻이 오늘에야 이뤄져서 여한이 없게 됐다. 그대(주: 조시량)가 마침 이 고을에 와서 이 일을 함께 의논하게 됐으니, 이 또한 다행이다. 이 보첩의 서문을 그대에게 부탁하니 사양하지 말라"고 했다.

나(주: 조시량)는 이에 두 손을 마주잡고 말하기를 "벽진이씨가 대대로 현달한 이가 여러 사람이 있어도 이 일에 뜻을 둔 사람이 없었는데, 당신(주: 이상일)께 이르러서 비로소 족보가 편찬됐으니, 상서공이 아니었다면 보첩 편찬이 이루어질 수 없었을 것이요, 상일공이 아니었다면 상서공의 뜻을 이어받지 못했을 것이다. 그러므로 이 보첩을 이룩한 것은 상일공이 아니라 곧 상서공이라 할 것이니, 대체로 이씨 가문의 복이 다하지 아니한 것이다. 후손들이 이 보첩을 보면 효제(孝悌)하는 마음이 저절로 생겨나서 그 가풍을 추락시키지 아니함이 상서공과 같고 상일공과 같을 것이 틀림 없을 것이다"고 했다.

외손 통훈대부행성균관전적 조시량 근발

壬辰譜跋
碧珍李大姓也其鼻祖在羅季全一郡入麗朝宗臣功臣稽諸東史班班可見其後有曰平靖公以淸白忠直伏一世公之後尙逸牧于晉余赤官于晉皆公內外孫也一日謂余曰吾宗神秀遙遙矣尙無譜牒之可稽玆豈非欠事乎吾從兄尙書公嘗有意於斯而役役於職事不克修平居對一家子弟未嘗不慨然也吾嘗感從兄志不就苟可以辦斯事亦小慰從兄志矣而力綿不敢擧適蒙天恩幸典玆州與同宗若干人編次譜牒仍以繡從兄平生志今日遂庶可無餘恨矣君適來是州共議是事是亦幸也是牒之跋屬之子毋庸辭余乃拱手而言曰碧珍李前後顯者幾人而莫有志於斯至于君始纂焉非尙書莫可以遂吾君事非吾君莫可以承尙書志然則是譜之成非君也乃尙書也李氏之福盖未艾也後裔之見此譜者孝悌之心有油然生矣其不墜乃家風如尙書如吾君必矣

外外孫通訓大夫行成均館典籍曺時亮謹跋

조시일(曺時逸)

(자: 일휴)
  _字 _日 _休

1607년(선조40) ~ 1644년(인조22)
조시일은 조성좌의 종증조부임.

○ **1607년(선조40) 12월:** 합천군 도곡(陶谷: 묘산면 안성리)에서 도계 조정생과 고령박씨(박정번 딸) 사이에서 장남으로 출생함.

○ **1629년(인조7) 11월:** 정시 병과에 5인 중 3등으로 급제함. (23세)

-사촌 형인 조시량은 33세 때인 1635년(인조13) 10월에 증광시 병과에 43인 중 26등으로 급제

* 조시일의 과거 급제를 축하하기 위해 거창 남하면 양항리 살목 마을의 장모(윤정남의 처 심씨)가 1630년 3월에 노비를, 고모(윤시남의 처 조씨·曺氏)가 1630년에 노비와 전답을 조시일에게 증여하는 명문(明文)이 국사편찬위원회에 보관돼 있음. 윤정남(尹挺男)의 동생이 윤시남(尹時男, 감찰)임.

* 또한 조시일의 어머니인 고령 우곡면 도진리 출생인 고령박씨(박정번 딸)가 1650년 9월에 며느리 윤씨(尹氏)에게 토지와 노비를 증여하는 명문도 국사편찬위원회에 보관돼 있음.

○ **1635년(인조13) 2월:** 종5품 청도도사(淸道都事) (29세)

* 1637년(인조15) 4월에 53세인 부친 조정생이 낙마(落馬)하여 중상을 입음.

* 1637년에 임시 관직인 성균관 권지(權知)에 재직 중이던 사촌 형

인 조시량은, 1637년 1월 병자호란이 끝난 직후인 2월에 "산성(山城)에 군사와 양식이 적어 오래 지탱하기 어려웠다는 말을 퍼트려 군정(軍情)을 동요시키는 등 조정을 비난했다"고 하여 1638년 4월~1639년 5월까지 극변 지역인 평북 강계로 정배(定配)됨.

○ 1640년(인조18) 3월: 종5품 함경도사(咸鏡都事) (34세)

○ 1641년(인조19) 7월: 정6품 형조좌랑 (35세)

○ 1641년(인조19) 12월: 정6품 예조좌랑 (35세)
–이때 임경업(林慶業)은 종2품 동지중추부사(同知中樞府事)에 제수됨.

○ 1644년(인조22) 2월: 38세로 사망함. 1682년 77세로 별세한 파평 윤씨와 상하분으로 합천군 묘산면 산제리에 묘소 있음.
–파평윤씨의 아버지는 거창군 남하면 양항리 살목마을의 윤정남(尹挺男)임.

♠현재 조시일이 지은 글은 성주의 죽헌 최항경(竹軒 崔恒慶, 1560 ~1638)을 애도하는 만사(挽詞) 1편이 남아 있음. 최항경은 한강 정구(寒岡 鄭逑)의 문집을 간행한 인물이며, 조정립의 장인인 화음 권양(花陰 權瀁, 1555~1618)과는 사돈지간임.

조성좌(曺聖佐)

(대장군)
大 將 軍

1696년(숙종22)~1728년(영조4) 4월 1일

○ **1696년경:** 합천군 신도곡(新陶谷: 묘산면 도옥리)에서 출생함.

-아버지인 조항(曺沆, 1676~1715)과 어머니인 경주김씨(慶州金氏, 김상 손녀) 사이에서 2남 2녀 중, 장남으로 출생함.

-조성좌의 외조부는 경주김씨판도판서공파인 충북 보은읍 종곡리의 진사 김위필(金渭弼)이며, 외증조부는 1634년(인조12) 별시 병과에 급제하여 청주목사·장령을 역임한 농재 김상(聾齋 金鎓, 1607~1674)이고, 외고조부는 첨지중추부사를 지낸 김덕민(金德民)임.

* 김위필의 아들인 김이정(金以(喜)精)은 조성좌의 작은 할아버지인 조하현(曺夏賢)의 사위이며, 김상(金鎓)은 의병장 조헌(趙憲)의 행장을 지었음. 김덕민은 조정립(조성좌 고조부)의 장인임.

-조성좌의 고조부(高祖父)가 광해·인조 때 정언·지평·지제교·성주 및 정주목사·산청 덕천서원장 등을 역임한 조정립임.

-조성좌의 큰 고모부는 연산군 때 이조좌랑·교리 등을 역임하고 1504년(연산10) 갑자사화 때 옥사한 동계 권달수(桐溪 權達手) 후손인 상주의 권필경(權必經)임.

* 권달수 증조부 권회(權恢)는 조성좌의 8대 조부인 좌부승지 조계형의 외조부임.

-조성좌의 작은 고모부는 남인의 거두며 영의정을 역임한 안동 풍천 하회리의 서애 유성룡(西厓 柳成龍) 증손인 유응하(柳應河)임.

-1728년(영조4) 3월 무신봉기 때 함께 기병(起兵)한 동계 정온(桐溪 鄭蘊)의 현손인 거창 위천 강천리의 정희량(鄭希亮)이 조성좌의 12촌 자형(姉兄)이 됨.

 * 조성좌는 무신봉기 때 장군인 덕좌(德佐)의 형이며, (부)장군인 정좌(鼎佐)의 12촌 형임. **曺鼎佐는 1724년(경종4) 4월 24일**에 1728년 무신봉기 때 처형된 인척인 조석좌(曺錫佐)·형좌(衡佐)·광좌(匡佐)·경좌(景佐)·경문(景汶) 등 4,431명과 함께, 1701년(숙종27) 희빈장씨가 사사된 신사년(辛巳年)의 역옥(逆獄)을 뒤엎고 희빈장씨를 모욕한 노론의 임창(任敞) 등을 처벌하고 희빈장씨를 추숭(追崇)하자는 갑진소(甲辰疏)를 올림.

 * 이때 삼가현 대병의 유학 송시징(宋時徵)과 무신봉기 때 처형된 합천의 유학 이태망(李台望)·태준(台俊) 및 율곡면의 유학 강세은(姜世殷)·정은(挺殷)·만은(晚殷)·효은(孝殷)·봉은(奉殷)·덕은(德殷), 거창 웅양면의 유학 이우태(李遇泰)·우항(遇巷), 진주 진사 하서룡(河瑞龍) 및 진주 유학 강봉의(姜鳳儀), 무신봉기 때 모두 처형된 함양의 유학 심수명(沈壽明) 정규서(鄭奎瑞) 이익춘(李益春), 무신봉기로 유배된 선산(善山)의 유학 이도(李燾), 조성좌의 장인인 상주의 생원 정도대(丁道大, 1674년생), 조성좌 누이 시댁 사람인 문경의 유학 신유악·서악·광악(申維岳·瑞岳·光岳) 등 경상도 유생 3,611명 등 총 4,431명이 연명으로 상소를 함.

 * 이 갑진소(甲辰疏)는, 송시열 송준길의 문묘 종사를 청한 것에 대해 1736년(영조12) 3월 경상도 상주 생원 이인지 등 4천여 명이 연대 상소하여 이를 비방한 병진소(丙辰疏)와, 사도세자의 신원과 유성한 윤구종 등 노론의 처벌을 주요 내용으로 하는 1792년 윤 4월 영남만인소(嶺南萬人疏)로 발전하게 됨.

○**1725년(영조 즉위년) 12월 13일**: 합천 도곡(묘산면 도옥·안성리) 일원에 큰 불이나 조성좌 인척인 조한유의 집 등 188호가 불에 타고, 유학(幼學) 조성좌의 솔거노비(率居奴婢) 3명이 죽음. (30세경)

○**1728년(영조4) 4월 1일**: 33세경에 사망함.

-'석가산의 쇠갓'의 전설이 서려 있는 합천군 봉산면 권빈리 석가산 연자혈(燕子穴)에 묘소 있음. 아내는 정약용 문중인 나주정씨(丁氏)와 의령남씨(南氏?) 등임.

＊그후 1728년 무신봉기 때 조성좌의 장인인 진사 정도대(55세)와 조성좌의 처남인 유학 정낙신(丁樂愼, 31세) 등 연루된 나주정씨는 상주에서 창녕 남지면 및 남해 이동면으로 유배됨. 특히 조성좌의 처남인 정낙신의 장인은 무신사태 때 노루목(장항) 전투에서 공을 세워 진천현감에 발탁되고, 또 양무공신 3등에 녹훈돼 전양군(全陽君)에 봉해진 별효기별장(別驍騎別將) 이익필(李益馝, 55세)임. 그후 달성군 하빈면 출생인 이익필의 도움으로 정도대 정낙신은 고향 상주로 다시 돌아왔고, 정도대의 묘소는 상주시와 인접한 의성군 만경산에 있음.

＊합천읍 금양역(金陽驛)에서 5리 떨어져 있는 합천 객사 앞 작은 언덕인 합천읍 옥산동 소재 빙고현(氷庫峴, 송태산·옥산)에서 합천 장교 함만중과 하세호 등이 배신하여 1728년 4월 1일 조정좌·덕좌·성좌 순서로 죽임을 당함. 그후 조성좌 군사가 '보름' 동안 주둔한 장소가 보름이 '보림'으로 변해 '보림마을'이라는 지명이 생기게 됨. 또한 무신태와 관련한 '이수대(李秀大)와 장기판'이라는 전설이 율곡면 제내리에 남아 있고, 이보혁의 관군이 주둔한 합천읍 금양리 인근 들판 이름을 '말밀들'이라고 현재 불리고 있는데, 이는 조성좌의 거사군을 진압하기 위해 이보혁 등 관군의 "말[馬]이 밀려 왔다"고 하여

붙여진 것임.

 * 합천 객사 앞 빙고현에서 → 보림마을 머구재 → 장계리 흰바우 (백암) → 인곡재(인덕산) → 봉산면 권빈역 → 석가산 → 거창으로 가는 조선시대 주요 통로이며, 빙고현에서 인곡재를 넘어 석가산 조성좌 · 정좌 · 덕좌 묘소까지 거리는 약 20리이며, 금양역까지는 5리 거리임.

 * 합천군 봉산면 권빈리 석가산 230-2번지 및 앞산 219번지에 있는 총 7기의 무덤 중, 석가산 230-2번지에 조성좌 · 정좌(합분) · 덕좌 등 3기, 석가산 300m 앞산 219번지에 3기 등 총 6기의 무신봉기 관련 무덤이 있음. 현재 합천군 삼가면에 살고 있는 조성좌의 후손들이 성묘(省墓) 및 관리하고 있음.

朝鮮戊申義擧大將軍昌寧曺公諱聖佐墓碑銘 幷序
조 선 무 신 의 거 대 장 군 창 녕 조 공 휘 성 좌 묘 비 명 병 서

[경남 합천군 봉산면 권빈리 석가산에 270여 년 동안 밀장(密葬)의 형태로 볼품없이 놓여 있던 조성좌의 묘소는, 1999년 5월 23일 새롭게 단장했다. 1999년(기묘년) 3월(음력 2월) 경남 고성 출생으로 당시 남명학연구원 상임연구위원 겸 대진대학교 철학과 교수로 재직 중이던 권인호(權仁浩) 박사가 무신의거비(묘비) 글을 지었다. 그 전문(全文)이다]

▲ 1999년 3월 합천군 봉산면 석가산 조성좌 묘소에서 무신의거비 제막식 때 권인호 교수가 비문을 낭독하고 있다.

公(공)의 諱(휘)는 聖佐(성좌)요 姓(성)은 曺氏(조씨)인데 本貫(본관)은 昌寧(창녕)이다.

始祖(시조)는 昌城府院君(창성부원군) 太師(태사) 諱 繼龍(휘 계룡)

이다. 公(공)의 八代祖考(8대조고) 退憂堂(퇴우당) 昌城君(창성군) 諱
繼衡(휘 계형)은 戶曹參判(호조참판)으로 淸白吏(청백리)였고 諡號(시
호)는 文貞公(문정공)이며 配位(배위)는 貞夫人(정부인) 益山李氏(익산
이씨)다. 六代祖考(6대조고)는 贈左承旨(증좌승지) 諱 夢吉(휘 몽길)이
고 그 配位(배위)는 贈淑夫人(증숙부인) 平山申氏(평산신씨)로 그 父
(부)는 松溪 申季誠(송계 신계성)이다. 五代祖考(5대조고)는 大邱府使
(대구부사) 陶村(도촌) 諱 應仁(휘 응인)인데 來庵 鄭仁弘(내암 정인
홍)과 寒岡 鄭逑(한강 정구) 兩門(양문)의 弟子(제자)로서 壬辰倭亂(임
진왜란)에 倡義(창의)했고 配位(배위)는 淑夫人(숙부인) 全義李氏(전의
이씨)다. 高祖考(고조고)는 知制教(지제교) 定州牧使(정주목사) 梧溪
(오계) 諱 挺立(휘 정립)이고 配位(배위)는 淑夫人(숙부인) 安東權氏
(안동권씨)로 그 父(부)는 花陰 權瀁(화음 권양)이다. 曾祖考(증조고)
는 梁山郡守(양산군수) 雪洲(설주) 諱 時亮(휘 시량)이고 配位(배위)는
令人(영인) 坡平尹氏(파평윤씨)로 그 祖父(조부)는 秋潭 尹銑(추담 윤
선)이다. 祖考(조고)는 成均生員(성균생원) 通德郎(통덕랑) 諱 夏全(휘
하전)이고 配位(배위)는 恭人(공인) 安東權氏(안동권씨)로 그 祖父(조
부)는 東溪 權濤(동계 권도)다. 皇考(황고)는 諱 沆(휘 항)인데 布衣(포
의)였고 妣(비)는 孺人(유인) 慶州金氏(경주김씨)로 그 曾祖父(증조부)
는 澗西齋 金德民(간서재 김덕민)이다.

公(공)은 肅宗22年(숙종22년, 1696) 丙子(병자, 擬·의)에 生(생)하
여 英祖4年(영조4년, 1728) 戊申(무신) 四月 一日(4월 1일)에 卒(졸)했
다. 配位(배위)는 宜寧南氏(의령남씨, 擬·의)다.

光海君(광해군)과 北人政權(북인정권)의 改革政治(개혁정치)에 不滿
(불만)을 품은 西人(서인)의 保守勳戚(보수훈척) 勢力(세력)이 仁祖反
正(인조반정, 宮庭反亂·궁정반란)을 일으켰다. 以後(이후) 西人(서

인)과 南人(남인)의 黨爭(당쟁)이 激化(격화)되고 肅宗20년(숙종20년, 1694) 甲戌獄事(갑술옥사)로 西人(서인)의 老論政權(노론정권)이 一黨專橫(일당전횡)하면서 百姓(백성)들의 삶이 疲弊(피폐)됐으니, 그 徵候(징후)가 바로 平安(평안)과 海西(해서)에서 大盜(대도) 張吉山(장길산)의 出現(출현)과 湖南(호남)과 嶺南(영남)의 土賊(토적)들이 猖獗(창궐)했고, 서울 鐘路街(종로가) 掛書事件(괘서사건) 등이 頻發(빈발)했다.

老論勢力(노론세력)은 景宗(경종)을 謀害(모해)하여 當時(당시) 延礽君(연잉군, 英祖·영조)과 弑逆(시역)에 加擔(가담)하고 英祖(영조)가 肅宗(숙종)의 王子(왕자)가 아니라 勳戚(훈척)인 金春澤(김춘택)의 씨라는 說(설)이 流布(유포)되자, 南人(남인)과 少論(소론) 그리고 一部(일부) 北人(북인) 殘餘勢力(잔여세력)의 名門鉅族(명문거족) 後裔(후예)들이 昭顯世子(소현세자)의 曾孫(증손)인 密豊君 坦(밀풍군 탄)을 推戴(추대)하고자 京鄉各地(경향각지) 20餘(여) 郡縣(군현)에서 상호 연락(相互連絡)하여 봉기(蜂起)했으니 李麟佐(이인좌), 鄭希亮(정희량), 朴弼顯(박필현), 이유익(李有翼), 정팔룡(鄭八龍), 申天永(신천영), 李思晟(이사성), 羅崇坤(나숭곤), 曹世樞(조세추), 南泰徵(남태징), 李志仁(이지인), 閔觀孝(민관효), 鄭世胤(정세윤), 權瑞鳳(권서봉), 趙鏘(조상), 李河(이하) 등 主導層(주도층)만 70餘人(여인)을 헤아리고 軍士(군사)는 數千(수천)에 이르러 瞬息間(순식간)에 蜂起地域(봉기지역) 隣近(인근) 고을이 陷落(함락)됐으니, 곧 戊申義擧(무신의거, 戊申亂·무신란)다.

公(공)은 大將軍(대장군) 稱號(칭호)를 갖고 民心(민심)을 얻어 合勢(합세)한 軍馬勢力(군마세력)을 出動(출동)하여 陝川(합천)과 三嘉(삼가) 고을에 無血入城(무혈입성)했다. 그러나 湖南(호남)과 慶尙左道

(경상좌도) 勢力(세력)의 蜂起(봉기)가 如意(여의)치 못하고 離脫(이탈)하여 南下(남하)하는 官軍(관군)에 合勢(합세)하여 都巡撫使(도순무사) 吳命恒(오명항)이 湖西(호서)의 李麟佐軍(이인좌군)을 鎭壓(진압)했다는 消息(소식)에 動搖(동요)한 部下(부하)의 背反(배반)으로 公(공)의 軍陣(군진)도 허물어져 義擧(의거)는 뜻을 이루지 못했다. 朝廷(조정)에서는 平嶺南碑(평영남비)를 세우고 晉州(진주) 등 慶尙右道(경상우도)에 대해서는 向後(향후) 50年 間(년 간) 停擧(정거)했다.

純祖年間(순조년간)에서부터 高宗年間(고종년간) 近(근) 百年 間(백년 간)에 걸친 平安道農民戰爭(평안도농민전쟁, 洪景來亂·홍경래란), 壬戌農民抗爭(임술농민항쟁, 晉州民亂·진주민란), 甲午東學農民戰爭(갑오동학농민전쟁, 東學亂·동학란) 등 一連(일련)의 民衆蜂起(민중봉기)는 바로 戊申義擧(무신의거)에서 發端起因(발단기인)한 것으로, 歷史發展(역사발전)에 큰 意義(의의)가 있다고 思料(사료)된다. 日帝時代(일제시대) 3·1 萬歲運動(만세운동) 때 晉州(진주), 陜川(합천), 三嘉(삼가) 地域(지역)이 餘他地域(여타지역)과 달리 迅速(신속)하게 大規模(대규모)로 發生(발생)한 것도 國家(국가)와 民族(민족)이 危機(위기)에 處(처)할 때 正義(정의)에 殉(순)하는데 앞장서는 精神(정신)이 어찌 公(공)의 意氣(의기)와 無關(무관)할 것인가.

儒學(유학)을 修學(수학)한 몸으로 修己治人(수기치인)을 宗旨(종지)로 與民同樂(여민동락)하고 先憂後樂(선우후락)하나니 公(공)의 義擧(의거)는 이에 合當(합당)하다. 公(공)의 後孫(후손)으로는 長子(장자) 仁燁(인엽)과 次子(차자) 信燁(신엽)을 두었고 長孫(장손)인 範敬(범경, 敬源·경원)에서부터 有喆(유철), 錫圭(석규), 相淳(상순), 再建(재건)으로 이어져 八世宗孫(8세종손) 柄溶(병용)이 있다.

이에 다음과 같이 銘(명)한다.

나라의 東南(동남)쪽 고을에 名門世家(명문세가)의 後裔(후예)로서,
敬義(경의)를 精誠(정성)으로 崇仰(숭앙)하여 祖上(조상)의 訓戒(훈
계)와 가르침을 이어 지켰다.

呂政[1](여정)과 黃歇[2](황헐)의 때를 당하여 先王(선왕) 景宗(경종)을
위하여 復讐雪恥(복수설치) 하렸니,
民心(민심)의 뜻은 이미 얻었으나 天命(천명)은 아직도 바뀌지지
않는구나.

　　東南之鄉(동남지향) 名門世族(명문세족)
　　誠敬崇義(성경숭의) 承訓守敎(승훈수교)
　　政歇之際(정헐지제) 雪恥懿陵[3](설치의릉)
　　民意己得(민의기득) 天命未革(천명미혁)

　　歲在(세재) 己卯(기묘, 1999년) 孟春(맹춘) 二月 日(2월 일)
　　哲學博士(철학박사) 安東後人(안동후인) 權仁浩(권인호) 謹撰(근찬)

---

1) 중국 진시황(秦始皇)의 본명은 '영정(瀛政)'이다. 그러나 진시황이 여불
위(呂不韋)의 씨라 하여, 진시황을 '여정(呂政)'으로 폄하하여 부르는
말이다. 여불위는 진시황의 재상(宰相)이 됐으나 사형당했다.
2) 황헐(黃歇)은 초(楚)나라 사람으로, 황헐의 임신한 처(妻)를 초나라 고
열왕(考烈王, BC262~238)에게 천거하여 아들을 낳자, 황헐의 처는 왕
후에 봉해졌다. 그러나 고열왕이 죽자 황헐의 가족은 몰살당했고, 아
들은 초나라 마지막 임금인 유왕(幽王)으로 봉해지나, 곧 초나라는 망
한다.
3) 의릉(懿陵)은 경종 임금의 능호(무덤)다.

합천 등 경상우도의
3·1만세운동과 애국지사

▲ 2005년 광복절에 필자 등 5개면 주민들이 건립한 합천 **삼가장터 3·1만세운동 기념탑**
글: 권인호 대진대 교수, 조각: 류경원 충북대 교수, 그림: 이두호 세종대 교수

　삼가(三嘉) 고을의 주산(主山)이 백악산(白岳山)인데, '백악(白岳)'은 "밝고, 장대하고, 신령스럽다"는 뜻이다. 단군왕검의 아사달과 이성계의 한양의 주산이 모두 '백악산'이라는 것에서 보듯이, '나다니엘 호손'이 지은 단편 소설 '큰 바위 얼굴'처럼, 예부터 삼가 고을에는 큰 인물이 난다고 했었다. 삼가 지방에서 태조의 왕사(王師) 무학대사와 참스승 남명 조식(南冥 曺植)이 출생한 것도 우연이 아닐 것이다.

2003년 6월에, 남명 조식(南冥 曺植)의 고향인 합천 삼가(三嘉) 지역에서 필자를 비롯한 5개면 주민들이 '삼가장터 3·1만세운동 기념탑 건립 추진위원회'를 구성하여, 총 5억4천만 원(모금 1억4천만, 국비 9천만, 도비 2억5천만, 군비 6천만)으로 부지매입 및 공개공모 등을 거쳐 광복 60주년인 2005년 8월 15일 기념탑 제막식을 가졌다. 2008년 5월에는 국·도비 1억1천만 원을 지원 받아 도서관 겸 사무실을 완공했으며, 최첨단 친환경 LED 조명을 설치하여 야간에도 3·1만세운동 비문을 볼 수 있도록 했다.

특히 필자가 중심이 된 3·1추진위에서 사료발굴·예산확보·공사계약 및 예산정산을 하고, 삼가닷컴www.samga.com에 추진상황과 수입지출을 매일 공개했으며, 공모를 통해 권인호(대진대)·류경원(충북대)·이두호(세종대) 교수가 3·1기념탑의 글·조각·그림을 각각 맡았다. 주민들의 성원과 3·1추진위원회의 결단으로 어려움을 극복하고 삼가장터 3·1만세운동 기념탑과 광장, 마을도서관 겸 사무실을 둑(방천) 옆에 건립했다는 것이 더욱 의미가 크다.

3·1만세운동이 일어나기 11년 전, 정미7조약으로 제2차 의병전쟁이 일어날 때인 1908년에 삼가(三嘉) 지역에서, 김팔용 이차봉 이소봉 김화숙 김찬숙 한치문 김우옥 김응오 장명언 등이 항일 독립투쟁을 하다가 모두 순국했다. 이를 기념하고 기억하기 위해 을사늑약 102년인 2007년 11월 17일 필자가 비문을 지은 '정미의병전쟁 삼가 의병장 순국 기념비(丁未義兵戰爭 三嘉 義兵將 殉國 紀念碑)'를 삼가장터 3·1만세운동 기념탑 옆에 세웠다.

1555년(명종10) 왜구가 을묘왜변을 일으켜 고려대장경 30부를 가져가겠다고 하는 등 노략질을 일삼는 것에 대해 당시 삼가에 거주하고 있던 남명이 철저하게 응징하라고 한 것과, 1592년 임진왜란 때 남명의 문인들이 대거 의병투쟁을 한 사실, 1908년에 남명의 고향인 삼가에서 일제(日帝)를 상대로 의병전쟁을 전개한 것 등이 복합적으로 작용하여 1914년 3월 삼가군이 폐군(廢郡)되는 원인이 됐다.

삼가군이 폐군(廢郡)된 지 5년 후, 1919년 3월 18일, 23일(음력 2월 22일 장날) 양일간 기양루 및 주재소 일원에 있던 삼가시장(1937년 12월에 지금 시장으로 이전)에서 3·1만세운동이 격렬하게 일어났다. 1919년 조선헌병사령부에서 작성한 '조선소요사건상황'과 1936년 경남경찰부에서 작성한 '고등경찰관계적록'에는 1만여 명이 참여하여, 사망 5명, 부상 20명, 체포 38명으로 수록돼 있다. 그러나 안창호·이광수의 '한일관계사료' 및 강덕상의 '현대사자료'에는 3만여 명이 참여하여, 순국 42명, 중상 100여 명으로 나와 있다. 이런 사유로 삼가장터 만세운동은 박경리의 소설 '토지(土地)' 3부에 유일하게 서술돼 있다.

삼가장터 3·1만세운동 때 공재규(72세, 애국장), 이계엽(33세, 애족장), 오영근(31세, 애족장), 정연표(29세, 애족장), 윤규현(26세, 애족장), 한필동(32세, 대통령표창), 정각규(31세, 대통령표창), 진택현(39세, 대통령표창), 최용락(25세, 건국포장), 이원영(33세), 임종봉(32세), 정희영(35세), 윤재현(33세, 사돈: 남부군 대장 이현상), 이상동(38세), 허동규, 정치규(43세) 등의 주도로 삼가장터에 무려 11개 면(面) 주민 3만여 명이 모여 독립만세를 부르고 일제의 침략성과 야만성을 규탄했다. 이때 일본 경찰과 헌병에 의해 공재규, 김기범(58세, 애국장), 이상현(34세, 애국장), 권영규(55세, 애국장), 윤성현(18세, 애국장), 박선칠(44세, 애국장), 배숙원, 이낙현, 박병규(41세), 김일학, 최도인, 박종생(26세) 등 40여 명이 순국하고, 150

여 명이 부상을 입었으며, 수형자는 50여 명이나 되는 등 가장 격렬
하게 일제에 항거한 지역이었다.

4월 1일 일어난 유관순(18세, 독립장)의 아우내장터 3·1만세운동
은 3천 명이 참여하여, 순국 18명, 부상 43명, 수형자가 유관순(3년
형) 및 조인원(조병옥 부친) 등 11명인 것과 비교하면, 합천의 삼가
장터 3·1만세운동이 대한민국에서 가장 큰 만세운동이라는 것을 알
수 있다.

합천 지역인 대병·초계·대양(합천읍) 3·1만세운동 역시, 삼가
장터 3·1만세운동처럼 그 규모와 격렬함은 대단한 것이었다.

2010년 1월에 필자의 졸저(拙著) '인연과 신의를 소중히 여기는 영
원한 합천인' 책자에 우리 지역 3·1운동에 대해 서술한 바가 있다.
그 대강을 살펴보면, 1914년 3월까지 삼가현이었던 대병면은 정학성
(27세, 3년6월형), 임상종(34세, 애족장), 이외준(30세, 애족장), 권
영두(46세, 애족장), 유인수(34세, 애족장), 권중박(26세, 2년형), 이
기복, 송명옥(25세, 7월형), 임명종(25세, 7월형), 권양희, 송헌기,
정시권(45세), 정태섭(20세, 대통령표창) 등의 주도로 3천 명이 모여
격렬하게 만세운동을 전개하여 50여 명이 검거됐다.

초계에서는 권무용(32세, 애족장), 이원화(45세, 애족장), 정판백
(23세, 애족장), 정점시(23세, 애족장), 성만영(45세, 애족장), 전하
선(34세), 구범이(28세, 애족장), 김덕명, 김준배(55세, 애국장), 김
장배, 구재범 등이 주도하여 김준배 등 2명이 순국하고 수십 명이 부
상을 입었다.

합천의 대양 3·1만세운동에는 김영기(49세, 애국장), 추용만(32
세, 애국장), 이용선(38세, 애족장), 배상기(28세, 애족장), 손득룡

(27세, 애족장), 심맹권(26세, 애족장), 강홍렬(25세, 애족장), 심재기, 강시만, 박운표(26세), 김호수(33세), 주경천 등이 주도하여 17명이 검거되고, 김영기 추용만 강시만 김호수 등 4명이 순국했다.

무신봉기의 핵심 지역으로 조성좌(曺聖佐)의 고향인 묘산에서는 윤병교(33세, 애국장)가 순국하는 등 신충임(신계성 손자) 12세손인 신원순(30세, 애족장)과 윤병대(33세, 대통령표창)·병석(32세, 대통령표창) 등이 앞장서서 주도했다.

3월 18일 진주 3·1만세운동은 박진환(3년형, 애국장), 정준교(3년형, 애족장), 박영근(3년형, 애족장), 강달용(3년형, 애족장), 김재화(3년형, 애국장), 심두섭(3년형, 애족장) 등 약 1만 명이 참여, 300명이 검거됐다. 3월 19일 함안읍 3·1만세운동은 안지호(63세, 옥사, 독립장) 등 2,500명의 군중들이 격렬하게 만세의거를 하여 검거된 사람이 65명이었다. 3월 20일 일어난 군북 및 대병 3·1만세운동을 거쳐, 3월 21일 산청군 단성 3·1운동 때는 권숙린(3년6월형, 애족장), 이익상(2년형, 애족장), 정태륜(2년형, 애족장) 등 800명이 참여하여 김천석(애국장), 정문용(애국장), 주쇠이(애국장), 허신(애국장), 이철주(애족장) 등 5명이 순국했다.

3월 20일 함안군 군북 3·1만세운동은, 현재 52명의 유공자 이름이 밝혀졌고, 이중 30명(순국자 9명, 수형자 21명)이 서훈(敍勳, 포상)됐다. 이는 경상우도 지역에서 가장 많이 서훈이 된 지역이다. 필자가 삼가장터 3·1만세운동 때 핵심 참여자로 현재 56명의 이름을 확인했으나 14명만 서훈된 것과 비교하면, 군북 3·1만세운동에 대한 지역민의 자긍심과 관심이 어떠했는가를 알 수가 있을 것이다. 군북 3·1만세운동은 조상규(3년형, 애족장), 조용대(순국, 애국장),

조용규(순국, 애국장), 이재형(순국, 애국장), 조주규(순국, 애국장), 조성규(2년형, 애족장), 조성기(순국, 애국장), 조경식(1년6월형, 애족장), 조형규(2년형, 애족장) 등 함안조씨(咸安趙氏)에 의해 주도됐다고 해도 과언이 아닐 정도로, 이들의 주도로 5천 명이 만세운동을 했다.

앞에서 기술한 바와 같이, 드디어 3월 23일 경남 합천군 삼가면의 삼가장터 3·1만세운동이 일어나 3만 명이라는 대규모 애국시민들이 참여하여 60여 명의 순국자가 발생하는 등 최고조에 이른다.

그후 4월 3일 마산의 진전·진동·진북의 삼진 3·1만세운동 때는 3천 명이 참여하여 5명 순국, 11명 부상, 21명이 검거되는 등 이 지역에서도 대규모로 만세운동이 일어났고, 4월 6일 남해군 고현 3·1만세운동에는 500명이 참여하여 1명이 순국했다. 같은 날 남명학파의 핵심 지역인 고령군 우곡면 도진리에서는 박정완(朴廷琬) 문중의 고령박씨를 중심으로 만세의거가 일어나, 박재필 박기로 박영화 박채환 등 27명이 체포돼 모두 옥고를 치렀다.

널리 알려진 창녕의 영산 3·1만세운동은 3월 13일 구중회(10월형, 제헌의원, 애족장) 등 500명 참여하여 25명이 검거되고, 3월 13일 밀양읍 3·1운동 때는 1천 명이 참여했으나 검거된 사람은 없었다.

조선의 집권 노론세력들은 "조식(曺植)이 경상우도에 살았기 때문에 진주 거창 합천 산청 함안 고령 성주 상주 등 우도인(右道人)은 오로지 기절(氣節), 즉 기개와 절개 및 지조를 숭상하고, 언론이 포악하여 그 폐단으로 1623년 인조반정 때 처형된 영의정 정인홍이 태어났고, 결국 1728년 무신란(戊申亂)이 발발하게 됐다"고 하여 300년 동안 가혹한 차별을 가했다.

경상우도인은 노론세력으로부터 반역향(反逆鄕)으로 매도돼 철저하게 소외된 지역이었기에 1910년 한일병탄(합방)에 대한 책임은 크지 않았지만, 조선이 망했다는 것은 충격으로 다가왔다. 한일병탄 9년 후, 앞서 언급한 바와 같이 경상우도인은 기미 3·1만세운동을 전개하여 기개와 절개를 만천하에 보여주었다. '3·1 정신'은 남명 정신'이기에 일제의 폭압에 과감하게 맞선 것이다.

이러한 3·1만세운동의 영향으로 1919년 4월 11일 상하이에서 '대한민국 임시정부'가 세워졌다. 반만년 역사에서 처음으로 왕(王)이 아닌, 민(民)이 주인이 되는 민주공화국이 탄생한 것이다.

필자가 1991년부터 잊혀진 우리 지역 독립투쟁사를 재조명하면서, 제2차 정미의병전쟁 때인 1908년에 순국한 김화숙·찬숙 후손을 찾아 훈장과 유족연금을 받을 수 있게 했다. 또한 증거자료 부족으로 국가유공자로 서훈(포상)되지 않고 있던 이상현 권영규 한필동 진택현 정태섭 정희영 박병규 박종생 등 합천 지역 3·1운동 애국지사들에 대해, 증거자료를 발굴·보훈처에 신청하여 이상현 권영규는 건국훈장 애국장이, 한필동 진택현 정태섭은 대통령표창이 추서되게하고, 손자 때까지 유족연금을 매달 받을 수 있도록 했다.

이것은 필자가 2001년 남명선생 선양회 창립을 비롯하여, 2002년 내암(來庵) 사당 및 영정 제작, 2002년 남명 시비(詩碑) 건립, 2004년 남명 부모 묘비 문화재 등록, 2005년 삼가장터 3·1운동 기념탑 건립 및 3·1운동 책자 발간, 2007년~2008년 정미의병전쟁 순국기념비 및 3·1광장 도서관 건립, 2009년 합천 지역 3·1운동 재평가, 2011년 남명 흉상 및 서비(書碑: 여전주부윤서) 건립, 2011년 내암 묘소 정비와 함께, 보람 있고 행복하게 추진한 일이었다.

 필자는 앞으로도 지역사회에 보탬이 되는 일이 있으면, 미력하나마 최선을 다 해 봉사할 생각이다. "메멘토 모리(memento mori: 언젠가는 죽는다는 것을 잊지 말라)"를 기억하면서 ….

참고문헌

• 조선왕조실록(朝鮮王朝實錄)
• 영조무신역옥추안(英祖戊申逆獄推案)
• 영조무신별등록(英祖戊申別謄錄)
• 승정원일기(承政院日記)
• 비변사등록(備邊司謄錄)
• 무신감란록(戊申戡亂錄)
• 충훈부등록(忠勳府謄錄)
• 남정일록(南征日錄)
• 무신일기(戊申日記)
• 무신창의록(戊申倡義錄)
• 국조방목(國朝榜目)
• 경남도지(慶南道誌)
• 합천읍지(陜川邑誌)
• 삼가읍지(三嘉邑誌)
• 진주시사·진주목정사(晉州市史·晋州牧正史)
• 여지도서(輿地圖書)
• 덕천서원지(德川書院誌)
• 창녕조씨태복경공파보(昌寧曹氏太僕卿公派譜)
• 창녕조씨대장군(성좌)공파보(昌寧曹氏大將軍(聖佐)公派譜)
• 1728년 무신란의 성격(이종범, 연세대 석사학위논문, 1984)

• 거창군사(무신란: 오환숙, 거창군, 1997)
• 전통시대의 민중운동(정석종, 풀빛, 1981)
• 조선후기의 정치와 사상(정석종, 한길사, 1995)
• 영남학파의 형성과 전개(이수건, 일조각, 1995)
• 영조조 무신란에 관한 고찰(오갑균, 역사교육 21집, 1977)
• 조선중기 사림파의 사회정치사상(권인호, 한길사, 1995)
• 조선후기 유림의 사상과 활동(권오영, 돌베개, 2003)
• 강동(薑洞) 이야기(정량원, 1999)
• 우반동과 우반동 김씨의 역사(전경목, 신아출판사, 2001)
• 경상남도사(경상남도사편찬위원회, 1988)
• 당쟁으로 보는 조선역사(이덕일, 석필, 1997)
• 우리 역사의 수수께끼(이덕일 외, 김영사, 1999)
• 송시열과 그들의 나라(이덕일, 김영사, 2000)
• 조선시대 당쟁사 2(이성무, 동방미디어, 1999)
• 정조시대의 사상과 문학(정옥자 등, 돌베개, 1999)
• 한국 정치사상사(조휘각, 인간사랑, 2004)
• 한국의 명문 종가(이순형, 서울대학교 출판부, 2000)
• 조선 사회사 연구(송준호, 일조각, 1987)
• 남명학파와 영남우도의 사림(박병련, 예문서원, 2004)
• 조선전기 노비신분 연구(지승종, 일조각, 1997)
• 조선후기 남인과 서인의 학문적 대립(허권수, 법인문화사, 1993)
• 남명학파와 화담학파 연구(신병주, 일지사, 2000)
• 조선시대 유생상소와 공론정치(설석규, 선인, 2002)
• 교감 국역 남명집(조식, 허권수 외 역, 경상대 남명학연구소, 1995)
• 정래암 사상 연구논총(내암선생 기념사업회, 1995)
• 조선금석총람(朝鮮金石總覽: 조선총독부, 1919)
• 당의통략(이건창, 이준영·이덕일 역, 자유문고, 1998)
• 조선조 사회와 가족(이이효재, 한올, 2003)
• 1894년 농민전쟁 연구(한국역사연구회, 역사비평사, 1994)

• 전봉준과 그의 동지들(역사문제연구소, 역사비평사, 1997)
• 진주농민운동의 역사적 조명(경상대학교, 역사비평사, 2003)
• 영조 무신란에 대하여(이원균, 부산사학 2집, 1977)
• 의은유집(義隱遺集: 박계우, 1937)
• 조선후기 당쟁 연구(이희환, 국가자료원, 1995)
• 조선후기 노비신분 연구(전형택, 일조각, 1989)
• 조선후기 지방통치행정 연구(이희권, 집문당, 1999)
• 조선후기 서원의 연구(이수환, 일조각, 2002)
• 조선후기 농업사 연구I(김용섭, 지식산업사, 1995)
• 조선후기 사회와 천주교(조광, 경인문화사, 2010)
• 조선후기의 요역제와 고용노동(윤용출, 서울대학교출판부, 1998)
• 광해군(한명기, 역사비평사, 2000)
• 한국사 새로 보기(신복룡, 풀빛, 2001)
• 역주 이옥전집(이옥, 실시학사 고전문학연구회 역, 소명출판, 2001)
• 나의 아버지 박지원(박종채, 돌베개, 1998)
• 맛질의 농민들(안병직 외, 일조각, 2001)
• 사도세자의 고백(이덕일, 휴머니스트, 2004)
• 남명학파의 형성과 전개(이상필, 고려대 박사학위논문, 1998)
• 고문서를 통해 본 조선후기 사회신분사 연구(최승희, 지식산업사, 2005)
• 윤휴와 침묵의 제국(이덕일, 다산초당, 2011)
• 무신란 후 노·소론의 정치적 동향과 대 영남정책(강복숙, 경북대 석사학위논문, 1996)
• 김형주의 부안이야기 1~2(김형주, 도서출판 밝, 2003)
• 경북의병사(경상북도·영남대학교, 1990)
• 한국의 격문(송찬섭·안태정, 다른생각, 2007)
• 왕조의 정치변동(박종성, 인간사랑, 1995)
• 조선을 이끈 명문가 지도(이성무·권오영 외, 글항아리, 2011)
• 선비 소신과 처신의 삶(정광호, 눌와, 2003)
• 임진왜란과 경상우도의 의병운동(김강식, 혜안, 2001)

- 새롭게 다시보는 임진왜란(국립진주박물관, 삼화출판, 1999)
- 그들이 본 임진왜란(김시덕, 학고재, 2012)
- 동아시아 세계와 임진왜란(한일관계사연구논집 편찬위원회, 경인문화사, 2010)
- 임진왜란사 연구(이장희, 아세아문화사, 2007)
- 정묘·병자호란과 동아시아(한명기, 푸른역사, 2009)
- 역사속의 한국불교(이이화, 역사비평사, 2002)
- 이이화 한국사 이야기 14~15(이이화, 한길사, 2001~2002)
- 역사는 스스로 말하지 않는다(이이화, 산처럼, 2004)
- 한권으로 보는 일본사 101 장면(강창일, 가람기획, 1999)
- 황현이 쓴 동학농민전쟁의 역사(황현, 역사비평사, 1994)
- 영종대왕국휼복상도(김지산, 서울대 석사학위논문, 2009)
- 월곡 우배선선생의 생애와 의병활동(월곡선생창의기념사업회, 1994)
- 유술록(酉戌錄: 여용빈, 권인호 교열·해제, 임옥균 역, 학고방, 2012)
- 정조의 비밀 편지(안대희, 문학동네, 2010)
- 노론 300년 권력의 비밀(이주한, 역사의아침, 2011)
- 조선시대 기로정책 연구(박상환, 혜안, 2000)
- 무신분무록(이종무, 표충사, 2001)
- 500년 내력의 명문가 이야기(조용헌, 푸른역사, 2002)
- 역사의 오솔길을 가면서(김용섭, 지식산업사, 2011)
- 불교사 100 장면(임혜봉, 가람기획, 2001)
- 우리 한국사-자유를 향한 긴 여정(김당택, 푸른역사, 2002)
- 국역 송자대전(송시열, 민족문화추진회 역, 1980)
- 국역 사계 김장생전서(김장생, 민족문화추진회 역, 2006)
- 단암만록(丹巖漫錄: 민진원)
- 청대일기(淸臺日記: 권상일, 국사편찬위원회, 2003)
- 승총명록(勝聰明錄: 구상덕, 한국정신문화연구원 역, 1995)
- 이회영과 젊은 그들(이덕일, 역사의 아침, 2009)
- 사기(史記: 사마천, 소준섭 역, 서해문집, 2008)

- 목민심서(정약용, 다산연구회 역, 창비, 2000)
- 징비록(유성룡, 이재호 옮김, 역사의아침, 2007)
- 아날학파의 역사세계(김응종, 아르케, 2001)
- 포스트모던 시대의 역사란 무엇인가(김현식, 휴머니스트, 2006)
- 조선 1894년 여름(헤세 바르텍, 정현규 역, 책과함께, 2012)
- 안중근 평전(김삼웅, 시대의창, 2009)
- 단재 신채호 평전(김삼웅, 시대의창, 2011)
- 윤동주 평전(송우혜, 푸른역사, 2004)
- 항일 불꽃으로 산화한 매헌 윤봉길(김학준, 동아일보사, 2008)
- 신해혁명사(민두기, 민음사, 1994)
- 메이지유신 동아시아의 기억(정선태 · 오쿠무라 히로시 등, 지금여기, 2010)
- 후쿠자와 유키치(임종원, 한길사, 2011)
- 도요토미 히데요시(야마지 아이잔, 김소영 옮김, 21세기북스, 2012)
- 청교도혁명에서 명예혁명까지(G.E 에밀머, 임의완 역, 삼문, 1986)
- 서양미술사(E.H 곰브리치, 백승길 이종숭 옮김, 도서출판 예경, 2005)
- 그라우트의 서양음악사(그라우트, 민은기 등 옮김, 이앤비플러스, 2009)
- 비스마르크 평전(강미현, 에코리브르, 2010)
- 링컨(프레드 캐플런, 허진 옮김, 열림원, 2010)
- 레닌 평전(토니 클리프, 이수현 옮김, 책갈피, 2009)
- 고등경찰관계적록(高等警察關係摘錄: 경남경찰부, 1936)
- 독립운동사자료집(독립운동사편찬위원회, 고려서림, 1984)
- 부산 · 경남 3 · 1운동사(삼일동지회, 1979)
- 현대사자료(강덕상 편저, 1967)
- 한국독립운동지혈사(박은식, 서문당, 1979)

에필로그

　무신봉기(戊申蜂起, 이인좌의 난)는 1728년 무신년(戊申年) 3월에 거창 함양 합천 상주 문경 천안 청주 진천 음성 보은 옥천 안성 평택 정읍 부안 임실 순창 나주 춘천 원주 서울 평양 경흥 등 나라의 반쪽이 가담하여 나라가 전복될 뻔한 역사적 사태다.

　1728년 무신봉기로 인해 강우지역 남명학파(南冥學派)는 큰 타격을 받았다. 남명학파의 주요 문중 중 하나였던 조성좌(曺聖佐) 문중은 남인 계열의 명문세가였지만, 무신봉기 때 주도적인 역할을 한 후 폐고(廢錮)되는 등 쇠락해버렸다. 무신년 거사 때 승려·화전민·노비적·토적 등 하층민인 소외계층도 대거 가담하여 왕권의 정통성에 이의를 제기했고, 이인좌 정희량 등 주도층 인사들은 함락한 지역의 목사·부사·병사·군수·현감 등을 임명했다. 이것에서 무신봉기가 혁명적인 성격을 띤 거의(擧義)였음을 알 수 있다.

　2001년 남명 탄생 500주년을 맞아하여 경남도(청)에서 발간한 '경남 정신의 뿌리, 남명 조식선생'이라는 책에서 "1623년 인조쿠데타 후 경상우도에 대한 지나친 차별대우와 민중에 대한 탐학 등에 반기를 들고 이 지방에서 무신란(1728년)과 임술농민항쟁(진주민란, 1862년) 등이 일어났다. 이것은 민중의 힘이 어떤 것인가를 보여준 좋은 본보기가 됐다. (중략) 나라와 민족을 위한 타협 없는 불굴의

의리 정신은 지리산의 우뚝함과 이를 바탕으로 한 남명학파의 특질
이다”고 했다. 무신봉기에 대한 최초의 공개적인 재평가 작업이었다.

  그동안 우리들에게 잊힌 무신봉기는, 2003년 3월 22일 KBS 1TV
역사스페셜 ‘경종 최후의 날, 왕은 독살 당했는가’에서, 합천군 봉산
면 권빈리 석가산에 있는 조성좌 묘소 및 의거비(묘비) 전경과 함께,
필자의 인터뷰가 전국에 방영됨으로써 우리 곁으로 다가오는 계기가
됐다.

▲ KBS 1TV 역사스페셜 방영 때 필자: 2003년 3월 22일

  괴산 청천면 출생으로 무신봉기 핵심 인물인 이인좌는 자신의 노
비를 면천(免賤)한 후 기병했다. 또한 천민층(賤民層)인 변산반도의
정팔룡 등 9천여 명의 노비적(奴婢賊)과 연곡사·쌍계사 등 지리산을
거점으로 한 구례 연곡사 승려인 대유(大有) 등 토적(土賊)도 무신봉
기에 참여했다. 무신봉기 1년 후인 1729년 영조5년 3월 12일 비변사
등록에 “덕유산 아래의 천동(千洞) 골짜기에는 적도(賊盜)들이 도망
하여 숨는 보금자리가 아님이 없다”고 했고, 영조5년 윤 7월 16일 승

정원일기에서도 "무신변란 후 지리산과 덕유산에 숨은 자가 가득하다"고 했다.

조선왕조실록에 "(이인좌 등) 적(賊)은 청주와 목천 등지의 마병(馬兵)과 금어군(禁禦軍)에서 정예한 자를 뽑아 거사군으로 충원했다"고 했고, 대구 경상감영 남문 앞 대로변에 세운 평영남비(平嶺南碑)에 경상도에서 참여한 거사군 숫자가 7만 명이라고 했다. 정예 관군과 상인 및 주막주인·노비 등이 무신봉기에 가담하게 된 것은 광범위한 민심이반이 있었기 때문에 가능했으며, 가장 중심적인 세력은 부안 순창 영암 임실 무주 구례 하동 등지의 소외계층인 노비적과 토적 등 천민층이었다. 무신봉기 때 거사군은 '한 사람의 백성도 죽이지 말고[불살일민·不殺一民], 재물을 빼앗지 말며[불탈민재·不奪民財], 부인들을 겁탈하지 않는다[물겁부인·勿怯婦人]'는 행동 강령을 채택하여 실천했다.

경상우도인 진주 합천 함양 산청 거창 고령 상주 등지에서 무신봉기에 참여하여 많은 사람들이 화(禍)를 입었다. 이때 참여하여 참화를 입은 사람은, 합천군 묘산·봉산면의 조성좌 문중과 거창군 위천면의 정희량 문중 사람들을 위시하여, 산청의 정탁(鄭倬) 및 조철(曺撤), 묘산면 화양리의 윤자신·종영, 봉산면 권빈리의 손후석·세덕 부자와 손후빈, 합천이씨 집성촌인 합천읍 내곡리의 이성장, 조성좌의 심복으로 거사군 군량도감 김세흠과 정현(鄭灦)·집(潗) 형제, 합천향교 재임(齋任)인 유림(柳林), 한사 강대수의 증손인 합천 율곡면의 유학 강세은(姜世殷)·정은·만은·효은, 합천 대병면의 권양 증손인 권만항과 임진부 후손인 임한성(林漢成), 합천좌수 정상림(鄭商霖)·상운(商雲) 형제, 합천의 채수돈 곽세신, 합천의 유학 이태망·

태준(台俊)과 정복상(鄭復相)·복천·복세 형제, 합천 가회면의 허돈 후손인 허련, 삼가 가막골의 백세달, 함양의 신수헌(愼守憲)·윤중 부자, 함양의 허격 심수명 이만채 이익춘 정규서(鄭奎瑞), 진주의 이덕일, 곤양의 이명근과 김처삼, 고성의 박필이(朴必伊)·선이(善伊) 형제, 창녕의 조세신(曺世新), 고령의 배중도, 상주의 한세홍 김홍수 황침 조경문(曺景汶) 등이다. 그러나 각 문중의 족보에 필자가 현재까지 밝혀낸 이들의 이름은 대부분 누락돼 있다. 그들 문중에서조차 불이익을 받을까 두려워 지워버리는 등 왜곡한 것이다.

더구나 조선왕조실록에 "안음과 합천은 정인홍의 악취를 남긴 곳으로 정희량 조성좌 같은 흉역의 무리들이 출생했고, 조식(曺植)의 사상이 불순하고 바르지 못하기 때문에 그 문하에 정인홍이 나왔으며, 경상우도는 오로지 기개와 절조(節操)를 숭상하여 무신란(戊申亂) 때 정희량 등 범법자가 많았으나, 이황의 안동 등 경상좌도는 범법자가 없었기 때문에 경상좌도는 마땅히 등용해야 한다"고 기록하고 있다. 이는 조정(朝廷)에서 무신봉기의 사상적 연원을 조식과 정인홍으로 소급하여 적용한 뒤, 노골적으로 '경상좌우도 분리정책'을 펼쳐 안동 의성 영덕 풍기 예천 군위 영천 봉화 등 경상좌도는 포용 및 회유하고, 진주 거창 합천 함양 사천 함안 고령 성주 등 경상우도는 차별적으로 대했다는 것을 알 수 있는 사료(史料)다.

무신기병 실패 후 조성좌 문중을 비롯한 경상우도 남명학파는 쑥대밭이 됐다. 합천 가야에 살고 있는 정인홍의 증손이 중동(重瞳: 겹눈동자)이라는 소문으로 영남 인심을 현혹시키고 있다고 하여, 1729년 장살(杖殺)되는 등 영조와 노론세력들은 민심이반을 무척 경계했다. "정인홍의 눈은 광채가 나는 겹눈동자로 감히 쳐다볼 수가 없었다"는 전설이 지금도 회자되고 있는 것을 보면, 영의정 정인홍이 1623년 원통하게 죽임을 당한 지 100여 년이나 지난 뒤인데도 집권 노론세력들은 민심을 두려워 하고 있었다는 것을 알 수 있다.

그러나 조정으로부터 큰 은혜를 입은 사람은 다름 아닌 아전(서리) 들이었다. 조식과 정인홍이 '아전 망국론'을 설파하며, 백성을 수탈하는 아전의 비리를 탄핵하고 개혁해야 한다고 한 그 아전들이 많은 혜택을 입었던 것이다.

1728년 3월 22일 정희량이 무신거사를 감행할 때 거창현 좌수 이술원은 저항하다가 죽임을 당했지만, 조성좌가 거사할 때 합천군의 아전 및 장교들은 저항하지 않고 가담했다. 그러나 청주의 이인좌가 도순무사 오명항의 관군에게 진압됐다는 정보를 3월 27일 합천의 아전 및 장교들이 듣고 조성좌를 배반하게 된다. 동학혁명 때 전봉준 (全琫準, 1855~1895)의 부하였던 순창의 아전 김경천이 전봉준을 밀고하여 1894년 12월 붙잡히게 만든 것처럼, 합천군 아전들이 앞장서서 조성좌를 배반하게 된 것이다.

조성좌를 진압한 후 조정에서는 배신자인 그들에게도 9천여 명의 공신녹권자의 한 사람으로 선정하여 양무원종공신녹권을 주었고, 3백여 년 동안 세습돼 내려온 아전을 면(免)하여 주었으며, 행장 문집 일기 등에서 그들을 미화하여 통치 수단으로 이용했다. 정권 및 문중 차원에서 전국적으로 대대적인 '충신 만들기'와 '종족(宗族)과 가문의 영광 만들기'가 시작된 것이다. '종족과 가문의 영광 만들기'는 조선 말기까지 계속됐다. 후손들은 끊임없이 상소 읍소 통문 등을 통해 증작(贈爵)과 정려(旌閭)를 내려달라고 했고, 상경하여 기거하면서 요청하기도 했다.

조선왕조실록을 보면, "합천군수가 도망간 후 합천좌수 정상림이 조성좌를 석방하고, 조성좌가 군중(軍中)으로 들어가니 장교와 아전들이 절을 했다"라고 쓰여 있으며, 영조의 어명에 의해 편찬한 무신감란록에 "조성좌가 원수(元帥)로 추대되고 합천 객사에 진을 치니 아전과 장교들이 바람처럼 쓰러졌다"고 했다. 또한 양무원종공신 녹권을 받은 합천군 관아의 아전 이중필이 쓴 일기에도 "조성좌가 객사에 웅거하여 합천 관아의 군사와 장교를 호령하니, 감히 누가 어찌할 수가 없었다"고 증언하고 있다.

이것을 보면, 무신봉기 때 합천군의 아전 및 장교 등 벼슬아치들은 누구하나 반대나 저항 없이 조성좌의 거사에 동참했다는 것을 알 수 있을 것이다. 그런데도 이긴 자의 입장에서 일방적으로 미화하고 왜곡한 묘비명과 행장 일기 실기 등이 마치 무신기병의 실체적 진실인 양 오도(誤導)되고 있는 것은 시정돼야 한다.

조성좌와 관련한 전설이 '석가산의 쇠갓'이라는 제목으로 1995년 합천문화원에서 발간한 합천군사(郡史)에 실려 있다.

"무신년에 정변이 일어나자 조성좌가 분연히 일어나 지방민을 동원하여 의병을 일으켜 올바른 조정(朝廷)을 만들려고 했고, (합천군 봉산면 권빈리 3구의) 손후빈은 조성좌의 참모로 크게 활약하다 관군에게 체포직전 각종 서류를 불태우고 혓바닥을 끊어 항거했다"는 전설이다.

'반란'이 아닌 '의병'으로 올바른 조정을 만들고, 손후빈은 끝까지 조성좌를 위해 항거했다는 것에서 백성들의 소망과 함께, 조성좌의 리더십과 인간 됨됨이를 알 수 있다. 전설은 승자가 기록한 왜곡된 역사보다 사료로써의 가치가 더 있기 때문이리라.

거창의 유학 화곡 이우태(1702~1767)가 정희량을 폄하하여 쓴 화
곡무신일기에서도 "정희량이 기병하자 순식간에 1천여 명이 모였으
며, 폭풍에 나무가 쓰러지는 것 같았고, 마을 백성과 읍리(邑吏)들은
역적에게 달려가서 한통속이 됐음은 말할 필요조차 없으며, 사대부
들도 거의 다 역적을 따랐으니 참으로 통탄할 일이다"라고 기술하고
있다. 이것에서 거창 함양 합천 등 경상우도인들이 무신봉기를 어떻
게 인식하고 대처했는가를 잘 나타내 주고 있다. 1623년 인조반정
(궁중반란) 후 자행된 집권 서인(노론)세력들의 가혹한 차별과 보복
등을 분쇄하기 위한 하나의 방법으로 무장봉기를 일으켰던 것이다.

조성좌가 합천과 삼가를, 정희량이 거창과 안음 및 함양을 점령한
후, 창고의 곡식을 풀어 백성들에게 나눠 줬으며, 해인사 승려들은
조성좌의 거사군들이 사용할 신발과 군장을 만들어 무장봉기를 지원
했다. 또한 조성좌는 이보혁 등의 관군이 5리 거리인 금양역에서 진
을 치고 있는 위급한 상황에서도 밤에 촛불을 켜고 책을 읽었다. 30
대 초반인 조성좌가 글 읽기를 게을리 하지 않고 자기 연마를 한 의
연한 인물이었던 것이다.

무신별등록에 "합천은 무신변란 후 연루자로 고발당한 사람이 거
의 군민 전체에 이르렀다"고 했으며, "이인좌 군사와 관군 간에 벌인
치열한 전투로 시체가 산처럼 쌓였다"고 국조보감에 수록돼 있다. 무
신봉기가 진압된 뒤인 1728년 8월에는 조선에서 중국에 사신(使臣)
을 보내 무신변란에 대해 설명하고, 또 법망(法網)을 빠져나가 청나
라로 월경(越境)한 무신여당(戊申餘黨)을 붙잡아 보내달라고 요청하
기도 했다. 또한 일본 도쿠가와 막부에게 무신봉기에 대해 설명하고
이해를 구했다는 것에서 국외적인 사건이기도 했다.

1729년 3월 11일 특진관 박사수는 영조에게 "죄를 짓고 유배된 자가 팔도를 합산하면 무려 1천 명에 달하고 있어 변방과 도서 주민들의 피해가 이미 참담할 지경에 이르렀다. 역족(逆族)의 유배자가 줄을 이어 남해와 거제 같은 고을은 열 집이 사는 마을이라면 원주민은 2, 3호에 불과하고 나머지는 모두 귀양살이 하는 무리이며, 이들은 그 땅에서 나는 것을 먹기 때문에 물자가 아주 부족하여 주객(主客)이 곤란을 겪고 있다"고 말했다.

남인 계열인 성호 이익(星湖 李瀷, 1681~1763)은 성호전집에서 "무신변란 후에는 서로 이어 육몰(戮沒)했으며, 연루자가 나라 안에 가득 찼다"고 기록하고 있다. 이는 성호가 48세 때 고령신씨인 장인 신필청 문중과 누나의 시댁인 창녕조씨(조경하 · 세추) 문중이 무신봉기에 주도적인 역할을 하여 몰락한 것을 직접 보고 그 실상을 증언한 것이다. 노론이며 북학파인 담헌 홍대용(湛軒 洪大容, 1731~1783)은 담헌서에서 "남인은 무신년의 변을 당하여 정희량과 이인좌의 당(黨)에 들어가서 그 군사를 일으켜 대궐을 침범하려던 모의에 찬동하지 않은 사람이 거의 드물었다. 그래서 나는 일찍이 나라에서 만약 무신년 역적을 다 다스렸다면 경외(京外)를 막론하고 무릇 남인의 이름을 가진 사람들을 다 죽일 수는 없었다 하더라도, 사실을 알면서 고발하지 않았던 죄에서 벗어날 사람도 천에 한두 명도 없을 것이다"고 했다. 홍대용이 집권 노론의 시각을 의기양양하게 대변하고 있다. 이것에서 무신봉기가 정치 · 사회적으로 끼친 영향이 얼마나 컸는가를 가늠해 볼 수 있을 것이다.

무신년 기병(起兵)에는 소외계층과 함께, 남재 황희 정인지 신숙주 조광조 한효윤 조탁 고희 이덕형 박동열 정온 이시백 조정립 조정생 강대수 이응시 민점 민희 윤휴 목내선 심재 이후성 유명현 등 남인과 소론의 명문가 후손들이 대거 참여했다. 이에 영조는 당쟁이 무신봉기(이인좌의 난)의 원인이라고 판단하여 탕평책을 펼쳤지만 결국 실패하고 만다.

1746년(영조22) 7월, 영조의 각별한 신임을 받고 있던 소론 우의정 조현명(趙顯命)이 "탕평책으로 전하(영조)께서 등극하신 이래 20년 동안 조정이 거의 안정되고 세도(世道)가 조금이나마 바로 잡혔다고 여겼으나, 한번 바람이 불어 풀이 흔들리면서 장차 사방으로 붕괴될 형국이니, 탕평책이 실효를 거두지 못했다"고 한 것에서 알 수 있다.

영조와 노론(서인) 집권당은 1728년 무신봉기에 연관됐다고 판단되면 가차없이 처단했다. 1733년(영조9) 3월 보은읍의 장곡서원사건을 무신잔당(戊申殘黨)의 소행이라 하여 신필대(申必大) 등을 처형했다. 1755년 나주벽서사건과 토역경과투서사건(討逆慶科投書事件) 역시 무신여당(餘黨)의 소행이라 하여 좌의정 조태억과 영의정 이광좌의 관작(官爵)을 추탈했고, 지평 윤지·나주목사 이하징·판윤 박찬신·승지 신치운·동부승지 유수원 등 주로 소론계 인사 120여 명을 처형하는 등 5백여 명이 참화를 당했다. 1763년(영조39)에는 소론의 영수였던 영의정 조태구의 손자 조영득(趙榮得)과 소론 강경파였던 좌의정 유봉휘의 손자 유동혼 등 20여 명이 역모를 했다고 하여 모두 처형했다.

이렇게 영조는 즉위 39년 만에 반대파인 소론과 남인을 토평한 후, 소론과 남인에 의해 일어난 1721년~1723년의 신임사화부터 → 남인·소론·소북 등에 의한 1728년 무신봉기 → 소론에 의한 1755년 나주벽서 및 토역경과투서사건 → 1763년 조영득과 유동혼 등 소론 · 남인에 의한 계미년 역모사건을 같은 뿌리의 모반사건으로 규정했다. 이어서 영조는 이제 탕평책은 없으며 노론의 세상이 됐다는 것을 만천하에 알리는 포고문을 발표했다. 영조의 피비린내 나는 광기의 정치가 대미를 장식하는 순간이었다.

정조가 죽은 지 1년 뒤인 1801년(순조1), 영조의 계비(繼妃) 정순왕후와 영의정 심환지 등 노론세력들은 천주교 탄압을 빌미로 신유사옥(辛酉邪獄)을 일으켜 권력에서 밀려나 있던 남인들마저 씨를 말리려고 했다. 그들은 개혁적 인사인 정약종 이승훈 권철신 이가환 황사영과, 정조의 이복동생인 은언군 이인(恩彦君 李裀) 및 정조의 외삼촌인 홍낙임 등 100여 명을 처형하고, 정약용 · 약전 형제 등 300여 명을 유배하는 등 일당독재를 더욱 공고히 했다.

1803년(순조3) 2월 노론 계열의 사간(司諫) 신직(申稷)은, 영양군 주실마을의 조덕린(趙德鄰, 우부승지)을 무신봉기 핵심 인물인 박필몽보다 더 흉악한 인물로 매도하고, 무신봉기(이인좌의 난) 때 경상좌도 사림들이 창의한 사실들을 기록하여 1788년 11월에 정조에게 바친 무신창의록의 내용도 거짓이라고 하면서, 이조판서 이현일의 제자였던 조덕린을 역률(逆律)로 시행할 것을 상소하여 조덕린의 관작을 추탈(追奪)했다.

심지어 화서 이항로(華西 李恒老, 1792~1868)의 제자로 척사론자인 노론의 최익현 김평묵 등은, "이현일 등의 신원을 요구한 사람들을 추율(追律)해야 하며, 남인인 윤휴 이후로 우리 서인(노론)과 남인은 원수가 됐다. 만약 서양과의 조약이 성립된 후에 민암 목내선 이인좌 정희량의 남은 후손들이 백성의 불인(不忍)한 마음을 이용하여 창을 들고 도성과 대궐을 침범한다면 서인은 일망타진될 것이다. 모두 섬멸된다면 (서인의 종주인) 이이(李珥)와 송시열 제현(諸賢)은 그 작위와 시호가 깎여 문묘에서 내쳐질 것이고, 윤휴의 귀신이 커다란 대종사(大宗師)가 될 것이다. 화서(華西)선생이 일찍이 (정자·주자 및 노론의 이념과 노론 정권 유지가 중요한 것이지) 나라의 존망은 오히려 작은 일이라고 하신 것은 이 때문이다"고 주창하는 등 척양(斥洋), 즉 서양세력의 척결보다 그들의 적(賊)인 무신봉기의 후손 등 남인세력의 일망타진과 노론 정권 유지에 노심초사했다.

이렇게 집권 노론세력들은 위정척사(衛正斥邪)를 빙자하여 조선이 망하는 그 시점에서도 이현일 윤휴 민암 목내선 등 남인 후손들과 이인좌 정희량 등 무신당(戊申黨)의 후손들을 원수처럼 배척하고, 자파 노론의 지배이념과 정치세력화를 공고히 하여 천년만년 노론 독재체제의 존속을 도모했다. 하지만 국사교과서에는 이러한 객관적 사실들을 빼버리고 나라를 망국으로 빠지게 한 노론의 시각과 가치관으로 미화하여 서술하고 있는 것이다.

1728년(영조4) 3월에 발발한 무신봉기는 노론 기득권층의 부패와 탐욕 및 비리, 반대파에 대한 차별 등 조선후기 정치체제의 구조적 한계로 인해 일어난 변혁운동이었다. 분출된 각 계층의 저항세력이 왕조교체까지는 이르지 못했지만, 지속적으로 정권교체를 지향했던 역사적 사태였던 것이다. 그후 전개된 탕평책이 노론으로 권력의 독점을 초래하면서도, 1730년 12월 종모법(從母法)을 실시하고, 1750년 7월에 균역법을 채택하여 양민(良民: 평민)들의 부담을 경감하고, 1764년(영조40) 11월에는 노비 관리기관인 장례원(掌隸院)을 혁파하는데 기여했다.

이는 이인좌 정희량 정세윤 박필현 이유익 정팔룡 조성좌 등 주도
세력들이 성리학(주자학) 일변도의 이념과 가치 및 신분질서를 변화
시키려고까지 했고, 여기에 승려·화전민·노비 등 소외계층과 서얼
·중소상인들이 동조하여 1728년 3월 무신년 때 광범위한 기병(起
兵)이 가능하게 됐다는 집권 노론세력의 판단이 작용했기 때문에 미
흡하지만 이러한 제도적 보완책이 나오게 된 것이다.

무신봉기 후에도 집권세력이었던 노론은 백성의 고통을 외면했고,
삼정(三政), 즉 전정(田政)·군정(軍政)·환정(還政)의 문란과 관료의
부패로 이어져 조선을 망하게 했다. 1910년 한일병탄 후 일왕(日王)
의 은사금과 작위를 받은 매국노 76명 가운데 당색을 알 수 있는 64
명 중, 서인 분파인 노론이 이완용(우봉) 윤택영(해평) 박영효·제순
(반남) 이재완·재각·지용(전주) 민영린·영규·영소·영휘(민비
일족) 김성근(안동) 등 56명이었고, 소론·소북이 조중응(양주) 등 8
명, 남인은 1명도 없었다. 이이(李珥)를 종주(宗主)로 하여 김장생→
송시열로 이어진 300년 집권 노론인사들은 독립운동을 하지 않았
고, 일제(日帝)에 협력하여 기득권을 보존한 것이다. 이항복의 후손
이며 신흥무관학교 설립자인 독립운동가 이회영을 비롯하여 이상설
이동녕 김대락 이상룡 김동삼 김창숙 신채호는 소론 또는 남인 계열
의 인사들인데, 이들과 대비된다.

경상도는 인조반정(1623년)과 갑술옥사(1694년), 그리고 무신봉기
(1728년)로 인해 1589년 선조22년 정여립사건(기축옥사) 후 심화되
기 시작한 전라도에 대한 차별과는 비교할 수 없을 정도로 배척을 받
았고, 정체성도 훼손됐다. 경상우도 지역인 진주 거창 합천 함양 사

천 함안 고령 성주 등은 그 정도가 매우 심각했다.

이러한 차대(差待)와 한(恨)은 1961년 고령박씨인 박정희(朴正熙)의 등장으로 해소되게 되는 국면으로 전환되고, 전두환(全斗煥) 정부 때인 1984년이 돼서야 남명 조식(南冥 曺植)의 유적지인 산청의 산천재·덕천서원·남명묘소 등이 국가문화재인 사적 제305호로 지정될 수 있었다. 역사의 아이러니라고 아니 할 수 없다. 정여립사건 후부터 잉태되기 시작한 전라도에 대한 차별은 김대중(金大中) 정부가 1998년 출현함으로써 상당 부분 상쇄되기에 이른다.

2028년은 무신봉기 300주년이 되는 해이다. 무신봉기가 일어난 지 오랜 시간이 경과한 지금에도, 이긴 자들의 잘못된 역사인식과 과시적 행위로 말미암아 반목과 분열이 확대 재생산되는 것은 없어져야 한다. 역사는 이긴 자들의 전유물이 아니다. 역사는 정의 공정 진실 자유의 가치를 확장하는 방향으로 전진해 나간다. 그동안 왕조 및 노론 사관에 의해 당쟁사의 일환으로 왜곡되고 폄하된 인물과 역사적인 사태는 객관적 진실과 균형적 시각에서 재평가돼야 한다.

역사는 오늘의 거울이라고 했다. 우리가 역사를 통해 깨달을 수 있는 진리는 "모든 것은 역사 속에서 변한다"는 것이 아니겠는가. 어제의 가치를 오늘에는 무가치한 것으로 만들고, 오늘의 의미를 내일에는 무의미한 것으로 바꾸는 것이 역사다. 역사의 평가와 해석은 화석화돼 있는 것이 아니라 변화하기 때문이다. 그래서 역사 속의 진실을 밝히는 것은 험난하고, 역사를 통해서 얻는 해답 역시 불완전한 것이다. 따라서 지금 우리에게 필요한 것은 '반역의 역사'를 '혁명의 역사'로 만들기 위한 거대담론이 아니라, 이런 역사의 반역에 대해 깊이 성찰해 볼 수 있는 역사해석의 창조성과 인식의 변화다. 지난 시대에 살았던 방식대로 오늘을 산다면 역사에 또 다른 암흑기가 도래할 수도 있다는 것을 자각해야 할 때다.

2100년 전 사마천(司馬遷)은 사기(史記)에서 "사람은 한 번 죽을 뿐이지만 어떤 죽음은 태산보다 무겁고, 어떤 죽음은 새털만큼 가벼운데, 이는 죽음을 이용하는 방법이 다르기 때문이다"고 했다. 시대정신을 잘 읽고 정의와 변혁을 위해 온 몸으로 실천하고 헌신하라는 메시지는 예나 지금이나 다르지 않다.

지은이 **조찬용(曺瓚溶)**

1955년 경남 합천군 삼가면에서 태어났다. 윗대 고향은 합천군 묘산면이다.
삼가초등학교(54회)와 진주중(20회) · 진주고(44회)를 졸업하고, 3년을 방황하다 동국대 국어국문학
과에 입학한 뒤, 강원도 27사단에서 전투병으로 병장 만기제대했다.
1984년 대학 졸업 후 민정당 중앙 사무처 공채로 사회에 첫 발을 내딛어, 조직국 · 교수실 간사와 청
년부장(3급) 등으로 근무했다. 1991년 지방자치가 부활되자 공무원으로 특채돼, 경남도의회 교육사회
· 농림수산 · 의회운영 · 지방분권 · 예산결산 · 기획행정위원회 등의 수석전문위원과 경남도립직업
전문학교 원장을 역임했다. 재직 중 각종 규범과 사례를 정립하는 등 지방자치 발전에 이바지했으며,
정직 청렴 공정 헌신 겸손을 실현하기 위해 노력했다. 정년 5년을 남겨두고 2010년 명예퇴직을 신청
하여 공무원을 사직한 후 귀향했다.
합천 삼가장터 3 · 1만세운동 기념사업회장과 소음악회 추진위원장 등을 역임하면서, 3 · 1만세운동
재평가와 기념탑 건립 및 애국지사(8명) 포상 신청을 하여 잊힌 독립운동사를 복원했고, 지역 문화창
달에도 기여했다. 또한 남명선생 흉상 건립추진위원장으로 추대돼 뇌룡정 옆에 흉상을 건립했으며, 삼
가면 갓골에 있는 남명 부모 묘비 문화재 등록과 내암 정인홍 유적지 정비에도 앞장섰다.
현재 남명선생 선양회장과 삼가닷컴 관리위원장 및 3 · 1광장 도서관장 등을 맡아 남명 및 3 · 1정신
계승과 독서진흥을 위해 애를 쓰고 있다.
지방자치 발전과 연구 · 저술 및 사회봉사활동에 대한 공로를 인정받아 〈정부 우수 공무원 대통령 표
창〉 등을 수상했다.

저서
〈지방의회의 기능과 역할〉, 〈합천지역 3 · 1만세운동〉, 〈참선비 남명 조식선생〉,
〈인연과 신의를 소중히 여기는 영원한 합천인〉 등 다수

* 지은이 주소: (678-964) 경남 합천군 삼가면 이부길 6
* 전 화: 010-2837-4263, 055) 932-4263, 261-2999
* 홈페이지: www.cyworld.com/cho21v
* 이메일: 17hc21@hanmail.net
* 페이스북: www.facebook.com/cho21v
* 트위터: twitter.com/goljuk

1728년 무신봉기와 300년 차별

초판 인쇄 2012년 8월 01일
초판 발행 2012년 8월 15일

지 은 이 | 조찬용
펴 낸 이 | 하운근
펴 낸 곳 | 學古房

주   소 | 서울시 은평구 대조동 213-5 우편번호 122-843
전   화 | (02)353-9907 편집부(02)353-9908
팩   스 | (02)386-8308
전자우편 | hakgobang@chol.com
홈페이지 | http://hakgobang.co.kr
등록번호 | 제311-1994-000001호

ISBN   978-89-6071-263-8   93900

값 : 40,000원